涉外民事诉讼管辖权问题研究

湖北省高院民四庭

WUHAN UNIVERSITY PRESS
武汉大学出版社

图书在版编目(CIP)数据

涉外民事诉讼管辖权问题研究/湖北省高院民四庭．—武汉：武汉大学出版社，2008.3
司法部科研项目成果
ISBN 978-7-307-05979-5

Ⅰ.涉…　Ⅱ.湖…　Ⅲ.涉外案件—民事诉讼—管辖权—研究
Ⅳ.D997.3

中国版本图书馆 CIP 数据核字(2007)第 164625 号

责任编辑：田红恩　　责任校对：程小宜　　版式设计：詹锦玲

出版发行：**武汉大学出版社**　(430072　武昌　珞珈山)
(电子邮件：wdp4@whu.edu.cn　网址：www.wdp.com.cn)
印刷：武汉中科兴业印务有限公司
开本：720×1000　1/16　印张：32　字数：523 千字　插页：1
版次：2008 年 3 月第 1 版　　2008 年 3 月第 1 次印刷
ISBN 978-7-307-05979-5/D·773　　定价：42.00 元

序

与普通的非涉外民商事案件相比，涉外民商事案件审判过程中需要解决的特殊问题，除了法律适用之外，主要就是一些程序性问题了，其中管辖权问题可谓首当其冲。正因为管辖权问题的重要和各国的重视，才导致有关管辖权的国际统一法运动久久不能取得令人满意的进展。海牙国际私法会议长达十年的民商事管辖权和外国法院判决承认与执行的项目最后仅通过了一妥协性的文本——《选择法院协议公约》，这进一步说明，与管辖权有关的问题是一个充满歧义、理论艰深的问题，各国法律制度和司法实践的差异，以及深藏其后的现实经济利益的冲突，都使得管辖权问题的国际协调充满曲折和艰辛。《选择法院协议公约》的通过，并不意味着对涉外民事诉讼中的管辖权问题的研究的终止，相反，谈判过程的艰苦和最终文本的明显的妥协性质，表明对这一问题存在进一步深入研究的必要。

本书是司法部课题的最终研究成果。课题组成员大多是站在司法实践第一线的法官，他们有他们看问题的视角。此外，课题组成员中还有从事国际法教学和科研的专家。本成果试图在三个方面转换角度观察司法实践中的一些现象：

第一，管辖权的“纵向冲突”。依照传统观念，管辖权问题是诉讼程序中的第一道“门槛”，目前有关管辖权冲突的研究都是从这一角度进行的，着眼于各国应如何避免同一涉外民商事争议在不同国家之间分别成讼形成“打架”的局面。这一角度无疑是正确的。如果说目前学者所关注的管辖权冲突是一种在各国法院门前的冲突，是在程序起点处的“横向的冲突”，那么，同一案件在各国之间于不同诉讼环节所形成的冲突则是一种“纵向的冲突”。“横向冲突”所关注的是同一案件在不同国家法院、同一环节即立案环节的冲突，而“纵向冲突”关注的是同一案件在不同国家法院、不同环节的冲突。例如，A 国法院依照条约委托 B 国法院协助向 B 国人送达开庭传票，B 国法院虽然对待送达文书一般只作形式审查，但如果B国法院认为事涉其本国的公共利益，或者认为争讼事宜涉及B国的专属管辖权，有可能不予协助，并在将来对于A国法院的判决不予承认和执行。若B国人可供执行的财产主要在B国，那么，A国法院对该案行使管辖权的实际效果无疑大打折扣。1965年海牙送达公约第13条虽规定了东道国法院不得仅以送达所涉及的案件违反东道国专属管辖权为由对外国法院关于协助送达的请求予以拒绝，但是，这一规定只能约束成员国，公约的非成员国仍可以此为理由拒绝协助送达，并在将来拒绝承认和执行外国法院的判决。可以说，与管辖权有关的问题几乎贯穿涉外诉讼程序的始终。如果理解得当，一件典型的涉外民商事案件实际上是由两个或者两个以上的国家在共同行使管辖权，只是行使管辖权的阶段和介入的深浅程度不一样。

第二，对管辖权的扩张理解。涉外司法实践表明，对现行的管辖权概念应作扩大理解，应拆除国际私法、民事诉讼法之间对管辖权问题理解的藩篱，破除民诉法内主管、管辖权、审判权等概念之间的区隔。不论案件是否具有涉外因素，在诉讼中，管辖权就是指法院的司法权力，现行民诉法上"受理第一审案件的分工"这一对管辖权的界定只是指法院行使管辖权的依据（jurisdiction basis），实为管辖权的下位概念。在现行法条中，在司法操作实践中，均可以看到管辖权概念可以作广义理解的实证。在诉讼的每一个具体环节中，从最初的立案审查、开庭传票的送达及域外取证的进行，无不涉及他国的司法管辖权问题，明显地包含着管辖权因素。例如，在涉外送达程序中，不仅包含着属地管辖的基本原理，也蕴涵着属人管辖的相关因素，还蕴涵着审级管辖的考虑等。此外，对其作广义理解也符合语言哲学的一些基本原理。

第三，管辖权与实体法的关联。一般说来，管辖权问题主要是一个程序性问题，与当事人讼争的实体权利义务关系不大。这一思路在立法和司法实践中都有明显体现。但是，在司法实践中，对这一问题的理解不应过于僵化。一般说来，对于与管辖权规则有关的实体问题，法院应进行深入审查。例如，若原告以"被告住所地"为依据向被告住所所在地法院起诉，法院至少应该对被告住所的基本情况这一实体问题进行审查；又比如，若原告以"借款合同履行地"为依据提起诉讼，法院至少应对借据或借款合同是否存在、讼争的法律关系是否为借贷法律关系——因为这完全关系到管辖法院的不同——等最基本的事实作出审查。处理管辖权问题时的实体审查是一种有限审查，确实不宜将审查的触角伸向实体问题的每一个角落，例如，上述例证中，对于被告到底应不应当承担责任以及承担多大的责任，以及债务人被告对于借款金额的多少、责任的大小，等等，不属于处理管辖权问题时的审查范围。有关这方面的例证还很多：又如，最高人民法院经济审判庭曾出台一份司法文件，《关于购销合同的双方当事人在合同中约定的交货地点，但部分货物没有在约定的交货地点交付，如何确定管辖权问题的复函》，仅仅凭这一复函的名称，便可以知道，在解决管辖权问题的过程中，对“购销合同”是否存在以及定性是否准确、是否有“约定的交货地点”及约定是否有效、对“交付”方式及效力的判断、货物是“部分交付”还是“全部交付”等问题，不仅需要作事实方面的查证，甚至需要对法律适用作初步的分析和判断。这些都提示我们，虽然管辖权主要是程序性问题，但与一些纯粹的程序性问题不同，它是实体权利与程序权利的连结点，与实体法的关联不可忽视。

本成果的意义主要体现在：第一，关于课题研究的模式。这涉及理论和实践的相互关系。法学是一门实践性非常强的社会学科，长期以来，我国法学界存在不重视甚至轻视实践的倾向，少数学者不关注现实，习惯于在故纸堆中、在外文资料中寻找法律问题的全部答案。习惯于理论指挥（而非指导）实践，甚至一度出现“理论反对实践”的提法。由于历史的原因，我国司法体制及人员组成固然存在一些不如人意之处，但这并不表明现行司法对中国的正义事业无所作为，一无是处。让理论界真正关注和研究实践，从事实践工作的人员具备初步的理论思维和“难题意识”，这一模式是一种真正有益于法学研究的模式。所以，不论结果如何，实务界的参与以及理论界与实务界的互动，这一研究过程本身就具有积极的意义。第二，关于课题的具体内容。其一，对于涉外民商事诉讼程序中的一些特有问题，作者并不是泛泛而谈，空发议论，而是结合具体的案例——有些案例甚至是作者直接经手处理的——进行讨论，源于切身体会而形成的观点可能会为大家提供另一种启示；其二，某些观点对实践应该有一定指导意义。例如，对于管辖权问题的程序性质和实体性质相互关系的理解，直接关系到法院立案部门的分工。由于过于强调管辖权问题的程序性，忽略其与实体权利的关联，因此目前法院系统的内设机构职责分工上，有关案件管辖权的问题是由立案庭审查决定的，在立案环节的审查只是一种程序性的、形式上的审查，不可能对案情做细致深入的了解。但是，有些案件的管辖权问题非常复杂，如果不深入了解案情不可能对管辖权问题做出正确判断。例如，对于涉外仲裁条款有效性的判断，甚至有可能历经三级法院、通过最高人民法院才能作出最终决定。立案庭的审查结果与其后的案件审判庭对同一管辖权问题的理解和处理可能会不一致，实践中已经出现了这样的情况。一般说来，后者因有条件对案情做更全面的了解，因此，将管辖权问题交由直接审理案件的庭来处理可能更符合审判规律。第三，提醒从事涉外审判实践的法官，在涉外民商事案件处理过程中，法官应时刻具备一种“后位思维”，即作为反映整个审判程序“结晶”的裁判文书，如果当事人将来实际申请域外法院的承认和执行，必须经得起异国法院的苛刻审查。从某种程度上讲，异国法院所审查的对象不仅仅是当事人的行为，也是作出裁判的法院的行为，其审查重点主要集中于程序性问题。由于法律冲突的存在，在涉外案件的审理过程中，不仅要注重程序问题处理的合法性，亦要注意程序的合理性。

由于项目主持人是第一次主持部级科研项目的研究，经验比较欠缺，还存在诸多不足之处。最主要表现在三个方面：第一，由于参与项目人员相对较多，而且参加人员涉及实务界和理论界，在人员协调和工作安排方面还有很多值得改进之处。第二，由于经验不足，同时加上一些客观原因，本项目的实际研究时间较最初合同约定的时间要长。虽然对于项目的延期申请司法部给予了书面同意，但这仍然给司法部的项目管理工作带来了不便，这些都是今后有待解决的问题。第三，由于水平有限，成果的细微结构体系还有待进一步完善，有的观点还有待进一步深入研究。

不揣冒昧，以此为序。

韩德培

2008 年 1 月 7 日

目　录

第一章 管辖权概说——以民事诉讼为基点

第一节 歧义的管辖权观

一、引言

诉讼的原始功能是把冲突从暴力的水平转移到语言和话语的水平,①因此,语言在法律工作中的重要性无论怎样被强调都是不过分的。英国著名法官丹宁勋爵对此有过切身体验,并作出了深刻的总结:“要想在与法律有关的职业中取得成功,必须尽力培养自己掌握语言的能力。语言是律师的职业工具。当人家求你给法官写信时,最要紧的是你的语言。你希望使法官相信你的理由正确,所依靠的也正好是你的语言。当你必须解释成文法的某一款或者规章的某一节时,你必须研究的还是语言。你一定要靠分析语言,才能发现句子的含义,并且要逐字逐句地分析,直到最后一个音节。”②

概念是语言运用中最基本的组成要素,对语言的分析无论如何也离不开对概念的深层剖析。现实社会日益复杂,为此,法学界匆忙应对,以致现今的法学理论日益艰涩,语义日益精微,在构筑探讨问题的平台时,对相关概念的界定和剖析便显得尤其重要。③ 虽然法根植于现实社会,但法

① 参见杜小真编:《利科北大讲演录》,北京大学出版社 2000 年版,第 5 页。

② [英] 丹宁勋爵著:《法律的训诫》,杨百揆等译,法律出版社 Butterworths1999 年版,第 3 页。

③ 例如,前些年我国出现的系列知假买假诉讼案中,对“消费者”这一概念的不同理解,导致判决结果完全不同。实际上,类似的仅仅因概念理解问题而左右判决结果的案件在司法实践中并不鲜见。而因法律行为性质歧义引发的概念之争简直就是日常司法工作的一部分。在国际条约的制定过程中,关于法律概念的争论甚至可以决定条约本身的命运。

的世界本身几乎是一个由原则、规则和具体概念组成的纯粹的主观世界，其中，概念乃该主观世界之基本因子，乃构建法学大厦之砖瓦，缺少了基本概念的存在，法学大厦不过是海市蜃楼。对任何法的原理、原则和规则的探讨，归根结底离不开对基本概念的把握。是故，概念的界定有助于我们更好地把握法的意义，进而掌握其原则、规则。

但与此相矛盾的是，在很多情况下，概念的准确界定实际上是一件非常困难的事情。一位头顶光亮的男士，显然属于秃头之列；头发蓬乱的另一位则显然不是；但问题在于第三个人，只是在头顶的周边有些稀稀落落的头发，如果他是否算秃头被认为是重要的或者任何实际结果取决于此的话，围绕秃头与否的争论就可能延绵不绝。①

可是，在我国民事诉讼法学领域，有关概念的准确界定似乎又不成其为问题。以管辖权这一概念为例，我国大多数民事诉讼法教科书和论著所作界定几乎高度一致甚至只字不差。依照通用的界定，“民事诉讼中的管辖权”是指各级法院之间和同级法院之间受理第一审民事案件的分工和权限。② 而“涉外民事诉讼中的管辖权”则是指一国法院对具有涉外因素的民事案件的审判权限和各级人民法院受理第一审民事案件的分工和权限。③ 可见，有关涉外民事诉讼中管辖权的界定，除了对“涉外”二字略有交代外，其余与“民事诉讼中的管辖权”并无二致。由此可见，在民事诉讼法学者的眼中，秃头与否的问题并不存在讨论的空间。

然而，无需跨出法学的圈子，民事诉讼法学者只需在法学的其他领地稍作巡游，便会发现，事情并非想象的那么简单。例如，同样的“涉外

① H. L. A. HART, *The Concept of Law*, Oxford University Press 1961. p. 4.

② 参见江伟主编：《民事诉讼法学》，高等教育出版社 2004 年版，第 61 页；谭兵主编：《民事诉讼法学》，法律出版社 2004 年版，第 130 页；叶自强著：《中国民事诉讼法》，法律出版社 2004 年版，第 51 页。另可以参看李祖军主编：《民事诉讼法学论点要览》（法律出版社 2001 年版）一书所收集的不同教材、著作和工具书对管辖权的界定。

③ 参见叶自强著：《中国民事诉讼法》，法律出版社 2004 年版，第 476 页；章武生主编：《民事诉讼法学新论》，法律出版社 2002 年版，第 576 页；王怀安主编《中国民事诉讼法教程》，中国政法大学出版社 1996 年版，第 487 页；江伟主编的高等教育出版社和北京大学出版社 2000 年版教材中亦持此观点（详见该教材第 399 页）。

民事诉讼中的管辖权”，仅因研究学者分属领域的不同，其界定完全是另外一番景象。在国际私法学者看来，“涉外民事诉讼中的管辖权”是指一国法院或具有审判权的其他司法机关受理、审判具有国际因素或涉外因素的民事案件的权限。在功能上，“涉外民事诉讼中的管辖权”以一个国家的所有法院作为整体单位，只解决案件在不同国家法院之间的确定管辖问题，如美国法院、中国法院等，至于国别问题解决之后，具体由该国的哪一个具体法院来审理，则依“民事诉讼中的管辖权”的相关规则来解决。所以，除了界定的不同外，国际私法学者对涉外民事诉讼中的管辖权所具有的功能的看法也完全不同于民事诉讼法学者。① 正如有国际私法学者所归纳的，国际私法上所谓的管辖权不仅同国际法上的管辖权有着严格区别，而且同国际法院所具有的国际管辖权也是有区别的，与国内民事诉讼的管辖权亦不尽相同……总之，在法律上，管辖权一词有几种不同的含义。② 此时，由于学科藩篱的搅合，秃头与否的界限开始模糊起来。

问题还在延续。“在英美的民事诉讼法中，民事审判权与民事案件的管辖权是同义语（Jurisdiction）”,③“美国法意义上的管辖权与我国管辖权的概念差异很大，为了避免概念混淆，本文将美国管辖权称为司法权”。④“Jurisdiction”一词，我国学者通常都将其译为管辖权。在我国，司法权与诉讼法中的管辖权这两个概念虽有关联，但其间的区别更甚。既然翻译过来的管辖权与本土的管辖权概念差异很大，为什么不在本土的其他概念中寻找含义相同的替代词？此时，由于比较法的加入，对秃头形势的判断变得更为扑朔迷离。

似乎有学者仍然觉得上面的解释还不够完美，想给出一个更为周全的论证，认为“国际民事裁判管辖权是指在具有司法权的前提下，一国法

① 参见黄进主编：《国际私法》，法律出版社 1999 年版，第 888 ~ 889 页。实际上，国际私法学者更多地使用“国际”而非“涉外”一词，实际上两者并无本质的区别，笔者宁愿将其视为不同学科领域学者语言使用偏好的不同。

② 参见董立坤：《国际私法论》（修订本），法律出版社 2000 年版，第 158 ~ 159 页。

③ 王福华：《新时期改造我国民事审判权的若干思考》，载《烟台大学学报》（哲学社会科学版）2000 年 4 月，第 145 页。

④ ［美］哈里·爱德华兹著：《爱德华兹集》，傅郁林等评译，法律出版社 2003 年版，第 103 页。

院对具体的涉外民事案件是否具有管辖权，一个国家具有公法意义上的管辖权，并不意味着国家对所有涉外案件都具有民事裁判管辖权，以何标准来划分涉外民事案件的管辖权是国际民事诉讼法的内容。国际裁判管辖权又分为一般管辖权和特别管辖权，一般管辖权是指哪个国家的法院具有管辖权的问题，也就是国际裁判管辖权，在德国也被称为抽象的管辖权。所谓特别管辖权，是指在一国之内哪个法院具有管辖权的问题，也就是国内管辖权，在德国被称为具体的管辖权。关于一般管辖权，又有两种含义：一种是本国法院所具有的审理涉外民事案件的管辖权，该管辖权又被称为直接的一般管辖权；另一种就是作为承认外国法院判决的条件，外国法院所具有的案件管辖权，该管辖权被称为间接的一般管辖权。"① 在这一界说中，"司法权"、"公法意义上的管辖权"、"国际民事裁判管辖权"、"涉外民事案件的管辖权"、"一般管辖权"、"特别管辖权"、"具体的管辖权"、"抽象的管辖权"、"直接的一般管辖权"、"间接的一般管辖权"等用语在如此紧凑的篇幅中被集中抛出用于解释管辖权的有关问题，着实令读者有目不暇接之感。

笔者并不反对语意的多样性，作为社会语言的一部分，法律语言同样应该具有丰富性和灵活性的特点。但是，对于管辖权这一法学领域的基本概念，仅因学科领域分工的不同而被区分为如此之多的样态，被作出如此不一的解说，确实令人心生好奇。综而观之，造成上述混乱的原因可能在于：一方面，在比较法领域对概念对应翻译问题的重视严重不足。我国学者普遍认识到大陆法系国家"competence"与英美法系国家"jurisdiction"一词具有不同的含义，但又同时使用"管辖权"一词无区别地指称这两个概念。另一方面，在国内诉讼法领域，存在家族相似的现象。面貌相似的主管、管辖权和审判权三个家族成员虽然在理论上区别有致，但在实际使用中并未作严格区分。由于这些因素的共同作用，使得其间的差异被放大，从而呈现出一种混乱的局面。

科宾先生认为，有一种非常普遍的错误假设，认为法律术语一定有一个绝对正确和永远正确的定义。而事实是，所有这样的术语都有诸多用法，每一个人都可以随意地从中选择。只有在满足我们需要和方便的范围

① 李旺：《国际私法新论》，人民法院出版社 2001 年版，第 478 ~ 480 页。

内，一种用法才优先于另一种用法而被采用。① 科宾先生对于法学概念的界定不无启发。在对某一术语作出界定时，角度或者侧重点甚至根本理念的歧义的确是学术争论中的常态，由于“法院管辖权问题至今仍未很好地解决，还不能对它给出一个确定的、清楚的定义”②，故而，对管辖权及其相关的问题还存在充分的研究余地。

维特根斯坦曾有过一个著名的论断：哲学是由于误用语言而产生的理智上的混乱，如同我们的身体不适，是一种精神上的不适，是理智生病的结果。当语言被正确地使用时，是不可能产生哲学问题的。哲学问题的病因尚且如此，法学领域的有关问题——例如上述管辖权问题能够例外吗？

二、泾渭分明的阵营

（一）学界重视程度及重视侧重点的差异

近几年，民事诉讼法的热点问题如程序正义、证据规则、民事审判权、民事诉讼基本结构等不断成为学界关注的焦点，使得诉讼法学一时成为法学中的显学。然而，在这些热点问题中，管辖权问题所吸引的注意力显然并不充分。与民事诉讼法对管辖权问题的忽视形成鲜明对比的是，国际私法学界对管辖权问题的重视，随着海牙国际私法会议《民商事管辖权和外国判决公约》的起草、成型和最终不甚成功地通过而一度形成研究热潮。管辖权问题在民事诉讼法学界和国际私法学界明显存在不同“待遇”，这是否意味着管辖权问题在国内民事诉讼中处于一种无关紧要的地位？或者这意味着涉外民商事诉讼中的管辖权问题比国内诉讼更为重要？恰恰相反，几乎所有有关管辖问题的论述均认为，对民事案件拥有管辖权是法院对该案作出判决的前提条件，管辖权乃民事诉讼得以成立的首要外在条件，无管辖便无民事诉讼。当然，由于涉外因素的加入，涉外民事诉讼中的管辖权问题必然较国内民事诉讼中的管辖权问题更为复杂，在所有介绍涉外民事诉讼程序的著作中，有关管辖权的内容一般都占据相当大的比重。在中国国际私法学会草拟的学术性“立法文本”——《中华

① 参见［美］A. L. 科宾著：《科宾论合同》，王卫国等译，中国大百科全书出版社 1997 年版，第 8 页。

② 萨瑟：《国际民事诉讼法》，第 292 ~ 293 页，转引自李双元、谢石松著：《国际民事诉讼法概论》，武汉大学出版社 2001 年版，第 171 页。

人民共和国国际私法示范法》中，管辖权规则所占据的条款数量几乎占据示范法所有条款数量的四分之一。但是，涉外民事诉讼程序是一国国内民事诉讼程序的有机组成部分，其管辖权规则纵然较国内民事诉讼复杂，但毕竟是以国内民事诉讼中的管辖权为基础，两者之间不可能存在本质的区别。①

我国民事诉讼法中的管辖一词，似乎已经成为一个毋需作过多解释的基本概念。理论界——包括民事诉讼法学界和国际私法学界，一方面很方便地使用着管辖权一词，另一方面对于管辖权的有关问题，却极少在理论上进行深入探讨。目前所见的对管辖权的讨论大多局限在制度层面，比如某具体案件到底应由何地何级法院管辖，某管辖依据的立法设定是否合理等，即仅涉及具体的管辖权依据。理论界在对管辖权赋予如此重要的意义和任务的同时，对管辖权基本理论所给予的重视程度却严重不够。② 我国学界对管辖权概念的高度认同的现状，绝不意味着管辖权的相关理论问题没有进一步探讨的必要，相反，对管辖权问题的深入探讨不仅有助于加深对管辖问题本身的理解，而且可以帮助我们从另一个角度重新理解民事诉讼的基本结构、民事诉讼的本质以及法院的基本作用。

（二）形式上的两分性

非涉外民事诉讼中的管辖权与涉外民事诉讼中的管辖权这两个概念，在我国似乎呈现出一种平行的状态，主要表现在：

第一，语言使用习惯上，民事诉讼法中如果没作特别说明，管辖权一词一般是指不具有涉外因素案件的管辖权，而具有涉外因素案件的管辖权，一般专称为涉外民事诉讼中的管辖权。③

第二，不同学科对管辖权的介绍表现出明显的差异性。国际私法学者所研究的管辖权仅限于涉外（或国际）民事诉讼管辖权，而对于非涉外民事诉讼中的管辖权基本不作介绍，认为它只是一个国内管辖权的问题，

---

① 例如，有的学者在论述正确确定民事案件管辖权的意义时，在篇章结构的安排上并不区分是否涉外，对涉外民事案件的管辖权的确定所具有的意义一并作了论述。参见谭兵主编：《民事诉讼法学》，法律出版社 2004 年版，第 130 页。

② 即使是在国际私法学界，对管辖权问题的研究也仅限于具体的管辖规则，而对管辖权的性质等基础理论的研究也很少见。

③ 事实上，只要稍作比较，就可以发现这一表述习惯在很多教材、专著和论文中都存在。

完全属于该有关国家内国民事诉讼法所涉及的内容，而不是国际民事诉讼管辖权问题中所要探讨的范畴。① 其只有在论述涉外民事诉讼管辖权的特殊性，将非涉外民事诉讼管辖权作为参照物进行对比分析时才有所提及，而对于两种管辖权之间的关联，并没给予充分的介绍和论述。民事诉讼法学虽然同时介绍两种管辖权，但对于非涉外民事诉讼管辖权，其介绍系统而全面，在篇幅上占据绝对优势，而对涉外民事诉讼中的管辖权，只是作补充介绍，且介绍的侧重点仅在于其特殊之处。在民诉法学看来，涉外民事诉讼中的管辖权问题并未脱离非涉外民事诉讼管辖权的窠臼，前者只是后者的一种特殊形态，两者之间是一般与特殊的关系。

第三，与立法体例相适应，大多数民事诉讼法学教材在篇章结构安排上，一般将涉外民事诉讼单独成篇，涉外民事诉讼管辖权的介绍是其中最为重要的问题之一。就全书结构体例而言，两种管辖权很明显呈现出一种平行架构。诚然，送达程序、期间等非涉外程序中共有的制度在涉外程序中也有专门介绍，在结构上也具有平行的特征，但就介绍内容而言，仅涉及具体规则的不同，如外方当事人上诉期限为30天，涉外送达可以通过司法协助途径进行等，除此之外，其基本原则、基本概念等在两类程序中并无二致。而涉外民事诉讼中的管辖权，不仅其概念与非涉外管辖权不同，而且在基本原则、基本功能、基本规则以及学者们对其赋予的意义等方面，两者均不相同，表现出一种实质上的差异。具体区别笔者将作如下论述。

（三）实质上的差异

笔者无需作过多的分析，仅仅通过学者们对相关问题的表述，即可知在学者们看来，涉外与非涉外管辖权的差异不仅表现在形式上，而且表现在基本原则和基本类型、功能及意义等诸多方面。

1. 基本原则的差异。学界对确定非涉外管辖权的各项原则在认识上比较一致，主要集中于两便原则、保证人民法院工作均衡负担原则、确定性与灵活性相结合原则等。② 相对而言，对涉外管辖权原则的确定，学界

① 参见韩德培主编：《国际私法》，高等教育出版社、北京大学出版社2000年版，第423页。

② 参见江伟主编：《民事诉讼法学》，高等教育出版社2004年版，第62～63页；谭兵主编：《民事诉讼法学》，法律出版社2004年版，第130～131页。

的认识却表现出高度分散性，不论是民诉法领域还是国际私法领域，几乎每位学者都有自己的见解。仅就笔者掌握的有限材料初略计算，学者们给出的原则竟有十余条之多，① 包括属地管辖原则、属人管辖原则、实际控制管辖原则、专属管辖原则、协议管辖原则、诉讼与法院所在地实际联系原则、尊重当事人原则、维护国家主权原则、保护当事人利益原则、维护国家主权和公共利益原则、尊重国家主权原则、平等互惠协调原则、便利诉讼原则、意思自治原则、公正解决争议原则等。由于这些原则中的大多数与非涉外民事诉讼管辖权的确立原则并不相同，相关度也并不紧密，因此可以视其为有别于非涉外民事诉讼管辖权而独立存在的原则。

2. 概念不同。如前所述，非涉外民事诉讼管辖权的界定，主要是民事诉讼法学者在进行，涉外民事诉讼管辖权的研究则主要由国际私法学者进行，但其在民事诉讼法研究领域也有所涉及。在民事诉讼法领域内，有关非涉外民事诉讼管辖权的界定高度一致：是指确定各级人民法院之间和同级人民法院之间受理第一审民事案件的分工和权限。值得注意的是，如果说 20 世纪八九十年代我国出版的有关民事诉讼法的教材、专著和工具书对非涉外民事诉讼管辖权的界定还存在细微的、形式上的差异，那么最近出版的几本教材和著作对非涉外民事诉讼管辖权的界定统一到了一字不差的地步。② 相对于非涉外民事诉讼管辖权界定的高度一致而言，学者们对涉外民事诉讼管辖权的界定明显表现出歧异性：

第一，同样是以学科领域为界，由于非涉外民事诉讼管辖权的概念在民事诉讼法学者的观念中已经根深蒂固，因此一些民事诉讼法学者对涉外民事诉讼管辖权的界定带有浓厚的非涉外民事诉讼管辖权界定的色彩，认为其是指一国法院对具有涉外因素的民事案件的审判权限和各级人民法院

① 参见徐卉著：《涉外民商事诉讼管辖权冲突研究》，中国政法大学出版社 2001 年版，第 14～18 页；刘力著：《国际民事诉讼管辖权研究》，中国法制出版社 2004 年版，第 24～27 页。

② 参见江伟主编：《民事诉讼法学》，高等教育出版社 2004 年版，第 61 页；谭兵主编：《民事诉讼法学》，法律出版社 2004 年版，第 130 页；叶自强著：《中国民事诉讼法》，法律出版社 2004 年版，第 51 页。相关比较，可以参见李祖军主编：《民事诉讼法学论点要览》（法律出版社 2001 年版）一书所收集的不同教材、著作和工具书对管辖权的界定。

受理第一审民事案件的分工和权限。①

第二，民事诉讼法学者的涉外管辖权观实际上涵盖了国际私法学界所作的界定。因为，在国际私法学界看来，涉外民事案件受理法院的最终确定有赖于涉外民事诉讼管辖权规则和非涉外民事诉讼管辖权规则的相互配合。但是，民事诉讼法学者的界定却将涉外民事诉讼中最终的具体管辖法院进行一次定位。他们认为：涉外民事诉讼管辖权似乎只是非涉外民事诉讼管辖权的一种补充，确定一国国内具体的受案法院是涉外民事诉讼管辖权概念中当然的应含之义，是解决法院的国别问题之后自然要解决的附随问题，根本不需另行借助非涉外民事诉讼管辖权概念。

第三，民事诉讼法学者所作界定的重点在于强调案件的涉外因素，而不是管辖权概念本身。至于民事诉讼法学者提及的涉外民事诉讼管辖权的特有类型、功能、意义等，在有关涉外民事诉讼管辖权的界定中并未得到体现，甚至还存在一些相互冲突之处。例如，有民事诉讼法学者一方面认为非涉外民事诉讼管辖权主要研究和解决我国人民法院对该案有无司法管辖权的问题，“而不是研究和解决人民法院审理第一审民事案件的分工和权限”；另一方面在界定时又认为涉外民事诉讼管辖权“是受理第一审涉外民事案件的范围和权限”。② 更多的民事诉讼法学者在介绍涉外民事诉讼管辖权的功能、意义时只字不提“一审的分工与权限”等非涉外民事诉讼管辖权所“特有”的问题，但在界定时却将之抛出，只要稍作细致分析即可发现其中不和谐之处。相反，国际私法学界的界定则明显坚持一贯的风格，着眼于国家司法权的高度，并不拘泥于非涉外民事诉讼管辖权中的地域、审级等细节问题。

第四，即使是在国际私法学研究领域之内，界定也存在角度的不一。

① 参见叶自强著：《中国民事诉讼法》，法律出版社 2004 年版，第 476 页；章武生主编：《民事诉讼法学新论》，法律出版社 2002 年版，第 576 页；王怀安主编：《中国民事诉讼法教程》，中国政法大学出版社 1996 年版，第 487 页。江伟主编的高等教育出版社和北京大学出版社 2000 年版教材中亦持此观点（详见该教材第 399 页）；但是，最近有民诉法学者的观点出现了向国际私法学者的观点靠拢的趋向。参见江伟主编：《民事诉讼法学》，高等教育出版社 2004 年版，第 528 页。

② 王怀安主编：《中国民事诉讼法教程》，中国政法大学出版社 1996 年版，第 487 页。

有学者是从权力本位的角度出发，① 强调管辖权的资格属性和权力属性，认为涉外民事诉讼管辖权是指一国法院根据本国缔结的或者参加的国际条约和国内法对特定的涉外民事案件行使审判权的资格或者权力。也有学者从权力限制的角度出发，认为涉外民事诉讼管辖权是指一国法院或具有审判权的其他司法机关受理、审判具有国际因素或涉外因素的民事案件的权限。

3. 管辖权类型的差异。根据学者们的通常表述，涉外与非涉外民事诉讼管辖权在类型上也表现出不一致。一般而言，非涉外民事诉讼管辖权一般被划分为级别管辖、地域管辖、移送管辖、指定管辖、专属管辖、协议管辖等类型。将非涉外民事诉讼管辖权划分为上述这些类型，学者们的认识基本上是一致的。而且这些类型可以与我国民事诉讼法的法条直接对应。但是，由于分类标准的不一，学者们对于涉外民事诉讼管辖权的类型所作的表述，较非涉外民事诉讼管辖权丰富得多。② 其主要包括普通地域管辖、特殊地域管辖、协议管辖、专属管辖及其他特殊案件的管辖；普通管辖权和特别管辖权、专属管辖权和协议管辖权、平行管辖权和合并管辖权；普通管辖和特别管辖、专属平行和排除管辖、强制管辖和协议管辖；对人诉讼管辖权和对物诉讼管辖权、属地管辖权和属人管辖权、专属管辖权和任意管辖权、强制管辖权和任意管辖权、强制管辖和协议管辖；一般管辖、特殊地域管辖诉讼竞合及其管辖、协议管辖、专属管辖、关于涉及国外华侨和港、澳、台同胞民事案件的管辖；特殊地域管辖、协议管辖、专属管辖、涉外民商事案件的集中管辖。

4. 功能上的差异。在我国，很多学者都认为，非涉外民事诉讼管辖权的功能有二：首先，让主管制度落实，确定法院审判权的适用范围；其次，将审判权在不同地域、不同级别的法院之间进行定位和分配，从而顺利开启诉讼程序。而涉外民事诉讼管辖权的确定，只解决某一特定的国际民商事案件究竟应由哪一个国家的法院管辖的问题。至于在确定了由哪一

① 参见董立坤：《国际私法论》（修订本），法律出版社 2000 年版，第 158～160 页。

② 参见李双元主编：《国际民商事诉讼程序导论》，人民法院出版社 2004 年版，第 37～40 页；韩德培主编：《国际私法》，高等教育出版社、北京大学出版社 2000 年版，第 424～425 页。

国法院管辖之后，该案件应由该国哪一类法院，或者哪个地方的法院来审理的问题，则是一个国内管辖权的问题，完全属于该有关国家国内民事诉讼法的内容，而不属于国际民事诉讼法的范畴。依照当前的观点，涉外民事诉讼管辖权是国际民事诉讼法领域所特有的现象，其行使归属于一国全体法院，而非某个国家内的某一特定法院，在一国的全体法院都以整体的名义享受该管辖权后，再通过非涉外民事诉讼管辖权的相关规则，从地域、级别和种类上最终决定具体的适格法院。①

依照上述观点，涉外民事诉讼管辖权的功能存在以下特点：第一，涉外民事诉讼管辖权的不完整性。涉外民事诉讼管辖权制度在民事诉讼法上既不解决地域管辖问题，也不解决级别管辖问题，只解决国际法上国家司法权的归属问题。而在我国，民事案件只有通过横向的地域管辖和纵向的级别管辖这一最基本的坐标定位，有时还需再加上移送管辖、指定管辖等辅助性方式，才可最终确定具体的管辖法院。但依照目前的观点，涉外民事诉讼案件管辖权的确定却明显存在一个先国别、后具体法院两次定位的过程，涉外民事诉讼管辖权规则只解决国别问题，对如何落实具体的国内法院，不可避免地需借助非涉外民事诉讼管辖权规则。因此，仅仅凭涉外民事诉讼管辖权规则还不能为某一具体涉外民事案件提供最终的管辖权解决方案，而非涉外民事诉讼案件因不涉及国与国之间司法权的争夺或协调，其管辖权规则自身即是如何确立适格法院的规则。故而，相对于非涉外民事诉讼管辖权而言，涉外民事诉讼管辖权表现出一种功能上的不完整性。第二，涉外民事管辖权的非独立性。无论是涉外民事案件还是非涉外民事案件，其适格法院的确定均需通过非涉外民事诉讼管辖权规则的应用，而涉外民事诉讼管辖权规则只应用于涉外民事案件场合，而且只能有限解决管辖法院的问题。从某种程度上讲，涉外民事诉讼管辖权规则不具备独立存在的价值，其存在必须以非涉外民事诉讼管辖权规则为依托，因此，较非涉外民事诉讼管辖权而言，涉外民事诉讼管辖权在功能上表现出

① 参见韩德培主编：《国际私法》，高等教育出版社、北京大学出版社 2000 年版，第 423 页；徐卉著：《涉外民商事诉讼管辖权冲突研究》，中国政法大学出版社 2001 年版，第 9～10 页；另可参见董立坤：《国际私法论》（修订本），法律出版社 2000 年版，第 159 页；王怀安主编：《中国民事诉讼法教程》，中国政法大学出版社 1996 年版，第 487～490 页。

较强的非独立性。

5. 确定管辖权的意义不同。在我国，学者们对涉外民事诉讼管辖权与非涉外民事诉讼管辖权的确定赋予了不同的意义。关于非涉外民事诉讼管辖权的确立，集中而又具有代表性的表述包括：使审判权得到落实、使诉讼顺利开始；有利于当事人行使诉讼权利；明确法院的受案分工和权限，防止因管辖权不明而发生争抢或推诿；有利于上级法院对下级法院在管辖问题上进行监督等。① 而对于涉外民事诉讼管辖权的意义，相关表述则集中在三个方面：其一，是一国法院审理涉外民事案件的前提；其二，与国家主权和尊严的维护有关；其三，关系到案件的判决结果，从而直接影响到当事人的合法权益。② 总体而言，确定非涉外民事诉讼管辖权的意义着眼于微观，遵循司法活动固有的规律；而涉外民事诉讼管辖权则着眼于宏观，立足于国与国之间司法权的高度。

在这三层意义中，前两层意义尚能与涉外管辖权的功能直接对应，但是第三层意义则显得牵强附会。首先，按照目前的观点，既然涉外民事诉讼与非涉外民事诉讼管辖权在诉讼进程上存在明确的分工，那么，决定案件具体审判法院的是非涉外民事诉讼管辖权规则，涉外民事诉讼管辖权规则在这一过程中只解决了法院的国别问题，或者说前提性问题，判决不可能由一国的整体法院作出，而只可能由一国某一具体的法院作出。即便涉外民事诉讼管辖权成为影响判决结果的原因，其也只可能是间接原因，而非直接原因。如果说第三层意义能够成立，那么其暗含着的前提是，一国国内的任何一个法院，对该涉外民事案件的判决结果一定一致。实际上，在判例作用不明显的国家，一国国内的不同法院对同一案件的判决结果有可能不一致，此时影响判决结果的不是国别问题，而是一些常规的因素，如法官个人见解的不同等。其次，这一论断显然未考虑同一法系的国家在程序法和实体法上所具有的共性，而过分强调了国家与国家之间法律的区

① 实际上，类似表述在我国民诉法教材上比比皆是。

② 参见徐卉著：《涉外民商事诉讼管辖权冲突研究》，中国政法大学出版社2001年版，第9~14页；叶自强著：《中国民事诉讼法》，法律出版社2004年版，第476页；谭兵主编：《民事诉讼法学》，法律出版社2004年版，第559页；韩德培主编：《国际私法》，高等教育出版社、北京大学出版社2000年版，第425~426页；江伟主编：《民事诉讼法学》，高等教育出版社2004年版，第526页；章武生主编：《民事诉讼法学新论》，法律出版社2002年版，第576页。

别。模仿律的作用和比较法的发展，使得现代文明国家的法律理念日趋接近，对不同法系中的特殊制度在态度上的包容度也日益增高。再次，涉外案件中当事人对管辖权的关心，更主要是出于对程序延展过程的熟悉和最终判决结果的可预期性。当事人都希望他能够对所面临的诉讼作出合理的风险预估，而不希望陷入不可知的境地。期望不同国家对相同类型争议的处理结果高度接近是不现实的，不过，这种处理结果的差异大多只是一种量的差异。事实上，如果对同类性质的案件处理结果仅仅因国家的不同而大相径庭，那么国际司法协助就不会也不可能发展到目前的状态。

既然在学者们的相关表述中，涉外与非涉外民事诉讼管辖权大至原则、类型、功能、意义，小至规则、概念等均存在不同，因此得出这样一个结论并不困难，即在理论界看来，涉外民事诉讼管辖权与非涉外民事诉讼管辖权是性质不同的两类管辖权。诚如有些学者所指出的，涉外民事讼诉管辖权“与解决了某种涉外民事案件应归哪国管辖的问题后，该国哪一地方、哪一级别或哪一性质的法院能具体受理并判决该种涉外民事案件，是两个虽有关联却是性质不同的两个问题”。有些依据如国籍，是国内管辖权所没有的，同时，涉外民事诉讼管辖权还意味着一国法院可能适用外国法，它往往与维护国家主权相关，是一种国际管辖权。①

（四）司法实践中的对应

在司法实务方面对于两类案件管辖权所作的区别，首先体现在法院内部机构的设置上。考虑到我国加入 WTO 后涉外民商事交往会大量增加，为适应这一形势，最高人民法院在最近的一次大规模机构改革中撤销经济审判庭，确立统一的大民事审判格局，并设立了民事案件审判第四庭，专司涉外商事案件和海事海商案件的审理。地方各级人民法院亦相应建立起专司涉外民事案件的民事审判庭。目前，在法院系统内部，涉外商事案件大多交由涉外审判庭审理，其他民事审判庭只能审理普通的涉外民事案件。其次，两类案件管辖权的区别在案件受理权限方面也有所体现。为保障涉外案件的审理质量，目前我国对涉外民商事案件实行集中管辖，只有一定级别、一定地域的法院才能受理涉外民商事案件，无涉外案件管辖权

① 参见徐卉著：《涉外民商事诉讼管辖权冲突研究》，中国政法大学出版社 2001 年版，第 7～8 页；谭兵主编：《民事诉讼法学》，法律出版社 2004 年版，第 559 页。

的法院不能受理涉外案件，如果已经受理，则应移送到有管辖权的法院。

所以，通过多种因素分析可以得知，涉外与非涉外程序中的民事诉讼管辖权虽处于同一个民事诉讼规则体系之下，却具有高度的两分性。一是涉外民事诉讼管辖权与非涉外民事诉讼管辖权不同，二是非涉外民事诉讼管辖权本身也存在诸多不同。如果说民事诉讼法学界对非涉外民事诉讼管辖权的认识高度一致，呈现出集中性的特征，那么有关涉外民事诉讼管辖权的认识，则因表述各异而表现出高度的分散性。同一概念的界定因学科的分界而呈现出较大差异，从根本上反映了学科之间交流的封闭以及惯性思维的强大。

三、国际统一法运动所遭受的挫折

国际民事诉讼领域的管辖权冲突问题在很大程度上制约了国际民商事交往的进一步发展，为此，国际社会有关民商事管辖权的统一法运动一直不曾停止。以前有关管辖权的国际公约一般是就某类特殊事项进行有限的规范，近期欧盟理事会和海牙国际私法会议为制定国际民商事管辖权普遍性公约所作的努力颇为引人瞩目。虽然欧盟理事会 2000 年 12 月颁布的管辖权公约已经于 2002 年 3 月生效，但其效力只适用于欧盟内部（丹麦除外），还不是一个全球性的规范管辖权问题的多边国际公约，其影响力是有限的。相比之下，海牙国际私法会议自 1996 年将管辖权公约的起草列为优先谈判项目以来，会议所宣称的目标和各国所表现出的决心让人振奋。公约的起草颇费周折，原计划 2000 年对公约进行表决的外交大会一再被推迟，并且最终通过的公约内容与海牙国际私法会议雄心勃勃的初期目标相比，已经大打折扣①。海牙国际私法会议着手的管辖权项目的“遭遇”表明，国际社会对管辖权问题的认识分歧是如此之大，以至于历经十余年仍不能达成妥协。究其原因，是各国整个司法体系和整体法律制度

① 国际私法会议的初期目标是就统一各国民商事管辖权制度和判决的承认与执行制度而制定一个普遍性公约（general convention），但是，当前的草案文本仅就协议选择法院这一管辖依据作了规定，原先“白色清单”、“黑色清单”和“灰色清单”上所列举的各种管辖权依据没有被列入公约条文，最后仅仅通过了一个《排他性选择法院协议公约》。从 1992 年美国代表最先提出提议时起，该项目历时十余年方才完成，与初期的宏大目标相比，最终的实际成果大大缩水。

及司法实践的差异使然，而隐藏在法律条文背后的各国经济利益的冲突，则加剧了对管辖权问题进行协调的困难程度。① 即使能够就某类管辖权依据作出统一规定，法院在行使管辖权的过程中引发的与管辖权有关，但超出管辖权条文以外的其他问题，仍可能带来成员国之间的分歧，并将贬损公约的实际效力。看来萨瑟先生所言的局面直至现在仍未得到较大的改观，至少就国际层面而言，管辖权未得到很好解决的问题至今仍在延续。是故，对管辖权问题的研究，还存在着充分的余地。

第二节 我国民事诉讼法中的管辖权学说和制度

一、研究的出发点——民事诉讼中的管辖权

学术的生命在于不断的追问和创新，但是，追问和创新应该以一定的秩序为基础。因为"我们社会中的普通儿童以及成年人一般更喜欢一个安全、可以预料、有组织、有秩序、有法律的世界，因为这个世界是他所可以依赖的"。② 当事物处于无序、混沌的状态时，人们会努力使其朝着有序的方向发展。在学术领域，这一秩序可能是一个被广为接受的概念，也可能是一个被公认正确的原理。如果未形成基本的秩序，所谓的深入探讨将更多地带有假说的性质，充满猜想和臆断，这可能是自然科学探索者所必备的基本功，而对于社会实践性较强的法学而言则未必适用。

如前所述，在民事诉讼法学的范围内，民事诉讼法学者对管辖权概念的界定，表述几乎是一致的，表现出高度的秩序性。这就为下文的讨论提供了一个坚实的基础。研究民商事纠纷解决渠道问题进而研究管辖权问题的，不外乎国际法学和民事诉讼法学这两个学科领域。国际公法学主要是从国家主权的角度探讨与管辖权有关的问题，因主权问题的高度抽象性，国际公法学中的管辖权规则在具体诉讼制度的运用中，只可能成为原则性条款，而不可能成为直接适用的具体规则。国际经济法学和国际私法学则

① 参见胡斌、田妮：《十字路口的海牙管辖权公约》，载《中国国际私法与比较法年刊》，2002年（第五卷），法律出版社2002年版，第543页。

② ［美］马斯洛著：《动机与人格》，许金声等译，华夏出版社1987年版，第46~47页。

偏重于研究管辖权问题群中的一部分，即具有涉外因素案件的管辖权问题。一般说来，在规则层面，一国司法制度的设计不可能以涉外纠纷的处理为中心，而是以本国纠纷的处理为出发点，与具有涉外因素的纠纷相比，非涉外因素的纠纷在数量上应该占据大多数。相应地，在一国的民事诉讼体系中，有关管辖权规则的设计只可能以普通的非涉外诉讼为蓝本，在此基础上对涉外案件的管辖权规则进行设计。因此，有关涉外案件的管辖权规则，不可能构成一国诉讼管辖权规则的主要部分。既然实践的需要使得国内民事诉讼管辖权规则构成了一国整个民事诉讼管辖权规则的基础，那么，理清一国国内民事诉讼管辖权的现状，并分析其特点和不足，有助于从整体上把握、理解和完善与管辖权有关的制度和理论体系。

二、民事诉讼中的管辖权概说

（一）民事诉讼中的管辖权概念及其功能

我国的审判系统是一个多层次系统，由四个级别、数量众多的人民法院所构成。当事人之间的纠纷一旦成讼，便面临着到哪一个级别、哪一个地方的法院去寻求救济的问题，或者说哪一个级别、哪一个地方的法院可以依法处理该纠纷，这便是民事诉讼中管辖权所要解决的问题。民事诉讼中的管辖权，按照我国诉讼法学界的通说，是指在法院系统内部，确定上下级法院和同级法院之间审理第一审民事案件的分工和权限的法律制度。即确定某一具体的案件应该归哪一个级别的法院，以及同一级别中的哪一个法院来行使民事诉讼法赋予的审判权，因此，民事诉讼中的管辖，又可称为民事审判管辖。① 对于一国国内民事诉讼而言，管辖权的确立是案件是非曲直得以裁断的前提条件，在程序法上扮演着十分重要的角色：

1. 与主管的区分得以进一步明确和落实

作为一个整体，在明确法院与其他国家机关处理相关事项的权限划分后，法院系统内部还存在一个案件的再落实问题。民事诉讼法确定了对不同案件的不同管辖法院，就具体明确了与其他国家机关主管的划分，而法

① 参见谭兵主编：《民事诉讼法学》，法律出版社 1997 年版，第 129 页；柴发邦主编：《诉讼法大辞典》，四川人民出版社 1989 年版，第 198 页。事实上，从国内民事诉讼法教科书和有关辞书上对管辖权的定义可以看出，国内对该概念的认知是高度一致的，基本上未见持异议者。

院对民事诉讼管辖权的行使，则标志着这一划分的进一步落实。

2. 便于明确不同审级、不同地域的法院之间的受案分工和权限

明确诉讼管辖后，可以使各级、各地人民法院各司其职，履行审判职责，避免法院之间争夺管辖权，或相互之间推诿，拒绝行使管辖权等现象的发生，保证民事纠纷得以及时解决。

3. 便于当事人起诉应诉，保障当事人诉讼权利的行使

明确诉讼管辖权，便于当事人依照管辖权的有关规定，直接向有管辖权的法院寻求救济，使其诉权得以具体化，以避免当事人因管辖不明而出现求告无门的现象。

4. 便于立法、司法和社会监督

权力机关对司法部门的司法监督，以及司法部门之间的相互监督，是我国现行司法制度的一个重要特点和基本原则。明确诉讼管辖权，有助于这种监督的实现，确保司法部门公正司法。另外，也便于社会监督，包括党的监督、社会组织的监督、公民的监督、法律职业群体的监督以及新闻舆论的监督。

（二）我国管辖权的确立原则

根据民事诉讼法的规定，并结合相关学说和司法实践，我国民事诉讼管辖权的确立原则，主要有如下几项：

1. “两便原则”。即便利当事人诉讼和便利法院审判的原则。便利当事人诉讼是我国确立民事诉讼管辖的首要原则，也是体现司法为民理念的一条重要原则。根据该原则，确定诉讼级别管辖特别是地域管辖时，应充分考虑当事人起诉、应诉和参与其他诉讼活动的便利性和纠纷解决的及时性。便利法院审判原则要求考虑法院和案件的具体情况，合理确定适格的管辖法院，以保证法院合法、顺利、及时地审结案件。该原则实际上可以看作是便利当事人诉讼的另一种表述。因为，既然便利当事人诉讼是确立诉讼管辖的首要原则，如果无法便利法院的审判，当事人诉讼的便利将是一纸空文。

2. 保证案件公正审理原则。由于经济、文化差异的实际存在，以及专业分工的需要，目前我国法院系统内部还不能实行案件审理的无差别分工。对于一些专业性较强的案件，例如对海事、海商案件，目前民事诉讼法规定还不能由普通法院来管辖和审判，而只能由专门的海事法院处理。又如，因涉外民商事案件在程序和法律适用上有着比普通非涉外民商事案

件更高的要求，对于这类案件，最高人民法院出台的司法解释规定暂时还只能实行集中管辖。众所周知，管辖问题与案件能否得到公正审理密切相关，而在我国司法地方保护主义还时有所闻，不同地域、不同级别法院的整体审判水平还不完全一致的背景之下，管辖问题的妥善处理对于保证案件的公正审理具有重要的现实意义。

3. 均衡分工原则。在我国，由于不同级别的法院职责范围存在不同，其分工也应当体现出适度差别。如对于基层人民法院，因其具有数量多、地域分布广泛、与人民群众贴近等特点，它的主要职责是处理大量普通的民事纠纷，事实上，我国绝大多数普通民事纠纷都是通过基层人民法院解决的。中级人民法院同时具有初审和上诉审的功能，为了协调初审功能和上诉审功能的正常发挥，我国民事诉讼法根据案件的标的大小、影响程度及专业复杂性的不同，对中级人民法院初审案件的管辖规定了一定标准。如果说确定管辖的基点在基层人民法院，那么确定管辖的重点则在于中级人民法院。高级人民法院亦具有初审和上诉审的功能，具体管辖标准民事诉讼法只作了原则性规定。至于最高人民法院，由于其主要功能在于监督和指导下级法院的审判工作，宏观把握全国审判势态，因此，虽然诉讼法上规定其可以受理初审和上诉审案件，但在实际操作过程中，最高人民法院从数量上对其案件的受理作了限定。如果不考虑四级人民法院的职责分工和特点，将所有案件等量分配，就难以保证案件审判质量与效率的统一，不利于诉讼秩序的维护，从而在根本上不利于当事人合法权益的保障。

4. 维护国家司法主权原则。该原则主要体现于涉外民商事案件管辖权的确定。例如，对于管辖权竞合情形，最高人民法院出台的相关司法解释并未规定我国法院在适当情况下可以礼让，相反，该司法解释规定，对于中华人民共和国人民法院和外国法院都有管辖权的案件，一方当事人向外国法院起诉，而另一方当事人向中华人民共和国人民法院起诉的，人民法院可予受理。判决后，外国法院申请或者当事人请求人民法院承认和执行外国法院对本案作出的判决、裁定的，不予准许，但双方共同参加或者签订的国际条约另有规定的除外。另外，对于一些特殊的案件，我国民事诉讼法规定了人民法院享有专属的、排他的管辖权，这其中一个重要的考虑因素便是维护国家司法主权的独立与完整。

5. 确定性与灵活性相结合原则。明确案件的管辖权，不仅是完善民事诉讼立法的要求，也是民事诉讼得以进行的客观条件。但是民事诉讼纷繁复杂，客观情况千变万化，有必要对管辖权的规定在一定条件下作出适当变通，以增强主观规则对客观事物的适应性。确定性与灵活性的关系是：前者是原则，后者是补充，两者的适时互动有助于合理确定不同案件情况下的管辖法院。

（三）管辖权的基本分类①

我国现行民事诉讼法规定的管辖，主要有级别管辖、地域管辖、移送管辖和指定管辖四种。几乎所有的民事诉讼法教材对这四种管辖形态都作了详尽的介绍，此处不再赘述。但值得我们注意的是，在民诉法理论研究中，依据各管辖所显现出的特征的不同，有学者将管辖权作了如下划分：

1. 以管辖是否由法律规定为标准，可分为法定管辖和指定管辖。法定管辖，是指由法律（在当前还包括最高人民法院的司法解释）条文明确规定的管辖权，级别管辖、地域管辖和专属管辖均属于法定管辖。案件的管辖依据如果不是法律和司法解释的明文规定，而是由法院依据案件具体情况依职权确定，则属于指定管辖。人民法院指定管辖的方式一般采取书面裁定的方式，所以指定管辖可以称为裁定管辖。

2. 以管辖是由法律强制性规定还是任意性规定为标准，可分为专属管辖和协议管辖。专属管辖主要针对一些特定的案件，这类案件的管辖权，法律规定由一国国内特定法院行使。这一规定带有强制性，任何他国法院、本国其他法院及当事人均无权变更。协议管辖则与此相反，是指受案法院管辖权的取得不是因为法律的强制性规定，而是依照当事人的约定，因此又可以称为约定管辖。

3. 以民事诉讼法律关系为标准，可以分为共同管辖和合并管辖。民事诉讼法律关系是指法院与一切诉讼参与人之间在民事诉讼过程中发生的、由民事诉讼法所调整的诉讼上的权利义务关系，② 它反映纠纷主体、争议标的与法院之间的联系。如果一个民事诉讼法律关系中与法院的联系点达到两个以上，则可能导致两个以上的法院对同一案件均享有管辖权，形成共同管辖的局面。共同管辖表明两个或两个以上的法院对该同一案件均享有管辖权，但并不意味着两个以上的法院均可以行使管辖权。合并管

① 因理论的不同，各学者对分类方法可能持不同看法。本分类方法系参考“九五”规划高等学校法学教材，谭兵主编：《民事诉讼法学》，法律出版社 1997 年版。

② 参见谭兵主编：《民事诉讼法学》，法律出版社 1997 年版，第 52 页。

辖，则是指对于两个以上的诉讼，因诉讼当事人或者诉讼标的相互存在法律上的牵连，而合并由一个法院管辖，因此又可以称为牵连管辖。

第三节　主管、管辖权与审判权

大陆法系学者对管辖权的界定，一般是依托另一个概念——审判权来进行，认为管辖权是审判权在不同级别、不同地域、不同类型法院中的分配和落实。因此，对管辖权与审判权的相互关系进行考察是必要的。同时，主管与审判权、管辖权也存在非常密切的联系，将主管纳入考察范围一起作比较分析，有助于进一步加深对相关问题的理解。然而，概念之间的比较如果仅仅是从理论的角度作分析，是非曲直很难说清。既然法学是一门应用性特别强的学科，那么，分析和比较工作除了从理论的角度切入之外，还应紧密结合相关制度，从概念的设置在诉讼程序中是用于解决程序上的什么问题这一角度来进行。

一、主管与审判权概说

（一）主管概说

主管是仅存于社会主义国家民事诉讼法学中的一个概念，用于确定人民法院、其他国家机关和社会组织之间解决民事纠纷的分工和权限。在现代社会，民事纠纷的解决渠道并不限于法院，其他国家机关和社会组织也可以在一定范围内解决特定的民事纠纷。因此，争议出现之后，确定该争议是由法院还是其他国家机关或社会组织来处理，便成为解决争议的一个前提性问题。受前苏联民事诉讼法理论的影响，我国的民事诉讼法理论也认为，人民法院、国家行政机关、仲裁机构和有关的社会组织，分别承担着解决一定范围内民事纠纷的任务，因此，明确人民法院与其他国家机关、社会组织之间解决民事纠纷的分工，对于人民法院正确、及时地解决民事纠纷意义重大。

主管制度设立的初衷，并不在于弄清法院之外的其他国家机关和社会组织到底具有哪些职权，而在于以一定的国家机关或者社会组织的职权范围为参照，进一步明确法院受理和解决民事纠纷的权限和范围，从而保证各个不同的机构能够各司其职、各尽其能，避免在民事纠纷解决机制的入门问题上，出现各个机构相互推诿或者相互争抢的局面。设立主管这一制度，其目的就在于明确哪些纠纷由人民法院解决，哪些纠纷由其他国家机关或者社会组织解决。我国民事诉讼理论中的主管制度，其功能与其他社会主义国家并无二致。

长期以来，我国民事诉讼法学界对主管制度的认识表现出少见的一致。虽然学界在该制度的具体表述方式上存在些细微的差别，如“民事案件的主管”、“法院主管”、“民事诉讼的主管”等，但具体表述方式的不一并未在理论上形成新的争议点，对通说的高度稳定并未形成任何冲击。通说认为，法院对民事案件的主管范围与民事诉讼法对事的效力是一致的，可以通过对法律关系性质的分析，来决定某民事争议是否属于法院主管。也就是说，法律关系的性质决定着我国人民法院主管民事案件的范围，即法律关系的性质是确定法院主管的标准和依据。① 而对抽象的法律关系进行定性，需要借助更为具体的标准。学界通常认为民事诉讼法第3条为法院主管民事案件的范围确定了一条原则性标准，该条规定：“人民法院受理公民之间、法人之间、其他组织之间以及他们相互之间因财产关系和人身关系提起的民事诉讼，适用本法的规定。”学者们以该条为基础，围绕“民事”、“平等主体”、“财产关系”、“人身关系”等概念，对法院主管的确立标准进行了详尽的论述，并将应属于法院主管的民事案件类型化，以列举的方式说明法院应主管的民事案件的类型，以期加强法院主管问题的操作性。不同学者所归纳的具体类型并不完全相同，但总的来说不外乎围绕上述概念所进行的论证。因此，可以将民事诉讼法第3条称为民事诉讼主管问题的论纲。此外，为弥补民事诉讼第3条这一原则性规定的不足，从宏观上设定确定法院主管的科学目标，指导法院主管规范体系的建立，有学者在该原则性规定之上抽象出更为上位的原则，如法治原则、私权保障原则和司法最终解决原则等。②

（二）审判权概说

1. 审判权的性质和对象

所谓审判，是审理和裁判的简称。审判权，又称裁判权，是指法院对

① 参见《中国大百科全书法学卷》，中国大百科全书出版社1984年版，第814页。另见叶自强著：《中国民事诉讼法》，法律出版社2004年版，第51页。

② 参见蔡虹：《法院主管若干问题研究》，载《法商研究》2001年第5期，第12～19页。

案件进行审理和裁判的权力。根据案件性质和处理程序的不同，审判权又可以分为民事审判权、刑事审判权和行政审判权。本书所讨论的审判权，仅仅指民事审判权，即法院对民事案件进行审理和裁判的权力，亦即以私人关系作为审理和裁判对象之国家活动。通常认为，民事审判权通常分为民事争讼审判权与民事非讼审判权。前者以诉讼案件为审理对象，后者以非讼案件为审理对象。

与其他民事纠纷的解决方式不同，民事诉讼这一纠纷解决方式是以国家强制力为后盾而进行的，因此，审判权与国家强制力有着密切的联系。但是，无论是国家强制力还是国家权力，都只是一个抽象笼统的概念，为了使国家权力顺利、协调地运行，理论上其往往被划分为一些更为具体的、下位的权力，在实践中分别交由不同机关来行使。现代西方国家在三权分立理论的支配下，往往将国家权力分解为立法权、行政权和司法权，三种权力相互制衡，其中审判权便是司法权中最为主要的内容。而在实行民主集中制的我国，国家的最高权力由人民代表大会代表人民统一行使，在此前提之下，再分别由政府、法院和检察院来分工行使行政权、审判权和检察权。在我国国家权力体系的结构安排上，立法权处于第一层次，行政权、审判权和检察权同处于第二层次，因此，审判权只可能和行政权、检察权之间形成制约，对立法权是无法形成制约的，相反，立法权可以单向制约包括审判权在内的其他权力。虽然不同国家的国家权力体系结构不尽相同，但总的看来，不论是践行三权分立的西方国家，还是实行人民代表大会制的我国，抽象的、位于最上位的国家权力无疑是审判权的来源和基础，国家通过宪法和其他基本法律赋予法院审判权，通过法院行使审判权来展现国家在司法领域的权力。换言之，审判权是国家权力的重要组成部分，是国家权力介入民商事纠纷解决的外在表现方式。

2. 审判权的基本特征及具体内容

(1) 审判权的基本特征

第一，审判权权力内容的广泛性。笔者不得不承认，审判权是一个看似简单，但在制度层面上又非常难以把握的概念。从其作用范围来看，它几乎涵盖民事诉讼活动的全部，几乎法院所有司法活动，从审理和裁判，到送达文书给当事人，当事人应予签收文书、证人应出庭作证等所有有关诉讼行为之活动，均属其范围。① 而从权力形态上看，它不是某种具体的

① 参见台湾邱联恭先生民诉法讲义。

诉讼权力形态，而是法院代表国家处理民事诉讼而行使的国家权力，是一系列具体的诉讼权能的总称。不同学者对审判权有不同的分类或归纳方法，如此一来，其体系便显得颇为庞杂。审判权与诉权构成诉讼体系的两极，可以从很多角度进行探讨，① 大至宪政体系及整个司法制度，小至具体的诉讼规则，都可以成为探讨的中心。角度的多样性使得审判权概念如同一面多棱镜，在不同的场合具有不同的含义。

第二，审判权主体的唯一性。在我国，国家只赋予人民法院享有审判权，审判权由人民法院这一特定司法机关专门行使。权力主体的唯一性同时意味着该权力具有强制性和权威性的特征，正因为如此，其他纠纷解决机构所拥有的处理纠纷的权力决不能被称为审判权。

第三，审判权启动的被动性。审判权赖以发挥作用的核心价值在于其中立性。法院作为裁判者，处于居中裁判的地位，这就要求审判权必然不会被主动行使。启动审判程序的主动权完全掌握在当事人手中，在程序正式启动之后，审判程序的被动性才有所弱化，主动性才有所增强。

第四，审判权行使的独立性。审判权行使的独立性虽与审判权行使主体的唯一性这两个特征存在关联，但独立性特征强调的是审判权的行使应只以宪法和法律为依据，其运作不受任何外来意志的影响、约束和控制。在我国，权力机关和检察机关虽有权对人民法院审判权的行使进行立法和检察监督，但这种监督并不意味着审判权行使的独立性应受到影响，人民法院仍应该根据对法律事实的把握和对法律的理解，作出自己的判断，受监督与判断的屈从和附和毫不相关。

（2）审判权的具体权能

由于审判权权能的广泛性，不同学者会作出不同分类和归纳，本文试图从诉讼制度的层面来加以介绍，以期获得一个更为直观的印象。有学者认为，审判权具体权能的基本内容主要包括：第一，诉讼指挥权。所谓诉讼指挥权，是指人民法院对诉讼活动的指导和控制的权力。包括有权决定和通知有关的诉讼参与人参加诉讼，有权指挥诉讼按法定程序和方式进行，有权指挥和要求诉讼参加人依法正确地行使诉讼权利等。第二，审理

---

① 例如，王亚新先生便以日本民事诉讼为背景，从宪法保障的角度对审判权问题作过精彩论述。参见王亚新著：《社会变革中的民事诉讼》，中国法制出版社 2001 年版，第 234～269 页。

和裁判权。指人民法院在民事诉讼过程中有权对民事案件进行审查和处理，并就案件的程序和实体问题作出独立的判断和处置。第三，特定事项的处分权。指对与诉讼有关的其他问题，人民法院也有权以决定、命令和通知等方式作出处分。①

另外也有学者将审判权的权能划分得更为细致，认为审判权主要包括：第一，立案审查权，即人民法院有权对当事人的起诉进行审查并决定是否受理；第二，诉讼指挥权，即人民法院对诉讼进程予以指导、指挥和控制的权力；第三，调查取证权，即基于当事人的申请，人民法院在必要时主动收集证据，并对证据的可采性和可信性进行审查判断的权力；第四，主持调解权，即基于当事人的一致同意，法院依法主持促使当事人达成调解协议的权力；第五，案件裁判权，即人民法院在案件审理中就案件的实体和程序问题以裁定和判决的形式作出意思表示的权力。②

上述分类或归纳是以一个单一的诉讼案件的整个诉讼流程为考察对象所作的抽象，那么，法院在日常司法工作中对其他一些非诉讼事务的处理，是不是行使审判权的表现？比如，当事人或者外国法院向内国法院提出承认和执行外国法院判决的申请，内国法院对该申请进行初步审查并作出裁判的行为，是否是行使审判权的行为？是否对应于上述分类中的某一项或者某几项？笔者对此持肯定观点。对于内国法院而言，这也是一类特殊的“案件”。③ 在对这一类“案件”的处理过程中，法院确实需要行使调查权，虽然调查事实的深度和广度有限；法院最终也要作出裁判，也存在适用法律的问题，与前述学者们对审判权的分类中的一项或者几项还是能够形成对应。

二、民事诉讼中的主管与审判权、管辖权的关系

（一）主管与管辖

通说认为，主管与管辖是既有联系又有区别的两个概念。两者的联系

① 参见何文燕著：《民事诉讼理论问题研究》，中南工业大学出版社 1996 年版，第 84～87 页。

② 参见王福华著：《民事诉讼基本结构》，中国检察出版社 2002 年版，第 57～66 页。

③ 具体详见本书第二章的论述。

在于，只有对于某一民事纠纷是否由人民法院主管作出肯定性结论，才能进一步确定该案件应由哪一个地域、哪一个级别的法院管辖。主管是确定管辖的前提和基础，而管辖则是主管的具体落实。① 两者的区别在于，主管解决的是人民法院和其他国家机关和社会组织之间处理民事纠纷的权限分工问题；而管辖解决的是人民法院体系内部受理第一审民事案件的权限分工问题。因此，如果确定某纠纷属于人民法院主管范围，还需要借助各种具体的管辖权规则来确定处理案件的法院。

（二）主管与审判权

至于民诉中的主管与审判权两者之间的关系，似乎并没有学者作过专门而系统的论证，但从学者们不经意的表述中，仍可以管窥一斑。从两者的作用范围来看，存在几种不同的观点：

第一，等同说。我国民事诉讼法学界通常认为，案件如果不属于人民法院主管，说明人民法院对案件没有审判权。“日本民事诉讼法学中的民事审判权一词，如果仅从狭义上理解，则涉及的只是法院对民事案件的主管或管辖问题。”② 在这里，主管与审判权基本上是在同一意义上使用。

第二，前提条件说。从程序的结构上看，主管是“解决人民法院是否有审判权的问题”；“如果案件不属于人民法院受理民事案件的范围即不属于人民法院主管，说明人民法院对案件没有审判权……”。③ 依该表述，主管是人民法院有无审判权的前提和依据，是人民法院行使审判权的先决条件。

第三，包含说。从理论体系的结构来看，主管理论是审判权理论的一部分。“民事审判权的作用范围就是主管，即国家机关依法行使职权和履行职责的范围和权限。”④ 如果将审判权理论作为一个理论体系来对待，审判权理论体系包含诸多子问题，如审判权的行使主体、行使方式、作用对象、作用范围等。其中民事审判权的作用范围这一部分才与主管问题大

① 参见谭兵主编：《民事诉讼法学》，法律出版社 1997 年版，第 130 页。

② 王亚新著：《社会变革中的民事诉讼》，中国法制出版社 2001 年版，第 234 页。

③ 章武生主编：《民事诉讼法学新论》，法律出版社 2002 年版，第 116 页、第 313 页。

④ 王福华著：《民事诉讼基本结构》，中国检察出版社 2002 年版，第 66 页。

致相当，所以，主管理论只是审判权理论体系中的一部分。

（三）管辖权与审判权

对审判权和管辖权单个概念的认识，我国民诉法学界与日本及我国台湾地区的认识比较接近。对于审判权一般是从宏观的角度来理解，其作用所及涵盖了民事诉讼的整个进程，主要解决纠纷的解决渠道问题。对管辖权则是从微观的角度来理解，作用于民事诉讼的初期阶段，主要解决诉讼程序的启动问题。至于两者之间的关系，日本及我国台湾地区学者有比较明确的观点，而我国大陆地区学者对此也有简单的表述。

1. 前提性问题：审判权与管辖权应不应该被区分

关于管辖权这一概念，很多学者同时将之表述为审判管辖权。两者到底是何关系，在诉讼功能上是否存在实质性差异？我们可以借助两个案例来看出其中的端倪。寻求推翻仲裁协议效力的当事人，向一个与讼争毫无联系的法院提出该请求后，对方当事人可以提出两点抗辩：第一，存在合法有效的仲裁协议，受案法院虽然可以就仲裁协议的效力问题作出裁判，但在裁判作出之前，法院不能径直对案件的实体问题作出处理。① 第二，受案法院不是对仲裁协议效力作出评判的适格法院。即使受案法院一眼就能够对仲裁协议的有效性作出判断，那么，因为其与讼争不存在任何联系，受案法院能否就仲裁协议的效力作出正式的裁判？这里讨论的重点不在于寻求答案，而在于可以明显看出，第一点抗辩显然是涉及审判权问题，而第二个抗辩则是针对管辖权问题。两者在诉讼过程中起着不一样的作用，存在区分的必要。

2. 日本及我国台湾地区学者的观点

日本民事诉讼法学中的管辖权概念是借助审判权（又称裁判权）这一概念来进行阐述的。依照日本民事诉讼法有关学说，民事审判权是为处理民事诉讼而行使的国家权力，是一种分属于司法领域的国家权力，这一权力由法院这一特别的国家机关行使。审判权是把一国的各级法院视为整体抽象地考虑的权能，而具体规定哪个法院行使这一审判权就是管辖权的

① 在这里，我国民诉法学界习惯使用“管辖权”一词，但仔细推敲起来，使用“审判权”一词似乎更为合适，因为其涉及的是法院对案件处理权的有无。

问题。换言之，管辖是指这些多数法院之间行使审判权的分工。①

我国台湾地区的民事诉讼法理论认为，民事审判权之有无，系将一国法院全部当作一整体加以判断。就特定诉讼事件，一国法院能否加以审判，属审判权之问题。至于在决定一国法院有审判权之后，该国各个法院互相之间，如何分配审判之权限，即属管辖之问题。亦即，一国各个法院相互之间，审判权限之分配问题，系所谓管辖问题，与审判权有所不同。依下述说明，某一法院就特定事件得行使审判权时，亦即有管辖权。此法院称为该管法院，受诉法院不一定系有管辖权之法院，向无管辖权之法院提起诉讼，受理此诉讼之法院，亦系受诉法院，由其开始审查有无审判权、管辖权。②

综上所述，依照日本及我国台湾地区的民事诉讼法理论，审判权是管辖权的基础，管辖权是审判权的分配和落实。在诉讼流程中，审判权问题解决在先，管辖权问题解决在后。

3. 我国民事诉讼法学界的主流观点

（1）概念及其界定内容中的直接表述

我国民事诉讼法学界对“管辖权”、“审判管辖”、“诉讼管辖”这几个概念实际上是在同等意义上使用。一方面，管辖权概念的表述已经明示地包含着“审判”这样的字眼，但另一方面，在对管辖权进行进一步界定时，并未像日本及我国台湾地区那样，使用“审判权的分工”这样的字眼，而是由“受理第一审民事案件的分工”这样的字眼代替之。细究起来，“审判权的分工”与“受理第一审案件分工”两种表述所包含的意义存在很大的区别：

第一，从理论结构上讲，受理一般和起诉相对应，主要是从制度层面解决诉讼程序的初始启动问题；而审判权一般和诉权相对应，用于从理论层面探讨诉讼体制的构造和权利制衡问题。第二，我国通说认为受理程序包括审查起诉和立案两个基本环节，从法院权能的角度理解，在受理环节法院所享有的审查起诉权和立案决定权只是审判权所涵盖的诸多权能中的

① 参见［日］兼子一、竹下守夫著：《民事诉讼法》，白绿铉译，法律出版社1995年版，第13～17页。

② 参见台湾学者丘联恭先生的民诉法讲义。

极小一部分。第三，受理的意义在于开启民事诉讼程序，只是诉讼中的一个环节。因此，在程序的起始点上，受理仅存在于审理前的准备阶段，而审判则贯穿诉讼程序的始终。第四，“受理第一审民事案件的分工”意味着，在审级上，其只与一审相关，而审判权的分工则不仅存在于初审程序之中，而且存在于上诉审程序之中。

（2）有关确定管辖权意义中的相关表述

我国民事诉讼法学者在探讨确定管辖权的意义这一问题时，对审判权与管辖权的相互关系有比较集中的表述。但是，这些表述并不一致甚至相互矛盾。稍占优势的观点认为，管辖权是人民法院内部具体落实审判权的一项制度。因而，对于任一具体的民事案件而言，人民法院如欲对其行使审判权，首先必须对其享有管辖权，没有管辖权也就谈不上行使审判权。确定管辖可以使审判权得到落实，使诉讼顺利开始。即管辖权是审判权的基础，无管辖权即无审判权。① 也有学者的观点与此相反，认为管辖是诉讼的首要环节之一，对于某一民事纠纷，“人民法院首先要有审判权，然后才考虑确定管辖权的问题”。② 我国的民事诉讼法理论在形式结构上的安排似乎可以支持这一观点，因为在民事诉讼法理论体系安排上，审判权问题总是被放置在管辖权问题的前面，在主管——即审判权的作用范围——和管辖权的介绍次序上，我国民诉法学界也是先主管后管辖权。民事诉讼法法典第 108 条第 4 款的表述顺序，主管同样是被放置在管辖权之前。此外，还有学者提出，法院的管辖权意味着其取得对该案件的专有审判权。③ 虽然形式结构的安排与既存的直接表述似乎存在不和谐之处，但形式结构的安排只能推理性地反映两个概念之间的关系，远不如直接表述那样直观和明确。所以，关于两者的关系，在我国还存在不一致的看法。

总的看来，关于审判权与管辖权的相互关系，日本及我国台湾地区学者的认识与我国民事诉讼法学界的观点既有相同点也有不同点。相同点在

① 参见江伟主编：《民事诉讼法学》，高等教育出版社 2004 年版，第 263 页；谭兵主编：《民事诉讼法学》，法律出版社 1997 年版，第 313 页；叶自强著：《中国民事诉讼法》，法律出版社 2004 年版，第 51 页。

② 章武生主编：《民事诉讼法学新论》，法律出版社 2002 年版，第 116 页。

③ 参见江伟主编：《民事诉讼法学》，高等教育出版社 2004 年版，第 266 页。

会明了，所提出的理由才会具体。因此，要求起诉时说理也达到“具体”这一标准，既不现实，也无必要。

（三）与实体无关的程序性权力

管辖权问题是一个程序性问题，对于这一论断应该没有人提出异议。首先，从结构形式上看，管辖权是程序法中的一项重要内容，几乎所有涉及管辖权的规定都被安排在诉讼法体系内，而实体法中则找不到关于管辖权的规则。其次，就目前管辖权界定的内容来看，表面看来管辖权不过是关于案件审判权的分配规则，这些分配规则过程是对实体问题进行处理的前奏，并在级别和地域纵横两个方向同时进行。它以固定实体权益纠纷的处理机构为目的，与实体权益的处理无关，带有明显的程序特性。事实上，在司法实践中，有很多法院将管辖权的程序特性贯彻得很彻底，例如，在王××、周××诉××汽车修理厂借贷纠纷案，被告提出管辖权异议，认为涉案纠纷是合伙纠纷，不是借贷纠纷，有关借贷纠纷的管辖权依据不应适用，××区法院行使管辖权的依据不存在。××区法院则认为，借贷关系是否存在，是实体审理中应解决的问题，在管辖权异议问题的处理中不作审查，因而驳回了被告提出的管辖权异议。

于，两者均认为管辖权是审判权在具体法院的分配和落实。不同点则在于，我国民事诉讼法学界至少在诉讼流程上对确定审判权与管辖权的先后顺序作了明确区分，日本及我国台湾地区学者并未将两个概念在诉讼流程的先后顺序上作明确区分，而是在宏观和微观的不同角度加以区别，即审判权是以一国法院整体为视角呈现出的一种权能形态，而管辖权是单个具体法院享有的一种权能形态。换言之，审判权是法院管辖权的总和，而管辖权则是审判权的具体化，两者只存在外在形式的差异，内在则几乎一致。

第四节　现行认识的特点

一、民事诉讼中管辖权的程序属性

（一）民事诉讼中管辖权在诉讼程序中的作用：固定审判权

对民事诉讼中管辖权的界定，日本、我国及我国台湾地区一般是依赖另一相关概念——审判权而展开。日本民事诉讼法理论认为，为处理民事诉讼而行使的国家权力称之为民事审判权，它作为一种司法权由法院行使。双方当事人之所以受判决的约束，并且必须遵照执行，就是因为判决是以具有国家强制力的审判权为基础的。法院之所以能够发出传唤令等各种命令，也是这种审判权起附带作用的表现。我国台湾地区的民事诉讼法承袭日本诉讼法理论，亦认为民事审判权之有无，系将一国法院全部当作一整体加以判断。就特定诉讼事件，一国法院能否加以审判，属审判权之问题。至于在决定一国法院有审判权之后，该国各个法院互相之间，如何分配审判之权限，即属管辖之问题。一言蔽之，一国国内各个法院相互之间，审判权限之分配问题，系所谓管辖问题。①

我国民事诉讼法中的管辖权概念与日本及我国台湾地区如出一辙，按照我国诉讼法学界的通说，管辖权是指在法院系统内部，确定上下级法院和同级法院之间审理第一审民事案件的分工和权限的法律制度。即确定某一具体的案件应该归哪一个级别的法院，以及同一级别中的哪一个法院来

① 参见台湾学者邱联恭的民事诉讼法讲义。

行使民事诉讼法赋予的审判权。因此，民事诉讼中的管辖，又可称为民事审判管辖。虽然对涉外管辖权的界定因学科视界的不同而存在差异，但是，各个学科在对涉外管辖权作出界定时，均没有脱离审判权这一概念，或者认为其是指一国法院对涉外民事案件的审判权限以及各级人民法院受理第一审涉外民事案件的分工和权限，或者认为其仅指一国法院对涉外民事案件行使审判权的资格、权力或者权限。而关于管辖权在诉讼程序中的作用，按照学界目前的观点，不论是明确审判权的分工、权限，还是明确审判权的资格或者权力，都是为了将审判权固定下来，以便案件顺利进入审理和判决的程序。

（二）管辖权在民事诉讼法中的依托：仅仅存在于一审审判程序的开始

虽然在我国民诉法理论中找不到“管辖权问题仅存在于一审审判程序的开始”这样一个明确的结论，但关于管辖权的界定中所包含的“第一审”这一表述，事实上透露出了这样的信息。

1. 从程序的属性看，“第一审”一词蕴涵着这样一个结论：管辖权问题仅仅存在于审判程序中的普通程序，而不存在于特别程序①和执行程序。第一，从汉语语言习惯来看，“第一”之后必定有跟进的序列数，而“一”之后不一定有跟进的数。第二，从民诉法中的语言习惯来看，“第一审”和“一审”所指并不相同。“第一审”是从对应“第二审”或“上诉审”的角度来使用的，而“一审”却并不必然对应“二审”或“上诉审”。例如，关于最高院的审级管辖问题，“除最高院审理第一审民事案件实行一审终审外，都实行两审终审”，② 从这一表述可以明显对照出两用语使用习惯的不同。又如，对于适用特别程序审理的案件，我们只谈论“一审终审”，而不谈论“第一审终审”。在日常司法语言的使用过程中，“一审”可能会与“第一审”作混同理解，但不太可能将“第一

① 为表述的方便，这里的“特别程序”参照江伟前引书的使用方法，从广义的角度加以使用。除了民事诉讼法立法中的“特别程序”所指的选民资格案件，宣告失踪、宣告死亡案件，认定公民无民事行为能力、限制民事行为能力案件，认定财产无主案件外，还包括督促程序、公示催告程序、破产程序。

② 江伟主编：《民事诉讼法学》，高等教育出版社 2004 年版，第 382 页。

审”理解为“一审”。第三，从形式上看，无论是目前民事诉讼法学教材的编排体例，① 还是现行民事诉讼立法的编排体例，第一审程序都是指一个有别于特别程序②和执行程序的独立程序，特别程序和执行程序不可能被混称为第一审程序。可能会有人辩解，这里的“第一审”主要是从审级的角度而非审判程序性质的角度来理解，但是，严格地讲，“第一审”在民诉法中的确切含义，有民事诉讼法学者已经明确指出，第一审程序包括普通程序和简易程序③。所以，仔细分析当前管辖权的概念表述可知，“第一审”一词事实上排除了执行程序和特别程序。(1) 对执行程序的排斥。关于执行行为的性质，学界存在不同的观点，主要包括司法行为说、行政行为说和折中说。④ 对执行行为性质理解的不同，导致学者们对执行程序和审判程序相互关系的理解也不相同，并因此影响到执行程序的立法体例。关于执行程序与审判程序的相互关系，绝大多数学者均认为，虽然两者存在关联，但其间的区别还是相当明显的，两者分属两种不同性质的程序。立法体例方面，我国当前的民诉法虽采取审执合一体例，但在结构

① 江伟前引书及谭兵前引书的编排体例中，有的将第一审普通程序、简易程序、第二审程序、再审程序、特别程序、督促程序、公示催告程序、破产程序及执行程序、涉外民事诉讼程序并列；有的将普通程序、简易程序、第二审程序、再审程序、特别程序、督促程序、公示催告程序、破产程序、民事执行程序及涉外民事诉讼程序、海事诉讼特别程序等并列。至于国外的民事诉讼法学教材，也是采取类似的编排体例，将第一审程序、上诉审程序、再审程序，略式诉讼程序等并列起来进行介绍。参见［日］兼子一、竹下守夫著：《民事诉讼法》，白绿铉译，法律出版社 1995 年版的编排体例。当然，上述体例是以多种标准来编排各类程序，各程序之间并非完全平行、独立或者前后衔接与承继，有些程序如涉外民事诉讼程序，与第一审普通程序、第二审程序、审判监督程序等便存在相互渗透和交叉。

② 目前我国学界对“特别程序”的概念存在不同理解。仅仅是出于表述的方便，本文所指的“特别程序”参照江伟前引书的使用方法，从广义的角度加以使用。除了民事诉讼法立法中的“特别程序”所指的审理选民资格案件、宣告失踪、宣告死亡案件、认定公民无民事行为能力、限制民事行为能力案件和认定财产无主案件应适用的程序外，还包括督促程序、公示催告程序、破产程序。

③ 参见江伟主编：《民事诉讼法学》，高等教育出版社 2004 年版，第 259 页；叶自强著：《中国民事诉讼法》，法律出版社 2004 年版，第 247 页。

④ 具体内容参见谭兵主编：《民事诉讼法学》，法律出版社 1997 年版，第480～481 页。

安排上对审判程序和执行程序作了非常明确的区分。现在制定单行民事执行法的国家越来越多，我国全国人大常委会也于2003年将《中华人民共和国民事强制执行法》列入当年立法计划，并依托最高人民法院进行起草工作。所以，无论从哪个角度讲，“第一审”一词所指可以被理解为排除了执行程序。（2）对特别程序的排斥。虽然我国民事诉讼法学界对“特别程序”这一概念的适用范围还存在不同看法，但对于它与通常诉讼程序的关系学者们的认识还是一致的。特别程序是与通常诉讼程序相对应的、人民法院审理某些非民事权益争议案件所适用的特殊审判程序，它不是针对某一类案件的审理程序，而是针对几种特殊类型案件的审理程序的总称。每一类特殊类型的案件各自独立适用一种特殊程序，各种特殊程序之间没有联系，也不能混合适用。总之，它不同于普通程序和简易程序。① 另外，在司法实践中，当我们说“第一审”一词时，往往是从对应“上诉审”、“第二审”的角度来使用的，适用特别程序审理的案件都实行一审终审原则，不存在对应的上诉审。所以，从日常司法语言习惯的角度看，“第一审”同样排斥着特别程序。

2. 从审级的角度看，目前的观点实际上认为管辖权问题仅仅存在于审判程序中的第一审程序。当前界定中已经明确包含着“第一审”这一字眼。依照最约定俗成的解释，“第一审”当然是指第一审程序，包括普通程序和简易程序。它不可能是指上诉审即第二审程序，反之亦然，上诉审即第二审程序也不可能被混称为第一审程序。

3. 从程序的起始点来看，仅仅存在于一审程序的开始。

民事诉讼的架构不是虚无的，它由若干相对独立的程序有机结合而成，相关程序对应解决相关问题。从处理流程来看，每一个程序都有其各自的起始点。那么，民事诉讼中管辖权的确定是在哪一个程序中的哪一个阶段得到解决呢？目前民事诉讼中的管辖权观给出的明确答案是：在一审程序的开始之时。

首先，在目前的诉讼理论中，主管制度的功能在于划定民事审判权作用的范围，即法院的受案范围问题，而不确定具体的案件审判法院，确定具体法院的工作交由管辖权制度完成。也就是说，管辖权制度是主管制度

① 参见谭兵主编：《民事诉讼法学》，法律出版社1997年版，第415～416页；江伟主编：《民事诉讼法学》，高等教育出版社2004年版，第381页。

在程序上的操作落实，是审判权的确定和具体化。解决管辖权问题，其意义在于：第一，有利于人民法院在自己的辖区范围内及时地行使审判权，避免法院之间相互推诿或者争夺管辖权；第二，利于当事人充分、有效地行使诉权；第三，在涉外民事案件中，有利于维护国家主权。①

其次，只有符合法定条件的起诉，才会启动民事诉讼程序，符合法定条件且得到法院受理的起诉，即有效的起诉，是诉讼开始的起点。② 从民事诉讼法法典的结构上看，适格的管辖权属于起诉的法定条件之一，如果原告不是向有管辖权的人民法院起诉，或者受诉的人民法院对案件没有管辖权，起诉就不能成立，相应地，诉讼程序也就无法启动。

总之，管辖权的确定可以使审判权得到落实，使整个诉讼进程顺利开始。正如学者们所指出的，管辖是诉讼的首要环节之一，管辖确定后，民事案件的审判权才能够具体落实到各个法院，诉讼才能够顺利开始，民事诉讼程序才得以顺利开启和有效进行，③ 反之，如果管辖权问题没得到解决，审判权无法得到落实，诉讼程序便无法展开。这表明管辖权问题的解决只存在于诉讼程序的开始，其作用在于分配和落实审判权，顺利启动诉讼程序，一旦这一任务完成，其使命便告终结。

二、民事诉讼中管辖权的权力属性

（一）民事诉讼中管辖权的对象是民事案件

任何一种权力都有着自己的作用对象，否则，该权力即失去存在的意义，管辖权亦不例外。通说认为，在国内民事诉讼中，管辖权是一种在法院系统内部确定第一审民事案件的分工和权限的法律制度，依照该通说，不难得出这样一个结论，即管辖权所作用的对象是民事案件或民事纠纷。在民事诉讼中，“案件”、“争议”和“纠纷”几个词语似乎只在使用习惯方面存在差别。首先，在我国民事诉讼法典中，“案件”一词似乎是在

① 参见谭兵主编：《民事诉讼法学》，法律出版社 1997 年版，第 130 页。

② 参见谭兵主编：《民事诉讼法学》，法律出版社 1997 年版，第 312 页；章武生主编：《民事诉讼法学新论》，法律出版社 2002 年版，第 312 页。

③ 参见江伟主编：《民事诉讼法学》，高等教育出版社 2004 年版，第 61 页、第 263 页；叶自强著：《中国民事诉讼法》，法律出版社 2004 年版，第 51 页；章武生主编：《民事诉讼法学新论》，法律出版社 2002 年版，第 116～117 页。

更一般的意义上使用，如“民事案件”、“重大涉外案件”、“……管辖的案件”等；而“纠纷”一词使用的领域则更为具体，如“合同纠纷”、“票据纠纷”、“不动产纠纷”等。其次，在习惯用法上，在进入诉讼程序之前的对立与冲突只能被称为“纠纷”，而在进入诉讼渠道后，则既可以称为“案件”，又可以称为“纠纷”。与“案件”和“纠纷”相类似的另一个概念是“争议”，“争议”一词大多用于描述一个过程，一般是在动态的意义上加以把握。总之，三者的含义基本上不存在差别，只是在使用习惯上有所差异，大多数情况下可以相互混用，其中“案件”和“纠纷”两个语词是使用最多的。大致说来，作为管辖权对象的民事案件，可以从两个方面加以把握：第一，民事案件的实质源于权利的对立与冲突。权利的客观基础是利益，权利不过是立法者在法律层面对该客观利益的承认和保护。利益是一个非常广泛的概念，是某种具体的愿望或者要求，是人们以个人、团体、社会或相互关系的形式希望得到满足的东西。法律虽然不能原始地创造这些客观利益，但可以或多或少地对这些利益分类，并加以承认、界定和使之有效。① 从这一意义上讲，民事案件的产生根源于不同主体之间客观利益的对立与冲突。第二，并非所有的客观利益的对立与冲突都能演变成为民事案件，只有在满足法定要件的前提下，并经法定程序，最终进入诉讼程序的对立和冲突才能较为正式地被称为民事案件。可以说民事案件是利益解决方式上一种比较激烈的形式。日常社会生活中利益的对立与冲突绝大多数都通过诉讼以外的途径自行解决了，相比之下，进入诉讼渠道、演变成为司法管辖权的对象、能被称为民事案件的，只占整个社会利益冲突群中很少的一部分。

（二）民事诉讼中管辖权的确定和行使——一种法院的权力行为

1. 法院职权在不同诉讼模式中的不同类型：权力型与权利型

（1）当事人主义诉讼模式与职权主义诉讼模式概说

民事诉讼模式，也称民事诉讼结构，是指以一定的国情为背景，在一定的民事诉讼价值观的支配下，为实现一定的诉讼目的，通过在法院和当事人之间分配诉讼权利与义务而形成的法院与当事人之间不同的诉讼地位和相互关系，是对特定民事诉讼体制及其运行基本特征的综合表述，是一

---

① 参见张乃根：《西方法哲学史纲》，中国政法大学出版社 1993 年版，第 276 页。

国民事诉讼运行的整套规范化、制度化的系统。民事诉讼模式具有以下特征：第一，它是对民事诉讼体制和民事诉讼结构所作的高度概括和抽象；第二，它是对诉讼主体之间相互关系的抽象概括；第三，从本质上讲，民事诉讼模式是某类民事诉讼体制中各种基本要素及关系的抽象形式，它最大限度地反映了某一类民事诉讼的主要特征；第四，民事诉讼模式具体体现为审理对象的确定和民事诉讼程序运行中当事人与法院的权能和责任分配。划分民事诉讼模式对揭示民事诉讼的运行规律，正确处理当事人与法院在民事诉讼中的关系，实现民事诉讼的价值目标均具有重要意义。①

当事人主义模式和职权主义模式是当今世界具有代表性的两大民事诉讼模式。一般说来，把诉讼的支配权交给法院或当事人哪一方，就意味着职权主义和当事人主义的对立。② 在诉讼启动阶段，这种对立主要体现在三个方面：第一，诉讼程序的启动和继续；第二，裁判的对象；第三，证据资料的来源。在当事人主义模式中，诉讼请求的提出，诉讼对象的决定和诉讼程序的开始、发展以及诉讼资料、证据的收集和证明主要由当事人负责。诉讼程序的主导权在于当事人，法院基本上处于被动消极和中立的地位。在职权主义模式中，法院对整个诉讼进程拥有主导权，决定着诉讼对象的确定、诉讼资料的收集及诉讼程序的进行、终结等。在这一模式中，法院始终起着指挥和控制的作用，当事人则始终处于被动的地位。可以说，在当事人主义诉讼模式之下，法院的职权具有权利的某些特征，而在职权主义诉讼模式之下，法院的职权则不折不扣地表现出权力的特点。③ 虽然对具体的划分标准和各国诉讼模式的归属尚存在不同看法，但很多学者都认可这一划分方法。应当说这种划分方法具有很大的合理性，它是通过对世界各国尤其是两大法系的民事诉讼体制进行分析研究得出的结论。

（2）民事诉讼中管辖权的确定和行使——法院的权力

依据现行民事诉讼中管辖权概念的界定和管辖权的确定及行使的过

---

① 有关论述参见谭兵主编：《民事诉讼法学》，法律出版社 1997 年版，第 15～17 页。

② 参见［日］兼子一、竹下守夫著：《民事诉讼法》，白绿铉译，法律出版社 1995 年版，第 68 页。

③ 有关权力和权利的区别，详见本书第二章第三节的进一步分析。

程，显然其应被划归为依职权的诉讼行为之列。民事诉讼中管辖权的现行界定是以法院为中心的，字面上没有出现“当事人的请求”等类似字眼，只强调了案件在不同级别、不同地域法院之间的分工，并且认为它只是法院系统内部的一项制度，① 而忽略了民事诉讼中当事人在管辖权的确定问题上所发挥的基础作用。从直观字面上看，不难得出这样的结论，第一审民事案件审判权在不同地域、不同审级法院之间的分工，纯粹是法院系统内部的事情，当事人的请求对于管辖权问题所产生的影响可以忽略不提。正如有的学者所言，虽然民事诉讼以“不告不理”为基石，但能否真正进入民事诉讼的决定性环节则是法院是否立案受理，只有法院同意立案受理，民事诉讼才得以真正开始。在目前的管辖权观下，因为在管辖权的确立上真正起决定作用的是法院，② 管辖权的确定和行使被理解为一种依职权的诉讼行为，是法院在诉讼中所具有的一种当然权力。诉讼当事人，不论是处于原告地位还是被告地位，对于该权力的运作结果只能被动地接受。

（3）对并列的其他起诉条件的关联分析

依照我国现行民事诉讼法第 108 条的规定，法院的管辖权问题与原告是否适格、被告是否明确、诉讼请求及相应事实和理由是否具体，是诉讼启动阶段必须先行解决的问题。此外，因为起诉必须以一定的形式进行，我国民事诉讼法第 109 条对起诉的方式也作了明确要求。有学者将民事诉讼法第 108 条规定的四个条件与第 109 条对起诉方式的要求一并称为起诉的条件，前者为起诉的实质要件，后者为起诉的形式要件。③ 由于法院的管辖权问题、当事人问题及起诉方式问题是诉讼启动阶段需要一并解决的问题，分析现行民诉法对其他起诉条件的规定，亦可推知管辖权问题的职权主义特性。

第一，关于当事人的确立标准。现代民事诉讼一般将当事人区分为形式当事人和实质当事人。所谓形式当事人，是指以原告的名义向法院提交的诉状中所罗列的当事人。其中请求法院保护其权利的请求，作出对诉状所列被告不利判决的人，即提出请求的人就是原告，请求所指向的对方当

① 参见江伟主编：《民事诉讼法学》，高等教育出版社 2004 年版，第 61 页。

② 参见谭兵主编：《民事诉讼法学》，法律出版社 1997 年版，第 118 页。

③ 参见谭兵主编：《民事诉讼法学》，法律出版社，第 312 ~ 313 页。

事人就是被告，这两者都是诉讼发动阶段的形式当事人。反之，与案件实体有实际利害关系的当事人，即最终从法院裁决中获得或失去实际利益的当事人即为实质当事人。我国民事诉讼法并未区分这两种当事人，相反，我国立法从程序的启动到裁判的作出无不强调正当当事人标准。我国民事诉讼法第108条第1款对原告资格作了明确要求，即其必须是与本案有直接利害关系的公民、法人和其他组织，第2款要求被告必须明确。而第110条则对双方的姓名、性别、年龄、民族、职业、工作单位和住所，法人或者其他组织的名称、住所和法定代表人或者主要负责人的姓名、职务等作了进一步要求。但是，原告是否一定与案件有直接利害关系，以及何谓直接利害关系；被告是否明确，明确的标准何在，以及当事人其他基本情况等，如果不进入实质审判程序，是很难作出准确判断的。立法的苛刻使得司法实践中不少法官对当事人起诉的审查过于严厉，要求起诉时的当事人必须适格。在案件实体审理阶段审查当事人是否为实质当事人当然无可厚非，但是在程序发动阶段作这一要求，在很大程度上侵犯了当事人本应享有的诉权，客观上也容易造成“起诉难”的现象，而且也“倒置”侵犯了后续的审判权，这无疑与现代民事诉讼法的发展方向相背。

第二，对起诉证据的要求。我国民事诉讼法第110条规定，原告提交的起诉状应当记明包括证据和证据来源，证人姓名和住所等内容在内的诸多事项。有人对此条作出这样的解释：案件事实是否存在，当事人的请求能否得到满足，需要证据加以证明。民事诉讼中奉行当事人举证原则，因此，原告在书写诉状时，对提出的诉讼请求和提出这种请求的理由，都应当提供证据证明。提供书证物证的，应注明其出处；提交证人证言的，应当写明证人住址，便于法院核对。① 司法实践中也出现过这样的偏差，有些法院在审查起诉时，就要求当事人提供证明其诉讼请求的证据。这些认识上的错误无疑限制了当事人的诉权，增加了当事人的起诉成本，抬高了民事纠纷进入法院的门槛。

第三，对当事人诉讼请求及相应事实和理由的要求。诉讼请求与当事人资格及证据的关系非常密切，首先，诉讼请求是当事人的诉讼请求，不同的诉讼请求所对应的当事人是不同的。例如，一老妇因子女拒绝履行赡

① 参见王怀安主编：《中国民事诉讼法教程》，中国政法大学出版社1996年版，第251页。

养义务而向法院起诉，如果她认为问题的根源在于儿媳妇而提起离婚之诉要求法院解除儿子与儿媳妇的婚姻关系，她无疑不是这一诉讼请求的对应主体。而如果她基于赡养的理由提起给付之诉，其当然是该诉讼请求的适格主体。其次，所有的证据，不论其形式如何，都是为具体诉讼请求服务的。一方的证据总是用于支持己方并同时对抗对方的请求，无证据的请求是毫无意义的。可以说，诉讼请求在民事诉讼的三个要素中起着桥梁作用，居于核心地位。

我国民诉法对当事人所提出的诉讼请求及相应事实和理由作出了形式上的要求，即这些事项必须具体。所谓具体，依照通说，是指这些事项必须明确，能够加以界定。① 要求诉讼请求必须具体，是必要而合理的，否则，法院的审理范围和审查对象将会变得极不确定，这不仅影响到审判的效率，甚至使法院的审判无法进行。但是，要求事实和理由也应当符合“具体”这一要求，则显然超出了起诉阶段当事人应承担的义务。何谓“具体”，乃一主观性非常强的标准，操作中不好把握。事实是纷繁复杂的，其中既有纯粹叙述性的事实，又有经当事人归纳后的观念中的事实；既有当事人认为重要而法院认为不重要的事实的某一方面，又有法院认为重要而当事人认为不重要的事实的某一方面，等等。在司法实践操作层面来看，这一规定实际上已经流于形式。因为事实是需要证据来支撑的，经过庭前证据交换和开庭时的庭审质证程序后，事实才可能变得明确和可界定，在此之前的当事人对事实的陈述，一般是不具体的。不仅法院对事实叙述是否具体不加以审查，而且当事人自己在诉状中对事实的叙述亦是如此。实践中即便案件的影响程度——例如标的额——非常之大，当事人在诉状中对事实叙述普遍偏于简单。至于要求起诉阶段当事人的说理部分也应该达到“具体”这一标准，那就更加不现实了。诉讼理念虽然限制证据的突然袭击，并不限制说理部分的突然袭击，因此，作为现实的诉讼技巧之一，很多当事人在起诉或者答辩时有意简化说理部分，而留待庭审时或者庭审后展开充分的论述。甚至有当事人在法庭庭审笔录上签名时还特意注明，理由以随后提交的代理词为准。另外，说理既包括己方立论的观点，也包括对对方观点的攻击，只有在经过庭审之后，双方观点的分歧才

① 参见谭兵主编：《民事诉讼法学》，法律出版社 1997 年版，第 313 页；江伟主编：《民事诉讼法学》，高等教育出版社 2004 年版，第 262 页。

第二章 现行认识的局限
——管辖权概念要素分析

第一节 主管概念的贫困

近来，越来越多的学者开始对民事诉讼法学中的主管制度提出质疑，这些质疑主要集中在：第一，从法律理念的角度看，“主管”这一概念不是法律术语，浸透着十分浓厚的行政化色彩。第二，从立法上看，“国家本位”立法理念的存在使目前一些规定不符合司法审判的客观规律，民诉法对法院主管范围的规定相当原则，主管的确定标准显得零乱而不明确，缺乏操作性。立法的抽象和实际规则的缺失，导致司法实践中出现了许多问题：首先，在法院与其他国家机关和社会组织之间，因主管问题引发的审判权、行政权和仲裁权的重叠和冲突时常发生；其次，法院主管作为一项诉讼制度，缺乏程序上的监督、制约和保障机制，当事人在诉权被剥夺时无任何救济途径。再次，司法上表现出强烈的法院本位倾向，法院违背司法运行基本规律，或者积极主动司法，或者任意限制甚至剥夺当事人的诉权。出现法院对于该受理的案件不予受理，而不该受理的案件却受理的混乱局面。①

一、主管制度的根本缺陷在于否定司法最终决定原则

在当前的主管概念中，人民法院、其他国家机关和社会组织这三类纠纷解决机构处于平行并列的地位。该制度设计的初衷，可以通过这样一幅

① 参见江伟、廖永安：《我国民事诉讼主管之概念检讨与理念批判》，载《中国法学》2004 年第 4 期，第 83～90 页；蔡虹：《法院主管若干问题研究》，载《法商研究》2001 年第 5 期，第 12～19 页。

图景展现出来：人民法院、其他国家机关和社会组织好比是三栋一字排开的建筑物，那么，主管制度犹如进入三栋建筑物各自的大门，不同的纷争进入不同的通道，依照不同的程式获得相应的解决，彼此之间的分工泾渭分明，互不干扰。从理论上讲，这是一幅美妙的图景，不同大门之间的有序开合，可以使得整个社会的民事纠纷准入机制得以协调运作。但是，当某一纠纷究竟应该进入哪一扇大门，不同机构出现不同看法，以及对已进入其中某扇大门的纠纷，另外的机构认为进错大门时，问题便出现了：既然三类纠纷解决机构处于平行地位，谁来平衡不同的观点？谁是最后的裁判者？

如果存在一个更为超脱的上位机构，那么，现行的主管概念无疑是正确的，因为当上述问题发生时，该上位机构可以作出终局性的决定，指示该纠纷进入某一纠纷解决渠道。可事实上，这一超脱的上位机构在包括我国在内的大多数国家是根本不存在的，即使存在也因与现代法理念相冲突而不会获得广泛承认。现代的司法理念是，对于一切纠纷，法院享有终极话语权。具体包括：第一，法院可以决定该民事纠纷是否成为法律意义上的民事纠纷；第二，法院可以决定该民事纠纷应该由哪一类纠纷解决机制来解决；第三，对于已经经过其他机构处理的民事纠纷，如果当事人不服而向法院提起撤销该处理结果的诉讼，法院仍享有终极性的决定权等。

所以，我国目前的主管概念，除非表述为“人民法院确定其与其他国家机关和其他社会组织之间，以及其他国家机关和其他社会组织相互之间解决民事纠纷的分工和权限”，否则，现行的界定只能视为对已被广为接受的司法最终解决原则的否定。与目前的表述相比，笔者的表述虽然只在字面上存在细微的差别，但该表述突出了人民法院在社会纠纷解决机制中最后裁判者的地位，与当前的表述存在质的区别。

二、主管与审判权所具有的诉讼功能存在重复

（一）目前的主管制度并未包含司法最终决定原则，法院与其他国家机关处于平行的地位，只解决法院与其他国家机关纠纷处置权的分工问题，一旦分工妥当，主管制度的诉讼功能即宣告结束。因此，对于法院而言，主管制度只具有对外的功能。而审判权则不同，一方面，依据现代司法理念，审判权由法院排他地享有，其他国家机关则不能染指，即它具有对外的功能；另一方面，审判权又是指法院各种具体权能的总和，当然地

作用于法院内部。所以，审判权的诉讼功能内外兼具。

（二）主管制度设立的目的就是为了解决人民法院是否有审判权的问题，明确主管，有利于法院正确行使民事审判权，如果案件不属于人民法院的受理范围，则不属于人民法院主管，人民法院对案件没有审判权。因此，就案件的受理范围而言，主管与审判权所起的作用几乎完全相同。

（三）关于确定管辖的前提和基础，学者们一方面认为主管是确定管辖的前提和基础，管辖是主管的体现和落实；同时也认为，审判权是确定管辖权的前提和基础，管辖权不过是审判权在不同的具体法院之间的分配和落实。在确定管辖权的前提和基础方面，主管与审判权几乎没有区别。

三、主管是一个行政术语而非法律术语

与“主管”这一行政色彩十分浓厚的术语相比，审判权是一个地道的法律术语，其在司法上更具操作性，而且审判权的中立性和被动性特征已被现代法学理念广为认可。那么，由审判权概念取代主管概念，可以减轻甚至消除主管概念所表现出的积极主动司法的倾向，更容易为法律界所接受。

首先，在主体上，现代社会的审判权一般都是由以法院为主的司法机构专门享有，在纠纷解决的职责分工上，法院与其他纠纷解决机构并非处于平权的地位。相反，法院处于上位则使得有关纠纷解决渠道不明的争议很快会因法院作出的终极性决定而迅速得到解决。而主管权不为法院所独有，社会其他纠纷解决机构对其职责范围内的事项也享有主管的权力。现代社会审判权主体具有唯一性，当社会对“现代型诉讼”或“新型诉讼”能否纳入审判权的作用范围尚存不同意见时，明确这一点尤其具有重要意义。其次，从权力行使的方式来看，法院主管不具有程序上的操作性，如同学者们所批判的，主管的有关规定过于原则，其运作过程既缺乏程序上的监督、制约机制，也缺乏对当事人诉权的救济和保障机制。相反，审判权不是抽象的、哲学式的权能，而是一项项具体权能的总称，分解开来，总可以在制定法中找到实在的操作依据。再次，日本、我国台湾地区的审判权理论已经比较成熟，我国学者对审判权的关注度也日益提高，审判权理论中有关审判权的人的界限、物的界限和地的界限等概念，已经系统而清晰地表明了法院与其他国家机关和社会机构之间的职责分工，除了审判权和管辖权这两个概念之外，并不存在更为上位的“主管”概念。英美

法中甚至只有“jurisdiction”这一个概念，同时涵盖大陆法系中的“审判权”和“管辖权”所包含的含义，法院所享有的 jurisdiction 的范围也都通过立法作出了明确的规定，而不另外存在一个与我国民诉法理论中“主管”一词相对应的概念。

对于主管制度存在的问题，有的学者提出了一些改进建议，例如，从观念上革除权力本位的司法观，树立现代司法理念；在宪法中明确确认裁判请求权，为当事人的诉权提供宪法依据和理论支持；科学界定民事审判权的作用范围；在实际操作中，进一步明确法院主管民事案件的范围，并结合社会发展的实际扩大法院对民事案件的主管范围等。① 但笔者以为，上述建议并未触及主管弊端的本质所在，主管概念在民诉法中完全多余，其不仅仅是改良的问题，而是应该从根本上予以废除，让位于审判权这一概念。

第二节　管辖权问题程序属性分析

一、特别程序和执行程序中的管辖权问题

如前分析，依据现行管辖权概念的文字表述，可以合理地推导出这样一个结论：管辖权问题仅仅存在于审判程序中的普通程序，而不存在于特别程序和执行程序。然而，事实果真如此吗？

（一）特别程序中的管辖权问题

结合语言习惯和编排体例等形式要件来看，现行管辖权概念的构成要素是排斥特别程序的。我国民诉法在涉及适用特别程序的案件时，对管辖权问题作了明确的规定，即在审级上，都由基层法院管辖，地域方面，则由相应所在地法院管辖。

（二）执行程序中的管辖权问题

关于强制执行与民事审判的关系，我国传统观点认为，民事审判是强制执行的前提和基础，强制执行不过是民事审判的继续和发展，强制执行

① 参见江伟、廖永安：《我国民事诉讼主管之概念检讨与理念批判》，载《中国法学》2004 年第 4 期，第 83～90 页；蔡虹：《法院主管若干问题研究》，载《法商研究》2001 年第 5 期，第 12～19 页。

是民事诉讼的组成部分，强制执行法是民事诉讼法的特别程序法。表现在立法体例上，有关强制执行的规则与审判程序规则集中规定于一部民事诉讼法法典之中。这与世界上大多数国家的做法一致。虽然民诉法执行编并未直接见到“执行管辖”等类似的表述，但既然管辖权问题在总则部分已经作出了规定，其涵盖范围当然及于执行程序。因此，有关“执行程序中是否存在管辖”的问题乍看来是一个不该被提出的问题。

但是，在司法实践中，关于“执行程序中是否存在管辖”的问题却是一个有争议的问题。在法院执行部门，有人认为，依我国民事诉讼法规定，执行程序中仅存在由何地法院执行的问题，不存在管辖问题。之所以产生这样的认识，主要原因在于“管辖”这一概念在执行程序中使用频率不高，① 产生“执行程序中是否存在管辖权问题”这样的疑问并不奇怪。近来，有学者提出平行论的观点，认为强制执行法与以审判程序为主要内容的民事诉讼法是并列关系，不是主从关系，强制执行与审判程序是完全不同的平行的两种程序。平行论并不缺乏立法体例的支持，比如，日本和我国台湾地区的强制执行法均为单独立法，独立于民事诉讼法之外。与此相适应，“执行管辖”概念已经开始出现在最近的一些民事诉讼法教科书中，司法文件中也开始正式出现这一术语。②

“执行管辖”这一术语的出现，有助于澄清“执行程序中是否存在管辖”这样的疑问，却不能解决管辖权概念在民诉法体系中的矛盾。第一，就形式而言，民事诉讼法法典中“管辖权”一章被放置于总则部分，在整个民事诉讼法典中处于统领地位，因此，位于总则之下的执行程序规则当然受其约束。但是，民事诉讼法法典中所见到的管辖权规则几乎全部是关于审判权的分配规则，审判权与执行权在权力性质、程序的目标与任务等诸多方面存在不同，③ 两者关联度非常低。第二，从概念的种属关系看，执行管辖应该是管辖权概念家族的组成部分，执行管辖这一概念应该

① 参见童兆洪主编：《民事强制执行新论》，人民法院出版社 2001 年版，第 31 页。

② 最高院 1998 年公布的一个司法文件中，开始正式使用“执行管辖”这一术语。内容详见《关于人民法院执行工作若干问题的规定（试行）》。

③ 参见沈德咏：《论强制执行若干关系》，载沈德咏主编《强制执行法起草与论证》（第一册），中国法治出版社 2002 年版，第 19 ~ 20 页。

被管辖权概念所包容，但是，现行管辖权概念所指，只是一种审判管辖，其诉讼功能限于解决审判权的分工，难以涵盖执行权问题。产生上述问题的根源，在于目前的管辖权概念，是从最狭义的角度所作的理解。现行界定中包含的过多内容，不仅使得可争议点增多，而且严重限制了其适用范围。

二、从审级角度考察

按照目前的通说，管辖权问题仅仅只是一种用于确定第一审民事案件的分工和权限的法律制度。在管辖权规则设计方面，几乎所有管辖权规则的落脚点都在于如何确定一审管辖法院。理论上的认识和立法上的处理乍一看来似乎不无道理——只要一审管辖法院一经确定，案件在一、二审诉讼进程中的走向是确定无误的：第一，一审案件经立案受理，法院开始行使管辖权后，案件在该审级中的流程是明确的，即案件的主管不会发生，管辖法院也不会发生变化，并且案件的最终执行权亦仍归一审法院行使。第二，即使诉讼过程中出现当事人住所或者经常居住地、法院行政管辖区域等客观要素发生变化，根据管辖恒定原则，只要该法院在当事人起诉时对案件享有管辖权，则该法院仍可继续其诉讼进程直至本案判决作出。第三，如果出现上诉审，根据审级的有关原理，无需再倚仗繁杂的管辖权规则来确定上诉审法院，同一地域内或同一系统内高一级别的法院即为适格的上诉审法院。在目前通说看来，确定一审管辖法院是管辖权问题的关键所在，确定了一审法院，案件处理的后续进程也就找到了不二坐标，所以，将管辖权问题定格在一审上成为理所当然之事，管辖权似乎只是一个需要在一审解决的问题，二审管辖权问题要么不存在，要么只是“附属于”一审的一个附带性问题，不具有独立研究的意义。

但是深究起来，上述结论似乎颇值得商榷。由于专属管辖制度、级别管辖制度的存在，涉外案件集中管辖制度的出台，以及司法实践中存在的一些特殊实例，使得管辖权的功能仅仅限于确定一审法院的这一论断发生了动摇，理由如下：

（一）在一审法院管辖不当时二审法院管辖问题的独立性

1. 专属管辖、专门管辖和级别管辖及涉外案件集中管辖制度下的一审管辖不当。

专属管辖制度，是指法律强制性规定对于特殊案件由特定的法院管辖，即由于该类案件所涉及的诉讼标的具有特殊性，而要求特定的法院行使排他的管辖权。我国的民事诉讼法规定了三类属于专属管辖范畴的诉讼：不动产诉讼、港口作业诉讼和遗产继承诉讼。而且因案件具有专属性质，使得案件在管辖权方面的连接点被限定为一个，属于一种强制管辖制度。其结果不仅排斥了域外法院，而且也排斥了一国国内其他法院管辖权的行使，当事人作出变更管辖合意的可能更是被排除在外。专门管辖制度是与普通管辖相对应的一个概念，指对于一些专业程度较高、法律关系相对特别的案件，由在法院系统内部专设的人民法院行使管辖权。在民商事诉讼中，它是与普通人民法院之间、各种专门人民法院之间以及专门人民法院系统内对受理范围所作的分工，我国民商事审判中比较典型的专门管辖制度是海事海商案件，专由海事法院受理，地方普通法院不能受理。

司法实践中恰恰时常因为专属管辖和专门管辖而出现法院管辖权冲突问题，比较典型的是专门管辖案件中地方普通人民法院争抢本来应由海事法院审理的案件。除了争抢明显应由海事法院管辖的海事海商案件外，有些地方法院还以改变案由、追加第三人等方式，变相受理和审理海事案件。如：将修造船合同纠纷变为加工承揽合同纠纷；将拖欠船员工资纠纷变为劳动合同纠纷；将拖欠船舶承包款纠纷及购船款、拖欠与船舶营运有关的费用纠纷简单地变为欠款纠纷；将船舶抵押合同纠纷变为一般抵押合同纠纷；将海上保险合同纠纷变为一般保险合同纠纷等。这种程序违法的现象不仅使当事人尤其是外国当事人对中国法律产生迷惑，而且会使当事人对法院产生不信任感，有损我国法院公正的国际司法形象。出现这种争抢管辖现象的原因是多方面的，如一些办案法官对于海事诉讼程序法不了解、对于海事案件专门管辖问题比较生疏、个别法院受利益驱动争抢案件管辖等。

2. 级别管辖制度下的一审管辖不当。

如果说因为专属管辖规则和专门管辖规则是普通管辖规则体系中的例外，其规则相对来说比较明确，操作性较强，司法实践中因其造成的管辖权冲突问题还不太典型，那么在司法实践中，级别管辖制度下的一审管辖不当则屡屡发生，这突出表现在两个方面：第一，初次受理时的审级不当；第二，上级法院将本应由该法院审理的案件交由下级法院审理。两者实际上在侵害一方或双方当事人程序利益的同时，也侵害着二审法院的管辖权。

3. 涉外案件集中管辖制度下的一审管辖不当。

涉外民商事案件的集中管辖制度是最高人民法院为适应加入 WTO 的要求而以司法解释的形式创设的一种新的管辖形式。为此，最高人民法院于 2002 年 2 月 25 日颁布《关于涉外民商事案件诉讼管辖若干问题的规定》(下称《规定》)，对涉外民商事案件的管辖权作出了规定。它将以往随意、分散由各基层法院、中级法院管辖的涉外民商事案件的局面，改为集中由少数经济相对发达、收案较多、审判力量较强的基层人民法院和中级人民法院管辖。根据《规定》，对第一审涉外民商事案件有管辖权的人民法院有：国务院批准设立的经济技术开发区人民法院，省会、自治区首府、直辖市所在地的中级人民法院，经济特区、计划单列市中级人民法院，最高人民法院指定的其他中级人民法院以及各高级人民法院。同时《规定》也对需要集中管辖的涉外民商事案的七种类型作了明确规定：即涉外合同和侵权纠纷案件；信用证纠纷案件；申请撤销、承认与强制执行国际仲裁裁决的案件；审查有关涉外民商事仲裁条款效力的案件；申请承认和强制执行外国法院民商事判决、裁定的案件。对于发生在与外国接壤的边境省份的边境贸易纠纷案件，涉外房地产案件和涉外知识产权案件，不适用本规定；涉及香港、澳门特别行政区和台湾地区当事人的民商事纠纷案件的管辖，参照该规定处理。集中管辖不同于专属管辖和专门管辖，专属管辖制度的设立考虑的是案件特殊的连结点，专门管辖制度考虑的主要是特殊的法律关系，两者的出发点和落脚点处于法律原则和规则范畴之内，均属于纯粹的法律问题。而集中管辖制度则主要考虑我国经济发展地域的不平衡、审判人员素质在地域和级别上的不平衡等，这些都属于法律社会学问题，不是法原则和法规则本身的问题。

集中管辖制度的出台，使得法院对涉外民商事案件管辖权的行使呈现出三种异常复杂的局面：第一，只有一审管辖权而无二审管辖权。国务院批准设立的经济技术开发区人民法院，按照《规定》应享有涉外民商事案件的一审管辖权，因其在审级上处于基层法院地位，故当然无二审管辖权。另外，省会、自治区首府、直辖市所在地的中级人民法院和经济特区、计划单列市中级人民法院辖区内如果没有国务院批准设立的经济技术开发区，因而无相应的开发区法院，则这些中级人民法院亦将只享有一审管辖权而无二审管辖权。第二，只有二审管辖权而无一审管辖权。国务院批准设立的经济技术开发区所在地的中级人民法院，如果不是省会、自治区首府、直辖市所在地的中级人民法院或者经济特区、计划单列市中级人民法院，并不会因为其辖区内的基层法院享有一审管辖权而当然享有一审管辖权。但是，如果开发区法院的案件上诉到该中级法院，该中级法院将对二审案件享有管辖权。第三，既有一审管辖权又有二审管辖权。根据《规定》，省会、自治区首府、直辖市所在地的中级人民法院和经济特区、计划单列市中级人民法院对一审涉外案件享有管辖权，如果其辖区内设有国务院批准设立的经济技术开发区，则这类中级法院既享有一审管辖权，又享有二审管辖权。此外，各高级人民法院，以及最高人民法院对涉外民商事案件当然同时享有一审和二审管辖权。在理论上，如果最高人民法院行使一审管辖权，将无法找到二审管辖法院。

集中管辖规则的出现使得我国当前的级别管辖和地域管辖规则呈现出一种相当复杂的势态。该规则是否有立法上的依据，以及其本身合理与否，不是本文探讨的目的。但是，不可否认，这种规则的复杂性，不仅使域外当事人颇感扑朔迷离，即使是内国的当事人，甚至法院自身，都常常出现争论。如果“涉外”标准的判断问题再从中搅和，其复杂性将更甚。所以，对于司法实践中经常出现的不当行使涉外案件管辖权问题，应该不足为怪，比较典型的是对涉外案件本无任何管辖权或者仅有二审管辖权的法院受理一审案件并作出判决。

（二）即使一审法院管辖适当，二审法院管辖问题仍是一个独立的问题

司法实践中存在的一个典型案例，可以较好地说明这一问题。××市中级人民法院审理的台湾居民赖××诉××市居民××离婚一案，台湾当事人对××市中级人民法院所作一审判决不服，向二审法院××省高级人民法院提起上诉，根据我国民事诉讼法涉外编和最高人民法院证据规则的有关规定，当事人在台湾本地对包括上诉状在内的相关书面文书履行了公证手续，但是，或者是由于当事人对祖国大陆法院机构设置和审级制度不了解，或者是因为笔误，更或者是因为当事人冤似窦娥，寻求包公心情太切，上诉状中在依照参考样式将事实和理由陈述完毕后，末尾竟写着此致中华人民共和国最高人民法院。这一疏漏如果说台湾地方法院办理文书公证时亦未发现尚情有可原，但一审法院接收并向对方送达上诉状时未发现，甚至当事人本人的代理律师亦未发现。案卷移送至二审后，二审法院必须对该问题作出处理。依照审级的有关原理及诉讼法的规定，该案的二

审法院无疑应当是××省高级人民法院，但当事人的做法所带来的二审管辖权问题，不论简单还是复杂，使得××高院不得不专门就此作出判断。这种判断与一审法院管辖权行使正当与否完全无关，××高院需要判断的是二审管辖权行使的适格问题，而且是必须对自己本来理所当然应行使的权力作出判断。当然，法院最省事的办法莫过于要求当事人重新书写诉状，重新办理公证，但这不仅徒增当事人在两岸往返奔波的麻烦，还有可能引发新的问题，如上诉期的问题等。这种判断与其说是一种法律推理活动，不如说是法院自己在司法过程中所作的一次法律解释，即通过法律的目的解释来弥补当事人在程序上的善意疏漏。暂且不论二审法院在法律效果与社会效果的关系上处于何种立场，对该程序问题最终作出了何种处理结果以及该处理结果合适与否，亦不论二审法院的判断属于法律推理还是法律解释，二审法院对这一仅存在于二审的管辖权问题独立作出判断的过程，便足以说明管辖权问题远不是一个仅仅对一审案件进行分工的问题，它还独立地存在于其他审级。

也许，通说主要是从静态的制定法条文，即静态法学（law in books）的角度，来论述管辖权。诚然，制定法不可能在每一个具体的管辖权规则中分别规定一审法院、上诉法院甚至监督审法院，因为按照静态的管辖权规则，一审既已确定，后续管辖法院的确立实在是一件理所当然、顺理成章的事，制定法中的管辖权规则已经够细致繁杂了，即使在现有基础上再进一步细致，也不可能详尽地规范司法实践中存在的一切问题。然而，应当指出的是，制定法的存在这一事实毕竟不能等同于诉讼活动，在诉讼过程中立法必然要向司法发生一次明显的转化，这种转化是一次法的活的运动，其现实意义远远大于纸面上的法，动态法学（law in action）尤其应得到关注。就本案司法实践中出现的实际问题，虽然从制定法上找不到直接依据，但也不可能指望制定法能够作出如此详尽的规定。对于理论与司法实践之间不可避免的差距，理论界不能够视其为理所当然而予以漠视。学者们对诉讼法的研究不能够仅仅停留在诉讼法规则或诉讼法条文中，而应对活的诉讼活动过程及因此产生的问题予以正视并作出回应。

（三）二审法院对管辖权问题的处理及对处理过程的分析

不论是专属管辖、专门管辖和级别管辖等常态管辖形态，还是集中管辖这样一种或多或少带有临时性的管辖形态，只要是一审管辖权的行使偏离了有效的规定，在二审管辖权问题上，将可以看到二审法院对于该问题的处理是多么复杂，是多么独立于一审。如果某案件一审管辖存在瑕疵，后来上诉到二审法院，或者虽然没有上诉，但二审法院已经知道该瑕疵的存在，此时二审法院该如何处理？依照有无二审管辖权，上诉审法院的处理办法相应不同。首先，如果该二审法院本身享有二审管辖权，处理办法不外乎两种：第一，漠视一审管辖权中存在的瑕疵，按照二审正常程序处理案件；第二，以程序违法为由撤销一审作出的裁决，指令一审法院将案件移送至有管辖权的法院。如果按照第一种办法处理，则二审管辖权的正当性问题立刻凸现出来：如果初审连管辖权都不具备，二审的管辖权能说是正当的吗？如果按照第二种办法处理，二审法院对一审管辖权的审查完全是基于自身独立的管辖权基础，与一审管辖权无关。其次，如果该二审法院本身无二审管辖权，例如一普通基层法院错误受理了属于集中管辖范畴的涉外民事案件，其所在地的中级人民法院对涉外案件没有管辖权或者仅有一审管辖权，而该中级法院不仅无法行使二审管辖权，而且也无法纠正下级法院的程序错误，最终只能报请有管辖权的上级法院作出裁断。

笔者不余笔墨分析上述问题，目的不在于探讨到底哪一种做法正确，也不在于总结二审管辖权行使的经验，从而确立新的管辖权规则。笔者的目的在于通过对二审管辖权确定过程的描述，使学界注意到，二审法院的管辖权，不论二审法院是否行使，也不论是如何行使，都存在一个独立判断的问题。这一判断过程独立于一审管辖权的行使状况，其结果不是通过管辖恒定原则和审级原理能当然推理出来的。但有学者可能会这样抗辩，一审管辖权的确定远比二审复杂，不论如何，只要一审管辖权无瑕疵，仍可以顺之确立二审管辖权。所以，不论是专属管辖案件，还是专门管辖案件，亦或集中管辖案件，只要解决好一审管辖权，二审管辖权是不会出问题的，上述困境归根结底还是因为一审中的管辖权问题没有解决。该问题分歧的根源可能在于，通说看待管辖权问题立足于结果，而笔者立足于管辖权问题的解决过程。在通说看来，只要一审管辖权问题在结果上处理得当，二审管辖权根本不会成为一个问题。但是，解决问题的过程与解决问题的结果是意义不同的两个概念。从结果的角度看问题固然称不上错误，但这只是一种静态的看问题的方法。司法实践是一个活跃的、动态的过程，所以，当司法实践无法保证所有一审案件管辖权的行使都完美无缺，对有关一审管辖权的争论几乎成为司法实践中的常有之事，二审法院在审查一审管辖的适格问题的同时，还要不时考虑自身管辖权的正当性问题时，很难说对管辖权的这种静态观察是一种符合诉讼实际的观察。

笔者并不否认确定一审管辖权的基础性作用，亦不否认立法将确立管辖权规则的重心置于一审的正确性。笔者认为，当一审管辖权因司法实际操作的失误而出现瑕疵时，二审的管辖权的正当性就成为一个不可回避的问题，即使这个讨论和决定的过程并不复杂，但这一过程本身就表明了二审法院的管辖权确实是一个需要讨论和决定的问题，不是一个顺着藤子就必定能摸到的瓜。只要存在对一审管辖权的审查，只要存在对自身管辖权的行使是否恰当这样一个判断，就说明二审的管辖权问题是一个独立于一审的问题，而并非只要一审法院的管辖适当，二审管辖权的确立就理所当然地不成问题。

第三节　管辖权——权力还是权利

一、“权力”与“权利”的基本特征及比较

权利与权力在不同的领域有不同的内涵。在法学领域，权利与权力是公法学研究中最常见的一对基本范畴，亦是私法学法理研究时不可缺少的重要范畴。从最一般的意义上看，权力是一定的社会实体或个人所行使的有组织、系统的物质力量。这种力量的构成有如下特点：第一，权力是由一定的社会实体或个人所拥有而操纵的，纯粹的物质力量不是权力。第二，权力是一种体现人的意志的能力，是人的意志的外化，因而具有强制性，即强迫人们服从的性质。第三，权力存在的基础是服从。没有服从者，即没有权力行使的效力，而权力服从关系是一种不平等的社会关系。① 总之，权力是一种影响力与支配力，它是维护统治秩序和社会公共秩序的强力武器。在现代法治社会中，它日益体现为一种“组织性之支配力……是制定法律、维护法律和运用法律之力”。②

相对于“权力”而言，“权利”的概念则复杂得多，历史上出现过诸多相关论述。如洛克、哈耶克、罗尔斯所倡导的“自由说”；康德、哈特

① 参见王启富、陶髦主编：《法律辞海》，吉林人民出版社 1998 年版，第 517～518 页。

② 谢瑞智：《宪法辞典》，台湾文笙书局 1979 年版，第 61 页。

所倡导的“意志说”；耶林所倡导的“利益说”，等等。“权利”一词在不同的语境下其具体内涵难以区分，并由此导致作为法律基本构成单位和正义观念实质要素的权利其含义和价值的模糊。美国法官霍菲尔德认识到了这一问题，他通过清楚地区分通常被统称为权利的各种基本法律概念，分析八个与其相对或相关概念之间的相互关系，来帮助了解“权利”一词的涵义。其中权利是指一种可能被另一个人履行、诉讼或放弃的，具有执行力的主张；义务是指一个人被社会所要求的为其他人的即期或预期利益而必须为或不为某种行为，且违背这种要求将受到社会的惩罚；无权利，是指一个人所在的利益社会不要求其他人为特定行为；权力是指当A的自愿行为将引致A与B或者A与第三人之间新的法律关系时，A对B享有权力。此外，霍氏还分析了特权、豁免、责任和无能力等概念与上述四个概念及这几个概念之间的相互关系。霍菲尔德这种对权利的分析方法可能是迄今为止所有曾尝试过的、最为严谨的做法，澄清了权利一词在不同情况下的隐含意义。①

应该说权力与权利并不是截然对立的两个概念，相反，两者高度相关。例如，两者都是建立在一定的社会经济关系上，都以国家强制力为基础，在某些场合存在交叉。但两者在法的范畴内还是存在较为明显的差别，这种差别表现在：

第一，内容的行使及其依据不同。英语中权力一词意指“能力”，霍布斯将权力定义为一种因果关系，认为“权力和原因是同一回事……无论是出于什么原因，使行动者拥有对其对象产生作用所需要的所有条件，他只要愿意，便有权力产生这种影响……所以，行动者的权力和有效的动因是一回事”。② 可以说权力的内容及其来源取决于有能力的行动者的意志。与此相对应，权利的内容几乎与以规则形式表现出的法律完全相同。在西方文明中，法即意味着权利。“任何可以实施的权利都是由法律创设的，这一点不容质疑。只有在法律承认某一种权利时，该权利才受到法律

① 参见张万洪等译：《法理学》，武汉大学出版社2003年版，第197～203页。

② 邓正来主编：《布莱克维尔政治学百科全书》，中国政法大学出版社1992年版，第595页。

上的保护。"① 从这一意义上看，权利的内容与法规则的内容实际上没有区别。当然，法规则必定是某种意志的体现，但并非所有意志都体现为法规则。

第二，行使方式的不同。在行使权力的场合，行动者即可以法规则为依据，自身实施具有强制性的行为，以保证自身意志的实现，这种强制性行为的实施是独立的，毋需借助于其他社会主体。虽然在现代法治社会权力的行使越来越多地受到理性规则（特别是法律）的约束并最终受制于司法审查，但与权利的行使场合相比，独立性及强制性仍是其重要特征。在行使权利的场合，因现代社会普遍排斥私力救济，行动者如欲最终保障自身利益的实现，不得不当地实施强制性行为，而只能通过法律认可的救济途径，借助于享有权力的社会主体帮助实现其权利。否则即使行动者所要保护的利益合法，也将因为寻求保护的手段不合法而承担不利后果。

第三，主体地位不平等。权力存在的基础是服从，权力行使的过程和结果明显表现出一种"施"和"受"的关系，权力的享有者处于"施"的地位，以自身的意志影响相对人，而且这种影响是单向的。而权力的指向对象处于"受"的地位，被权力的享有者所影响，两者在法律关系上仅表现为一种形式上的平等，而实质上则表现为一种不平等。权利的行使过程则表现为一种平等的"互动"关系，这种"互动"的影响是双向的，通常是权利与义务时刻相伴，既无无义务的权利，也无无权利的义务，一方享有的权利即为相对方负担的义务。现代社会中权利的享有者对权利的行使不得滥用，必须保持相当的克制，权利的享有者与义务的承担者在法律地位上的平等不仅是形式上的，而且也是实质上的。

关于权利与权力的关系，囿于篇幅及本文写作目的，在此不能进一步作系统深入的探讨。总之，从宏观的角度来看，可以说东西方的法律发展史就是一部权力与权利的关系演变史，随着法治日益现代化，权力越来越多的受到制度理性的约束，而权利的领地则呈现出日益扩张之势，权力因而开始越来越多地具有权利的属性。

---

① W. Y 曹：《近代中国的宪政结构》（墨尔本大学出版社 1947 年版，第 57 页。）转引自夏勇编：《公法》第一卷，法律出版社 1999 年版，第 59 页。

二、以管辖权的作用对象——民事案件为视角

在司法实践以及学术论文、法律条文中，常常提及“案件”一词，不同的诉讼程序，其管辖对象是不同类型的案件：刑事诉讼管辖的对象是刑事案件，行政诉讼管辖的对象是行政案件，而民事诉讼中管辖权行使的对象，依照通说，是民事案件。“案件”一词的使用是如此频繁，从民事诉讼基本理论的阐述，到整个民事审判程序的介绍，从立案到审判直至最终执行，“案件”一词无不被反复多次被提及。但是，到底何谓“案件”，目前尚见不到系统和深入的探讨。如果说该词在民事诉讼中的地位类似于数学中的公理，无需作更多的介绍，那么民事诉讼中的其他一些基本概念如“民事”、“诉讼”、“纠纷”、“管辖”等，在我国目前任何一本诉讼法教科书中均不乏较大篇幅的阐释，即使偶尔可见的界定，但其侧重点在于“民商事”而非“案件”概念本身。例如，有学者认为民事案件是公民之间、法人之间或公民与法人之间因民事权利义务发生纠纷，一方当事人向法院提起诉讼，由法院依照法定程序进行审理的各类案件的总称，① 这不过是同语反复，没有解决任何问题。

所以，一方面，学术界让这一最基本的概念承担着繁重的使命，另一方面，对其相关理论的探讨却极度缺乏，对于以注重概念为学术特征的我国法学界而言，这不能不说是一个比较奇怪的反差。对民事案件概念的清晰界定，更重要的意义在于指导司法实践，因为，在司法实践中对“案件”认识的不一，会导致法院工作范围不清，以及对有关工作事项程序的重视程度不一。

（一）在语言习惯上，“案件”、“纠纷”和“争议”等词在理论界和司法实务界有着不同的使用习惯

“案”，就其本意而言，是指涉及法律的事件或政治上的重大事件。②这显然是一种最广义的解释。虽然可以将民事诉讼中“案件”的应有之义包括在内，但其外延无疑过于宽泛，不能反映出民事诉讼中“案件”的固有特点。在我国民事诉讼法典中，“案件”一词似乎是在更一般的意

① 参见马原主编：《民事审判的理论与实务》，人民法院出版社 1992 年版，第 314 ~ 327 页。

② 参见《辞海》，上海辞书出版社 1979 年版，第 2345 页。

义上使用，例如“民事案件”、“重大涉外案件”、“……管辖的案件”等。而“纠纷”一词使用的领域则更为具体，如“合同纠纷”、“票据纠纷”、“不动产纠纷”等。从语言使用习惯上看，进入诉讼程序之前的对立与冲突只能被称为“纠纷”，而在进入诉讼渠道后，则一般称其为“案件”。与“案件”和“纠纷”相比，“争议”一词似乎居于两者之间。当然，在日常使用中，三者在绝大多数情况下可以相互混用，不会产生太多的歧义。

但是，即使是案件一词，实务界与理论界在习惯用法上也存在不同。除了当事人提交法院请求法院裁断的事项外，实务界还将法院系统内部的程序性事项也称为“案件”。例如，在委托送达中，待送达的文书对于受托法院而言是一个需要处理的案件；在涉外文书审查程序中，待审查的文书对于审查人员来说这同样是一个需要处理的案件，这样的例子举不胜举。在执行程序、在外国法院判决的承认与执行程序等非诉讼程序中，有关待处理的事项都可以被称之为“案件”。而对于理论界而言，案件仅仅是指由当事人提起的、与实体权利义务直接相关、应通过审判程序加以解决的事项，是指平等主体之间发生的，以民事权利义务为内容的法律争议。这种语言使用习惯上存在的差异，是一种正常的语言现象，不可能从对错的角度来相互进行批驳。但是，从严格的学术讨论的角度出发，如果一个语词所指称的对象过于随意，那么，该词将不适宜充当学术讨论的角色。“案件”一词正好属于这种情况，并不是一个适宜的学术术语。

（二）在价值取向上，民事案件不等于社会关系和社会秩序的混乱状态

许多学者将民事争议（民事纠纷）视为一种社会关系的失衡或混乱状态，① 这些学者认为，“有社会必有纠纷。纠纷是社会成员之间丧失均衡关系的状态……也可以说纠纷就是社会秩序产生的混乱”。“民事争议之所以发生，是因为民事实体法所保护的社会关系遭到了破坏，民事法律关系处于一种不正常的状态。”② 这些论述中所言“失衡”、“混乱”“破坏”和“不正常”等用语，对纠纷在价值取向上首先就作了否定判断，

① 参见孙万胜著：《司法权的法理之维》，法律出版社 2002 年版，第 37 ~ 47 页。

② 谭兵主编：《民事诉讼法学》，法律出版社 2004 年版，第 1 ~ 2 页。

依笔者看来，这种取向是不正确的。从哲学的角度看，纠纷就是一种矛盾，而矛盾在人类社会可谓无处不有，无时不在，矛盾是社会关系不可分割的一部分。如果纯粹从理想主义视角看问题，可以认为纠纷的存在是一种不正常的社会状态，但从现实的角度看，纠纷的产生及其解决，是现实社会中的一种常态。所以，在价值取向上对纠纷所作的不同评价反映着评判者自身对现实社会的态度。依笔者看来，纠纷无时无刻都在发生，诉讼体制及具体规则的设计只可能影响纠纷的解决方式，不可能影响纠纷的成因。对于纠纷这样一种客观现象，价值取向上应当持中立的态度，而无所谓混乱、失衡和不正常。

（三）民事案件基于一定客观事实而发生，但不等同于争议所涉客观事实，在少数情况下，甚至可能完全脱离客观事实

民事案件的发生，从本体论意义上讲，乃基于现实社会中一定的客观事实，客观事实是独一无二的，一旦发生，便成为独一无二的历史事件，不以人的意志为转移。独自躺在时间的角落，它可能或早或晚被人们所意识，也可能永远尘封于历史。如货物买卖过程中违约之事实，某人人身受到伤害之侵权事实等。但是，在民事诉讼领域，这些客观事实本身并不能等同于民事案件。案件是一个需要通过特定程序来认识的事实，案件的处理过程是一个不断深化这一认识的过程，既包括对事实的认识，也包括对法律适用的认识，其中，对事实的认识和抽象处于基础地位，直接影响着法律的适用。从微观的角度看，一个客观事件从产生到发展直至最终结束，充满了无穷的信息要素，只有将这些要素全部进行有机组合，事件真相才能得以恢复。但是，一丝不漏地恢复事件真相或许只有神才能做到，世俗社会对此是无能为力的。对当事人和法官而言，能够发现案件的最基本、最重要的事实即已经算是了不起的成就，对于已经发生的案件，我们找不到可以记录事件细节的摄像机或复印机，只能通过一定的规则，加上尽可能明辨是非的大脑，作出接近案件事实的判断，而我们倚重的规则和自以为是的大脑却又从另外一个角度阻碍着我们恢复案件事实的努力。

第一，法官面临的是不完整、不可靠的信息。法官面临的每一个行为或事件必然是过去的事情，而且绝少是法官自己亲身经历的事情。为查清案件事实，法官只能依赖当事人自己的陈述，有时还需依赖证人的证词。为证明自己的陈述，当事人会想方设法提供一切对自己有利的证据。同时隐瞒、甚至销毁对自己不利的证据。在这样的背景下，即便是只判断一方

当事人证据的真伪，也是一件充满风险的事，当对立双方两名或两名以上的当事人在证据问题上激烈博弈，再加上不客观的证人从中搅和时，法官看到的只能是一潭浊黄浑水。如果说故意歪曲、无意遗忘、自以为是是信息不完整的直接原因，那么道德和良心就是其决定性原因。在讼争利益的驱使下，特别是当当事人面临生存还是死亡这样的严峻选择时，道德和良心的作用是否真比鸿毛要重？可以说，只要存在攻击之矛和抗辩之盾，只要这一矛盾进入诉讼，法官周围的浑水就不可能变为至清。

第二，事实的认定受制于法官的个人状况。没有人刚一来到这个世界就能预知自己将来的职业，否则，对于某个将来能成为法官的毛孩，我们尽可以从他呱呱坠地时起便创设条件，将他培养成近乎完美的法官。可惜先贤从来不愿对未来之事泄露一丝天机，在职业选择上，我们可以从小立下雄心大志，家庭和社会可以尽心加以引导，但我们的成长脱离不了周围的客观环境，家庭的、社会的环境无时无刻不在影响着我们。在各方面因素——不排除许多偶然的因素——的影响下，被我们称作法官的人慢慢变成了法官，由于成长的家庭和社会环境不同，不同的法官性格有不同，学识有高下，价值观亦存在差异。这种个人状况的差异性引致的结果是：对同样的案件事实，不同的法官有不一样的判断和理解，认定标准不尽相同而且或多或少带有感情上的倾向。遭受过暴力袭击的法官对暴力一定有着更深切的痛恨，身为矿工后代的法官对矿工一定有着更深厚的同情；脾气急躁的法官会不断纠问当事人的发言，性情温和的法官会更耐心听取当事人的陈述。正如桑塔亚纳所说："我们所看到的事，很明显是我们过去经验的某种加权重平均数的函数。"① 这样一来，法官对案件事实的认定注定要带上主观色彩，为实体正义所做的努力也不可避免地要遭到棒喝。

第三，调查事实的能动性为法官的角色定位所限制。在追求案件客观真实的问题上，我们应给法官以科学的角色定位。我们知道，诉讼所面临的任务不外乎两大类：弄清事实，适用法律，而弄清事实几乎是除神父之外一切职业都要解决的问题，尤其以自然科学家、私家侦探为甚。科学家主要探知客观世界的真实，大至宏观宇宙，小至基本粒子，其感兴趣的问题无所不在，无所不包。丰富的想象力应该是科学家必不可少的基本素质，科学家尽可以首先大胆设想，而后小心求证。研究工作越刨根问底，

① 沈达明编著：《英美证据法》，中信出版社1996年版，第3页。

越容易出成果；私家侦探主要追踪不能暴露于阳光之下的真实，真相的盖子捂得越严实，侦探的价值越能得到体现。为此，私家侦探会尽可能利用一切可利用的手段（当然包括非法手段）来掀开这个盖子。

法官与这两者均不同：首先，在调查对象及评判标准上，如果说科学家调查的是自然界的客观规律以及人与自然的关系，调查成功与否可依量化了的标准给予评判，那么法官调查所涉及的主要是人与人之间的社会关系，其调查是否精细，缺乏标准的评价尺度。其次，在调查范围上，法官调查的范围受制于当事人的诉讼主张，不能主动出击，四处伸手，越权调查。再次，在调查方法上，法官不能先作出假设，再小心求证，也不能如私家侦探那样为达到目的而不惜使用一切方法和手段，法官的调查手段和方法有着严格的程序限制，违反程序而取得的证据是无效的。所以，法官是一个手脚受到束缚的调查者，其弄清事情真相的条件比科学家和私家侦探逊色得多。而且很多时候法官对争执牵涉到的领域并不精通，如果案件涉及的领域与农作物有关，法官对事实的分析能力决不会比农民更高明。法官只不过是受过良好法律训练的法律专家，法官的优势在于能准确、严格地遵照程序法行事，无偏私地认证双方当事人的证据，有理由地适用实体法律，这样行事的法官才是角色定位准确的法官。所有上述原因加在一起，使得案件事实的认定充满了不确定性。正如 Radin 法官所说：确定事实是法律遇到的永久的、不可解决的问题之一。① 因此，诉讼一开始就应当肯定，不能期待法院一定能作出正确的结论。

如果说民事案件与客观真实等同，便暗含着这样一个判断：对民事案件的处理，也就是对客观事实的处理。司法公正与否的评判标准，首先取决于对客观事实的恢复程度，这是评价的基础，其次才是对法律适用正确与否所作的评价。从诉讼固有的规律来看，这一判断是不符合诉讼的本质规律的。然而事实并非如此，随着法律真实理论的日益普及，即使司法活动中对案件事实的认定偏离了其最初的客观真实，只要程序得当，这一认定也是可以被接受的。当然，案件的终极根源于争议的事实，无任何争议事实的案件是不存在的。

（四）民事案件具有客观的外在表现形式

1. 典型案件：当事人提出的各类请求的总和

① 参见沈达明编著：《英美证据法》，中信出版社 1996 年版，第 2 页。

在我国理论界和实务界，案件通常被区分为两种类型，即诉讼案件与非诉讼案件。其中非诉讼案件的案件类型，按照广义的理解，包括宣告公民失踪和宣告公民死亡案件、认定公民无民事行为能力和限制民事行为能力案、认定财产无主案、选民资格案以及适用督促程序、公示催告程序和破产程序的案件。诉讼案件与非诉讼案件都是民诉法法典中的“有名”案件，是法院工作中经常要处理的案件，笔者称这两类案件为典型案件，典型案件的外在表现形式为当事人提出的各类请求的总和。

案件不能等同于争议的事实，如果当事人并无寻求救济的打算，争议的事实只是一种安静存在的状态，不可能成为一个“案件”。案件也不能等同于法律，既不能等同于实体法，也不能等同于程序法。“案件”是三者的有机组合。所以，“案件”不过是一个动态的流程，被当事人提交到法院，等待法院进行处理的一个事项。民事案件的处理是一个专业性非常强的活动，对案件的处理过程是双方当事人和法院之间一个互动的过程，不同的人有不同的认识。但其具有客观的外在表现形式，表现为当事人在不同诉讼阶段向法院提出的各类不同请求之和，既包括实体上的请求，也包括程序上的请求。“案件”是一个静态的概念，表达一种静态的存在，而“请求”这一概念则动态地反映了争议的处理过程。

第一，无请求即无案件。争议事实发生后，争议主体之间可以选择不解决争议，即使希望解决争议，对争议解决途径的选择也并不限于诉讼这一种方式。如果争议双方并不向法院提出解决争议的请求，而是通过自行协商的方式解决，那么双方的争议作为一种状态虽然客观存在，但其本身尚未演变成为案件。这里的请求应该作广义的理解，既包括原告提出的初始请求，也包括对方当事人提出的反请求；既包括向第一审提出的请求，也包括向上诉审提出的请求；既包括对实体争议进行处理的请求，也包括对程序性事项提出的请求；既包括有证据支持的请求，也包括无证据支持的请求甚至虚假请求。所有这些请求综合在一起，连同法院针对这些请求作出的决定、裁定和最终判决，构成了过程意义上的案件，也构成了结果意义上的案件。总之，在当事人看来，案件是一个或者一系列向法院提出的请求，法院眼中的案件，是一个或一系列待处理的请求。

第二，请求的范围限定着案件审理的范围。争议的事实是一个开放的系统，当事人即使是选定了诉讼渠道来解决争议，但没有提出如何处理的最终要求，从理论上讲，其最终的、具体的处理结果会有无穷多种。为了使诉讼成为一项实际可以利用的纠纷解决渠道，民事诉讼必须遵守不告不理这一基本原则，该基本原则的存在，决定了法院的审理范围只可能是当事人所提请求的范围。当事人提出什么请求，法院就应对这一请求作出回应，既不能超出这一请求范围作出裁判，也不能遗漏当事人的请求而形成漏判。

第三，不同的请求决定着不同的诉讼方向。不同的诉讼请求反映提出请求方所关心的问题的核心所在，提示着对方攻击方向所在，从而指引着法院的审理方向。例如，基于寄存人要求保管人返还所保管钱财而保管人不愿返还之事实，如果寄存人将保管关系误以为借贷关系，以借款纠纷为案由向法院提起诉讼，整个诉讼方向，从最初被告的答辩，到管辖法院的确定，直至庭审中双方当事人所行使的举证权利和履行的举证义务，都是以此为中心而展开。

第四，不同的请求决定着不同的裁判结果。虽然是基于同一争议事实，向法院提出的请求不同，最终裁判结果也可能不尽相同。承上例，如果当事人在庭审时将请求明确为返还所保管的财物，其胜诉的几率相对较大，而基于借贷关系向法院提出返还借款及支付相应利息等请求，可能得不到法院的支持。

2. 非典型案件：事务性请求的总和

法院作为一个客观存在的机构实体，除处理典型案件之外，法院还承担着许多与案件审理相关的事务性工作。以我国的涉外案件的处理为例，高级人民法院还需要承担下级人民法院裁判文书的审核签批工作，还要承担涉外司法文书上下转递工作以及外国法院判决的承认与执行等工作。这些工作既不能等同于典型案件的审理工作，又不能等同于法院的人事、财务等日常行政管理工作，但又与案件的处理密切相关，是法院司法诸工作中不可或缺的一部分。笔者称这一类案件为非典型案件。之所以使用“案件”一词，是因为其与典型案件有相同的外在形式：日常工作用语中，对这类事项也习惯称之为案件；法院对这一类事项的管理方式与典型案件基本相同，例如，都编有案号，都经由一定程序由专人负责承办等。

以外国法院依照条约委托我国有关法院送达司法文书为例，可知非典型案件与典型案件除了前述形式上的相似外，还存在某些实质的相似：第一，法院也要或深或浅地查清某些事实。例如，受托法院送达时要对受送达当事人或其代理人的身份、住所地或经常居住地等基本事实进行核对，如果不作这些核对工作，可能成为一次无效的送达。第二，有时还涉及实体法的适用问题。实体法方面，由于公共秩序这一安全阀门的存在，受托法院为送达事宜之前，至少需要对待送文书所涉及的事项作最基本的表面审查，如果文书所涉事项违反国内强制法的规定，受托法院可以不予送达而径行退回委托法院。第三，有时还涉及程序法的适用问题。例如，有关的送达方式，一般是依照国内的程序法规定。但是，一定情况下委托法院可以提出依照特殊方式进行送达的请求，我国法院对此可以国内程序法为依据，对该特殊要求进行审查。

此外，与典型案件一样，非典型案件的启动同样受限于“不告不理”原则。第一，没有先提出的请求，法院不可能依职权主动要求替外国法院送达文书、调取有关证据，也不可能主动向外国法院或者当事人提出承认和执行外国法院作出的判决。第二，法院对被请求事项的处理程度，受限于当事人的请求范围。例如，委托方只提供了受送达人的一个地址，法院在送达不成功时，不具有主动调查其他地址的义务。又如在受托调查取证的过程中，调查范围一般也严格限定于请求范围之内。同时，非典型案件的外在，同样表现为各种请求。笔者称之为事务性请求，这些请求的总和，构成了一个非典型案件。请求的提出者既包括当事人，也包括法院和其他机构。这些请求一旦向法院提出，法院必须像处理典型案件一样，对请求的提出者作出一个中间性质或者终局性质的答复。

所以，对“案件”一词，需要作扩大的理解，这不仅符合日常司法工作中的语言实际，也能够反映司法工作作用对象的某些共同特性。

三、现行管辖权观念忽略了当事人在诉讼中的能动作用

（一）当事人在管辖权确定过程中的能动作用

以是否依赖当事人诉讼中的请求为标准，可以将法院的诉讼行为大致划分为两类，即依职权的诉讼行为和依申请的诉讼行为。所谓依职权的诉讼行为，是指不以当事人是否在诉讼中提出请求为基础，法院能够主动实施的诉讼行为。例如法院对妨害民事诉讼的人采取强制措施、开庭传票的留置送达、一定情形下保全措施的采取、法院依职权通知第三人参加诉讼等即为单方的诉讼行为。在这类行为中，相对于法院的“施”而言，诉讼当事人处于被动接受和服从的地位。所谓依申请的诉讼行为，是指以当事人提出请求为基础，无当事人的请求，法院不能主动实施诉讼行为。

“不告不理”这一大的原则使得民事诉讼中的绝大多数行为都具有依申请行为的特征，典型的例如：针对当事人因不可抗拒事件或其他正当理由耽误期限而提出的期限顺延申请，法院所作的决定；法院对确有困难的当事人提出的缓交、减交或者免交诉讼费用的申请所作的审查决定等。当然，上述划分只是一种相对的划分。

虽然有学者认为能否真正进入民事诉讼的决定性环节是法院是否立案受理，只有法院同意立案受理，民事诉讼才得以真正开始。但这只看到了问题的一个方面。

第一，就个案而言，如果没有原告申请裁判的起诉行为在先，所有的后续行为，包括法院对妨害民事诉讼的人采取强制措施的行为都不可能发生，从这一意义上讲，民事诉讼中法院作出的所有诉讼行为，包括对与管辖权有关问题的决定，都是以当事人的申请为基石，即使在公共利益受到侵害需要设置公益诉讼当事人的场合，法院亦不能充当这一角色，而应另由其他机构充当。

第二，根据我国民事诉讼法第 35 条之规定，两个以上法院都有管辖权的诉讼，原告可以向其中一个法院起诉。在当事人作出选择之前，两个或者两个以上的法院所享有的管辖权还只是一种静态的纸面规则，只有在当事人作出选择之后，这种静态的纸面规则才开始真正对案件产生实际的作用，同时，选择的作出意味着没有被选择的法院所享有的管辖权仍保留在纸面状态，对案件的处理不产生实际影响，被选择的法院应当受当事人选择的约束，不能随意将案件移送另一有管辖权的法院。所以，当事人所享有的选择权对具体的法院而言，具有很大的能动性。

第三，即使起诉被法院所接纳，由于撤诉制度的存在，法院对某具体案件的处理权，更精确地说是法院对诉的处理权，随时可能丧失基础，这即意味着法院的管辖权规则有可能再次从实践回归书面。撤诉既包括撤回起诉，也包括撤回上诉。虽然我国现行立法规定有对撤诉的适度干预制度，但在司法实践中，不允许当事人撤诉的情况非常罕见。民事权利处分权的特性使得法院很难找到不允许当事人撤诉的理由，而撤诉是否侵害国家、集体和第三人的利益，是在起诉阶段就初步解决了的问题——侵害国家、集体和第三人的利益的起诉是不会被法院受理的，因此不太可能在撤诉阶段出现这一问题。所以，申请裁判的起诉行为能否被法院接纳，其最终决定权固然在法院手中，但撤诉制度的存在无疑减损和消磨了法院在这一问题上的影响力。如果原告将起诉作为一种逼迫被告就范，从而和平解决纷争的手段，其撤诉对管辖权的影响将更加典型。

第四，管辖权的作用对象是案件，具体表现为当事人所提出的诉讼请求。在案件进入诉讼渠道之前，即使是基于同样的实体争议事实，如果当事人所提出的是违约之诉，可能 A 或 B 法院有管辖权，而如果当事人提出的是侵权之诉，则 A 和 B 法院可能不具有管辖权。即便是在案件被受理后，根据最高院的司法解释，原告仍可以在法庭辩论结束前增加诉讼请求，① 如果增加的诉讼请求与原先的诉讼请求相矛盾，而当事人坚持以增加的诉讼请求为主，其结果仍可能使得法院丧失管辖权。

第五，当然，对于被告而言，其对原告的起诉行为及法院在管辖权问题上的决定权施加影响的程度有限，但是，就整个诉讼程序而言，被告并非没有任何主动权。对于是否提出管辖异议、是否提起反诉、② 上诉等，被告的行为仍可以对管辖权问题产生影响。

（二）管辖权的权利特性大于权力特性

权力的拥有者是否对其对象产生作用，取决于其自身的意愿，无需借助其他社会主体。权力以服从为基础，具有强制性，服从主要表现为意志的服从，强制也主要表现为意志的强制。与此相对应的是，权利的拥有者是否对其对象产生作用，主要取决于以规则形式表现出来的法律，各方处于平等的地位。结合上述分析可知，管辖权的最终确定，就整个诉讼流程而言，不仅仅取决于任何一方单独的意志，当事人与法院之间相互作用，都可以对管辖权问题产生或深或浅的影响力，其中当事人所起的作用甚至大于法院。当事人对救济渠道的选择权、对享有管辖权的诸法院之间挑选法院的选择权、诉讼过程中的撤诉权、是否提起上诉和反诉的决定权等，使得确定管辖法院的过程实际上是一个充满互动的过程。这一过程中，共同服从于立法者的意志。

① 参见最高人民法院《关于适用〈中华人民共和国民事诉讼法〉若干问题的意见》第 156 条。

② 严格说来，这也是一个基于本诉的独立“案件”，也会产生管辖权问题，不过法院变换了一种角度，通过判断其诉是否构成一个反诉来决定管辖权问题。如果认为反诉成立，法院对反诉也当然地具有管辖权；如果认为被告的请求不构成反诉，可以视为法院对反诉拒绝行使管辖权。

法院对当事人进行强制的特征虽然存在，但并不明显，至少对原告而言如此。至于被告，其所受强制的程度虽甚于原告，但从终极意义上讲，被告所服从的是立法者的意志力——主要表现为立法者制定的各类管辖权规则——而不是法院的意志力，对于立法者的意志力，法院也是要服从的，虽然法院在司法过程中有一定的自由裁量权，但该自由度无疑是有限度的。所以，在管辖权的确定过程中，当事人各方和法院之间始终处于一种平等的地位，各自行使自己的权利，自行或者要求对方履行相应的义务。

通过对管辖权现行界定要素的分析，可知管辖权概念现行要素的组合并不能令人满意。虽然没有一个法律术语是绝对正确和永远正确的，但是，组成概念的各单个要素至少要与其所服务的制度和谐匹配，也许是过于强调内涵的丰富反而极大地限制了其外延，使得现行所谓的管辖权概念仅局限于“行使管辖权的依据（jurisdiction basis）”这一意义上。也许是因为概念的形式结构过于精致，反而使其脆弱不堪。对于这种过于“光滑”的语言，维特根斯坦给出过一个巧妙的比喻：“我们站立在光滑的冰面上，那里没有摩擦，因此在某种意义上说条件是理想的。但也正因为如此，我们无法行走。我们想走，就需要摩擦。让我们回到粗糙的地面上吧！”① 基于此，笔者试着对管辖权一词给出一个形式相对简单的要素组合：法院对于当事者向其提出的请求进行处理的权利或者资格即为管辖权。

① 参见涂纪亮著：《维特根斯坦后期哲学思想研究》，江苏人民出版社 2005 年版，第 92 页。

第三章 管辖权的扩张理解

第一节 管辖权语义的扩张

日常语言与法律语言之间存在区隔，这一区隔实际上就是生活事实与法律规范之间的距离。为减少其间的间距，德国学者考夫曼提出了“沟通”的概念，所谓沟通，也就是生活事实与法律规范之间间距的缩减。① 沟通所借助的必要工具，仍然是语言。但是，对于在日常语言所建构的日常世界与法律语言所建构的法律世界之间的沟壑上面所弥漫着的精神迷雾到底如何驱除？维特根斯坦从语言哲学的角度，以小孩学习语言的发展为线索，给我们提出了一些启示。

有关语言学的研究表明，只有儿童在同时学习真实和语言。小孩子用以学习语言的那种方式是一种原始的语言游戏，对语言游戏的研究就是对原始的语言游戏或者原始的语言的研究。我们每说一种新的语言游戏，就把一些新的成分引进语言。我们引入的成分是各种各样的，我们只是通过逐步补充新的语言形式，把简单的语言形式组成复杂的语言形式，这就使得语言游戏多种多样，不可胜数。想研究各种各样的、无限众多的复杂的语言形式或语言游戏，应当从简单的原始的语言形式或语言游戏着手，在这些简单的语言形式与我们复杂的语言形式之间并没有发生任何断裂。当我们研究这样一种简单的语言形式时，笼罩在我们的日常语言用法的那层精神迷雾便消失了。②

---

① 参见［德］考夫曼：《法律哲学》，刘幸义等译，法律出版社 2004 年版，第 163～194 页。

② 参见涂纪亮著：《维特根斯坦后期哲学思想研究》，江苏人民出版社 2005 年版，第 19 页。

一、管辖及管辖权概念的纯粹语义考察

（一）管辖与管辖权：与司法并无直接和必然的联系

通过观察小孩子学习语言的发展过程，维特根斯坦给出了治疗哲学问题的共同药方，① 即把词的使用从形而上学的方式返回到日常语言的方式中去，对一些争论进行日常语言的分析。维特根斯坦关于应该对概念进行日常语言分析的论断不仅仅是解决哲学问题的共同药方，对于法学领域诸多概念的界定和分析工作也颇有启发意义。从历史的角度看，任何概念都有一个诞生、发展、演变的过程；从辞源的角度进行考察，可以得知某一概念的原初意义；从目前的日常语言环境中进行考察，可以知道其当前意义。

“管辖”一词就其最初本意而言，是“指车子的关键部位。管，枢要；辖，车轴上的铜质零件”。“管以开门闭户，辖以解脱车轮。”② 可见，在汉语中，管辖一词最初只是指代车子不同部位两个名词。但是由于其指代的部位在一部车子中处于关键地位，于是后来管辖一词逐渐演变为“喻机要之地”，“指重要的地位，枢要之所在。”③ 而在现代汉语中更演变为管领、掌管之意。④ 如果用稍微抽象一点的眼光来看世界，可以认为存在特定联系的人或事物之间均可能表现出一种管领、掌管与被管领、被掌管的关系，相应地，其相互关系均可以使用“管辖”或“被管辖”一词来描述。行政、司法领域自不待言，典型的如“该地属于辽宁省的管辖范围”、“该案件应由市中级人民法院管辖”等表述。在语言学中，亦有学者使用“管辖”一词来表达一个句子中各单词相互之间的关系：如“管辖 in-ing 的动词及其语义特征”、“所谓否定的范围是一个否定词在词义上所管辖的范围”等。甚至在医学、电子科学等自然科学领域，也可以见到“管辖”一词在其本意上被使用的例证。如“……淋巴液，管辖

---

① 参见夏基松：《现代西方哲学教程》，上海人民出版社 1985 年版，第 442 ~ 449 页。

② 《辞源》第三卷，商务印书馆 1981 年修订版。

③ 《汉语大词典》第 8 卷，汉语大词典出版社 1991 年版。

④ 《辞海》，上海辞书出版社 1979 年版。

范围大，位置恒定，淋巴结较大”、“当你走进或爬入它所管辖的领地……”等。①

因此，就语词的本源而言，管辖一词的使用并非法学家的专利，从最宽泛的意义上看，无论是修辞的需要，还是实际表意的需要，该词可以用于很多学科领域，用于表示特定的人或事物相互之间一种管领与被管领、掌管与被掌管的关系。

（二）管辖权——法学视野下的管辖

法学是关于权利（力）和义务的学说。“管辖”一词进入法学的视野，其界定和指称不可避免地要带上权利（力）或者义务的色彩。词语的使用都有一个演变的过程，并在一个相对固定的时间内，形成一个较为固定、约定俗成的用法。“管”和“辖”最初只是两个指称具体事物的名词，后渐被喻为机要之地，枢要之所在，并进一步延伸出统辖、管领之意。从其使用范围的演变轨迹看来，已经超出其辞源本意，如上所述，其被用于多学科领域便是一个例证，但就语言环境来看，该词的使用范围越来越集中。虽然尚存多学科领域应用的实例，且上述实例并非用词不当的例证，但毕竟这些例证并不是当前的主流用法。当前人们对“管辖”一词的习惯用法越来越被限定于社会科学领域，尤其是与立法、行政、司法相关的领域，② 其词义亦越来越被局限于管理，统辖（人员、事务、区域、案件等）之意。在新版《辞海》中，管辖一词的使用范围，甚至被仅限定于司法领域，认为在我国仅指公安机关、人民检察院和人民法院处理刑事案件的分工以及人民法院之间审理第一审案件的分工。其中前一种分工称为职能管辖，后一种分工称为审判管辖。在刑事诉讼中，既有职能管辖，又有审判管辖；在民事诉讼和行政诉讼中，只有审判管辖。本文所指管辖权，仅仅指司法领域的管辖权，立法管辖权和行政管辖权除非作出特别说明，否则不包括在本文论述范围之内。

从“管辖”一词固有的意义来看，控制、支配、统领、掌管等似乎

① 分别参见《谈英语否定的范围》，载《周口师范学院学报》1994 年第 3 期；《管辖 in-ing 的动词及其语义特征》，载《南京师范大学学报》1995 年第 3 期；《猪腹股沟深淋巴结的形态学观察》，载《畜牧兽医学报》1994 年第 1 期；《三维智能空间安全系统》，载《电子产品世界》1994 年第 2 期。类似的例证还可以找到很多。

② 《现代汉语词典》，商务印书馆 1996 年修订版。

从来都是与“权力”联系在一起，在以权利与义务、权力与责任为核心的法学领域，管辖不可避免地会披上权力的外衣。在拉丁语中，管辖一词是指“阐明法律的权力”。随着法学学科内容的不断丰富和体系的发展完善，管辖权的内涵和外延也日渐丰富。就使用习惯而言，一般说来，“管辖”一词是作为动词，从动态的角度来使用，侧重于权利（力）行使的过程；而“管辖权”一词，一般是作为名词，从静态的角度加以使用，侧重于权利（力）的归属。某类机构因享有管辖权而可以对某类事项进行管辖，以及某机构之所以可以对一类事项进行管辖是因为其对该类事项的处理具有管辖权，表明了“管辖”与“管辖权”这两者在使用习惯上相互依存的关系。就司法领域的日常工作语言交流以及学术方面表意要求而言，只要语法得当，不论是使用“管辖”一词，还是使用“管辖权”一词，只要不是对文字和语词作学究式的研究，其所指称的意义基本上是一致的，不会引起理解上的歧义。如果说“管辖”一词在立法、行政和司法领域的使用无明显偏重的话，那么“管辖权”一词，人们使用时的倾向性则越来越明显，如果将维特根斯坦的“日常语言”标准理解为“绝大多数人是否习惯于在某一领域密集使用”，不难看出，在现代社会中，“管辖权”一词已经深深地根植于司法领域，成为法学领域的一个主要概念。①

二、法条和司法实践中扩张使用的语言实证

（一）在现行主管的意义上使用②

我国民事诉讼理论上的主管，通俗地说，是指人民法院对哪些纠纷有权依法审判，或者说哪些民事纠纷可以通过民事诉讼渠道得以解决，因此其又被称为人民法院的受案范围。设定“主管”这样一个概念的初衷在于，正因为民事纠纷的解决途径不限于民事诉讼一种，明确人民法院与其他国家机关、社会团体之间解决民事纠纷的分工和职权范围，有助于防止

① 因特网的发达为语言现象的研究提供了无穷的便利，而强有力的搜索工具的出现则使得相关研究如虎添翼。事实上，只要在一些搜索工具中键入“管辖权”一词进行搜索，很容易得出这一结论。

② 虽然笔者并不认同主管相关理论的合理性，但为行文方便的需要，此处仍借用这一概念，以说明管辖权概念在司法语言中存在扩张使用的实证。

有关部门之间对民事纠纷相互推诿或者争抢，保证正确、及时、合法地解决民事纠纷和维护当事人的合法权益。与管辖权概念相比，主管概念是在宏观角度使用的一个概念，解决的是纠纷渠道的选择这类宏观问题。例如，在涉及仲裁问题的案件中，最高院相关司法解释作过这样的表述：因仲裁条款或协议无效、失效或者内容不明确，无法执行而受理的民事诉讼，如果被告一方对人民法院的管辖权提出异议的，受诉人民法院应就管辖权作出裁定。当事人一方向人民法院起诉时未声明有仲裁协议，人民法院受理后，对方当事人又应诉答辩的，视为该人民法院有管辖权。① 另外，司法实践中对该问题作判断的典型表述还包括："本院对该案具有管辖权"、"仲裁机构对纠纷具有管辖权"，等等。在这里，立法条文中和法院日常工作中所使用的管辖权一词，是用于描述法院与仲裁机构这两类不同的机构在解决民事纠纷方面的分工，很显然是在现行主管的意义上加以使用。

（二）在审判权的意义上使用

在民诉法涉外民事诉讼编中，管辖权一词大多是在审判权的意义上加以使用。例如，民事诉讼法第 244 条有关协议管辖的规定，以及第 246 条有关专属管辖的规定，其中"选择中华人民共和国人民法院管辖的"和"由中华人民共和国人民法院管辖"这样两句表述，显然是将一国法院作为一个整体进行考虑，尚未涉及具体法院的分工和落实，而依据日本和我国台湾地区的主流观点，管辖权与审判权之区别在于，民事审判权之有无，系将一国法院全部当作一个整体加以判断。就特定诉讼事件，一国法院能否加以审判，属审判权之问题。至于在决定一国法院有审判权之后，该国各个法院互相之间，如何分配审判之权限，即属管辖之问题。我国民事诉讼法上述条文即是将我国法院当作一个整体，就特定类型的案件在我国法院与域外法院之间作了第一次分工，只确定了抽象的法院，而没有确定具体的、适格的管辖法院，所以，该条所涉管辖一词实际上是宏观意义上的管辖，与审判权一词在同一意义上使用，并具有相同的功能。

（三）在受理意义上使用管辖概念

在我国，一个完整的民事诉讼进程，始于当事人诉讼的提起及法院对

① 参见最高人民法院《关于适用〈中华人民共和国民事诉讼法〉若干问题的意见》第 147、148 条。

案件的受理，终于当事人实体权力义务在执行程序上得到最终的处置。这种最终的处置既包括其实体权力义务全部实现的情形，如债权人的债权因法院的强制执行全部得到清偿，亦包括因各种客观情况当事人实体权益虽未实现但司法程序上已经无法为其实现的情形，如作为被执行人的债务人已经死亡且无任何可被执行的财产。根据不同诉讼行为所具有的不同功能和性质，可以将这一进程分为立案阶段、审判阶段、执行阶段等若干相对独立的诉讼阶段。就目前对管辖权的认识而言，管辖权作为一种权力形态仅仅存在于受理阶段。在我国民事诉讼理论上，立案与受理含义基本相同。立案，又称受理，是指人民法院通过审查原告的起诉，认为符合法律规定的起诉条件，决定立案审理，从而引起诉讼程序开始的一种诉讼行为。① 法院受理决定的作出与管辖权的行使存在紧密联系。具体而言：第一，立案或者受理的核心内容是审查当事人的起诉条件，当事人是否是向有管辖权的法院起诉，是法院审查的重点内容之一。如果当事人起诉的其他条件均具备，但受诉法院无合法的管辖依据，则受诉法院的立案是不合法的。第二，如果当事人的起诉是向有管辖权的法院提出，但不具备我国民诉法第108条所规定的其他基本条件，受诉法院仍无法立案，仍无法行使对案件的管辖权。所以有学者认为，受理就是人民法院行使管辖权的行为。②

受理与管辖在制度设计上是有区别的。受理制度解决的是案件得以进入诉讼渠道所应具备的最基本条件，根据诉讼法的规定，这些条件必须同时全部具备，管辖权条件的满足只是立案和受理所需要满足的诸多问题中的一种。案件立案和受理门槛的高低，主要取决于如何在便利当事人诉讼和便利法院对案件的管理之间找到平衡点。管辖权制度所要解决的是如何落实具体的、适格的审判法院，它是根据案件的客观情况、法院机构的层级设置和地域分布、便利当事人诉讼的程度等而制定出的一套详细规则。但是，受理制度与管辖权制度也存在较为明显的联系。首先，在诉讼进程

① 参见何文燕、高合明主编：《民事诉讼法学新论》，中南大学出版社1997年版，第263～264页。

② 参见江伟主编：《民事诉讼法》，高等教育出版社、北京大学出版社2000年版，第233页。

上，管辖权问题是属于立案受理阶段要解决的问题，管辖权问题的解决不可能脱离立案和受理环节单独解决，解决立案和受理问题也不可能脱离管辖权问题。依照我国目前的民事诉讼法理论，似乎只要在立案阶段解决了管辖权问题，在其他阶段则不会再出现管辖权问题，对此容笔者稍后详述。其次，案件立案和受理的结果与法院行使管辖权的结果几乎完全相同。法院一旦作出立案和受理决定，通常也就意味着法院作出了行使管辖权的决定；反之，如果法院不予立案，则意味着法院不会对案件行使管辖权。当然，在上述几种意义中，在审判的意义上使用是最为常见的。无怪乎一些诉讼法学者将管辖权与诉讼管辖权、审判管辖权等同起来，认为管辖权制度不过是一种法院之间根据案件不同情况划分审判权限的制度。①

三、Jurisdiction：对应意译的缺失

英美法中 Jurisdiction 一词涵盖的领域非常广泛，遍及国际法和国内法的诸多学科领域。在不同的领域，其含义也不尽相同。

（一）国际法领域

在国际法领域，Jurisdiction 与主权权力、独立领土等概念紧密相关，是一种能够影响人民权利的、通过立法、行政法令或法院判决等形式表现出来的权力。Jurisdiction 在国内几乎是排他的，而在域外，只有经过其他国家的允许才能行使。② 在国际法领域，Jurisdiction 与我国国际法上的管辖权概念是一致对应的。

（二）国内法领域

关于 jurisdiction 在国内法领域的翻译，有几种不同的翻译方法。第一，译为管辖权。这是民诉法学者和国际私法学者普遍采用的翻译法；第二，译为审判权或者司法权。例如，我国港台地区的一些辞书将

---

① 参见《法学词典》编辑委员会主编：《法学词典》（增订版），上海辞书出版社 1984 年版，第 593 页；柴发帮主编：《诉讼法大辞典》，四川人民出版社 1989 年版，第 198 页，第 570 页。

② 参见［英］戴维·M. 沃克：《牛津法律大辞典》，北京社会与科学发展研究所译，光明日报出版社 1988 年版，第 488～489 页。

jurisdiction直译为审判权，或者将司法权、裁判权、审判权等作为首要译项。① 在我国民诉法学领域，管辖权与审判权是两个虽然相关但很不相同的概念，所以，其中必定有一种译法不精确。

英美法中的 jurisdiction 一词用于国内法领域时（本文所涉及的主要是民事诉讼法领域），至少应该从如下几个方面加以把握：

第一，jurisdiction 与“权力”几乎是同义词，就司法领域而言，是指法院对案件进行审理和判决的权力（power），即法院对提交给它的事项进行审理，并对这些事项作出裁决的权力。②

第二，就其性质而言，jurisdiction 是一个法院或一名法官为了公共利益的考虑，必须行使审判而产生的一种权力，其对象既可以是一宗诉讼，也可以是一宗申请或其他的程序性事项，其作出的判决或者命令，能够在一个地区或范围内得以执行或实施。③

第三，它是一个含义非常广泛的术语，几乎与所有的司法诉讼活动相关。指对属于法院权限范围之内，且有适格当事人出庭（proper parties are present）的案件，法院所享有的就案件事实的调查及法律的适用以及司法程序性事项作出判断、决定和裁决的权力。④

可见，英美法中的 jurisdiction 一词，从其应有含义来看，意思相当宽泛，将大陆法系中的管辖权与审判权的应有之义全包容在内，相当于大陆法系下主管、审判权和管辖权三概念的合体。在国内法层面，英美法中的 Jurisdiction 主要的使用语境亦主要与司法诉讼活动相关，这一点与我国民事诉讼法上的管辖权存在相同之处。但就权力内容而言，Jurisdiction 的覆盖面却又大大超出我国民事诉讼法上的管辖权，几乎涵盖整个诉讼活动，

---

① 参见余文景编译：《汉译简明英国法律辞典》，（香港）大块出版公司出版 1980 年版。

② L. B. Curzon, Dictionary of Law, sixth ed., Longman & 法律出版社, p. 235；另参见［英］戴维·M. 沃克：《牛津法律大辞典》，北京社会与科学发展研究所翻译，光明日报出版社 1988 年版，第 488～489 页。

③ 参见［英］戴维·M. 沃克：《牛津法律大辞典》，北京社会与科学发展研究所翻译，光明日报出版社 1988 年版，第 324 页；余文景编译：《汉译简明英国法律辞典》，（香港）大块出版公司 1980 年版，第 158 页。

④ Black's Law Dictionary, westgroup, 6th ed., p. 853

在诉讼活动的发生、发展过程中法院被赋予的各项权力都与 Jurisdiction 密切相关。有学者以应调节的社会关系为出发点，从三个层次来对 jurisdiction 进行解读：其一，国家与社会的关系，即立法应该将什么样的社会冲突纳入司法管辖范围；其二，国家机构之间的关系，即在第一层关系的基础上，法律进一步划分国家机构之间对于处理这些事项的职能分工；其三，法院之间的关系，即在前两个层次的关系已经确定的情况下，由立法进一步确定有司法权的法院之间在管辖具体案件方面的职能分工。①

由此看来，Jurisdiction 所包含的含义与我国民事诉讼法上的审判权基本对应。相比之下，由于我国民事诉讼法上的管辖权概念仅仅指一审案件在不同级别、不同地域的法院之间的分工，而 Jurisdiction 的涵盖范围要宽泛得多。因此，在我国民事诉讼法上用管辖权概念来指称英美民事诉讼上的 Jurisdiction，类似于蛇吞象，显得心有余而力不足。

实际上，在 jurisdiction 这一处于上位的种概念之下，还存在一些下位的属概念。其中的 jurisdiction basis 一词，大致对应于我国民诉法上的管辖权概念。就概念的体系而言，jurisdiction basis 只是 jurisdiction 的一部分，两者之间的上下位层级非常清楚，属概念的作用范围只是种概念的一部分，这是一种纵向的理论构造。在我国民事诉讼法理论体系中，管辖权与审判权是关联度非常高的两个概念，认为管辖权是审判权在不同法院之间的落实和分配，两者之间并不存在清晰的上下层级，作用范围相互交叉和渗透，这实际上是一种平行的理论构造。

有些学者们一方面意识到了 Jurisdiction 原意与译义之间的差别，另一方面，在研究民事诉讼中与"jurisdiction"问题有关的论著、国际条约等国际文献时，又将其与我国民诉法上的管辖权概念实行无差别应用，很容易引起误解。从纯粹翻译技术的角度讲，既然在民事诉讼领域，jurisdiction不能准确表达当前我国民事诉讼法上管辖权的含义，那么就应该尽可能寻找一个合适的替代词语，以求得内在含义的对应。换言之，在国内法领域，特别是在民诉法领域，将 Jurisdiction 译为审判权，应该是一种大致恰当的翻译方法。而我国民事诉讼中的"管辖权"一词，与 Juris-

① 参见［美］哈里·爱德华兹著：《爱德华兹集》，傅郁林等评译，法律出版社 2003 年版，第 103～106 页。

diction basis更为对应。

第二节　管辖权规则的扩张

一、管辖种类及相关内容的扩张

（一）管辖权种类的学科整合：关于国际私法中的管辖权分类

1. 国内管辖权与国际管辖权

按照学科研究范围的大致分野，国际民事诉讼是国际私法学的研究对象。在国际私法学中，以是否属于涉外案件为标准，管辖权被区分为两大类，即“国内管辖权”和“国际管辖权”，国内管辖权被认为是完全属于一国国内民事诉讼法所涉及的内容，不是国际民事案件管辖权问题所要探讨的范畴。关于这一划分的理论依据，国际私法学者认为，对于某一特定的国际民商事案件而言，首先要解决的是法院的国别问题，即该案件由哪一个国家的法院管辖，在这一问题解决之后，由该国的哪一类或哪一地方的法院具体行使管辖权，是一个国内管辖权问题，属于一国国内民诉法调整的范畴。基于这一思路，国际私法学者有关管辖权问题的探讨主要集中于所谓的“国际管辖权”，而有关“国内管辖权”的问题，则交由民事诉讼法学者去研究。这一分类有意义吗？

首先，这涉及国际民事诉讼法与国内民事诉讼法的相互关系，而两者相互关系的核心所在，是国际民事诉讼法到底是不是一个独立的法学部门。这在法学理论中是一个存在争议的问题，持肯定论的学者一般是将国际民事诉讼中的特殊制度、特殊环节放大，从而论证国际民事诉讼法学的独立性；而否定论者则一般将之视为国内民事诉讼法的一个特殊组成部分。不过，即使肯定论在理论上具备高度的正确性，而对于世界范围内的司法实践来看，肯定论至少是过于超前的。第一，与不具涉外因素的案件相比，涉外案件在处理过程中确实需要一些特殊的制度来保障当事人程序权利的实现以及整个诉讼活动的顺利进行，但是，这只是整个民事诉讼程序中的几个特殊环节。国际民事诉讼要想成为一个独立的法律部门，至少要形成一个独立的体系，几项特殊制度的简单相加还不足以支撑其成为一个独立的法的部门，就现实而言，涉外民商事案件还主要是在国内民事诉讼法的框架之内运行。第二，有关诉讼程序制度的统一法运动，只在送达、取证、外国法院判决的承认与执行等极少数领域取得了成功，就复杂的民事程序制度而言，这还只是一种小范围内的突破。第三，关于国际民事诉讼的表现形式，一般是在一国民事诉讼法中作为专章列入，即使是规定在一国国际私法法典之中，或者是分散的国际私法条文中，在对案件进行处理时，这些法典化的规定或者分散的专门规定也还是作为一国民事诉讼法的补充加以适用。第四，如果国际民事诉讼法以各国国内立法的方式存在，那与在一国民事诉讼法上对涉外程序作专章规定并无实质区别；如果以国际条约的形式对民事诉讼程序进行规范，只要简单考察一下最新出台的海牙管辖权公约的艰辛谈判过程和最终妥协结果，即可知这一目标的实现远非在可以预计的期限内能够实现。程序是纷繁复杂的，与法文化紧密相连，要想一国法官对掺杂着异域法文化的程序规则进行操作，对于能否把握相关程序规则的精髓从而灵活加以运用，法官的确信感显然不及根植于本国法文化的程序规则，这就会减少法官对适用这些规则的意愿，增加规则进一步推广应用的困难。

其次，结合案件的操作过程来看，区分“国内管辖权”和“国际管辖权”暗含着这样一个命题：任何一个具有国际因素案件的管辖权的确定，都将必不可少地经历两个过程，即先确定法院所在的国家，然后确定一国国内具体的管辖法院。国际管辖权的功能在于确定前者，国内管辖权的功能则是确定后者。这是一种自上而下的思维顺序，事实上，这样两次分配的过程只是一种主观臆断。任何一个纠纷都是具体的，总是发生在某一特定的空间环境，属于某一国家的具体法院管辖范围之内，① 将一国法院作为一个整体加以考虑的法院仅仅是一种抽象的法院，所谓的“外国法院”中的“外国”更多的具有地理上的意义而非法律上的。例如，对于一个外国人而言，位于我国北京的最高人民法院是一个外国法院，位于湖北省境内的武汉市武昌区人民法院同样是一个外国法院，并不存在一个代表中国国家、专司涉外案件的法院。即使是一国的最高法院，也只是一个单独的审判单位，虽然礼仪上可以作为一国整体法院的代表，但在诉讼制度上并不具备这样的功能。有关“国际管辖权”与“国内管辖权”的区分并不具备实际意义，除非同时满足三个条件：第一，各国或者大多数

① 当然，发生在公海、南极及外太空等特殊区域的民商事案件，其管辖权问题不在本文讨论范围之列。

国家都指定一个代表一国的中央机构，正如同国际司法协助事务的处理过程那样，各国依照条约指定一个中央机关，由给被指定的中央机关在办理司法文书的接收或发送方面代表该国；第二，该法院专门负责国与国之间涉外案件管辖权的协调；第三，如果某国法院作为整体取得了某涉外案件的管辖权，则再负责将该案件在国内法院系统内进行分配。目前的现实是，这样的抽象法院，以及这样的法院工作流程并不存在，而且在可预期的将来也不会出现。相反，具体的法院——可能是最高法院，也可能是最基层的法院——在考虑管辖权问题时已经将上述问题一并解决，根本不存在臆断的两次分配。如果具体的法院认为依据国内法或者国际条约其对某涉外案件具有管辖权，并决定行使管辖权，它就代表了该国的法院。这是一种自下而上的思维顺序，这一顺序无疑更符合操作实际。

实际上，一国对于某案是否存在所谓的国际管辖权，也一定以在该国可以找到具体的适格管辖法院为前提，如果在国内找不到一个具体的适格管辖法院，主张一国享有国际管辖权是无意义的。当然，也有学者指出，如果国际管辖权问题已经解决，就一般案件而言，很难想象一国在对某一案件决定行使管辖权后，竟找不到一个合适的法院对它进行审判。① 但是，就实际操作而言，并不存在抽象的“一国”来决定是否行使管辖权，对该问题进行判断和决定的，一定是一个具体的法院，而且，在就行使管辖权的理由进行叙述时，首先就需要对是否存在合适的具体法院给出理由和依据。有关“很难想象一国在对某一案件决定行使管辖权后，竟找不到一个合适的法院对它进行审判”的论断，是一种不符合操作实际的观点。

再次，在法渊源方面，并不存在一个以国家为单位，将国际民事案件在不同国家之间进行分配的国际条约，分析最新的海牙管辖权公约谈判过程中的草案和最终文本可知，很多条款的作出并没有依照两次分配的思路，而是直接规定了具体的管辖法院，例如 1999 年草案中的第 5 条规定，“……如果被告就案件实质问题参与了诉讼，未就管辖权提出异议，则法院享有管辖权”。第 3 条是关于被告所在地法院的规则，其第 1 款规定“……被告可在其惯常居住地国法院被诉”，这里所指的“居住地国法

① 参见倪征日奥著：《国际法中的司法管辖问题》，世界知识出版社 1985 年版，第 2 页。

院”实际上就是居住地法院，对一个诉讼的外国人来说，居住地国法院与居住地法院实际操作上不存在区别，他无需先在居住地国解决法院的国别问题，然后再到具体的法院解决个案的管辖权问题，亦即他无需参与两个程序。草案中的合同类案件管辖权规则、侵权类案件的管辖权规则以及专属管辖规则等,① 均可以作这样的概念替换。比较复杂的是协议选择管辖法院的问题，当事人可能作这样的约定：首先对法院的国别进行选择——例如争议由德国的法院管辖——而后再依照德国国内的民事诉讼规则确定其国内的具体管辖法院，但是，即使是作这样的约定，也并不排除当事人直接协议选择德国的具体管辖法院。

2. 直接的一般管辖权与间接的一般管辖权

除国际管辖权与国内管辖权这一基本分类外，国际私法学者还进一步将国际管辖权区分为“直接的一般管辖权”与“间接的一般管辖权”。所谓直接的一般管辖权是指一国法院依据该国涉及国际民事诉讼的立法中的有关规定，确定对某一具体的国际民事案件是否具有管辖权。所谓间接的一般管辖权，是指外国法院的判决能否在东道国境内得到承认和执行的问题，因为作出判决的外国法院对案件是否具有适格的管辖权，是该判决能否得到另一国承认和执行的要件之一，而且被请求承认与执行的国家都是以本国的立法为依据来判断判决作出国的管辖权适格与否的问题，所以学者们称之为“间接的一般管辖权”。然而，对国际管辖权的这一区分并无实际意义。其一，国际管辖权这一提法本身就不存在坚实的基础，基于其上而派生出来的所谓直接的一般管辖权与间接的一般管辖权的分类，更显得基础不牢；其二，“间接的一般管辖权”这一提法所揭示的现象，无非是一国可以以其国内管辖权规则为依据来判断国外法院管辖权的正当性，当一国管辖权规则与外国管辖权规则相冲突时，前者优先。有关管辖权冲突的理论和实践可以很好地解释和解决所谓“间接的一般管辖权”所涉及的问题，实无凭空再设一概念的必要。事实上，国际私法教材和有关专著对间接的一般管辖权基本上不予探讨，即使是在探讨外国法院判决的承认与执行有关的问题时，判决作出国法院的管辖权适格与否也只是承认和执行诸多条件中的条件之一，其地位还不足以达到与“直接的一般管辖权”对应分类的地步。

① 草案具体内容可以参见我国外交部条法司的正式中文译本。

（二）管辖权分类的扩大理解

关于管辖权的种类，我国民诉法上的法定分类包括四种，即级别管辖、地域管辖、移送管辖和指定管辖，其中地域管辖又被进一步分为一般地域管辖、特殊地域管辖、专属管辖、共同管辖、选择管辖和协议管辖。除法定管辖种类之外，我国民事诉讼法学有关管辖权的理论分类还包括：法定管辖和裁定管辖、专属管辖和协议管辖、共同管辖和合并管辖等，①实际上，这些分类远远未能反映复杂的管辖权现象。

1. 管辖权分类的扩大理解

（1）静态管辖权、动态管辖权与无管辖权

有关共同管辖规则显示，在管辖权制度中，存在着静态管辖权与动态管辖权的清晰区分。例如，对某一类型的争议，民事诉讼可能规定 A 或者 B 法院都具有管辖权，形成共同管辖的态势。如果当事人选择向 A 法院提起诉讼，对于 A 法院来说，其具有的静态管辖权实现了向动态管辖权的转化。而对于 B 法院来说，并不意味着其丧失了管辖权，如果当事人从 A 法院撤诉并获准许，仍然可以在 B 法院再次提起诉讼，B 法院的静态管辖权仍可以再次转化为动态管辖权。关于“法院取得对案件的管辖权后，即排斥了其他法院对案件的管辖权，即使原先的法院对案件具有管辖权，也将因受诉法院的受理而丧失管辖权”这一结论，② 是不严谨的。管辖权的丧失是一种不可逆的失权，无法恢复。因此，更为准确的说法是，B 法院所享有的管辖权仍然停留于规则之中，属于一种静态的管辖权，是一种纸面的管辖权（jurisdiction in paper）。其存在的价值是，为管辖法院的确定提供可供选择的指引线索，故而，它又是一种过程意义上的管辖权。而动态管辖权则表明适格的法院已经实际取得了管辖权，排除了其他法院行使管辖权的可能性，③ 是一种结果意义上的管辖权，是一种活的管辖权（jurisdiction in action）。

---

① 这里所指的专属管辖与协议管辖、共同管辖与合并管辖，是根据不同的标准，从相互对照和比较的角度所作的“组”的区分，不是前述地域管辖分支种类的简单重复。

② 参见谭兵主编：《民事诉讼法学》，法律出版社 1997 年版，第 316 页；江伟主编：《民事诉讼法》，高等教育出版社、北京大学出版社 2000 年版，第 266 页。

③ 当然，平行诉讼的情形不包括在内。

除了共同管辖之外，在指定管辖情形之下，静态管辖权和动态管辖权的现象也很明显。例如，我国民事诉讼法第37条规定，有管辖权的人民法院由于特殊原因，不能行使管辖权的，由上级人民法院指定管辖。该条前一句中所指的管辖权，便是一种静态的管辖权，而后一句中的管辖权，则是指动态的管辖权。

目前关于对案件管辖权归属的判断，只存在两种状态，即要么有管辖权，要么无管辖权，这样两种状态并不能合理解释共同管辖和指定管辖等情形下的管辖权现象。严格地讲，无管辖权是指对于某法院而言，其既不具有静态管辖权，也不具有动态管辖权，处于管辖权的真空地带这样一种状态。静态管辖权和动态管辖权在逻辑上很难用管辖权的“有”和“无”来对应，任何一个案件管辖权的归属，对于同一法院而言，理解上应突破“有”和“无”的窠臼，而应扩大理解为存在三种状态，即具有静态管辖权、具有动态管辖权、无管辖权。对于具体个案，某一个法院无管辖权，并不意味着法院系统无审判权，如果法院系统无审判权，那么某几个具体法院可能享有静态管辖权，但整个法院系统都不享有动态管辖权。

静态管辖权和动态管辖权的划分有助于我们正确理解管辖权冲突问题。例如，有学者认为：“在几个人民法院对同一案件都具有管辖权的情况下，就形成了管辖权的积极冲突。解决管辖权冲突的最主要办法，是赋予原告选择权，原告可以向其中任一法院起诉。”① 这显然是对管辖权冲突的误解。所谓管辖权冲突，是指动态管辖权之间的冲突。静态的冲突以及静态与动态的冲突无时无刻不在，法律所限制的并非这样两形式的冲突，而是动态管辖权与动态管辖权之间的冲突。如果认为静态管辖权之间，以及动态管辖权与静态管辖权之间的“冲突”属于管辖权冲突的话，那么解决管辖权冲突的根本途径，倒在于从立法上取消所有的可能形成共同管辖局面的管辖权规则，将所有案件的管辖权固定分派给一个无需选择的、确定的法院，如果真是如此，有关的管辖权规则将是一潭死水，既不符合社会对诉讼便利的需要，也不符合诉讼本身的基本规律。

静态管辖权和动态管辖权的划分并不能消除管辖权的冲突，即使是在不具任何涉外因素的普通国内民事诉讼中，也会存在管辖权冲突现象。例如，最高法院司法解释第33条规定，人民法院在立案前发现其他有管辖

① 谭兵主编：《民事诉讼法学》，法律出版社1997年版，第143页。

权的人民法院已先立案的，不得重复立案，立案后发现其他有管辖权的人民法院已先立案的，裁定将案件移送给先立案的人民法院。这就意味着，后立案的法院在案件移送裁定作出并生效之前，两个法院都实际对案件行使了管辖权。这是一种短暂的管辖权冲突现象，随着移送裁定的作出和生效，冲突将归于消灭。

(2) 诉讼管辖权和事务性管辖权

笔者在第二章已经提及，对“案件”一词，应该作扩大的理解，将非典型案件或事务性案件也包括在内。勿庸质疑，管辖权问题主要存在于典型案件的处理过程之中，但是，既然管辖权制度的基本功能在于确定具体的法院，如果理解得当，可知在非典型案件的处理过程中，也存在管辖权问题。下面以法院处理司法协助事务中几类非典型案件的过程为例予以说明。

第一，民商事判决效力证明书的出具。随着国际司法协助的深入，当事人或外国法院向我国法院提出证明裁判文书效力的请求日益增多。对于请求提出者而言，存在向哪个法院提出的问题；在法院系统内，则存在由何地、何级的法院受理并出具证明书的问题。例如，在最高人民法院1987年11月18日给北京市中级人民法院的一份回复中，可以清楚地看到地域管辖和级别管辖的痕迹。外交部领事司向最高院转去奥地利驻华大使馆的照会，询问耿××与华××离婚案的民事判决书是否已经生效，最高院并没有直接处理，而是致函当时的北京市中级人民法院，要求其根据判决的具体情况，以该院的名义出具证明，并加盖院印，由外交部领事司转给奥地利驻华大使馆。① 地域管辖方面，判决书既然由北京中院作出，则出具证明书一事由北京中院出具；审级管辖方面，最高院收到外交部领事司转来的文件，作为最高审级的法院，理论上其完全可以查明情况后径直处理，也可以指定北京中院的上一级法院即北京高院查明情况后处理，还可以指定作出判决的北京中院处理，但最高院选择指定北京中院来处理，这是一个最为方便和合理的选择，几乎是一个简单的当然选择，但我们不能因此忽视其中包含的管辖权因素。

第二，涉外送达。涉外送达中很明显包含着属地管辖和属人管辖的原

① 参见（87）民他字第65号最高人民法院关于人民法院如何出具判决书法律效力证明问题的函。

理。包括大陆法系国家在内的大多数国家都认为司法文书的送达是一项司法职权行为，与送达有关的事宜专属于国内有关国家机关行使，排斥外国司法机关或个人到本国属地内为任何送达行为，除非外国司法机关以条约或者互惠实践为依据委托内国指定的司法机关为之。对于与送达相关的事宜，内国的法院享有判断和处置的权力，这是一种专属的权力，我国民事诉讼法第 263 条第 3 款对此就有明确规定。即使在一国中央机关接受外国司法机关的委托后，由内国法院进行操作时，也会很自然地参照地域管辖的有关原理。例如，外国法院委托我国向位于湖北省境内的某自然人送达司法文书，即使该受送达人住所地与湖南省相邻，地理距离与湖南省界更近，最高法院在将这一事务分配至具体的法院时，首先考虑的一定是位于湖北省地域内的法院。从理论上讲，在我国领地范围内，最高法院完全可以可以将该事务分配给湖北省境外的任何其他法院，从方便的角度看，交由湖南省境内的法院还可能更为方便，但由于受送达人位于湖北省境内法院的地域管辖范围之内，与湖南省境内的法院找不到合适的管辖连结点，因此，虽然交由湖北省境内的法院送达可能更为不便，但相对而言，如此分配无疑是最符合程序法的精神的。

另外，一般各国都允许外国驻该国使领馆官员在本国境内为一定送达事务，但送达对象限于该外国国民，而对东道国国民以及第三国国民为送达事务，则是不允许的。例如我国民事诉讼法第 263 条第 2 款明确规定，外国驻中华人民共和国的使领馆可以向该国公民送达文书，这些都是属人管辖有关原理在涉外送达事务中的体现。

第三，外国法院判决的承认与执行。虽然笔者不同意关于“直接的一般管辖权”和“间接的一般管辖权”的分类，但是，“直接的一般管辖权”这一概念清楚地揭示出，在涉及外国法院判决的承认与执行事务中存在明显的管辖权现象。是以东道国的管辖权规则还是以判决作出国的管辖权规则为依据来判断外国法院管辖权的适格性，涉及复杂的理论问题，详见本书其他章节的讨论。这里所要指出的是，外国法院或者当事人向内国法院提出承认和执行外国法院判决的申请时，也要遵循相关法院的地域和审级问题。例如，在我国与西班牙王国签订的民商事司法协助双边条约第 18 条明确规定，承认与执行裁决的请求，在中华人民共和国，应当按照中华人民共和国民事诉讼法的规定向中级人民法院提交。在西班牙王国，应当向初审法院提交。我国民事诉讼法第 267 条规定，外国法院作出的发生法律效力的判决、裁定，需要中华人民共和国人民法院承认和执行的，可以由当事人直接向中华人民共和国有管辖权的中级人民法院申请承认和执行。从中可以看出，这两个条款中所包含的级别管辖的因素十分明显，至于地域管辖，应该是依据住所地、财产所在地、一定行为所在地等连结点来确定。

2. 管辖权种类及其内容的扩大理解

(1) 牵连管辖。牵连管辖，我国民事诉讼法中又被称为合并管辖。是指对于不一定属于同一法院管辖的数个案件，因为各案在事实上或者程序上的关联性而由其中一个法院对所有案件一并管辖、一并审理的一项管辖制度。根据牵连管辖制度，相互间存在关联性的数个案件应当合并在同一法院的同一诉讼程序中进行审判，这就有利于法院多方印证证据、全面了解案情、查明案件事实真相；同时，同一法院利用一道审判程序处理了多个案件，避免了程序的重复运作，减少分别诉讼的成本，有利于实现诉讼程序的经济性。但是，目前我国民事诉讼法学者所理解的牵连管辖主要限于如下几种情形：第一，原告增加诉讼请求；第二，被告提出反诉；第三，第三人提出与本案有关的诉讼请求。① 实际上，牵连管辖的情形并不限于这三种情形，而应作更为广义的理解。例如，最高法院民事诉讼法司法解释第32条规定，当事人申请诉前财产保全后没有在法定的期间起诉，因而给被申请人造成财产损失引起诉讼的，由采取该财产保全措施的人民法院管辖。这不属于前三类情形中的任何一种，而属于典型的牵连管辖。另外，我国民诉法第245条对应诉管辖的规定，也应属于牵连管辖的情形。

(2) 身份管辖。身份管辖，是指依照当事人身份的不同而确定管辖法院的管辖种类，这里所指的身份主要是以国籍因素为参考点。我国目前实行的集中管辖制度，实际上部分地带有身份管辖的性质，即对于当事人具有涉外身份的商事案件，其一审只能由经批准的有关法院行使。不过这一身份管辖的出发点，是基于审判水平的参差不齐，和审判力量的有限而设定的，是根据目前我国司法实践的特点而设计的一种过渡制度，目的在于尽可能保证涉外商事案件的审判质量。无独有偶，在新中国民诉法历史上，因特定的政治环境所致，曾经还出现过一种烙有明显时代特征的管辖

① 参见江伟主编：《民事诉讼法》，高等教育出版社、北京大学出版社2000年版，第64页。

权种类：身份管辖。即依当事人身份——主要是政治身份的不同，而在审级上确定不同的管辖法院。在最高法院于 1963 年出台的一个意见中，规定对于涉及县一级的主要负责干部的民事案件，可由中级人民法院作一审受理。之后最高法院于 1965 年通过批复进一步指出：县一级主要负责干部，原则上是指县委书记和县长，不包括副职。而关于地、专区一级的主要负责干部和省委各部委、省人委厅局长等负责干部（包括副职）的婚姻案件管辖问题，也可由中级人民法院作一审受理。① 这一特殊制度的设计目的纯粹在于体现特殊当事人一种尊贵的政治地位，具有典型的特权性质，是一种不为现代诉讼潮流所接受的管辖制度。

二、起始点上的扩张：法院行使管辖权的时间标志

在我国，诉讼程序的发动包括第一审诉讼程序的发动、第二审诉讼程序的发动以及审判监督诉讼程序的发动。不论是哪一种发动程序，都存在两个较为明显的诉讼行为：第一是当事人提出请求的行为。② 当事人提出请求的行为在不同的阶段，分别被称为起诉行为、上诉行为和再审申请行为。各国对当事人提出请求的行为都规定有一定的条件，其中起诉条件最为重要，它决定着当事人通过诉讼途径保护自身实体利益的可能。第二是法院的受理行为。所谓受理行为，是指法院在审查原告的起诉后，决定立案审理并将该决定通知当事人的行为。法院是否决定受理，也是基于对当事人起诉条件的审查，如果符合法定起诉条件，法院应当作出立案决定。

诉讼的发动与管辖权的行使之间存在紧密的联系，这种联系主要表现在：管辖权问题是诉讼发动阶段必须要解决的问题，诉讼的发动意味着管辖权行使的开始。如果不将两者等同起来，可能出现这样的问题：例如，某债权的请求，按照当事人向法院递交诉状时计算其请求尚未超出诉讼时

---

① 分别参见最高人民法院 1963 年 8 月 28 日《关于民事审判工作若干问题的意见（修正稿）》，1965 年 4 月 15 日《关于县一级主要负责干部的民事案件和涉及香港台湾的离婚案件管辖问题的批复》。

② 当然，当事人提出再审申请只是审判监督程序得以启动的方式之一。依照我国民事诉讼法的有关规定，检察机关提起抗诉和法院依职权提起再审是该程序得以启动的另外两种方式。但是，申请再审的方式无疑是司法实践中最为常见的方式，同时，由于该方式与常态诉讼程序的启动具有共通性，因而对于理解管辖权属性具有典型意义。

效，造成时效中断的事由应当是当事人提出请求的时间。如果按法院作出立案决定的时间即其请求是否被法院立案受理的时间来计算，可能导致其请求已经超出诉讼时效，从而造成实践操作中的不协调。因此，法院行使管辖权的时间与诉讼的发动时间应当等同起来。

那么，诉讼发动的标志或者说管辖权行使的标志是法院立案决定的作出还是当事人诉讼请求的提出？诉讼法学界有三种观点：一是受理说。依照该说，任何一个具体民事诉讼程序的开始，都是起诉和受理两个不同性质的行为的结合，而受理又是其中一项尤其重要的诉讼行为，它决定诉讼程序的开始，也关系着法院审判权的正确行使和对当事人正当权益的保护。① 二是结合说。该说认为起诉和受理两种诉讼行为的结合将导致诉讼法律关系的发生，当事人和法院在此之后的有关行为因此产生程序上的效果。② 三是起诉说。根据西方国家民事诉讼实践的普遍做法，诉讼基于当事人向法院递交诉状开始。只要诉状符合法定的形式要件，案件即应系属于法院。③ 上述第二种观点实际上可以归属于第一种。因为，起诉和受理虽然是由当事人和法院分别行使，属于性质不同的两类诉讼行为，但是由于起诉和受理行为的作出明显存在时间上的先后顺序，即起诉行为在先，受理行为在后，如果仅有起诉行为而无受理行为，是不能引致诉讼的发生的，而且，实践中不可能存在仅有受理而无起诉的情况，法院受理决定的作出必定基于当事人的起诉行为。所以，结合说看似强调了两者的共同作用，起决定作用的实际上仍然是受理行为。

管辖权行使的标志应当是当事人向法院提交诉状之时，因为当事人向法院提交诉状至法院正式作出立案受理决定之前，或长或短都存在一个时间间隔。但是一旦当事人向法院提交了诉状，法院必须在该时间间隔内对当事人的起诉行为明确作出受理或者不予受理的决定，而最终不论受理与否，法院对当事人的诉讼行为都已经作出了初步的形式上或实质上的审查，也即意味着是否对该个案行使管辖权，法院已经不可避免地作出了初

---

① 参见柴发帮主编：《民事诉讼法学新编》，法律出版社 1992 年版，第 296 页；江伟主编：《民事诉讼法》，高等教育出版社、北京大学出版社 2000 年版，第 266 页。

② 参见谭兵主编：《民事诉讼法学》，法律出版社 1997 年版，第 364 页。

③ 参见肖建华：《寻求独立的诉讼主体地位》，载《现代法学》2000 年第 2 期，第 50 页。

步的判断，这一过程本身就表明法院已经行使了最初的管辖权。正如日本民事诉讼法所规定的，起诉时间，即原告向法院提出诉讼的时间作为决定管辖的标准时间，这是为了防止诉讼由于情况变化而动摇管辖，使审理成为徒劳无益的事情。① 美国联邦民事诉讼规则第 3 条也明确规定：诉讼经由原告向法院递交诉状而开始。另外，美国主流观点也均认为民事诉讼经由原告向法院递交诉状而非法院作出立案受理决定而开始。②

实际上，我国民诉法司法解释中规定的管辖恒定原则，已经暗含着诉讼启动的时间亦即法院行使管辖权的时间。依照最高法院民诉法司法解释第 34 条和第 35 条之规定，案件受理后，受诉人民法院的管辖权不受当事人住所地、经常居住地变更的影响。有管辖权的人民法院受理案件后，不得以行政区域变更为由，将案件移送给变更后有管辖权的人民法院。如果以法院受理决定作出的时间为诉讼法院行使管辖权的标准，那么，在当事人向法院提交诉状之后，法院作出受理决定之前，既然法院的管辖权还没有实际取得，如果其间仅因当事人住所地、经常居住地、行政区域的变更，已经接受诉状的法院即使享有静态管辖权也应该放弃，何以存在上述变更事宜为由将诉状移送到变更后有管辖权的法院呢？如果这一作法能够成立，应该是违背管辖恒定原则的。

三、实体意义上的扩张

一般说来，管辖权问题主要是一个程序性问题，与当事人讼争的实体权利义务关系不大，这一思路在立法和司法实践中都有明显体现。例如，就立法而言，几乎所有有关管辖权的规则都是被安排在民事诉讼法法典之中；在司法实践中，有关管辖权异议的上诉案件，法院系统内一般是交由专司程序性问题的立案部门来处理。

诚然，如果管辖权问题得不到解决，诉讼程序很难继续进行，将管辖权问题理解为诉讼的关键之所在本无可厚非。但是，在司法实践中，有些法院存在认识上的偏差，在处理与管辖权有关的问题时，对于管辖权的程

① 参见［日］兼子一、竹下守夫著：《民事诉讼法》，白绿铉译，法律出版社 1995 年版，第 25 页。

② 参见［美］杰弗里·C. 哈泽德，米歇尔．塔鲁伊著：《美国民事诉讼法导论》，张茂译，中国政法大学出版社 1999 年版，第 106 页。

序属性作了过于僵化的理解，以至于在处理管辖权问题时沿着错误的思路，得出错误的结论。例如，在本书第二章提及的某基层法院审理的原告王××诉被告北京×××汽车修理厂借贷纠纷案中，原告以曾向被告汇款的一张汇款单为证据，要求被告归还欠款。被告抗辩称汇款单所载汇款实为合伙投资款，向法院提出管辖权异议，因为合伙合同的履行地在北京市，不论是以被告住所地为依据，还是以合同履行地为依据，北京市的有关法院才为合适的管辖法院。该基层法院认为借贷关系是否存在，是实体审理中应解决的问题，在管辖权异议问题的处理中不作审查，因而驳回了被告的管辖权异议。

法院的这一处理明显失当。在处理管辖权问题的过程中，确实不宜对案件的实体问题作过于深入的审查，将审查的触角伸向实体问题的每一个角落，但是，这并不意味着法院对与管辖权有关的任何实体问题都不能作审查，否则，人民法院无法对管辖权异议问题作出结论，任何对管辖权异议的结论都将是空中楼阁。一般说来，其审查范围应紧紧围绕与管辖权规则有关的实体问题进行，例如，若原告以“被告住所地”为依据向被告住所所在地法院起诉，法院至少应该对被告住所的基本情况这一实体问题进行审查，但是，对于被告到底应不应当承担责任以及承担多大的责任，法院不应在处理管辖权问题时将其纳入审查范围。又比如，若原告以“借款合同履行地”为依据提起诉讼，法院至少应对借据是否存在、借款合同是否存在、借款合同定性准确与否——因为这完全关系到管辖法院的不同——等最基本的事实作出审查，但是，对于借款金额的多少、责任的大小等，亦不应在处理管辖权问题时进行审查。

如果该基层法院的观点能够成立，案件以借贷关系为案由，进入了实体审理，而最后在合议庭讨论时认为本案不属于借贷纠纷，不能依“贷款方所在地为合同履行地”这一连结要素确定其有管辖权，是否意味着案件要移送真正适格的法院，整个案件的处理要从头开始呢？如果真是这样，何不从一开始就对与管辖权的确定密切相关的实体问题作出审查，尽可能减少管辖权确定的随意性，最大限度地提高诉讼效率呢？

连结点是客观存在的，需要一定的证据来证实，不能任凭当事人主观捏造。一审法院的错误观点和作法，将为原告任意捏造连结点、任意滥用诉权、规避程序法提供无尽的借口。如果只要原告说是借款合同，法院就认为是借款合同，并进而依借款合同来确定合同的履行地，那么，人民法院将完全处于被动地位，其在管辖权问题上的审查权将形同虚设，发挥不到任何作用。有关这方面的例证还很多：例如，最高人民法院经济审判庭曾出台一份司法文件，《关于购销合同的双方当事人在合同中约定的交货地点，但部分货物没有在约定的交货地点交付，如何确定管辖权问题的复函》，仅仅凭这一复函的名称，便可以知道，在解决管辖权问题的过程中，对“购销合同”是否存在以及定性是否准确、是否有“约定的交货地点”及约定是否有效、对“交付”方式及效力的判断、货物是“部分交付”还是全部交付等与管辖权依据的确定密切相关的事实问题，不仅需要作事实方面的查证，甚至需要对法律适用作初步的分析和判断。这些都提示我们，虽然管辖权主要是程序性问题，但与一些纯粹的程序性问题不同，它是实体权利与程序权利的连结点，管辖权的确定离不开对实体内容的审查。

第三节　管辖权性质的扩大理解：一种形式审判权

一、诉讼中的“审判权决定审判权”的现象

（一）有关“审判权决定审判权”的两个案例①

1. 有关审判豁免的案例

在司法活动中，涉及审判豁免的案例并不多见，但其折射的问题颇有典型性。假如某一享有司法豁免特权的他国外交人员，打伤东道国国民，东道国国民以该外交官为被告，在东道国法院提起诉讼，此时东道国法院应该如何处理？如果真正从保护权利人的立场出发，法院通常不宜以被告享有豁免特权为由而直接驳回原告的起诉，而应该试探性地将起诉状及开庭传票等司法文件送达于该被告。即使被告接收送达的司法文件，固不能认为其所在国放弃了豁免特权，亦不意味着东道国法院当然地享有对争议进行处理的权力。在这里，法庭传唤肇事的外交官，仅仅具有试探、确认

① 在这两个案例中，我国学者习惯使用管辖权而非审判权一词，但严格地说，用审判权一词更加合适。因为审判权涉及法院整体对案件是否具有处理的资格，而管辖权则是某具体法院对个案是否具有处理的资格。在这两个案例中，所涉及的均为作为整体的法院处理案件资格的有无即审判权的有无而非管辖权的有无。

其是否愿意放弃豁免特权之意味而已。被告所在国可能为显示该国外交官有法治观念，愿意让该外交官接受东道国法院裁判，反而为一项成功之外交工作，提高其国际地位。通常情形下，如果原告权利实际上并未遭受侵害，只要东道国法律制度健全，法官均经过严格训练，裁判水准已经世界闻名，任何人都不必担心有偏颇之虞。所以，被告所在国极可能让东道国国法院判决该外交官胜诉，让东道国法院为其洗清冤屈，从而愿意放弃特权，也是极有可能的。

2. 有关涉外仲裁协议效力的案例

有关法院对仲裁协议效力进行审查的案例，在司法活动中相当常见。例如××中院受理的原告×××出版进出口公司与×××光盘技术进出口公司诉被告×××科技有限公司买卖合同纠纷案，一审法院经审理认为当事人之间订有有效的仲裁协议，故裁定驳回原告的起诉。原告不服，上诉至二审法院，二审经审理认为当事人之间嗣后补充合同中的措辞已经改变了原仲裁协议的效力，因此欲撤销一审裁定，指令下级法院再审，并依规定报最高人民法院审定。最高院经审查认为当事人之间原先订立的仲裁协议的效力并未因嗣后补充合同中措辞的变化而发生改变，纠纷仍应由仲裁渠道解决。①

在第一个案例中，假设该案件的最终处理结果为：该被告所在国最终选择了不放弃豁免特权，对法院的审判权提出异议，法院的试探无奈终止，以外交豁免为由驳回原告的起诉。那么，由于审查诉状、向被告为送达、裁定驳回原告起诉等在内的一系列具有司法性质的行为，都是法院行使审判权的具体方式，所以，一方面，法院对享有审判豁免特权的被告不具有审判权，另一方面，法院实际上不得不依赖一定形式审判权的行使来得出这一结论。很显然，在同一审判权概念之下，存在性质和内在功能并不相同甚至相异的两种权力。

在第二个案例中，考察法院的处理流程，同样可以发现，一审法院先前已经作出了包括开庭审理、作出裁定等在内的一系列诉讼行为，二审法院也作出了类似一审的系列诉讼行为，最高法院经过正式的审查也给出了终局性的结论。三审法院所作的一系列行为，不会因为案件最终进入仲裁渠道而被一笔勾销，法院卷宗对这一过程会有正式而详尽的记录。与上一

① 参见最高法院（2004）民四他字第34号复函。

个案例相同，一方面，三审法院以一系列的具体形式行使了审判权，而另一方面，又因为有效仲裁协议的存在，终审法院又否认了法院系统审判权的存在。

（二）以受理环节为分析切入点

在我国民事诉讼法目前的审判权理论中，法院所作的审查诉状、决定是否受理、向被告送达文书、裁定驳回起诉等行为，都是行使审判权的典型表现。从案件的诉讼流程入手，可以将案件流程分解为相对独立的数个环节，事实上，任何一个案件的处理，至少存在如下几个环节：

1. 当事人提起诉讼。即使当事人所提起的诉讼从形式到内容非常荒谬，但只要该起诉是向法院提出的，它就构成一个形式上的诉，法院必须作出回应，不能不作任何回应而将当事人提起的诉讼终止在这一环节，此时，民事诉讼法律关系已经形成。正如有学者指出的：民事诉讼法律关系起于起诉，止于诉讼终结，不依赖于诉是否合法或者是否有理由。①

2. 法院对起诉进行审查。即使法院工作人员审查时间非常之短，即使法院工作人员的审查结论存在错误，但只要其是法院工作人员依职权作出的，就构成程序法意义上的审查起诉。有学者对审查起诉这一环节法院应审查的内容作了归纳，共计十数条之多。② 审查起诉只是作出是否受理决定之前的一个环节，这一环节本身与当事人所期待的结论性答复不能等同，法院不能将起诉终止在这一环节。

3. 法院作出受理或不予受理的判断。只有在这一环节，当事人才得到源自法院的一个初步答复。因此，即使是一宗实际没有进入诉讼渠道的起诉，至少也经历了上述三个环节。如果案件被法院受理，其在诉讼程序流水线上将走得更远，直至最终由法院对实体问题作出判决。

因此，当事人提起的诉讼被受理与否，在诉讼流程上具有重要作用，对审判权与管辖权均产生重要影响。正因为如此，我国民诉法学者在程序法上赋予受理如下重要意义：受理使受诉法院取得对该案的管辖权，排斥了其他法院对案件的管辖权，即使原先的法院对案件具有管辖权，也将

① 参见［德］奥特马·尧厄尼希：《民事诉讼法》，周翠译，法律出版社2003年版，第176页。

② 参见姜启波、李玉林著：《案件受理》，人民法院出版社2005年版，第7～11页。

因受诉法院的受理而不得行使。受理的作出使得受诉法院的管辖权和专有审判权同时实现。只有在法院作出受理决定之后，诉讼程序才正式开始。①

如果法院审判权和管辖权的取得是在受理决定作出之后，或者说受理环节在诉讼上的功能能够在上述意义上成立，矛盾便显现出来了：

第一，依照通说，法院审判权和管辖权的取得，是在法院作出受理决定之后，那么，一方面，受理决定作出之前，法院不具有审判权和管辖权；另一方面，审查起诉是受理决定作出之前的必经阶段，而依照目前的理论，审查起诉这项具体权能本身就是审判权所包含的诸多具体权能中的一种。

第二，即使裁定结果是对当事人的起诉不予受理，但作出裁定这一行为本身，毫无疑问是法院行使职权的表现，如果受理环节的诉讼法功能在上述意义上成立，是否意味着对于某一案件而言，法院作出受理的决定属于行使审判权，而法院作出不予受理的裁定不属于行使审判权？

第三，如果当事人对法院所作出的不予受理的裁定不服，上诉至二审法院，二审法院经过审查，作出维持原审的裁定。在历经二审程序后，法院仍然没有决定受理该案，就目前有关受理意义的理论而言，作为一个整体的法院对该案件仍然不具有审判权和管辖权。那么，上下审级两个法院所作出的一系列行使职权的行为，是以何种权力为基础？是行使何种权力的表现？

（三）换一个角度：审判权与管辖权在诉讼流程中的先后顺序

本书第一章已经提及，关于审判权与管辖权在诉讼流程中的先后顺序，我国存在不同的观点。有学者认为，确定管辖可以使审判权得到落实，使诉讼顺利开始。管辖权是审判权的基础，无管辖权即无审判权。也有学者的观点正好相反，认为管辖是诉讼的首要环节之一，对于某一民事纠纷，人民法院首先要有审判权，然后才考虑确定管辖权的问题。事实上，两种看法都有一定道理。

1. 认识的一般规律：审判权在先，管辖权在后。审判权问题先于管辖权问题得到解决，应该是符合认识的一般规律的。因为纠纷的解决，应

① 参见谭兵主编：《民事诉讼法学》，法律出版社 1997 年版，第 316 页；江伟主编：《民事诉讼法》，高等教育出版社、北京大学出版社 2000 年版，第 266 页。

先从选择纠纷解决途径开始。纠纷当事方会首先在既定社会制度提供的框架内，选择纠纷解决的途径，例如仲裁、其他形式的社会调解、诉讼等，这是解决纠纷的前提性问题。纠纷解决途径的选择直接关系到法院审判权的有无，例如，当双方当事人订立有仲裁协议，明确排斥诉讼作为解决争议的方式时，法院是不享有审判权的。作为一个系统，法院只有在其享有审判权能的前提下，才存在如何在系统内各个法院之间分配审判权的问题。相反，如果整个法院系统都不具备解决问题的资格，那么，有关如何在不同法院之间分配该审判权，即管辖权问题的讨论显然意义不大。①

2. 操作层面的分析：管辖权在先，审判权在后。结合实践中的操作流程来看，我国学者的认识似乎更加符合司法实践。原因在于：虽然审判权是一个相对抽象的概念，但法院审判权的有无，即纠纷是否能由诉讼渠道来解决，并不是由一个抽象的法院或者另行专设的管辖权法院来决定，而是经由一个具体的法院来作判断。而该具体法院是否有资格作出这种判断，则需要以管辖权规则为标准进行审查。例如，谋求通过诉讼途径推翻仲裁协议效力的当事人，往往首先要寻求管辖权问题的解决，寻找适格的管辖法院，只有在管辖权问题解决之后，才能对仲裁协议的效力进行审查，从而确立法院审判权的有无。因此，从纠纷处理的先后顺序上看，适格的管辖法院，即管辖权问题，是处理包括审判权在内的任何问题之前应优先得到解决的问题。

实际上，英美法中也用一个类似的术语——jurisdiction to determine jurisdiction，即决定审判权的审判权，从动态的角度提醒上述“审判权决定审判权”现象的客观存在。应该说，“审判权决定审判权”是诉讼中的一种正常现象，这一现象的存在，并不是就这两种不一样的权力的基础来源寻求理论上的解释，而是在现行的审判权理论下，实践是反对理论的，现行的审判权理论还存在一定的局限性，不能对这一现象作出合理的解释，还需要对审判权在类型上作更为细致的区分。认识的一般规律与实践操作存在矛盾，进一步揭示出，目前对审判权的理解和审判权与管辖权相互关系的理解，还需要进一步深化。

---

① 主管和审判权的作用范围在诉讼程序中的功能非常一致，基本上可以在同等意义上使用。

二、国际商事仲裁中的管辖权/管辖权理论①

对于既存于司法实践中的这一客观现象，是否可以利用既存的相关理论作出合理解释呢？换言之，上述“审判权决定审判权”现象是否只是一个节外生枝的伪问题呢？

无独有偶，在国际商事仲裁中，也存在一种类似的现象。在仲裁程序开始后，裁决作出之前，如一方当事人对仲裁管辖权有异议，仲裁庭、仲裁机构、法院三者中谁有权决定异议是否成立？根据传统观点，当事人对仲裁庭的管辖权发生争议，应由法院而不是仲裁庭自己来决定，仲裁庭不具有裁定其自身是否有管辖的权力。目前大多数国家的做法是，允许仲裁庭、仲裁机构作出初步决定。但法院应当事人一方的请求，也可作出初步裁定或对仲裁庭的裁定实施监督，这就是广义的“并行控制”（concurrent control）制度。

随着仲裁法统一法运动的发展及有关国家民诉法立法实践的推动，现代国际商事仲裁中的主导观点认为，仲裁庭有权对当事人提出的管辖权异议作出裁定。这在理论上被形象地称为管辖权/管辖权理论或权限/权限理论，在立法和仲裁实践上，则相应被称为管辖权/管辖权原则或权限/权限原则，也有学者称之为仲裁庭管辖权自裁原则。依照该原则，仲裁庭不仅可以决定自己的管辖权，而且可以到最终裁决中才作出这一决定，法院只可在关于管辖权的初步裁定或最终裁决作出后实施审查，在前一种情况下仲裁庭还可以不中止仲裁程序。

管辖权/管辖权理论出现的初衷，在于避免法院过早干预仲裁过程，以利于仲裁效率的提高。正如英国法官Delvin在克里斯托夫·布朗有限公司诉奥地利森林木材合作社（Christopher Brown Ltd v. Genossenschaft Oesterreichischer Waldbesitzer Holzwirtschaftbetriebe）一案中所指出的，任何一个仲裁开始时，一方或另一方当事人都有可能对仲裁员的管辖权提出异议。法律并未要求在当事人对仲裁员的管辖权提出异议时，仲裁员应立即拒绝或停止仲裁，直至有权作出最终判决的法院作出裁定。但法律也未要求仲裁员必须继续对争议事项作出裁定，不对管辖权异议作出实质性调

① 参见宁敏、宋连斌：《评国际商事仲裁中的管辖权原则》，载《法学评论》2000年第2期，第96~101页。

查和裁定，而是把这个问题留给有权对此作出判决的法院去解决。如果这样做，他们就会白白浪费自己和他人的时间，因此，不应采取上述中的任何一种作法。仲裁员有权就自己对审理的案件有无管辖权的问题进行调查,① 管辖权/管辖权原则符合仲裁程序的自身运作规律。从仲裁本身的客观需要来说，假如一方当事人可随时因管辖权问题中断仲裁程序，仲裁庭的正常工作将无法顺利进行。法院的事后监督足以让仲裁庭审慎地决定自己的管辖权，当事人的利益也能得到充分保障，相比将所有管辖权异议均交由法院决定的作法，管辖权/管辖权原则有利于减少法院工作量。

很显然，管辖权/管辖权原则并不适宜解释诉讼中的“审判权决定审判权”现象。原因在于：第一，虽然管辖权/管辖权原则赋予了仲裁庭对仲裁管辖权作出决定的权力，突破了传统观点，但是，该原则并没有否定仲裁与司法相互关系上的司法最终决定原则,② 其初衷在于合理限定司法介入仲裁的时间和条件，使得司法对于仲裁程序的支持与监督更为合理。管辖权/管辖权原则涉及到不同纠纷解决渠道之间相互关系的平衡，而诉讼中的“审判权决定审判权”现象，是不同讼程阶段司法操作的实际与现行审判权理论相互冲突的问题，除涉及不同纠纷解决渠道的确定外，还包括系统内不同个体法院的确定。第二，关于仲裁庭自裁管辖权的权力来源，存在不同的学说，主要包括合同授权说、法律授权说及完成使命说或仲裁需要说等。③ 这些学说从不同的角度为仲裁庭的自裁管辖权权源寻找理论依据，但学术观点的多样性，同时也反映出仲裁庭自裁管辖权的权力来源基础尚不牢固，而诉讼中的“审判权决定审判权”现象，无需寻找权力来源的根据，因为，法院的所有权力均以国家强制力为后盾，其权力来源全在于法律的授权，与仲裁庭权力来源在认识上还存在不一致相比，法院所享有与审判事宜有关的一切权力，几乎是一种当然的权力。

---

① 参见［英］施米托夫著：《国际贸易法文选》，赵秀文选译，中国大百科全书出版社版，第 646 ~647 页。

② 这主要表现在：有权最后判定仲裁管辖权是否有效的是法院而不是仲裁庭、法院是否因仲裁协议而拒绝诉讼管辖权当然由法院决定、对仲裁庭作出的初步管辖权决定法院可依法立即给予审查、在裁决的撤销及承认与执行程序中法院亦可审查仲裁管辖权成立与否等。

③ 有关具体论述，可以参见王瀚、李广辉：《论仲裁庭自裁管辖权原则》，载《中国法学》2004 年第 2 期，第 167 ~168 页。

所以，由于仲裁与诉讼之间诸多本质上的不同，使得仲裁中的管辖权/管辖权理论还不能直接移植用于类推解释诉讼中的“审判权决定审判权”现象。

三、起诉的形式条件与实质条件

关于起诉条件，我国民事诉讼法第108条规定了四个最基本的要求，目前理论界的共识是，对于这些起诉条件，不应该视为实质性标准，而应该只是形式标准，也就是说，在立案审查时，对起诉应具备的诸条件应该只作形式上的审查，在目前提到的形式审查的范围，主要是涉及当事人和证据两项。

1. 形式当事人问题。在现实的诉讼活动中，诉讼启动程序在先，对当事人请求的实质审理在后。只有进入实质审理程序后，才可能真正对当事人的具体请求及其依据进行实质性审查，才可能衡量实体权利的归属，从而对包括起诉者是否为实体上适格的当事人等问题进行判断。否则，在此之前对起诉人是否真正享有原告主体资格所作的判断应该说是盲目的。民事诉讼当事人的确立标准，西方国家普遍采用宽松条件，一般认为诉讼发动时提交诉状时的当事人只能是形式上的当事人，形式上的当事人与实质当事人虽然最终有可能异位，但是对于诉讼发动阶段来说，形式当事人便足以启动诉讼程序的发动了。例如美国民事诉讼中就严格区分了诉讼资格和判决成熟性，以示不同诉讼阶段对当事人资格的不同要求；① 日本的民事诉讼法甚至允许当事人在诉状中于姓名之外记载雅号、俗称，日本诉讼法学界权威观点也认为，确定当事人，应基于诉状。究竟何人起诉，何人被诉，只能从提起诉讼行为的内容来看，此外别无它法。除此之外的人，不论是接受诉状送达的人，还是自称为当事人并出庭的人，亦或宁可把不是当事人的人误认为是当事人，都不会因此而改变当事人。如果谁是当事人不明，或者当事人实际上不存在，只能因不存在接受判决效力的人致使法院判决归于无效，② 并不能成为妨碍法院立案的原因。

---

① 参见宋冰：《程序、正义与现代化诉讼》，中国政法大学出版社1998年版，第220页。

② 参见［日］兼子一、竹下守夫著：《民事诉讼法》，白绿铉译，法律出版社1995年版，第29～30页及第57页。

2. 形式证据问题。从西方的民事诉讼立法看来，很多国家并未将证据提交作为提起诉讼的必要条件。例如，美国《联邦民事诉讼程序规则》规定：原告不需要详细陈述其诉讼请求，也不需要证实请求的证据。① 日本的民事诉讼法也没有任何要求原告在起诉阶段就提交证据的规定，而且，日本民事诉讼对起诉状必备记载事项所作要求，只涉及当事人及法定代理人的表示、简洁确切的请求旨意和简要请求原因这三项，而证据及证据来源情况根本不是必要记载事项，仅属于诉状任意记载事项。任意记载事项如果欠缺，也并不影响作为诉状的效力。② 至于提交证据的时间，西方国家一般是在诉讼开始之后而不是递交诉状之时，例如在美国的民事诉讼中，诉讼一经开始，当事人即有权相互采用证据开示程序。证据开示要求由当事人提出，不需要法院事先批准。如果原告意欲在审理前以笔录证言质问被告，他只需向被告律师发出书面通知，指明质证的时间和地点。随着证据开示程序的进行，某些证据可能表明全部或部分指控不实，或具有正当理由追加指控，或应追加当事人，这些后来的变化通过对诉状的修改而得以提出。美国现代诉讼程序对诉状的修改持宽大的态度，尤其是当这些修改反映了证据开示程序所揭示的新信息时。③

3. 形式审判权概念的构建。实际上，不论是形式当事人与实质当事人的区分，还是形式证据与实质证据的区分，都是基于这样一个理念：诉讼是一个流动变化的过程，在最终具有拘束力的裁判文书产生效力之前，起诉时的当事人与最终的实质当事人可能存在不一致，起诉时的证据也可能随着程序的进展而发生变化，只有经过生效的裁判文书确认后，当事人问题和证据问题才真正固定下来，才成为实质意义上的当事人和证据。与当事人问题和证据问题一样，审判权条件，即案件是否属于法院处理的范围，也属于起诉阶段法院的审查内容之一。既然形式当事人和形式证据的概念已经被广为接受，那么，同属起诉条件之一的审判权问题不也应该被区分为形式审判权和实质审判权吗？

---

① 参见宋冰：《读本：美国与德国的司法制度及司法程序》，中国政法大学出版社 1998 年版，第 265 页。

② 参见［日］兼子一、竹下守夫著：《民事诉讼法》，白绿铉译，法律出版社 1995 年版，第 57～62 页。

③ 参见［美］杰弗里·C. 哈泽德，米歇尔·塔鲁伊著：《美国民事诉讼法导论》，张茂译，中国政法大学出版社 1999 年版，第 106～118 页。

前文已经提及，管辖权问题的解决不可避免地涉及对实体问题的探知，审判权亦是如此。与管辖权一样，在立案审查阶段，这种探知仅仅是一种有限的探知。即使法院作出受理决定，也只是起着初步确定审判权的作用，其根本原因在于受理阶段法院无法对案件作出全面、深入的分析，在此基础上只能形成初步的判断。即使案件已被法院受理，在案件进入审理过程之后，法院有可能随着审理的深入对案件的理解更加透彻，直至裁判文书生效之前，法院都有可能改变最初的观点，作出该法院不是该管法院的判断，① 因此，受理决定的作出，只构成法院决定行使审判权的一项初步意愿。在裁判文书发生终局效力之前，② 法院对某案件审判权的有无，都还处于不确定的状态，只有在裁判文书生效之后，这种不确定状态才宣告结束。所以，严格说来，法院审判权的有无，其最终确定只存在两种方式：③ 第一，以裁定方式否定。即对一审以无管辖权为理由作出的不予受理或者驳回起诉的裁定，当事人放弃提出上诉，或者上诉后二审予以维持。第二，以判决方式肯定。在案件审理过程中，双方当事人对与审判权有关的问题均未提出质疑，法院依职权主动审查也没有发现审判权瑕疵，从而未对与审判权有关的问题作出专门判断，径直对案件实体问题以判决方式作出了最终处理。

四、管辖权：一种形式的审判权

（一）审判权概念的进一步细分：形式审判权与实质审判权

在前述案例中，先前已经行使的以及其后被否定的，应该是性质不同的两种权力。法院在行使以审查起诉和决定立案为表现形式的审判权之后，得出的结论，既可能是肯定审判权在后续程序中的继续存在，也可能

① 最高人民法院关于《原审法院驳回当事人管辖异议裁定已发生法律效力但尚未作出生效判决前发现原审法院确无地域管辖权应如何处理问题的复函》指出，上级人民法院在原审法院驳回当事人管辖异议裁定已发生法律效力但未作出生效判决前，发现原审法院确无地域管辖权，可以依职权裁定撤销该错误裁定并将案件移送有管辖权的人民法院审理。虽然该复函直接针对的是管辖权问题，但如果涉及到与审判权有关的问题的处理，其中所包含的原理应该是一致的。

② 同理，这里不包含审判监督程序的考虑。

③ 考虑到审判监督程序对既判力原则的减损，这里所说的“最终确定”是从二审终审的角度而言的，如果加上我国审判监督程序的因素，讨论问题的基础便不具确定性了。

是否定其继续存在。两者在程序上具有不同的功能，前者的作用在于对后者的存续与否作出判断。如果判断结论是肯定法院有权继续行使，则两种不同性质的审判权之间，逻辑上的悖论尚不明显。但如果判断结论是否定的，将审判权进行进一步细分的必要性立刻显现出来，既然前者可以对后者的存续作出否定性判断，终结后者的继续存在，那么，表现形式不同、功能和性质各异的两种不同性质的权力，共存于同一审判权概念下，是非常不和谐的。

法学研究离不开类型研究，法学的类型化研究可以使得人们对相关法律现象以及因此而抽象出来的法律原则、规则和概念的认识更加丰富和细致，可以说类型化研究是法学发展的重要推动力之一。通过上面的分析可知，在案件的处理过程中，实际上一直存在两种审判权，一种是形式上的审判权，从最初审查起诉直到裁判文书的制作整个流程，以及这一流程中法院作出的各种通知、决定、裁定等一系列行为，都是法院行使形式审判权的表现。与此相对应的是实质意义上的审判权，它存在于法条中，并附着在最终生效的裁判文书上，表明法院是否有资格对某具体个案作出处理。

（二）形式审判权的内容和功能

1. 形式审判权的内容。很显然，对形式审判权的理解至少应该包括如下几个方面的内容：第一，以审查起诉权和立案决定权为表现方式的审判权，仅仅是法院所行使的一种初步权力，在程序流程中偏重于解决某案件是否属于法院的审判范围及管辖权的有无等这类前提性问题。第二，在前提性问题解决之后，法院如果对案件作了进一步审理和裁判，其仍然为法院行使形式审判权的表现，实质审判权只有在终局性的、既判力的意义上使用才有意义。第三，就权力基础而言，虽然终审意义上的实质审判权是形式审判权的基本源泉，但是，形式审判权作为一种活的审判权，对实质审判权起着决定性作用，它不仅在诉讼过程中对其产生影响，而且在诉讼结果上决定着实质审判权的有无。第四，就义务的承担而言，即使明知该纠纷不在其处置范围之内，法院仍然负有就审判权的有无作出结论，并且将该结论告知当事人的义务。相比之下，如果当事人向一个无任何纠纷解决职能的机构提出解决某纠纷的请求，对该纠纷是否属于其处理范围，该组织并无法定的回答义务。由于形式审判权的存在，法院对当事人向其提出的任何请求，不仅享有给出最终说法的权利，而且也负有一种答复的义务。另外，从终局效力的角度看，法院之外的其他纠纷解决机构，虽然也可以对自身是否具有解决该纠纷的资格作出决定，但是，因为司法最终解决原则的存在，其决定的最终效力还取决于法院的裁断，只有法院才可以自我决定自身审判权的有无，而且其决定是终局性的。

2. 形式审判权概念在程序法中的功能。对法院与其他机构这一外部关系而言，形式审判权概念的实质，在于强调与其他机构相比，法院在纠纷解决方面处于一种更为优越的地位。围绕着司法机关应该如何对应于立法、行政部门的问题，美国存在着有关司法积极主义和司法消极主义的争论。在日本国内，面对不断涌现出的所谓现代型诉讼，在有关法院应该如何处置的讨论中，要求法院报积极态度的呼声颇为高涨，司法积极主义正在逐渐显露头角。① 在一个发展变化的社会中，法院审判权的作用范围也存在一个不断演变的过程。形式审判权概念的应用，有助于法院在调整社会关系、维护社会秩序方面更好地发挥能动作用。

就各个法院之间而言，形式审判权摒弃了与审判范围、管辖连结点等有关的因素，使得法院就任何案件行使权力时，处于一种十分超脱的地位：当事人向法院提交的任何请求，不论这种请求是由何人提出以及请求的内容是否荒诞不经，也不论其请求是否向有管辖权的法院提出，甚至也不论该请求是否属于法院审判权的作用范围，收到该请求的法院都有权进行初步审查并作出具有司法性质的决定。就某一法院处理具体案件的流程而言，形式审判权概念的应用，有助于解决逻辑上的矛盾，使得"审判权决定审判权"这类悖论得以迎刃而解，即前一个"审判权"是指形式上的审判权，而后一个则是指实质上的审判权。

（三）管辖权：一种形式审判权

实际上，形式审判权并不是笔者主观臆造出来的一个概念，我们一直在实际使用该概念，有些场合下是在形式审判权的意义上使用，有些场合下则是在实质审判权的意义上使用，但是，我们是同时用一个语词无差别地指称两者，而且似乎没有注意到对审判权作上述区分的必要。实际上，我们已经隐约看到了形式管辖权概念的身影，早已意识到了形式管辖权在诉讼制度中的实际作用，但我们是通过另一个概念——主管来取而代之。

① 参见［日］中村英郎著：《新民事诉讼法讲义》，陈刚等译，法律出版社2001年版，第30页。

关于主管制度的弊端，笔者已经在第二章予以详述，此处不再赘述。

实质审判权在终极意义上决定着形式审判权和管辖权。就个案的实际操作流程来看，管辖权与形式审判权在诉讼流程上互为依赖，只有通过形式审判权的运作才能对法院管辖权的有无作出初步判断，进而对是否能够继续行使形式审判权并最终实现实质审判权产生影响。目前所谓管辖权对审判权的落实和分配理论，实际上是指管辖权对形式审判权的落实分配，通过在不同法院之间落实形式审判权，来最终达到实质的审判权。管辖权是形式审判权的入口，实质审判权是形式审判权的出口。如果说管辖权与实质审判权在距离上、制度设计的初衷上存在较大的区隔，那么，在管辖权与形式审判权之间，其实际界限并不清楚，管辖权虽然看起来不过是形式审判权的守门人，但实际上两者的内核是相同的。试想，形式审判权作为一种权力形态，其被分配落实到具体法院之后，会变成另外一种性质完全相异的权力形态吗？答案是显而易见的。

我国的通说认为审判权是在受理决定作出之后才取得，仅在非常有限的范围内使用审判权这一概念，因此，在程序流程的先后顺序方面，呈现出主管——管辖权——审判权这样一种三级结构；在日本和我国台湾地区则呈现出一种两级结构：审判权——管辖权；而在英美法中，则只使用jurisdiction这一个语词涵盖前述所有意义。就结构的紧密和思维的缜密而言，我国的做法无疑是最具代表性的。笔者并不赞成通过深奥难懂的词语和复杂的结构来解释某些原理，但对于已经非常繁杂的语族和复杂的结构，不得不借用类似“形式审判权”这样的生造概念来作针对性的分析和说明。

（四）法律语言与日常社会语言的区隔与关联

法律的世界是一个语言的世界。所有显现的法概念、法原则和法规则均以语言为表达平台，所有隐藏在法概念、法原则和法规则之后的法精神和法原理，如欲使其显现，也必须以语言为工具。法由静变为动的过程中充满了复杂的语言游戏，但是，生活在日常世界中的普通人是以一种日常语言交往，而生活在法律世界中的法律人则以法律语言进行思考和交流，普通人向法律人寻求帮助的过程，实际上就是借助法律人将案件事实提炼、翻译为一个个法律概念，并用法原则、法规则等明线，以及法精神和法原理等暗线将之串连起来的一个穿针引线的过程。必须承认，这是一个复杂的转换过程。首先，与案件的“裸”事实相比，提炼、翻译案件事实的过程存在变形；其次，即使是在法律圈内，也不可能存在统一的法的思想。法概念、法原则和法规则与立法者的原意之间存在距离，不同个体的法律人对法概念、法原则和法规则的理解存在差异，对法精神和法原理的看法更是见仁见智。所有这些差异集中在一起，其效必然会被放大，由于法律是用语言来表达的，这种放大的差异最终外化为语言、概念的差异。

减少这种差异的药方，不是创制出更加精确的语词，建立更加精致的语言结构。语言的意义依赖于具体的语言环境，语言进一步精确的极致做法是将语言符号化、数学化，哲学史上曾经出现过的这一倾向遭到了许多哲学大家的批评。现代技术的强大影响力促使人们把语言看作是一个纯粹的符号系统，一种形式化的语言，人们只希望语言严格地只具有一种含义，这对包括数学计算领域在内的自然科学领域可能是必需的，但法学源于社会生活，并在社会生活的运行中发展、壮大。法律语言虽与日常社会语言存在区隔，但归根到底离不开社会日常语言，因此，既要防止把法律语言凝固为单一含义的符号化的东西，使其过于脱离日常社会语言环境，渐渐失去丰富和灵活而逐渐消亡，同时又要保证法律语言的秩序性，使得其在特定语言环境中真正称为专业人士的便捷交流方式。在相互区隔与相互依赖之间寻找这样的平衡点，将是一个长期的、艰巨的过程。

第四章　外国人诉讼地位的确立

第一节　外国人民事诉讼地位概述

一、外国人民事诉讼地位问题解析

外国人在一国国内具有不同于内国人的法律地位，这是国家主权安全、社会经济文化本土化保障的需要，长期以来属于国际公法研究范畴。

外国人法律地位指外国人在一国享有何种权利、承担何种义务以及在受到侵害时可以寻求何种法律保护，能够得到何种程度的司法救济以及救济的实际效果。外国人法律地位可以反映各个层面内外交往的实际需要。在不同的时代、不同的国度，外国人地位存在较大差异，而在不同的研究领域，外国人权利义务范围亦呈现出不同的特点。就国际私法而言，我们探讨的是外国人民事法律地位。由于国际民事交往具有自由化特征，国家给予外国人私法上的权利往往超越公法上的权利而得到更广泛的认同和保护。

外国人民事法律地位是外国自然人、外国法人在内国享有的民事权利和承担的民事义务的法律状态的总和，既指外国人在内国的实体性法律地位，亦指外国人在内国的程序性法律地位，即诉讼地位。其中，外国人民事诉讼地位较之其实体地位更具有现实意义却经常被司法实践所忽视。一般而言，不论外国人的民事实体权利的范围与内国自然人、法人和其他组织所享有的权利义务范围有多大差异，外国人民事诉讼地位较之内国人则不应处于明显劣势状态，这是程序正义的本质要求，为民事诉讼私权救济的特点所决定。

外国人民事诉讼地位指一国根据内国法或国际公约的规定，赋予外国自然人（包括无国籍人和难民）、法人、其他组织在本国境内寻求民事司法救济时享有的民事诉讼权利、承担的民事诉讼义务的法律状况。① 外国人民事诉讼地位体现在各个方面：首先，国家对外国人诉讼地位有一个概括性态度，即是否将外国人与内国人同等对待（包括特别优惠待遇和特别歧视待遇），或基本同等对待，或有条件地同等对待；其次，外国人诉讼地位由各种具体程序制度构成，某些程序的特别设计或一般设计反映不同的立法意图和追求事实平等的不同程度，同时，外国人诉讼地位由国家承担的国内法和国际法义务来保障。其中，国家是否参与国际私法合作、积极建立双边或多边条约体系对外国人诉讼地位承担国际义务是现代国家扩充外国人诉讼权利的指示标。

关于外国人民事诉讼地位的制度包括以下三个方面的内容：

（一）外国人诉讼地位的基本原则。确认外国人民事诉讼地位是国际民事诉讼程序启动的前提。国家是否承认外国人诉讼权利，是否平等评价外国人作为民事诉讼当事人的行为关系国际民事诉讼是否有效成立以及涉外民事法律关系、涉外民事诉讼关系能否发生、涉外民事权利能否合理实现。因此，内国法确定的关于外国人诉讼地位的基本原则是外国人诉讼地位的研究起点。

（二）外国人起诉权。提起诉讼是外国人在其民事权益受到侵害时寻求公力救济的基本方式，是贯彻外国人诉讼地位法律原则的第一步，具有重要意义。司法实践中容易将外国人民事诉讼地位单纯理解为外国人的起诉权，将国际私法上的这个重要问题简单化。外国人的起诉权问题包括外国人能否在内国提起或被提起民事诉讼；外国人提起民事诉讼是否受到内国法律的某些限制；什么样的民事主体是具有涉外性的民事主体从而可能适用特别程序，并不包括诉讼中围绕“诉”产生的具体权利义务。因此，虽然起诉权是外国人诉讼地位的直接体现，但不是外国人诉讼地位的全面反映，起诉权仅仅是外国人民事诉讼地位研究的一个方面。

（三）体现外国人诉讼地位的制度体系。除一般性的诉讼参与权利以外，涉及外国人民事诉讼地位特殊保护的制度有：诉讼费用担保，外交豁免，诉讼代理，法律援助，外交豁免权，等等。不同的诉讼程序阶段、不同性质的权利义务是否应当或能够在内外国人之间达到平衡不是一个绝对的问题。为实现司法管辖的正义，我们可能在设计某些程序时偏重于给予

① 参见刘仁山主编：《国际私法》，中国法制出版社 1999 年版，第 429 页。

外国人略为优越的诉讼便利，使其事实上占据与内国人同等高度的诉讼平台，例如，对内外国当事人，法律提出不同的诉讼期间要求；为调和内外国人诉讼地位的平等性，我们也可能在某些制度上坚持法定条件的绝对同等适用，如法律保障内外国人同等地享有公正法庭的司法资源、能够平等参与庭审全过程等；为适应外国人诉讼的特殊性，我们可能设计特别针对外国人诉讼的特殊程序制度，如诉讼费用担保制度，外交豁免制度，等等。具体制度体系的完善是外国人诉讼地位研究的最终目的，也是实现外国人诉讼程序正义的基础问题，这是本章探讨的重要内容。

外国人民事诉讼地位是系统化的制度集合，其不仅反映受诉国政府对外国人地位政治上的认同状态，也体现受诉国司法制度对外国人权利进行保护的法治水平，在理论与实践上具有非常重要的意义。然而，长期以来，我国国际私法领域的理论研究未能引起司法实践部门对外国人民事诉讼地位的足够重视，相关法律制度略显单薄，尚不足以合理规范外国人民事诉讼行为，亦不利于实现外国人诉讼的程序正义与实体公平。

二、外国人民事诉讼地位的基本原则

（一）国民待遇原则

外国人民事诉讼地位的基本原则渊源于外国人民事法律地位的基本原则但又有所不同。国家对内外国人进行民事交往所持态度经历了从限制到鼓励的过程，对外国人民事法律地位的认识也从排斥过渡到逐渐接纳，其间曾采取不同原则作为法制的指导。从 19 世纪至今，各国实践采用的较为常见的原则有“国民待遇”，“最惠国待遇”、“优惠待遇”、“普遍优惠待遇”以及“不歧视待遇”，等等。具体到诉讼范畴，由于民事诉讼是双方或多方对立利益的事后解析与救济过程，凡在内国允许外国人从事民事活动范围内发生的争议，各国多赋予内外国人平等的诉讼权利以寻求实体权利义务的合理分配，而极少通过立法置外国人于诉讼劣势地位；基于可以想见的原因，也不会给予外国人优于内国人的便利。这就是外国人诉讼地位的国民待遇原则。国民待遇原则最早体现在《法国民法典》当中①，现为各国普遍遵行。我国民事诉讼法第 5 条第 1 款亦明确规定：“外国人、

① 参见费宗祎、唐承元著：《中国司法协助理论与实践》，人民法院出版社 1992 年版，第 35 页。

无国籍人、外国企业和组织在人民法院起诉、应诉，同中华人民共和国公民、法人和其他组织有同等的诉讼权利义务。”

赋予外国人以诉讼中的国民待遇有其合理内核。历史上曾有国家对外国人诉讼地位持排斥态度甚至拒绝对外国人提供司法救济，但当今社会的发展已经祛除了歧视外国民事诉讼当事人的土壤，几乎没有国家愿意出于局部或短期利益的考虑设置明显的诉讼障碍摧毁外国人参与内国经济活动的热情从而破坏民事交往的法治环境。同时，给予外国人诉讼以国民待遇可以防范外国人地位超越内国人地位而形成另一种不平等。此外，国家主动采取国民待遇原则可以促使外国人所属国家在制定法律时基于对等和互惠的考虑平等保护内国公民的诉讼权利从而促使国际间逐渐建立一种较为公平、理性的统一程序法体系。

（二）国民待遇原则的主体

享有外国人诉讼国民待遇的主体一般包括具有非法院地国国籍的外国自然人、非在法院地国登记（于法院地国无住所等）之外国法人、其他企业和组织、无国籍人、双重国籍人、难民。外国自然人、法人为当然的外国人诉讼国民待遇主体，而其他企业、组织、无国籍人、双重国籍人、难民是否得享有内国诉讼国民待遇取决于不同国家内国法的具体规定①和该国通过双边条约、多边条约而承担的国际义务的内容。

对于双重国籍人法律地位，各国持不同态度。承认双重国籍的国家对于同时具有内国与外国国籍的人的保护是双重的，双重国籍人既享有内国人地位，又有权主张因具有外国国籍而在他国得到本国外交保护的便利。由于内国有权将双重国籍人当作本国人看待，故不存在国民待遇问题。不承认双重国籍的国家，是否将双重国籍人作为本国公民则区分不同情况。例如，我国《国籍法》明确规定：不承认中国公民具有双重国籍；定居外国的中国公民，自愿加入或取得外国国籍，即丧失中国国籍；父母双方

① 例如：俄罗斯《仲裁诉讼法典》规定，外国组织、国际组织和从事经营活动的外国公民、无国籍人（下称外国人）有权向仲裁法院起诉，以保护自己被侵犯或者有争议的权利和合法利益。外国人享有与俄组织和公民同样的诉讼权利，并履行与俄组织和公民同样的诉讼义务。据此，俄国内法规定的享有国民待遇的外国人范围非常广泛：外国组织、国际组织、从事经营活动的外国公民、无国籍人。另注：俄仲裁法院为俄罗斯联邦法院，属于俄罗斯联邦法院司法体系。参见刘汉南主编：《国际商务诉讼指南》，中国经济出版社 1998 年版，第 126 页。

或一方为中国公民并定居在外国，本人出生时即具有外国国籍的，不具有中国国籍；经批准加入中国国籍的，不得再保留外国国籍。可见，我国立法区分不同情形确认双重国籍人是否为外国人，凡丧失中国国籍或出生即具有外国国籍的为外国人，当然享有外国人诉讼的国民待遇；取得中国国籍在后的，丧失外国国籍而成为中国公民，享有中国公民的诉讼权利、承担相应的诉讼义务。

无国籍人是没有任何国家国籍的人，他们的地位由居留国国家法律确定，一般与本国公民的法律地位相同，享有民事诉讼国民待遇①。1954年在纽约缔结的《关于无国籍人地位的公约》对无国籍人诉讼地位作了如下规定：无国籍人有权向所有缔约各国领土内的法院提起诉讼；无国籍人在其惯常居所的缔约国内，就有关向法院请求的事项，包括诉讼救助和免予提供诉讼担保在内，应享有与本国公民相同待遇；无国籍人在其惯常居所地以外的其他国家内，就上述事项，应给予他惯常居所地国家所享有的待遇。我国民事诉讼法明确规定无国籍人在我国进行民事诉讼，同中华人民共和国公民有同等的诉讼权利义务。

难民的民事诉讼地位通过国际多边条约建立的合作体系进行保护。我国已经加入1951年于日内瓦订立的《关于难民地位的公约》和1967年在纽约缔结的《关于难民地位的议定书》，就难民的内国民事诉讼权益的保护承担国际义务。根据上述公约，难民在我国进行诉讼享有国民待遇：首先，难民在我国有权提起诉讼；其次，难民就向我国法院提起诉讼的事项享有国民待遇并享有其在惯常居所国被给予的待遇。我国的民事诉讼法没有规定难民地位问题，但该法涉外程序编确定了国际条约优先适用原则，因此，难民在我国进行民事诉讼应当享有国民待遇，且考虑到难民的特别身份和处境，其享有的国民待遇不宜受对等原则的限制。

外国非法人的其他企业和组织是否享有国民待遇首先取决于其是否被内国确认为诉的主体以及标准的宽严程度，这种对外国实体的审查标准可能不同于对内国实体的审查标准。一旦外国实体被内国接纳为诉的主体且诉讼行为能力健全，则可享有国民待遇；如其主体资格被否定或其行为能力不健全，其不享有国民待遇或待遇减等。我国司法实践对外国实体诉讼

① 例如，1964年《苏俄民事诉讼法典》规定，外国公民有权向俄各法院提出请求，并享有与俄公民相同的民事诉讼权利。参见刘汉南主编《国际商务诉讼指南》，中国经济出版社1998年版，第117页。

资格的审查标准问题将在后面章节谈到。

（三）国民待遇的对等原则限制与标准

赋予外国人民事诉讼国民待遇是国际民事诉讼的基本做法，已经得到国际社会普遍认同。但是，由于各国诉讼传统、立法技术、政治与意识形态方面的需要存在差异，各国给予外国人国民待遇不是绝对的，也非体现在各个方面，在某些领域可能存在歧视或不合理地限制外国人诉讼权利或加重外国人诉讼负担的情况。即使一国国内法坚持国民待遇原则，其司法实践却不一定严格遵循国民待遇原则的要求。例如，美国与比利时、匈牙利、意大利等国订立的双边友好、通商、航海条约中规定有互惠的国民待遇，但在不方便法院理论的适用方面，美国法院对外国原告和美国原告区别对待①。因此，国家基于主权平等和争取内国人在外国的诉讼地位提升的需要，在赋予外国人国民待遇的同时，坚持互惠和对等原则以达到国民待遇的双向作用，这也是国际司法领域的通常做法。根据互惠和对等原则，外国法院对本国人（含自然人、法人和其他组织）的民事诉讼权利加以限制的，本国法院对该国人民事诉讼权利实行对等原则，即国民待遇的赋予以互惠为条件，国民待遇的受限以对等为结果。我国《民事诉讼法》、1964 年《捷克斯洛伐克国际民事诉讼法》和 1984 年《秘鲁民法典》均采取了上述原则②。互惠的国民待遇在内国立法上有两种模式：以双边或多边条约为互惠依据，如《法国民法典》；内国法直接要求证明外国法承认互惠，如 1811 年《奥地利民法典》③。

国际上一般采取“推定原则”确定“非互惠”事实是否存在，即

① “如果是美国原告在美国法院提起诉讼，则法院会更多地尊重它的选择；外国被告如果以不方便法院理论为由提出抗辩，就难于为美国法院接受，相反，如果是外国原告选择在美国法院起诉，美国法院对其选择将给予减少的尊重；美国被告若提出不方便法院抗辩，美国法院则倾向于接受此类抗辩。”见张茂著：《美国国际民事诉讼法》，中国政法大学出版社 1999 年版，第 28～29 页。

② 参见刘仁山主编：《国际私法》，中国法制出版社 1999 年版，第 430～431 页。

③ 参见赵湘林主编：《国际私法》，中国政法大学出版社 2000 年版，第 97 页。《法国民法典》第 11 条规定“外国人，如其本国与法国订有条约允许法国人在其国内享有某些民事权利者，在法国亦得享有同样的民事权利”，根据这一规定，如果外国人所属国与法国之间没有条约，则其在法国境内不能享有和法国人相同的法律地位；1811 年《奥地利民法典》第 18 条规定：“外国人享有与奥地利人同样之权利，需经证明其本国亦准奥国人享有同一之权利。”

“如果对方国家无相反的法律规定或相反的司法实践，即推定其对本国在该国的国民在民事诉讼地位上是享有平等待遇的；而一旦证实某一外国国家对本国在该国的国民的民事诉讼地位加以限制的，则根据对等原则，亦有权限制对方国家的国民在本国的民事诉讼地位”。① 我国法律没有规定依“推定原则”查明“非互惠”事实，但不可否认“推定原则”具有的宽松与富有弹性的特点有利于防止对外国人民事诉讼地位的任意限制。笔者以为，“推定原则”可以作为人民法院审查外国国家是否同等对待我国诉讼当事人的指导原则。但是，根据“推定原则”审查外国司法是否歧视或限制我国公民、法人和其他组织的诉讼权利，存在事实上的障碍。对“互惠”事实的查明是国家行使司法主权的一部分，当事人绝对不负有举证证明的义务，因此区别于单纯的对“外国法”查明的责任分配。由于目前国家司法资源的有限性，人民法院事实上不具备认定所有其他国家对外国人民事诉讼地位的法律态度的条件。因此，人民法院对于那些难以查明的某些国度的国际民事诉讼司法状况可以采取开放和宽松的审查立场，最大限度地“推定”不存在“歧视”和“限制”的事实，理由是：在没有事实和法律证据的情况下认定“非互惠”对该外国和该外国当事人显失公平；最大限度保护外国当事人诉权与片面保护外国当事人诉权是两个概念，诉讼权利的平等保护并不阻碍反而促进实体争议的公平解决；诉讼权利为当今国际社会公认的基本人权之一，不宜以外国法院限制我国当事人相应权利的事实证明我国法院限制或剥夺该外国当事人相应权利的合理性，除非存在明显伤及主权和国家、人民尊严的危险。

（四）国民待遇原则的非绝对性

国民待遇原则保证外国人在内国进行民事诉讼不受歧视和非合理的限制，但是，外国人诉讼享有国民待遇并不意味着内外国人在国际民事诉讼的每一个环节、每一项制度的实施上都达到绝对的平等。这里存在一个实际平等与理想平等、实体平等与程序平等的调和。我们主张的国民待遇原则所保护的外国人诉讼权利应当是利于实现实体正义的具有真实合理性的程序体系，而不应片面追求形式平等，亦不以外国人单方权益作为国际民事诉讼程序正义的全部价值。在某些方面，给予外国人与内国人同等待遇

---

① 李双元、金彭年、张茂、李志勇著：《中国国际私法通论》，法律出版社1996年版，第521页。

是必要的，如起诉权、要求法庭公正进行庭审程序等最基本的诉讼权利以及遵守法庭纪律、尊重对方诉讼权利等基本的诉讼义务。对于其他具有涉外特殊性的程序，绝对权利义务平等则有失科学，如诉讼期间不宜划一，外方当事人不得聘请外国律师在中国参加诉讼，送达外方诉讼文书除不得已不宜公告送达等。

国民待遇的非绝对性指具体诉讼程序的差别，并不代表国民待遇的不确定性，国民待遇作为对待外国人诉讼地位的基本原则应当得到坚持，只是在研究程序设计的时候应理解国民待遇是国家平等保护内外国人合法权益的态度体现，避免将其机械理解为内外一致、内外协同从而追求一种形式平等而背离了正义的实质。

（五）最低标准原则的争论

关于外国人地位是否存在最低“国际标准”的问题，向有争论①。所谓最低“国际标准”，指“如果当地的标准低于所谓的‘国际标准’，致使外国人的人身和财产受到损害，它的本国可以要求它的所在国负责”②。“国际标准”是近代西方国家推崇的标准，被广泛认为与国民待遇原则相对立且不符合国际法基本原则③。国际公法的国际标准问题不是这里应当讨论的问题，但在国际私法领域，特别是就外国人民事诉讼地位而言，却有两个关联问题值得探讨：1. 外国人诉讼权利是否有符合最低“国际标准”之必要；2. 内国是否有权因外国人所属国给予本国人之国民待遇低于最低“国际标准”而拒绝给予该外国人国民待遇。

笔者认为，各国法治发展现状存在极大差异，关于文明和正义的理解无法统一，确定外国人待遇的最低国际标准是不现实的。但是，国际人权运动的发展和现代国际民事诉讼法的发展成果为我们思考外国人诉讼地位最低标准提供了可能性。国民待遇否定外国人享有特权，但应保证外国人在符合内国法律要求提起民事诉讼时不被“拒绝司法”、“歧视司法”或

① 詹宁斯、瓦茨修订，王铁崖等译《奥本海国际法》中认为：每个国家必须对其领土内居住的外国人的人身和财产至少给予达到国际法所规定的最低限度国际标准的那种水平的保护，而且就人身和财产的安全而言，必须给予至少与其本国国民在法律上平等的地位（转引自《国际法述评》，法律出版社 2001 年版，第 201 页）。我国一向不承认“国际标准”的存在。

② 王铁崖主编：《国际法》，法律出版社 1981 年版，第 257 页。

③ 参见王铁崖主编：《国际法》，法律出版社 1981 年版，第 257 页。

不正当地“延迟司法”①。至于司法实效是否符合西方社会的“公正、公开”审判的标准以及程度，则不是最低“国际标准”应当涵盖的范围②。承认外国人民事诉讼地位最低国际标准利于保护外国人基本权利以巩固正常民事流转，可以防范国际民事交往失去基本的保护屏障。各国因此负有给予本国人不低于“国际标准”的诉讼权利之义务。

外国给予本国人之国民待遇低于最低“国际标准”的情况比较少见。但是，即使外国国家法律提供的国民待遇低于最低“国际标准”，内国亦不宜据此否定该国国民在内国享有国民待遇。国民待遇原则限制适用的条件是存在“非互惠”或本国人诉讼权利受到不当限制和歧视，而外国给予本国人国民待遇虽低于最低“国际标准”，但对内外国人并未采取不同标准，不存在特别歧视问题。因此，在此情况下，剥夺外国人在内国享有民事诉讼的国民待遇地位没有法律依据。那么，如何保护在外国享有国民待遇而该待遇实际低于“国际标准”的本国国民利益呢？根据国际法理论与实践，内国可以对其被“拒绝司法”、“歧视司法”或不正当“延迟司法”的国民实行外交保护，本国公民亦可向内国法院提起诉讼以寻求合理的司法救济。

三、外国人诉讼地位的价值基础

（一）外国人地位的人权内核

不论是否具有内国国籍，位于一国境内的个体均享有国际法确认并保护的基本人权③。法人或其他组织作为人的集合亦享有实现集体利益的合法权利。各国基于不同的社会发展状况，以不同方式、在不同程度上保护外国人在内国的基本人权是国际法的基本要求，违反国际人权法而歧视、

① 符合国际法的一种适当待遇：当事人均可平等地、不受非法限制地通过国内司法程序谋求争议的解决。

② 实现公正、公开审判与各国现实的经济、文化、社会等诸多条件紧密相连，“公开、公正”的标准因而在不同法域会有不同的解释。随着国际法治文化日益广泛的交流，统一正义标准在未来可能成为外国人享有最低“国际标准”的参考指标。

③ 人权为西方文明的产物，欧洲文艺复兴期间出现人权概念。人权的历史发展说明人权是一种法律状态和法律理想。人权并不局限于人作为个体享有的基本的生存权利，人权体现为人类享受安全、幸福、和平的社会环境的所有权利的集合，也包括发展中国家人民的集体发展权利。

限制外国公民、侵犯外国人基本权利的行为将导致国际法上的国家责任。关注外国人在内国的法律地位尤其是诉讼地位实际上是国家履行人权保护国际义务的过程，追求外国人诉讼地位的合理保障也是以追求个人实体权利平等和个人程序权利平等为目标。因此，外国人诉讼地位的确立以保护基本人权为其基本价值。

1. 民事诉讼的目的：权利保障

关于民事诉讼的目的，国内外有这样几种代表性学说：权利保护说；私法维持说；解决纠纷说①。私法维持说可以理解为民事诉讼旨在通过程序的进行为调整人民私法上的权利义务提供一个平台以维护整个私法秩序。那么，“私法秩序”作为一个整体被认为是民事诉讼追求的目的或价值。私法维持说坚持的“私法秩序”既是私法上的权利平衡，更是国家政治的利益平衡。私法秩序虽然是以私权为直接调整对象，但调整私权的目的却是保护公权力的完整和国家政治结构的安定。因此，私法维持说的落脚点是国家权力即公权力，而非私权利。民事诉讼的目的被认为是维持“秩序”，而无论是公法秩序还是私法秩序，只要是“秩序”，就是公权代表——政府关心的问题，非社会个体关心的问题。这里就出现一个无法解决的命题，民事诉讼的当事人进行诉讼寻求个人实体权利的实现过程最终是为了满足国家的秩序需要，那么，当事人从民事诉讼中获得“秩序”价值的原动力由何而来？显然，以私法维持理论解释民事诉讼追求的价值不能自圆其说。解决纠纷说是一种较为朴素的观念。诚然，民事诉讼最初产生于定纷止争的需要，然而，诉讼的目的如果仅仅是解决纠纷，则没有设计程序、发展程序、甚至形成程序法学的必要；即使没有民事程序的存在，国家任何具有强制力的决定、命令、意志均可平息利益上的矛盾。因此，解决纠纷不是民事诉讼的最终目的，而仅仅是民事诉讼实现其自身价值的“手段”②。

权利保护说认为民事诉讼的目的即保护当事人民事权利（既包括实体权利亦包括程序权利）。笔者以为，权利保护说以人的权利为核心界定民事诉讼的目的，正确地揭示了民事诉讼的价值。现代民事诉讼制度以及

---

① 参见罗玉中、万其刚、刘松山著：《人权与法制》，北京大学出版社 2001 年版，第 439 ~ 441 页。

② 王锡山著：《民事诉讼研究》，重庆大学出版社 1996 年版，第 6 页。

刑事、行政诉讼制度发展的趋势是限制公权力对私权利的侵害，保障处于弱势的个体的合法权益经由国家正当程序控制下的司法体系予以决断。民事诉讼程序的正义设计亦以人之权利最大化为目标，而个人之实体权利与程序权利共同构成民事诉讼追求的价值核心。外国人在被允许于内国境内进行民事活动之时即应同时被内国赋予寻求合理司法救济以解决可能发生之权益争议的权利，而不论内国是否在宪法或法律中明示这种权利的存在。就国际民事诉讼而言，诉的提起至诉的终结之全过程即反映了外国人在内国的程序权利与实体权利的实现程度，以及内国民事诉讼对人权的保护程度，是以权利为起点亦以权利为终点的运行过程。

2. 国际人权法对司法救济权的保障

联合国《世界人权宣言》① 开篇即明确了“人权”的基本思想：人人生而平等，在尊严和权利上一律平等。他们富有理性和良心，并应以兄弟关系的精神对待；人人有资格享受本宣言所载的一切权利和自由，不分种族、肤色、性别、语言、宗教、政治或其他见解、国籍或社会出身、财产、出生或其他身份等任何区别。是以本国人与外国人在任何成员国的基本人权需得到同等尊重，此种尊重非基于国民待遇原则的推定，亦非基于最惠国待遇或对等原则的考虑，而是由人类自身尊严和生存之必需而必然产生的要求。因此，外国人之权利保护来自于国际社会的共同自觉和国际社会成员的自主义务承担，不以互惠和国际政治需要为条件。

外国人权利得到内国保护的范围不是无限的。内国对外国人承担国际保护义务的对象限于基本人权，即集中体现在《世界人权宣言》中的各项权能。外国人诉讼地位的确立反映了外国人在内国享有的寻求司法救济之权利，而期待通过合理渠道得到公正司法保护于个体的意义并非法治国家的奢侈品，而是法治国家人民生活之必需。因此，外国人享有平等诉讼权利属于基本人权范畴②。欧洲议会制定的《人权与基本自由保障公约》

① 国际人权法主要由以下几个人权法文件组成：《世界人权宣言》、《经济、社会和文化权利国际公约》、《公民权利和政治权利国际公约》、《公民权利和政治权利国际公约任意议定书》，其中《世界人权宣言》为纲领性文件，构成国际社会各成员国的国家义务。

② 《世界人权宣言》第6~8条规定：人人于任何所在国有被承认为法律上主体之权利；人人于法律上悉数平等，受法律之平等保护，不受任何歧视；人人于宪法或法律所赋予之基本权利被侵害时，有权享受国家管辖法庭之有效救济。

对此项基本权利的实现提出了更高要求："在有关自己的民事权利和义务的决定或针对自己的刑事指控中，任何人均有权在合理的时间内、从一个依法建立的、独立和不偏不倚的法庭中获得公正和公开的审理。"因此，按照国际人权法的最一般要求，那些基于对等原则产生的对外国人诉讼地位的限制不应导致根本地剥夺外国人寻求当地救济的权利，否则将因违反国际人权法引致外国人国籍国之外交保护。

3. 人权：法治与法制的内容

"人权是法制的重要内容或核心内容。从实际的角度看，至少从近代以来，人权就逐步开始大规模地、全面地进入法律领域。"① 可以说，无论是法制或法治，国家最终的政治走向是实现人类的最大幸福。不论其间经过怎样的历史更迭，民主和权利的思想已经深入人们的社会生活并将更加坚定地影响社会发展的方向、决定文明的本质内容。法制从最原始的维护少数人权利开始，逐渐走向大众的普遍性的人权肯定，人权的绝对性被固定下来，并成为法制的目标和理想。纵观法治与法制的发展历史，已经无法想象任何其他社会需要能最终超越人权的需要而成为法治与法制建设的评价标准。而人权保护思想的本质显然不是狭隘的、局部的、区域性的保障。人权的基本内涵是指每个个体的平等的应然权利，不存在地域区别，更不允许存在不同人群的权利划分从而产生人为的区别待遇。外国人与内国人从自然人的属性上看是一致的，应当具有同等的受国家法制保护的资格。即使法制对内外国人的实体权利的保护有区别对待的必需，外国人诉诸司法的基本人权却不能被法制漠视和剥夺，否则，法制不能解释其存在以及运行的合理性，亦有违法制的进步性要求。同时，对外国人诉讼地位的贬低极有可能危及本国公民在外国国家基本人权的法律保障。因此，外国人诉讼地位的合理界定是外国人人权内国实现的现实方式，与内国人权利域外保障形成相对互动关系，从而成为内国法制与法治的重要内容之一。

（二）正义的本质与利益的平衡

"正义是社会制度的首要价值，正像真理是思想体系的首要价值一

---

① 罗玉中、万其刚、刘松山著：《人权与法制》，北京大学出版社2001年版，第285页。

样。"① 诉讼是社会利益平衡的基本方式，是维护民众权利结构的法律制度，正义是诉讼制度的基本特征。外国人诉讼地位是国际民事诉讼制度的组成部分，而国际民事诉讼制度亦是内国诉讼制度的组成部分，并不因诉讼当事人、诉讼标的或争议之法律关系具有涉外因素而成为超越一国范围的调整国家间法律关系的具有国际公法性质的制度。因此，民事诉讼不因当事人国籍之差异而追求不同的正义标准和正义价值，外国人诉讼地位的合理确立以及外国人诉讼程序的科学构建均以“正义”为其基础内核。

正义有实体正义和程序正义之分，当事人关心实体权利的实现，同时关心自己能够通过什么样的诉讼程序充分把握与争议对方以及法庭进行合理对话的机会。实体权利的实现当取决于各种因素，实体正义的彰显与当事人主观期待常常有差异且因主体认识的局限而不易衡量。然而，程序的正当性则依其法定性衡量，程序过程合法即正当，程序适用平等则正义②。程序的正义即意味着诉讼两造的诉讼地位、基于诉讼地位产生的受尊重的要求应当得到法律的同等对待。当事人自身身份、地位、国籍、政治信仰等诸多因素均不能成为法外对待的理由。“对于当事人而言，参加诉讼并不仅仅满足于得到一个公正的结果，尽管得到一个公正的结果是其参加诉讼的主要目的和愿望，当事人作为理性人，还希望其人格尊严和自由意志在诉讼中得到尊重。”③ 因此，“正义”既是民事诉讼当事人期待的结果，亦是民事诉讼制度本身追求的价值。

外国人作为内国民事活动的参与者，其与内国当事人对权利实现的期待是同等的，同样指向一个结果——理性法制的理性作用。因此，一个法治国家不应对内外国人制定两个不同的正义标准，尤其体现在诉讼权利、诉讼义务的划分方面。道理很简单，平等是正义的基本属性，如果一个平等的机会都没有，正义的机会又缘何而生？诚然，国家因特定人群的集合

---

① 罗尔斯著：《正义论》，中国社会科学出版社 1998 年版，第 1 页。

② 郑成良先生在其《法律之内的正义》一书（法律出版社 2002 年版）中亦谈到，现代民主与法治社会的法律制度是一个具备了实质正义的制度，而且我们准备以合作的态度来对待它，那么，司法公正就不再仅仅是一个价值意义上的应当问题，同时也是一个逻辑意义上的应当问题，确切地说公正与否的问题已经转化为一个来自于价值判断领域的事实判断和逻辑判断的问题；此时，正义与合法性的意思是一样的。

③ 王盼、程政举等著：《审判独立与司法公正》，中国人民公安大学出版社 2002 年版，第 244 页。

而成其为国家，而特定人群因具有该国国籍而受该国保护，并据此拥有国家提供的寻求正义的机会。一般情况下，国家不对外国人行使权力，亦不承担保护义务。但是，当外国人因某种民事联系与内国人发生实际争议的时候，如果国家借口对外国人不负有义务而积极指引本国人寻求正义的渠道却关闭外国人通向正义之门，使本国人的正义实现建立在外国人的正义剥夺基础之上，国家的法制理性又如何体现？如果“正义”如同主权概念一样存在管辖权问题，“正义”即丧失人类社会追求的理想特质，事实上偏离了人类法治文明铺就的正义之路从而陷入非正义。

如果我们基于正义的要求确定外国人适当的诉讼地位，具体诉讼制度的设计则应遵循利益平衡的要求。利益平衡包括公民利益与非公民利益、国家利益与私人利益、个案的微观利益与法治的宏观利益等几对范畴的平衡。外国人诉讼地位的最终确定应当综合上述各种利益权衡的结果，以最大限度地保障人权与正义的实现。因此，我们在确立外国人诉讼地位、建立外国人诉讼制度体系的过程中，应当以利益的合理配置来弥补“正义”作为一种理想上的价值所可能产生的不确定性和空洞性。

公民利益与非公民利益在价值量上没有实质区别。法律在确认外国人诉讼权利时不能持有偏向内国人的态度。但是，如果外国国家限制本国公民的诉讼权利，本国公民利益与外国公民利益的评价就可能发生量上的不对等，这种量上的不对等或许表现为内国公民被剥夺当地救济权的根本不对等，或许表现为内国公民在某些具体诉讼权利的行使上受到不当限制的相对不对等。对于前者，涉及外国人之基本人权，而基本人权如前所述不能被其他价值超越，故而国家不能依据外国司法机构违反人权法的事实提高本国人诉讼利益的价值比重而减损外国人诉讼利益的价值含量从而作出否定外国人诉讼地位的选择。对于后者，公民利益与非公民利益不能单独评价，国家主权与国家司法权平等的法律状态要求对公民利益与非公民利益的相对不对等状况进行调整，以防止外国司法制度对本国人持歧视立场。一国法院在权衡内、外国人利益的时候，事实上也同时在权衡外国国家公共政策与本国利益的得失，而这种利益的考虑是不可避免的，如“美国法学会《对外关系第三次重述》指出，美国法院倾向于对各种利益加以考虑，审视各种联系，找寻特定情形下的重心，确定优先秩序”。①

① 张茂著：《美国国际民事诉讼法》，中国政法大学出版社 1999 年版，第 24 页。

现代法治社会已经能够较为理智地看待国家利益与私人利益或说个体利益之间的关系。这里的私人利益既包括外国人利益又包括本国人利益。之所以在确定外国人诉讼地位的同时需要重视国家利益与私人利益的平衡，是因为国家作为人的集合体而形成的利益与私人、个体的利益常常发生冲突。私人利益是既得的、局部的，于个体而言具有全部意义；国家利益是长期的、全局的，于社会而言具有全部意义。由于近代社会对私人权利的提升，国家、政府不能轻易以国家利益为由制定剥夺、限制个体人权的法律制度，但不禁止国家在整体利益受到严重威胁或个体滥用权利的特殊情况下以法定方式和程序保障国家利益而使个体利益减损等。外国人与内国人之私权利益相对于国家利益而言均是个体的局部利益。外国人民事诉讼权利的行使所带来的个体私权利益与国家利益“不具有可比性”。所谓“不具有可比性”，指外国人的诉讼权利不属于对立于国家利益的私权利范畴，赋予外国人合理的诉讼地位是赋予外国人争取司法正义的机会和可能性，同时为国家积累了实现司法现代化的法治经验，其本质上与国家利益没有冲突。当然，如果在制定外国人诉讼相关制度的时候过于关注外国人利益而导致内国当事人实际处于劣势地位且内国人利益普遍不合理地被减损，国家利益可被认为受到侵害，此时，调整外国人诉讼地位成为必须。

确定外国人诉讼地位是维护个案的公平还是法治的整体文明？从价值角度考察，法治整体文明的价值显然高于个案的实体公平价值。但是，我们也不能忽视这样一个事实：法治文明由无数个案的实体、程序公平所构成。因此，个案利益与法治利益之间的冲突不是一种绝对的、难以调和的冲突。法治要求平等精神、要求将法律作为调整方式；个案公平的评价标准也不脱离当事人的地位平等和法律的适用平等。虽然符合法治要求的法律适用过程可能导致个案实体结果不能满足一方甚至双方对公平的期待，但不必然引致双方对法治文明的怀疑。从整个社会的角度看，利益仍然有实现最大化的可能，而社会将欣然接受这种最大化的利益并将其理解为一种可以实现的正义的最大化①。内国在选择制定体现外国人诉讼地位的制

① 利益与正义是不可分割开来理解的一对范畴。法定利益的实现被社会认为是正义的实现，非法定利益的实现与正义无关。社会正义与利益均有大小之分，法治制度追求最大化的正义与利益而牺牲甚或损害较小的正义的某一方面与利益的某一方面。正如郑成良先生在《法律之内的正义》（法律出版社 2002 年版，第 93 页）一书中谈到，所有的普通立法都难以排除维护较大正义时伤害较小正义的风险。

度时应以法治的整体利益为出发点，同时亦不偏废制度实际作用下个案能够达到的最大限度的公平。对于个体而言，其体会法治文明、理解法治精神的最直接途径就是亲历诉讼。

四、外国人民事诉讼地位的国内法保护与国际法保护

(一) 国内立法层次

内国给予外国人何种诉讼地位，本质上属于一国国内管辖事务。国家可以自行决定是否给予外国人国民待遇或是否遵循互惠和对等原则，亦有权自行决定在具体程序的国内法设计上体现对外国人地位实施法律保障的程度，除非国家因承担国际条约义务而自愿接受某种制约。因此，国内法保护是确定外国人民事诉讼地位的首要的、基本的途径。国内法保护分为几个层次；

1. 宪法保护

宪法是国家根本大法，国家对外国人在内国的法律地位包括诉讼地位的态度集中体现在宪法原则里。例如，我国宪法总纲第 18 条、第 32 条分别规定了在华投资外国企业、在华境内外国人享有受中国法律保护的权利，同时负有遵守我国法律的义务①。根据上述规定，在我国境内活动的外国人、外国企业在中国的权利和义务均来自我国宪法的原则规定和其他不同层次法律的具体规定；宪法未规定外国人地位是否遵循国民待遇原则或者其他诸如最惠国待遇原则、不歧视待遇原则等等，但宪法反映了外国人地位的法定性和外国人不受法律以外区别对待的基本价值取向；在我国境内的不同国家公民、企业受我国法律的同等保护，在诸国实体之间不存在法律适用上的区别待遇；除国际法及国际惯例允许之基于主权和本国特定利益之内国人权利以外，较之我国公民、法人及其他法律实体，外国人亦不受法律歧视。

---

① 《中华人民共和国宪法》第 18 条：中华人民共和国允许外国的企业和其他经济组织或者个人依照中华人民共和国法律的规定在中国投资，同中国的企业或者其他经济组织进行各种形式的经济合作。在中国境内的企业和其他外国经济组织以及中外合资经营的企业，都必须遵守中华人民共和国的法律。他们的合法权利和利益受中华人民共和国法律的保护。第 32 条：中华人民共和国保护在中国境内的外国人的合法权利和利益，在中国境内的外国人必须遵守中华人民共和国的法律。中华人民共和国对于因为政治原因要求避难的外国人，可以给予受庇护的权利。

2. 部门法保护

各国反映外国人诉讼地位的规定大多体现在民事诉讼法、国际民事诉讼程序法（或国际私法）法典当中。例如，波兰、捷克斯洛伐克、秘鲁等国的相关法律均不同程度地赋予外国人民事诉讼的国民待遇①，并涉及外国人诉讼的特殊制度如诉讼费担保、当事人诉讼行为能力等问题。我国目前尚未制定统一的国际民事诉讼法，关于外国人诉讼地位的原则规定于民事诉讼法涉外程序编，其他关于外国人诉讼权利、诉讼义务的具体规定在民事诉讼法和《最高人民法院关于适用〈中华人民共和国民事诉讼法〉若干问题的意见》(试行)》等司法解释里均有体现。

（二）国际合作体系

外国人诉讼地位的国内法确认不是孤立的。各国都普遍关注外国人所属国对本国人权利保护的态度及法治状况，外国国家对本国人的司法救济方式和实效都成为内国考虑给予外国人国民待遇时是否受互惠和对等原则限制的重要因素。国家通过参与国际合作谋求本国对外国人权利的保护能够转化为外国政府对本国人民事权利特别是在当地寻求司法救济权利的同等重视。国家参与国际合作的方式有两种：

1. 双边协定形式

双边条约或协定是国家间处理双边事务的重要形式。通过双边条约，国家可以就双方共同关注的某一领域的问题达成完全一致的意见，形成不附任何条件的确定的权利、义务格局，实现互惠与对等。我国已经同 28 个国家订立双边的司法协助协定，就双方国家国民的保护标准达成一致。例如，中意《关于民事司法协助的条约》第 2 条“司法保护”规定：缔约一方的国民在缔约另一方领域内，在其人身和财产方面享有与另一方国民同等的权利，有权在与另一方国民同等的条件下，诉诸缔约另一方法院。对于法人地位，一般适用自然人诉讼地位之条款，如中蒙《关于民事和刑事司法协助的条约》规定，在司法保护方面，缔约一方国民在缔

① 1966 年《波兰国际私法》第 8 条规定：外国人在波兰享有与波兰公民同等的权利和义务，但法律另有规定的除外。

1964 年原《捷克斯洛伐克国际私法及国际民事诉讼法》第 48 条规定：在诉讼过程中所有当事人享有平等地位。

1984 年《秘鲁民法典》第 2046 条规定：外国人与秘鲁公民享有相同的民事权利，除为国家利益之需对外国人和外国法律实体规定的禁止和限制者外。

约另一方境内享有国民待遇，此规定亦适用于缔约双方的法人①。我国与越南签订的司法协助协定允许“在缔约国具有诉讼地位的其他组织”享有国民待遇。我国与新加坡签订的司法协助协定则规定在缔约国被允许存在的“任何法律实体”均享有司法保护权。不同的协定对法人、非法人实体享有的具体诉讼权利的范围规定不一。此外，我国通过与他国订立双边领事条约，规定领事代理制度，互为允许他方领事协助其本国公民、法人实现法定权益②。

2. 国际公约

海牙国际私法会议制定了多部有关国际私法重要问题的统一性规范，其中1954年《民事诉讼程序公约》肯定了外国人的诉讼地位并禁止缔约国因外国人身份而令其缴纳任何名义的诉讼保证金；1980年《国际司法救济公约》确认外国人在缔约国内享有与缔约国国民同等地位并享有受救济权；上述公约由于参加国较多并得到国际司法广泛实践而具有重要意义。③ 1951年联合国《关于难民地位的公约》和1954年联合国《关于无国籍人地位的公约》确认难民和无国籍人在其居留国或惯常居所所在国享有国民待遇。《维也纳外交关系公约》和《维也纳领事关系公约》规定了享有外交豁免权的“特殊外国人”的民事诉讼豁免范围，我国是该两公约的成员国。由于国际私法发展的特殊性，普遍性国际公约对于外国人诉讼地位的统一保护的作用仍然有限。比较而言，区域性公约、条约在特定区域内发挥着更为显著的作用，其中具有代表性的是1928年第六届泛

① 我国与他国签订的双边民事司法协助协定均规定：缔约一国法人与缔约国国民在缔约国享有同等的受司法保护之权利。除中国与阿根廷民事司法协助协定以外，其他各协定还特别规定缔约国国民和法人有权就争议诉诸缔约国司法机关进行诉讼以维护其权益。

② 中美领事条约第24条第1款：当派遣国国民包括法人由于不在接受国境内或其他任何原因无法及时保护自己的权利和利益的时候，领事官员遵照接受国法律有权采取适当措施，在接受国法庭上和其他当局面前，保护此类国民，包括法人的权利和利益，保护自己的权利。其他类似规定见我国与波兰、朝鲜、匈牙利、墨西哥等国之双边领事条约。

③ 1954年《民事诉讼程序公约》缔约国包括法国、德国、匈牙利、意大利、日本，中国澳门等计44个国家和地区。1980年《国际司法救济公约》缔约国包括法国、德国、西班牙、瑞士、瑞典、芬兰等计26个国家。资料来源：海牙国际私法协会网站 http：/www. hcch. net/index. html。

美会议通过的《布斯塔曼特法典》，该法典规定外国人一如本国公民，应受到当地法院管辖并服从当地法院，同时要考虑到在各项公约与条约中所规定的各种限制。此外，该法典《国际民事诉讼程序法》篇还规定：任何缔约国不得在其领土内对其他缔约国的人员或组织维持特别法庭；缔约各国不得根据对物和对人管辖在国际关系范围内区别有关当事人是国民还是外国人的身份，而使后者受到不利对待。

第二节　外国人获得司法救济的程序分析

一、诉的障碍分析

国家赋予外国人诉讼国民待遇意味着外国人在其民事权利发生争议的时候可以享有与内国人同样的司法救济权利，成为原告诉请追究被告民事责任或成为被告行使抗辩权和提起反诉的权利。既然外国人依内国宪法、法律、国际条约保障其诉权，从理论上说，其寻求司法救济应当不存在法律障碍。然而，外国人的特殊地位决定了其在起诉和应诉程序中面临特殊困难。

首先，与内国当事人范围不同，外国实体并非都能成为诉讼主体。上面已经谈到，我国与他国签订的民事司法协助协定大多规定缔约国国民和法人与内国人享有同等的司法救济权，即享有成为诉讼主体、通过民事诉讼维护其合法权益的权利。但是，仅有个别协定将国民待遇扩展至非法人实体和其他被国内法视为有诉讼地位的法律实体。这种现象说明，各国对赋予外国非法人实体诉讼权利是持谨慎态度的。司法实践中，缔约国法院没有义务接受那些非条约规定的享受国民待遇和互惠待遇的国外实体为诉讼主体，其诉讼权利将被否定。被我国法律认可具有诉讼主体资格的外国人范围包括外国自然人（包括无国籍人）、外国企业和组织。可以说法定的适格外国当事人范围非常广泛，即使司法协助条约未将部分实体纳入享有平等诉权的外国当事人范围，我国法院仍然可以允许其在我国境内寻求司法救济，但须受对等原则之限制，故我国法院对外国人的诉权保护不是绝对的，如果司法协定相对国对我国非法人实体拒绝司法，我国亦会采取相同立场。如果没有司法协助协定的国家对我国当事人拒绝司法，人民法院有权对该国公民、法人和其他组织拒绝司法，不论该主体是否为非法人实体。因此，现有制度下，虽然诉诸司法权为基本人权，国家仍然有限制外国人行使权利的法律上的可能。某些外国人在诉讼开端即陷于私力无法克服的诉权障碍。

其次，外国人诉权的国民待遇有待证实。虽然国家通过国内法或国际条约承诺外国人在同等条件下可以在内国向司法机关提起诉讼，但均不放弃当外国司法限制本国人诉讼权利时本国采取对等原则的立场。那么，确认外国人诉讼地位之前必须“证实”本国人未受外国司法拒绝和歧视。司法实践中，人民法院极少审查外方当事人所属国对中华人民共和国公民、法人或其他实体有无诉权的限制；亦少有中方当事人对外国相对方以外国人身份起诉、应诉提出异议，这事实上是遗漏了涉外民事诉讼的一个环节。但是，如果依法补正，又给外国人诉讼设立了另一道屏障。除却双边条约和国际公约，大多数国家之间尚无外国人民事诉讼权益保护方面的协定，对外国人的保护更多地源于各国国内法和司法实践。即使采用“推定无限制”的原则确定外国国家是否拒绝司法或不当阻碍本国人行使诉权，这种推定的实际运作却仍然是随意而无序的，外国司法实践的状况较之外国相关的立法状况更是难以勘察和计量。我国立法对这部分问题未予明定。

再次，外国人诉讼存在法律理解和行为能力上的障碍。对许多国内当事人而言，法律的庞大体系尚且超越当事人认知范围，域外诉讼主体对内国法律原则、法律精神、法律传统以及具体法律条文的理解就更加浅薄。在聘请有律师参与诉讼的情况下，外国当事人必须与内国律师正确、充分地进行交流和沟通，即使不存在语言上的障碍，观念上的障碍却是客观存在的。对于外国人而言，聘请内国律师一方面是法律的强制性规定，另一方面也是诉讼之必需，其没有选择之余地。内国当事人在经济实力不足的情况下可以不请代理律师而亲历诉讼，或申请法庭准予援助，法庭亦会向其解释法律与程序；外国当事人不请律师或其他代理人事实上则难以成功起诉和应诉。而外国人申请得到法律援助又受到国内法的限制。在这种情况下，外国原告会考虑放弃以诉讼解决纠纷的方式而外国被告则自始处于不利地位。

最后，外国人诉讼还存在起诉、应诉证明程序上的障碍。外国人在内国提起诉讼首先要证明其作为外国自然人或法人、其他经济实体的身份，并需提交身份认定之准据法（如该准据法系外国人所属国法），所有的证明文件应当是经过法定机构公证、认证，本国人则无需承担上述义务。身份确定以后，外国人一方还需证明其诉讼行为能力并提交以资证明的法律依据（如该法系外国人所属国法），如有律师代为起诉、应诉则授权律师之委托书须符合法定证明条件。如外国人欲以有独立请求权之第三人身份参加诉讼，程序依始即应提交初步证据证明其与案件之关联性，并对其中之外来证据公证。

二、主体资格的理性审查

（一）外国自然人主体身份审查

在我国参与民事诉讼的外国自然人之诉讼地位同于内国公民，这是没有疑义的。问题的关键是确定外国人之国籍。确定外国人国籍的意义在于：确定当事人外国国民身份从而确定其在我国享有的诉讼权利以及应当承担的诉讼义务；查明外国人所属国家的司法制度是否歧视我国国民并对我国国民拒绝司法或限制司法，据此决定我国法院对外国人应采取的态度。

确定外国人国籍的方式主要是审查外国人国籍证书（护照）。目前法律没有要求对国籍证书（护照）进行公证，法院可以要求该当事人提交公证认证的证明，也可以对其国籍证书（护照）进行形式上的审查并结合对方当事人对其身份是否认同作出判断。由于我国不承认双重国籍，对于具有双重国籍的人，应依据我国法律的规定判断其为本国公民或外国公民从而适用不同的法律原则。对于难民，经对其难民地位作一般性审查认定，可准予其与我国公民享有同等的诉权。

（二）外国法人主体身份审查

外国法人主体身份审查分为两个层次：法人身份的审查；法人是否具有外国国籍的审查。

1. 法人身份的审查

外国法人与其他外国非法人实体在内国的诉讼地位呈现不同特点，国际实践中，外国法人一般享有等同于内国法人的诉权，其他外国实体则少有被司法协助协定划入享有国民待遇范畴。因此，确定外国实体是否具有法人资格是其主体身份审查的第一步。

各国法律对法人资格有不同的认定标准，权力机关根据不同的标准决定是否核发法人证书。我国经济实体的法人资格由工商行政管理机构予以认定，凡拥有法人资格证书的被人民法院视为合格法人，具有当然的诉讼权利能力。此外，我国将合伙组织视为非法人实体，而“法国、意大利等国家承认合伙组织是法人”；“德国商法认为登记是公司的成立要件，日本商法则认为登记仅为对抗第三人的要件”。① 由于国家间的立法差异，依据不同国家法律可能导致不同的结果，可能影响到外国经济实体的诉讼权利，有必要将认定外国经济实体是否具有法人资格的准据法确定下来。我国法律没有规定审查法人资格的准据法和具体程序，司法实践中也极少审慎核实外国经济实体的法律状况。笔者以为，从理论上说，法院地国和该外国经济实体所属国法律均可作为认定其是否具有法人资格的准据法，但是，从司法实践角度而言，以法院地国法律判断外国经济实体是否具有法人资格是不现实的。例如：我国法律要求法人应当依法成立、有必要的财产和经费、有自己的名称、组织机构和场所、能够独立承担民事责任。人民法院如果依据内国法律审查某外国经济实体的法人资格就不得不审查上述诸多方面的条件是否适格，而在诉讼之初确定上述法律状况无疑非常困难且损害诉讼效益。同时，法人资格的确定应当是经济实体所属国行政权力的组成部分，外国国家法院为诉讼之目的予以复查无疑没有权力依据，也缺乏科学性。排除内国法为准据法以后，则应确定以何国为外国实体“所属国”，并将该“所属国”之法律确定为准据法。由于国际投资的复杂性，外国经济实体可能具有多重涉外性，其住所地、登记地、投资来源地以及投资人国籍国所在地可能分属不同国家。因此，以住所地、登记地、成员国籍国所在地、投资来源地国家为外国经济实体所属国，并相应地以住所地法、登记地法、成员国法、投资来源国法等考察外国经济实体的法人地位均有一定合理性。笔者认为，外国法人资格的审查不宜过于苛刻，只要上述诸国中有任一国家法律认可该实体的法人资格，法院地国即应认可该实体的外国法人地位。当然，该持认同态度的国家必定有法定方式作为认定该实体法人资格的证明，出具该证明的国家如认可该实体为该国法人，则该国为其国籍国，通常为登记地国。

2. 法人国籍的确定

具有法人地位的外国经济实体视其国籍不同而在内国享有不同的诉讼地位。凡拥有与内国订有双边或多边国际民事司法协助条约之国家的国籍者，当然享有与内国公民一致的诉权并无须另行查明该国是否有歧视、差

① 韩德培主编：《国际私法新论》，武汉大学出版社 1997 年版，第 241 页。

别对待本国法人的实践。如果具有法人资格的外国经济实体所属国与内国没有缔结任何互惠条约，内国是否给予其国民待遇则是主权范围内的事情，内国并不承担国际法上的责任。当然，此种情况下，国家仍然负有人道义务给予外国法人以基本诉权。我国法律概括规定外国法人在我国境内享有与内国法人同等的起诉、应诉权，这是对外国法人诉权的一般保护原则，同时，法律亦规定一般保护原则的例外，即对等原则，对等原则的规定引起确定外国法人国籍之必要。

根据最高人民法院《关于贯彻执行〈中华人民共和国民法通则〉若干问题的意见（试行)》的规定，外国法人以其注册登记地国家法律为其本国法，法人的民事行为能力依其本国法确定。这是确定法人国籍的一般原则，即外国法人的注册登记地国为其国籍国。

但是，与自然人国籍不同，外国法人国籍的确定可依不同的标准确定。即使一国国内法已经规定了法人的概念和认定标准，该国仍然可以在与不同国家签订司法协助协定时采取不同的认定标准。例如，俄罗斯内国法依据法人准据法所属国和住所地认定法人是否具有俄罗斯国籍，但其在司法实践中却通常以法人成立地或法人住所地两种不同标准确认外国法人之国籍。总结国际私法理论与实践，法人国籍认定标准有以下几种：(1）住所地国籍说；(2）注册地国籍说；(3）法人准据法①所属国国籍说；(4）实际控制国国籍说；(5）设立人国籍决定说；(6）复合标准说②。1956年海牙国际私法协会主持订立了《承认外国公司、社团和财团法律人格的公约》，就外国实体法人认定标准进行了统一。该公约第1条规定：凡公司、社团和财团按照缔约国法律在其国内履行登记或公告手续并设有法定住所而取得法律人格的，其他缔约国当然应予承认，只要其法律人格不仅包含进行诉讼的能力，而且至少包含拥有财产、订立合同以及进行其他法律行为的能力。公约采用了住所地与登记地的复合标准，但由于该公约签字国较少，其影响力有限③。我国与他国之司法协助协定分别采

① 法人准据法指法人成立所依据之某国法律。

② 参见费宗祎、唐承元著：《中国司法协助的理论与实践》，人民法院出版社1992年版，第39页。

③ 公约成员国有：比利时、法国、卢森堡、荷兰、西班牙。资料来源：海牙国际私法协会网站，http://www.Hcch.net/index.html。

用了上述之中不同的标准，其中以复合标准为多见。例如：我国与希腊共和国关于民事和刑事司法协助的协定采用的是住所地与法人准据法所属国复合标准①。依据该复合标准，法人住所地和其准据法所属国同时归属于某一缔约国，该法人方可被认为拥有该国国籍从而享有其国籍国与我国签订之双边互助协定的保护。但是，我国与意大利共和国签订的《关于民事司法协助的条约》虽然采用的是住所地与准据法的复合认定标准，却并不要求法人之住所地与准据法国同一，即外国法人之住所地与准据法所在地可以分属缔约双方而不影响其为缔约他方国家法人的地位②。法人住所地是有争议的论题，我国签订的双边协助协定大多避免定义住所地之所指，但是，中国与比利时、中国与匈牙利民事协助协定将法人住所地限定为“主事务所所在地”即“管理中心所在地”③。此外，我国与法兰西共和国《关于民事、商事司法协助的协定》采用了单纯的法人准据法标准④，而不论该法人的实际住所是否位于缔约国境内。在中蒙《关于民事、刑事司法协助的条约》中，缔约方未明确法人认定标准，外国经济

---

① 我国与他国的双边协定采用的法人国籍认定双重标准有诸多不同表述方法。中希协定第 2 条规定：本协定有关缔约双方国民的条款，除本协定第 12 条的规定外，亦适用于根据缔约任何一方法律成立，且设在该缔约一方境内的法人。中泰《关于民商事司法协助和仲裁合作的协定》第 2 条规定：本协定中适用于缔约一方国民的条款，除第 3 条外，也适用于住所在缔约一方境内并按照其法律成立的法人。中国与白俄罗斯共和国《关于民事和刑事司法协助的条约》第 2 条规定：本条约第 1 款的规定亦适用于在缔约任何一方境内根据该国法律成立的法人。

② 中意《关于民事司法协助的条约》第 5 条规定：本条约中有关缔约各方公民的规定，除第 4 条以外，也适用于设在缔约任何一方境内，且根据缔约任何一方法律成立的法人。参见费宗祎、唐承元主编《中国司法协助理论与实践》，人民法院出版社 1992 年版，第 39 页解析内容：根据意大利法律，除在意大利设有主事务所的法人当然能依意大利法律登记注册外，在意大利境内没有事务所的法人也可依意大利法律登记注册，即采用单一的准据法标准。中意协定采取上述规定，使在意大利注册但设在中国境内的法人也可适用该条约。

③ 中国与匈牙利共和国《关于民事和商事司法协助的条约》第 1 条第 3 款规定：除第 3 条规定外，本条约关于缔约双方国民的规定亦适用于根据缔约任何一方法律成立的、且主事务所在该方境内的法人。

④ 中法《关于民事、商事司法协助的协定》第 3 条规定：前两款规定亦适用于根据缔约任何一方的法律、法规组成的或者准许存在的法人。

实体是否具有缔约国国籍应依据缔约国之国内法判断。对于那些不具有协定缔约国国籍的法人实体的国籍则可依据上述一般原则即“登记地国”标准来判断，并以判断结果确认其诉权，相应的，法律文书上应注明其国籍以反映其外国法人身份。

（三）其他外国经济实体身份审查

我国法律允许外国“组织”在境内起诉和应诉享有与中华人民共和国除法人以外其他组织同等的诉讼权利义务。对于什么样的经济实体属于“其他组织”范畴，法律没有明确规定。我国与其他国家订立的双边司法协定也极少赋予“其他组织”以国民待遇。值得一提的是，我国与越南社会主义共和国签订的《关于民事和刑事的司法协助的条约》规定，在缔约一方依该国法律成立并能够作为诉讼当事人的其他组织享有国民待遇。由此可见，除双方认同“其他组织”应依缔约国一方法律成立（准据法原则）以外，双方未直接统一界定“其他组织”范围的其他标准，而采取了尊重双方司法管辖习惯的方式。条约认为：依一国法律成立并有诉权，则在另一国享有国民待遇标准的诉权；依一国法律成立但在该国无诉权，则不享有国民待遇标准的诉权，是否享有最基本之诉权则未论及。如果上述依一国法律成立之“其他组织”在该国无诉权而同样组织在内国有诉权，是否给予其国民待遇标准之诉权亦未明确，可留待缔约方各自国内法调整。关于“其他组织”的另一个特例是我国与新加坡签订的《关于民事和商事司法协助的条约》，该条约将“其他组织”的范围扩展至“被缔约一方法律允许存在的任何法律实体”，即只要在任一缔约国享有法律地位（不论是法人性质的法律地位还是其他性质的法律地位），均享有国民待遇标准的司法救济权。我国法律未规定认定外国“其他组织”国籍的标准，仅有的上述两个协定采取了“准据法”标准。对于其他不受双边条约直接保护的“其他组织”，司法实践不妨借鉴关于法人国籍的认定标准，即“登记地国”，同时可以参考该组织的住所地、成员国籍国、投资来源地等地法律以确定“其他组织”的法律性质和国籍并借以考察其国籍国对我国相应实体是否享有平等诉权的司法态度。根据《全国沿海地区涉外涉港澳经济纠纷审判工作座谈会纪要》的精神，外国和港澳地区非法人企业的实体权利和义务最终是由个体业主或合伙人享有和承担，其诉讼权利和义务也相应地应由他们享有和承担。

（四）外国人诉讼权利能力与诉讼行为能力的确定

1. 诉讼权利能力的法律适用

外国自然人、法人和其他组织被内国确认享有国民待遇的司法救济权只是实现其诉讼权利能力的第一步，即取得在内国起诉、应诉的资格，内国法院不得无故为外方当事人设置障碍或拒绝司法。外国人诉讼权利能力更多地体现在外国人在具体诉讼中是否对特定的诉讼相对方有起诉或抗辩的权利。

由于外国人诉讼权利能力与其民事实体权利能力紧密相连，其诉讼权利能力是实体权利能力的合理延续，也是实体权利得到实现的法律方式。因此，法院在依职权考察外国人诉讼权利能力时必须认定该外国人是否被法律认为与实体诉讼对象具有利害关系，而由于各国对诉讼当事人资格的规定各异，在一国境内针对某诉具有诉讼权利能力的自然人、法人或其他组织即使在另一国享有司法救济的国民待遇地位，也可能被另一国法律否定其针对同一诉的诉权①。此外，各国对外国人的民事实体权利能力一般有所限制，外国人在实践中不可能享有与内国人完全一致的民事权利，这是国际私法领域的普遍做法，比较容易理解。但是，外国人在没有民事权利能力的领域是否就绝对欠缺相应的诉讼权利能力则值得探讨。要解决这些问题，必须首先确定解决外国人诉讼权利能力的准据法。

有学者认为，在国际民事诉讼法上，解决外国人的民事诉讼权利跟国际私法上解决外国人的民事诉讼权利能力有相似之处，其所适用的准据法通常就是外国人的属人法②。亦有观点认为，当事人的诉讼权利依法院地法③。我国法律对外国人民事诉讼权利能力的法律适用问题未予明确，这

① 英国1979年卡蒙诉国际联合电器工业公司案：原告与其弟为黎巴嫩籍人，弟于黎巴嫩被宣告失踪，法院指定原告为其弟之财产代管人。原告代表其弟在英国起诉某电器公司欲收回债权。英国法院认为根据英国法律，没有人能够要求收回一个不在的人的债权，原告不能在英国起诉。见 Sykes，Pryles，International and Interstate Conflict of Laws，Sydney；Butterworths，1981，2nd ed. pp. 319-321。转引自《国际法述评》，法律出版社2001年版，第1106~1107页。

② 参见李双元、金彭年、张茂、李志勇著：《中国国际私法通论》，法律出版社1996年版。

③ 参见周忠海等著：《国际法述评》，法律出版社2001年版，第1106页。

一方面是立法的缺憾，一方面也给司法实践留有较大的探讨空间。

海牙《承认外国公司、社团和财团法律人格的公约》规定：公司、社团和财团按其本国法律并不具有法律人格时，它们在缔约国境内享有的法律地位应是其本国所承认的地位，特别是涉及进行诉讼的能力以及与债权人的关系方面。德国、意大利等国的司法实践亦认为外国人的民事诉讼权利能力之判断依其属人法。将属人法作为判断外国人民事诉讼权利能力准据法的理由是：（1）外国实体从事民事活动的最初依据是其本国法，除非法律关系完全形成于本国领域以外或外国实体与其相对方在发生民事法律关系之前经法律授权约定有调整法律行为之法律依据，以当事人最初信赖的法律条文为依据审查起诉权符合公平原则；（2）外国人民事诉讼权利能力是其民事权利能力之逻辑组成部分，外国人本国既然赋予其国民和其他实体民事权利，当必然提供其相应的民事权利的救济途径，而追求民事权利能力准据法与民事诉讼能力准据法的同一能够最大限度地保证当事人预期利益的实现，避免出现依属人法有实体权利而依其他准据法没有诉权而使实体权利成为虚设的局面；（3）结合国民待遇与互惠原则，有利于内国人在外国诉讼时得到及时、有效的司法救济；（4）确定属人法标准符合国际民事诉讼的规律。针对同一国际民事诉讼，当事人拥有选择管辖法院的权利，如果选择不同的法院导致诉权的不确定，当事人无疑会更多地考虑选择本国诉讼途径，而选择本国诉讼又可能带来域外执行等各种基于国际司法协助产生的困难，客观上不利于跨国民事活动主体正当权益的实现，无疑妨碍国际间正常的民事流转。

但是，适用属人法确定外国人民事诉讼权利能力亦有缺陷：（1）并非所有法律关系的发生均与当事人属人法有直接联系。外国人在内国进行民事活动的范围受到内国法律的限制，如果外国人的法律关系相对方为内国人而双方亦是依据内国法进行民事交往，其实现实体权利的程序保障则来自于内国法而非外国人属人法的授权。在特殊情形下，外国人参与的民事活动的依据来自于第三国法律规定，与外国人本国及法院地内国法律均无联系。（2）如果依据外国人属人法该外国人有诉讼权利能力而依据内国法国内同类当事人不享有诉权，而仍然坚持外国人属人法的适用将可能导致外国人的实际诉讼权利能力优于内国人从而表现为事实上的不平等，为国际司法实践所不能接受①。

那么，适用法院地法是否可以得到一个较为合理的结果呢？外国人诉权作为诉讼法调整的一部分，容易当然地被“诉讼行为依法院地法调整”的原则控制。由于国民待遇已经成为普遍承认的外国人待遇制度，外国人在内国的民事诉讼权利能力不再受其外国人身份的影响。基于此，外国人内国诉讼地位容易被理解为来自于内国即法院地国的授权。但是，笔者认为国民待遇和互惠原则只是解决了外国人在内国受人权法保护的平等的司法救济的问题，并不意味着外国人有权提起或被提起诉讼后，外国人的诉讼权利能力就当然延续并必定引起法院进一步的诉讼程序。即便是法院地本国国民也存在诉讼权利能力的区分。因此，法院可能在审查外国人在具体民事纠纷中是否具有完整的民事诉讼权利能力之后，作出继续诉讼或驳回起诉从而结束诉讼的决定。而仅依法院地法来判断外国人是否具有完整的民事诉讼权利能力似乎不尽科学，一方面限制了法院地国的司法管辖范围，另一方面增加了外国人内国诉讼的障碍，且这种障碍未必具有保障主权、实现内外国平等的价值。

我国民事诉讼法规定，凡在中华人民共和国领域内进行民事诉讼，必须遵守本法；在中华人民共和国领域内进行涉外民事诉讼，适用涉外编的规定，涉外编没有规定的，适用本法其他规定。该法虽然未就外国人民事诉讼权利能力作出具体规定，但规定了指导司法实践的基本原则，人民法院可根据上述基本原则并结合有关国际司法实践合理确定外国人民事诉讼权利能力。(1) 法院地法是赋予外国人司法救济权的法律依据。外国人根据我国民事诉讼法的规定得向人民法院起诉和应诉、提起反诉，其是否与内国人享有同等的诉讼权利以及所享有之国民待遇的范围和程度均依我国法律确定。(2) 具体民事法律关系中的诉讼权利能力的认定则分别不同情况，如果外国人的诉讼权利能力以某一实体民法的规定为基础，即该

① 海牙《承认外国公司、社团和财团法律人格的公约》规定，外国公司、社团和财团不得在缔约国要求更有利于在其本国所享有的法律待遇；这些国家对其法律未赋予其相应类型公司、社团和财团的权利，仍可以加以拒绝给予。布鲁塞尔《关于相互承认公司和法人团体的公约》规定：任何被要求承认的国家得拒绝给予此种公司或法人团体凡规定不给予其自己法律管辖的相似类型的公司或法人团体的任何权利及权力。

实体法亦是处理实体纠纷的准据法，该实体法律应被适用于认定外国人诉讼权利能力，而不论该法为属人法、法院地法或其他国家之法律；在诉讼权利以某一诉讼法规范为基础且纯属程序性权利的情况下，则适用法院地中华人民共和国程序法①。（3）根据内国法赋予外国人之国民待遇并不强加法院地国给予外国当事人其所属国尚且不赋予该国国民的民事诉讼权利；我国法院亦没有义务赋予外国当事人超越本国当事人的诉权，除非根据选定之准据法，此种赋予为必要且利于公平、公正司法和双方实质利益的均衡分配。（4）对于外国人民事权利受到我国法律限制的部分，外国人并不当然被限制相应的诉权。外国人起诉的，可能因不具有内国法允许的民事权利能力而被我国法院认为没有实体权利而依据我国实体法驳回诉讼请求，但不会基于国内程序法被驳回起诉；外国人被诉的，其具有诉讼权利能力以便实现完整的抗辩权利。上述两种情况均不否认外国人的民事诉讼权利能力，因此，外国人民事诉讼权利能力不因我国国内法限制其民事权利的范围而相应减损等。

2. 诉讼行为能力的法律适用

诉讼行为能力指当事人通过自己的行为行使诉讼权利和承担诉讼义务的能力。当事人只有具备法定的能力，其诉讼行为才能产生诉讼法上的法律效果从而影响实体权利的判断。有完整民事诉讼行为能力的外国人可以自主诉讼，无民事诉讼行为能力的外国人则应按照法院地的程序法要求由其法定代理人或委托代理人行使诉讼权利并承担诉讼义务。因此，认定外国人在内国的诉讼行为能力具有重要意义。同样，法院地面临法律选择的问题。与民事诉讼行为能力相关的概念有民事实体行为能力和民事诉讼权利能力。实体行为能力和诉讼权利能力准据法均可能对诉讼行为能力准据法的选取产生影响。

民事诉讼行为能力与民事实体行为能力是既有区别又联系紧密的一对范畴。诉讼行为能力是权利能力的延展，是权利能力实现的桥梁，大多数情况下，具有实体行为能力的人应具有相应的诉讼行为能力，否则，其实体行为缺乏诉讼上的救济途径；而被实体法确定为限制行为能力的当事人，自然不具有该实体权利范围内的诉讼行为能力，该诉讼行为能力亦无

① 参见李双元、谢石松著：《国际民事诉讼法概论》，武汉大学出版社 2001 年版，第 349 页。

存在之必要。但是，两者并非具有量上的一致性。在某些案件中不具有完全民事实体行为能力的人，却是具有完全的民事诉讼行为能力①。此外，实体民事行为能力的大小与范围与诉讼行为能力的大小与范围没有比例关系，行为人或具有诉讼行为能力，或不具有诉讼行为能力，不存在限制行为能力之说。由于民事实体行为能力与民事诉讼行为能力有密切的联系，关于民事诉讼行为能力的准据法就有借鉴民事实体行为能力准据法标准的可能。世界许多国家的立法将判断外国人的民事诉讼行为能力与其民事实体行为能力的准据法确定为属人法，或是国籍国法，或是住所地法②。也有学者认为"当事人行为能力一般受行为地法律约束，即使当事人的属人法规定其不具有行为能力，只要他在行为地具有民事行为能力，则视其为具有相应的民事行为能力；诉讼作为一项民事行为，其行为地是诉讼地即法院地，所以当事人的诉讼行为能力由法院地法决定"。③ 瑞士等国亦是以法院地法决定外国人的诉讼行为能力。

民事诉讼权利能力与民事诉讼行为能力的关系是复合型的。当外国人在某一特定诉讼中依准据法具有诉讼权利能力，其不必然具有健全的诉讼行为能力；当外国人在特定诉讼中依准据法不具有诉讼权利能力，其是否具有健全的诉讼行为能力于诉讼而言没有意义，法院既可以因为其在此诉讼中与诉讼标的没有法定的利害关系而认为其不能通过自己的行为推动诉讼进行或承担诉讼后果，进而认定其在此诉中没有诉讼行为能力；也可以因其符合内国认定当事人诉讼行为能力的标准而具有行为能力但因资格缺陷而不能参讼。因而，民事诉讼权利能力与民事诉讼行为能力之间的联系是相对松散的，以民事诉讼权利能力准据法作为认定外国人民事诉讼行为能力的准据法不恰当。

我国法律没有规定外国人民事诉讼行为能力的准据法，而外国人的民事诉讼行为能力发生法律冲突存在可能性。结合国际民事诉讼的通常做法

---

① 例如：一个在有关身份的诉讼中的限制行为能力的人具有完全行为能力。参见李双元、金彭年、张茂、李志勇著：《中国国际私法通论》，法律出版社 1996 年版，第 526 页。

② 参见李双元、金彭年、张茂、李志勇著：《中国国际私法通论》，法律出版社 1996 年版，第 526 页。

③ 《国际法述评》，法律出版社 2001 年版，第 1107 页。

和我国有关诉讼行为适用我国诉讼法的规定以及互惠与对等的原则要求，人民法院在审查外国人诉讼行为能力时可参考以下标准：（1）以外国人属人法为其诉讼行为能力的基本准据法，并以法院地法为补充。① 现有法律仅规定：外国人在我国领域内进行民事活动，如依其本国法律为无民事行为能力，而依我国法律为有民事行为能力，应当认定为有民事行为能力。由于民事诉讼行为能力可视为民事行为能力之一种，上述规定可在法无其他规定时适用于外国人诉讼行为能力的认定。据此，外国人民事诉讼行为能力依该外国人属人法判断，如果依该外国人属人法其为无民事诉讼行为能力，而依据我国民事诉讼法律为有民事诉讼行为能力，适用法院地法认定其具有诉讼行为能力。上述原则的目的是尽可能地认可外国人诉讼行为能力以便利其亲临诉讼。（2）如若外国人属人法无法查明，则根据"程序性权利由法院地法调整"之原则适用法院地法确定外国人诉讼行为能力。(3) 如若外国人属人法仅规定当事人具有民事行为能力之条件而无相关诉讼行为能力之规定，且依该外国人属人法一方没有实体民事行为能力，法院地国不能当然否定其诉讼行为能力，特别是其作为被告在内国进行抗辩和反诉的行为能力。

（五）关于港澳当事人诉讼主体资格的法律规定

最高人民法院《关于审理涉港澳台经济纠纷案件若干问题的解答》规定，对涉港澳经济纠纷案件适用我国民事诉讼法关于涉外民事诉讼程序的特别规定办理。在港澳地区成立的个人企业、合伙组织应以其业主、合伙人作为诉讼当事人参加诉讼。在港澳地区成立的有限责任公司参加诉讼，应以公司股东大会或董事会议授予全权代表公司对外进行活动的人作为法定代表人。作为诉讼一方当事人的港澳企业或者其他经济组织，如果已在香港、澳门地区宣告破产的，可由其破产清算人作为代理人参加诉讼。香港、澳门地区的企业或者其他经济组织在内地设立的办事机构或者分支机构不具有法人资格的，不能作为当事人参加诉讼；其工作人员作为诉讼代理人时，应当提交授权委托书。

根据以上规定，港澳地区的个人企业、合伙组织没有以自己名义在我国法院进行诉讼的权利。港澳地区的企业或者其他经济组织在内地设立的办事机构或者分支机构，如果没有取得法人资格，即没有民事诉讼地位，

① 德国、匈牙利、日本等国国际私法均有类似规定。

这里的“法人资格”应指以我国法律在我国内地取得的法人资格。已经在港澳地区被宣告破产的企业或其他经济组织并不丧失诉讼权利能力，但因缺乏行为能力而应当由其破产清算人作为代理人代为诉讼行为。

第三节 外国人民事诉讼地位的具体制度

一、诉讼费用担保与司法救助制度

诉讼费用担保和司法救助（我国亦称为法律援助）是影响外国人在内国进行民事诉讼的基本制度，国家是否要求外国人提供诉讼费用担保、国家是否允许外国人在特定情形下享有内国司法救助权与外国人能否在内国法院提起诉讼、回应诉讼有密切的联系，能够直接反映一国法院行使国际民事诉讼管辖权的正义水平。

（一）诉讼费用担保制度

1. 制度解析

诉讼费用担保制度渊源于中世纪的习惯法，其意义在于防范作为一方当事人特别是原告的外国人在败诉之后逃避缴纳诉讼费用的义务从而可能滥用诉权以致侵犯他方利益。在诉讼费用担保制度要求下，外国人一方被法院地要求在提起诉讼时预先缴纳一定费用或提供可信之担保。某些国家，如加拿大，法院既可以命令居住于本国司法管辖区以外的外国原告提供诉讼费担保，甚至可以自由裁量是否要求居住于本国其他司法管辖区的原告在适当情况下提供诉讼费用担保。

国际上对诉讼费用担保制度有两种截然不同的态度和观点，而这两种观点从不同角度反映了不同的价值取向。一种观点认为，外国人常常在内国没有住所和可供执行的财产，即使有财产，除不动产以外，难以为内国司法所控制。一旦外国人作为原告向内国人一方提起不当诉讼而给内国人造成损失或给法院地国造成司法资源的浪费，外国人较之内国人易于逃避赔偿损失的责任，而诉讼费用担保制度无疑是较为可行的制约办法。特别是在诉讼费用昂贵且立法要求败诉方承担胜诉方诸如参讼费用、律师费用及其他损失的国家，诉讼费用担保制度具有更加明显的积极意义。在许多国家，当事人须承担的诉讼费用不局限于交与法院的法庭诉讼费用，且诸多费用开庭前即由法庭核算并令原告预交。例如，德国民诉法规定，败诉方承担费用的原则适用于律师费和法院费用（法院诉讼费用由原告预交），即败诉方必须补偿胜诉方法庭费用和律师费用，甚至包括与案件有关的咨询费用；而法国新民诉法典规定败诉方除承担律师费以外还需承担律师为案件垫付而未收预付金的其他合理费用；荷兰法则要求败诉方承担证人、鉴定人作证和参加法庭询问的费用①。另一种观点认为，诉讼费用担保制度是单纯针对外国诉讼当事人的一种制度，本质上有违国民待遇强调的平等性，而担保制度追求的损失弥补的价值只是单方的，内国原告即使在国内有住所和财产，除不动产以外，其执行能力和诚信度从概率上看与外国人并无二致。诉讼费用担保制度实际上构成外国人诉讼权利正常行使的现实障碍。基于上述两种观念，各国国际私法采取不同的立法原则，有的要求外国人（以国籍或住所地为标准）提供诉讼费用担保，有的则不针对外国人作出特别要求。随着国际民事诉讼的发展和各国司法协助的广泛开展，逐步免除或减少外国人诉讼费用担保义务、减少外国人诉的障碍已经成为普遍实践。

2. 国际实践

各国对外国人诉讼费用担保制度有不同规定，大致有六种类型②：(1) 将外国人诉讼费用担保制度与是否存在实质性互惠联系起来，即是否执行诉讼费用担保制度取决于该外国人国家对同一问题的态度。这种联系可以有两种不同的侧重点：第一，内国均免除外国原告提供诉讼费用担保的义务，但要求该外国人本国法院在同等情况下不要求内国国家国民提供类似的担保；第二，外国人为原告时，经被告申请，原告应提供诉讼费用担保，但是，如若原告所属国不要求内国人提供诉讼费用担保的，被告无权请求原告提供诉讼费用担保。主要国家有德国、奥地利、捷克、斯洛伐克等。(2) 以国籍为标准确定外国人提供诉讼费用担保的义务。代表国家有荷兰、墨西哥、比利时等。根据这些国家的法律，凡具有外国国籍的原告，均应提供诉讼费用担保，且不论该外国人是否在内国有住所，亦不论该外国人国籍国是否免除内国人提供同种性质担保。比利时的法律不

① 参见刘汉富主编：《国际商务诉讼指南》，中国经济出版社 1998 年版，第 92、194、214 页。

② 参见李双元、谢石松著：《国际民事诉讼概论》，武汉大学出版社 2001 年版，第 350～351 页。

排除在外国人于内国有足额不动产的情况下，内国法院免除其担保责任。(3) 以住所地确定原告提供诉讼费用担保的义务。代表国家有泰国及瑞士、美国的大部分州。此类国家要求住所地在外国的原告提供诉讼费用担保而不论该原告为内国当事人或外国当事人，亦不论其在内国的财产状况。(4) 以外国当事人在内国是否拥有足额可供扣押的财产决定外国原告提供诉讼费用担保的义务。代表国家有巴西、英格兰、法国等。在英美国家，如果外国原告有财产在法院地国或有款项为被告控制，且其金额足以支付未来可能由其承担的诉讼费用，可不要求该外国人提供诉讼费用担保。法国、捷克、斯洛伐克等国则要求外国原告在内国拥有足额价值的不动产保证满足对方的请求，方可免除其提供诉讼费用担保的义务。(5) 不论原告为内国人或外国人均应承担诉讼费用担保义务。代表国家有哥斯达黎加等。此项制度原则上是对内外国人的平等对待，属于内国司法权利范围，不存在对外国人诉讼进行特别的限制。(6) 不要求外国原告提供诉讼费用担保。代表国家有芬兰、秘鲁等。亦有国家在特定类型案件中免除外国原告的诉讼费用担保义务①。

各国通常通过缔结双边或多边国际条约相互免除对方国家国民在内国承担的诉讼费用担保义务。其中较为重要的公约有：(1) 1928 年美洲国家于古巴签订《布斯塔曼特法典》。该法典规定：关于诉讼担保的提供，在缔约各国内的本国国民和外国人间，不得有所区别；行使私权时，如本国国民不需要提供担保，则对外国人亦不得要求担保。(2) 1954 年海牙国际私法协会主持订立《民事诉讼程序公约》，第 17 条第 1 款、第 2 款规定：对在其中一国有住所的缔约国国民在另一国法院作为原告或诉讼参加人时，不得以他们是外国人或在境内没有住所或居所，命令他们提供任何担保或保证金。同一原则适用于要求原告或诉讼参加人为担保诉讼费用而缴纳的预付费用。(3) 1980 年海牙《国际司法救助公约》规定，缔约国的法人在另一缔约国内作为原告或诉讼参加人亦享有等同于缔约国国民之免除诉讼费用担保义务的便利。

---

① 参见李双元、谢石松著：《国际民事诉讼概论》，武汉大学出版社 2001 年版，第 350～351 页。此类特定案件如：商事案件（海地、比利时、1859 年以前的法国）；有关占有本地土地登记权利的诉讼（德国）；有关追索权的案件，或请求支付的证券问题的诉讼（日本）；有关票据的诉讼（挪威）；有关婚姻诉讼及反诉（奥地利）等。

3. 我国实践

我国立法对外国人诉讼费用担保制度的态度有一个转变过程，这一过程恰好与国际民事诉讼进步的过程表现出同一规律。

1984 年最高人民法院发布的《民事诉讼收费办法》第 14 条规定，外国法院对我国公民、企业和组织的诉讼费用负担，与其本国公民、企业和组织不同等对待的，人民法院按对等原则处理；外国人、无国籍人、外国企业和组织在人民法院进行诉讼，应当对诉讼费用提供担保。此外，该办法规定：当事人预交诉讼费用的范围为法院案件受理费，财产案件当事人应当缴纳的诉讼费用还包括除案件受理费以外的鉴定费、勘验费、公告费、证人的误工补贴和旅车费以及人民法院认为当事人应当承担的其他费用，没有规定离婚案件和其他非财产案件当事人须承担上述案件受理费以外的其他诉讼费用，可以理解为外国人原告在离婚案件和其他非财产案件诉讼中除预交案件受理费外可免于承担诉讼费用担保义务。当时的收费办法笼统规定外国人、无国籍人、外国企业和组织在人民法院诉讼中须提供费用担保，而不区分该外方当事人在具体诉讼中是否居于原告地位。

随着 20 世纪 80 年代后期我国对外交往的全面展开，国际民事诉讼领域的诸多制度发生了明显变化。1989 年 9 月 1 日开始施行的《人民法院诉讼收费办法》第 35 条规定："外国人、无国籍人、外国企业和组织在人民法院进行诉讼，适用本办法。但外国法院对我国公民、企业和组织的诉讼费用负担，与其本国公民、企业和组织不同等对待的，人民法院按对等原则处理。"此收费办法摒弃了旧的收费办法确定外国人须提供诉讼费用担保的制度，外国人承担诉讼费用担保义务由一种诉讼的常规演变为诉讼的例外。同时，新的收费办法保留了原有的对等原则以争取本国当事人域外诉讼地位得到外国法院的平等尊重。根据新的收费办法，我国在与多个国家的民事司法协助协定中规定了互免诉讼费用担保义务的原则、条件和方式，广泛开展了国际民事诉讼领域的国际合作。纵观我国与他国订立的双边条约和涉外民事诉讼的司法实践，我国诉讼费用担保制度有如下特点：

（1）外国人诉讼费用担保制度主要由双边条约构建。我国与其他国家签订的大多数民事司法互助协定均规定了外国人诉讼费用担保制度的原则，在不同的条约中确定了不同标准作为免除诉讼费用担保义务的条件。最常见的是互免原则：缔约一方国民在缔约另一方司法机关提起诉讼或出庭时，不得仅因为其是外国国民或在缔约另一方境内没有住所或居所而要求其提供诉讼费用担保或保证金。此规定不妨碍缔约国排除考虑当事人外国人身份和住所之因素后按内国法律要求该当事人交付保证金的权利，如果此项要求在内外国人和居住于内外国境内之当事人之间实现了平等对待①。而中法、中比、中罗和中西民事司法协助协定仅仅以当事人国籍为标准确定免除诉讼费用担保义务的条件；中国与波兰关于民事和刑事司法协助协定第1条则强调对住所地、居所地与国籍均为缔约另一方的外国人免除提供诉讼费用担保的义务。我国与乌克兰等国的双边条约没有对外国人诉讼担保制度作出具体规定，仅仅要求“缔约一方的国民在缔约另一方境内，应在与该缔约另一方国民同等条件下和范围内支付诉讼费用”。②这些条约坚持的是国民待遇原则，即外国人是否承担诉讼费用担保义务取决于法院地国国民的类似义务状况。至于对其他既没有原则规定亦没有具体规定的条约国的司法实践③，人民法院可根据《民事诉讼法》和《人民法院诉讼收费办法》的规定办理，对其他没有与我国订有互助条约的国家国民的诉讼费用担保义务亦可采取相同原则。

（2）诉讼费用担保与诉讼费用预交为两种不同的制度。1989年《人民法院诉讼收费办法》第12条规定了诉讼费用预交制度：受理费由原告预交。被告提出反诉的，根据反诉金额或者价额计算案件受理费，由被告预交。申请执行费，由申请人预交。案件受理费，按第5条规定的标准预交；其他诉讼费用，由人民法院根据案件的具体情况决定预交的金额。这里所说的受理费指法院收取的案件受理费，除法定情形以外，原告提起诉讼的同时必须预交规定金额的诉讼费用而不论其为本国人或外国人亦不论其住所地，否则，法院有权不予立案。然而，根据上述收费办法第2条的规定，诉讼费用并不仅仅指案件受理费，还包括勘验费、执行费、保全费等各项费用，而诉讼费用预交仅仅指法院受理费的预交。对于除受理费以外的其他费用，可能发生亦可能不发生，视案件之具体情况和当事人是否提出请求而定，如若诉讼当中产生收取其他诉讼费用的必需，法院可依职

① 与我国订有含类似条款的司法协助条约的国家有：意大利、土耳其、古巴、吉尔吉斯斯坦、保加利亚、塔吉克斯坦、希腊、突尼斯、乌兹别克斯坦、匈牙利、阿根廷、摩洛哥。

② 我国与俄罗斯、白俄罗斯、哈萨克斯坦等国双边协定中订有类似条款。

③ 此类条约相对国为：立陶宛、蒙古、埃及、泰国、塞浦路斯、老挝。

权酌定诉讼中的预交金额令提出要求或有义务的一方缴纳。因此，诉讼费用担保制度针对的是这一部分或然发生的费用。此外，预交诉讼费的义务承担者为原告，既可为本国人亦可为外国人，承担诉讼费用担保义务的一方则非我国公民、企业和组织。我国法律不要求原告在提起诉讼的时候即预交其他诉讼费用而原告预交法院受理费则是法定要求。诉讼费用担保制度是用以防范外国人一方最终败诉情况下有关费用的执行困难。

（3）享有免除诉讼费担保义务互惠待遇的主体范围除外国国民以外一般及于法人。凡我国与他国签订有诉讼费用担保互惠条款的，免除外国人诉讼费用担保义务的承诺及于双方法人，关于法人的标准以及判断法人国籍的标准在各互助协定中有不同规定，或者与享有国民待遇的外国法人认定标准一致，或略有差异，均以双边条约的具体规定为准。我国与新加坡签订的《关于民事和商事司法协助的条约》将享受免除诉讼费用担保义务互惠的主体范围扩展至除缔约方国民、法人以外的“被缔约方允许存在的任何法律实体”。双边条约未作如此扩展的，除法人以外其他外国实体是否可免除诉讼费用担保义务由我国国内法确定，即原则上法律不要求外国实体提供诉讼费用担保，但如果外国实体所属国对我国类似实体有不平等对待，我国法院采对等原则。

（4）免除诉讼费用担保义务的范围由双边条约规定①，双边条约没有规定的，适用我国国内法的规定；没有与我国订立互助协定但对我国国民、企业和其他组织不要求提供诉讼费用担保且未区别对待我国当事人与其本国当事人的国家的国民、企业和其他组织可免除的诉讼费用担保范围包括1989年《人民法院诉讼收费办法》第2条和第4条，1999年《〈人民法院诉讼收费办法〉补充规定》第1条、第2条规定的各项费用，但是，法院根据案件实际情况确定需要外国当事人一方预交诉讼费用，外方当事人应当预交，该费用之预交属诉讼中预交，非诉讼费用之担保，且当事人应以现金方式付清，不能以其他财产方式再作担保。此外，我国司法实践极少判由败诉方承担胜诉方律师费、差旅费等费用，尽管法院对法律规定的“其他费用”有自由裁量权，对于内国当事人败诉尚且无须承担的费用，不宜要求外国当事人提供担保。如果今后法院判由败诉方承担胜诉方

① 我国与土耳其签订的民事司法协助条约规定，免除诉讼费用保证金的条款适用于向司法机关提出执行申请时所需的费用。

因诉讼产生的上述全部损失成为普遍实践，则另当别论。

（二）司法救助制度

1. 基本问题解析

司法救助制度主要包括诉讼费用减免与律师援助。

现代国家的司法制度均有关于诉讼费用减免的规定。由于民事诉讼是私人借助国家司法力量和司法资源调整私权利的方式，个人享有国家公力救济权的同时应当承担缴纳相关费用的义务。缴纳诉讼费用的制度一方面可以保证国家拥有行使司法权的财政力量，另一方面可避免私人轻率提起民事诉讼而浪费国家司法资源，给对方当事人造成讼累。但是，就目前各国司法和经济制度发展状况来看，诉讼费对于大多数民众而言仍然是较为沉重的负担，而案件受理费的预交制度更是限制了社会弱势群体寻求司法救济的权利。为了平衡社会各阶层的司法利益以求得社会秩序的稳定和公平，各国均在特定条件下或者特定范围内免除或部分免除当事人缴纳诉讼费用的义务，而减免诉讼费用的条件，各国规定各异，不同国家通过双边或多边条约以国民待遇原则要求本国人在外国能够依据所在地国内法享有该国对内国人可能提供的诉讼费用减免优惠，也有国家直接通过条约给予对方国家国民诉讼费用减免的条件。

关于享受诉讼费减免等司法援助的当事人的条件与范围，各国国内法有不同规定，一般而言，享有诉讼费减免的应当是因经济原因无力诉讼或应诉的人。至于如何判断经济能力的欠缺，各国国内法有不同标准，即使符合经济上的条件，各国允许享受国家诉讼费用等救助权利的人员范围也不尽相同。例如，秘鲁法规定权利人需是因承担诉讼费用而致其自身以及依靠其生活的人难以维持生计的当事人；日本民事诉讼法规定的诉讼上的救助则针对缺乏财力且胜诉无望的人；与日本法相反，香港法律则仅仅给予那些经济能力不佳（指在规定水平之下）但需要参加诉讼且有胜诉机会者以向政府申请诉讼费用减免等法律援助的权利。国家可能给予诉讼费用减免等司法救济的对象可能只是自然人个人，也可能及于法人甚至外国人、无国籍人、外国法人甚至外国难民，而外国人的诉讼费用减免待遇可能是基于互惠，亦可能非基于互惠；可能是以国际条约为依据①，也可能

① 例如1951年日内瓦《关于难民地位的公约》要求缔约国给予难民依国民待遇的诉讼救助。

仅仅由国内法直接赋予。此外，各国国内法对诉讼费减免申请和其他司法救助申请的审查程序均有规定，如秘鲁法律规定，申请援助既可以在诉前也可以在诉讼过程之中，由对案件有管辖权的或受理案件的法官受理申请。在德国，由法庭决定是否给予当事人以诉讼补贴，如诉讼补贴被拒绝，当事人可以上诉。

司法救助的另外一个重要内容是律师援助。律师制度是现代国家司法制度的重要组成部分，大部分当事人的诉讼行为经由律师的协助完成。相对而言，经济与法制发展程度越高的国家，律师参与当事人日常民事活动以及诉讼活动的几率就越高。但是，律师从事法律服务的费用高昂，尤其在英美等律师在司法制度中起关键作用的国家，司法与诉讼被认为是“贵族的游戏”。因此，各国国内法一般规定有为弱势群体提供律师援助的制度。律师援助可以是提供援助的律师免收代理费或由败诉方承担①，也可以是提供法律援助的律师的费用由国家承担②，亦有国家由法律扶助协会实施司法救助制度，对律师费用进行补助，如日本。

2. 国际公约

由于司法救助涉及到各国弱势群体诉讼权利的实现，各国一般对内国人的保护力度较强，但难以保证本国国民在外国得到同样的救助，因此，各国均希望国际社会能对弱势群体获得法律援助事宜达成一致，而多边国际公约成为最直接的国际合作方式。

1954年海牙《民事诉讼法公约》③ 对司法救济作了详尽规定。首先，公约规定在民事和贸易方面，每一个缔约国的侨民都能在所有缔约国像他们本国公民一样，根据有诉讼救助国家的法律，享受无偿诉讼救助。因

① 例如秘鲁的制度：法官在决定给予司法援助的同时，将为受援助人指定一名律师作为其诉讼代理人，法院地律师协会为此向法院提供一份特别名单，法官将从名单中选一名律师作为受援助人的诉讼代理人，受指定的律师无正当理由不得拒绝，但每名律师一年中最多提供三次援助服务。律师费由法官确定，由败诉方承担。如果受援助人败诉，则由相应的律师协会承担。参见刘汉富主编：《国际商务诉讼指南》，中国经济出版社1998年版，第46页。

② 如德国建立有诉讼费用补贴制度，凡经申请获得补贴的人起诉可随意择取律师，而该律师可申请诉讼补贴。荷兰律师为贫困人员提供法律援助后可从政府得到一定补偿。

③ 参见司法部《国际私法资料选编》，法律出版社1984年版。

此，公约以国民待遇作为给予外国人司法救助之准则。其次，公约规定了享受诉讼救助主体资格的证明途径：在所有情况下，证明或贫民声明应该由外国人经常居留地或由现居住地的当局交付或接收。如前述当局为非缔约国且不接收或交付证明或声明时，可由外国人所在国的外交人员或领事交付或接收。同时，如果申请人没有居住在提出申请的国家，证明或贫民声明需由文件形成国的外交人员或领事免费认证。关于证明的审查，公约规定，负责交付或接收贫民声明的机关可以向其他缔约国的机关了解申请人的财产状况。负责对无偿诉讼救助的申请作出裁定的机关在其权限内，保留检查送来的证明、声明和材料并为弄明白而要求补充的权利。当贫民不在应该申请无偿司法救济的国家时，他试图得到司法救济的申请，附上证明、贫民声明或其他审定申请的证明材料，将由该国领事转交给负责裁定申请的权利机关或申请预审国指定的机关。如审查国同意给予缔约国的一个侨民司法救济，有关他的诉讼要在另一国以任何方式送达时，请求国不用将费用偿还给被请求国。

1980 年海牙国际私法会议主持缔结的《国际司法救助公约》① 专门规定了诉讼救助问题。根据该公约，外国人在内国进行民事和商事诉讼时与内国人享有同等条件下的诉讼救助权利。公约规定的“外国人”范围较为广泛：任何缔约国国民；常住在任何缔约国国内的居民；虽不符合前述条件，但在法院诉讼开始前后，曾在该法院所属缔约国国内有惯常居所，如果诉讼原因发生于他们在该国的前惯常居所，此类居民仍然应当有权享有缔约国的诉讼救济。为尽速送达、处理有关诉讼救助的申请，公约要求各国设立专门的转送机关，相关诉讼救助申请书的送达、接受或决定行为不得收取费用。

3. 我国实践

我国目前没有加入海牙《民事诉讼法公约》和《国际司法救助公约》，外国人司法救助权通过国内法和双边条约的方式予以保障。我国司法救助实践开始于 1994 年，当时司法部在一些大中城市开展了法律援助工作的试点。《中华人民共和国刑法》和《中华人民共和国律师法》的颁布确立了司法救助制度在我国法律体系中的地位。《中华人民共和国民事

---

① 参见李双元、金鹏年、张茂、李志勇著：《中国国际私法通论》，法律出版社 1996 年版，第 537 页。

诉讼法》、《人民法院诉讼收费办法》、《中华人民共和国法律援助条例》等法律、法规和司法解释构成司法救助制度的主体。1998年10月，我国政府签署了《公民权利和政治权利国际公约》。如果我国立法机关批准该公约，司法救助将成为我国公民的基本法律权利，外国人基于互惠和对等原则将得以享有我国公民的受援助权，我国政府并将就此负有国际义务。

我国司法保护体系包括：

（1）宪法原则：公民在法律面前一律平等。公民有获得平等的法律帮助的权利。

（2）外国人国民待遇原则。我国民事诉讼法和《人民法院诉讼收费办法》均规定外国人在我国境内参加诉讼，与我国公民、法人和其他组织享有同等的诉讼权利，承担同等的诉讼义务。

（3）民事诉讼法关于内国人诉讼费用缓、减、免制度的规定。我国民事诉讼法第107条规定：当事人交纳诉讼费用确有困难的，可以按照规定向人民法院申请缓交、减交或者免交。1989年最高人民法院颁布的《人民法院诉讼收费办法》第27条规定，当事人关于诉讼费用缓、减、免的申请由人民法院审查决定。法律没有将享有诉讼费用缓、减、免的权利主体限制为自然人，可以理解为凡符合条件的公民、法人和其他组织均有权向人民法院申请诉讼救济。

（4）最高人民法院关于诉讼费范围以及应当给予司法救济的事由范围的规定以及最高人民法院、司法部《关于民事法律援助工作若干问题的联合通知》和国务院《中华人民共和国法律援助条例》关于司法救助的规定。

根据《人民法院诉讼收费办法》，诉讼费用包括：案件受理费；勘验、鉴定、公告、翻译费；证人、鉴定人、翻译人员出庭的交通、住宿、生活费和误工补贴；诉讼保全的申请费和实际开支；执行判决、裁定、调解协议、支付令而实际支出的费用；当事人自行收集、提供证据确有困难，人民法院认为有必要而进行异地调查、异地调解按国家规定标准支出的费用。该办法没有规定当事人申请缓、减、免交诉讼费用的范围与上述诉讼费范围有何不同，应视为二者一致。《最高人民法院〈人民法院诉讼收费办法〉补充规定》明确了人民法院应当进行司法救助的情形：当事人为社会公共福利事业单位，如福利院、孤儿院、敬老院、荣军休养单位、精神病院、SOS儿童村等；当事人是没有固定生活来源的残疾人；当事人因自然灾害或其他不可抗力造成生活困难并正在接受国家救济或生产经营难以为继；当事人按照规定正接受国家的法律援助；其他人民法院认为应当给予司法救济的情形。

1999年4月12日施行的最高人民法院、司法部《关于法律援助工作若干问题的联合通知》规定：公民可以到有管辖权的人民法院所在地的法律援助机构申请司法救助；法律援助机构负责审查司法救助的申请，由人民法院根据法律援助机构的审查结论决定是否给予申请人缓、减、免交诉讼费用和代理费用的救助；如享受救助的一方将相关费用列入诉讼请求，人民法院可以根据具体情况判由非受援助的败诉方承担。

于2003年9月1日开始实施的国务院行政法规《法律援助条例》是我国法律援助制度化的又一显著标志。该条例给予我国公民的救助权利将依据有关国际安排由外国人平等享有。根据《法律援助条例》建立的司法救助制度的特点是：①受援助对象是公民，外国法人和其他组织不能依据该条例享有我国法人和其他组织不能享有的受救助权。②法律援助的责任主体主要是政府；中华全国律师协会、各地方律师协会予以协助；律师依据《律师法》和《法律援助条例》履行法律援助义务；司法行政部门确定的法律援助机构负责具体救助事宜。③受司法救助的诉讼范围为：请求国家赔偿；请求给予社会保险待遇或者最低生活保障待遇；请求支付劳动报酬；主张因见义勇为行为产生的民事权益。④法律援助由法律援助机构指定的律师或本机构工作人员进行，法律援助因一定情形而终止。⑤法律援助机构和工作人员以及负有援助义务的律师事务所和律师对违反条例的行为承担行政或刑事责任。

（5）外国人待遇的对等原则限制。国民待遇建立在相互基础之上，如果外国国家对我国公民、法人和其他组织的诉讼权利与其本国公民、法人、其他组织区别对待，我国法院实行对等原则。外国人原则上可以在我国享有诉讼费减、缓、免的司法救助权利，但是，如果该外国当事人所属国差别对待、限制、剥夺我国公民的相应权利，该外国当事人应不具有享受我国司法救助的资格。值得思考的是，如果外国当事人确实无力承担诉讼费用且因上述原因被否定其国民待遇，其将事实上无法在我国法院提起诉讼或成功应诉和抗辩，则可构成被法院拒绝司法，似有违我国承担的保障基本人权的国际义务。因此，在平等对待外国人司法救济权的时候应避免将对等原则扩大化，而应坚持国民待遇的广泛适用，这是国际民事诉讼程序正义的方向。

（6）我国与其他国家签订的双边民事司法协助条约大多规定了诉讼费减免等司法救助制度。双边条约是缔约国在考虑了双方的司法习惯和法治状况之后达成的妥协，有关规定与国内法规定并不完全一致。凡双边条约有规定的，双边条约在缔约国之间优先适用，双边条约没有规定的，缔约国可依国内法决定给予他方国民相应待遇，同时考虑对等原则。我国通过双边条约确立的外国人司法救助制度的内容包括：①缔约国国民（公民）在缔约他方享有国民待遇。凡有司法救助内容的双边条约均规定，缔约一方国民在另一方境内，可与缔约另一方国民在同等的条件下和范围内减免诉讼费用（或享受司法救助、诉讼救助）。不同于诉权制度和诉讼费用担保制度，除与罗马尼亚签订的条约以外①，其他的双边条约均未将法人和其他组织列入享受司法救助国民待遇的主体范围之内。而我国国内法并未否定法人和其他组织的此项权利，是否给予相对国法人和其他组织当事人以诉讼费用减免待遇，视该当事人本国之司法机构对我国类似当事人的司法实践而定。②缔约国国民在缔约他方享有的司法救济权的内容由双边条约的原则规定和各国内国法的具体规定决定。例如，我国与蒙古、罗马尼亚、俄罗斯等国的双边条约仅仅规定了诉讼费用减免方面的救助制度；我国与意大利、土耳其、古巴等国的双边条约规定缔约他方国民可以享有的司法救助并不局限于诉讼费用的减免，还包括缔约国各自内国法可能给予其本国国民的其他救助和便利，包括无偿的法律援助，此类双边条约未明确其他“救助和便利”的内容与范围，留待各国国内法约束，可能包括缔约国国内的弱者扶助中心的司法服务、律师协会救助基金的补助、国家律师免费服务制度或其他社会力量的援助等。此外，我国与意大利、保加利亚的双边条约特别强调减免诉讼费用的范围包括诉讼案件的全过程，亦包括判决的承认与执行。③提出司法救助申请的当事人一般还需提交相应资格的证明。出具证明的应为申请人住所或居所、惯常居所所在地的缔约一方的主管机关，如果申请人在缔约双方境内均无住所和居所，有以下几种不同做法：由其本国的外交或领事代表机关出具，如我国与匈

① 我国与罗马尼亚《关于民事和刑事司法协助的条约》第3条规定：本条约有关缔约双方国民的条款，除本国法律另有规定外，亦适用于依所在地缔约方法律建立的法人。

牙利、越南等国的双边条约；或者由本国外交和领事机关证明接受该人国家的主管机关所出具文书的真实性，如我国与摩洛哥的双边条约；由申请人本国派驻在申请人有住所或惯常居所国家的外交或领事机关出具，如中国与希腊、保加利亚等国之双边条约；由其本国或该缔约一方委托的代表其利益的第三国的外交或领事代表机关出具，如我国与塔吉克斯坦、吉尔吉斯的双边条约。另外我国与蒙古人民共和国、泰国的民事司法协助双边条约没有规定申请人资格证明书的必要以及证明的程序，与泰国的条约规定依各自国内法规定审查相关申请，与泰国的双边条约仅仅规定了国民待遇原则，司法实践中仍应以各自国内法关于资格证明程序的规定为准。

我国与不同国家订立的司法救助条约对主管当局出具证明的内容有不同的约定。一般条约仅仅要求主管当局证明申请人的收入和财产状况；有些条约①则要求主管当局证明申请人的人身和财产状况，也有条约②还要求证明申请人的家庭状况，因为在某些国家家庭其他成员的经济状况亦是考察申请人获得司法救助资格的因素。④关于申请司法救助的外国人经济情况和其他情况的证明是否需要经过出具证明的主管当局所在国认证由双边司法协助条约决定。如双边条约没有规定双方主管机关证明的认证免除，外国人所属国与我国亦没有共同参加相关的国际公约，我国人民法院应当要求该证明文件得到我国驻该国使、领馆之认证。我国与大多数国家签订的双边协定均规定，只要司法救助资格证明经签署和正式盖章，即可在缔约一方法院或其他主管机关适用，无需认证。我国与阿根廷、乌兹别克等国的双边条约则要求如证明文件经由缔约方之中央机关转递，可免于认证。⑤申请获得司法救助的外国国民应依据所属国与我国订立的双边协定的规定履行申请程序。大多数双边条约没有关于提交申请的具体规定，可依法院地内国程序法的规定执行。一般认为外国人有权直接向缔约另一方主管机关提出申请。我国与越南、塞浦路斯、立陶宛、埃及的双边条约还规定，缔约一方国民申请减免诉讼费用或申请法律援助，可以向其住所或居所所在地的缔约国一方主管机关提交申请。该机关应当将申请连同证

① 与我国订有此类条约的国家有：意大利、俄罗斯、乌克兰、匈牙利、吉尔吉斯斯坦、乌兹别克斯坦等。

② 与我国订有此类条约的国家有：古巴、白俄罗斯、哈萨克斯坦、希腊、摩洛哥、吉尔吉斯斯坦等。

明一起转交给缔约另一方的主管机关。

二、诉讼代理制度

（一）诉讼代理制度与当事人诉讼地位

诉讼代理指代理人依据法律规定、法院指定或诉讼当事人及其法定代理人委托，以当事人名义代为进行诉讼活动，由被代理人承受诉讼活动结果的诉讼制度。我国理论界一般将诉讼代理划分为：法定代理、指定代理和委托代理。国外有诉讼代表人①的说法，与我国的法定代理功能接近。当事人诉讼地位由其诉讼权利能力和行为能力构成。而当事人亲自参与诉讼或有完全能力完成诉讼的情况并不多见。非自然人诉讼主体完成诉讼行为则必须以代表其利益的自然人的诉讼行为为依托。因此，当事人能否通过代理人的行为进行诉讼以及法律规定什么样的人可以作为合格代理人以及代理人行为效力等问题均是构成当事人诉讼能力的要素。

诉讼代理制度关系到外国人在内国的实际诉讼效果能否达到与内国人平等的程度并借以彰显内国法保障外国人享有真正平等诉讼地位的态度。因此，诉讼代理制度与外国人的诉讼地位有极其紧密的联系。在涉外民事诉讼中，诉讼代理问题显得更加复杂。外国人诉讼代理制度包括：诉讼行为能力审查、法定代理人资格审查、指定代理人确定标准、委托代理人资格审查、领事代理资格审查、上述代理人代理权限范围等。

外国人在涉外民事诉讼中的行为能力除却其自身为诉讼行为的能力以外，还包括能否以自己的名义委托代理人或经法院地国法律允许由某种性质的代理人代为诉讼行为的能力。外国人在内国具有诉讼权利能力并不意味着被法院地认同为具有完全行为能力，而依据不同国家的国内法，当事人行为能力的确定标准亦不统一。内国法院依据认定外国当事人诉讼行为能力的准据法确定某外国当事人不具有诉讼行为能力以后，将再次决定有权利或有义务代该外国人为诉讼行为的诉讼主体，即代理人，根据不同情况，可为法定代理亦可为指定代理。在确定代理人资格的时候，难免涉及国际私法上的法律适用问题，并需适用内国涉外民事诉讼的特别程序。

---

①　诉讼代表指无行为能力、限制行为能力、法人及非法人之执行财产的诉讼代表。

（二）国际实践

1. 法定代理与指定代理

当事人被认定为无诉讼行为能力、限制行为能力以后，法院将要求当事人的法定代理人参加诉讼或指定代理人参加诉讼。各国法律对法定代理人和指定代理人规定不一。秘鲁法律规定，无诉讼行为能力人、限制行为能力人由其监护人代表进行诉讼；法人由依据有关法律或其章程所确定的法人代表进行诉讼，外国法人进行诉讼的代表也依章程或法人组建国有关法律的规定确定的法人代表进行诉讼。在秘鲁，非法人自治性财产具有诉讼权利能力但如作为原告则由其中任何一人代表进行诉讼。法国民法典规定 18 岁以上和解除亲权的未成年人可以行使诉权，但是处于某些保护制度下的成年人不能行使诉权或被限制行使诉权，这些人须通过其法定代表人行使诉权；为无行为能力或有行为障碍的人代理需有法定代理人或指定代理人的授权①。

确定当事人的法定代理人和指定代理人为程序法的要求，根据国际实践，应适用法院地法。同时，对于法定代理人和指定代理人的资格和权能，各国一般给予外国人以国民待遇，即没有诉讼行为能力的外国人有权与内国人一样经由其法定代理人或没有法定代理人时由法院或其他有权机构指定的代理人代为行使其诉讼权利，承担诉讼义务。

2. 委托代理与律师代理

国际民事诉讼程序中，外国人是否有权利或有义务委托诉讼代理人进行诉讼以及可委托诉讼代理人的范围及委托代理人的权能如何都涉及外国人在内国的民事诉讼地位。各国对外国当事人的诉讼代理问题都有专门规定。

各国国内法一般允许有资格以自己名义参加诉讼的当事人指定一名或多名代理人参加具体诉讼活动，代理人可以是律师或法律允许的其他有民事行为能力的自然人，在采取律师诉讼主义的国家，律师代理诉讼是当事人的诉讼义务②。被委托人范围、资格、权限内容及授权方式则由法院地法决定。如秘鲁法律规定，代理人应是有行为能力的自然人，不限于律

① 参见刘汉富主编：《国际商务诉讼指南》，中国经济出版社 1998 年版，第 39、167 页。

② 如德国、奥地利等国。

师；授权形式包括公证书、在法官面前签署的纪要，律师授权可采简便方式；可委托多个诉讼代理人，每个代理人可独立为诉讼行为；受委托人代理权限依当事人出具委托书之委托范围不同分为一般授权与特别授权，特定事项必须当事人特别授权方能产生诉讼法上的效力。而法国法律则规定，原则上在高级法院诉讼必须有律师代理，上诉必须有上诉律师代理，在行政法院、最高法院亦必须有律师代理，在其他法院，可以聘请也可以不聘请代理人；在初级法院，当事人选择代理人的范围局限于：律师、配偶、父母或配偶的直系亲属、父母或配偶的直至第三代的旁系亲属、专门为他们个人或企业服务的人员；而在劳动法院，代理不被允许；代理权的取得需得到证明，除非是律师代理。而韩国法律则仅仅允许当事人委托律师代理诉讼，除极少之例外。由于除律师代理以外的一般代理人员身份的民间性，各国一般不会给予外国人特别的制度，而是准予外方当事人行使依内国法委托代理人的权利，并要求外国人与内国人遵循相同的程序性义务。于律师制度而言，情况则有不同。

律师代理是目前国际民事诉讼领域中委托代理制度的主要组成部分。因律师制度是国家司法制度的一部分，各国对外国人聘请律师在本国诉讼均有特别规定。立法一般允许外国当事人聘请律师为诉讼代理人，但所聘请的律师必须是内国律师，仅有个别国家和地区在互惠基础上允许符合一定条件的外国律师在内国执业并出庭参与诉讼①。也有国家如韩国等原则上虽不允许外国律师执业，但实际上已有外国律师在内国享有除出庭外与内国律师之同等待遇。在意大利，外国国籍人不能取得意大利律师资格，但外国律师可以在履行法定程序后在意大利参与民事、行政和刑事诉讼，因此，外国当事人在意大利法院进行民事诉讼可以委托意大利律师以外的其他国家律师。根据意大利法律，外国律师在意大利提供法律服务应事先向意大利执业地律师行业组织主席提交一份依意大利语制作的载明其个人情况的通知。如果外国律师欲参与诉讼活动，需将受委托一事告知诉讼机关以及律师行业主席。从事律师职业8年以上或在其本国获准在其本国最高法院或高等法庭出庭的外国律师，可在意大利最高法院或其他相应的高级法院参加诉讼活动。

---

① 如俄罗斯律师法第30条规定：俄罗斯联邦按照互惠原则承认外国律师在本国境内提供法律帮助的权利。

3. 领事代理制度

领事代理是国际民事诉讼中的特殊代理制度。领事代理指一国的领事可以根据驻在国的诉讼立法和有关国际条约的规定，在其职权范围内，在驻在国的有关法院代表派遣国国民或法人在驻在国的合法权益①。各国主要通过国际公约和双边条约的形式赋予外国人诉讼领事代理的权利。最主要的国际公约是 1963 年《维也纳外交关系公约》。该公约第 8、9 条规定：领事在接受国法律规章所规定之限度内，保护为派遣国国民之未成年人及其他无充分行为能力人，尤以需对彼等施以监护或托管情形为然；以不抵触接受国内实施之办法和程序为限，遇派遣国国民因不在当地或由于不能于适当期间自行辩护其权利与利益时，在接受国法院及其他机关之前担任其代表或为其安排适当之代表，俾依照接受国法律规章取得保全此等国民之权利与权益之临时措施。根据上述规定和国际实践，国际领事代理制度有如下特点：（1）领事代理是一种国家保护行为，具有公法性质，领事官员是以领事身份，而非以律师或其他私人身份参加诉讼，领事代理具有权利与义务的双重性质。（2）领事代理作为领事职务之一种，应在领馆辖区内执行，特殊情形下，经接受国同意，得在其领馆辖区外执行。（3）领事代理须以遵守接受国法律为前提。（4）领事对派遣国国民和法人的代理行为依据国际公约和双边条约取得，当事人不能自行委托。（5）领事代理主要以保护未成年人和其他无充分行为能力人为目的。（6）领事代理为临时性措施，一旦当事人另行委托了诉讼代理人或其自身参加了诉讼，领事代理即告终止。

（三）我国实践

1. 法定代理与指定代理的国民待遇

遵循国际司法实践的普遍做法，我国法律给予外国当事人在诉讼中接受法定代理和指定代理的国民待遇。外国人在我国诉讼有权在法律允许的同等条件下得到法定代理人、指定代理人的诉讼代理以实现自己的民事权利。

根据我国法律规定，无诉讼行为能力外国人可由他的监护人作为法定代理人代为诉讼。法定代理人之间互相推诿代理责任的，由人民法院指定其中一人代为诉讼。诉讼中，无诉讼行为能力人、限制行为能力人事先没有确定监护人的，可以由有监护资格的人协商确定，协商不成的，由人民

① 参见赵相林主编：《国际私法》，中国政法大学出版社 2000 年版，第 407 页。

法院在监护人之间指定诉讼期间的法定代理人。当事人没有法定监护人的，可以指定有关组织担任诉讼期间的法定代理人。依我国法律，可以担任监护人的人员必须具有监护能力，是否具有监护能力由我国法院依据我国法律规定和司法实践的原则确定。未成年人监护人范围为：（1）未成年人父母；（2）未成年人父母死亡或没有监护能力的，由其有监护能力的祖父母、外祖父母、兄姐或经未成年人父母所在单位或未成年人住所地居民委员会、村民委员会同意的关系密切的其他亲属、朋友；（3）对担任监护人有争议的，可由未成年人的父母所在单位或者未成年人住所地的居民委员会、村民委员会或者民政部门担任监护人。无民事行为能力或者限制民事行为能力的精神病人的监护人范围为：（1）配偶；（2）父母；（3）成年子女；（4）其他近亲属；（5）经精神病人所在单位或住所地的居民委员会、村民委员会同意的愿意担任监护人的关系密切的其他亲属和朋友；（6）没有上述监护人的，由村民委员会或者民政部门担任监护人。此外，根据我国与其他国家订立的领事条约，缔约国派遣的领事有权于必要时在接受国一方的缔约国内为需要指定监护人的未成年人和无行为能力人的派遣国国民（有的领事条约将接受此项领事保护的人限定于在接受国永久居留或居住的本国国民，如我国与吉尔吉斯、亚美尼亚等国的领事条约）推荐或指定监护人和托管人，但不得违反接受国关于此项指定的法律规定，如果领事推荐或指定的监护人因某种原因被驻在国法院或其他当局认为不可接受，可以再行推荐或指定。因此，人民法院在确定外国当事人的监护人时可以维持该外国人所属国派遣的领事官员已经作出的指定，除非该监护人存在损害被监护人利益或其他违反我国法律的情形。

由于外国人身份的特殊性，没有监护人或监护人不在国内无法参与诉讼或者参加诉讼的监护人在诉讼终结之前死亡又无其他可代为诉讼的监护人的，人民法院应当为该无诉讼行为能力人指定诉讼代理人，而被指定人可超越法律规定的监护人范围①。适当时候，如该外国当事人所属国与我国有领事条约关系并被允许领事代理，亦可执行领事代理制度。

① 我国民事诉讼法规定的指定代理制度中被指定人范围仅限于履行监护职责的法定代理人。与内国当事人不同，部分外国人在我国没有住所、居所和单位，在没有自然人为监护人的情况下，也没有特定组织可为监护人并事实上难以尽到监护职责。因此，为谋求外国人诉讼地位的平等，人民法院可根据具体情况考虑从非监护人的其他适格公民中选定诉讼代理人，可为律师或其他适当公民。

外国人的法定代理人与指定代理人的代理权限与我国一方当事人的代理权限相同。

2. 委托代理人的范围与权限

根据我国法律，有诉讼行为能力的外国人既可以自己亲自到庭诉讼也可以委托代理人出庭，既可以委托律师也可以委托非律师公民为代理人。民事诉讼法规定，外国人在我国法院参加诉讼有权委托一至二人作为诉讼代理人。接受当事人、法定代表人、法定代理人和诉讼代表人委托代为民事行为的人为委托代理人。外国人可委托代理人范围为：(1) 律师；(2) 当事人的近亲属；(3) 有关社会团体或者所在单位推荐的经人民法院同意的其他公民；(4) 当事人委托的其他公民，但无民事行为能力人、限制行为能力人或者可能损害被代理人利益的人以及人民法院认为不宜作诉讼代理人的人，不能作为诉讼代理人。非自然人不能被委托为诉讼代理人。我国法律允许外籍当事人委托其本国人为诉讼代理人，也可以委托其本国律师以非律师身份担任诉讼代理人；外国驻华使、领馆官员，受本国公民的委托，可以以个人名义担任诉讼代理人，但在诉讼中不享有外交特权和豁免权。

在我国领域内没有住所的外国人、无国籍人、外国企业和组织委托中华人民共和国律师或者其他代理人诉讼，从中华人民共和国领域外寄交或者托交的授权委托书，应当经所在国公证机关证明，并经中华人民共和国驻该国使领馆认证，或者履行我国与该所在国订立的有关条约中规定的证明手续后，才具有效力。授权委托书应当在开庭审理前送交人民法院。外籍当事人应当在授权委托书中明确代理人的权限，如该代理人有全权授权，委托人应当在委托书中载明具体授权，否则代理人无权代该外籍当事人作出承认、放弃、变更诉讼请求，进行和解，提起反诉或上诉的表示。

离婚案件的当事人在委托诉讼代理人以后，除本人不能表达意志的以外，仍应出庭；确因特殊情况无法出庭的，必须向人民法院提交书面意见。外国当事人在诉讼时定居于国外或因其他原因不在我国境内的，可以视为有无法出庭的特殊情况，准其由诉讼代理人代理诉讼，但应出具特别授权和本人对案件的书面处理意见。

3. 律师代理制度

外国当事人或其法定代理人，或外国驻华使领馆官员代其本国国民委托律师代理诉讼时，只能委托中华人民共和国的律师。外国律师行可以在符合我国法律规定的情况下在我国开业，从事其本国或他国法律咨询业务或代理我国当事人进行境外诉讼。外国律师可以以非律师身份出庭代理。根据最高人民法院关于审理涉港澳经济纠纷案件若干问题的解答，香港、澳门地区的律师不具有中华人民共和国的律师资格，不能以律师身份作为当事人的诉讼代理人到内地参与诉讼。根据2003年11月27日通过并于2004年1月1日施行的司法部第81号令、第82号令、第83号令①，香港、澳门居民参加内地举行的国家司法考试合格，取得《中华人民共和国法律职业资格证书》的，可以在内地申请律师执业。在内地执业的香港、澳门居民在内地律师事务所执业，应当遵守国家法律、法规和规章。在内地获准执业的香港、澳门居民，只能在内地一个律师事务所执业，不得同时受聘于香港、澳门、台湾地区或者外国律师事务所。同时，香港、澳门居民在内地执业，只能从事非诉讼法律事务，例如：法律顾问、代理、咨询、代书等，但凡具有法定条件的，可以成为内地律师事务所的合伙人。香港法律执业者、澳门执业律师具备法定条件的，可以向内地司法行政机关申领香港、澳门法律顾问，但不得办理内地法律事务。与内地律师事务所联营的香港律师事务所及律师不得从事内地法律服务。

4. 领事代理制度

我国是《维也纳领事关系公约》的成员国，对其他成员国承担准予实施领事代理制度的国际义务。同时我国已与巴基斯坦、印度、阿根廷等30多个国家签订了领事条约。在这些条约中，缔约国均承诺：遇有派遣国国民不在当地或由于其他原因不能于适当日期自行保护其权利和利益时，领事官员有权在接受国法院及其他机关之前担任其代表或为其安排适当的代表，以便按照接受国的法律规章，取得保护此类国民权利和利益的临时措施，但以不抵触接受国施行的办法和程序为限。我国与美国、朝鲜、立陶宛等国签订的领事条约中有权接受领事代理的当事人包括本国国民以外的法人；与乌兹别克斯坦、越南、吉尔吉斯斯坦等国的领事条约则仅仅规定缔约国国民可享有领事代理权利。

① 法令特为落实国务院批准的《内地与香港关于建立更紧密经贸关系的安排》和《内地与澳门关于建立更紧密经贸关系的安排》而制定实施。

三、民事诉讼的外交豁免制度

国际民事诉讼法上有一种特殊的自然人主体可被国际社会认为具有特殊的法律地位，即外交代表享有特权与豁免。所谓外交代表的特权与豁免，指根据国际法或有关协议，在国家间互惠基础上，为使一国外交代表在驻在国有效地执行职务，而由驻在国所给予的特别权利和优惠待遇。外交代表的特权与豁免在国际民事诉讼法上表现为外交代表和领事及其有关人员在其职务范围内代表国家所为行为，享有驻在国法院的管辖豁免权和执行豁免权。外交豁免权依据国家主权和国际交往的需要而产生，外交代表所为民事行为因具有国家行为性质而有特别对待的必要①。

国家间互相尊重彼此的外交代表并给予外交代表民事诉讼上的豁免与便利已经成为国际法基本原则，各国通过国际公约、双边条约等为彼此设立国际法上的相关义务。

（一）国际公约

1.1961 年《维也纳外交关系公约》

公约于 1964 年生效，于 1975 年 12 月 25 日对我国生效。公约声明给予外交代表②特权与豁免旨在维护各国友好关系、秩序和国际和平与安全在于确保外交代表能有效执行职务，并非给予个人以利益。根据公约，外交代表除在驻在国享有刑事管辖豁免以外，亦享有除下列案件外的民事案件的管辖豁免：（1）关于接受国境内的私有不动产之物权诉讼，但其代表派遣国为使馆用途置有之不动产不在此列；（2）关于外交代表以私人身份并不代表派遣国而为遗嘱执行人、遗产管理人、继承人或受遗赠人之继承事件之诉讼；（3）关于外交代表于接受国内在公务范围以外所从事之专业或商务活动之诉讼。上述不得享有外交豁免的民事案件均为外交代表的行为不具有国家行为性质而仅含有私人利益的情况。外交代表为上述

---

① 国际法理论学界对外交特权与豁免的根据有三种代表学说：治外法权说、代表说、职务需要说。国际法院判例已经确认外交特权与豁免是国际社会有效合作的一种重要工具，有助于国家间达到互相谅解并以和平方法解决争端。参见赵建文主编《国际法新论》，法律出版社 2000 年版，第 465 页。

② 根据《维也纳外交关系公约》，外交代表指使馆馆长或使馆外交职员即有外交官级位的使馆职员。

民事活动不能免于接受驻在国司法管辖的义务，其在作为原告或被告而于驻在国起诉和应诉时，应当根据法院地法的规定作为普通外国当事人享有诉讼权利，承担诉讼义务。对于外交代表享有民事管辖豁免的行为，该外交代表不能成为驻在国民事程序的被告，如有当事人对享有外交特权的代表提起诉讼，应予以驳回。

同时，公约规定，外交代表作证的义务得以免除，不论被证对象的性质和所涉案件的性质；外交代表享有管辖豁免的民事行为同时得以驻在国执行豁免，前述不享有管辖豁免的民事行为原则上可予执行，但以外交代表之人身和寓所不受侵犯为前提。

享有民事管辖豁免的人员除外交代表以外还包括：（1）与外交代表组成同一户口的家属，如非接受国国民，应享有前述豁免；（2）使馆行政与技术职员及与其构成同一户口之家属，如非接受国国民且不在该国永久居留者，享有前述民事管辖豁免，但不适用于执行职务范围以外之行为；（3）使馆事务职员如非接受国国民且不在该国永久居留者，就其执行公务之行为享有豁免；（4）使馆人员的私人仆役①如非接受国国民且不在该国永久居留者，仅在接受国许可范围内享有特权与豁免，接受国对此等人员所实施之管辖应妥为行使，以免对使馆职务之执行有不当之妨碍。

上述人员的民事管辖豁免权可因特定原因被取消。公约第32条规定，上述人员的民事管辖豁免得由派遣国以明示方式抛弃；外交代表或其他享有管辖豁免的人提起诉讼不得对与主诉直接相关之反诉主张管辖豁免；派遣国在民事诉讼程序上抛弃豁免，不得视为对判决执行豁免的抛弃，对判决执行的抛弃应另行作出。享有管辖豁免的人员无权自行放弃豁免权。

2. 1963年《维也纳领事关系公约》

公约于1967年生效，于1979年对我国生效。公约规定，领事官员及领馆雇员对其执行职务而实施之行为不受接受国司法管辖，但排除下列民事诉讼：（1）因领事官员或领馆雇员并未明示或默示以派遣国代表身份而订立契约所生之诉讼；（2）第三者因车辆、船舶或航空器在接受国内所造成之意外事故而要求损害赔偿之诉讼。领馆人员就其执行职务所涉及

① 根据《维也纳外交关系公约》，私人仆役指使馆人员佣仆而非为派遣国雇佣之人。

的事项，没有作证或提供往来公文及文件的义务，并有权拒绝以鉴定人身份就派遣国法律提出证言；对于其他事项，领馆人员得被请在司法程序中到场作证，但不得对其施行强制措施。同时，要求领馆官员作证应避免对其执行职务有所妨碍。但是，如果领馆官员为接受国国民或永久居民，除接受国特许之公务行为外，仅就其为执行职务而实施之公务行为享有管辖豁免，其他领馆人员家属及私人服务人员本人为接受国国民或永久居民者的豁免特权由接受国法律确定。

派遣国可以就某一领馆人员明示抛弃民事司法豁免权，并应书面通知接受国。领馆官员或领馆雇员如就可免受管辖之对象主动提起诉讼，即不得对与本诉直接相关的反诉主张管辖之豁免。民事司法管辖的抛弃不得视为对司法判决执行豁免的抛弃，抛弃执行豁免的表示应另行作出。

民事司法管辖豁免权以及豁免权的抛弃适用于名誉领事官员，名誉领事官员为馆长的领馆所雇佣雇员之家属不得享受司法管辖豁免特权。

（二）我国实践

我国民事诉讼法规定，对享有外交特权与豁免的外国人、外国组织或者国际组织提起的民事诉讼，应当依照中华人民共和国法律和中华人民共和国缔结或参加的国际条约的规定办理。我国有关外国人民事司法豁免的国内法是 1986 年《中华人民共和国外交特权与豁免条例》和 1990 年《中华人民共和国领事特权与豁免条例》。同时，我国已经参加《维也纳外交关系公约》和《维也纳领事关系公约》，未对公约规定的外交豁免条款提出保留。我国与该公约的其他缔约国互相承担国际条约义务。除多边国际公约，我国已经与 30 余个国家订立领事条约，对特定人员的民事司法管辖豁免权问题作出了具体规定。

1. 内国法规范

调整外国驻华外交人员及其他外交事务工作人员特殊诉讼地位的国内法律主要是《中华人民共和国外交特权与豁免条例》和《中华人民共和国领事特权与豁免条例》。两个条例均规定外国驻我国使馆人员的特殊地位来源于外国驻我国代表有效行使职务的特殊需要。

根据《中华人民共和国外交特权与豁免条例》，我国给予外交代表的民事诉讼地位有如下特点：（1）外交代表享有民事管辖豁免权为其基本的诉讼地位原则，即外交代表在我国不受民事诉讼程序的管辖。（2）民事管辖豁免原则的例外情形是外交代表以私人身份进行的遗产继承诉讼和外交代表违反条例规定而在中国境内从事公务范围以外的职业或者商业活动的诉讼。(3) 外交代表没有以证人身份作证的义务。(4) 外交代表原则上是派遣国国民，如经我国同意外交代表由其他第三国国民担任，亦可享有前述内容的民事管辖豁免。但是，如果该外国人取得我国的永久居留权则仅就其执行公务的行为享有民事管辖豁免。经我国同意，由我国公民担任的外交代表亦仅就其执行公务的行为享有外交豁免权。(5) 与外交代表共同生活的配偶及未成年子女可以享有前述内容的民事管辖豁免，但前提是非我国公民并且不是在中国永久居留。使馆行政人员和与其共同生活的配偶及未成年子女仅就执行公务的行为享有民事管辖豁免权。(6) 上述 (3)、(4)、(5) 项享有豁免权的人员可由其派遣国明确表示放弃豁免，但不包括对判决之执行的放弃，对判决执行豁免权的放弃须另作明确表示。此外，上述人员主动提起诉讼和与本诉直接有关的反诉，不得援用民事管辖豁免权。(7) 下列人员在我国过境或者逗留期间应享有必要的民事管辖豁免：途经我国的外国驻第三国外交代表和与其共同生活的配偶及未成年子女；持有我国外交签证或者持有外交护照（仅限互免签证的国家）来中国的外国官员；经我国政府同意给予过境或逗留豁免的外国人士。条例没有规定上述人员享有豁免的范围，可以理解为应给予其等同于外交代表的民事管辖豁免权。(8) 来我国访问的外国国家元首、政府首脑、外交部长及其他具有同等身份的官员享有条例规定的民事管辖豁免权。前来我国参加联合国及其专门机构召开的国际会议的外国代表，临时来中国的国际组织和其专门机构的官员和专家、联合国及其专门机构驻中国的代表机构和人员的待遇，按中国已加入的有关国际公约和中国与有关国际组织签订的协议办理。(9) 遵循对等原则，即如果外国给予我国驻该国使馆、使馆人员以及临时去该国的有关人员的外交特权与豁免低于我国按本条例给予该国驻我国使馆、使馆人员和临时来我国的有关人员的外交特权与豁免，我国政府将根据对等原则，可以给予该国使馆、使馆人员以及临时来中国的有关人员以相应的外交特权与豁免。(10) 遵循国际条约与双边协议优先原则。条例规定，我国与外国签订或者参加的国际条约另有规定的，按照国际条约的规定办理，但我国声明保留的条款除外；我国与外国签订的外交特权与豁免协议另有规定，按照协议的规定执行。我国对《维也纳外交关系公约》的保留不涉及民事管辖豁免问题，对《维也纳领事关系条约》未提出保留。

领事及其家属、领馆其他服务人员及其家属的特权与豁免与外交人员及家属的特权与豁免的范围有差异。根据《中华人民共和国领事特权与豁免条例》，我国领事民事管辖豁免制度的基本内容是：(1) 领事官员与领馆行政技术人员执行职务的行为享有司法管辖豁免，执行职务以外行为的管辖豁免，按照我国与外国签订的双边条约、协定或者对等原则办理；领事官员如果是中国公民或者在中国永久居留的外国人，仅就其职务行为享有司法管辖豁免；领馆行政技术人员或者领馆服务人员如果是我国公民或在我国永久居留，则免除作证义务，但不享有司法管辖豁免。私人服务人员不享有豁免权，不论其行为性质。(2) 民事管辖豁免的例外包括：涉及未明示以派遣国代表身份所订契约的诉讼；涉及在中国境内的私有不动产的诉讼，但以派遣国代表身份所拥有的为领馆使用的不动产不在此限；以私人身份进行遗产继承的诉讼；因车辆、船舶或者航空器在中国境内造成的事故涉及损害赔偿的诉讼。(3) 领馆成员可以被要求在司法或者行政程序中到场作证，但没有义务就其执行职务涉及事项作证。领事官员拒绝作证，不得采取强制措施或给予处罚。领馆行政技术人员和领馆服务人员除执行职务所涉及的事项外，不得拒绝作证。(4) 与《外交特权与豁免条例》规定不同，本条例未给予领事官员、领馆行政技术人员、领馆服务人员共同生活的配偶及未成年子女民事司法管辖豁免权，而不论其是否为中国公民或于我国有永久居留权。(5) 下列人员在中国过境或者逗留期间享有必需的豁免和不受侵犯：途经我国的外国驻第三国的领事官员和与其共同生活的配偶及未成年子女；持有我国外交签证或者持有与中国互免签证国家外交护照的外国领事官员。(6) 如果外国给予我国驻该国领馆成员以及途经或者临时去该国的我国驻第三国领事官员的领事特权与豁免，不同于我国给予该国驻我国领馆成员以及途经或者临时来我国的该国驻第三国领事官员领事特权与豁免，我国根据对等原则，可以给予该国驻我国领馆成员以及途经或者临时来我国的该国驻第三国领事官员以相应的领事特权与豁免。(7) 条例给予的所有人员的司法管辖豁免可由派遣国政府明确表示放弃。依照条例有豁免权的人提起的诉讼之直接反诉，不得援用管辖豁免。放弃民事管辖豁免不包括对判决执行的豁免。放弃对判决执行的豁免须由派遣国政府另作明确表示。

2. 双边领事条约

我国与他国订立的双边外交条约在缔约国之间优先适用于缔约国双方

外交代表与领事官员及其他相关人员民事诉讼特殊地位的调整。

一般而言，我国与他国的领事条约均规定领事官员免受接受国的民事司法管辖，但以下五类民事案件除外：（1）未明示或默示以派遣国代表身份所订契约引起的纠纷；（2）因车辆、船舶或航空器在接受国内造成损害，第三者要求赔偿的诉讼；（3）有关在接受国境内的私人不动产的诉讼，但以派遣国代表身份为领馆之用而拥有的不动产不在此列；（4）有关领事官员以私人身份并不代表派遣国为遗嘱执行人、遗产管理人、继承人或受遗赠人的继承方面的诉讼；（5）有关公务范围外在接受国进行的专业或商业活动引起的诉讼。同时，领事官员享有除上述五类民事案件以外的司法执行豁免权。但是我国与吉尔吉斯共和国签订的领事条约约定的民事管辖豁免例外仅包括前四项，与玻利维亚、格鲁吉亚等国的领事条约则仅仅将前两项作为领事官员民事管辖豁免的例外。领事官员被免除在接受国以证人身份作证的义务，且此种免除不附条件。

领事双边条约规定的领事雇员和领馆服务人员享有的管辖豁免仅仅限于执行公务的行为，且即使是执行公务的行为，如果具有上述五类诉讼的性质也不得享有民事管辖豁免（中越条约）。我国与克罗地亚、秘鲁、白俄罗斯等国的领事条约则将领馆行政技术人员执行公务行为免受接受国司法管辖之例外规定为前述五类应受管辖行为的前两类，这种规定与规定五种例外的双边条约的规定不存在实质上的矛盾，后三类行为均为非公务行为，当然不属于领事雇员和服务人员应当享受的豁免范围。关于作证义务，双边条约多规定领事雇员和服务人员可就执行公务的行为拒绝作证，且接受国当局应当避免在要求领事雇员和服务人员作证时妨碍其执行公务，并不得在任何情况下采取强制措施。领事官员、领馆工作人员的家庭成员分别享有该领事官员或领馆雇员根据双边条约享有的民事司法管辖豁免。

双边领事条约规定不得享有领事特权与豁免权的人群范围与《中华人民共和国领事特权与豁免条例》的规定基本相同：具有接受国国籍或永久居留权的派遣国领馆工作人员；身为接受国国民或接受国永久居民的领馆人员的家庭成员；私人服务人员。上述人员可在接受国被提起诉讼。同时，所有双边条约均规定依据双边条约享有民事管辖豁免权的领事官员和相关人员的派遣国可以明示放弃该人员的豁免权，是否必须采取书面形式由各条约规定；放弃豁免的表示不及于对司法判决的执行豁免，此种放弃须另行为之。

第五章　主权国家和国际组织在外国法院诉讼中的地位

主权国家和国际组织作为国际社会中最为活跃的主体，目前也日渐活跃于国内舞台，主权国家和国际组织作为国际民商事关系中当事人一方的现象越来越多，而与此相伴，主权国家和国际组织在一国国内法院的出镜率也越来越高。在国内法院诉讼中，主权国家和国际组织因其自身具备的某些特殊属性，也具有与一般国内法诉讼主体不尽相同的权利和义务。

长期以来，各国政府及其法院系统在实践中也形成了不少关于外国国家和国际组织在本国诉讼地位的特殊规则，而这些规则中有的已经发展成习惯国际法，有的则通过国际条约的形式得以确认，还有些则仍需在实践中得以发展和检验。本文通过对主权国家和国际组织在国内法院诉讼地位的分析，试图对这些特殊规则予以归纳和总结，以期能对我国法院的司法实践活动有所借鉴。

第一节　主权国家在外国法院诉讼中的地位

一、主权国家在诉讼中的主体资格问题

（一）主权国家具有适格当事人的诉讼主体资格

在国内法院诉讼中，适格当事人具有双重的含义，即程序上适格和实体上适格。程序适格当事人，是指具有当事人的诉讼权利能力，诉讼真正以其名义进行的实际诉讼当事人。实体适格当事人则指，有权以自己的名义支配讼争权利义务的主体，亦即有权以自己的名义主张、放弃民事权利和有权以自己的名义否定、承认讼争民事义务的主体。①

---

①　参见谭兵主编：《民事诉讼法学》，法律出版社1997年版，第153～163页。

国家作为国际法最基本的主体，享有在国际法院及国际仲裁中当然的主体资格。从国家的构成要素出发，国家也理应具有国内法院诉讼中当事人的诉讼主体资格。一般认为，定居的居民、确定的领土、一定的政权组织和主权是构成国家的四个必要条件。①一定的政权组织和主权要素，决定了国家可以独立自主地对外进行交往，广泛地参与各种国际国内关系，当然也包括国家为履行其经济职能而与国内私法主体所进行的经济联系。而在相关的民商事法律关系中，国家享有相应权利，承当相应的义务当无疑义，国家也当然可以通过其代表机关，主张、放弃讼争民事权利，否定、承认诉争民事义务。因此，国家可以作为实体适格的诉讼当事人。

国家还可以充当程序适格的诉讼当事人。在国内法院诉讼中，国家具有相应的诉讼权利能力，并且能够通过其代表机关行使相应的诉讼权利，履行相应的诉讼义务。国家代表机关可以国家名义提起诉讼作为原告，或应诉充当被告，或担任独立的诉讼第三人，并以国家财产和信用为担保，承当相应的诉讼责任。

因此，从理论上讲，国家在国内法院中具有适格当事人的诉讼主体资格。国家在国内法院中可以从事起诉、应诉、担任第三人、撤诉、反诉、上诉等诉讼行为，并应尊重外国法院诉讼制度、履行相应诉讼义务。而且，从各国国内法院实践来看，一般也都允许外国国家作为诉讼当事人，在一国国内法院进行诉讼活动，这也是国际社会正常交往的客观需要。

（二）主权国家具有特殊的诉讼地位

国家作为当事人参与到国内法院诉讼中，常常会产生两个方面的矛盾。一方面，从国家参与诉讼的主体资格来看，国家作为一种拟制的公法人，在诉讼中总是通过其代表机关从事相应的诉讼行为，而其代表机关本身也具有相应的公权性，这在诉讼中不可避免会产生与法院公权性的冲突和协调问题。另一方面，从国家从事诉讼行为的目的来看，国家参与到国内法院民商事诉讼中，其往往带有某种公共利益的色彩，私益和公益的冲突，也需要在法院诉讼中予以调和。而当国家在他国国内法院从事诉讼活动时，这些矛盾因国家内在的“主权性”因素，则表现得更为突出。法院地国管辖权与外国国家主权的冲突，一国私人利益与他国国家利益的矛

① 参见梁西主编：《国际法》（修订第二版），武汉大学出版社2000年版，第90页。

盾，都比一般国内民事诉讼或国际民商事诉讼表现得更为激烈。而且，这些矛盾激化的结果还可能产生国与国之间矛盾的激化，主权与主权之间的相互对抗。

事实上，针对主权国家参与国内法院诉讼地位的特殊性，各国在实践中纷纷采取某些特殊规则，赋予主权国家在诉讼中一定的特殊地位。一般认为，各国往往给予外国国家及其财产豁免权，即司法管辖的豁免权、诉讼程序的豁免权和执行的豁免权。①国家及其财产豁免权制度，作为国家在外国法院诉讼中特殊地位的核心制度，也成为相关诉讼规则的一大特色。当然，由于各国法律传统和司法实践存在较大差异，国家豁免规则在不同国家也不尽一致，有些规则通过国际条约的方式予以明确和统一，有些规则也已经发展成习惯国际法，但更多的规则仍是各国约束本国法院系统的国内法规则，尚需要各国予以协调，并在国内法院诉讼中具体实施。而且，国家豁免制度在实质上已经超出了纯诉讼的领域，在制度实施的诸方面，都与国际法及国内法的许多问题相互交织。如在是否赋予有关国家豁免地位的问题上，首先涉及一国对另一国的承认问题；在豁免的范围问题上，又涉及对相关主体、行为性质等的识别问题。本文则主要从国家管辖豁免、诉讼程序豁免、执行豁免三个方面，对主权国家在外国法院诉讼中的特殊地位予以阐释。

二、国家管辖豁免问题

（一）国家管辖豁免概述

国家管辖豁免主要是指一个国家及其财产免受其他国家国内法院的司法管辖，即未经一国同意，不得在另一国法院对它提起诉讼或将该国财产作为诉讼标的。国家管辖豁免是国家及其财产享有豁免权在司法领域中最为重要的表现，它是国家参与国际民商事交往的产物，也是各国协调主权权力和利益冲突的产物。

国家豁免权的观念在13、14世纪便已提出，而著名的第一个承认外国国家及其财产豁免权的法院判例则发生在1668年，在该案中，三艘西班牙军舰因西班牙国王欠债而在外国港口被扣押，但法院关于扣押军舰的

① 参见李双元、谢石松著：《国际民事诉讼法概论》（第二版），武汉大学出版社2001年版，第287页。

判决后来被宣布是不能容许的。①美国联邦最高法院对“交易号案”（The Schooner Exchange v. McFaddon, 1812）的判决也被认为是确立国家豁免原则最重要的早期国内法院判例之一。英国法院则在“弗雷德里克王子号案”（The Prince Frederik, 1820）中第一次确认国家及其财产享有豁免权是一项国际法原则，并在随后的“比利时国会号案”（The Parlement Belge, 1880）等判决中进一步予以确认。法国最高法院在“西班牙政府诉朗贝戈和皮若尔案”（Le Gougovernment Espagqnol v. Lambege et Pujol, 1849）中也表明法国政府对国家豁免原则的认同。此外，德国、奥地利、比利时、意大利等国早期的判例也纷纷对国家豁免原则予以确认。到19世纪，国家实践已经充分地确定而且一般地允许下述结论，即：国际习惯法承认有一项一般规则，即外国国家（笔者注：指在他国国内法院）不能被诉。②

尽管各国在实践中对国家豁免原则予以认可，但对于国家豁免的理论依据却认识不一。归纳起来，主要有治外法权说、尊严说、国际礼让说、互惠说和国家主权说等。目前，国家主权说则得到最为广泛的支持。一般认为，主权是国家最根本的属性，而主权又是独立和平等的。主权的独立性表明，主权国家可以在国际法范围内自主地决定其国内外事务，不受其他国家干涉。而一国国内法院对外国国家主动行使管辖权的结果，势必侵害了该外国国家的主权独立性，当然该国自愿放弃其权利除外。因此，在一国国内法院管辖权与他国主权独立性的冲突中，各国在实践中通常赋予主权独立性更为优先的地位。因为，从根本上说，主权独立才是各国在国际社会中共存的基础。

此外，主权也是平等的。“平等者之间无管辖权”的格言为大多数国际法学者所提倡。国际社会中不存在超国家的立法机关和司法机关，当今国际社会的基本特征仍是“国家间的社会”，国家没有义务接受其他国家法院的管辖，其他国家法院也无权对外国国家主动行使管辖权。一国将其司法管辖权凌驾于其他国家之上，势必打破国家之间以及整个国际社会的

① 黄进著：《国家及其财产豁免问题研究》，中国政法大学出版社1987年版，第12～13页。

② 奥本海著：《奥本海国际法》，詹宁斯、瓦茨修订，王铁崖等译，中国大百科全书出版社1995年版，第277页。

平衡。国家是平等的，平等的状态也是相互的，这同时也决定了国家豁免权的享有应是相互的、平等的。

（二）享有国家管辖豁免的主体

顾名思义，国家管辖豁免权是专属于国家的权利。但在实践中，各国对“什么是国家”、“谁是国家豁免的主体”的看法却不尽一致。

美国《1976年外国主权豁免法》第1603条第1款规定，“外国”包括外国的政治分支机构或外国的代理机构或媒介。第2款则规定，“外国的代理机构或媒介”系指三种实体：（1）独立的社团法人或非社团法人实体；（2）外国机关或该机关的政治分支机构，或其大多数股份或其他所有权属于外国或其政治分支机构的；（3）既非本编第1332条第3款和第4款所规定的美国某州公民，亦非依照任何第三国法律成立的实体。①

英国《1978年国家豁免法》第14条第1款、第2款则规定，“国家”应理解为包括：（1）该国行使公职的君主或元首；（2）该国政府；（3）该国政府各部，但不包括同国家政府行政机构有别并具有起诉、被诉能力的任何实体（以下称独立实体）。这种“独立实体”仅在它行使主权权力并且在所属国家本身享有豁免的情况下才享受豁免。②

联合国《1991年国家及其财产的管辖豁免条款草案》（以下简称《联合国1991年草案》）第2条第1款（b）项则认为“国家”是指：（1）国家及其政府的各种机关；（2）联邦国家的组成单位；（3）受权为行使国家主权权力而行为的国家政治区分单位；（4）国家机构或部分或其他实体，只要他们受权为行使国家主权权力而行为；（5）以国家代表身份行为的国家代表。③

综上，各国对“国家”认识的不一，主要集中在中央政府机关、地方政府以及国有企业等的豁免地位问题上。

1. 中央政府机关的豁免地位

---

① 参见李双元等编：《国际私法教学参考资料选编》（中册）（程序法），北京大学出版社2004年版，第871页。

② 参见李双元等编：《国际私法教学参考资料选编》（中册）（程序法），北京大学出版社2004年版，第881页。

③ 参见李双元等编：《国际私法教学参考资料选编》（中册）（程序法），北京大学出版社2004年版，第1204页。

作为主权国家最直接的代表机关，中央政府机构应是国家豁免的当然主体。但由于宪政体制的差异，各国对于中央政府的组成部门也规定不一。如各国关于中央银行地位的规定就存在较大差异，有的国家中央银行是直属于中央政府的一个职能部门，而有的国家中央银行则是具有独立法人地位的商业银行。而且，随着国家经济职能的不断膨胀，也出现了许多既具有独立法人资格，又在事实上履行中央政府职能的单独实体。这时，如何认定中央政府的组成部分及其相对应的豁免地位，就显得较为复杂。

鉴于此，有的国家采取区分的做法，即把中央政府机关分为两大类。一类是通常可以认定为中央政府组成部门的机构；另一类则是授权行使或在事实上行使中央政府职能的单独实体。对于第一类政府机关，应当然地享有国家豁免权，在实践中，美国、英国、加拿大、澳大利亚等国都采取这种做法；而对于第二类的单独实体，则又有“结构主义”和“职能主义”两种不同的判定标准。①

“结构主义”采取主体识别标准，通常以该外国单独实体是否具有独立的法律人格、是否享有独立的财产处置能力、诉讼能力以及政府的控制程度为依据，判别该单独实体的独立性及相应的豁免地位。如果该外国单独实体在主体资格上独立于其所属国政府，则其不享有国家豁免。“职能主义”则采取行为识别标准，即不管该外国单独实体的国内法地位如何，主要以该实体所从事的具体行为的性质为依据，判别其相应的豁免地位。如果其行为是在执行主权权力，就应享有相应的豁免地位。

一般而言，“结构主义”的识别标准，更能符合国家豁免原则的本义，具有独立法人资格的单独实体在法律上是独立于国家政府机关的，其本身并不具有“主权属性”，也不应享有相应的主权豁免。但“结构主义”事实上又将“单独实体”的独立性，交由各国法院进行识别，而国际法则缺乏相应的实体规则，这也就不可避免地造成各国法院在识别问题上的冲突和对抗。“职能主义”则直接依据行为的性质，由法院地国依据其本国法及相应的国际法规则进行判定，其本身似乎更能避免各国法院关于“主体资格独立性”识别的困惑，减少相应的冲突和麻烦。然而，“职能主义”完全不考虑单独实体在法律上的资格独立性，似乎又缺少相应

① 参见龚刃韧著：《国家豁免问题的比较研究》，北京大学出版社1994年版，第194页。

的法律依据。当然，在限制豁免主义产生之后，“结构主义”和“职能主义”之争似乎也出现了某种调和，因为，无论该外国“单独实体”是否认定为中央政府机关的组成部门，都需要进一步判断该“单独实体”所从事行为的性质。

2. 地方政府的豁免地位

由于宪政体制的差异性，各国地方政府的地位及构成也不尽一致，相应地，各国关于地方政府的豁免地位也认识不一。美国、澳大利亚等国将地方政府作为“政治分支机构”列为享有国家豁免的主体范围之内。法国、比利时、意大利等西欧国家则拒绝给予地方政府以国家豁免权。① 英国、加拿大、《关于国家豁免的欧洲公约》及《联合国1991年草案》则采取区分的做法，将地方政府区分为“联邦国家的组成单位”及“其他国家政治区分单位”，对于前者承认其豁免地位，而对于后者则否认其援引国家豁免的主体资格。因此，就地方政府的豁免地位而言，目前国际社会也尚未形成统一的做法，各国是否赋予地方政府豁免地位，仍从属于各国自身的法律及所签署的国际条约。

我们认为，国家豁免从本质上讲是专属于主权国家的，豁免从来就是主权者之间的豁免，对于缺乏主权特征的一国地方政府，不应享有原属于国家的特权。而对于将地方政府区分为“联邦国家的组成部分”和“其他国家政治区分单位”的做法不科学，也不合理。从一国宪政体制角度出发，无论是联邦国家的地方政府还是其他单一制国家的地方政府，都隶属于主权国家及其中央政府，其本身也不能作为主权国家的直接代表，其行为在国际法上应具有同样的效果。当然，原则上否认地方政府的国家豁免资格，并不否认地方政府在被授予行使国家主权权力时，其应享有的国家豁免地位。但应注意的是，此时地方政府所享有的国家豁免权，并不是给予地方政府的，而只是由于地方政府在这种情形下作为主权国家的代表，基于国家的豁免地位，以国家的名义所享有的豁免权。

3. 国有企业的豁免地位

国有企业的豁免地位问题在实质上与前述中央政府机关豁免问题相关，事实上，许多国有企业也正充当了中央政府的经济职能部门。但鉴于

① 龚刃韧著：《国家豁免问题的比较研究》，北京大学出版社1994年版，第186～190页。

国有企业自身较为复杂的特性，各国在认定国有企业豁免问题时，同中央政府机关的认定又有些差别。

美国《1976 年外国主权豁免法》在定义“国家代理机构或服务机构”时，将那些具有法人资格的国有企业包含进来。而英国《1978 年国家豁免法》在定义“单独实体”时，则采取限定的做法，仅给予那些“行使主权权力的”独立实体以豁免权。《联合国 1991 年草案》则使用了“国家机构或部门和其他实体”的概念，在理论上也将国有企业囊括在内。而从各国法院的实践来看，绝大多数国家都把国有企业和国家本身相区分，一般都认为国有企业不是国家豁免的主体，不能将它与国家或政府相提并论，除非其被授权行使国家主权权力，原则上不应享有国家豁免。①

从国内法的角度上讲，国有企业一般是具有独立法人资格的公司企业，国有企业与国家的关系是公司与其股东的关系。企业法人在人格上是独立于其股东的法律实体，原则上，不应将法人的资格与其股东的资格进行混同，专属于其股东的权力也并不当然由法人所享有。从国际法的角度讲，国家的豁免权应归属于具有主权身份的国家及其代表。国有企业从来就是依据一国国内法成立的国内法实体，而并非国际法主体，其通常也不应视做主权国家的代表，不能享有主权国家所特有的权利。

值得注意的是，随着限制豁免主义的推行，对于哪些主体可能享有国家豁免地位，似乎已不再那么重要，问题转向于哪些行为可能享有国家豁免地位。但需要指出的是，美国等采取限制豁免主义的国家在扩大豁免主体的同时，又在行为标准的认定中，拒绝给予这些主体在具体情形中的豁免权。这样，在扩大豁免权主体的同时，其结果却仅仅是扩大了追究东道国赔偿责任的国有财产范围。

（三）国家管辖豁免的范围

1. “绝对豁免主义”与“限制豁免主义”之争

关于国家管辖豁免的范围，在理论和实践中主要表现在“绝对豁免主义”与“限制豁免主义”之间的对抗上。“绝对豁免主义”认为不论一国行为性质如何，主权国家在他国就其一切行为和财产一律享有豁免权，

---

① 参见梁淑英：《浅析国家豁免的几个问题》，载《政法论坛》2000 年第 2 期，第 110 页。

除非该国自愿放弃豁免。而“限制豁免主义”则认为，应将外国的国家行为区分为“统治权行为”（或称主权行为、公法行为）和“管理权行为”（或称非主权行为、私法行为），前者可以享有管辖豁免，而后者则不应享有管辖豁免。

“绝对豁免主义”是随着国家及其财产豁免的有关实践应运而生的，它是最古老的关于国家及其财产豁免的理论。①早期各主要国家的学说和法院实践基本上持“绝对豁免主义”的主张。然而随着国家越来越多地参与到经济交往，从19世纪末开始，特别是在二战结束后，不少国家开始转向采取“限制豁免主义”的做法，区分国家行为性质，并给予不同的豁免地位。前述美国《1976年外国主权豁免法》和英国《1978年国家豁免法》都是采取“限制豁免主义”的国内立法典范。

在理论上，“绝对豁免主义”和“限制豁免主义”都承认国家及其财产豁免是国际法上的一项重要原则，也都尊重国家行为的“主权性”。但在享有国家豁免的行为范围上，“限制豁免主义”仅给予“主权行为”豁免地位，而对于那些所谓的“非主权行为”则不承认其豁免地位。“限制豁免主义”区分主权国家行为的做法，有其深刻的时代背景和政策考虑。然而区分国家主权行为的做法，割裂了主权行为的统一性，在国际法上也缺乏法律依据，其区分标准在实践中也常产生诸多的争议。对此，著名国际法学者李浩培先生曾指出：“晚近出现的有限国家豁免原则既不必要，又不合理，也不可行。”② 相比之下，“绝对豁免主义”更强调主权国家行为的统一性，即认为国家的一切行为都具有“主权性”，都是“主权行为”，都应享有国家豁免地位。就此而言，“绝对豁免主义”在对国家主权的尊重上似乎走得更远一些。但“绝对豁免主义”的提法却有不妥，正如英国国际法学者布朗利所言：“‘豁免’不是绝对的，因为它可以被放弃。”③ 而且，“绝对豁免主义”将国有企业视为国家豁免的主体，也

① 参见黄进著：《国家及其财产豁免问题研究》，中国政法大学出版社1987年版，第48页。

② 李浩培：《论国家管辖豁免》，载《中国国际法年刊》（1986年卷），中国对外翻译公司出版社1986年版，第304页。

③ 转引自黄进著：《国家及其财产豁免问题研究》，中国政法大学出版社1987年版，第56页。

是不科学的。

我们认为，在国家管辖豁免范围的问题上，“绝对豁免主义”和“限制豁免主义”之争，并不仅仅是概念之争，而是有其深刻的政治、经济原因的。但既然两种主义在理论上都承认国家豁免原则的正当性和必要性，在实践中又都不可避免地出现国家不享受豁免地位的例外情形，因此，不妨抛开“主义”的噱头，在承认国家豁免是一项国际法原则的基础上，通过国际条约的形式，对国家豁免的例外情形予以明确限定，并尽量使该条约在内容和实践中不至于违背国际法公认的基本原则和通常做法，这样似乎更能协调各国立法和法院实践，当然，相关条约的谈判也注定是充满斗争和坎坷的。

2. 商业行为的认定

“限制豁免主义”通常将国家参与商业活动的行为视为“非主权行为”，而拒绝给予其豁免地位。商业行为事实上便成了“限制豁免主义”同“绝对豁免主义”在范围上的试金石，而如何认定“哪些国家行为构成商业行为”，便成了“限制豁免主义”在国家管辖豁免范围问题上的核心内容。

一般认为，在商业行为的认定上存在三种不同标准。一种是以国家行为的性质为标准（以下简称“性质标准”），一种是以国家行为的目的为标准（以下简称“目的标准”），还有一种标准则综合考虑国家行为的性质和目的（以下简称“混合标准”）。

“性质标准”又称“客观标准”，该标准不管行为动机和目的如何，只要该行为在私法上同样可由一切私人所从事，则该行为即属商业行为或“非主权行为”，不能享有国家管辖豁免。“性质标准”在实质上与“限制豁免主义”的观点是一致的，它将国家从事商业活动的行为定性为“非主权行为”，因此，其也受到“限制豁免主义”者的吹捧。美国《1976年外国主权豁免法》第1603条第4款明确规定：“‘商业活动’是指某种正常做法的商业行为，或是指某种特殊的商业交易或行动。是否是商业性活动，应当根据行为的做法的性质，或特殊的交易和行动的性质决定，而不是根据其目的。”① 英国《1978年国家豁免法》虽然没有明确规定商业

① 李双元等编：《国际私法教学参考资料选编》（中册）（程序法），北京大学出版社2004年版，第871页。

行为的认定标准，但其第3条所列举的商业活动的三种情形，事实上表明英国采用的也是“性质标准”，并试图将商业活动的范围涵盖所有“非主权行为”，以限制国家管辖豁免的范围。

“目的标准”也称“主观标准”，依据该标准，如果某一行为是为了公共目的，则该行为即应享有国家管辖豁免，反之，则不应享有豁免地位。由于国家从事商业行为往往是为了“公共目的”，因此，几乎所有的国家商业活动都可以被解释为具有适当的“公共目的”，而享有国家管辖豁免。这样，即使采用限制豁免主义，但“目的标准”实质上给予国家第二次豁免的机会，① 这在事实上也恰恰与坚持“绝对豁免主义”的结果不谋而合。而“目的标准”也因此成为持“绝对豁免主义”国家与持“限制豁免主义”国家在条约谈判中讨价还价的重要砝码。

“混合标准”则采取折中的做法，既考虑到国家行为的性质，也不忽视国家行为的目的，将二者结合起来综合判断。《联合国1991年草案》第2条第2款在认定商业交易时，即规定“首先应考虑合同或交易的性质，但是，如果在作为其缔约一方的国家的实践中该合同或交易的目的与确定其非商业性质有关，则也应予以考虑”。② 当然，在实际操作中，有的国家法院可能以行为性质标准为主，目的为辅；有的国家法院则可能以行为目的标准为主，性质为辅。

我们认为，“混合标准”的做法是可取的，纯粹的“性质标准”或“目的标准”都不符合国家参与国际经济交往的实际情况，也不利于解决各国“标准之争”的对抗状态。当然，“混合标准”实际上把识别问题交由各国法院在具体案件中予以自由裁量，这种裁量不仅仅关注行为的“性质”或“目的”，也不可避免地涉及国家之间政治、经济等利害关系的考虑。

3. 实际联系问题

与国家管辖豁免范围相关的另一问题，则是法院管辖权本身是否与某

---

① C. Sehrener, State Immunity: Recent Development, Grotius Publications 1998, p. 10. 转引自黄进、肖永平主编：《展望二十一世纪国际法的发展》，湖北人民出版社2001年版，第46页。

② 李双元等编：《国际私法教学参考资料选编》（中册）（程序法），北京大学出版社2004年版，第1204页。

一国家行为有着实际联系，如果缺乏实际联系，该国家行为即使被认定为“非主权行为”，该外国法院也缺乏对其行使管辖权的正当理由。而对于何种联系构成国家行使管辖权的正当理由，有的采取“领土联系”的标准，即只有该外国国家行为同法院地国存在“领土联系”，法院才有可能行使管辖权。1972 年《关于国家豁免的欧洲公约》即采取此种做法，明确地将“领土联系”作为缔约国法院行使管辖权的前提条件；有的则采用“根据国际私法适用规则”作为管辖权行使的适当依据，这也就进一步扩大了法院地国的管辖权范围。《联合国 1991 年草案》即采用此种措辞，以此确定缔约国法院管辖权与国家行为之间的实际联系；美国则根据其“长臂管辖”的惯常做法，仅要求“最低限度的联系”，《1976 年外国主权豁免法》第 1605 条所规定的法院管辖权依据，事实上可被美国法院解释为“一切对美国利益有影响的外国国家行为”。因此，实际联系的要求，在美国法院判断是否对外国国家行使管辖权时，其限制性意义已微乎其微，如果有，也仅是美国法院在权衡自身利害关系后，在特定情形下承认外国国家管辖豁免的最好托辞。

同商业行为的认定不同，实际联系并不能直接限定国家管辖豁免的范围，而且缺乏管辖权依据而导致无权管辖，在实质上也不同于直接基于国家主权豁免原则而产生的无权管辖，但在采取“限制豁免主义”国家的法院实践中，实际联系却往往是法院考虑是否给予具体国家行为管辖豁免的重要因素，以至于在有些情况下，法院可以不必挣扎于国家行为性质或目的的困惑之中，而直接基于缺乏管辖权适当依据做出不予受理的裁定。因此，实际联系的要求，从管辖权本身对国家管辖豁免的范围做出某种限定，虽然这种限定在不同国家法院实践中具有不同的意义和效果，但它在某种程度上却使国家豁免原则与一国的司法实践更容易结合起来。

（四）国家管辖豁免的放弃

国家管辖豁免是国家依据主权原则在外国法院所享有的一项特权，当然，这项特权也可以由国家通过各种形式予以放弃。虽然，放弃对于采取“绝对豁免主义”和采取“限制豁免主义”国家的意义不尽相同，但至少放弃在一定范围排除了外国法院对国家行使管辖权的基本障碍。

有学者认为，国家管辖豁免的放弃应具备三个必要条件：（1）自愿性，即放弃必须是国家基于自己的意志，决定是否放弃管辖豁免、以及在何种范围内放弃管辖豁免，而不受其他国家或其法院的强迫。（2）明确性，即放弃无论采取哪种形式，都应明确地表示出国家放弃管辖豁免的意思。（3）具体性，即国家对某一具体范围的诉讼放弃管辖豁免，并不等于国家对其他未明确表示放弃的事项也放弃管辖豁免。①上述三个要件虽然在质的规定性上对放弃予以限定，但由于放弃具体形式的多样性，各国立法及司法实践对不同形式放弃的认定标准也不尽相同。笔者主要从以下三种形式予以阐释。

1. 明示的放弃形式

明示的放弃形式，即国家通过书面或口头形式，直接表明国家放弃管辖豁免的意愿。明示的放弃既可以在争端发生前做出，也可以在争端发生后做出。明示的放弃，既可以由有关国家在国际条约中予以明确，也可以由国家与有关当事人在合同中进行约定，还可以由国家进行自我限制，通过立法或单方声明的形式表明国家自愿放弃管辖豁免。尽管国家之间或国家与当事人之间对条约或合同的解释仍存在分歧，但由于明示的放弃方式确定性较强，一般都对放弃的具体范围限定得较为明确，因此，实践中在此方面的争议也相对较少。

2. 默示的放弃方式

默示的放弃方式，即国家并没有直接做出放弃管辖豁免的意思表示，而是通过其特定行为表示该国自愿接受外国法院管辖的意愿。默示的放弃方式，由于采取推导的方式判断国家是否放弃管辖豁免，因此，在实践中也常常基于推导理由的不同而产生不同的判断结果。

一般情况下，一国作为原告在外国法院提起诉讼，或作为被告出庭应诉而不主张管辖豁免，或作为第三人主动介入到某一特定诉讼而不主张管辖豁免，或提出反诉，均可构成国家放弃管辖豁免的充分理由。对此，有关国际条约也有类似的明确规定，如《联合国1991年草案》第8条规定，如果一国本身提起诉讼，或介入到诉讼或采取与案情实质有关的任何其他步骤，则在另一国法院的该诉讼中不得援引管辖豁免。②《关于国家豁免的欧洲公约》第1条也规定："一缔约国在另一缔约国法院提起诉讼

① 龚刃韧著：《国家豁免问题的比较研究》，北京大学出版社1994年版，第219~222页。

② 参见李双元等编：《国际私法教学参考资料选编》（中册）（程序法），北京大学出版社2004年版，第1205页。

或参与诉讼，即为诉讼目的服从该法院的管辖。”①

但在实践中，根据国家的某些诉讼行为，进而推导出国家默示放弃管辖豁免，也并不是全无疑义的。（1）出庭行为。国家作为被告出庭在许多情况下并不是承认或接受外国法院的管辖，并开始或继续诉讼，相反，国家出庭的目的可能正是主张本国的管辖豁免权，对外国法院的管辖权提出抗辩。在这种情况下，如认为国家出庭即为默示放弃豁免，显然占不住脚。美国法院诉讼中的“特别诉讼制度”，即对被告出庭抗辩法院管辖权的行为予以特别规定。此外，国家出庭作证或对诉争财产主张权利等行为，也都不能作为国家放弃管辖豁免的充分理由。对此，《联合国1991年草案》第8条第2款也有明确的规定。（2）反诉。在外国法院诉讼中，国家提出反诉通常被认为是国家放弃管辖豁免的充分证据。但在国家主动提起诉讼后，对方反诉的情形下，能否再主张管辖豁免则不无疑问。对此，《联合国1991年草案》第9条仅规定：“一国在另一国法院提起一项诉讼，不得就与主诉相同的法律关系或事实所引起的任何反诉援引管辖豁免。”② 但如果反诉与主诉的“法律关系或事实”并不相同，国家能否豁免，《联合国1991年草案》并没有直接规定，对此，各国的实际做法也不尽一致。美国《1976年外国主权豁免法》允许提出与主诉“法律关系或事实”不一致的反诉，国家也不能主张管辖豁免，但该种反诉所要求的补救额不得超过国家在主诉中所要求的额度。英国《1978年国家豁免法》则不允许提出超出主诉“法律关系或事实”范围的反诉。德国、法国、比利时、瑞士、荷兰等国法院的实际做法也不尽相同，甚至一国法院在不同时期也有不同的做法。③ 我们认为，当对国家的反诉超过主诉的“法律关系或事实”范围时，实质上构成对国家所提起的一个新的诉讼，因此，对于该新诉讼，国家当然应享有管辖豁免权，除非国家自愿放弃。

3. 仲裁协议与国家管辖豁免的放弃

---

① 参见李双元等编：《国际私法教学参考资料选编》（中册）（程序法），北京大学出版社2004年版，第1121页。

② 李双元等编：《国际私法教学参考资料选编》（中册）（程序法），北京大学出版社2004年版，第1206页。

③ 参见龚刃韧著：《国家豁免问题的比较研究》，北京大学出版社1994年版，第241~246页。

仲裁和诉讼原本是解决争议的两种不同方式，选择仲裁解决争议本身也意味对诉讼方式的排斥。但国内法院事实上又对与仲裁直接相关的事项起着监督作用，如仲裁当事人就仲裁协议的效力、仲裁程序的正当性、仲裁裁决的承认和执行等问题发生争议时，国内法院事实上仍起着最终解决争端的作用。因此，在实践中，国家与私方当事人所签订的仲裁协议，通常也被视为国家在一定范围内放弃了国家管辖豁免。至于仲裁协议在何种范围内隐含着国家管辖豁免的放弃，各国实践及有关国际条约的规定不尽一致。美国《1988 年外国主权豁免法修正案》将放弃的范围解释为“仲裁协定的实施、仲裁裁决的确认和执行”，澳大利亚也做出了类似立法规定。英国《1978 年国家豁免法》则规定得比较笼统，仅规定“在联合王国法院涉及该项仲裁的诉讼中”。法国、荷兰等国法院则对与仲裁裁决实际执行的诉讼方面，持比较谨慎的态度。而《联合国 1991 年草案》与 1972 年《关于欧洲国家豁免的欧洲公约》则做了相同的规定，在“仲裁协定的有效性或解释、仲裁程序、裁决的撤销”等相关的诉讼中，国家视为放弃管辖豁免。我们认为，除仲裁协定或有关国际条约做出特殊规定外，对仲裁协议所推导出的国家管辖豁免的放弃范围，应将其限定于“与仲裁本身所直接相关的事项”，并进行限定性解释，否则，就违背了仲裁当事人选择仲裁方式解决争议的初衷。

即使通过仲裁协议可以推导出国家默示地放弃管辖豁免权，但这并不意味着有关法院就自动获得了对国家的诉讼管辖权，其也仍需遵循相应的管辖权规则，只有具有充分的管辖权依据，方可行使管辖权。至于何谓“充分的管辖权依据”，美国、法国等许多国家认为仲裁地与法院地如属同一国家，或者当准据法是法院地国法律时，则该法院即具有充分的管辖权依据；瑞士则以诉讼事由与瑞士是否存在实质性联系作为判断依据；《联合国 1991 年草案》第 17 条采用了商业争议“原应管辖的法院”的措辞，而并没有直接对适当的管辖法院做出明确界定，对此，国际法委员会解释说“在正常情况下，法院可因仲裁地位于法院地国境内或因仲裁协定选定法院地的国内法作为仲裁适用法而拥有此种管辖权，此外，由于扣押或查封的财产处在法院地国境内，也可以有此管辖权”。①

① 龚刃韧著：《国家豁免问题的比较研究》，北京大学出版社 1994 年版，第 264 页。

（五）国家行为理论

与国家管辖豁免问题相关的，还有所谓的“国家行为理论”。即一国法院不得对其他主权国家在其领域内的行为进行审查，不论该行为是否符合法院地国法，抑或国际法。据此，如主权国家因其行为的效力在外国法院被提起诉讼，可以此为由对外国法院的管辖权提出抗辩，外国法院也可以此为根据，对案件不予受理或驳回起诉。

早期法院在适用国家行为理论时，对国家行为一般也不作任何区分，即对外国国家的任何行为都不进行审查，不论其行为性质或效力如何。如美国最高法院在著名的“萨巴迪罗案”（Bance National de Cuba v. Sabbatino, 1964）中认为，美国法院对一个主权国家在其境内取得财产的行为和实行国有化的效力，即使违反国际法，也不能予以审查和审讯。但随着限制豁免主义的流行，国家行为理论也开始对国家行为进行区分，即仅对国家的“主权行为”不予审查，而对于国家所从事的“非主权行为”或“商业行为”则有权予以审查。在“邓希尔案”（Alfred Dunhill of London, Inc. v. Republic of Cuba, 1976）中，美国最高法院即认为，本案与以前有关外国立法、军事行为和对人身扣留等各案的情况不同，而是关于进行商业活动的机构未履行返还误收款项的义务的一种特殊事件。尽管是外国在其领土内所为的行为，如其属商业行为，仍不适用国家行为理论。①当然，这种区分也同样存在着对国家行为性质进行判断的难题。

国家行为理论与国家管辖豁免原则均建立在对外国主权尊重的基础上，二者相互关联，相互补充。特别是在基于主权国家行为所产生的诉讼上，援用国家行为理论事实上常常导致国家主权豁免地位的取得，美国法院在适用主权豁免原则时即常以国家行为理论为依据。② 但二者在实践中的具体效果也存在某些差异，国家管辖豁免原则直接排除的是外国法院对国家及其财产的管辖权，而国家行为理论则是对外国法院是否享有管辖权问题上的一种理论上的抗辩，虽然二者最终都可能导致外国法院无权管辖的效果，但显然主权豁免原则更具有直接性的效力。另外，二者的可援引

---

① 参见姚梅镇主编：《国际经济法概论》，余劲松主持修订，武汉大学出版社 1999 年修订版，第 39 页。

② 参见姚梅镇主编：《国际经济法概论》，余劲松主持修订，武汉大学出版社 1999 年修订版，第 37 页。

主体也不尽相同，国家管辖豁免原则只能由主权国家自己援引，而国家行为理论则不仅可以由国家自身援引，还可以由受国家行为影响的相关主体援引，对外国法院的管辖权提出抗辩。

三、诉讼程序中的国家豁免问题

主权国家不仅在管辖阶段享有特殊的地位，而且在诉讼程序进行过程中，各国法院也通常给予主权国家某些豁免权。一般情况下，主权国家在诉讼程序中的豁免地位，主要指外国法院不得对主权国家的财产采取查封、扣押等临时性强制措施，也不得强迫国家及其代表出庭作证，并不得对国家采取惩罚性的制裁措施。当然，由于各国法院的具体诉讼程序存在不同程度的差异，国家所能享有的豁免地位也不尽一致。

虽然，诉讼程序中的国家豁免、国家管辖豁免以及执行阶段的国家豁免，都以国家主权原则为理论依据。但与管辖阶段的国家豁免相比，诉讼程序阶段的豁免显得更为多样化，这与诉讼程序阶段法院程序的多样性有很大关系。而且，国家管辖豁免地位的放弃或丧失，也并不必然导致诉讼程序中国家豁免地位的丧失。实践中，虽然各国法院在处理国家管辖豁免和强制措施的豁免之间关系的具体做法不同，但许多国家仍然认为强制措施的豁免不同于管辖的豁免，并对强制措施的实施采取更为谨慎的态度。① 而就执行阶段的国家豁免而言，诉讼程序中的豁免与其有着更为直接相关的联系，不少国家也将二者作为强制措施的豁免予以统一规定。但诉讼程序中的强制措施，显然更具有临时性和中间性，有些国家如美国，就区分判决前的强制措施和判决后的强制措施，做出不同的规定。

概括而言，诉讼程序中的国家豁免，通常体现在以下几个方面：

1. 财产保全的豁免

财产保全，是法院在判决之前为保证将来判决能得以执行，应当事人的申请或依职权对有关当事人的财产所采取的强制措施。而在国家作为一方当事人的诉讼中，各国法院通常不得对国家的财产，采取查封、扣押、拍卖等强制措施，除非经主权国家同意。实践中，还有些国家区分国家财

---

① 与国家管辖豁免与执行豁免的关系相类似，通常也有“一体说”和“区分说”两种方法来处理国家管辖豁免与诉讼程序豁免的关系。对于“区分说”和“一体说”，笔者将在执行豁免部分予以具体阐释。

产的性质，对于商业用途和非商业用途的财产做出不同的规定。但是，一般认为，一国外交用途的财产、国防用途的财产、历史文化遗产及国家档案等具有更强的主权属性，不得对其采取任何强制措施。

2. 证据保全的豁免

证据保全，是法院为防止有关重要证据在诉讼中灭失或以后难以取得，应当事人的申请或依职权对证据加以固定和保护的行为。国家财产，特别是用于公务目的的财产，是国家职能机构正常运转的重要保障，而国家档案和文件还常具有国家秘密的性质，因此，各国法院通常不得强制对其采取证据保全措施。

3. 出庭作证义务的豁免

在涉及主权国家的诉讼中，外国法院不得强制国家及其代表出庭作证，并不得因国家未能履行某项特定义务或提供特定文件、或透漏任何其他资料，对国家课以任何罚款或罚金。对此，《联合国 1991 年草案》第 22 条和《关于国家豁免的欧洲公约》第 18 条均有明确的规定。

4. 其他方面的特殊地位

外国法院不得强制国家提供任何种类的担保、保证书或保证金，用以支付法院诉讼费用或其他开支。另外，在有关诉讼文书的送达中，外国法院通常也需采取特殊的送达方式，如通过法院地国与有关外国国家共同认可的方式，或通过外交方式予以送达。

四、执行程序中的国家豁免问题

执行程序的豁免，指外国法院做出判决后，不得对国家财产采取查封、扣押、变卖等强制措施。判决能否得以执行，直接关系到当事人诉讼目的能否实现，也将直接关涉到当事人实体权利和义务的变更，因此，执行阶段的国家豁免，无论是对国家还是其他诉讼当事人，都更具有实质意义。

（一）执行豁免与管辖豁免的关系

时至今日，国家管辖豁免显得越来越不是那么“绝对”，外国法院对主权国家行使管辖权的现象时有发生。在国家不享有管辖豁免的情形下，国家是不是也同时丧失执行豁免，即执行豁免与管辖豁免的关系如何，则是一个值得进一步探讨的问题。对于二者之间的关系，一般存在“一体说”和“区分说”两种立场。

“一体说”认为，国家管辖豁免与执行豁免应是一致的，如果国家不享有管辖豁免，那么也不应享有相应的执行豁免。而“区分说”则认为，国家管辖豁免和执行豁免是两个不同的问题，国家不享有管辖豁免，并不当然丧失执行阶段的豁免，对外国财产采取强制性执行措施，应采取更为谨慎和严格的做法。与“一体说”相比，“区分说”表面上似乎更强调二者在诉讼阶段和实际效果上的差异性，但深层次的原因则应是执行阶段的强制措施对主权国家实体利益的剥夺，以及对有关国家之间友好关系的破坏性。诚如有的学者所言，各国之所以承认执行豁免与管辖豁免之间的区别，或者说承认执行管辖比管辖豁免更加具有“绝对性质”，与其说是根据国际法或法律原则，不如说是基于更为实际的理由。①

对此，许多国家立法及相关国际条约采取了“区分说”的做法。美国《1976年外国主权豁免法》虽然存在扩大法院管辖权并限制外国主权管辖豁免的倾向，但在执行措施的规定上，仍采取区分的做法，并对执行豁免默示放弃的财产范围做出较为严格的限制。《联合国1991年草案》也采取“区分说”的做法，而且对执行豁免的默示放弃做出比美国法还要严格的规定。另外，对于“解决投资争议国际中心”做出的仲裁裁决，如当事人请求有关缔约国法院予以承认和执行，即使缔约国法院应视该裁决为本国法院所做出的最后判决一样，这也并不妨碍其他缔约国在法院地国所应享有的执行豁免地位，对此，《解决国家与他国国民投资争端公约》第54条有明确的规定。由此可以看出，即使存在终局性的法院判决，事实上能否得以执行，仍取决于执行地国的有关法律及可以适用的国际法规则。

（二）执行豁免的范围

随着限制豁免主义在西方发达国家的日趋流行，与管辖豁免相似，在执行豁免方面似乎也存在着采取“限制豁免主义”的倾向，即在执行豁免范围的认定上，将国家财产区分为商业性财产和非商业性财产，对于非商业性财产承认其执行豁免，而对于商业性财产则拒绝给予其执行豁免地位。

1. 商业性财产的认定

① 参见龚刃韧著：《国家豁免问题的比较研究》，北京大学出版社1994年版，第352~355页。

如同商业行为的认定一样，对于什么是商业性财产，各国也并没有统一的看法。但与商业行为的认定有所不同的是，财产本身并无“商业性”或“非商业性”之分，只有将财产用于“商业性”或“非商业性”目的时，才可能有其性质的界定。因此，从这一方面而言，财产的“商业性”界定，采取的是“用途标准”或“目的标准”。

即便如此，各国立法也都没有对“商业性财产”的概念进行明确的界定，或者对其范围进行详尽的列举。对此，《联合国 1991 年草案》也只是采取了否定性的列举方式，仅对不应被视为“政府非商业性用途财产以外目的”的财产进行特别列举。根据该草案第 19 条的规定，一国外交性质的财产、军事性质的财产、中央银行的财产、文化遗产和历史档案以及具有科学、文化、历史价值的展览品，尤其不应被视为商业性的财产。①

实践中，各国法院的具体做法也不尽一致，“商业性财产”的范围仍有赖于各国法院在具体案件中进行自由裁量。有的国家强调“商业性财产”使用的地域性范围，如美国《1976 年外国主权豁免法》规定：只有当外国国家财产“在美国用于商业活动”，美国法院才可以对外国国家财产进行扣押和执行。瑞士法院也采取这种做法。而英联邦国家则没有要求外国国家财产只有在“法院地国”进行商业性使用，才被视为“商业性财产”，进而丧失执行豁免地位。还有的国家仅允许对目前正被用于商业用途的外国国家财产采取强制性执行措施，而并不考虑该财产过去的用途。而美国法院还考虑财产过去的使用情况，《1976 年外国主权豁免法》规定，“过去用于商业活动”的外国国家财产，也可能不享有执行豁免，只要该商业性使用是在美国进行。

另外，将国家财产分为“商业性财产”和“非商业财产”，在实践中还可能遇到某一财产可能具有多种用途的难题。如一国使馆的有关财产，事实上也可能同时用于商业性用途，此时如何界定该财产的性质及其对应的执行豁免地位，则显得较为复杂，对此，各国也没有统一的实践。有的国家从量上进行界定，认为只要该财产的大部分被用于商业性用途，则该财产可在整体上被视为“商业性财产”；有的国家则从质上进行区分，仅

---

①　参见李双元等编：《国际私法教学参考资料选编》（中册）（程序法），北京大学出版社 2004 年版，第 1208 页。

对用于商业用途的那部分财产可以采取执行措施；还有的国家则认为，只要该财产具有非商业性的用途，即不应对该财产采取强制性执行措施。对此，《联合国1991年草案》则采取更为务实的方法，即有关被诉国家可以通过“拨出或专门指定该财产用于清偿该诉讼目的”的做法，事实上解决具有混合用途的国家财产的执行豁免问题。

我们认为，与商业行为的认定一样，商业性财产的认定也是采取限制性执行豁免做法的一大难题，而这也仍需各国法院在司法实践中综合考虑各种因素予以解决。但无论如何，一国法院都不能对那些明显具有“非商业目的”的国家财产予以强制执行，而且即使对“商业性财产”予以强制执行，也仍需充分考虑主权国家的意愿，争取能就执行达成协议，以保障外国国家事务及活动的正常进行。

2. 实际联系的要求

执行豁免中的实际联系要求，是指外国国家的有关财产，只有在同外国国家的商业行为存在实际联系时，才可能成为强制执行的对象。实践中，是否要求执行标的同有关国家行为具有实际联系，各国的具体做法也存在较大差异。美国《1976年外国主权豁免法》强调外国财产同商业活动的实际联系，规定外国财产只有用于产生诉讼的商业活动时，才可能作为执行标的；《联合国1991年草案》也有类似的规定；而英国法则没有此种财产与诉争行为必须存在联系的要求，只需该财产用于商业用途即可。

我们认为，应强调财产同诉讼的实际联系，一国国家财产即使用作商业性目的，但并不能得出结论，该财产可充作任何针对国家的外国法院诉讼的执行标的。而外国法院也仅应对与诉讼直接相关的国家财产采取强制执行措施，而不应无限扩大至该国家所有的任何财产。这一点对于防止外国法院任意扩大其执行范围，肆意侵害主权国家的利益，具有非常重要的意义。

（三）执行豁免的放弃

根据“区分说”，外国国家对管辖豁免的放弃，并不意味着其对执行豁免的放弃，除非其做出明确的意思表示放弃执行豁免。已如前述，与管辖豁免相比，执行豁免对于外国国家而言，更具有实际意义。对此，《联合国1991年草案》第18条第2款规定：“按照第7条规定的同意（明示同意）行使管辖权并非默示同意按（第18条）第1款采取强制措施，关于强制措施必须另行表示同意。"①

1. 放弃的形式

对于执行豁免放弃的形式，各国通常采取严格限定的方式，一般要求放弃应采取明示的方式，即通过国际条约、书面合同及单方声明的方式明确表示同意放弃执行豁免。英国《1978 年国家豁免法》即规定执行豁免的放弃必须以“书面同意”做出，而《关于国家豁免的欧洲公约》第 23 条也规定，除非另一缔约国在具体案件中以书面明示同意，不得在缔约国境内对另一缔约国的财产采取任何执行或保全措施。美国《1976 年外国主权豁免法》虽然允许默示放弃的方式，但其又对默示放弃的财产范围予以限定。《联合国 1991 年草案》虽然也有规定，如外国国家“已经拨出或专门指定该财产用于清偿该诉讼标的的要求”，就不应享有执行豁免。在此情形下，也往往意味着国家已明确同意就该“特定财产”放弃管辖豁免，而且似乎比一般的明示放弃所要求的意思表示更为明确。因此，与其说该规定是在允许执行豁免的默示放弃形式，倒不如说是对默示放弃的情形予以明确和严格的限定。

2. 放弃的范围

由于各国通常仅允许明示放弃的形式，因此，一般由主权国家自己决定执行豁免放弃的财产范围。这样，被放弃执行豁免的财产，可能既包括“商业性财产”，也包括“非商业性财产”；既包括与本案有联系的财产，也可能包括与本案无实际联系的财产。当然，美国的做法比较特殊，其虽然允许采取默示放弃的方式，但默示放弃的财产范围却仅是在美国使用的“商业性财产”，而“非商业性财产”则不在此范围之内。

我们认为，鉴于执行豁免对主权国家实体利益的重要性，应对其放弃的形式和范围做出严格限定，一般仅允许明确放弃方式，而不允许默示放弃方式，更不能将默示放弃的范围任意地扩大至国家的任何财产，以防止外国法院对主权国家财产的肆意侵害。

---

① 李双元等编：《国际私法教学参考资料选编》（中册）（程序法），北京大学出版社 2004 年版，第 1208 页。

第二节　国际组织在国内法院诉讼中的地位

一、国际组织在诉讼中的主体资格问题

诚如有的学者所言，当今国际社会呈现出组织化的趋势，国际组织的数量不断增加，职能日益扩大，地球上彼此影响的各种国际组织已经形成一个巨大的国际组织网，这张“网”将涵盖人类生活的各个方面，涉及国际社会的一切事项。① 随着国际组织在国际社会中的蓬勃发展，在国内领域范围内，国际组织也表现得越来越活跃，不但对主权国家表现出越来越大的影响力，而且对私法领域内的活动，也产生较为深远的影响。这种影响不仅体现在国际组织对私法活动的引导和规范上，而且也表现在国际组织对私法活动领域的直接参与上。

国际组织参与到国内私法活动领域，与国内私法主体进行民商事交往，对于由此所引发的纠纷，除双方另有约定外，经常也会产生国内法院诉讼的问题。国际组织参与国内法院诉讼，虽不像国家参与外国法院诉讼那样引人注目，但事实上，国际组织种类和职能的多样性，使得国际组织的诉讼地位问题也显得更为复杂。这不仅涉及政府间国际组织和非政府间国际组织诉讼地位的区别，而且还关系到其在成员国法院及非成员国法院诉讼地位的差异性。

（一）政府间国际组织的诉讼主体资格

国际组织包括政府间国际组织和非政府间国际组织两大类，即凡是两个以上国家或其政府、人民、民间团体基于特定目的，以一定协议形式而建立的各种机构，都可以称为国际组织。②政府间国际组织与非政府间国际组织，虽然都是一种跨越国界的国际机构，但二者的法律地位却存在较大差异。长期以来，非政府间国际组织并不被看作是国际法主体的组成部分。而对于政府间国际组织，一般说来，在其职能范围内往往具有相应的

---

① 参见梁西著：《国际组织法》（修订第四版），武汉大学出版社 1998 年版，第 407～410 页。

② 参见梁西著：《国际组织法》（修订第四版），武汉大学出版社 1998 年版，第 4 页。

法律人格以行使其权利并履行其义务。这种国际组织，不仅可以在国际社会内独立参与各种国际活动，而且在国内法领域内，它也享有订立合同、购置财产、参加诉讼等权利。

1. 诉讼主体资格的适格性

政府间国际组织是否是国内法院中适格的诉讼当事人，关键在于其是否在程序上和实体上适格。政府间国际组织作为国际社会中越来越活跃的主体，其国际法主体资格已为主权国家及有关国际公约所承认。① 为实现其宗旨和执行其职能，国际组织以自己的名义广泛地参与各种社会交往关系，并依据有关国际法和国内法在相关法律关系中享有权利，并承担相应的义务。

而在相应的民商事诉讼中，国际组织也有权通过其职能部门或代表机构，行使相应的诉讼权利，履行相应的诉讼义务，并以国际组织的财产和信用为担保，承当相应的诉讼责任。因此，政府间国际组织同样可以作为国内法院诉讼中的适格当事人，有资格在国内法院起诉、应诉、充当第三人，有资格请求国内法院强制执行有关判决。而且在诉讼中，国际组织与各成员国的诉讼地位是相互独立的，无需以成员国的名义参加诉讼，也无需以成员国的财产作为其诉讼责任的担保。

从根本上而言，政府间国际组织在国内法院诉讼中的主体适格性和独立性，是其国际法主体资格必要的延伸。政府间国际组织作为适格当事人参与国内法院诉讼，是其作为国际法主体履行职能时所必备的权利能力和行为能力，没有这种能力，国际组织就不可能充分有效地开展其活动，也就不可能独立地实现其职能和宗旨。

2. 诉讼主体资格的特殊性

政府间国际组织作为国内法院的诉讼主体，其诉讼地位也自成一类，较为特殊。一方面，与一般国内诉讼主体相比，政府间国际组织作为国际法主体，在成员国国内法院享有某些特权和豁免权；另一方面，与国家相比，政府间国际组织的国际法主体资格是有限的，即在一定职能范围内具

① 政府间国际组织作为国际法的独立主体，在实践中，同其成员国、非成员国及其他国际组织之间展开了广泛的交往。而相关条约也对国际组织的国际行为能力予以确认，如1986年《关于国家与国际组织间及国际组织相互间条约法的维也纳公约》即对国际组织的缔约权进行了明确规定。

有相应的法律人格，其相应的诉讼能力和豁免地位也总是有限的。

虽然就政府间国际组织特权和豁免的理论根据还存在不同意见，但这种特权和豁免的存在却已为包括《联合国宪章》在内的许多国际法文件所认可。一般认为，除国际组织人员及机构在成员国范围内活动的特权之外，国际组织及其财产在成员国也享有相应的司法豁免和行政程序豁免。

当然，国际组织作为国家间的组织，并不具备国家的主权属性，同主权国家的法律人格相比，国际组织的法律人格是有限的，而这种有限性，不仅体现在国际法范围，同样也体现在国内法领域。国际组织的法律人格，只能在执行其法定职能及达成其组织宗旨所必需的范围内才能得到承认。① 因此，国际组织在实体法领域，只能在有限的范围内具备其权利能力和行为能力，与此相对应，其诉讼主体资格和豁免地位也是有限的。国际组织超越其职能范围所进行的活动，一般而言，是得不到成员国政府或法院认可的，对成员国也并不能产生该组织宪章或章程上的组织法义务。但对于国内法主体而言，国际组织并不能以国际组织宪章或章程的规定为借口，对其越权行为不承担责任。而由此所产生的国内法院诉讼中，该政府间国际组织虽然仍可以作为适格的国内法院诉讼主体，行使相应的诉讼权利，承担相应的诉讼义务，但在这种情况下，政府间国际组织却不应享有基于职能原则所产生的豁免地位。

3. 非成员国的诉讼主体资格问题

前面关于政府间国际组织诉讼主体资格和诉讼地位的分析，主要是基于其在成员国国内法院诉讼的基础之上，如果政府间国际组织在非成员国法院内进行诉讼，则可能会得出不同的结论。一般认为，只有条约的缔约方才受条约义务的约束，这一规则也适用于国际组织的组织章程。② 因此，就某一国际组织的非成员国而言，该国际组织是否成立，依组织章程享有何种权利和义务，原则上都不能产生国际法上的约束力。当然，政府间国际组织发展的不平衡，也可能导致例外的存在，如联合国作为当今世界上最重要的维持世界和平和安全的国际组织，《联合国宪章》可能对非

---

① 参见梁西著：《国际组织法》（修订第四版），武汉大学出版社 1998 年版，第 407 ~ 410 页。

② 参见［英］伊恩．布朗利著：《国际公法原理》，曾令良、余敏友等译，法律出版社 2003 年版，第 762 页。

成员国也具有一定的约束力。

事实上，某一国际组织是否具有法律人格，是否可以在本国从事相应的活动，是否允许其在本国进行相应的诉讼活动，非成员国完全可以基于本国法律和政策，予以认可或拒绝认可。这种承认虽然与该国际组织的国际法律人格是否独立存在无关，但它却直接关系到该国际组织在其非成员国境内活动的合法性问题。当然，这种认可既可以是单方认可，如通过国内法的规定予以认可，也可以由国家与该国际组织签订相应的协定予以认可；既可以是概括认可，如对一切国际组织规定相同的认可标准或办法，也可以是特别认可，即在个案中，通过具体的注册或审批程序对某一国际组织予以承认。

同时，即使非成员国对国际组织的主体资格予以认可，但也并不能直接得出这一结论，即该国际组织在该非成员国范围内享有相应的特权和豁免，除非该国法律或双方所签订的国际协定另有规定。因此，在该国法院诉讼中，国际组织是否享有豁免地位，享有多大范围内的豁免地位，也基本属于该国自由裁量的事情。当然，联合国及其专门机构等国际社会的主要国际组织，事实上在非成员国也可能享有一定的特权豁免地位，但这并不具有普遍意义。

（二）非政府间国际组织的诉讼主体资格

尽管对于非政府国际组织的概念还存在不同认识，但一般认为，非政府国际组织主要指非政府间、非营利性质的民间性国际组织。对此，联合国经社理事会曾定义：“凡非经政府协定所成立者，视为国际非政府组织。”① 晚近，非政府组织在世界各国乃至国际社会迅速兴起，数量日益剧增，其活动已经涉及各国国内及国际社会的各个领域，影响也越来越广泛。这些非政府组织就其宗旨、规模、影响、行为等各项指标来看，形态各异、复杂多样；就其数量而言，跨国性的非政府组织在20世纪最后10年已从6000个增加到26000个，其规模从具有500万个成员的“世界野生自然基金”到极尽微小的网络组织不等。②非政府国际组织在国际国内

① 盛红生、贺兵主编：《当代国际关系中的“第三者”——非政府组织问题研究》，时事出版社2004年版，第218页。

② 参见王彦志：《非政府组织的兴起与国际经济法的合法性危机》，载《中国国际法学精萃》，法苑精萃编辑委员会编，机械工业出版社2004年版，第279页。

交往中作用的凸显，其在国际法及国内法中的地位问题也随之提上议事日程。

1. 非政府国际组织的国际法主体资格问题

与个人的国际法主体资格一样，非政府国际组织的国际法主体资格问题也是当今国际社会争论较多的问题。有人认为，非政府组织广泛地参与国际社会活动，影响力越来越大，对国际法的发展也产生了重要影响，因此，应当尊重现实，承认其国际法主体资格。也有人主张，有的非政府组织还取得了出席国际会议，发表意见的权利，事实上享有国际法上的权利，符合国际法主体资格的要求。还有人认为，非政府组织享有在某些国际司法程序中的申诉权，因此，也具备国际法主体相应的诉讼能力和责任能力。

通常认为，判断某一主体是不是国际法主体，往往看其是否具备三个要件，即独立参与国际关系，直接享有国际法权利和承担国际法义务，以及独立承担国际责任的能力。而非政府间国际组织目前的发展现状，尚不足以说明其已同时具备该三个要件，也不能证明其已经普遍性地取得国际法主体资格。

首先，非政府国际组织总是依据一国国内法设立的产物，国际上并不存在相应的非政府国际组织设立法或活动法。从这个意义上讲，任何非政府组织都是国内的组织，而非国家间的组织，其产生、活动范围总是受到一国国内法的制约。非政府国际组织活动范围的国际性，并不能改变其是国内法产物的客观事实。

其次，非政府国际组织虽然广泛地参与国际关系，但其参与方式和参与范围都受到很大程度的限制；非政府国际组织的活动虽然遍及国际社会关系的各个方面，但其大多是通过游说、咨询等非直接参与的方式而参与到国际社会关系中去。以非政府组织在联合国的活动为例，虽然不少非政府组织取得了在联合国经社理事会的咨商地位，有权出席经社理事会及其下属机构的公开会议，但这也仅仅是取得一种咨询者的资格，即只能提出建议、发表意见，而并无表决的权利。而对于诸如联合国大会和安理会这样重要的联合国机构，非政府组织尚无出席其相关会议的权利。

再次，非政府国际组织虽然对国际条约的缔结和国际习惯法的产生具有一定的影响，但国际法事实上仍是以主权国家意志为基础的法律。国际条约的缔结在很大程度上仍取决于主权国家的妥协，即使是政府间国际组织所缔结的国际条约也不例外，具有缔约权的主要是国家，而非政府国际组织尚不具有缔结国际条约的权利，尽管其可能对国际条约的缔结产生这样或那样的影响。另外，国际习惯法的产生仍然取决于主权国家的实践和法律信念，非政府组织可能通过其行为影响了主权国家的通常做法和法律理念，但毕竟这是一种间接的影响方式，其本身并非立法者，起决定作用的仍是主权国家。

最后，非政府国际组织虽然取得了在某些国际司法程序中的参与资格，但其实际参与的范围和效果仍是有限的。目前，非政府组织主要是在一些国际人权法院里享有申诉的地位，而在国际法院、世界贸易组织等争端解决机构中，其并不享有直接的申诉权。事实上，非政府组织的自身性质和活动方式也限制了其参与国际司法程序中的主体资格，因为其对国际争议事项往往并不具有直接利益，缺乏作为相关案件的适格当事人的实体条件。

就非政府国际组织的国际法律人格而言，目前尚缺乏统一的公约规定。虽然，欧洲理事会曾于1986年主持签订了一个《关于承认国际非政府组织法律人格的欧洲公约》，但该公约仅规定各缔约国相互承认在另一国内建立的非政府组织所具有的法律人格和相应的权利及责任，即相应的实体规则仍取决于各国国内法的不同规定。因此，就绝大多数非政府组织而言，它们在国际法上的地位有着特殊的性质，目前还远不能与国际法主体资格相提并论。①

2. 非政府国际组织的国内法主体资格问题

如前所述，非政府国际组织，大都是依据有关国内法产生的社团法人或其他实体。因此，非政府国际组织在其发起设立国，在法律上具有同其他国内非政府组织相同的地位。诚然，各国国内法关于非政府组织法律性质和法律地位的界定不同，但无论是取得独立法人资格的非政府组织，还是不具有独立法人资格的非法人社团，都是国内法的私法主体，在这一点上，非政府组织（包括非政府国际组织）与其他国内法主体并无区别，如国际红十字会就是依据瑞士法所注册的国内私法主体。只不过同其他国内非政府组织相比，非政府国际组织的活动范围是跨越国度的，活动领域

---

① 参见黄志雄：《非政府组织：国际法律秩序中的第三种力量》，载《法学研究》2003年第4期，第126～127页。

是那些具有跨国性质的共同事务。

而在非政府国际组织的非设立国，非政府国际组织往往需要经过注册登记之后，才能取得在该国进行活动的合法资格。各国对在外国设立的非政府国际组织进行注册登记时，事实上涉及对外国法人或其他实体的承认问题。一国可以概括地承认外国非政府组织的主体资格，如通过其国内法规定或通过国际条约的方式，一般性地承认外国非政府组织具有在本国进行活动的主体资格；也可以通过特定的注册或许可程序，准许外国非政府组织在本国从事相关活动。虽然，各国承认的方式不同，但无论如何，非政府国际组织都并不能当然取得在其非设立国的国内法主体资格。

3. 非政府国际组织在国内法院诉讼中的主体资格问题

一般而言，非政府国际组织在国内法院进行诉讼时，具有同国内其他性质相同的组织同样的诉讼主体资格，享有同样的诉讼权利，承担同样的诉讼义务。如我国《民事诉讼法》第 49 条规定，公民、法人和其他组织可以成为民事诉讼的当事人，这样，那些具备法人资格的非政府组织，可以依据法律关于“法人”诉讼地位的规定，参与民事诉讼；而对于那些不具备法人资格的非政府组织，则可以依据法律关于“其他组织”诉讼地位的规定，参与民事诉讼。①当然，对于外国非政府组织在本国法院进行诉讼时，只有当该非政府组织获得了本国政府的承认，具有在本国进行活动的合法主体资格，其才有权以该组织的名义进行诉讼。

需要指出的是，某些非政府组织在国内法院诉讼中也可能享有一定的特权及豁免地位。目前，非政府国际组织发展极不平衡，大多数组织规模很小，活动范围、影响力也较为有限。但也有些组织规模较大，并在人权、人道、环保、劳工等领域产生着重要影响，如国际红十字会、国际劳工联合会、绿色和平组织等在国际事务中就发挥着十分重要的作用。而随着这些非政府国际组织影响力的不断扩大，也有不少国家同其签订协定，给予其在本国活动时一定的特权或豁免权，以保障这些组织能更好的履行

① 我国对民间组织的法律性质和法律地位限制得较为严格，1998 年新颁布的《社会团体登记管理条例》，禁止非法人社团的存在。因此，我国目前法律框架下，那些未经登记的社会团体，不可能作为非法人社团存在。而《取消非法民间组织暂行办法》则将这些未登记社团界定为非法民间组织。详细论述见齐红：《结社自由与非法人社团制度》，载《环球法律评论》2004 年秋季号，第 301～303 页。

其职能，发挥其作用。① 因此，如法院地国与某些非政府间国际组织存在此类的协定，则在该国法院诉讼中，这些非政府国际组织即享有一定的特权及豁免权。值得注意的是，非政府国际组织并不当然具有在外国法院诉讼时的特权及豁免地位，而且其实际豁免范围仍取决于国家在有关协定的具体承诺范围。

二、政府间国际组织的特权和豁免问题②

政府间国际组织作为法律人格者，在其成员国境内有权从事缔结合同、购置财产等民事行为，并因此与成员国其他私法主体之间形成民商事法律关系，而与其他国内私法主体不同，政府间国际组织在国际民商事活动中往往享有一定的特权和豁免权。

（一）政府间国际组织特权和豁免的依据

1. 理论依据

对于国际组织享有特权和豁免的理论依据，目前主要有两种观点：职能需要说和代表说。前者认为，国际组织之所以享有特权和豁免权，是实现该组织宗旨和职务的需要。后者则认为，国际组织之所以享有特权和豁免权，是因为国际组织在一定程度上代表着成员国的利益和愿望，给予其特权和豁免，实际上是成员国之间的相互尊重和礼让。

目前，职能需要说似乎获得更为普遍性的认可，《联合国宪章》第105条的规定即持此种观点。联合国国际法委员会在制定《维也纳外交关系公约》的过程中也认为，“国际组织的豁免权只能建立在职能的基础上”。对此，美国法学家孔兹说：“给予国际组织以特权和豁免……的理由和目的，是保障国际组织在法律上和实践性上的独立性，以便它们能完成任务。”③与国家豁免的主权依据相比，国际组织本身并不具有主权要素，但国际组织一经产生即具有相对独立于其成员国的法律人格，独立地

① 在此方面，最具典型意义的是国际红十字会，不少国家承认其国际法律人格，并赋予在其境内的一定的特权和豁免权。

② 由于政府间国际组织在非成员国的特权及豁免地位，以及非政府国际组织的特权及豁免权往往取决于各有关条约或国内法的具体规定，内容较为分散，不便一一阐释。因此，本文仅探讨政府间国际组织在成员国的特权及豁免权问题。

③ 转引自孙林、张红虹：《国际组织的特权和豁免》，载《中国国际法年刊》（1982年），第174页。

参与国际交往，执行其职能以实现其设立时的宗旨。为避免成员国政府对国际组织的行为进行干涉，国际组织章程中通常也规定其在成员国境内享有一定的特权和豁免。这种特权和豁免既是国际组织保持其独立性的需要，也是国际组织履行其职能的客观需要。

但仅以职能需要说作为国际组织特权和豁免权的理论依据，似乎也并不充分。毕竟，国际组织的设立是以主权国家的合意为基础的，国际组织的运转也离不开主权国家的支持，甚至国际组织特权及豁免本身，也需要主权国家依据相关条约或其国内法具体给予。因此，我们认为，在分析国际组织特权及豁免权的理论依据时，仍需要考虑到国际组织在事实上与其成员国之间的联系性，在强调国际组织独立行使职能需要的同时，不应忽视国际组织对其成员国利益和愿望的代表性。

2. 法律依据

国际组织的特权和豁免权，最初是在一般性外交特权和豁免权的基础上发展起来的。因此，各国及国际组织大都直接使用有关外交特权和豁免权的法律规则，来处理国际组织的特权及豁免权问题。联合国成立后，制定了以联合国为中心的有关国际组织特权和豁免的公约体系，并逐渐确立了有关国际组织特权及豁免的国际法规则。现今，对一国法院而言，有关国际组织特权和豁免的法律依据既包括国际条约，也包括国内立法；既包括普遍性的多边公约，也包括一些双边性条约。

通常，各国际组织的章程或其他组织性条约中都会包括一个基本条款，规定成员国有义务向组织、其他成员国使团及组织职员提供在其本国境内的特权与豁免，如《联合国宪章》第105条。①不过这种条款通常原则性较强，不利于具体操作，因此，往往需要制定更为具体的专门性公约予以补充。如1946年制定的《联合国特权及豁免公约》和1947年制定的《联合国各专门机构特权及豁免公约》，既是关于联合国及其专门机构特权和豁免权最为重要的两个公约，也是事实上许多普遍性国际组织在规定其特权及豁免权时所主要参照的两个公约。

除了由成员国共同缔结的组织性条约之外，还存在一些以国际组织名义所缔结的有关国际组织特权及豁免权的双边条约。如国际组织同总部所

① 参见饶戈平：《论政府间国际组织的法律人格》，载《中外法学》2003年第3期，第327页。

在地国签订的总部协定，与承办组织活动的东道国、接受组织技术或经济援助的受援国签订的双边协定，以及同接受或参与维持和平行动的国家签订的双边协定，等等。①1947年联合国和美国关于联合国会所的协定、1954年联合国教科文组织同法国之间的协定以及1961年联合国和刚果政府签订的有关联合国在刚果地位的双边协定即属此类条约。而且，如果有的国际组织缺乏有关本组织特权及豁免的组织性条约，还可能出现大量国际组织同其成员国之间关于特权及豁免的双边协定。

对于主权国家而言，国际组织在其本国境内所享有的特权和豁免，不仅有条约法上的依据，而且还可能存在具体的国内法依据，如1945年美国的《国际组织豁免法》和1950年英国的《国际组织法》。这些有关国际组织特权及豁免的国内法规定，虽然并不能对其他国家产生法律上的约束力，但在该主权国家与国际组织之间，在该国境内则显然具有法律约束力，除非该国内法规定违反其条约义务或国际强行法的规定。

（二）国际组织特权及豁免的范围

1. 享有特权及豁免的主体

作为国际和国内社会中相对独立的法律人格者，国际组织本身通常在其成员国国内法院中享有相应的特权和豁免权，因此，国际组织本身是有关国际组织特权及豁免权的当然主体。但国际组织作为一个组织体，必须通过组织的代表机构及其职员，来具体履行组织职能。实际上，为确保组织职能的履行和宗旨的实现，通常也需要赋予国际组织的机构及其职员一定的特权和豁免权。应当明确的是，国际组织的机构及职员所享有的特权及豁免权，是基于国际组织的特权及豁免权而派生出来的，其本身并不是相关特权及豁免权的当然主体，并且不同国际组织、不同级别的机构和职员，所享有的特权及豁免权也不尽一致。

同时，国际组织的特权和豁免权，也给予了那些虽非国际组织正式机构或职员，但事实上代表国际组织履行职能的机构或人员。如同国际组织的机构和职员一样，这些非正式的组织机构和人员在履行国际组织所委托的职能时，实际上也充当了国际组织的代理人或代表人的角色，其职务行为也应视作国际组织本身的行为，因此，也应享有相应的特权和豁免权。

---

① 参见饶戈平：《论政府间国际组织的法律人格》，载《中外法学》2003年第3期，第328页。

值得注意的是，这部分主体所享有的特权和豁免权，同样是国际组织本身特权及豁免权的派生，而且对其行为的职能性限制应更为严格，以防止不适当地扩大国际组织特权及豁免权的主体范围。

另外，各成员国派驻国际组织的代表团人员，也享有相应的特权和豁免权。这种派驻国际组织的代表所享有的特权及豁免权，与一般性外交使团所享有的特权和豁免权并不一样，其依据并不在于派驻国与国际组织总部所在地国之间的相关条约或习惯做法，而是基于国际组织本身的特权和豁免权，以保证国际组织正常履行其职能、实现其宗旨，并维护其独立的国际法律人格。

2. 特权及豁免的内容

如前所述，国际组织的特权及豁免，既包括组织本身所享有的特权及豁免，也包括组织机构及其职员所享有的特权和豁免，还包括其他代表国际组织履行职能的机构和人员，以及派驻国际组织常驻人员的豁免。鉴于其他机构或人员享有特权及豁免的派生性，在此，我们仅重点探讨有关国际组织本身所享有的特权及豁免权的内容。

概言之，国际组织在国内法院中通常享有司法管辖的豁免、诉讼程序中的特权及豁免、以及执行程序中的特权及豁免等。（1）司法管辖豁免。即在国内法院中，不得对国际组织及其财产提起诉讼。国际组织作为独立的法律人格者，如果允许成员国对其行为的合法性和效力进行判断，显然会影响到职能行为的独立性。因此，有关国际组织特权及豁免的条约通常规定，国际组织在其成员国法院享有司法管辖豁免。（2）诉讼程序中的特权及豁免。即在法院诉讼过程中，不得对国际组织及其财产采取某些强制性措施。国际组织在其驻在地国的财产、房舍和档案不受侵犯，是有关国际组织特权及豁免权的一项原则性规定，当然在诉讼过程中，其财产、房舍及档案也享有相应的特权和豁免权。成员国法院不得对国际组织的财产、房舍及档案采取扣押、扣留等强制性措施，也不得强迫国际组织及其人员出庭作证或出示有关证据。（3）执行程序中的特权及豁免。即不得对国际组织采取强制性的执行措施。在针对国际组织的判决执行过程中，成员国国内法院不得对国际组织的财产、房舍、档案采取强制性的没收、拍卖、变卖等执行措施，除非国际组织在特定情况下明示地予以放弃。

当然，由于不同国际组织在其宗旨、职能范围、成员国构成、法律地位等方面有较大差异，因此，不同国际组织所享有的特权及豁免权的具体内容也不尽一致。诚如布朗利所言："关于国际组织豁免的确切内容，现在也还没有普遍性协定……无论如何，国际豁免十分专门具体，不可避免地存在极大的差异。"①而对于各国法院而言，至今也并没有形成统一的习惯性做法，有些国家法院依照外交豁免或国家豁免规则来处理国际组织的特权及豁免问题，有些国家法院则采取更为谨慎的态度，严格遵循职能需要原则，来处理国际组织的特权及豁免问题。

3. 特权及豁免的限制

随着国际组织数量、规模、职能范围的不断扩张，在国际组织特权及豁免的范围问题上，也产生了类似于国家豁免范围的问题。即能否对国际组织的豁免范围，也采取限制豁免主义的做法，将国际组织的行为区分为"公法行为"和"私法行为"，对"公法行为"赋予特权及豁免，而对"私法行为"拒绝给予特权及豁免。

我们认为，在国际组织特权及豁免范围上，采取限制性豁免主义的主张，同样存在着对国际组织行为性质进行区分的难题。与国家具有主权属性还不同，国际组织本身并不具有主权属性，据此，很难像限制豁免主义将国家行为区分为"主权行为"和"非主权行为"那样，将国际组织的行为做同样的区分。对此，罗伯特·詹宁斯认为，在国际组织的法律地位问题上，"将国际组织与主权国家类比，完全没有必要的，也是不符合逻辑的"。希金斯也认为，"主权行为和非主权行为的区分不能适用于国际组织，因为国际组织并不能以主权者的身份行事"。②另外，国际社会也缺乏对国际组织行为进行区分的机关，如果赋予国内法院对国际组织行为审查的权力，显然又破坏了国际组织法律人格的独立性。

而且，国际组织取得特权及豁免权的主要依据在于其职能需要性，只要国际组织的相关行为是在执行其法定职能及达成其宗旨所必需的范围内，其就理应享有相应的特权及豁免权。这似乎正与区分国家行为性质的"目的说"有着异曲同工之妙。事实上，如果抛开职能需要于不顾，世界

---

① [英] 伊恩·布朗利著：《国际公法原理》，曾令良、余敏友等译，法律出版社2003年版，第756页。

② Michael Singer, Jurisdictional Immunity of International Organizations: Human Rights and Functional Necessity Concerns, Virginia Journal of International Law (Fall), 1995.

银行集团、国际货币基金组织等广泛从事“私法行为”的国际组织，将无法获得应有的特权及豁免。①

当然，并不是说国际组织的特权及豁免权是不受限制的。实际上，国际组织章程或其他组织性文件中关于其宗旨和职能范围的界定，就是对国际组织特权及豁免权范围最恰当的限定。只有在此范围内，国际组织的法律人格才能得以存在，才有资格享有权利和承担义务，这当然也包括其在国内法中的豁免和特权。另外，国际组织在其同有关国家的双边协定中，也可以对特权及豁免的具体范围予以限定，而且在一定的条件下，国际组织还可以主动放弃其特权和豁免权。

（三）国际组织特权及豁免权的放弃

国际组织所享有的特权及豁免权可以由其通过一定方式予以放弃，对此，1946 年《联合国特权及豁免公约》第 2 条第 2 节规定，联合国有权放弃其财产和资产所享有的对任何形式法律诉讼的豁免权。该公约第 20、23 节也分别规定，赋予联合国官员和专家的豁免权是为联合国的利益而非为个人的私利。如果秘书长认为引用豁免权有碍司法的进行，而放弃它又不损害联合国的利益时，秘书长有权并且有责任放弃该类人员的豁免权。

与国家豁免的放弃一样，放弃的形式和范围问题同样是关于国际组织豁免放弃争论较多的问题。而且，由于国际组织特权及豁免权更多地取决于各国际组织章程或其他组织性条约的具体规定，国际组织特权及豁免放弃的规定显得更为分散，而对放弃的形式和范围做统一规定显然也不现实。

1. 放弃的形式

一般认为，国际组织可以明示地放弃特权及豁免权，但对于是否可以推定国际组织默示地放弃管辖豁免则争议较大。对此，《联合国特权及豁免公约》仅承认此种明示放弃的效力，并且明确规定对管辖豁免的放弃，并不包括任何执行措施的放弃。实践中，对于出庭参加诉讼、合同事先约定放弃豁免、约定仲裁解决争议等行为能否构成国际组织自愿放弃豁免，

① Michael Singer, Jurisdictional Immunity of International Organizations: Human Rights and Functional Necessity Concerns, Virginia Journal of International Law (Fall), 1995.

则意见不一。此外，国际组织通常还可以在其章程中或有关条约中明确规定，其不享受特权及豁免权的具体范围。事实上，这也是国际组织放弃其特权及豁免权的一种形式。

2. 放弃的范围

通常情况下，国际组织特权及豁免权的放弃总是具体的，在特定条件下由国际组织的行政首长做出。一般认为，国际组织对管辖豁免的放弃，并不导致其对诉讼过程和执行程序中特权和豁免权的放弃。至于放弃的具体范围，除事先放弃外，通常由国际组织在具体案件中具体做出。同时，除相关条约或国际组织决议另有规定外，这种放弃既可以是对管辖豁免的放弃，也可以是对诉讼过程中特权或执行豁免的放弃；既可以是对其相关财产的特权及豁免权予以放弃，也可以是对其组织机构或人员特权及豁免权的放弃。

第六章 非方便法院原则

第一节 非方便法院原则概述

一、非方便法院原则的概念与标准

非方便法院原则（Forum Non Conveniens Doctrine）又称不方便法院原则，是普通法系国家民商事诉讼司法管辖权的一项重要制度。在美国，非方便法院原则适用于州际民商事诉讼以及国际民商事诉讼，因此美国学者将该原则区分为“国内非方便法院”（Domestic Forum Non Conveniens）与“跨国非方便法院”（Transnational Forum Non Conveniens）两种。① 本章使用的“非方便法院”均是后一种意义上的，即只讨论国际民商事诉讼中的非方便法院原则。采用非方便法院原则的国家由于不同的历史与实践产生了各自不同的非方便法院原则，英国学者 Fawcett 在《国际私法中的拒绝管辖》一书中将这些国家与地区分成五大组。② 戚希尔与诺斯认为非方便法院原则指一国法院根据其国内法或有关国际条约的规定，对跨国民商事案件拥有管辖权，但从当事人与诉因的关系，以及当事人、证人、律师或法院的便利或者花费等角度看，审理该案是极不方便的，而由外国法院审理更为适当，因而拒绝管辖权。③ 我国学者李双元教授也指出：在国际

---

① See David W. Robertson, “Forum Non Conveniens In America And England: ‘A Rather Fantastic Fiction’”, 103L. Q. R. (1987), p. 399.

② See Fawcett, Declinging Jurisdiction In Private International Law , Oxford, Clarendon Press, 1995, p. 10.

③ Cheshire and North, Private International Law, 10th ed, Butterworths, pp. 119-120，转引自胡永庆《“不方便法院”原则比较研究》，载《诉讼法论丛》第4卷，法律出版社2000年版，第478页。

民事诉讼中，为了避免原告选择法院审理案件给当事人和司法带来的不便，保障争议的公正、迅速、有效解决，原告所选择的有管辖权的法院如果认为存在另一个可替代法院，则可依职权或根据被告请求拒绝行使管辖权。这就是非方便法院原则。① 立法上迄今缺少比较典型的非方便法院定义，因为对非方便法院原则的概括主要反映在普通法的判例中。而法官们从法律适用的角度并不正面提出一个严谨、完整的概念。

非方便法院原则在纵向发展中表现出明显的阶段性。② 传统非方便法院原则以“滥用程序”（Abuse of Process）为标准，现代非方便法院原则以“最适当法院”（The Most Suitable Forum）为标准，两者有着质的差异。传统非方便法院原则强调除非受案法院确信继续诉讼“会导致不公正，因为该诉讼对被告是一种压制或纠缠，或会造成其他方式对法院程序的滥用”，③ 否则不得拒绝审理有管辖权的案件。而现代非方便法院原则没有滥用程序的限制，在 Spiliada Maritime Corp. v. Cansulex Ltd. 案④中，Goff 勋爵认为只有“存在其他对案件有管辖权且对审理案件而言更为适当的法院”，受案法院才能中止英国的诉讼程序。美国法院则倾向于更宽泛的自由裁量权。法院只要平衡各种利益因素认为诉讼在他处进行将明显更合适，它就可以拒绝管辖。⑤ 显然地，按传统非方便法院原则的标准，法院只能在极特殊的情势下撤销或中止诉讼；而按现代非方便法院原则，即使一个法院本身并无不方便，但只要它认为存在一个更方便的法院，就可以轻易撤销或中止诉讼。

传统与现代两种非方便法院原则又都是灵活的管辖权规则，正如 Templemen 勋爵在 Spiliada 案中所言，“解决诉讼在英国进行或在外国进行的争议纯属法官裁断的事项”。⑥ 不管是“滥用程序”标准抑或“最适当

① 参见李双元、谢石松著：《国际民事诉讼法概论》，武汉大学出版社 2001 年版，第 314 页。

② 非方便法院原则在横向传播中演化出三种代表性模式，即英国模式、美国模式、澳大利亚模式。

③ St. Pierre v. South American Store（Gath & Chaves Ltd.）［1936］IK. B. 382, p. 398.

④ ［1987］A. C. 460.

⑤ See Robertson, op cit, p. 399.

⑥ Spiliada case, supra note.

法院”标准均由法官在具体案件中加以解释、发展，虽然先例可资援引，但两种非方便法院原则的适用结果都缺乏确定性与可预见性。由于法官拥有不受限制的自由裁量权，① 因此有人说“法官是不方便法院说王国的皇帝”。②

二、非方便法院原则的适用

由于传统与现代非方便法院原则采取了不同的标准，非方便法院原则在已决案件中的适用表现出不同的特征。

具体地说，传统非方便法院原则的分析方法是：第一，确定是否存在另一个有管辖权的替代法院；第二，继续诉讼程序是否不利被告或危及司法公正；第三，案件由替代法院审理是否会损害原告的利益。在传统的非方便法院原则适用中，保护原告的诉讼利益至关重要（虽然并非是绝对的）。美国法学会编纂的第二部《冲突法重述》指出：(1) 因为诉讼地是原告选择的，所以除了非常重要的原因，其对法院的选择不应受到干扰；(2) 除非对原告还存在一个适当的替代法院，否则不能撤销当前的诉讼。③ 在英国经典判例 St. Pierre 案中，Scott 法官讲得更明确：“(1) 如果诉讼从其他方面看是适当提起的，则仅从方便方面平衡不足以成为剥夺原告在英国法院提起诉讼的利益的理由；向国王的法院申诉的权利决不能轻易拒绝给予。(2) 为了证实中止诉讼是正当的，必须满足两个条件，一是积极条件，二是消极条件：(a) 被告必须向法院证实，继续诉讼程序会导致不公正，因为该诉讼对被告将是一种压制或纠缠，或会造成其他方式对法院程序的滥用以及 (b) 中止诉讼决不会对原告产生不公正。这两个条件的证明责任均在被告。”④

现代非方便法院原则对原告的诉讼利益则不以为然。它的分析方法是：第一，确定是否存在另一个有管辖权的替代法院；第二，与替代法院

① 不受限制以法官未滥用权力为限。

② R. J. Weintraub, “International Litigation and Forum Non Conveniens”, 29 Texas International Law Journal (1994), p. 330，转引自胡振杰：《不方便法院说比较研究》，载《法学研究》2002 年第 4 期，第 145 页。

③ Restatement of law, second: Conflict of Laws, 1971, p. 251.

④ St. Pierre Case, supra note.

比较，案件由替代法院审理更适当。那么如何确定替代法院更适当呢？应该考虑什么因素？以美国 Piper Aircraft Co. v. Reyno 案①为代表，现代非方便法院原则的适用不着重强调任何一种因素，必须综合评价。最高法院认为保持非方便法院原则的灵活性十分重要，任何一种特定因素都不能证明给予或者拒绝给予救济的正当性，也不能决定给予或者拒绝给予救济的必要性。在 William v. Green Bay & Western R. Co. 案②中，最高法院曾宣布不会制定严格的规则约束法官适用非方便法院原则的自由裁量权，并主张对事实因素进行个案分析，这一观点在 Piper 案中得到重申。根据 Jackson 法官在 Gulf Oil Corp. v. Gilbert 案③中的阐述，美国法院应考虑的因素包括：（1）私人利益因素：获取证据来源的相对便利；强制不愿出庭的证人到庭的可能性；愿意出庭的证人出庭所需的费用；如果诉讼中需要作现场勘验，则进行现场勘验的可能性；其他使案件审理简便、迅速、费用低廉的实际因素以及判决的可执行性问题。（2）公共利益因素：如果诉讼不在其发生地而在案件积压的法院进行，造成法院管理困难；陪审义务不应施加给与诉讼毫无关系的社区的居民；在支配争议法律所属国法院进行审理，而不是在其他法院适用冲突法或外国法审理。分析这些因素如果发现案件与外国法院有更为密切的联系或者在原告选择的法院审理案件给法院或被告施加了沉重的负担，则法院可作出非方便法院撤销令。自 Spiliada 案以来，英国法院适用非方便法院原则考虑的因素也日益繁多，④但英国法院更关注如何平衡原被告的私人利益。

由上可知，非方便法院原则发展到现代，它的中心始终——借用 Goff 勋爵的话来说——“不是一个方便与否的问题，而是有关司法管辖权的合理性或适当性问题”。⑤

---

① ［1981］454U. S. 235.

② ［1946］326U. S. 549.

③ ［1947］330U. S. 501.

④ See Fawcett, op cit, pp. 212-220.

⑤ Spiliada Case, supra note.

第二节　普通法系非方便法院原则比较

前已述及，非方便法院原则是普通法系国际民商事诉讼司法管辖权的特殊制度。普通法国家，如英国、新西兰、加拿大的普通法地区和美国都采纳了该原则。非方便法院原则的起源已无法考证，但一般认为，在19世纪中叶，苏格兰法院就开始采用非方便法院原则判案。① 目前，普通法系适用非方便法院原则的国家可以大致划分成三种，英国及受英国影响的国家与地区、美国、澳大利亚。

一、英国的非方便法院原则

（一）历史

由于特殊的历史原因，苏格兰虽然是英国的一部分，但其法律制度却得以独立发展，普通法非方便法院原则的概念与名称均出自苏格兰的实践。1926年，上议院将苏格兰法院使用的非方便法院原则概念中的“方便”要素解释为“适当的”。②但直到20世纪七八十年代上议院才倾向于更完整地接受苏格兰诉讼中的非方便法院原则。在这之前的时间，只有被告能证明在别处诉讼原告不会遭受不公正对待，以及在英国诉讼对自己具有纠缠性或压制性，或会造成其他方式对法院程序的滥用，英国法院才会拒绝管辖。在1974年 The Atlantic Star 案③中，上议院的大多数法官赞成对“纠缠性或压制性”进行自由解释，放宽了法院拒绝管辖的标准。四年后在 MacShannon v. Rockware Glass Ltd . 一案④中，上议院的态度进一步转变，被告已无须再证明在英国诉讼具有纠缠性或压制性。

Diplock 勋爵将英国法院拒绝诉讼的第二个原则重新作了阐述：“为了证明中止诉讼是正当的，必须满足两个条件，一个是积极的，另一个是消

---

① 参见李双元、谢石松著：《国际民事诉讼法概论》，武汉大学出版社2001年版，第315页。

② See Ronald A. Brand , “Comparative Non Conveniens and the Hague Convention on Jurisdiction and Judgments”, 37 Tex. Int'l L. J. (2002), p. 470.

③ [1974] A. C. 436.

④ [1978] A. C. 795.

极的：（a）被告必须向法院证实，他有义务接受另一个法院的管辖，在该法院可以更方便更少花费地在当事人之间作出公正的判决，以及（b）中止诉讼不应剥夺原告援引英国法院的管辖权就可能取得的正当的个人或司法上的利益。”①

在 1984 年 The Abidin Daver 案②中，上述原则又被修正。Brandon 勋爵在认同 MacShannon 案的基础上增加了以下评注：“在任何特定案件中，法院自由裁量权的运用必然包括平衡各方的所有相关因素，一方面是那些有利于授权中止诉讼的因素，另一方面是妨碍的因素。这种平衡可能是一个艰难的过程，而且某些案件会不太精确。”③

在 1987 年 Spiliada Maritime Corp. v. Cansulex Ltd. 案中④，英国法院正式使不方便法院原则成为英格兰法律的一部分。Goff 勋爵将在英格兰与苏格兰适用非方便法院原则归纳为六点。

（1）只有当存在另一个有管辖权的法院且对审理本案而言是一个适当的法院，法院才会准许中止诉讼。

（2）通常说服法院行使自由裁量权准许中止诉讼的举证责任由被告负担。

（3）如果管辖权是以在英国的权利为依据，而非由经许可的向管辖外的被告送达而成立，则被告的责任不仅是表明英国不是诉讼的自然或适当法院地，而且要证明另一个法院明显比英国法院更适当。

（4）并非每一案件都有一个与诉讼有最真实与实质联系的自然法院，法院要考虑很多联系因素，包括证人的方便程度，管辖交易的法律以及当事人的住所地或营业地。

（5）如果不存在其他明显对诉讼更适当的法院，法院将拒绝中止诉讼。

（6）如果在表面上存在其他明显对诉讼更适当的法院，法院通常会准许中止诉讼。此时，举证责任转移到原告，由他证明准许中止诉讼不

① Id., p. 812.

② [1984] A.C. 398.

③ Id., p. 419

④ [1987] A.C. 460, pp. 476-478.

公正。①

Spiliada 一案对英联邦国家非方便法院原则的发展产生了重要的影响。②但在此案判决数月后，《布鲁塞尔公约》(Brussels Convention) 就在英国生效。《布鲁塞尔公约》中未规定基于非方便法院原则中止诉讼的一般自由裁量权，所以，非方便法院原则在英国的适用受到了限制。在管辖权以《布鲁塞尔公约》为依据的案件中，英国法院不可能使用非方便法院原则拒绝管辖，至少对欧共体内的案件是如此。但是，若替代法院不在欧共体内，根据英国上诉法院的判决，非方便法院原则仍得适用。③

受 Spiliada 案的影响，普通法系的新西兰、中国香港、新加坡和直布罗陀都全盘接受了英国的做法。加拿大普通法地区的非方便法院原则与英国的非方便法院原则也极为相似。④

（二）适用

英国现代非方便法院原则的适用分为两个步骤。在最近的 Lubbe v. Cape PLC. 案⑤中，Bingham 勋爵总结了非方便法院原则的分析方法。第一步，法院要考虑被告是否履行了举证责任，被告不仅要证明英国法院不是自然或方便的法院，而且要证明存在比英国法院明显更适当的外国法院。为此，法院将注意英国对案件的管辖权已合理确定的事实，以及各种导致诉讼在外国法院进行的因素。如果法院认为没有其他法院对诉讼明显更适当，非方便法院原则的分析就到此终止。但如果法院认为有一个表面上对诉讼更适当的法院，英国法院一般会准许中止诉讼，除非原告证明正义要求法院不得作出这样的准许。原告的抗辩使非方便法院原则的分析进入第二步。在第二步中，法院不但要考虑导致诉讼与英国或外国法院联系的因素，而且要考虑原告在外国诉讼是否能获得公正。这种公正不是针对原告在外国诉讼的具体利益而言的。只有原告能证明外国适当法院实际上无法给予公正的判决，英国法院才会保留管辖权。⑥

---

① [1987] A. C. 460, pp. 476-478.

② See Fawcett, Decling Jurisdiction in Private International Law, Oxford, Clarendon Press, 1995, p. 11.

③ See Id., p. 11-12.

④ See Id., p. 12.

⑤ [2000] 1W. L. R. 1545 (H. L.)

⑥ See Id., p. 1554.

在 Spiliada 案中，Goff 勋爵强调非方便法院原则是管辖权的适当问题而不是管辖权的方便问题。① 判断是否存在最适当法院属于法院的自由裁量权，由于立法上的缺失与非方便法院原则本身的灵活性，从 Spiliada 案开始，英国法院在先例中不断发展非方便法院原则的适用规则。有学者将确定适当法院的规则总结为十几条：

（1）无论在当事人同意适用准据法时，或者替代法院将适用相同的准据法时，准据法都是一个相关的因素。当适用的法律对决定案件的结果非常重要，以及当法律适用问题复杂且有争议时，准据法是确定适当法院的重要因素。

（2）如果诉讼程序已经进入了对当事人的争议有影响的阶段，诉讼正在另一法院进行的事实是一个重要因素。

（3）证人的方便程度是一个相关的因素，除非主要是法律争议，口头证据的运用很有限。但证人的方便程度很少作为一个重要的因素，除非争议主要是事实性而非法律性的，或者相当数量的证据将用外文提供。

（4）情况使得被告很难反对在其所在地被诉（他的惯常居住地或住所），或者当替代法院是其所在地，原告很难反对在该替代法院诉讼，当事人的方便程度构成一个相关因素。

（5）与争议紧密联系的地理位置，比如合同义务的履行地，是一个相关因素。

（6）如果在一个法院寻求消极宣告诉讼，同时在另一个法院积极的司法救济又在进行中，那么这是有利于在后一法院诉讼的因素。

（7）如果第三方或其他被告可以参加在同一法院的诉讼而不参加替代法院的诉讼，这是有利于在前一法院诉讼的因素。

（8）如果相关的诉讼已经在同一法院而非在替代法院进行，这使律师在前一法院掌握了与当前诉讼有关的专门知识。这是继续在前一法院诉讼的有利因素。

（9）法院将不愿拒绝行使管辖权，如果情况要求替代法院对前一法院中构成解决争议核心的公共政策问题作出裁判。

（10）法院与替代法院之间在费用、损害赔偿、诉讼迟延方面的差异很少或不与确定适当法院相关。

① Spiliada, supra note, p. 474.

(11) 如果被告不能在法院或替代法院对实体问题提出抗辩，那么为了避免浪费时间，这是有利于在前一法院诉讼的因素。

(12) 实施侵权或不法行为地的法院在表面上是审理该侵权或不法行为诉讼的最适当法院。①

以上这些因素必须结合具体情况进行具体分析。一个因素可能在某个案件中具有较强的权重，但在另一个案件中却没有多大作用。②

与确定更适当法院相比，考虑在外国法院诉讼是否对原告不公正包括更广泛的因素。Goff 勋爵明确指出法院在这一点上不受任何限制，原告必须用无可反驳的证据客观地证明其在外国诉讼不能取得公正的判决。如果在外国诉讼仅仅是剥夺了原告的利益，比如较高的赔偿金、较广泛的审前发现程序等，则不构成充分的抗辩。③ 有学者认为，在适用非方便法院原则的第二步中，原告首先要表明在英国法院具有某种合法的人身或审判利益，其次是表明这种利益很重要，如果拒绝了原告的诉讼，就意味着拒绝了原告的正义。④ 英国法院在考虑正义的需要时，一般会涉及以下因素。

(1) 诉讼时效。如果原告的诉讼请求已经超过了替代法院的诉讼时效，英国法院会特别关心时效问题。在这种案件中，法院必须调查原告在英国诉讼以及未能在外国诉讼是否有合理的原因。通常情况下，英国法院不会中止诉讼。因为，如果诉讼在外国法院已经超过了诉讼时效，而根据英国的冲突规则适用的法律没有超过诉讼时效，且原告没有在外国法院规定的时间诉讼有正当理由，那么中止在英国的诉讼就是不正义的。⑤ 不过，法院也可能附一定的条件而中止诉讼，要求被告放弃在外国法院主张时效利益。

(2) 利益因素。英国法院在 Spiliada 案中建立的一般原则是：原告在替代法院获得较少的利益不能作为中止诉讼的决定性因素。但在一些特殊案件中，从实现正义出发，法院仍会考虑某些利益因素。

---

① Cited from Ronald A. Brand, op cit, pp. 472-473.

② 参见徐伟功:《不方便法院原则研究》，2002 年 4 月博士论文，第 110 页。

③ See A. G. Slater, “Forum Non Conveniens: A View From the Shop Floor”, 104L. Q. R. (1988), p. 559.

④ 参见徐伟功:《不方便法院原则研究》，2002 年 4 月博士论文，第 114 页。

⑤ 参见徐伟功:《不方便法院原则研究》，2002 年 4 月博士论文，第 114 页。

比如诉讼迟延通常不是一个重要因素，但如果案件在替代法院诉讼将会导致极端的迟延，英国法院就不会拒绝诉讼。在 The Vishva Ajay 一案①中，两艘轮船在印度水域发生碰撞，印度是管辖诉讼的适当法院。但是英国法院没有中止诉讼，主要原因就是印度法院审理案件将导致极端迟延。有充分证据证明印度法院审理这种案件需要 6 年多的时间，甚至有时需要 10 年，这种程度的迟延被英国法院看作是拒绝正义。②

(3) 政治因素。如果原告由于政治或意识形态的原因在外国替代法院得不到公正的审判，英国法院也不会中止诉讼。

二、美国的非方便法院原则

(一) 历史

19 世纪初，美国法院就依据类似现代非方便法院原则的理由撤销诉讼。最为明显的例子是联邦海事诉讼，美国海事法院依据国际法观念、礼让、司法管理及与法院地的关系等来撤销本身管辖范围的诉讼。在海事领域外，美国法院的早期判例还确立了类似非方便法院原则的弃权规则。③ 1932 年，联邦最高法院认为美国法院可以行使拒绝管辖的自由裁量权的案件不限于海事案件。这项决定为更普遍地接受非方便法院原则打开了大门。在 Baltimore & Ohio R. R. Co. v. Kepner 案④中，Frandfurter 法官认为非方便法院原则是文明的司法制度在美国法律中扎根的证明。这一声明为此后法院公开支持该原则，并将其纳入美国法打下了基础。⑤ 到 1947 年，联邦最高法院在 Gulf Oil Corp. v. Gilbert 案⑥中第一次明确地适用了非方便法院原则，并确立了适用应参照的两类因素（私人利益因素与公共利益因素，可以参考本章第一节的有关内容）。除非这些因素会非常不利于

① [1989] 2Lloyd' s Rep.

② 参见徐伟功：《不方便法院原则研究》，2002 年 4 月博士论文，第 115 页。

③ 参见李双元、谢石松著：《国际民事诉讼法概论》，武汉大学出版社 2001 年版，第 323 页。

④ [1941] 314 U. S. 44.

⑤ See Alexander Reus, "Judicial Discretion: A Comparative View of the Doctrine of Forum Non Conveniens in the United States, the United Kingdom, and Germany", 16Loy. L. A. Int' Ll& Comp. L. J. (1994), p. 461.

⑥ [1947] 330 U. S. 501.

被告，原告的法院选择一般应予以尊重。本案还确立了审理非方便法院案件的另一条规则，即仅在滥用自由裁量权的情况下，上诉法院才能撤销原审法院的判决。① 从此，非方便法院原则就成为美国民事诉讼法的一项重要规则。虽然该原则没有宪法或成文法的依据，但它得到最高法院的反复确认。② 尽管 Gulf Oil 案不是一个涉及外国法院的案件，但它所确立的原则对海事与涉外案件是同样适用的。1948 年美国国会通过了美国法典第 28 卷第 1404 节第（a）条，规定了美国联邦地区法院为了审理方便相互之间移送案件的问题。因此，地区法院间的案件移送就不必使用非方便法院原则。这样，Gulf Oil 案的原则仅适用于涉外案件。在 Gulf Oil 案和 Koster 案后的 34 年，美国的非方便法院原则一直未有大的发展，这期间，大多数州法院都采用了该原则并将其纳入成文法典。也有少数州拒绝采用非方便法院原则。③ 到了 1981 年，Piper Aircraft v. Reyno 案④才为处理国际非方便法院案件提供了重要先例，联邦最高法院在该案中的意见也成为现代非方便法院原则最具代表性的陈述。

Piper 案的主要意义是将非方便法院原则的适用标准从“滥用程序”转变到“最适当法院”。联邦最高法院不但肯定了 Gulf Oil 案的利益分析方法，而且指出任何一个因素都不具有决定性。尤其值得注意的是，联邦最高法院对本国原告与外国原告的不同态度。联邦最高法院指出：“原告选择他的本国法院时，其选择更值得尊重。在选择本国法院的情况下，有理由假定该法院是便利的。如果原告是外国人，这个假定就不那么合理了。由于进行非方便法院分析的主要目的是确保案件审理的方便，外国原告作出的法院选择不应得到同样的尊重。”⑤ Gulf Oil 案与 Piper 案中确立的非方便法院原则，一直被下级法院遵守。在最近的一些案件中，美国法

① 参见胡振杰：《不方便法院说比较研究》，载《法学研究》2002 年第 4 期，第 142 页。

② 参见李双元、谢石松著：《国际民事诉讼法概论》，武汉大学出版社 2001 年版，第 325 页。

③ 参见李双元、谢石松著：《国际民事诉讼法概论》，武汉大学出版社 2001 年版，第 325 页。

④ [1981] 454U. S. 235.

⑤ Id. , pp. 255-256.

院还考虑了其他的因素，如感情负担、个人安危等。①

（二）适用

美国现代非方便法院原则的分析也分成两个步骤。第一步，法院需要分析是否有一个充分的替代法院存在。一般如果没有充分的替代法院存在，法院就不会适用非方便法院原则。如果被告能够证明存在一个充分的替代法院，非方便法院原则的分析就进入第二步。第二步可以称为利益分析。法院需要综合分析所有与案件有关的私人利益因素与公共利益因素。联邦最高法院虽然在 Gulf Oil 案中列举了一些其认为应当考虑的因素，但却没有建立指导下级法院进行利益分析的原则。Piper 案的主审法官 Marshall 就明确指出其中的原因是："如果任何一个因素被当作关键强调，非方便法院原则会丧失使其富有价值的大部分灵活性。"②所以，下级法院在分析与案件有关的利益因素时具有很大的自由裁量权。上诉法院对下级法院只能以"滥用自由裁量权"的上诉审查标准加以控制。如果法院平衡各种因素，得出倾向于外国法院诉讼的结论，一般会准许被告非方便法院原则的抗辩，撤销在美国法院的诉讼。反之，法院则会保留管辖权。

最高法院在 Gulf Oil 案中肯定了适用非方便法院原则"以至少有两个被告服从其管辖的法院为前提条件"，③ 但是 Gulf Oil 案是一个国内案件，因此只要存在替代法院，被告受替代法院管辖，在美国法院之间移送管辖不必考虑替代法院管辖权的充分问题。但是在国际案件中，情况就大不相同了。法院不仅要考虑被告同意接受替代法院管辖，而且要考虑替代法院的充分性问题，如原告在替代法院的诉讼能力、替代法院的程序保护的适当性、替代法院的独立与公正等。④ 在 Piper 案中，最高法院对于充分的替代法院的条件再次确认，当存在充分的替代法院，法院才使用 Gulf Oil 案的利益分析方法。而所谓"充分的替代法院"，Piper 案给出了两个标准：（1）被告接受替代法院的管辖；（2）替代法院的救济对原告来说并不是明显的不适当或不满意的。⑤ 美国法院通常将下列情况的外国法院列

① 参见徐伟功：《不方便法院原则研究》，2002 年 4 月博士论文，第 39 ~ 40 页。

② [1981] 454U. S. 235，pp. 249-250.

③ Gulf Oil ，supra note，p. 506.

④ 参见徐伟功：《不方便法院原则研究》，2002 年 4 月博士论文，第 29 ~ 30 页。

⑤ Piper Aircraft，supra note，p. 255，n22.

为不充分的外国法院：(1) 外国法院对争议不具备诉讼标的管辖权；(2) 原告无法在外国法院提起诉讼；(3) 外国法院对被告不具有属人管辖权；(4) 外国法院具有偏见或存在贪污腐化现象；(5) 外国法院将适用不适当的实体规则或程序规则。①

对于最后一项，Piper 案持正好相反的观点。Piper 案是一起意外事故诉讼。苏格兰死者的家属在遇难飞机坠毁地的苏格兰起诉了经营飞机的英国公司和飞行员的遗产。由于飞机系美国宾夕法尼亚州的 Piper 公司制造，螺旋桨由俄亥俄州的 Hartzell 公司制造，原告又在美国的加利福尼亚州起诉了 Piper 公司与 Hartzell 公司。后来原告把诉讼提交加州联邦地区法院，该法院依据美国法典第 28 卷第 1404 节第 (a) 条移送到宾夕法尼亚联邦地区法院。宾州联邦地区法院以非方便法院为由撤销了诉讼。因为事故发生时，飞行由一家苏格兰公司拥有和经营，所有遇难者都是苏格兰人，事故的调查也是由英国进行的，原告挑选美国法院的目的是为了得到美国法律更有利的救济，包括诉讼能力、责任承担、赔偿金额等方面的好处。上诉法院推翻了地区法院的判决，认为原告可以依替代法院中实体法的不利变化阻止法院赋予非方便法院的动议。但最高法院又推翻了上诉法院的判决，因此，"即使替代法院所适用的法律不利于原告得到救济，仍然可以根据非方便法院原则撤销诉讼"。②不过，最高法院也承认"如果替代法院提供的救济明显的不足，或令人不满，以至于根本没有救济可言，则法律的不利变化可能被赋予很大的权重"。③

由以上的分析可知，美国法院为"充分替代法院"建立的门槛是很低的，以至于被告在非方便法院案件中很容易证明替代法院是充分的，替代法院只在极少数情况下才是不充分的。在 20 世纪 90 年代，美国法院一般认为在非方便法院案件中，外国替代法院是适当的。④ 这样，外国原告很难以外国替代法院不充分为由阻止美国法院撤销诉讼，在以美国公司为被告的跨国侵权案件中，原告的损害往往得不到适当的救济。拉美的一些

---

① 参见李双元、谢石松著：《国际民事诉讼法概论》，武汉大学出版社 2001 年版，第 327 页。

② Piper Aircraft , supra note, p. 250.

③ Piper Aircraft, supra note, p. 254.

④ 转引自徐伟功：《不方便法院原则研究》，2002 年 4 月博士论文，第 32 页。

国家纷纷采取对策，在立法上支持本国原告在美国诉讼。例如，厄瓜多尔的一项法律就规定，在国际平行管辖案件中，如果厄瓜多尔的原告在国外已提起了诉讼，厄瓜多尔将永远终止对案件的管辖权。所以，一旦厄瓜多尔的原告在美国诉讼，美国法院就不能依据非方便法院原则拒绝管辖。①

与确定“充分替代法院”相比，美国非方便法院原则中的利益分析显得更具特色。利益分析的中心目的是要确保案件在方便的法院审理。Gulf Oil 案作了利益要素的分类列举，但未明确具体的分析方法。Piper 案重申了 Gulf Oil 案的利益分析方法，并强调任何一种因素都不具有决定性的影响，包括住所与居住地。② Piper 案明确指出，被告是法院地的居民对法院保留管辖权也不会起多大作用。③ Robertson 教授认为，一个被告在本国法院被诉，法院仍然适用非方便法院原则准许撤销诉讼，充分表明了美国非方便法院原则已从传统的“滥用程序”标准转变为“最适当法院”标准，因为如果被告在本国法院被诉，他通常不可能令人信服地主张诉讼是一种“纠缠”或者“压制”。④

利益分析的一个重要特点是所谓平衡私人利益因素与公共利益因素。明确公共利益因素并把法院负担、法院利益考虑进来，是美国法院的一大创造。在美国非方便法院原则发展的早期，美国法院就使用该原则减轻案件负担。在目前的司法实践中，美国法院常常以司法任务繁重为理由，赋予被告非方便法院的动议，拒绝外国原告在美国法院提起的诉讼。⑤ 应当承认，美国法律制度的确存在一些吸引外国原告到美国诉讼的益处，如审前发现程序、胜诉酬金安排、有利的实体法、较高的赔偿。所以，美国法院认为，如果对外国原告选择法院不加以限制，美国法院的讼案会堆积如山。法院没有精力处理本国公民的诉讼，这对美国的纳税人是不公平的。⑥ 而且外国原告选择美国法院诉讼多是在国际侵权案件中，这类案件的侵权结果往往发生在外国，由于法院认为美国公司在国外对外国人造成

---

① 参见徐伟功:《不方便法院原则研究》，2002 年 4 月博士论文，第 33 页。

② See Piper Aircraft , supra note, pp. 248-250.

③ See David W. Robertson, “Forum Non Conveniens in America and England: ‘A Rather Fantastic Fiction’”, 103L. Q. R. (1987), p. 405.

④ See Id.

⑤ 参见徐伟功:《不方便法院原则研究》，2002 年 4 月博士论文，第 38 页。

⑥ 参见徐伟功:《不方便法院原则研究》，2002 年 4 月博士论文，第 38 页。

损害不是美国的问题,① 所以美国法院频繁动用非方便法院原则拒绝这类诉讼也就不足为奇了。法院的利益是指每个法院对执行法律和反对非法商业行为的利益。② 法院要比较哪一个法院对争议的利益更大些，如果替代法院的利益更加重要，法院就会拒绝管辖。法院利益的大小取决于诉讼与法院地的联系程度。

总的来说，利益分析不会简化非方便法院原则的适用，相反，问题、矛盾将更加复杂。在国际民事诉讼中，美国法院一方面要尊重外国的利益、公共政策，另一方面又要极力维护本国人与美国的利益。这种价值取向在非方便法院原则中得到了很好的证明。现代非方便法院原则的旗号之一就是所谓国际礼让，而减轻法院负担是适用非方便法院原则的一个重要目的或借口。正如学者所言，美国法院在进行利益平衡时，本国利益优先，公共利益优先,③ 所以，如果案件由美国管辖更有利，美国法院一般不会拒绝诉讼，反之，美国法院就会适用非方便法院原则把诉讼拒之门外，使原告的利益，特别是外国原告的利益没有保证甚至遭受更大的损害。

同时，美国存在着适用非方便法院原则的限制条件。例如，公共政策构成一种限制条件。美国下级法院一致认为，在联邦反托拉斯诉讼中不能适用非方便法院原则。有人认为，立法机构在制定一些涉及公共政策的法律时已经排除了普通法中的非方便法院原则，但美国法院拒绝承认这种观点。④ 上文所提到的美国法典第 28 卷第 1404 节第（a）条也是对非方便法院原则适用范围的限制。此外，由于美国联邦法院与州法院对包括外国人在内的非居民被告的长臂管辖权要受宪法正当程序条款的限制，即法院行使属人管辖权的依据是被告与法院具有某种最低联系,⑤ 有学者认为这

---

① See David W. Robertson, op cit, p. 405.

② 参见徐伟功:《不方便法院原则研究》, 2002 年 4 月博士论文，第 38 页。

③ 参见张茂著:《美国国际民事诉讼法》, 中国政法大学出版社 1999 年版，第 24 ~ 25 页。

④ 参见李双元、谢石松著:《国际民事诉讼法概论》, 武汉大学出版社 2001 年版，第 328 页。

⑤ 联邦最高法院在 1945 年的国际鞋业公司诉华盛顿一案适用了“最低限度联系”标准，改变了过去彭诺耶案对司法管辖权的属地限制。联邦最高法院认为华盛顿州可以管辖总部设于密苏里州的国际鞋业公司，因为国际鞋业公司长期在华盛顿州为其产品征订合同。这种持续征订即符合最低联系标准。

就保护了某些潜在的被告不被拖入一个非方便法院的诉讼。① 因为，法院的属人管辖权已在根本上受到限制。

美国适用非方便法院原则最引人注目的趋势是附条件的非方便法院案件。现在美国法院撤销诉讼都要附一定的条件。此类条件通常包括：（1）被告同意在外国替代法院进行诉讼并接受送达；（2）被告同意在原告于外国进行的诉讼中提交文件和证人；（3）被告在外国法院进行的诉讼中放弃任何时效抗辩；（4）被告同意偿付原告在外国获得的任何判决。如果被告未能遵守上述条件，美国法院就可恢复诉讼。② 附条件的非方便法院原则并没有明确的标准，法院仍然是根据案件的具体情况自由裁量。③ 有学者认为附条件的目的是要达到平衡原告与被告利益的效果。④ 还有学者主张，在非方便法院案件中附条件撤销诉讼应受一定原则的指导与约束，以克服目前的无序状况。这一原则就是对原告的保护与其最初选择法院的合理程度成比例。所附的条件应当根据该原则设定。而且引入该原则也是对普通法历史上有条件的移送管辖实践的回归，保证了对原告的公平。⑤ 美国的一些法院甚至将这种附条件撤销诉讼明确称为移送管辖。⑥ 附条件真地能限制滥用非方便法院原则吗？附条件对保护原告的诉权有效吗？在 Bailey v. Dolphin International，Inc. 案⑦中，原告在休斯敦提起的诉讼被美国法院附条件撤销，法院指令原告，只有当他能证实根本不能在印度尼西亚法院、菲律宾法院、新加坡法院对被告（一家德克萨斯公司）提起诉讼时，他才可以返回美国法院诉讼。这个案例很典型，它说明是否附条件并不重要，一旦法院决定依据非方便法院原则撤销诉讼，后果几乎是完全确定的，原告一般不可能恢复在美国的诉讼。所以，正如反对非方便法院原则的学者指出的那样，将附条件的撤销案件与美国国内的移送管

---

① See John Bies, "Conditioning Forum Non Conveniens", 67University of Chicago Law Review (2000), p. 499.

② 参见李双元、谢石松著：《国际民事诉讼法概论》，武汉大学出版社 2001 年版，第 329 页。

③ 参见徐伟功：《不方便法院原则研究》，2002 年 4 月博士论文，第 43 页。

④ 参见徐伟功：《不方便法院原则研究》，2002 年 4 月博士论文，第 43 ~ 44 页。

⑤ See John Bies, op cit, pp. 518-519.

⑥ See David W. Robertson, op cit , p. 409.

⑦ [5th Cir. 1983] 697F. 2d 1268.

辖相提并论，实际是一种自欺欺人的做法，并不值得肯定。①

三、澳大利亚的非方便法院原则

（一）历史

澳大利亚主要沿袭英国的法律制度，在20世纪初就有非方便法院原则的实践。1988年Oceanic Sun Line Special Co. Inc. v. Fay一案②之前，澳大利亚一直严格遵循英国St. Pierre案所确立的滥用程序的标准。当情况涉及向在外国或不在管辖区内的被告送达成立管辖权的案件时，澳大利亚法院与英国法院的做法也是一致的。这时不是根据非方便法院原则，而是根据方便法院原则（Forum Conveniens）③ 来确定审理的适当法院。Oceanic Sun Line案的重要意义是第一次提出了非方便法院原则的另一种标准："明显的不适当法院。" Deane法官在判决理由中写道：

（1）被告承担举证责任证明本地法院在特别诉讼程序中，是处理诉讼当事人之间争议的明显的不适当法院；

（2）被告的举证责任是繁重的，只有在明显的案件中才能被解除；

（3）如果被告能够使法院满足审判法院是审理案件的明显的不适当法院，并且存在对原告可以提起诉讼，被告接受管辖权的可适用的外国法院，那么本地法院将赋予中止诉讼，除非原告能够建立特别的例外情况。④

Deane法官认为"明显的不适当法院"标准与英国Spiliada案所建立的"更适当法院"标准的不同之处是：根据英国模式，在推定外国法院是更适当法院时，而本地法院不是明显的不适当法院案件中，法院可以中止诉讼；而根据澳大利亚模式就不行。⑤ 坚持"明显的不适当法院"标准

---

① See David W. Robertson, op cit, p. 408-409.

② [1988] 79A. L. R. 9.

③ 方便法院原则是指那些并非自动合用的法院，但仅当特定的案件情形指示出该法院是一个适当的法院。方便法院原则主要由原告负责证明其选择的法院是方便的，法院如果认可，就向管辖区外的被告送达传票，建立管辖权。

④ Oceanic Sun Line, Supra Note, pp. 45-47. In this case, the opinions of judges differ greatly on the grant of a forum non conveniens dismissal. Eventually, the English "most appropriate forum" approach to the doctrine was rejected by the majority.

⑤ 参见徐伟功：《不方便法院原则研究》，2002年4月博士论文，第137页。

的理由在于，对一个国际民商事诉讼程序，在外国有一个更适当的法院这一惟一事实不一定意味着当地法院是明显不适当的。而且，"明显的不适当法院"的方法也保留了将被告是否遭受纠缠、压制作为法院对被告是否不方便法院的判定标准。因此，如果在澳大利亚有居所的公司或个人被外国原告在澳大利亚起诉，被告很难获得终止在澳大利亚诉讼的非方便法院的撤销令。这种方法的实际效果是，防止了澳大利亚的跨国公司利用非方便法院来规避澳大利亚法律的管辖，同时也比较充分地保护了外国原告的利益，符合解决国际民商事争议的一般原则。①

Deane 法官在 Oceanic Sun Line 案中确立的"明显的不适当法院"规则此后经常被下级法院援引。不过，澳大利亚也有人主张高等法院应当借鉴英国的"更适当法院"的做法。

在 1990 年 Voth v. Manildra Flour Mills Pty Ltd. 一案②中，澳大利亚高等法院建立了非方便法院原则的统一标准，即"明显的不适当法院"标准。高等法院认为：首先，一个依法已经援引法院管辖权的原告对坚持行使诉权有表面上的权利。其次，依据不适当法院赋予中止诉讼程序的权力，应遵守在被告遭受压制、纠缠或滥用程序的案件中授权法院撤销或中止该诉讼的一般原则。并且，法院行使中止诉讼的权利，理论根据是防止对特定案件中的当事人造成不公平。再次，仅从平衡方便的角度倾向于另一个法院的管辖，或者存在一个更适当的法院，不足以证明撤销或中止诉讼是正当的。最后，准许中止或撤销诉讼的司法管辖权应"十分小心"或"极端谨慎"地行使。③ Voth 案的判决非常类似于传统的非方便法院原则的要求。这表明澳大利亚高等法院最终未采用英国的现代非方便法院原则。④ Voth 案的判决理由一直被下级法院遵守，只是法院在考虑是否适用非方便法院原则时会赋予某些因素更多的权重。

（二）适用

澳大利亚非方便法院原则的适用区分了两类案件。一种是域外送达传

① 参见李双元、谢石松著：《国际民事诉讼法概论》，武汉大学出版社 2001 年版，第 322～323 页。

② [1990] 97A. L. R. 124.

③ See Voth, supra note, p. 134.

④ See Ronald A. Brand, op cit , p. 486.

票且需要法院许可的案件，另一种是域外送达传票且不需要法院许可的案件，以及对在管辖区内的被告送达传票的案件。在前一类案件中，非方便法院原则适用的步骤是：第一步，由原告举证证明诉讼与法院地有联系，如果被告出庭抗辩，原告还必须证明法院不是审理案件的明显不适当的法院。第二步，法院进行利益平衡，决定是否中止诉讼。在后一类案件中，非方便法院原则适用的步骤是：第一步，被告证明本地法院是明显不适当的法院。第二步，法院进行利益平衡，决定是否中止诉讼。

澳大利亚非方便法院原则所关注的是本地法院是否为明显不适当的法院。与英美的分析方法不同，判断明显不适当的法院甚至不要求存在另一个有管辖权的替代法院，[①]“明显不适当的法院”是法院对自身地位的结论，而非比较的结果。但是什么是“明显不适当的法院”，如何确定“明显不适当的法院”，Oceanic Sun Line 案、Voth 案都没有给出明确的指导。因此，判断“明显不适当的法院”属于法院的自由裁量权，法院将结合具体的案件事实进行分析。一般来说，只要诉讼的主体、标的、引起法律关系的法律事实与澳大利亚有联系或有较强的联系，则澳大利亚法院就不是一个明显不适当的法院。澳大利亚高等法院的大多数法官认为“明显不适当的法院”标准比“滥用程序”标准以及“更适当法院”标准都要优越。与前一种相比，“明显不适当的法院”标准显得更灵活。因为，“明显不适当的法院”标准对被告在诉讼中所遭受的纠缠、压制作了宽泛的解释。在有的情况下，继续在原告选择的法院的诉讼，并不会真的给被告造成纠缠、压制，[②]可能仅给被告带来很大的不便与费用上的负担。在一个国际性的诉讼中，人们也很难指责原告选择法院的行为绝对是不合理的，因此，原告滥用诉讼程序的说法也就不能成立。由于以上两个原因，如果适用传统的非方便法院原则，在这种案件中，中止诉讼将很难被准予。如果采用了“明显不适当的法院”标准，灵活的解释对被告当然会

① 参见徐伟功：《不方便法院原则研究》，2002年4月博士论文，第142页。

② 有趣的是，作为适用非方便法院原则基本条件要素的“纠缠”（vexation）、“压制”（oppression）从来没有确定的解释。英国法院甚至多次声明对于“纠缠性与压制性”规定任何定义都是“最不明智的事情”。参见徐卉著：《涉外民商事诉讼管辖权冲突研究》，中国政法大学出版社2001年版，第126页。

更有利。① 比如，Deane 法官在 Oceanic Sun Line 案中就把“压制”解释为严重和不公平的负担、偏见或损害；把“纠缠”解释为产生严重和不公正的麻烦或困扰。② 与“更适当法院”标准相比，“明显不适当的法院”标准避免了比较不同法院的法律制度，这就简化了司法任务。

我们认为，“明显不适当的法院”标准是对“滥用程序”标准与“更适当法院”标准的折中，有一定程度的合理价值；但是，这一标准并不能改变非方便法院原则规则的模糊性以及结果上的不确定性。澳大利亚高等法院就在 Voth 案中承认，在大多数案件中，适用“明显不适当的法院”方法的结果与适用“更适当法院”方法的结果是相同的。③

Voth 案认为，法院在决定是否中止澳大利亚的诉讼时所考虑的因素与英国 Spiliada 案中所列举的因素相同，这些因素包括：当事人的住所、诉讼原因、所在地、证人的方便程度、准据法、外国法院救济的有效性、诉讼时效、在本地诉讼的合法利益、管辖权条款，等等。与英国法院一样，澳大利亚法院主要考虑的是私人利益因素。从逻辑上分析，“明显不适当的法院”标准侧重于考虑原告在本地诉讼的人身或者法律利益，虽然原告的利益不是决定诉讼在哪里进行的决定性因素。但在澳大利亚，法律利益因素处于次要的地位，如果诉讼与外国法院有着极强的联系，那么在本地法院的法律利益一般不起多大的作用。但实践中也有相反的例子。

第三节　非方便法院原则在大陆法系国家的情况

普通法系国家，如英国、新西兰、加拿大（普通法地区）、以色列、美国等，基本上都存在非方便法院原则的规定，而大陆法系国家的情况则有所不同。例如加拿大魁北克地区是一个融合了普通法和大陆法不同特点的混合法国家，在魁北克的法律中存在着非方便法院原则的规定。日本虽然是一个典型的大陆法系国家，但也存在着和非方便法院原则极其相似的所谓“特殊情势”的规定。瑞典和荷兰关于管辖权的自由裁量问题有若干原则性的规定，在实践中也存在着个别法律部门中适用非方便法院原则

① 参见徐伟功：《不方便法院原则研究》，2002 年 4 月博士论文，第 140 页。
② 参见徐伟功：《不方便法院原则研究》，2002 年 4 月博士论文，第 136 页。
③ 参见徐伟功：《不方便法院原则研究》，2002 年 4 月博士论文，第 141 页。

的情况。与此相反，在大多数大陆法系国家，如比利时、法国、德国、瑞士、意大利、希腊，从总体上说，法院都没有这种拒绝行使管辖权的自由裁量权，尽管它们也有一些别的制度保证诉讼的公平性和合理性。如果我们把目光投向斯堪的纳维亚半岛，我们可以看到芬兰原则上也没有相关的规定，并且拉丁美洲的阿根廷也不存在类似的制度。

为什么非方便法院原则在不同的国家或地区会遭遇如此不同的命运呢？这显然应当从非方便法院原则本身的性质和不同国家的具体情况两方面进行考察。从非方便法院原则本身的产生和发展的历史来看，它首先是出现在苏格兰地区，随后在英国得到进一步发展并逐渐成熟，到 1929 年美国律师布莱尔将这一概念引入美国后，非方便法院原则在美国得到迅速发展，并成为国际民事诉讼中一项比较有影响的制度。而随后澳大利亚在这方面的实践又为非方便法院原则理论注入了新的活力。目前在世界上比较有影响的非方便法院原则的操作模式主要有英国模式、美国模式和澳大利亚模式。大陆法系国家在这方面的实践很少，仅有魁北克地区、日本等几个少数地区存在基本类似的规定，在实际操作中也没有形成具有很强特色的模式。可以说，非方便法院原则虽然是在大陆法系地区产生的，但却是从普通法系这块土壤中发展出来的，其成熟也离不开普通法系国家特有的法律环境和条件。因此也就无怪乎非方便法院原则在大陆法系国家受到如此的冷遇了。但是，随着国际民事交往的不断深入，国际司法礼让的观念逐渐成为大多数国家的共识，并且随着国际私法统一化运动的发展，大陆法系和普通法系的交流不断增多，两大法系的互相影响越来越明显，已经有一部分大陆法系国家开始尝试引入非方便法院原则或与其类似的制度。但由于长久以来根深蒂固的大陆法系文化传统的影响，以及各个国家具体情况的不同，大部分大陆法系国家仍然对非方便法院原则持否定态度。

一、大陆法系比较典型的接受非方便法院原则的国家和地区

（一）魁北克地区

魁北克地区自 1994 年 1 月 1 日起生效的新民法典第 3135 条就是一条关于非方便法院原则的规定。第 3135 条是这样规定的："尽管魁北克法院对某一案件具有管辖权，但如果该法院认为另一法院更适合审理此案，经一方当事人申请，该法院可以例外地不行使管辖权。"从这一条规定中我

们可以看到，在魁北克法律中非方便法院原则意味着：首先，它是给予法官的一种自由裁量权；其次，它的结果只能是撤销诉讼；再次，运用这一原则的前提是魁北克法院具有管辖权；最后，运用这一原则的关键是必须证明有更适合的法院的存在。

在这部新民法典之前的判例法对于在魁北克是否存在非方便法院原则是自相矛盾的。这主要是关于以下两个问题：（1）是否存在法官自由裁量的余地；（2）法官是否有权撤销诉讼。自由裁量权的问题可能是之前魁北克法律无法接受非方便法院原则最主要的原因。之前的案例①表明，当行使这种拒绝管辖的自由裁量权时，以下因素应当予以考虑：当事人的住所或居所；证人或证据在魁北克的存在；魁北克判决在国外的可执行力；在魁北克存在可补偿受害人的财产；滥用程序；存在可替代法院；当事人或未成年人的利益；法院对于涉及的实体法的熟悉程度。②

（二）日本

日本最高法院在1980年10月16日的马来西亚航空公司案中确立了关于国际管辖权的三个主要规则：③ 第一，日本关于国际管辖权问题没有明确的法律条款。第二，必须根据正义的原则来决定国际管辖权问题，这其中包括在当事人之间实现公平，以及确保审判的适当性和及时性。第三，尽管确定本国法院管辖权的条款不考虑国际管辖权问题，它们也是反映以上原则的。下级法院在此基础之上发展了特殊情势原则，即第4条规则。这一条是这样规定的："（4）考虑到案件的国际因素，如果存在特殊情势使得行使基于第3条产生的管辖权的决定违背了前述第2条规定的公平原则，法院得更改此决定。"这一条是确保正义原则不被违反，即确保在当事人之间实现公平，以及确保审判的适当性和及时性的条款。日本在适用特殊情势原则时考虑的因素包括：取得证据的相对便利，存在能确保证人到庭的强制程序，取得证据的费用，判决的执行力和其他能影响判决

① See Fawcett, Declining Jurisdiction in Private International Law, Oxford, Clarendon Press, 1995, pp. 154-155.

② See Fawcett, Declining Jurisdiction in Private International Law, Oxford, Clarendon Press, 1995, pp. 16-17.

③ Michiko Goto et al. v. Malaysian Airlines System Berhad, 26 Japanese Annual of International Law 122 (1998).

公正性、适当性、及时性的有利和不利因素。①

二、传统大陆法系国家对非方便法院原则的态度

（一）瑞典

目前还不清楚瑞典在多大程度上承认非方便法院原则。但是，由于瑞典法院是类推适用国内法院管辖规则，因此它关于国际管辖权问题拥有实质性的自由裁量权，这实际上能起到与非方便法院原则同样的作用。当案件与瑞典的联系很微弱时，瑞典法院可以背离国内法院权限规则的确切规定以避免管辖，例如，当行使管辖权会给外国被告带来严重的负担时，瑞典法院可以拒绝管辖此案。但这要求被告能够证明瑞典法院的管辖权对于他来说是不合理的负担。

尽管瑞典法院还不是挑选法院的集中目标，但瑞典最高法院和上诉法院已经有过这样的判决：当案件与瑞典法院的联系是人为制造出来的时候，瑞典法院可以撤销该案。例如，瑞典原告故意承认欠外国被告一小笔钱或拒绝偿还一笔没有争议的债务以便证明外国被告在瑞典存在一项争诉，从而根据瑞典司法程序法第十章第3条第1款证明瑞典法院有管辖权，在这种情况下，瑞典法院可以撤销此案。②

（二）荷兰

非方便法院原则在荷兰已获得成文法的部分承认。《荷兰民事诉讼法》第429条规定了在申请令案件中，如果申请令状和荷兰的法律环境没有充分联系，则可适用非方便法院原则拒绝管辖，这主要适用于扶养、夫妻财产制等家庭案件，但不适用于离婚案件。这条规则主要还是从荷兰以往的案例法中发展起来的，其目的在于防止挑选法院，因为荷兰关于申请令案件的管辖权规则过于宽泛。

（三）比利时

比利时诉讼法第635、636、638条规定了管辖权的依据。这些规定列出了所有存在管辖权的情况，这就意味着比利时法院只有在案件符合上述

① See Fawcett, Declining Jurisdiction in Private International Law, Oxford , Clarendon Press, 1995, pp. 17-18.

② See Fawcett, Declining Jurisdiction in Private International Law, Oxford , Clarendon Press, 1995, pp. 373-374.

规定中某一种情况的时候才能对案件行使管辖权。

属于拉丁法系的比利时法虽然与法国法一样规定比利时人通常必须在比利时法院被诉，但是，这种专属管辖权并未阻止比利时的判例法在非诉事项中发展出和非方便法院及其类似的原则。这一机制主要被用在家庭婚姻法中，以控制当事人规避法律的行为。因此，在一个案件中，如果涉及两个外国人协议离婚，比利时法官必须确认当事人选择比利时法院不是意在逃避外国法院可能适用的法律。① 同时，比利时也像其他大陆法系国家一样存在对管辖权限制的另一些制度，如禁止欺诈等。

（四）法国

法国的国内法和国际法都不承认非方便法院原则。法国的管辖权问题自拿破仑时代甚至更早的古代法时代起，就有十分明确的实质性规定。法律明确规定了哪些案件法院有管辖权而哪些没有。在国内法中，这些规则散见于 1975 年修订的新民事诉讼法典。这些规则形成了一整套以管辖能力和地域管辖为基础的在法国不同法院之间分配管辖权的方法。同时这些原则主要考虑的是保证正义的实现和诉讼当事人的利益。因此，也就没有理由出于存在另外的更合适的管辖法院的考虑而给予那些有管辖权的法院拒绝管辖的权力。在国际法层面，法国的做法要么是全部移植自国内法的规定，要么就是仅仅对国内法规定稍作调整，因此在国际民事诉讼中基本上也不可能给予一个有管辖能力的法院以拒绝管辖的权力。

同时我们可以看到，法国新民事诉讼法典第 92 条规定如果案件无法由法国法院审理的话，法官可以宣布自己是无管辖权法院。但实际上这并不说明法国也存在非方便法院原则，因为根据这一条，法官并不是因为在外国存在另一更合适的法院而宣布自己是无管辖权的法院，而是根据法国的管辖原则认为自己没有管辖权。同时他也不能中止诉讼，这与非方便法院原则有着很大的区别。

法国法没有在 1968 年 9 月 27 日的布鲁塞尔公约中表明关于给予非方便法院原则何种地位的态度。曾经有一个案件②本来可以使欧洲法院做出是否将非方便法院原则引入布鲁塞尔公约的决定，可惜该案最终是庭外和

① 参见徐卉著：《涉外民商事诉讼管辖权冲突研究》，中国政法大学出版社 2001 年版，第 156 页。

② C-214/92 Ladenimor SA v. Intercomfinanz SA.

解了。大部分法国学者对于将非方便法院原则引入法国法是持强烈批评态度的。巴黎法院曾经在1987年11月17日做出决定，认为尽管法国法院有权根据布鲁塞尔公约第24条执行一项临时措施，但由于意大利法院更适合采取该临时措施，因此法国法院不能继续审理该案。法国学者胡埃特(Huet)对此提出了强烈的批评。他认为："说意大利法院是更适合的法院实际上就是承认了非方便法院理论，而不管是法国的国际私法还是布鲁塞尔公约都没有给予这一理论任何地位……；如果法国法院根据准据法的性质享有管辖权，它就不能以不方便为由宣布自己没有管辖权。"①

法国目前不是一个挑选法院问题突出的国家，因此还没有必要运用非方便法院原则来阻止挑选法院的现象。同时，法国现在关于管辖权的法律也保证了案件与法国有着密切的联系。如果没有这种联系，或一方当事人有欺诈行为，法国法院就不享有管辖权。这个基本要求使得法国可以不采用非方便法院原则也能解决挑选法院问题。

（五）德国

德国法中的管辖权依据是由严格、明确的法律条文所规定的，通常不会给法官自由裁量的空间。但是，在为数不多的一些非争议性的国际案件中，偶尔也会考虑非方便法院原则。例如，根据非争议性程序法FGG(Code on Non-contentious Proceedings)第47条，如果有外国法院能更好地行使监护职责，监护法院可以不行使监护权。这主要发生在收养案件中，当收养人或者儿童离开惯常居住地移居外国时可适用该原则（例如非争议性程序法第43条b款）。但最近的案件表明该原则也同样适用于监护权案件。

也有个别案件试图利用"起诉之合法利益"这一附带程序条件间接引入非方便法院理论。例如原告或申请人滥用司法程序就属于缺少"起诉之合法利益"，法官可以驳回诉讼。但如果原告只是根据民事诉讼法第35条行使其在同时具有管辖权的法院之间选择法院的权利，这显然不属于滥用司法程序行为。同时，也不能仅仅因为德国法院的判决不能在国外得到承认就认为缺少"起诉之合法利益"。最后，也不能因为原告在国内案件中被认为缺少起诉利益而否定法院的国际管辖权。

① 转引自 Fawcett, Declining Jurisdiction in Private International Law, Oxford, Clarendon Press, 1995, p. 179.

理论上讲，如果原告恶意制造国际管辖权依据，法院可以拒绝行使管辖权。例如，他可能在内国有住所但假装没有，或者他可能为了在法院地国起诉而将被告的财产带到该国。但实际上，出于法律确定性的考虑，这种私下制造出来的管辖权依据原则上是为法院所承认的（除了极少数案件）。德国认为法院的管辖权是建立在客观的先决条件之上的，与原告的动机没有关系，况且原告的动机也是很难查明的。例如在一个案件中原告为了在德国提起离婚诉讼而在起诉前16天改变了自己的国籍，德国最高法院在这种情况下也认为不存在滥用程序的问题。因此在实践中，关于原告恶意制造管辖权依据的辩护意见对于法院确定管辖权几乎是不起作用。

德国还存在"不能并存的管辖权"概念，又称属无理由的无国际管辖权，如果应适用的外国法中的某些要求无法为德国法院所施行，德国法院就没有国际管辖权。但是，仅仅适用外国法本身并不能证明存在"不能并存的管辖权"。即使外国法很难确定，法院也不能因此不适用外国法。只有当德国法院在调整诉讼程序后仍然无法施行外国法中的要求时，该项要求才是真正无法施行的。因此，真正的"不能并存的管辖权"案件是很少的。

作为非方便法院原则的反面，德国还在少数案件中存在方便法院原则。如果存在急切需要内国法律保护的利益，法院可以根据需要宣布自己具有管辖权。在这种情况下，法院应当对于当事人来说是方便的。

（六）瑞士

瑞士关于民事诉讼程序的法律不是统一的。联邦法院的诉讼程序由一项规则来调整①，而下级法院的诉讼程序则由26个州的民事诉讼法典调整②。关于非方便法院原则没有任何条文加以规定，并且法律理论上也没有发展出这一原则。瑞士关于非方便法院原则的理解仅限于了解非方便法院原则是存在于外国的一项原则。瑞士国内曾试图引入非方便法院原则并将其写入成文法典，但最终没有成功。

瑞士司法系统，正如许多其他欧洲大陆法律系统一样，是建立在两个基本原则之上的。第一，必须在与被告有最密切联系的地方提起诉讼（通常是他的住所或惯常居住地）。被告在法院地出现或服从法院地法院

① 1947年12月4号关于联邦民事程序的联邦法案

② 例如苏黎世州1976年6月13日关于民事程序的法令。

的权威对于管辖权不起决定性作用。第二，原告在一定程度上有权在上一原则规定的地方提起诉讼。因此瑞士民事诉讼程序法试图把管辖法院限定在与被告、被告的责任、被告的财产或被告的行为有实质性联系的地点。

（七）意大利

正如非方便法院原则不是大陆法系国家法律传统的一部分一样，它也同样不是意大利法律传统的一部分。事实上在意大利也没有人讨论过是否应当引入非方便法院原则这个问题。意大利宪法第25条第1款规定：“任何人不得被剥夺在法律规定的天然法院受审的权利。”意大利的法学家们也认为不管有多么不方便，法院也必须对依管辖权规则提交来的案件进行审理。他们认为法律只是事先为大多数案件设定一个合适的管辖权依据，但这极有可能在另一些案件中是不合适的。为了法律的确定性和保证案件审理的及时性，有时不得不以牺牲个别案件的公平为代价。

（八）希腊

希腊完全不承认非方便法院原则，但存在着不得滥用权利的规定。希腊宪法明确地禁止滥用权利（第25条）。同时，希腊民事诉讼法也禁止违背善意和道德的滥用民事权利行为（第281条）。

（九）芬兰

在芬兰法中，关于因在外国实施的犯罪行为而向芬兰法院提起的诉讼，芬兰法院有自由裁量权以考虑是否接受该诉讼。行使这种自由裁量权时法院要考虑的因素基本上与非方便法院原则考虑的因素相同，包括被告和受害人的国籍、住所、证据的有效性、在外国获得公正审判的可能性等。①

三、大陆法系国家相关制度与普通法系国家非方便法院原则的比较

一方面，魁北克新民法典第3135条所确立的比较灵活的做法更接近于美国的非方便法院原则，而不是像英国那样通过Spiliada案形成了一套适用规则和两阶段考察程序。另一方面，它所确定的行使自由裁量权时应当考虑的因素实质上又和英国和英联邦国家是一致的。具体来说，美国认

① See Fawcett, Declining Jurisdiction in Private International Law, Oxford, Clarendon Press, 1995, pp. 26-27.

为十分重要的公共利益因素在魁北克却几乎不起什么作用。① 同时，魁北克与美国、英国、英联邦国家、以色列在这个问题上还有一点是相同的，那就是它们都认为，尽管有管辖权，法院也有权利拒绝行使。

严格地说日本的特殊情势原则并不是非方便法院原则，但它的确与非方便法院原则有很明显的相似之处。它们都采取比较灵活的态度，并且日本在适用特殊情势原则时考虑的因素与美国所考虑的私人利益因素十分接近，有时候甚至是完全一致的。然而，日本在适用这一原则时不考虑公共利益因素。正因为这一点，可以说日本的特殊情势原则更接近于魁北克而不是美国的非方便法院原则。②

但是，我们也应当注意到日本的特殊情势原则在三个重要的方面与上述地区的非方便法院原则有着显著的区别。第一，日本并不一定要求在国外存在另一个更合适的法院。第二，日本法院只能撤销一项诉讼而没有权力中止或附条件的撤销一项诉讼③。这限制了它们灵活处理案件的能力。第三，当案件以特殊情势为由被撤销时，法院就会宣布其没有管辖权，而不是说有管辖权但是拒绝行使。

四、大陆法系国家不愿采用非方便法院原则的理由

（一）封闭的法律体系

大陆法系国家的法律文化传统决定了其法律体系的封闭性和严密性。对于构建严密完整的法律体系的倾向使得大陆法系国家无一例外地采用成文法对管辖权问题作出严格的规定。

荷兰学者认为，对于控制过宽的管辖权实际上有两种不同的方法。一种是通过民事诉讼法严格地规定管辖权依据，原则上不给法官留出自由裁量的空间。大陆法系国家由于其自身法律体系的封闭性决定了它们大多采用这种方法。另一种方法则是对于管辖权依据采用宽泛的、原则性的规定，而给予法官极大的自由裁量权来决定是否行使管辖权。普通法系国家大多采用后一种方法。

---

① 但魁北克在确定准据法时会加以考虑。

② 关于英国、澳大利亚和日本的非方便法院原则比较参见 Hayes，[1992] UBC L Rev. 41.

③ 除非存在自然灾害或一方当事人因疾病或其他类似原因不能出庭。

（二）适当的管辖权依据

大多数不采用非方便法院原则的国家的一个重要理由是，它们不存在过宽的管辖权。并且它们也通常有另外一些原则性的规定保证了其行使管辖权的适当性。例如，根据现有的法国法，基本上能够保证案件与法国有密切的联系，如果没有这种联系，法国法院根本不具有管辖权。比利时关于国际管辖权的规则也注重对外国被告人的保护。希腊法也认为其管辖权规则的充分性和具体性保证了公共利益和私人利益两方面的因素得到考虑，并且由相对严格的管辖权依据构成的完整的管辖权体系保证了每个案件都能在最合适的法院进行审理。依照瑞士法规定和法学理论，它的管辖权规则建立在这样的基础之上：被告必须在与其有最密切联系的法院地被诉，被告的暂时存在并不构成管辖权基础。①

（三）不存在挑选法院的问题

在许多国家不存在挑选法院的问题，因此它们也就没有必要引入非方便法院原则这一解决挑选法院问题的法律规则。阿根廷、芬兰、德国、希腊都属于这类国家。但为什么在这些国家里挑选法院不成为一个问题，各个国家的原因又不尽相同。在阿根廷，管辖权的依据原则上只有被告的住所地一项，这就防止了有人将与阿根廷没有联系的案件带到阿根廷起诉的可能性。在芬兰，只有一个人有正当理由他才可以在法院提起诉讼。

即使有一些国家认为挑选法院是一个需要解决的问题，它们也倾向于运用其他手段而不是非方便法院原则来解决这个问题。法国关于国际管辖权的规则保证了法国法院只有当案件与法国有较强联系时才具有管辖权。在日本，挑选法院问题是在适用国际管辖权规则阶段解决的，在适用法律时，法官应当注意不要偏向于某一类当事人。

另一种解决挑选法院问题的方法是统一冲突法规则。德国认为统一各国的冲突法规则是解决挑选法院问题的最好方法，而不仅仅是限制管辖权依据。意大利学者同样持这种观点。而且，在欧共体内实际上已经有这方面的尝试。1980年关于合同义务准据法的罗马公约统一了欧共体各国关于合同准据法的冲突法规则，它的目的就是为了避免布鲁塞尔公约所允许的挑选法院现象。但是我们必须看到，统一各国冲突法规则只能解决那些

---

① 参见胡永庆：《‘不方便法院’原则比较研究》，载《诉讼法论丛》第4卷，法律出版社2000年版，第510~511页。

企图利用某国实体法上优势的挑选法院现象，对于那些想要利用某国程序上优势的挑选法院现象，这个方法显然是无法奏效的。

（四）法官的地位

在不同法系国家，法官的地位是不一样的。普通法系国家通常给予法官极其崇高的地位和相当广泛的自由裁量权。法官不仅适用法律，还能解释法律，甚至创造法律。而在大陆法系国家，法官通常只能严格地按照法律的规定适用法律，很少有自由裁量的余地。由于严格的分权学说的影响，解释法律和创造法律的权利只能掌握在国家立法机关的手中。法国严格地限制法官的权利，不给予他们以自由裁量权。瑞士法律也不承认案例法或法官立法。德国害怕一旦给予法官过宽的自由裁量权，法官会以不方便的名义拒绝管辖那些比较麻烦的涉外案件。希腊法官为了不受上述指责宁可对所有具有管辖权的案件进行审理。

（五）成文法缺少灵活性

绝大部分大陆法系国家是不承认案例法的，而非方便法院原则的发展又是建立在案例法不断对这一原则加以完善和补充的基础上的。从普通法系国家非方便法院原则发展的历史我们可以看到，非方便法院原则从最初的原则性规定到拥有严格的适用程序和考察标准，它的每一步发展都是在更新的案例推动下完成的。其实不仅是非方便法院原则，普通法系国家的成文法规则都必须通过案例的解释才具有现实的可适用性。而大陆法系国家则倾向于建立逻辑严密的法律体系，对任何问题都做出严格的、周密的规定，法官在审理案件时只需要严格适用法律规定而不能超出这一范围。从非方便法院原则的性质来看，它本身就是为了给予管辖权规则以更多的灵活性而出现的，而大陆法系国家严密的法律体系恰恰不允许这种灵活性的存在，因此大陆法系国家成文法的特点决定了它与非方便法院原则是不相容的。在这方面唯一的例外是加拿大的魁北克地区，它是唯一在成文法典中规定非方便法院原则的国家。但考虑到魁北克地区是一个混合法地区，成文法和案例法在它的法律体系中都占有重要的地位，因此我们所说的法律体系缺少灵活性的问题在魁北克并不存在。

（六）宪法障碍

许多国家在考虑是否引入非方便法院原则时遇到的最大问题是宪法上的障碍。在德国，保证当事人在法律规定的有管辖权的法院进行诉讼是一项宪法义务。这项义务要求在任何情况下一个可预见的确定的法院都不能被人为操纵而改变。同样，希腊宪法也规定希腊法院不能改变法律规定的管辖法院。意大利宪法第25条第1款规定："任何人不得被剥夺在法律规定的天然法院受审的权利。"

（七）确定性和可预见性

大陆法系国家注重法律的确定性和可预见性，而非方便法院原则强调的是法律的灵活性。尽管非方便法院原则能够带来一定程度的灵活性，它也在一定程度上削弱了法律的确定性和可预见性，并且由此还会带来诉讼费用的增加和没有必要的延迟，基于这些原因，大陆法系国家通常不愿接受这一原则。

（八）管辖权的消极冲突

正如管辖权的积极冲突是国际管辖权制度所要解决的问题一样，管辖权的消极冲突同样也是国际管辖权制度所要解决的重要问题。然而具有讽刺意味的是，作为管辖权协调制度的一种，非方便法院原则本身就会带来管辖权的消极冲突问题，这不能不说是与其自身的性质所不相容的。

第四节　关于非方便法院原则的国际实践

一、《布鲁塞尔公约》对这一问题的规定

1968年9月27日，欧共体六个初始会员国在布鲁塞尔签订了《民商事管辖及判决执行公约》（以下简称《布鲁塞尔公约》）。这个公约可以说是目前欧洲大陆法系国家关于国际民事管辖权问题法律实践的最集中体现。考虑到《布鲁塞尔公约》所取得的巨大成功，我们有必要对其关于拒绝管辖的规定加以认真研究。

《布鲁塞尔公约》最初的六个缔约国均为大陆法系国家①，因此最初的《布鲁塞尔公约》自然也就没有关于非方便法院原则的规定，为了避免在成员国之间的平行诉讼问题，公约采用的是严格的待决诉讼条款，即给予先受诉国家法院优先审理的权利。到目前为止，公约关于管辖权问题也没有给予法院自由裁量的余地。然而，随着欧共体成员的增多，《布鲁塞尔公约》缔约国也不断增加，它不再仅仅是一个大陆法系国家之间的

① 比利时、德国、法国、意大利、卢森堡及荷兰。

公约，而是既包括大陆法系国家，又包括普通法系国家。在这种情况下，是否采纳非方便法院原则的问题作为大陆法系国家和普通法国家的重要分歧自然就凸现出来。

英国和爱尔兰1979年加入公约时曾尝试说服其他各国将非方便法院原则引入公约，它们仍想保留以非方便法院原则灵活处理管辖权问题的权利。但这一建议遭到了其他欧洲国家的拒绝。这些国家认为①，公约的规定本身就是为了选择一个方便的法院进行管辖，按照公约规定享有管辖权的法院实际上就是与案件有充分联系的法院，因此没有必要再引入非方便法院原则。并且，根据公约第4条的规定，公约通过列举的方式禁止不合理的法院行使管辖权（如财产所在地法院、传票送达地法院、接触管辖地法院）。所以根本没有必要再用所谓非方便法院原则加以限制。这与大陆法系国家关于非方便法院原则的一贯态度是一致的，即宁可从立法源头阻止不当管辖权的产生，而不愿给予法院过宽的自由裁量权。最终英国和爱尔兰的代表在这一问题上做出了让步，它们没有在工作报告中提出这个问题。究其原因，《布鲁塞尔公约》缔约国在地域上的有限性和欧共体一体化程度的不断加深使得保留非方便法院原则在缔约国间失去了意义。由于交通的便捷和法律制度的统一，在任何一个欧洲国家进行诉讼相对于其他欧洲国家来说都不会显得特别不方便。在这种情况下，公约对于司法确定性的要求显然超过了对灵活性的需要，引入非方便法院原则也就失去了必要的基础。

另外值得一提的是，尽管《布鲁塞尔公约》没有规定非方便法院原则，但它包含了一个相对开放的条款，即所谓"相关诉讼"条款。② 这一条款规定如果一个案件在另一缔约国有相关诉讼正在审理，后受诉法院有权决定是否中止该案的审理。在这种情况下，后受诉法院不能适用待决诉讼条款，因为它面对的并不是相同的诉因和当事人，所以法院不能依据待决诉讼条款中止诉讼，但它可以依据本条视具体情况决定是否中止诉讼。这可能是公约中最接近非方便法院原则的条款，但这一条款的适用被严格限定于有相关诉讼正在进行的情形，并且只有后受诉法院才能行使这

① Martine Stuckelberg, "Lis Pendens and Forum Non Conviniens at the Hague Conference", 26 Brooklyn J. Int'l L. 949, (2001), p. 5.

② 《布鲁塞尔公约》第22条。

种自由裁量权。而对于先受诉法院来说，不管后受诉法院是不是更方便，甚至是后受诉法院拒绝中止诉讼，它都必须受理该案件。因此，尽管这一条款在一定程度上给予法官自由裁量权，但从适用条件上来看，这一条款与非方便法院原则还是有着明显的区别。

然而，对于英国和爱尔兰这些普通法系国家来说，是否因为加入《布鲁塞尔公约》就丧失了使用非方便法院原则灵活处理管辖权问题的权利呢？英国1982年颁布的《民事管辖权及判决法》第49节对适用非方便法院原则做出这样的规定：本法不应妨碍联合王国的法院根据非方便法院原则或其他原因而中止、撤销、驳回在本院进行的诉讼，只要这样做不违反1986年《布鲁塞尔公约》。而《布鲁塞尔公约》对这一问题又没有做出规定。并且正如上面所述，出于对司法确定性的考虑，公约也无意引入非方便法院原则这一制度，因此在缔约国之间是不能以非方便法院原则为由放弃公约管辖权的。这样对于英国来说，如果案件牵涉到另一个缔约国，它就不能以非方便法院为由拒绝行使管辖权，因为公约对于管辖权问题有着明确的规定，拒绝行使公约规定的管辖权实际上就是违反了公约，这同样不符合英国1982年《民事管辖权及判决法》。但对于非缔约国来说，英国与非缔约国之间是不受该公约约束的，如果法官认为该国法院受理案件更为合适，他完全可以根据非方便法院原则拒绝行使管辖权。① 在这个问题上，英国只是部分地受到公约的约束而保留了大部分适用非方便法院原则的权利。

作为迄今为止最成功的国际管辖权公约，《布鲁塞尔公约》对非方便法院原则可以说是持完全排斥的态度的，对于普通法系国家要求的管辖权灵活性也是持否定态度。这种立法思想是与大陆法系国家的法律传统一脉相承的，即注重法律体系的严密性和逻辑性，尽可能地排除不确定因素。《布鲁塞尔公约》对待非方便法院原则的态度也再次证明了尽管目前已经有少数大陆法系国家部分地在实践中运用了非方便法院原则，但他们对于整个非方便法院学说还是持比较谨慎的态度，很难从整体上接受这一理论。

---

① 参见肖永平、王承志：《英国国际民事诉讼法三题——以〈布鲁塞尔公约〉为主线》，载《法律科学》，2003年第1期。

二、海牙国际私法会议的态度

1992 年 5 月，时任美国国务院法律顾问的艾德文·威廉姆森写信给海牙国际私法会议秘书长建议会议发起一轮谈判来制定一项关于判决的承认与执行的多边条约。① 于是 1993 年 5 月海牙第 17 次大会决定成立一个特别委员会来进一步研究该问题。美国在特别委员会成立之前就提交了一份包含一个“混合”公约②的报告。作为 1996 年 10 月召开的第 18 次大会的最后决议，海牙会议决定把制定一个有关管辖权和判决承认公约（以下简称《海牙公约》）的工作纳入第 19 次大会的议事日程。

1997 年 6 月，一个关于民商事领域国际管辖权和外国判决效力的特别委员会召开了会议，进行了为期两周的正式磋商，并决定下一次特别委员会将在 1998 年 3 月开会。但直到 1998 年 12 月，起草委员会才提出了包含一些条款草案的文件，这份文件包括日后成为 2001 年临时文本第 21 条（关于未决诉讼）和第 22 条（关于非方便法院原则）的初稿条文。这份草案在 1999 年 6 月和 10 月又被进一步加以修改，最终形成了公约文本的初步草案。最初大会决定在 2000 年秋季召开外交会议，但美国国务院国际私法助理法律顾问杰弗里·柯瓦向协会写信，指出公约初步草案文本存在实质性问题，于是协会决定将外交会议延期，并且调整了讨论草案文本的规则。因此，外交会议被分割为几个部分，第一部分于 2001 年 6 月开始。这一部分会议形成了充满替代条款、任择性条款和模糊语言的临时文本。这意味着当事国在许多方面难以达成一致，但这个文本却包括了各国在早先对于未决诉讼和非方便法院原则的妥协和让步的成果。

是否将非方便法院原则纳入未来的管辖权和外国判决公约是一个很有争议的问题。一方面普通法系国家习惯于有非方便法院原则，并把这个原则作为保证司法公正的不可或缺的工具，特别是这个原则被看作是遏制挑选法院现象的有力武器。而另一方面，大陆法系国家害怕为被告提供新的

① Ronald A. Brand, “Comparative Forum Non Conveniens and the Hague Convention on Jurisdiction and Judgments”, 37 Tex. Int'l L. J. 467, (2002), p. 13.

② “混合”公约（The Mixed Convention）是由双重公约（The Double Convention）变化而来。它既提供管辖权规则又提供判决的承认规则，但又不是旨在作出一份关于允许和禁止的管辖权依据的排他性清单。也就是说，它并不包括所有的情况。

例外会导致增加民事诉讼的成本和时间。它们对于该原则的缺少可预见性和其中所包含的自由裁量的性质心存顾忌。并且，对一些国家来说，承认这么一种能够撤销已经存在的管辖权的制度存在着严重的宪法障碍。

为调和这种矛盾，在海牙会议上提交的一份中间决议中建议将非方便法院原则条款设为任择性条款，这意味着任何一个国家都可以决定非方便法院原则是否适用于该国法院，这就可能导致每一个国家仍然保持其在该问题上的现行做法。而如果成员各方最终在民商事领域管辖权的一般依据上达成共识，那么仍然保持这么一个宽泛的、并不统一的例外将会是一个很不明智和毫无必要的做法。并且，这么做还会为适用公约带来不确定性，因为当事人无法预先知道该条款是否适用。这样就会产生一种很不确定的形势。在替代法院不承认非方便法院原则的情况下一国法院能否拒绝行使管辖权？在先受理法院为明显不适合法院但又不承认非方便法院原则的情况下，后受理法院是否应将案件视为待决案件？出于以上这些理由，将非方便法院原则设为任择性条款的做法不是一个令人满意的解决方案，因此也没有保留在初步草案之中。

实际上大陆法系国家和普通法系国家在司法自由裁量权问题上的分歧并没有看上去的那么大。对于大陆法系国家来说，自由裁量权并不是完全陌生的。正如上文谈到的，即使是按照《布鲁塞尔公约》这样一个明确排斥非方便法院原则的公约规定，在相关案件仍在另一缔约方法院中待决的时候，法院也有中止案件的自由裁量权。而在普通法系国家里，不同的非方便法院原则模式已经至少存在了半个世纪，并且这些不同的做法还将在世界上的不同国家里继续存在下去。另外，一些普通法系国家的法院已经对于非方便法院原则的不可预见性表示了担忧并且试图补救这个问题。总的来说，普通法系国家对于非方便法院原则的接受和大陆法系国家对于非方便法院原则的排斥都不是完全一致的。就像前文谈到的，一些美国学者撰文批评了非方便法院原则的不可预见性，而另一方面，一些欧洲大陆的学者又撰文表达了向他们封闭的司法体系中引入一些灵活性的愿望，他们甚至支持采纳非方便法院原则。①

在《布鲁塞尔公约》中，对于法律确定性的要求显然是超过了对灵

① Martine Stuckelberg, "Lis Pendens and Forum Non Conviniens at the Hague Conference", 26 Brooklyn J. Int' l L. 949, (2001), p. 7.

活性的需要，因为通过严格地限制管辖权依据，缔约方认为不再需要非方便法院原则了。但这是因为《布鲁塞尔公约》是一个地区性的公约，而在一个世界性的公约中，司法制度不同、文化差异、在国外诉讼的严重不便等这些问题都被扩大了。同时，尽管管辖权基础在《海牙公约》中有明确的限制，但仍然无法保证在任何情况下，公约认可的管辖权基础都与法院有充分的联系。例如，公约草案中包含的一个管辖权基础是侵权行为地。而实际上有时候侵权行为地与争议之间的联系非常微弱。因此，在《海牙公约》的初步草案和临时文本中都没有像《布鲁塞尔公约》那样完全排除非方便法院原则。事实上尽管这个议题在普通法系国家和大陆法系国家之间存在极大的矛盾，但却是在海牙会议谈判中最早达成妥协的议题之一。这种妥协包括临时文本中第21条未决诉讼的规定和第22条修改过的非方便法院原则条款。

正如前面所介绍的，公约初步草案于1999年6月18日被特别委员会有条件地接受，又于1999年10月25日至30日在海牙召开的一次会议上被修订，最终，在2001年6月6日至22日期间召开的第19次外交会议第一部分会议上制定了一个新的临时文本。同之前的初步草案相比，公约临时文本增加了2款，即第6款和第7款。

下面将公约临时文本第22条摘录出来，以供读者参考：

"第22条 拒绝管辖的例外情况

1. 在例外情况下，当法院获取管辖权的基础不是建立在第4条规定的排他性法院选择协议，或第7、8条或第12条规定的基础之上的时候，如果在该案中该法院明显不适合行使管辖权，并且如果另一国法院有管辖权而且明显更适合处理该争议，法院可以依一方当事人申请中止诉讼程序。该申请至迟必须在关于该问题的第一次答辩时提出。

2. 法院应特别考虑：

a）考虑到当事人的惯常居所而产生的任何不便；

b）证据的性质和所在地，包括文件和证人，以及获取这些证据的程序；

c）可适用的期限或规定的期间；

d）法院关于该问题的任何决定得到承认与执行的可能性。

3. 在决定是否中止诉讼程序时，法院不应根据当事人的国籍或惯常居所而区别对待。

4. 如果法院决定根据第1款中止诉讼程序，它可以命令被告提供足以满足该法院关于该问题的任何决定的保证金。但是，如果其他法院仅在第17条下有管辖权，或该其他法院位于一个非缔约国内，它就必须做出这样的命令，除非被告能证明即使不做出该命令，原告执行判决的能力也不会受到实质性损害，或在该其他法院国内或在可以执行法院决定的国家内存在充足的财产。

5. 当法院根据第1款中止了诉讼程序，

a）如果其他国家法院行使管辖权，或如果原告不在法院规定的时间内去其他国家提起诉讼，法院应当拒绝行使管辖权；或

b）如果其他国家法院决定不行使管辖权，法院应当继续审理案件。

6. 本条不适用于法院仅在第17条下有管辖权的情况。因为该条不符合白色清单条款。在这种情况下，应当根据国内法处理拒绝管辖的问题。

7. 根据第3条至第15条获得并具有管辖权的法院不适用非方便法院原则或任何类似的拒绝管辖的规则。"①

从条文中我们可以看到适用第22条有几个特别要求。首先是法院必须不具有本公约规定的专属管辖权；其次，案件必须是涉及“例外情况”；再次，受理的法院必须是一个“明显不适合”的法院；最后，其他有管辖权的国家必须存在“明显更适合”的法院。这样一些条件就类似于苏格兰、英国和加拿大采用的“适当法院”检验标准，但比这些国家要求的条件还要高。条文还规定了确定适合法院时应当考虑的四个因素，即第2款的4项规定。条文中所列的四个因素基本上属于通常所认为的私人利益因素，但公约也没有明确排除公共利益因素的考虑。因此，公约的规定没有偏向各种不同模式的任何一种。第22条第3款的规定试图阻止在适用公约时可能产生的保护本国居民的倾向。另外，本条在第4款中还设立了一个保证金制度，这也是公约规定的创新之处。

总之，在普通法系世界里常见的非方便法院原则已经被吸收进这个关于民商事领域管辖权和外国判决的《海牙公约》临时文本中的第22条了。同时，这个条款又受到第21条未决诉讼规则的制约。但最终这种做法能否得到成功仍有待观察。然而不论这个公约最终成功与否，临时文本

① "Summary of the Outcome of the Discussion in Commission II of the First Part of the Diplomatic Conference", http://www.hcch.net/doc/jdgm2001draft_e.doc

的第21条和第22条仍然为解决国际民事诉讼管辖冲突提供了一条很有创造性的道路。

第五节　非方便法院原则评析与展望

一、理论评析

学者们围绕着非方便法院原则展开激烈的争论，形成泾渭分明的两种观点，即支持非方便法院原则的肯定说与反对非方便法院原则的否定说，我们赞成否定说，同时主张结合国际民商事诉讼管辖权的实际，从英美法的背景评价该原则。在非方便法院原则从“滥用程序”标准发展到“最合适法院”标准的过程中，防止原告挑选法院、反沙文主义与国际礼让是强有力的理论依据。这两个问题是判断现代非方便法院原则合理与否的关键所在，也是肯定说、否定说的交锋中具有实质意义的部分，因此，本节集中讨论。

（一）防止原告挑选法院（Forum Shopping）

肯定说的学者认为：随着各国管辖权的扩张，国际民商事诉讼当事人在选择解决争议的机构和程序方面有了更多的自由，但推至极端，就会发生原告挑选法院的现象。第一，对另一方当事人不利。挑选的法院通常是与案件事实、当事人没有密切联系甚至根本没有任何联系的法院，因此会给被告应诉答辩造成不必要的困难和经济负担。有时原告在某个特定法院起诉就是要故意干扰被告。第二，危及司法公正。挑选的法院由于同案件不存在什么联系，无法迅速适当地进行审理。如重要的证人，证据均在法院地以外，法院不能取得这些证据或使证人出庭。又如所要适用的法律为外国法，且该外国法院有合格管辖权时，挑选的法院显然不会比外国法院更熟悉外国法。第三，阻碍国际司法协助。挑选的法院如果被认为是非方便法院，其作出的判决还可能得不到外国的承认与执行。“非方便法院原则是为了防止挑选法院及其他滥用法院选择程序的做法而发展出来的。它的目的是避免原告选择非方便法院从而给被告带来过度不利。”① 同时，

① Nancy J. Eskenazi, “Forum Non Conveniens and Choice of Law In Re: The Amoco Cadiz Oil Spill”, 24 Journal of Maritime Law and Commerce (1993), pp. 381-382.

非方便法院原则也可以抵消挑选法院造成的其他弊端。

但是，我们认为上述理由不能成立。

1. 挑选法院的概念模糊不清。

什么是挑选法院？按 Pearson 法官在 Boys v. Chaplin 案①中的解释，它指“原告绕过其自然法院并在其他法院诉讼，在那里他可获得其自然法院不能提供的救济或利益”。但什么是自然法院（Natural Forum）？如果自然法院是与诉讼有最真实而充分联系的法院，那么原告绕过自然法院到其他法院寻求救济为什么一定不合理？如果原告挑选法院并非绝对不合理，什么情况下可以允许原告选择，什么情况下又禁止？总之，挑选法院的概念太抽象，很难对其进行明确的定性。Simon 勋爵在 The Atlantic Star 案②中认为：“挑选法院……只是一种带有污蔑色彩的说法罢了。如果你给原告选择管辖的机会，他自然会挑选他认为最有利的法院提起诉讼，这是一件不值得惊讶或愤怒的事情。”可见，挑选法院并非都是不正当的，假如不从狭隘的意义上理解，挑选法院是国际民商事诉讼原告实现利益最优化的手段。除非原告挑选法院的主要目的是压制或纠缠被告或其所选择的法院明显不合适，否则原告的诉讼权利一般应予尊重。

2. 以防止原告挑选法院为由适用非方便法院原则存在诸多问题。

第一，国际民商事争议总是涉及两个以上的国家，在其中任何一个国家的法院审理都会既具有某些便利条件，又有某些不便利条件。由于当事人居住在不同国家，行为或交易发生在当事人居住国或者国籍国之外，而证据和证人又分散在不同国家，所以按现代非方便法院原则很难找到所谓“最适当法院”。原告的法院选择在大多数情况下都是合法合理的。如在国际商事案件中，连非方便法院原则的坚定支持者都承认缺少自然法院，③ 那么当原告选择了一个对其自身便利又没有对被告过度不利的法院解决争议，法院依非方便法院原则中止或者撤销诉讼就是不正确的。因为既然拥有法律专业知识的法官在确定“最适当法院”时都捉襟见肘，而要求一个原告挑选的结果必须符合“最适当法院”标准，则完全是强人所难了。

① [1971] A. C. 356

② [1974] A. C. 436.

③ Per Lord Goff, Spiliada, Supra note.

第二，在许多国际商事案件中，原告往往选择一些国际诉讼中心（如英国法院）来解决争议。因为国际诉讼中心的法院具有丰富的经验，良好的声誉，较高的审判效率以及保证公正的中立性等优势，所以对被告也不会有什么不利。至于说在国际诉讼中心诉讼会给被告造成不必要的困难和经济负担也是不实之词。在现代交通运输条件大大改善的情况下，被告到外国法院诉讼已经不是一种令人难以容忍的不便了，何况被告往往是在多国有营业所、分支机构的跨国公司。

第三，以防止选择法院为由适用非方便法院原则对原告不公正。原告在他选择的法院提起诉讼后，当然希望法院迅速适当地解决实体权利义务争议。如果法院依被告的请求或自己主动进行非方便法院分析，那么诉讼就转变成了“决定当事人应当在哪里进行诉讼的诉讼”,① 这对原告无疑是难以接受的，而且造成了不必要的时间、金钱浪费。适用非方便法院原则属于法官自由裁量的范围，而“最适当法院”标准所涉及的因素又是不确定的、模糊的，所以原告根本无法预见他选择法院的结果，而被告则可以利用非方便法院原则实施拖延战术或将诉讼转到对其有利的法院。②在美国，非方便法院案件是以撤销来结案的，这比中止诉讼程序的办法更糟。因为原告的诉讼请求若被法院驳回，他不得不进行新的诉讼。原告要重新聘请律师，重新起诉，支付新的诉讼费用，从头开始法庭调查程序，甚至面临被告的诉讼时效抗辩以及法院适用不利的程序法与实体法，“在完成到外国诉讼之旅前，许多原告就已经花完了钱，无法获得律师援助，耗完了精力、勇气甚至生命”。③

在实践中，挑选法院与胜诉酬金律师（Contingency Fee Lawyer）问题联系起来，对原告更为不利。美国现在支持非方便法院原则的人认为“‘挑选法院’意味着代理原告人身侵害诉讼的美国律师为了得到大笔诉讼代理费而努力选择慷慨的法院”。④ 这些律师被美国法律界斥责为社会

① Per Lord Templemen, Spiliada, Supra note.

② See A. G.. Slater, “Forum Non Conveniens: A view From The Shop Floor”, 104 L. Q. R. (1988), p. 561.

③ Robertson, op cit, p. 418.

④ Peter Prince, “Bhopal, Bougainville And Ok Tedi: Why Australia’s Forum Non Conveniens Approach Is Better”, 47 I. C. L. Q. (1998), p. 581; see note 54.

的祸害，他们向当事人许诺丰厚的赔偿金，赔偿金越高，律师回报也越高。出于对挑选法院与胜诉酬金律师的厌恶，美国法官频繁使用非方便法院原则。但正如学者所说，胜诉酬金律师也并非一无是处，发展中国家的原告到美国诉讼由于经济困难不得不采取胜诉酬金安排的办法，① 否则他们将无力支付法律援助的高昂费用。另外，把对挑选法院，胜诉酬金律师的厌恶转移到原告的身上是极不公正的。法院忘记了受害人的痛苦，更忘记了实现正义的天职。

第四，借口防止原告挑选法院使外国原告无法进入内国诉讼，造成对外国原告的歧视。这种情况在美国的国际侵权诉讼中反映得最为明显。最高法院一贯认为外国原告选择美国法院向美国公司起诉的目的只会是寻求“美国法律比外国法律更为慷慨的救济，包括严格的侵权责任，灵活多样的冲突法规则，陪审制度，胜诉酬金安排以及广泛的审前发现程序规则所带来的好处”。② 为了抵制外国原告挑选美国法院，非方便法院原则成了杀手锏，因为“非方便法院原则考察的中心目的是保证审判的方便，一个外国原告的选择不值得太多尊重”。③ 而美国原告选择美国法院诉讼一般不会受到干预。

第五，肯定说的学者认为原告挑选法院会增加法院的工作负担，进而加剧案件积压（Docket Congestion），而“一国法院有义务不受外国诉讼积压的干扰，不能使由此导致的法院管理困难以及诉讼延期而给本国居民造成不公正”。④ 但否定说的学者认为案件积压其实可以通过简化程序、任命更多法官解决。而且，工作负担、案件积压都是法院管理方面的因素，若以此为由拒绝行使管辖权，非方便法院原则的合法性基础将被动摇。⑤

（二）反沙文主义（Anti-Chauvinism）与国际礼让（International Comity）

肯定说的学者认为当别的地方存在一个更自然的法院时，如果允许外

① See Peter Prince, op cit, pp. 582-583.

② Piper, supra note.

③ Id., p. 256.

④ Slater, op cit, p. 562; see note33.

⑤ Peter Prince, op cit, p. 585.

国人进入本国法院诉讼，在某种程度上是毁损外国法院和外国人的举动。① 这一观点所体现的反沙文主义和国际礼让精神成为推动现代非方便法院原则广泛流行的强有力因素。② 支持非方便法院原则的学者与法官还普遍认为该原则中反沙文主义、国际礼让的价值取向是西方发达国家“全球意识”加强的结果，顺应了世界各国相互依赖与联系日益紧密的趋势。③

反沙文主义与国际礼让的理由比防止原告挑选法院更具有迷惑性，它给现代非方便法院原则贴上国际法的标签，并暗示其对协调国家管辖权的重要意义。

我们认为，讨论反沙文主义与国际礼让的问题不应离开各国管辖权的现状，因为“不考察一国的管辖权的基本规则，非方便法院原则就无法被适当地理解”。④ 事实上，英美国家之所以热衷于用反沙文主义、国际礼让来修改传统的非方便法院原则，真正的原因是这些国家有着过于宽泛的国际管辖权。英国《最高法院规则》令 11（R. S. C. Order11）规定经法院许可，英国法院可对管辖区外的被告送达令状取得管辖权。⑤ 上议法院确认这项权力属于法官自由裁量权。而在美国，著名的“长臂管辖权”（Long Arm Jurisdiction）原则，使州法院和联邦法院⑥对本州外的居民或与本州（国）有某种“最低联系”⑦（Minimum Contact）的外州居民或外国人得以行使管辖权。英美国家不合理的管辖权规则才是症结所在。彻底

① See Slater, op cit, p. 562.

② Peter Prince, op cit, p. 576.

③ See Id, pp. 576-578.

④ Ronald A. Brand, “Comparative Forum Non Conveniens and the Hague Convention on Jurisdiction and Judgments”, 37 Texas International Law Journal (2002), p. 468, footnote n.

⑤ R. S. C. Order11 rule 4 (2): “No such leave shall be granted unless it shall be made sufficiently to apper to the court that the case is a proper one for service out of jurisdiction under this Order.”

⑥ 美国大多数州都规定了长臂管辖权规则，联邦虽然没有全面的长臂管辖权法律，但也可行使长臂管辖权。

⑦ 该标准在 1945 年国际鞋业公司诉华盛顿一案中确立，但最高法院无法阐明什么是最低联系。

的真正的反沙文主义与国际礼让不是将非方便法院原则修改成“最方便法院原则”，掩盖问题的本质，继续推行扩张的国际管辖权，而是要限制国际管辖权的主张，即：一国仅在与某一国际性争议具有较为密切的联系时才主张司法管辖权。① 所以，认为非方便法院原则体现了反沙文主义与国际礼让的观点是站不住脚的，此其一。

其二，在英美非方便法院案件中，国际礼让理论专门用来阻止外国原告在英国或美国获得损害赔偿，结果极不公正。美国的 Bhopal 案②便是一个著例。

1984 年 12 月 2 日晚至 3 日早晨，位于印度中央邦首府博帕尔市的美资联合碳化物印度公司（该公司是美国联合碳化物公司在印度的子公司，母公司拥有 50.9% 的股份）发生毒气泄漏事件，大量甲基异氰酸盐气体随风飘到邻近的非法临时居住区及博帕尔市人口稠密区，直接夺走 2100 条生命，超过 20 万人受到伤害，当地经济遭受沉重打击。1984 年 12 月 7 日，美国律师在美国代表上千印度受害者提起与 Bhopal 惨案有关的第一起诉讼（Dawani et al v. Union Carbide Corp 案），后共有 144 件类似案件提交到联邦法院。联邦法院将这 145 件诉讼合并移送纽约州南区地方法院审理。1985 年 3 月 29 日，印度政府制定了《博帕尔毒气泄漏灾难（处理受害者请求）法》，根据该法，印度政府全权代表所有印度原告及其他受害者向上述法院提起诉讼。美国联合碳化物公司提出非方便法院抗辩，法院最后颁布了撤销诉讼令。

法院认为“若应原告之请求保留该诉讼，将是另一个帝国主义的例子，另一种宗主国将其规则、标准、价值强加于发展中国家的情形，本法院拒绝充当这一角色……印度法院被证明有能力进行公正和平等的审判。剥夺印度的司法机关代表其人民站立于世界面前作出审判的机会，将导致印度往日屈从和附庸的历史复活”。③

礼让的前提是有一个充分、可替代的法院（An Adequate, Alternative

① 胡振杰：《不方便法院说比较研究》，载《法学研究》2002 年第 4 期，第 143 页。

② In Re: Union Carbide Corp. gas plant disaster at Bhopal, India in Dec. [1986] 634F. Supp. 842.

③ [1986] 634F. Supp. 842, p. 867.

Forum)。Bhopal 案援引 Piper 案作为先例分析确定替代法院存在。接下来要回答替代法院是否为充分法院的问题。如果因外国法律制度的不完善和弊端使得替代法院实际无法胜任审理（即不是一个充分法院），这种情况下受案法院还能基于国际礼让适用非方便法院原则拒绝管辖权吗？Piper 案的主审法官认为"如果法律的不利变化是导致结论的重要因素，那么实际上非方便法院会变得毫无价值"。① 除非这种法律的不利变化使当事人无法在替代法院获得救济，否则受理法院一般不考虑该因素。但 Piper 案并没有明确的规则判断替代法院能否提供当事人所需的救济，所以 Bhopal 案中关于这一问题的激烈争论完全由法官自由裁量。原告及其聘请的专家多次提出印度法院不是审理 Bhopal 案的充分法院的理由，却被法官全部驳回。原告认为印度法院审前发现程序是不充分的，美国法院也承认印度的程序限制了受害者获得证据的机会。美国法院要求被告同意在 Bhopal 案由印度法院审理后，仍然提交在美国审前发现程序中开示的所有证据，并认为只要被告同意这样做，印度法院审前发现程序的缺陷便可避免。事实上，当 Bhopal 案移至印度审理时，美国法院已经与此无关，它的任何指示对被告都不再具有实际的法律效力。原告还提出由于印度法律未规定集团诉讼，在印度迅速审理 Bhopal 案是不可能的。印度当时只有代表诉讼，诉讼代表人只能代表预先存在的某个团体（如宗教团体）的共同利益参加诉讼，而 Bhopal 案中的受害者不能适用代表诉讼，因为在诉讼前受害者是分散的。但美国法院主观地将印度的代表诉讼进行扩大解释，认为印度既然能创造出博帕尔法，就同样能依受害人的共同利益追究被告的责任。实际上，美国把印度法院说成是充分法院，对印度法律缺陷视而不见完全是为了阻止印度原告在美国得到更多的赔偿与利益。美国法院以礼让为由撤销案件，导致受害人在 5 年时间里未获得任何经济赔偿或救济，最终的补偿也很不够。②

因此美国法院在 Bhopal 案中考虑的反沙文主义、国际礼让因素，其含义是不确定的，Bhopal 案判决书中只在结尾提到了礼让的意思，法官根

① Piper Aircraft, supra note, p. 250.

② 该案最后在印度是通过印度政府与美国联合碳化物公司订立赔偿协议了结的，因为印度调整高技术与复杂生产工艺的侵权行为法完全是空白，根本无法适用。而联合碳化物公司仅仅赔偿了 4.7 亿美元给所有受害者。

本没有论证非方便法院原则与反沙文主义或国际礼让的关系。有的西方学者将 Bhopal 案中的礼让解释为“国家间的相互尊重”，但认为即使这样解释也无法明确回答印度原告向美国跨国公司索赔的权利为什么要受美国对印度法律制度尊重的影响。①

美国法院利用反沙文主义或国际礼让为借口阻止外国原告诉讼是很不公正的。第一，造成了人权保护的双重标准。美国向来标榜保护人权，对他国人权状况指手画脚。但当美国跨国公司对外国公民造成损害，甚至发生像 Bhopal 案这样惨绝人寰的悲剧事件时，美国法院却用非方便法院的借口将外国受害者拒之门外。第二，使美国公司逃避法律责任。如果 Bhopal 案适用美国侵权法，则联合碳化物公司需承担严格的无过失责任。然而国际礼让却使美国被告有了规避法律的正当理由。第三，反而导致沙文主义的结果。② 在非方便法院案件中，特别是国际侵权案件中，法院依国际礼让拒绝管辖不但未尊重外国原告，相反将本国公民置于比外国原告更优越的地位。从上述 Bhopal 案不难看出这一点。第四，给美国法院处理类似案件开了恶劣的先例。美国是一个判例法国家，先例具有法律拘束力。Bhopal 案以后，联邦法院实际上已不再受理外国原告对美国公司在海外侵权提起的诉讼。③

其三，一部分学者认为，国际礼让是用来解释某些案件适用外国法的理论，不涉及管辖权问题，因此用反沙文主义、国际礼让支持非方便法院原则讲不通。④

综上所述，现代非方便法院原则以防止原告挑选法院、反沙文主义与国际礼让为理论依据发展出来的“最适当法院”标准并不能贯彻所谓“更有利实现各方当事人利益及正义目的”⑤ 之基本准则。现代非方便法院原则带有无法消除的痼疾，如法院过度膨胀的自由裁量权，原被告诉讼地位的失衡，对原告的不公正特别是对外国原告的歧视，使国际民商事争

① See Peter Prince, op cit, p. 580.

② See Id.

③ See Laurel E. Miller, “Forum Non Conveniens and State Control of Foreign Plaintiff Access to U. S. Courts in International Tort Actions”, 58 U. Chi. L. Rev. (1991), p. 1369 and footnote n.

④ See Peter Prince, op cit, pp. 578-579.

⑤ Per Lord Goff, Spiliada, supra note.

议久拖不决，等等，所以，我们认为，普通法系国家的现代非方便法院原则是不合理的，违背了司法正义的要求。

二、非方便法院原则的未来展望

非方便法院原则的初衷是为了限制普通法上过分的管辖权，解决国际民商事诉讼中的管辖权冲突问题。但实践证明它并不能完成这个任务，相反引起了更大的纷乱。大陆法系国家解决国际民商事诉讼管辖权冲突，主要采取所谓待决诉讼（Lis Pendens）的方法。与普通法系国家的非方便法院原则不同，待决诉讼允许当事人选择法院，保障原告诉权的行使。当出现国际诉讼竞合的情况时，如果在先受理诉讼的外国法院作出的判决能够得到内国的承认与执行，则根据外国的未决诉讼中止内国的诉讼。待决诉讼把焦点放在诉讼首先在哪个法院提出，而不是比较诉讼在哪个法院进行更合适。现在世界范围内存在的两套规则本身就是一种矛盾，当国际平行诉讼发生在一个采用非方便法院原则的国家与另一个采用待决诉讼的国家时，就可能出现管辖权的积极冲突或消极冲突，这明显不利于促进国际民商事交往的正常进行。我们认为，解决国际民商事管辖权冲突最好的方法就是国际协调，在国际民商事诉讼领域确立一套可供普遍遵守的国际管辖权规则，这也正是海牙国际私法会议拟定中的《关于民商事领域管辖权和外国判决的海牙公约》（以下简称《海牙公约》）的要旨之所在。现在越来越多的国家已经认识到了这一点，并积极参与到海牙国际私法会议拟定新的管辖权公约的讨论中去。而从公约的临时文本中也可以看到国际民商事管辖权协调的光明前景。即如果各国都协议遵守一套适当的管辖权依据（白色清单），并排除过宽管辖权依据（黑色清单）的适用，这样就能从根本上解决国际民商事管辖权冲突的问题，从而也就解决了非方便法院的问题。然而，普通法系的非方便法院原则与大陆法系的待决诉讼都有悠久的历史，在统一各国国际民商事诉讼管辖权的过程中，两大法系的传统差距不会迅速消灭，统一的规则需要平衡不同的利益，这必将是一个长期的过程。大陆法系国家在《海牙公约》草案中对非方便法院原则的问题很快作出妥协，因为确定适当的管辖权依据才是最根本的问题所在。公约临时文本第22条规定的是在例外情况下拒绝管辖权规则（Rule of Exceptional Circumstances For Declining Jurisdiction），这一规则对普通法系国家的非方便法院原则进行了尝试性的改造，赋予了法院一定的自由裁量权，这正是两大法系妥协的结果。虽然历经多年谈判，《海牙公约》草案能否取得成功现在依旧是一个未知数。所以，非方便法院原则在短期内还难以被废除，将来是否会以另一种面目出现也难以预料。但是，随着经济全球化所带来的跨国交易的空前发展，国际民商事管辖权的冲突问题必将引起广泛而持续的关注。争议的解决客观上需要确定的司法管辖权与法律规则，而普通法系过于任意的非方便法院原则是不符合这一基本要求的。

三、我国的实践与今后的选择

对于中国是否应当引入非方便法院原则这一制度，我国学者有着不同的看法。部分学者认为出于国际司法礼让和简化司法任务的考虑，我国应当确立非方便法院原则。但也有学者认为“该说缺乏合理性，没有统一的适用标准，且赋予审理案件的法官过多自由裁量权，很容易被当事人或者法院操纵，往往导致适用结果的不一致。除一些普通法系国家和地区外，其他国家都拒绝接受该说。我国法院在审理涉外案件中也不宜适用该说”①。还有学者认为尽管有一些大陆法系国家开始逐渐接受非方便法院原则，但绝大部分大陆法系国家还是拒绝接受该学说，因此我国未来的国际私法立法不应接受该说。还有学者认为“根据我国的国情，我国现在不宜采用非方便法院原则，即使未来采用该原则，也只能作为例外原则而存在”。②

尽管目前在法律界对这个问题没有一个普遍接受的结论，但实践中已经出现了几个被学者认为是适用了非方便法院原则的案例。其中最经常被人们引用的案例主要有三个。

案例1：日本公民大仓大雄要求在中国起诉离婚案。日本籍公民大仓大雄与中国上海妇女朱某结婚后，双方在日本共同生活数月即起纠纷，大仓大雄来上海市中级人民法院起诉离婚，由于此案夫妻双方婚后住所均在日本，婚姻事实以及有关夫妻财产也在日本，法院认为如果诉讼在中国进行，既不便于双方当事人的诉讼，也不利于弄清夫妻关系的真实情况，更无法查明大仓大雄在日本的财产，难以保护当事人的合法权益。为此，上海市中级人民法院决定不行使司法管辖权，告知大仓大雄去日本法院起

① 胡振杰：《非方便法院说比较研究》，载《法学研究》2002年第4期。

② 徐伟功：《非方便法院原则在中国的运用》，载《政法论坛》2003年第2期。

诉。日本法院审理后判决双方离婚，并判令大仓大雄给付朱某折合近10万元人民币的日币。①

案例2：赵某确认产权案。本案为一起国际财产诈骗侵权案，涉讼的财产位于日本，主要诈骗人也在日本。但原告在中国，有些证据和证人也在中国，某些诈骗人还在中国被捕。但是对于该案件的管辖，中国法院认为，从传讯证人、搜集证据等方面看，日本法院受理对当事人更为方便，因而不予受理。②

案例3：1995年广东高级人民法院再审的原告某贸易发展公司（下称某公司）诉被告某银行有限公司（下称某银行）信用证纠纷案。该案件的判决得到了最高法院的肯定。本案中，原、被告均为在香港注册成立的公司，被告在深圳设有代表机构。原告在香港作为开证申请人，向被告提出申请，请求被告向在美国的受益人开出信用证。信用证开出后，原告认为受益人有欺诈行为，要求被告停止支付信用证项下货款，但被告仍向受益人支付了款项。由此双方产生了纠纷。原告向中院提起了诉讼。某银行提出管辖权异议。中院一审驳回了东亚银行的管辖权异议。某银行不服，向广东省高级人民法院提起了上诉。广东省高级人民法院二审驳回了某银行的上诉，维持了中院一审裁定。二审裁定作出后，某银行仍然不服，向广东省高级人民法院申请再审，广东省高级人民法院经再审后，最后以"本案双方当事人已经明确约定服从香港法院的非专属性管辖，且本案双方当事人均为香港法人，其纠纷的产生也与内地无关，从方便诉讼的原则出发，该案应按当事人的约定，由香港法院管辖"为由，裁定驳回了原告的起诉。③

从这三个案例看来，非方便法院问题在我国的确存在，但为数不多，并未严重到像英国和美国那样给当地法院带来严重负担的程度。事实上，第三个案例也不是严格意义上的非方便法院案件，因为当事人已经约定由

---

① 转引自郭树理：《非方便法院原则在中国的适用》，载《法学杂志》1999年第6期。

② 转引自郭树理：《非方便法院原则在中国的适用》，载《法学杂志》1999年第6期。

③ 转引自施适、滕梅：《非方便法院原则在中国的发展现状》，载《法律适用》2003年第7期。

香港法院管辖，这样就排除了广东法院的管辖权，没有产生非方便法院问题的前提条件。由于前面提到的大陆法系国家不愿采取非方便法院原则的种种理由在我国也同样存在，我国想要吸收这一原则也必将面临很大的困难。并且正如分析的那样，非方便法院原则本身就具有难以克服的固有缺陷和问题，即使在英国和美国也受到相当多的质疑和批评，在国际上也没有成为普遍接受的实践，因此我国的确不宜急于引入这一制度。但是也要承认，由于我国存在管辖权依据较宽的问题，国际民商事领域的管辖权冲突问题在我国仍然时有发生。随着我国法院审理的涉外民商事案件的增多，如何解决非方便法院问题将被提到更重要的议事日程上来。按照大陆法系国家的做法，它们有的认为为了保证法律的确定性可以牺牲个别案件的公平，有的是采用最密切联系原则来拒绝管辖那些与本国联系不大的案件，还有的是利用权利不得滥用这一限制来确保案件的公平性。然而这些国家的做法也有其局限性，不能从根本上解决问题。这也就是为什么包括我国学者在内的许多大陆法系国家学者积极呼吁引入非方便法院原则的原因。并且从海牙国际私法会议上也可以看出大陆法系国家对于这一问题所持的宽容态度。但是，非方便法院问题在任何一个国家都没有得到妥善解决，世界上目前也不存在一套解决该问题的普遍模式，希望通过借鉴某一国的制度来解决这一问题的想法是不切实际的。

归根结底，非方便法院问题源自于国际民商事管辖权冲突。要彻底解决这一问题只有从根本入手，消灭各国过于宽泛的管辖权。如前所述，达到这一目标必须通过国际协调的方式，任何企图通过单方面的自我约束管辖权或者叫做司法礼让来解决这一问题的做法都是不可取的，也不符合国家利益的。我们认为，目前我国解决非方便法院问题的思路也应当转到通过国际协调解决的方向上来，而不应去纠缠是否应当引入非方便法院原则。通过一项国际公约，而不是我国国内法解决非方便法院的问题应当成为今后的最佳选择。

第七章　平行诉讼问题

第一节　概　论

一、概念

在英美等普通法系国家，平行诉讼（parallel proceedings）一词与待决诉讼或未决诉讼（lis pendens）同义。名称不同，只是反映立法者或学者对平行诉讼认识的角度不同。称之为平行诉讼，多从当事人的角度看待这一问题，平行诉讼为原告行使诉讼权利的必然结果，在肯定原告诉讼权利的大前提下，平行诉讼所产生的问题只能以例外的规则加以解决。称之为待决诉讼，则是站在审判者即法院的立场上，侧重点在于均有合格管辖权而产生管辖权积极冲突的时候，在法院和法院之间如何分配管辖权，以避免诉累而产生的浪费和判决冲突的风险以及促进诉讼的效率。① 此外，有的国家称为“一事两诉”或“双重起诉”，甚至称为“国际诉讼竞合”。不管名称如何，其基本意思是一样的。

由于各国法律规定不同及各国学者认识不一，对于平行诉讼的含义，目前世界上没有统一的标准。英国学者认为，平行诉讼是指相同当事人就涉及相同或相近的事件在英国和外国同时存在待决的诉讼。美国法官认为平行诉讼的“平行性”是指两个诉讼中当事人的同一性和事件的近似性，或者当事人和事件相同或实质上相近。瑞士法律规定，平行诉讼是相同当事人就同一标的诉讼已在外国提起但未决时，它所限定的是当事人和诉讼

① 参见肖凯：《国际民事诉讼中未决诉讼问题比较研究》，载《中国国际私法与比较法年刊》（2001），法律出版社2001年版，第470页。

标的的同一。①

在我国，法律对平行诉讼的概念没有作出规定。有人认为，平行诉讼是指相同当事人就同一诉讼标的在不同国家同时提起诉讼。② 有人认为，平行诉讼是指相同当事人就同一争议基于相同事实以及相同目的同时在两个或两个以上国家的法院进行诉讼的现象。③ 有人认为，所谓一事两诉是指当事人就同一诉讼标的分别在两个国家提起诉讼，一般地说，在案件的当事人、诉讼原因和诉讼标的相同，而受诉法院有所不同的情况下，则构成一事两诉。④ 有人认为，平行诉讼是指相同当事人就同一纠纷事实向不同国家法院提起诉讼，通常情况下，两诉的诉讼请求相同。⑤

由上述的各国的规定和各种学说来看，研究平行诉讼的概念，应从以下几个方面着手：

（一）诉讼的当事人

平行诉讼涉及两个或两个以上的诉讼。如果这两个或两个以上诉讼的当事人没有联系，那么它们为各自独立的诉讼，也就不存在没有管辖权冲突问题。平行诉讼首先要求这两个或两个以上诉讼的当事人是同一的。同一当事人不仅指相同的原告在不同的国家起诉相同的被告，还包括原告在一国起诉被告，而被告在另一国起诉原告这种诉讼地位逆转的情况。相同的当事人并非指两个或两个以上诉讼的当事人完全相同，在有些情况下，某一诉讼可能有其他当事人，如在我国诉讼的第三人，只要不同诉讼的主要当事人是相同的，即视为相同当事人。

（二）诉讼系属国家

涉外民事诉讼中的平行诉讼要求两个或两个以上的诉讼在不同的国家或法域进行，不同于一国国内同一法域的诉讼竞合或重复诉讼。这一问题将在后面论述。

① 参见肖凯：《国际民事诉讼中未决诉讼问题比较研究》，载《中国国际私法与比较法年刊》（2001），法律出版社 2001 年版，第 470～471 页。

② 参见中国国际私法学会：《中华人民共和国国际私法示范法》（第六稿），法律出版社 2000 年版，第 115 页。

③ 参见李双元等：《中国国际私法通论》，法律出版社 1996 年版，第 573 页。

④ 参见奚晓明：《涉外民商事诉讼中的一事两诉》，载《人民司法》2002 年第 6 期，第 13 页。

⑤ 参见李旺：《国际诉讼竞合》，中国政法大学出版社 2002 年版，第 12 页。

（三）诉讼原因或引起诉讼的事实

一般情况下，平行诉讼产生的原因是同一的，有时诉讼原因虽然不同，但引起诉讼的事实是相同的。如货物买卖合同纠纷，当事人或基于合同无效这一原因，请求返还货物及赔偿损失，或基于合同有效的原因，请求继续履行合同并支付货款。又如甲与乙因合同关系发生了争议，甲以合同的订立有瑕疵而提起解除合同的诉讼，但被法院驳回，甲又以对方当事人无民事行为能力为由，再次提起要求解除合同的诉讼。前一例子两诉的诉讼原因与诉讼请求均不相同，后一例子两诉的诉讼原因不同，诉讼请求相同，但在两个例子中引起两诉的事实是相同的，应视为“同一案件”或“关联诉讼”。① 如果将诉讼原因局限在完全同一上，则平行诉讼的内涵过于狭窄。

（四）诉讼标的或诉讼请求

诉是当事人为维护自己实体权益而向法院提出的诉讼请求。诉的第一要素是诉讼标的，即双方当事人发生争议而请求法院作出裁判的实体权利、义务。② 虽然各国对诉讼请求或诉讼标的很重视，但由于诉讼标的的识别依据是民事诉讼理论中非常有争议而十分复杂的问题，各国法律规定和学者的认识不一，故要把握诉讼标的是否同一非常困难。有时，诉讼请求不同，并不影响案件的同一性。在 Gubsch Maschinenfabrik AG 诉 Palumbo [1987] E. C. R. 4861 一案中，意大利的 Palumbo 公司与德国的 Gubisch 公司签订一份购买机器的协议，卖方为 Gubisch 公司，买方为 Palumbo 公司。Gubisch 公司把货物发出后，向德国法院起诉，要求意大利公司付款。Palumbo 公司则向意大利法院对 Gubisch 公司起诉，要求宣布协议无效，因为 Palumbo 公司的要约在到达 Gubisch 公司前已被撤销。根据《布鲁塞尔公约》第 21 条的规定，Gubisch 公司要求意大利法院中止该诉讼，但遭

---

① 1930 年 6 月 3 日签订的法国——意大利双边条约第 19 条规定：“在一方缔约国提起诉讼的案件，如果在另一方缔约国已经起诉或与在另一方缔约国已经起诉的相同当事人之间的其他诉讼相关联时，以另一方缔约国依照本章的规定具有管辖权为条件，根据当事人一方的请求，缔约国必须放弃该案件。两个案件是基于同一诉讼原因的，或与同一纠纷相关联时，将两个案件视为相关联案件。”该条规定对我们解析平行诉讼的含义有较大的借鉴意义。

② 参见柴发邦主编：《中国民事诉讼法学》，中国人民公安大学出版社 1992 年版，第 284 ~ 285 页。

到拒绝。于是 Gubisch 公司向欧洲共同体法院对 Palumbo 公司提起诉讼，要求欧洲共同体法院制止意大利法院的诉讼。欧洲共同体法院认为，这两起诉讼是在相同的当事人之间由于相同的原因而引起的，意大利法院应拒绝行使管辖权，让德国法院受理该诉讼。①因此，判断诉讼或案件是否同一，不能仅从形式上要求两诉的诉讼请求完全相同，而应结合诉讼原因和引起诉讼的事实来分析。另外，外国诉讼的请求事项包含了内国诉讼的请求事项，则内国诉讼与外国诉讼应视为同一诉讼，但外国诉讼的请求事项与内国诉讼的请求事项只是一部分重叠，且当事人或诉讼事由也有不同，则不能视为同一诉讼。

综上，我们认为，平行诉讼是指相同的当事人在两个或两个以上的国家或法域基于相同的诉讼原因或相同的诉讼标的或相同的案件事实提起诉讼而产生的一种多重诉讼现象。

二、平行诉讼与内国的诉讼竞合

平行诉讼与内国的诉讼竞合都是民事诉讼管辖权冲突的结果，是多重诉讼现象，不同的是平行诉讼是当事人在不同的法域法院进行诉讼，所产生的争议具有涉外性，而内国的诉讼竞合则是纯粹的国内民商事争议在内国不同的法院进行诉讼。从处理结果和规制方法看，内国的诉讼竞合产生于一国统一的国家管辖权制度下，为了维护国家法律的统一和司法权威，避免法院裁判的相互矛盾，防止当事人滥用诉权，减少法院诉累，各国通常对内国的诉讼竞合即多重诉讼是加以禁止的，采取一事一诉的做法。这在各国的民事诉讼程序法中都有规定。如《匈牙利民事诉讼法典》第 130 条（d）款规定，当有关当事人之间存在一个未决诉讼，且其诉讼请求和它所依据的事实根据都完全相同时，法院得在没有任何请求的情况下驳回诉讼。法国新《民事诉讼法典》第 100 条规定，如同一争议系属于两个同级法院，如一方当事人提出请求，后受理案件的法院应当放弃管辖，由另一个法院管辖本案；当事人无此请求时，后受理案件的法院得依职权为之。《中华人民共和国民事诉讼法》第 35 条规定，两个以上人民法院都有管辖权的诉讼，原告可以向其中一个人民法院起诉；原告向两个以上有

---

① 参见徐卉：《国际民商事平行诉讼研究》，载《诉讼法论丛》第 1 卷，法律出版社 1998 年版，第 322～323 页。

管辖权的人民法院起诉的，由最先立案的人民法院管辖。第 37 条规定，人民法院之间因管辖权发生争议，由争议双方协商解决；协商解决不了的，报请它们的共同上级人民法院指定管辖。第 111 条第 1 款第 5 项规定，对判决、裁定已经发生法律效力的案件，当事人又起诉的，告知原告按照申诉处理，但人民法院准许撤诉的裁定除外。而对于平行诉讼，各国的做法不一，但均不是简单的禁止。我国的司法实践表明，对于平行诉讼，我国并不坚持一事一诉的原则。①

三、平行诉讼的类型

（一）不同法域之间的平行诉讼

通常情况下，一个主权国家的法律制度和法律规范是统一的，不存在涉外民事诉讼中平行诉讼问题。但世界各国的国情与社会结构并非是一种模式，有的主权国家包含着不同的社会经济制度和法律制度。一国之内具有不同法律制度与法律渊源的地区，我们称之为法域。如我国，内地各省与香港、澳门、台湾地区即是不同的法域。不同的法域之间的法律冲突即区际法律冲突，属于国际民事诉讼法研究的范畴，不能适用内国的诉讼竞合的处理原则。因此，一国之内的不同法域之间的平行诉讼是涉外民事诉讼中的平行诉讼的一个特例，同样不能忽视。

（二）不同国家之间的平行诉讼

1. 重复诉讼

重复诉讼是指原告在一国法院起诉后，又针对同一被告就同一纠纷事实向系属另一法域有管辖权的法院再次起诉。在重复诉讼中，在不同法院提起的两诉的当事人相同，而且，通常情况下，两诉的诉讼请求也相同。不过，在某些场合，特别是在给付之诉中，原告也会根据同一事件提出不同的诉讼请求，比如，针对同一国际货物买卖合同纠纷，原告可能会基于

---

① 最高人民法院《关于适用〈中华人民共和国民事诉讼法〉若干问题的意见》第 306 条规定：中华人民共和国人民法院和外国法院都有管辖权的案件，一方当事人向外国法院起诉，而另一方当事人向中华人民共和国人民法院起诉的，人民法院可予受理。判决后，外国法院申请或者当事人请求人民法院承认和执行外国法院对本案作出的判决、裁定的，不予准许；但双方共同参加或者签订的国际条约另有规定的除外。

合同不成立，在一诉中请求返还标的物，而在另一诉中基于合同成立，请求支付货款。此外，原告可能在一国法院依据契约关系提出诉讼请求，而在另一国法院依据侵权行为提出诉讼请求，但是，无论两诉的诉讼请求是否完全相同，二者均是同一原告依据同一纠纷事实针对同一被告提出的，这就是重复诉讼的特点。①

2. 对抗诉讼

对抗诉讼是指第一个诉讼的被告依据同一纠纷事实以第一个诉讼的原告为被告向系属其他法域有管辖权的法院提起的诉讼。与重复诉讼不同的是，对抗诉讼中两诉的双方当事人虽然相同，但是原、被告的地位发生逆转。在内国民事诉讼中，被告针对原告所提出的对抗性请求，由于存在着事实上或法律上的牵连关系，因此，法院在给予救济时总是尽可能地将诉讼当事人之间的争执点全面地、终局性地予以解决，避免就这些争执点中的任何一点进行多重诉讼。但是，在涉外民事诉讼中，由于涉外民商事诉讼管辖权是由每个国家自行决定的，国与国之间不存在相互指引、相互制约，因此第一个诉讼的被告可以通过直接向其他法院起诉的方式达到对抗原告的目的。对抗诉讼在涉外民商事纠纷中屡见不鲜。譬如，在国际货物买卖合同争议中，经常可见一方当事人在一国法院提起给付之诉，而对方当事人则在另一国法院起诉，请求法院作出合同无效的宣告式判决。②

四、平行诉讼产生的原因

（一）各国对涉外民商事诉讼管辖权的不同立法和司法实践

涉外民商事诉讼管辖权是指涉外民商事案件在各国法院之间的分配，即涉外民商事案件由哪国法院行使管辖权。各国一般将涉外民商事诉讼管辖权划分为三种类型，一是专属管辖权，二是平行管辖权，三是被排除的管辖权，也称拒绝管辖权。专属管辖权指根据条约和国内法的规定，对某些具有特别性质的涉外民事案件强制规定只能由特定的内国法院行使排他的管辖权，而不承认任何其他国家的法院对此类案件具有管辖权。除不动

① 参见徐卉：《涉外民商事诉讼管辖权冲突研究》，中国政法大学出版社 2001 年版，第 51 页。

② 参见徐卉：《涉外民商事诉讼管辖权冲突研究》，中国政法大学出版社 2001 年版，第 51 ~ 52 页。

产由不动产所在地法院管辖是世界各国普遍接受的专属管辖原则以外，大陆法系国家一般还规定国家租赁、法人破产、涉及国内因登记而发生的诉讼和内国公民身份关系的涉外民事案件属于内国法院的专属范围。与专属管辖权相对应的就是拒绝管辖权，和专属管辖权一样，拒绝管辖权也是无条件地适用的。在那些依国际法与内国国家的管辖权无关的案件和与内国国家的领土或公民或它的实体法不存在任何属地联系或属人联系的案件中，都排除内国法院的管辖权，如：1. 在没有赋予内国国家审判管辖权的案件中；2. 在有关外国领域内其主权的行使和组织机构的案件中；3. 在有关外国国家的安全措施的案件中；4. 在涉及外国公民的身份地位，有关外国不动产的物权问题，遗嘱检验，破产和强制处分的案件中，在涉及某一外国的限定继承权的限制的诉讼和审判程序中；5. 在侵犯某一外国专利权和其他受地域性限制保护的权利的案件中；6. 在有关外国“公法”请求执行的案件中；7. 在其标的涉及的外国法制度为内国法所全然不知且不能适用于内国的诉讼中。① 除了专属管辖权与拒绝管辖权外，其他案件都属于一国平行管辖权的规定范围之内，平行管辖权是指一国在主张对某些涉外民商事案件具有管辖权的同时，并不否认外国法院对这些案件的管辖权。

由于各国对涉外民商事诉讼管辖权的规定不同，因而必然产生涉外民商事诉讼管辖权的冲突，这种冲突包括管辖权的积极冲突和管辖权的消极冲突。管辖权的消极冲突是指各国对某一涉外民商事案件都不行使管辖权，其结果是当事人的权利得不到法院保护。管辖权的积极冲突是指数个国家对实质上属于同一诉讼的案件均主张管辖权，其结果是很可能产生多个相互矛盾的判决。因各国对专属管辖权和平行管辖权规定不同而引起的涉外民商事诉讼管辖权的积极冲突现象，即是我们所称的平行诉讼。

各国管辖权制度的不同还明显地体现在各国管辖根据的不同上。管辖根据是一个国家的法院有权审理具有涉外因素的民商事案件的理由。确定管辖根据是一个国家管辖权制度的中心任务之一。客观上，管辖根据应体现出案件与法院地联系，这是管辖权的合理性；主观上，管辖根据由各国法律承认或规定，这是管辖权的法定性。但由于各国文化传统、历史习惯

① 参见李双元、谢石松著：《国际民事诉讼法概论》，武汉大学出版社 2001 年版，第 166～171 页。

上的沿革不同，各国所确立的管辖根据也颇有不同。国际私法上的管辖根据有：当事人的住所、当事人的国籍、被告的出现、诉讼原因发生地、诉讼标的所在地、被告财产所在地或扣押财产所在地、当事人协议地以及被告接受管辖等。① 由于各国的立法对管辖根据作了不同的规定，或者不同的国家规定的管辖根据虽然相同但不同国家对相同的管辖根据的含义作不同的认识和理解，因而导致平行诉讼。

近年来，随着国际关系的不断发展，各国确定的管辖根据已不局限于住所、国籍等这些传统的标志，而是种类越来越多。如以被告在本国境内被合理送达传票作为行使管辖根据的英国也采取住所地、居所地或经常居住地等管辖根据来确定案件的管辖权。美国则依据长臂管辖的规定确定案件的管辖权，其管辖根据的范围非常广泛，关于对人的管辖根据就有被告的出现、当事人住所地、当事人居所地、国籍、被告的同意、被告自愿出庭、行为或行为后果所在地、诉因发生地等数种，一般而言，只要案件与美国有一定的联系，美国法院就可以行使管辖权。这种管辖根据的不断扩张，使得各国的平行管辖权呈现扩大化的趋势，平行诉讼现象进一步加剧。

（二）国际民商事交往的日益增多与尚无完整统一的关于民商事诉讼管辖权的国际公约的矛盾

现代国际社会经济的高速发展特别是经济全球化使各国之间的经济交往越来越频繁，由此造成的经济纠纷不断增多。在这些经济纠纷中，由于当事人分别属于不同国家，往往人数众多，或者引起纠纷的行为或者事实涉及数个国家，或者当事人的财产、办事机构、分支机构分布于不同国家，而这些与纠纷有关联的因素正是各国行使涉外民商事诉讼管辖权的根据，从而出现对同一纠纷数个国家的法院都主张管辖的局面。可以说，国际民商事交往的日益增多为平行诉讼的大量出现提供了背景和基础。这在客观上要求国际社会建立一种统一、协调、有效的机制来抑制平行诉讼的不断涌现。

但是，世界上目前没有一个各国通用的、统一的关于民商事诉讼管辖权的国际公约存在。除了外国国家、元首和外交代表以及国际组织及其官

---

① 参见肖凯：《国际民事诉讼中未决诉讼问题比较研究》，载《中国国际私法与比较法年刊》（2001），法律出版社2001年版，第476页。

员享有司法豁免权外，国际条约或国际习惯法并没有对各国作出法院管辖权的分配，每个国家都可以自由决定在何种情况下行使的管辖权，以及在何种情况下它将承认外国的管辖权。在某些国家之间缔结了一些多边或双边条约来统一规定涉外民商事诉讼管辖权的根据，但由于条约的数量及其使用范围上的限制，因此未能形成具有普遍意义的国际法规范。① 如1971年《关于承认与执行外国民事和商事判决的公约》（海牙公约）迄今只得到了塞浦路斯、荷兰、葡萄牙三国的批准。1984年美洲国家间《关于外国裁判域外效力的国际裁判管辖权公约》和1968年欧洲共同体《关于民商事案件管辖权和判决执行公约》均只是一定区域范围内的国家间关于涉外民商事诉讼管辖权的规定，前一公约至今尚未生效。近年来，海牙国际私法会议拟订了《民商事管辖权及外国判决公约》（草案），目的是在民商事诉讼的管辖权和外国判决的承认和执行方面制定出全球性的统一规则，以保证各国判决相互承认和执行。为此，海牙国际私法会议多次召开成员国代表会议，对该公约草案进行磋商，但是，由于各国在相关领域的法律制度和司法实践不同，经济利益各有差异，对公约草案规定的许多问题认识不一，分歧很大，致使磋商过程举步维艰，其前景堪忧。

因此，一方面，经济全球化的客观现实要求世界各国之间相互合作、协调和礼让，另一方面，彼此独立的各国立法要求各国法院依据本国的法律制度而不是统一的国际规则，并从本国的利益出发对涉外民商事案件行使管辖权，这种经济全球化的社会现实与欠缺统一的国际规则之间的矛盾，是平行诉讼产生的重要根源。

（三）当事人有充分选择法院的权利与自由和追求诉讼利益的需要

尊重当事人意思自治原则是现代民商法确立的一项基本原则，当事人不仅可以依据自己的真实意思实施民事行为，还可以自由选择解决民商事纠纷的方法或途径。在诉讼领域内，意思自治原则表现在，一方面，当事人可以选择诉讼过程中所应适用的实体法和程序法，另一方面，当事人可以选择解决纠纷的法院，即诉讼将在哪一国家或法域的法院进行。在各方当事人没有共同选择法院的情况下，不同国家或法域的当事人均可依据自己的意思，在不同国家或地区的法律规定的众多的连结点即管辖根据中，

① 参见徐卉：《涉外民商事诉讼管辖权冲突研究》，中国政法大学出版社2001年版，第36页。

选择对自己最为有利和方便的法院提起诉讼。当事人这种充分选择法院的权利与自由，必然导致涉外民商事诉讼领域产生平行诉讼。

与此同时，当事人追求诉讼利益的需要也是平行诉讼产生的重要原因。当事人提起诉讼的目的是希冀法院维护其实体上的权益，而不同的法院处理当事人之间的纠纷的方法和途径不一定相同，处理结果可能不一样，这就迫使当事人尽可能选择对自己有利的一个法院或数个法院提起诉讼，以更好地维护自己的权益。诉讼利益的驱动引起了多个诉讼动机，当事人的诉讼动机包括：希望从内国获得一项比外国法院可能获得的更有利的判决；内国法院的诉讼程序更为迅速；当事人不信任外国法官的公正性；对内国法院撤销诉讼而又超过外国法院的诉讼时效的担心；当事人对内国的法律更为熟悉、取证举证容易、节约诉讼成本，等等。具体地说，重复诉讼中，原告可能出于以下动机：被告在多个地区（国家）有财产，原告希望最终判决能够在这些地区执行；原告认为正在进行的第一诉讼正朝着对其不利的方向进行，因此希望通过重复诉讼来弥补这一不利局面；原告意欲通过重复诉讼来骚扰被告。在对抗诉讼中，被告常常出于以下动机：被告认为第一诉讼地的选择是不正当、不充分的，或者至少是对其不利的，因此希望在另一个对其更有利的法院诉讼；通过对抗诉讼增加原告的诉累，以期能以和解的方式解决纠纷。① 这些动机有些是合法合理的，而有些则是挑选法院、规避法律的做法，但不管当事人的动机如何，当事人进行平行诉讼都是为了追求自己的诉讼利益。

五、平行诉讼的利弊（合理性评价）

平行诉讼作为法律制度与经济发展之间矛盾运动的必然结果，其存在也是有一定的合理性的。在涉外民商事诉讼中，当事人发动平行诉讼是出于自身利益的需要，其中不乏法律上正当的利益需要。比如，被告在两个国家都有财产，但是，在任何一国中所有的财产都不足以清偿原告起诉的债务的全部，或者一国的诉讼程序可能较另一国更为迅速。又如，当原告在一个对被告极不方便，证据的收集等相当困难的国家起诉时，被告就希望在另一个“合适”的国家法院提起诉讼来确定双方当事人之间的法律

---

① 参见徐卉：《涉外民商事诉讼管辖权冲突研究》，中国政法大学出版社 2001 年版，第 53～55 页。

关系。这些利益需要是对司法救济的正当需求，应当受到法律的保护。①

平行诉讼固然可以为当事人提供诉讼上的便利，使得当事人能够获得必要的、对其更为有利的司法救济手段，但其弊端是显而易见的。

1. 可能产生多个判决的矛盾和冲突

平行诉讼的结果往往使当事人的同一诉讼请求或争讼的同一事实得到来自不同国家或地区法院的判决，而这些判决的结果很可能不一致或相互矛盾。因外国法院就同一纠纷事实的判决与内国法院的判决不同，内国法院不会对外国法院判决予以承认并执行。在另一种情况下，一国法院对域外法院不同结果的多份判决也不会同时予以承认和执行。这样就会使当事人司法救济愿望不能得到实现。

2. 加重当事人的负担

当事人进行诉讼是要支出相关费用的，如案件受理费及其他诉讼费用、差旅费、律师费等，对同一事实提起多个诉讼，无疑增加了当事人的费用支出，加重了当事人的负担。

3. 造成法院诉讼资源的浪费

平行诉讼是多重诉讼，不同的受诉法院对同一诉讼事实进行审理，势必使法院诉讼资源重复使用，不能产生预期的诉讼效益，造成法院的人、财、物等诉讼资源的浪费。

4. 不利于涉外民商事诉讼管辖权冲突的解决

平行诉讼导致各国之间互不承认与执行对方的裁判，无法有效地保护当事人的合法权益，加剧了涉外民商事诉讼管辖权冲突，不利于国际民事交往的发展，有碍国际社会的稳定。

第二节　各国关于平行诉讼的立法与判例

一、英国

英国的法院体系比较复杂，除了各种法院和治安官法庭之外，还有许多具有准司法权的裁判所、委员会等，分别根据制定法的授权，专门处理

① 参见徐卉：《涉外民商事诉讼管辖权冲突研究》，中国政法大学出版社 2001 年版，第 308～309 页。

某一方面的争议，这方面的所有争议在提交高等法院审理之前，通常必须先经它们裁断。根据法院是否具有制定判例的能力，法院可以分为高级法院和下级法院两大类。高级法院包括上议院（枢密院司法委员会）、上诉法院和高等法院；下级法院包括王冠法院、郡法院以及治安官法庭。①

英国法院特别是英格兰法院采取两种方法对涉外民商事诉讼行使管辖权：一是对人诉讼，二是对物诉讼。对人诉讼是指强制被告履行一定行为的诉讼，如支付债务，因违反契约或实施侵权行为而赔偿损害，或禁止被告为一定行为的诉讼。只要被告在英国境内，即使时间很短暂，只要英国法院对他送达了令状（传票），即使该事件与英格兰并无密切的关系，被告不具有英国国籍，在英国没有住所，诉讼原因也不发生在英国，英国法院对该事件也具有管辖权。如果被告不在英国境内，因而对他不能送达令状，即使该事件与英国有密切的关系，英国法院对该事件没有管辖权。对物诉讼是世界上大多数国家遵循的管辖原则，如果被告有动产在某一国，即使被告本人不在该国境内，在该国境内没有住所或居所，原告也可请求该国法院对被告在该国境内的动产进行查封或扣押，从而使该国法院有管辖权。不过，英国的对物诉讼仅限于纯粹的海事诉讼，是指针对船只或船上的货物或运输费的海事诉讼。对物诉讼的主要目的是，原告企图通过扣押船只，变卖以满足其损害赔偿的请求。在船主自动出庭应诉，提供担保以避免船舶被扣时，对物诉讼就转化为对人诉讼。此时，如果原告胜诉，判决的金额比船舶的价值大时，可以强制执行船主的其他财产。在对物诉讼中，船只变卖的金额小于原告提出的请求赔偿额，只能以船只变卖金额为限。在对人诉讼中，赔偿金额没有这方面的限制。②

英国法院并不反对平行诉讼，相同的当事人就同一争议在两个国家提起诉讼，这个事实本身并不构成必须中止其中一项诉讼的抗辩理由。因为原告可能有权在一个国家享有一种赔偿，在另一个国家享有另一种赔偿，而且原告可能有充分的理由在两个国家对被告起诉，比如，被告在两个国家都有财产，但是在任何一国中所有的财产都不够清偿原告起诉的债务的

① 参见周道鸾主编：《外国法院组织与法官制度》，人民法院出版社 2000 年版，第 126 页。

② 参见李旺：《国际诉讼竞合》，中国政法大学出版社 2002 年版，第 70～75 页。

全部；或者原告需要迅速的判决，但是不能肯定他在这两国中的哪一国可以较为迅速地得到判决。①

英国法院允许平行诉讼的存在，不等于其对平行诉讼不加限制。英国法院限制平行诉讼的方法主要有：

（一）中止诉讼（stay）或驳回诉讼（strike out）

在英格兰，很早就确立了关于英格兰法院之间因诉讼竞合而停止一方诉讼的做法，但在涉外民商事诉讼方面，英格兰法院对平行诉讼的态度一直比较消极，没有采取中止诉讼或驳回诉讼的方法限制平行诉讼，直到20世纪70年代才发生变化，出现了中止诉讼的判例。如大西洋之星案(The Atlantic Star)。1970年1月27日，荷兰船舶大西洋之星号在比利时河流与比利时的Hugo van Goes号（H号）、荷兰的Bona Spes号（B号）相撞，致使两艘小船及装载的货物全部沉没。比利时的调查委员会于1971年2月作出调查报告，指出事故的原因在于当天的浓雾天气。H号船主、取得H号乘务员家属的代位权的保险公司、H号货物的货主、取得B号货物所有人的代位权的保险公司均在比利时法院，对大西洋之星号船主Y提起了诉讼。但是，唯独B号船主X觉察到大西洋之星号将要驶入英格兰的港口，于1971年6月15日在英格兰法院提起对物诉讼。Y在提供了保证金之后使得大西洋之星号免于扣押，同时Y也向法院提出中止诉讼的请求。1972年1月21日，X为了防止英格兰法院的诉讼被中止而出现的不利局面，在比利时法院也提起了诉讼。但是，很明显X的目的在于中断诉讼时效，如果英格兰法院的诉讼可以持续进行的话，X表示将撤回比利时的诉讼。同时Y也表示只要英格兰法院中止诉讼，其也将在比利时法院提交保证金。第一审和第二审法院均驳回了Y的请求，Y上诉。贵族院撤销了原审法院的判断，决定中止诉讼。②

（二）禁诉命令或禁令（injunction）

在1875年以前英格兰有普通法院和衡平法院之分。衡平法院是为弥补普通法院的缺陷而设立。如果原告在普通法院利用其自身的缺陷采用各种手段压迫被告，衡平法院可以发出禁诉命令来救济被告。如果同一诉讼或两个相关联的诉讼同时在普通法院和衡平法院进行，只要衡平法院认为

① 参见马丁·沃尔夫：《国际私法》，法律出版社1988年版，第358页。

② The Atlantic Star（1974），A. C. 436（H. L. 1973）.

普通法院的审理不合适，就可以向普通法院的原告发出禁诉命令，普通法院的原告必须遵守禁诉命令，否则将视为藐视法庭或侮辱法庭行为遭到处罚。后这一做法被英国法院的法官在19世纪初期适用于涉外民商事诉讼中的平行诉讼领域，禁诉命令的主要对象是在英国进行诉讼的当事人或虽不在英国境内但在英国有财产的当事人。如史密斯·克莱恩和法国实验室有限公司及各方诉布莱克案。原告是住所在英国的药物研究人员，被告一是英国的药厂，被告二是美国法人，是在世界范围从事经营活动的多国籍企业，被告二是被告一的母公司，拥有100%的股份。原告与被告一之间签订有合同，被告一可以在世界范围内独占使用原告开发的药品资料，原告收取在市场销售的该药品销售总额的2%，期间为15年。被告一在合同签订之后以新药在试验过程中失败为由解除了该合同。原告对此持有异议，在美国法院向被告二以违反合同为由提起诉讼，并以被告一、被告二共谋作虚假表示给原告造成精神损害为由要求给予惩罚性损害赔偿，共1.6亿美元。被告在美国法院请求中止诉讼，但没有得到法院的支持，被告又到英国法院请求禁止美国法院诉讼。英国第一审法院和上诉法院都肯定了发出禁诉命令的请求。根据Denning法官的意见，被告一和被告二在法律上均是独立的法人，合同的当事人是被告一，被告二不应当负责。也没有被告一和被告二进行共谋欺诈的证据。关于与被告一的关系，在美国诉讼中的原告的主张在英国也同样可以实现。关于与被告二的关系，因为诉因不在英国，不能送达，所以英国法院不能行使管辖权。在英国法院被告一与被告二均表示如果原告在英国法院起诉，将应诉，原告在英国法院诉讼，其诉讼费用得到法律援助。①

（三）不方便法院原则

不方便法院原则是英美法特有的制度，起源于苏格兰。该原则早期称为forum non competens的抗辩，是用来作为对管辖权存在与否的判断依据，苏格兰法称这种制度为“无管辖权法院”，当时的含义“通常是指缺乏管辖权的情况，但在管辖权很明确，因当事人是非居民，从而使在苏格兰的诉讼程序不方便时也适用该原则”。苏格兰法院适用“无管辖权法院”原则较多是在19世纪初才开始，到了1845年就有判例认为该项原则并不只是管辖权的问题，还是应根据其自身特质来确定的问题，显然用

① 李旺：《国际诉讼竞合》，中国政法大学出版社2002年版，第92～93页。

"forum non competens" 来表述该原则是不精确的，因而，苏格兰法院当时也用"不方便的法院地"这一术语来弥补其缺陷。直到19世纪后半叶苏格兰法院开始使用这一现代意义上的术语。它更好地反映出了该问题的本质特性。① 如拉涉斯特案。原告是法国人，被告是法国运输公司法人船主。被告的船舶从苏格兰驶向法国途中沉没，该船装有原告的货物。原告在苏格兰法院提起了诉讼，要求被告赔偿损失。原告在苏格兰扣押了被告的船舶，从而取得了对本案的管辖权。被告则向法院提出了驳回原告诉讼请求的要求，根据不方便法院原则，本案的当事人都为法国人，证人也多为法国人。第一审法院驳回了被告的请求，第二审法院则作出了与第一审法院相反的判断。上议院驳回了上诉，从而肯定了适用不方便法院原则。法官明确表示不方便法院的抗辩实质上具有这样的效果，即为了所有当事人的利益和正义的目的，审理在其他地方更为合适，本案与苏格兰的关联很少，原告可以容易地在法国法院提起诉讼。该案确认了这样的一个适用不方便法院原则的标准，一是存在具有管辖权的其他法院，二是为了当事人的利益和正义，在其他法院审理更为合适。适用不方便法院原则的结果是驳回在苏格兰的诉讼或中止在苏格兰的诉讼。②

二、美国

美国是联邦制国家，全国由50个州组成，联邦和各州都有各自的宪法和法律，都有各自独立的司法体系，因此，美国法院体系由联邦法院和州法院两部分构成。根据美国宪法第3条和第一部《司法法案》(Judiciary Act)③ 规定，联邦法院分为地区法院、巡回法院和最高法院，这些法院由两类法官组成：地区法官和最高法院大法官。地区法院是初审法院，由地区法官组成，独任审判。最高法院主要是一个上诉法院，由九名大法官组成，审判时全体出庭，而不是以若干个合议庭分别进行审判。巡回法院则由一名地区法官和两名最高法院大法官组成。尽管巡回法院对地区法

---

① 参见胡永庆：《不方便法院原则比较研究》，载《诉讼法论丛》第4卷，法律出版社2000年版，第479～480页。

② 李旺：《国际诉讼竞合》，中国政法大学出版社2002年版，第110～111页。

③ 美国宪法第3条规定："合众国的司法权，属于联邦最高法院和国会不时设立的下级法院。"第一部《司法法案》于1789年9月24日通过。

院行使某种上诉管辖权，它们主要还是初审法院。根据1891年3月3日通过的《埃瓦茨法案》(Evarts Act)，美国国会设立了巡回上诉法院，取代了原有的巡回法院。此外，还有一些专门法院，如求偿法院、专利法院、税务法院、商业法院、国际贸易法院等。现美国全国总共有94个联邦地区法院，12个联邦巡回区上诉法院，还有一个1982年设立的联邦巡回区上诉法院（对专利、商标、关税、税务以及其他特殊事项具有上诉管辖权)。① 美国各州的法院机构因各州的宪法和法律不同而各不相同。加利福尼亚州的法院由最高法院、上诉法院、事实审法院组成。而在纽约州，高等法院除受理事实审案件以外，还受理第二审案件，纽约州的上诉法院是该州的最高法院。弗吉尼亚州的法院则由最高法院、上诉法院、巡回法院、地区法院组成。②

美国是一个多法域的国家，原则上州法院可以受理各州范围内的一切案件，而联邦法院只对联邦法问题和不同州民之间的民事案件具有限定的管辖权。因此，在美国，管辖权的冲突有四种：一是联邦法院之间的管辖权冲突。二是联邦法院与州法院之间的管辖权冲突。三是州与州法院之间的管辖权冲突。四是联邦法院与外国法院之间的管辖权冲突。美国法律并无禁止内国诉讼竞合和联邦法院与外国法院之间的平行诉讼的规定，也就是说，允许内国诉讼竞合和平行诉讼的存在，但对其又有一定的限制方法。本书讨论的重点是美国联邦法院与外国法院之间的平行诉讼问题。

美国限制平行诉讼的方法主要有：

(一) 不方便法院原则

如前所述，不方便法院原则最早发源于苏格兰法院，是指一国法院根据其国内法或有关国际条约的规定对涉外民事案件有管辖权，但从当事人与诉因的关系及当事人、证人、法院的方便或费用方面来看，审理案件是极不方便的，而由同样具有管辖权的外国法院审理更为合适时，放弃管辖权的一种制度。适用不方便法院原则的理由主要有：(1) 由该法院受理有关诉讼给法院本身增加负担，并且由于是含有国际因素的案件，因而在

① 参见（美）理查德·A. 波斯纳：《联邦法院挑战与改革》，邓海平译，中国政法大学出版社2002年版，第3~7页。

② 参见周道鸾主编：《外国法院组织与法官制度》，人民法院出版社2000年版，第3页。

调查取证、查明外国法等方面会浪费法院的人力和财力；（2）由该法院管辖有关诉讼会给当事人造成不便，如可能使被告无法在合理的期间内出庭诉讼，增加被告的经济负担，甚至可能使原告和被告处于不平等的地位，从而出现司法不公正的现象，有悖国际民事诉讼的宗旨；（3）由该法院受理有关诉讼可能使原告得不到合理的救济。因为“不方便”的法院在调取证据、传唤被告和证人到庭等方面都存在困难，因而不免会出现诉讼无法正常进行的情况，这样，原告自然也就不能获得充分的救济；即使法院作出了一定的判决，还可能因为无法得到其他国家的承认与执行，从而使诉讼目的无法达到，而原告也同样无法获得有效的救济；（4）由该法院受理有关诉讼可能会出现“一事两诉”的情况，因为被告认为在该法院进行诉讼不方便，或者由于其他原因很可能到其他有管辖权的法院起诉，这样，就不可避免地形成“一事两诉”甚至“一事多诉”，不利于纠纷的及时解决，从而不利于对当事人利益的正当保护，不利于国际民事关系的正常进行；（5）采用不方便法院原则不仅可以缓解本国法院案件较多的压力，而且也是对外国主权和外国管辖权的尊重和礼让，有利于缓和国家之间的关系。① 派颇飞机公司与雷诺案②是美国法院适用不方便法院原则限制平行诉讼的一个案例。

一架英格兰起飞的小型商用飞机于 1976 年在苏格兰坠毁，驾驶员和 5 名乘客遇难，驾驶员和乘客均是英国人。该飞机由两家英国公司所有和经营，由美国宾夕法尼亚州的派颇飞机公司制造，飞机的螺旋桨是由美国俄亥俄州的哈特泽尔螺旋桨公司生产的。英国的检验机构没有发现飞机设备有什么缺陷，但认为驾驶员的飞行高度远低于要求。死者家属聘请美国人雷诺作为代理人在加利福尼亚州高等法院对派颇飞机公司和哈特泽尔螺旋桨公司提起损害赔偿诉讼。同时，五名乘客的家属在英国对拥有和经营该飞机的英国公司以及驾驶员的遗产提起诉讼。在加利福尼亚州高等法院提起的诉讼，根据被告的申请被移送到加利福尼亚中心地区联邦地区法院，后根据 1948 年《美国法典》（Judicial Code）的规定被移送到宾夕法尼亚中心地区联邦地区法院。该地区法院通过对吉尔伯特案所表现的利益

① 参见刘卫翔、郑自文：《国际民事诉讼中“不方便法院”原则论》，载《法学评论》1997 年第 4 期，第 45 页。

② Piper Aircraft Co. v. Reyno，454U. S. 235（1981）。

进行衡量①，认为本案无论从私人利益出发还是从公共利益出发，苏格兰法院都是更为合适的法院，从而驳回了原告（死者家属-雷诺）的诉讼请求。原告对该地区法院的判决提起上诉，第三巡回区上诉法院经过审理认为，地区法院在根据吉尔伯特案进行利益衡量时滥用了自由裁量权，而且如果其他法院地的法律（如苏格兰）对原告不利时不应取消美国联邦法院的诉讼，上诉法院因而撤销了地区法院的判决。被告派颇飞机公司又上诉到美国联邦最高法院。联邦最高法院审查了法院对吉尔伯特案的分析，认为本案的真正的原告是死者的苏格兰家属，在其对法院的选择方面并非被同样地尊重，“当选择本地法院时，可以合理地推定这样选择是方便的。然而当原告是外国人时，这种推定就不那么合理了。因为任何‘不方便法院’考察的中心目的是保证审判的方便。一个外国原告的选择不值得太多尊重”。联邦最高法院判决认为，第一，不方便法院原则的判断实际上就是依靠事实审法院的正常的裁量，除非其裁量权的行使有明显的滥用，否则应该得到尊重。第二，关于对原告有利的问题，实体法的适用问题并不应该成为判断不方便法院原则的重要因素，巡回区上诉法院以在其他法院所适用的实体法与本法院所在地法律相比对原告不利为由驳回要求撤销诉讼的请求是错误的。第三，关于私人利益和公共利益问题，本案大多数证据和证人都在苏格兰发现，所有的当事人都可以在苏格兰参加诉讼，而且苏格兰法院比任何美国法院在审理该案上具有更大的公共利益，因此，本案适用不方便法院原则是合理的。

我们再看一个与中国法院有关的案例。1993 年 10 月 7 日，湖北省宜昌市葛洲坝三联实业公司到美国罗宾逊直升机有限公司参观后，决定购买罗宾逊公司生产的 R-44 型直升机。1994 年 2 月 20 日，三联实业公司与罗宾逊公司在亚洲的代理商香港卓诚实业有限公司签订了买卖合同。1994 年 3 月 10 日，该直升机运抵河南省安阳航空运动学校，后由罗宾逊公司的技术人员完成组装、调试、培训和试飞等工作。1994 年 3 月 19 日，该直升机移交给三联实业公司，由三联实业公司调至其关联公司-湖北平湖旅游船有限公司所有的平湖旅游船上。1994 年 3 月 22 日下午 15 时许，该直升机在载客旅游飞行过程中坠毁于长江丰都附近水域，机上三名乘客遇

① Gulf Oil Corp. v. Gibert, 330U. S. 501 (1947)。转引自张茂：《美国国际民事诉讼法》，中国政法大学出版社 1999 年版，第 118 页。

难，驾驶员获救。中国民航当局的调查报告称“导致这起事故的直接原因很可能是机械故障，与生产质量有关”。事故发生后，三联实业公司与平湖公司经与罗宾逊公司和卓诚公司协商索赔事宜无果，于1995年3月14日向美国加利福尼亚州洛杉矶县高等法院对罗宾逊公司和卓诚公司提起诉讼。在该法院听证过程中，罗宾逊公司以不方便法院原则提出中国有适当的法院审理本案，罗宾逊公司同意放弃诉讼时效的抗辩。该法院采纳了罗宾逊公司的意见，于1995年11月8日裁定中止本案诉讼，其理由是罗宾逊公司同意接受加利福尼亚州有关未决诉讼之诉讼时效的法律限制引起的损失，在中国有合适的法院，本裁决不损害原告在提供中国没有合适法院的确切证据后恢复本案诉讼的权利。三联实业公司以中国湖北省高级人民法院不予受理本案的通知书为证据证明在中国没有合适的法院受理本案，向美国加利福尼亚州上诉法院提起上诉。该上诉法院在论证不方便法院原则的标准时认为，当一个法院“考虑到公平审判的原则时，有关诉讼的听证会可在该州外的法院进行，法院在一些合理的情况下将中止或者撤销全部或者部分诉讼”（美国民事诉讼法典410.30. subd.（a.）.）。“在决定是否采纳一个基于不方便法院原则的抗辩时，一个法院必须确定可选择的法院是否为‘适当的’审判地。如果是的，那么下一步就要考虑案件在加州继续审判时的当事人的私人利益和公众利益。私人利益的因素是指那些可以使审判和判决的强制执行迅速进行以及其他便利，比如取得证据的来源比较容易，证人出庭的费用以及强制不愿出庭作证的证人的可能性。公众利益包括避免由于过多的案件日程表安排造成当地法院的负担过重，保护潜在的陪审团成员的利益使他们在涉及地方公共社会较少，并且在权衡加州管辖权和替代的管辖权的利益冲突后，无须被传召来断案。”① 上诉法院最后论证，“原告认为审判法院在以不方便法院原则作出中止诉讼的裁定时是滥用权力，这一点也没有依据。在最初关于可选择的法院是否为‘适当的’审判地的问题上，原告坚持认为罗宾逊公司专家认为起诉可以在中国进行的声明不能作为‘证据’，而只是一种‘空白的断言’。我们很难理解原告的观点，因为罗宾逊公司已经同意服从中国的管辖权。更重要的是，罗宾逊公司专家的法律资格是不容质疑的，他认为中国法院能够行使管辖权的观点已被特别引用的中国法律支持。这位专

---

① Stangvik v. Shiley, Inc. (1991) 54 Cal. 3d 744.

家的观点和与之相反的原告专家的观点的可靠性是审判法院解决的问题，而且我们受到决定的约束。（Weathers v. Kaiser Foundation Hospitals (1971) 5Cal. 3d98, 108）考虑到与审判地有关的私人利益因素，我们首先考虑当事人各方的居住地（Stangvik v. Shiley, Inc., supra, 54Cal. 3d at p. 754）。然而，居住地不是特别有密切联系的。作为一家外国公司，原告对法院的选择没有被授予任何优先权。虽然从罗宾逊公司在加州组建这一事实存在加州对罗宾逊公司是方便的法院的假设，但此假设中所包含的私人利益可能被罗宾逊公司的证据驳回，其证明了为什么可选择的法院是更方便的法院以管辖本案诉讼。这使我们清楚地认识到本案涉及的不方便法院原则的主要因素是证人和证据的可用性。原告关于责任的论点认为罗宾逊公司的直升机存在设计上的缺陷，因此原告极力主张加州是更方便的法院，因为本案的直升机是在这里设计和制造的。不但那些负责生产和设计的人员将是重要的证人，而且根据原告所说，在美国完全可以找到更多评判该直升机的设计的专家。罗宾逊公司对诉讼的抗辩认为该直升机的坠落是在不利的天气条件下由于上帝或者驾驶员的失误所造成的。在提交答辩时罗宾逊公司要求该目睹坠机事件的直升机驾驶员和渔民作为其证人出庭。证人和书面证据对天气条件的证明必须是相关的，罗宾逊公司亦可能要求对坠机地点进行勘察。另外，罗宾逊公司有可能要求提供该直升机在中国进行组装和试飞的书面证据和证明，以及该直升机驾驶员的执照和资格证明。针对原告的争论，罗宾逊公司指出加州的文件和证明将作为中国诉讼的一部分，并且进一步允诺将派遣一些知悉该直升机的技术人员前往中国。此外，根据罗宾逊公司总裁所述，在中国至少存在两家研究空气动力学、航空事故和直升机设计的科研机构。本案涉及的事故牵涉到一架加州设计和生产的直升机，但它是一家香港经销商卖给一家中国公司，在中国组装和试飞，并且在中国服务，由中国飞行员驾驶和乘载中国乘客。能够肯定的是，在本案由中国法院管辖时，原告将对本案承担部分举证责任（一部分举证责任由罗宾逊公司承担）。但是，原告在诉讼中承担的部分举证责任的难度明显地小于罗宾逊公司在加州进行答辩时的举证难度。这主要是因为如果本案在加州审理，不存在可以强制中国证人制作证词或者出庭作证或者接受审讯的机制。在这种情况下，我们不能说私人利益因素更有利于加州且该州应为更方便的审判法院地（Piper Aircraft Co. v. Reyno (1981) 454U. S. 235）。在公众利益方面，原告在讨论 Stangvik 案件中反复争论到，‘当加州生产的产品对其他司法管辖权范围的人造成损害时，加州对规范其生产商的行为应具有更大的利益’。因此，原告依赖由国家安全运输委员会要求联邦航空管理局出具的一份关于罗宾逊公司R-44 型直升机的特别复查报告。他们同时指出，罗宾逊公司 R-44 直升机发生在 El Monte 的类似坠机事故在加州高等法院提起诉讼。然而，如同 Stangvik 案一样，在加州存在的诉讼将保护该州的利益。针对罗宾逊公司直升机的联邦特别复查报告所造成的恐惧将满足保护所有潜在的罗宾逊公司直升机的用户，包括加州公民。简而言之，在考虑公众利益因素时没有证据证明审判法院判断不方便法院原则滥用审判权。”① 上诉法院维持了高等法院中止诉讼的裁定。

这一案例表明美国法院为了保护美国企业和美国公民的利益，运用不方便法院原则，排斥原告为外国人被告为美国人的案件的管辖。该案现正在湖北省高级人民法院审理之中。

（二）国际礼让

国际礼让理论最初是在 17 世纪由以胡伯为代表的荷兰法学派为解释适用外国法的问题而提出的。胡伯认为：第一，一国的法律只在该国领域内有效，并约束其全体臣民，在其他地方则无效；第二，所有在其领域内的人，不论是常住还是临时的，都应视为该主权国臣民；第三，但是，根据国际礼让，每一个国家的法律如在其本国业已生效，就可到处保持其效力，只要这样做不至于损害另一国主权者及其臣民的权力或权利。后来，英美等国将此理论运用于外国法院判决的承认与执行领域，认为一国的判决只能在其境内才有效，承认外国法院判决的效力完全出于国际礼让的考虑。在 1895 年的希尔顿诉盖约特一案②中，美国联邦最高法院首次确认了国际礼让理论。该案是一位法国公民要求美国法院执行法国法院针对一位美国人在法国的业务作出的判决。美国联邦最高法院首先考察了执行该项法国法院判决的理论基础，认为在承认外国判决方面，既没有美国宪法或成文法上的要求，也没有相应的国际法原则，其基础是国际礼让理论。“礼让，在法律意义上既不是一项绝对的义务，同时也不仅仅是礼貌与善意，而是一国在适当考虑到国际义务和便利以及本国国民或受其法律保护

① 美国加州上诉法院对葛洲坝三联实业公司诉罗宾逊公司案裁决书。

② Hilton v. Guyot，159U. S. 113，163-164（1895）.

的其他人的权利的情况下，在其境内对另一国的立法、行政或司法行为予以承认。”“如果有机会在外国有管辖权的法院进行全面的和公平的审判，审判是按照普通程序进行的，被告受到了适当传唤或自愿出庭，裁判制度能够确保对于其本国公民和外国公民进行不偏不倚的执法，法院或其法律制度不带偏见，取得判决时没有欺诈，也没有任何其他特别理由说明本国的礼让不能达此效力，那么，在向本国就该判决提起的诉讼中，不得作为一项新的审理或上诉，重新审判案件的是非曲直，而其理由仅是当事方认为判决存在法律错误或事实错误。”

美国联邦最高法院还强调，国际礼让并不要求在外国法院不能对等执行美国法院类似判决的情况下，执行该外国法院的判决。①

美国法院在平行诉讼领域适用国际礼让理论的典型案例是特纳娱乐公司诉狄加托影音有限公司案。特纳公司是美国公司，狄加托公司是德国公司，双方签订了广播许可合同，根据该合同狄加托公司取得了MGM公司制作的电影在欧洲德语圈的放映权。随着时间的推移出现了该合同签订时所没有预料到的问题，那就是利用卫星广播技术的产品放映权问题。狄加托公司在德国法院提起了诉讼，要求法院确认使用卫星技术的放映权包括在原合同之中。对此，特纳公司在德国诉讼提起的一周后，在美国乔治亚州高等法院提起了合同不履行诉讼，该诉讼以当事人的州籍不同为由被移送到乔治亚州北部地区法院审理。在该诉讼中，特纳公司主张使用卫星技术的放映是违反原合同的，要求法院判决被告狄加托公司停止使用，并赔偿因使用而给原告造成的经济损失。狄加托公司则以本案在德国法院正在审理为由，要求法院驳回原告的起诉或中止诉讼。地区法院没有采纳被告狄加托公司的请求，并以原告在本案中的胜诉可能性较大为由，要求被告暂时停止使用卫星放映。不过在该决定发出后两个半月左右，德国的第一审法院作出了狄加托公司可以使用卫星放映技术的判决，但应增加使用费用给特纳公司，应增加的使用费用的数额由法院另行决定。就此，狄加托公司对地区法院的判决不服，上诉到美国联邦第十一巡回区上诉法院。上诉法院提出，联邦法院虽然具有管辖权，但是由于在外国存在着诉讼的竞合，并且外国法院已经就本案作出了判决，那么此时联邦法院是否还要行

① 转引自徐宏：《国际民事司法协助》，武汉大学出版社1996年版，第246～247页。

使管辖权？美国法院和外国法院之间存在诉讼竞合的关系，这一般是容许的，但是，本案一方当事人在德国法院已经取得了判决，如果对该国的判决不给予谦让，从国际礼让的角度来看就会出现深刻的问题，法院之间的争斗、判决的矛盾、执行相互矛盾等都是国际礼让所要解决的问题。所以，本案从国际礼让的角度出发，对德国法院的判决给予谦让是最合适的。上诉法院裁定中止本案的诉讼。①

（三）未决诉讼（lis alibi pendens）

如第一节所述，“未决诉讼”与“平行诉讼”同义。lis alibi pendens为拉丁语，其含义是“正在其他诉讼当中”。在美国，未决诉讼原则是指中止当地诉讼而允许外国法院就相同当事人和标的的诉讼继续审理。该外国法院一旦作出判决之后，依据美国的外国判决承认与执行条件，即可在美国获得承认与执行。如果该外国诉讼未进行下去，则中止的美国诉讼可以恢复。未决诉讼原则并非成文法上的法律制度，而只是一项普通法规则，美国联邦最高法院尚未考虑过国际民事诉讼中适用未决诉讼原则的问题，这使得未决诉讼的内容还不确定，故有些学者或法官将未决诉讼原则作为不方便法院原则的附属。如《美国冲突法重述（第二次）》第84条的第5条评论即持此种观点。美国法院在国内民事诉讼中适用未决诉讼原则，是依据科罗拉多河水保护区诉合众国（Colorado River Water Conservation District v. The United States）案。该案强调联邦法院具有行使国会所赋予的管辖权的“不懈的义务”。在不同联邦法院之间的诉讼竞合的情况下，一般原则是避免重复性诉讼。对于联邦法院与州法院之间的平行诉讼，州法院的未决诉讼并不构成具有管辖权的联邦法院就相同事项进行诉讼的禁止。该案的判决指出，在涉及联邦法院与州法院的平行诉讼的案件中，联邦法院只有在例外的情况下才可以拒绝行使管辖权。“在就拒绝行使并存管辖权的适当性作出判断时，联邦法院可以考虑下列因素，诸如联邦法院的不方便，经过避免零碎诉讼的合理性，以及并存法院取得管辖权的先后次序。任何一项诉讼都不具有决定性，经过仔细权衡的判决，既要顾及行使管辖权的义务，也要结合反对行使管辖权的各种因素。”也有少数法院没有采取该案的做法，并未将美国与外国之间的平行诉讼类推为美国联邦与州之间的平行诉讼，而是遵循1936年兰蒂斯诉北美公司（Lan-

① 李旺：《国际诉讼竞合》，中国政法大学出版社2002年版，第43～44页。

dis v. North American Co.）一案的做法。在该案中，联邦最高法院支持某一联邦地区法院中止诉讼，理由是这属于法院自由裁量范围之内。美国法院以后的一些案例认为，中止美国诉讼以支持外国诉讼完全是法院行使自由裁量权的结果，行使自由裁量权需考虑的因素包括：礼让原则；替代法院可施救济的充分性；司法效力的促进；两个诉讼中当事人及争议事项的同一性；替代法院及时处理争议的可能性；当事人、律师以及证人的方便；中止诉讼可能产生的歧视等。①

（四）禁诉命令

禁诉命令源于英国法律，是指本国法院为终止外国法院进行的诉讼而发布的命令，该命令指示受本国法院属人管辖的一方当事人不得在外国法院起诉或参加预期的或未决的外国诉讼，违背禁诉命令的后果是将因藐视法庭罪而受惩处，如被罚款、被判入狱等。

在美国，禁诉命令长期以来一直是各州之间处理彼此管辖权冲突的一种手段，美国法院在司法实践中长期行使发布禁诉命令的权利，并将禁诉命令视为法院对受其管辖的当事人所具有的一般衡平权力的产物。大多数联邦法院认为，有关联邦法院发布禁诉命令的标准应由联邦法律支配。发出禁诉命令的条件有：（1）发出禁诉命令的法院对接受该命令的人具有对人管辖权。（2）两个诉讼的当事人相同。（3）在发出禁诉命令的法院的诉讼得到解决后，被禁诉的诉讼就不需要了。② 但也有很多法院对发布禁诉命令持审慎态度。《美国冲突法重述（第二次）》第84条第8点评论论及："发布禁诉命令所权衡的因素与法院基于不方便法院原则驳回起诉或中止诉讼的权衡因素是一致的。这种禁令只能在一些极端的情况下发布。"哥伦比亚特区上诉法院、第二巡回区上诉法院、第六巡回区上诉法院均认为一般不应发布禁诉命令。其理由是当事人及争议问题的重复本身并不足以证明发布禁诉命令的合理性，只有在保护法院自身的合法管辖权及阻止当事人规避法院地的重大公共政策时，才可以发布禁诉命令。③

在平行诉讼的情况下，美国法院发布禁诉命令是否损害外国的司法主

① 肖凯：《国际民事诉讼中未决诉讼问题比较研究》，载《中国国际私法与比较法年刊》（2001），法律出版社2001年版，第495～497页。

② 李旺：《国际诉讼竞合》，中国政法大学出版社2002年版，第48页。

③ Laker Airways v. Sabena, 731 F.2d927-31.

权。一种观点认为，禁诉命令的对象并非是外国法院，而是诉讼当事人，所以并不能说是对外国司法主权的侵害。另一种观点认为，即使是向当事人发出的禁诉命令，其作用在于终止外国法院正在进行的诉讼程序，这与向外国法院发出禁诉命令的结果是一样的，实际上是对外国司法主权的侵害。故美国法院对发布禁诉命令有宽松和审慎两种态度。中国贸易发展公司案即是一个有关禁诉命令的典型案例。

中国贸易发展公司（下称中贸公司）等单位于1984年从美国进口25 000公吨大豆，韩国双龙公司同意以重泳号轮船承运这批大豆。后来，由于该船在航行途中搁浅，中贸公司认为这批大豆受到海水浸泡，实际上已毫无价值。中贸公司在美国加利福尼亚州申请法院对双龙公司当时停泊在加州某港口的博永号轮船予以扣押，并在该州法院对双龙公司提起诉讼。经过双方协商，中贸公司同意解除对该船的扣押，并不再进行在加州法院提起的诉讼，条件是双龙公司应当提供180000美元担保，并在中贸公司于纽约市区联邦地区法院提起的诉讼中出庭应诉，放弃以不方便法院原则撤销该诉讼的权利。然后，中贸公司便在地区法院提起损害赔偿诉讼。在该案审理过程中，双龙公司在韩国釜山地方法院提起诉讼，请求法院宣告双龙公司对中贸公司的损失不负任何责任。中贸公司申请美国法院发布命令，禁止双龙公司在韩国法院的进一步诉讼。地区法院认为，在韩国提起的平行诉讼使得原告感到困惑，并引起费用的负担和出现对判决的争夺，于是批准了中贸公司的申请，对双龙公司发布了禁诉命令。双龙公司不服，上诉到美国联邦第二巡回区上诉法院。上诉法院经过审理后，推翻了地区法院的裁决，并撤销了针对双龙公司的禁令。上诉法院引用了湖人航空公司案（Laker Airways v. Sabena）中的判决，认为既然允许平行诉讼存在，就不应该仅以同一当事人就相同的诉讼为由而禁止当事人在外国法院进行诉讼。尽管美国联邦法院有权禁止受其管辖者在外国法院进行诉讼，但是，由于禁诉命令在实质上限制了外国法院的管辖权，所以美国在行使这一权力时必须遵守国家礼让原则，而且只能根据个案的不同情况并按严格标准发布此类命令。作为原则一般应允许平行诉讼的存在，并不能因为相同当事人之间的相同案件在外国审理，就以此为依据而限制当事人在外国进行诉讼。在判断是否应该发出禁诉命令时应该考虑的决定性因素为：（1）外国法院诉讼是否对美国法院的管辖权造成威胁；（2）外国法院诉讼是否对美国法院所在地的重大公共政策造成威胁。在该案中，韩国法院诉讼并没有对美国法院的管辖权造成威胁，韩国法院以及双龙公司都没有试图阻止美国法院行使管辖权。虽然从实体法及程序法角度来看，美国的判决可能得不到韩国的承认和执行，但是，并不能因此就认为双龙公司有逃脱美国法院的企图。即使美国法院禁止双龙公司在韩国进行诉讼，美国法院的判决在韩国也不一定能够得到执行。①

三、德国

德国《民事诉讼法》第 261 条规定，“诉讼提起就发生诉讼系属。在诉讼过程中提出的请求的诉讼系属发生于口头审理时主张该请求时，或符合第 253 条第 2 款第 2 项所规定的条件的书面被送达时。诉讼系属具有如下效力：（1）诉讼系属期间中，当事人不得在其他场所重新提起同一诉讼。（2）已经进行的法律程序以及受诉法院的管辖权，不受其依据的事情的变化的影响”。该条第 3 款第 1 项的立法目的是：第一，防止因第二诉讼的原告的滥诉，而给对方当事人增加不当的负担；第二，防止法院时间、人力、费用的浪费；第三，防止相互矛盾的判决出现。②

德国《民事诉讼法》第 261 条第 3 款第 1 项是对内国诉讼竞合的规定，而对涉外民商事诉讼中的平行诉讼问题并无成文法规定，在司法实践中，内国诉讼竞合的这一法律规定被类推适用于平行诉讼中。德国法院的通常做法是，如果外国诉讼被认为能形成以后为德国所承认的判决，则德国法院一般承认受诉在先的该外国未决诉讼，这时将该外国的诉讼视为内国诉讼，适用前述的内国诉讼竞合的法律规定。由于德国是《布鲁塞尔公约》的成员国，根据该公约第 21 条的规定，缔约国之间平行诉讼（未决诉讼）不必以判决承认预期为要件，因此，德国法院承认受诉在先的外国未决诉讼有一定的时间限制，即如果该法院未决诉讼明显拖延而导致有效的法律保护不能得以实施时，德国法院便不承认，当然，这种情况很少。德国法院承认外国未决诉讼的方法是驳回本国诉讼，但近年德国法院考虑到外国诉讼的当事人可能由于一些不可预见的原因而无法获得该外国

① China Trade & Development Corp. v. M . V. Chong Yong 837 F. 2d 33（2d Cir 1987），转引自张茂：《美国国际民事诉讼法》，中国政法大学出版社 1999 年版，第 120 页。

② 参见李旺：《国际诉讼竞合》，中国政法大学出版社 2002 年版，第 116 页。

的判决，以承认预期判决的方法限制平行诉讼应具有一定的灵活性，因而类推适用德国《民事诉讼法》第 148 条的规定而中止本国诉讼。德国《民事诉讼法》第 148 条这样规定："案件的全部或一部分的解决受正在系属中的其他案件的法律关系或行政机关确定的法律关系的成立或不成立影响时，法院在其他案件解决或行政机关作出决定之前可以命令中止案件的审理。"

在慕尼黑高等法院 1972 年 6 月 22 日判决的一案中，德国法院适用了承认预期判决的方法，只是将一外国的判决能否得到另一外国的承认作为德国法院是否中止本国诉讼的条件，而不是将一外国的判决能否得到德国的承认为条件。丈夫为瑞士人，住所在法国，妻子为瑞士人，住所在德国。丈夫首先在法国法院提起了离婚诉讼，而后妻子在德国法院也提起了离婚诉讼。对此，丈夫在德国法院提出了抗辩，认为该案已经在法国法院审理，德国法院应该禁止德国诉讼。德国第一审法院以法国法院的判决将得不到德国的承认为由驳回了丈夫的主张。丈夫提起上诉，慕尼黑高等法院驳回了上诉。高等法院认为，外国法院诉讼系属的效力原则上以该外国法院作出的判决在德国将得到承认为条件，只有符合这一条件才能适用德国《民事诉讼法》的规定，中止本国诉讼。本案的双方当事人均具有瑞士国籍，所以，问题在于法国法院的判决是否能够得到瑞士的承认。如果能得到瑞士的承认将中止德国诉讼，如果得不到瑞士的承认，就不能中止德国诉讼。根据瑞士法律，外国法院的判决要得到承认的条件有败诉被告要得到正当的传唤，且送达的合法性依照送达地（本案为德国）来确定。法国诉讼的送达合法性的判断应依据 1954 年 3 月 11 日的《海牙民事诉讼条例》和 1961 年 5 月 6 日签订的《德国——法国司法协助条约》。根据这些条约的规定，只有在被告主动接受诉状时才可以用简单的方法送达。但是，由于妻子拒绝接受送达，法国法院的判决将得不到瑞士法院的承认。①

四、法国

法国对平行诉讼的规定主要见于法国与其他国家的双边条约和法国参

① 参见道垣内正人：《国际诉讼竞合》，载《法学协会杂志》1982 年版，第 99 卷第 8 号。李旺：《国际诉讼竞合》，中国政法大学出版社 2002 年版，第 120 页。

加的国际公约里，但法国关于内国诉讼竞合的法律规定对平行诉讼问题的解决有很大的借鉴意义。

法国新《民事诉讼法》第100条规定："如同一争议系属于两个同级法院，如果一方当事人提出申请，后受理案件的法院应当放弃管辖，由另一个法院管辖本案。如果当事人无此请求，后受理案件的法院得依职权为之。"第101条规定："如提交两个不同的法院受理的数个案件之间相互有联系，将其合并到一起审理与判决有益于正确司法时，需要求其中之一法院放弃管辖，并将案件照其所处状态移送另一法院。"这表明，法国法律是禁止内国一事两诉或一事多诉的。只要当事人提出诉讼竞合问题，法院即应支持当事人的申请，后受理的法院必须让位于先受理的法院，放弃诉讼管辖权而驳回起诉或中止诉讼。即使当事人没有提出诉讼竞合问题，法院也应依自身的职权裁决处理诉讼竞合问题，避免多重诉讼的出现。

法国关于平行诉讼的规定首先出现在1899年7月8日签订的法国与比利时的双边条约中，该条约第4条第1款规定："缔约国一方法院受理的案件，已经在其他缔约国法院系属当中，或与其他缔约国法院提起的其他诉讼有关联时，根据当事人一方的请求，可以将案件移送对方缔约国法院。两个案件是基于同一原因而产生的，或与同一的目的有关系的才可以看作具有关联。"1930年6月3日签订的法国与意大利双边条约第19条规定："在一方缔约国提起诉讼的案件，如果在另一方缔约国已经起诉或与在另一方缔约国已经起诉的相同当事人之间的其他诉讼相关联时，以另一方缔约国依照本章的规定具有管辖权为条件，根据当事人一方的请求，缔约国必须放弃该案件。两个案件是基于同一诉讼原因的，或与同一纠纷相关联时，将两个案件视为相关联案件。"1966年7月15日签订的法国与奥地利双边条约第14条第1款规定："基于同一原因的相同当事人之间的同一请求系属于另一方缔约国法院，且另一方缔约国诉讼根据本条约的规定成为可以被承认的判决时，各缔约国法院需根据国内法放弃案件的审理或延期判决的下达。"1969年5月28日签订的法国与西班牙双边条约第10条规定："基于同一原因的相同当事人之间的同一请求系属于另一方缔约国法院，且另一方缔约国诉讼根据本条约的规定成为可以被承认的判决时，各缔约国法院有权放弃案件的审理或延期判决的下达。"法国参加的《布鲁塞尔公约》第21条规定："相同当事人之间就同一诉因在不同的缔约国法院起诉时，首先受诉法院以外的其他法院必须主动放弃管辖权，让首先受诉法院受理。需放弃管辖权的法院，在其他法院的管辖权被提出异议时，可以延期作出其决定。”

由于受国内法的影响，法国法院很长时间对外国受诉在先的未决诉讼不予承认，认为法国法院与外国法院之间没有可以裁定案件管辖权的上级法院，以外国诉讼系属作为抗辩的理由不能成立，因而即使存在有管辖权的外国法院受诉在先，受诉在后的法国法院也不会支持外国诉讼而驳回或中止内国诉讼。但是，随着法国与其他国家缔结了越来越多的双边条约或协定以及法国加入涉及国际间的管辖权冲突的国际公约，法国法院逐步改变了这种做法，参照了德国等大陆法系国家处理平行诉讼的方法，以承认预期判决为要件。特别是在 1974 年，法国最高法院在 Miniera di Fragne① 一案中承认平行诉讼。法院确立平行诉讼的条件：一是本国诉讼与外国诉讼具有同一性，包括当事人的同一性、请求目的的同一性、请求原因的同一性；二是根据法国法，法国法院具有管辖权；三是外国法院依其本国法也具有管辖权。支持外国诉讼而驳回或中止本国诉讼的前提是，外国法院具有管辖权且诉讼在先，外国法院诉讼的判决将得到法国法院的承认。下面我们以 1979 年 3 月 27 日法国最高法院第一民事庭判决的案件来说明。

原告为总公司在法国的法人，被告为总公司在西班牙的法人。原被告之间签订合同，被告从原告购买葡萄酒，在第一次交货时并没有发生任何争议，但是，被告对原告将要交货的葡萄酒的质量提出异议，拒绝接受货物。被告在西班牙法院提起诉讼，要求解除合同。对此，原告在法国法院也提起了要求解除合同的诉讼。被告在法国法院提出了法国没有管辖权的抗辩和诉讼系属的抗辩，但是，法国第一审法院和第二审法院均驳回了被告的请求。被告又上诉到法国最高法院。法国最高法院驳回了被告的上诉，其理由是，1969 年 5 月 28 日签订的法国与西班牙双边条约只规定了对方国家法院的间接管辖权，并没有对法国直接管辖权作任何变更性规定，因而，原审法院适用法国《民法典》第 14 条的规定，以法国具有专属管辖权为由，否定了西班牙法院的管辖权，从而得出西班牙法院的判决将得不到法国的承认，并驳回被告提出的法国无管辖权的抗辩和诉讼系属的抗辩是正确的。②

① I Cass. Civ., 26 Nov. 1974, [1975] RC 491.

② 参见李旺:《国际诉讼竞合》，中国政法大学出版社 2002 年版，第 148 页。

五、日本

日本的法律制度相对于前述几国而言比较独特，日本法律虽然明令禁止内国诉讼竞合，但对平行诉讼却没有成文法的规定，日本也不遵从判例法。不过，日本的司法实践对平行诉讼的处理有两种方法。

（一）允许平行诉讼存在，不加限制

《日本民事诉讼法》第231条规定："就同一案件，任何一方当事人不得向其他法院再提起诉讼。"日本法院在解释该条时认为"法院"一词仅指日本法院，而不包括外国法院，因而涉外民事诉讼中的平行诉讼不能适用该法条的规定，不应被禁止。在下面的中华国际新闻社一案中日本法院详细系统地阐明了这一观点。

原告为台湾当局，第一被告中华国际新闻社为日本法人，第二被告林炳松为第一被告的董事长，中国台湾省人，住所在日本京都，第三被告酒井为日本人，住所在日本东京。驻日台湾当局代表部作为原告的日本代表机关于1950年6月1日借给第一被告20 000美元作为营业资金使用，为无息借贷，还款期为1951年5月31日。第二被告作为保证人对该借款负有连带责任。第三被告也作为该债务的担保人将其所有的土地作了抵押登记。由于到期第一被告并未偿还所借款项，原告于1951年12月在台湾台中地方法院提起了要求第二被告返还借款的诉讼。之后，原告又对第一被告和第二被告以及第三被告在日本东京地方法院提起了诉讼。就日本法院的诉讼，被告认为原告在向日本东京地方法院提起诉讼之前已经在台湾法院提起了诉讼，并且案件正在审理当中，按照《日本民事诉讼法》第231条关于禁止双重诉讼的规定，在日本的诉讼是不合法的，应该给予撤销。日本东京地方法院认为：第一，日本法院具有管辖权。第一诉讼的法院地台湾只具有当局所在地的政治意义，而第二诉讼的日本既是第一被告的所在地，又是第二被告和第三被告所在地，根据原告就被告的原则日本法院有普通管辖权。而且，由于该借贷是在日本进行的，其准据法为日本法，所以本案诉讼关系重点在日本，日本法院是"方便的法院"。第二，《日本民事诉讼法》第231条所规定的"法院"是指日本法院，而不包括外国法院。台湾人之间的诉讼即使现在已经在台湾法院审理当中，也不妨碍当事人基于同一诉讼原因在日本提起诉讼。本案并不能适用上述该条的规定限制本国的诉讼。日本东京地方法院判决原告胜诉。第一被告和第二被

告上诉到东京高等法院，东京高等法院驳回了上诉。①

（二）采用特殊情势原则对平行诉讼的负面效果和合理性进行分析，限制平行诉讼

由于完全没有考虑到国际经济秩序的要求和平行诉讼的负面效果，放任平行诉讼的主张和观点越来越多地受到日本学界和其他各方的指责和抨击。现在日本很多学者从防止当事人滥诉、诉讼经济、防止相互矛盾的判决等方面进行分析，主张对平行诉讼加以限制。我们可以通过日本东京地方法院1984年2月15日判决的一个案件进行分析。

原告为巴拿马的船运公司，在日本设有营业所，被告为美国加州第一银行，在日本设有常驻代表机构。原告于1978年9月在被告处存放3 200 000美元，原告要求被告将其中的3195390美元汇到原告指定的被告在日本的银行账户上，但是，由于原告的代理人某韩国人在韩国法院离婚，代理人的妻子以上述款项是夫妻共同财产为由在美国加州法院提起诉讼，要求冻结该财产。在该款项汇到日本后，代理人的妻子在法院向被告提起损害赔偿诉讼。该纠纷在代理人的妻子和被告之间达成和解，被告支付代理人的妻子1250000美元。在支付后被告要求代理人赔偿由此而产生的损失，并认为原告对此有担保责任。为了获得补偿，被告在美国加州扣押了原告的船舶。原告在美国加州法院提起了诉讼，要求被告赔偿因扣押船舶而产生的损失。该案在审理过程中，原告又在日本东京地方法院提起诉讼，要求被告赔偿15亿日元。其诉讼与美国诉讼的内容有一部分是相同的，或者可以说两个诉讼是有关联的。被告就日本法院的诉讼提出了反对意见，认为日本法院没有管辖权，理由如下：（1）本案与被告在日本的常驻代表机构没有关联。（2）以债务履行地为标准确定国际民事诉讼的管辖权不当。（3）本案已经在美国法院起诉，两个案件实质上是同一案件。（4）本案证据实质上都在美国，在日本进行诉讼需要花费更多的费用。日本法院判决认为，法院本着公平、合适、迅速的原则，根据条理决定管辖权。第一，虽然原告在日本设有营业所，但是，并不能以此为依据就认为日本法院有管辖权，因为本案并非是由于该营业所的业务而发生的诉讼。第二，与本诉讼相同的诉讼在美国加州法院已经审理，从收集证

① 日本东京高等法院判决昭和32年7月18日、下民集8卷7号，第1282页。李旺：《国际诉讼竞合》，中国政法大学出版社，第175～176页。

据、诉讼的方便、判决矛盾的防止等角度日本法院不行使管辖权是合适的。第三，本案不应该承认债务履行地法院的管辖权。第四，即使本案侵权行为地是日本，从证据的收集、诉讼的方便、加害人赔偿的预测等方面看，日本缺少行使管辖权的合理性。第五，让被告在两个国家的法院应诉违反公平、合适、迅速的原则，也可能出现相互矛盾的判决。所以，日本法院对本案没有管辖权，判决驳回了原告的诉讼请求。①

以上是对世界上几个比较有影响的国家有关平行诉讼立法和判例的简单介绍，具有一定的代表性，将有助于我国解决涉外民商事诉讼中管辖权的冲突问题。

六、国际条约中有关平行诉讼的规定

国际条约包括双边条约和多边条约，平行诉讼的规定多见于一国与另一国的双边条约或协定，但由于双边条约规定的是两个国家之间争端的事务，不具有普遍性，而且数量众多，因此，本书重点介绍几个国际公约。

（一）1968 年《布鲁塞尔公约》

1968 年 9 月 27 日，欧洲共同体六个成员国法国、德意志联邦共和国、意大利、荷兰、比利时和卢森堡在比利时布鲁塞尔签订了《关于民商事案件管辖权和判决执行公约》（简称《布鲁塞尔公约》），该公约于 1973 年 2 月 1 日对法、德、意、荷、比、卢六国生效，后来又有丹麦、爱尔兰等六国加入该公约。《布鲁塞尔公约》是现今国际社会在国际民商事案件的管辖权方面规定得最为详尽完备、适用范围最为广泛的一个地区性国际公约。其目的主要有两个，一是防止其他缔约国对缔约国内有住所的人行使过剩管辖，二是在缔约国之间确立相当于自动相互承认判决的法律制度。

该公约将平行诉讼问题规定在第 21 条、第 22 条和第 23 条里。第 21 条规定，相同当事人对同一诉因的事件在不同的缔约国法院起诉时，不是首先受诉的法院应依职权宣告中止诉讼程序，直至首先受诉法院的直接国际裁判管辖权确定为止。受诉在后的法院应为首先受诉法院的利益，宣告自己无直接国际裁判管辖权。第 22 条规定，几个相互关联的诉讼在不同

---

① 参见李旺：《国际诉讼竞合》，中国政法大学出版社 2002 年版，第 185 ~ 186 页。

的缔约国法院提起时，非首先受诉法院得在第一审诉讼程序中中止诉讼程序。如果依照该法院的法院地法，相关诉讼可以合并，并且首先受诉法院对两个诉讼都有裁判管辖权时，经当事人一方的申请，该法院也得宣告不行使其直接国际裁判管辖权。相关诉讼是指两个诉讼相互密切关联到这样的程度，因而宜将该两个诉讼合并审理和判决，借以避免因分别进行诉讼程序可能引起不可调和的两个裁决的危险。第 23 条规定，如果几个诉讼属于几个缔约国法院专属裁判管辖，不是首先受诉法院应为首先受诉法院的利益，宣告不行使直接国际裁判管辖权。

（二）1971 年《海牙公约》

1971 年 2 月 1 日，海牙国际司法会议在海牙制定了《关于承认与执行外国民事和商事判决的公约》（简称《海牙公约》）。该公约有关平行诉讼问题规定在第 4 章，该章只有第 20 条一个法条。该条规定，当两个国家受根据第 21 条规定的补充协定约束时，如果在另一国法院有相同的当事人之间，就同样事实以及同一标的诉讼悬而未决，而这一诉讼的判决依本公约规定应为第一个国家当局承认时，其中一国的司法当局得放弃或中止其诉讼。但是，它们中的每一国当局都可采取临时或保全措施，不管其他国家的管辖法院是否审理了诉讼的实质。

该公约第 5 条有关承认与执行条件的规定也与平行诉讼问题有一定的联系。第 5 条规定，在下述情况下，可以拒绝承认或执行判决：1. 承认或执行判决与被请求国的公共政策显不相容，或者判决是经与请求国所要求的正当法律程序不相容的程序作出的，或者是在未予任何一方当事人充分机会陈述其意见的情况下作出的；2. 判决是在诉讼程序中舞弊取得的；3. 同一当事人之间，基于同样事实以及具有同一标的的诉讼。（1）在被请求国法院首先提起并正在进行中，或（2）诉讼已在被请求国作出判决，或（3）诉讼已在另一缔约国作出判决，而该判决已具备在被请求国予以承认和执行的必要条件。

（三）1988 年《洛迦诺公约》

1988 年 9 月 16 日，欧洲共同体 12 国（比利时、德国、法国、意大利、荷兰、卢森堡、丹麦、英国、爱尔兰、希腊、西班牙和葡萄牙）与欧洲自由贸易联盟六国（瑞士、挪威、奥地利、冰岛、芬兰和瑞典）在瑞士的洛迦诺签订了《关于民商事案件管辖权和判决执行公约》（简称《洛迦诺公约》），其主要内容与 1968 年《布鲁塞尔公约》的内容相同。

该公约第21条规定，如果相同当事人就同一标的及同一诉因向不同缔约国的法院提起诉讼，则受诉在后的法院在受诉在先的法院确定管辖权之前，应暂缓作出开庭审理决定。如果受诉在先的法院确有管辖权，则受诉在后的法院应放弃对案件的审理。第22条规定，如果相关联的案件被起诉到不同缔约国的法院，并且均在一审之中，则受诉在后的法院可以推迟作出决定。在本国法律允许对案件合并审理且受诉在先的法院对审理的两个案件均有管辖权的条件下，受诉在后的法院应当事人一方的请求，也可放弃管辖权。在本条中，有关联的案件系指，相互间具有某种紧密的关系，以致为了避免分别审理造成相左的判决而适宜合并审理的案件。第23条规定，如果几个法院对案件均有专属管辖权，则由受诉在先的法院审理，其他法院应放弃管辖权。

（四）1999年《民商事管辖权和外国判决公约（草案）》

因1971年《海牙公约》只有塞浦路斯、荷兰和葡萄牙三个国家参加，影响有限，1999年10月30日，海牙国际私法会议拟订了《民商事管辖权和外国判决公约（草案）》。该公约草案第21条对平行诉讼作出了比较详细的规定，1. 当相同当事人间就相同诉因在不同国家法院进行诉讼时，无论所寻求的救济如何，如果先受诉法院享有管辖权且可望在合理期间内作出依本公约可在后受诉法院得到承认的判决时，则后受诉法院应中止诉讼，但如后受诉法院依公约第4条和第12条享有专属管辖权的除外；2. 后受诉法院一旦收到先受诉法院作出的符合本公约承认或执行条件的判决，应立即放弃管辖；3. 应一方当事人要求，如果原告在先受诉法院未采取就该实体问题提起诉讼的必要步骤或该法院未在合理期间内作出判决，则后受诉法院可行使管辖权；4. 前述条款即使在先受诉法院依公约第17条所规定的内国法而行使管辖权时，也适用于后受诉法院；5. 就本条而言，法院在下列情况下被视为受理案件：（1）当启动诉讼程序的文件或类似文件向法院提出之时，或（2）如果此种文件在向法院提出前应予送达，则负责送达的当局收到或送达给被告之时；（为适当计，可采用世界时）6. 如果原告在先受诉法院的诉讼中寻求其对被告没有责任的裁决，且寻求案件实质救济的诉讼在后受诉法院提起：（1）前述第1至5款的规定不应适用于该后受诉法院，且（2）如果后受诉法院可望做出依本公约可以得到承认的判决时，则先受诉法院应该应一方当事人的请求中止诉讼；7. 如果先受诉法院应当事人一方的申请判定，依本公约第

22条所规定的条件由后受诉法院解决争议明显地更为适当，则本条规定应不予适用。

该公约草案规定平行诉讼时吸取了最先受诉法院原则和承认预期理论的长处，界定了合理期间和受案时间，明确了专属管辖的优先性，较之《布鲁塞尔公约》、《海牙公约》和《洛迦诺公约》有长足的进步。

第三节 我国关于平行诉讼的规定及立法趋势

一、我国法律、司法解释和条约的相关规定

（一）法律规定

关于国内民事诉讼管辖权冲突和内国诉讼问题，我国民事诉讼法有具体规定。该法第35条规定，两个以上人民法院都有管辖权的诉讼，原告可以向其中一个人民法院起诉；原告向两个以上有管辖权的人民法院起诉的，由最先立案的人民法院管辖。第37条规定，有管辖权的人民法院由于特殊原因，不能行使管辖权的，由上级人民法院指定管辖。人民法院之间因管辖权发生争议，由争议双方协商解决；协商解决不了的，报请它们的共同上级人民法院指定管辖。第38条规定，人民法院受理案件后，当事人对管辖权有异议的，应当在提交答辩状期间提出。人民法院对当事人提出的异议，应当审查。异议成立的，裁定将案件移交有管辖权的人民法院，异议不成立的，裁定驳回。第111条第1款第5项规定，对判决、裁定已经发生法律效力的案件，当事人又起诉的，告知原告按照申诉处理，但人民法院准许撤诉的裁定除外。这些条款表明，我国法律对内国诉讼竞合持否定态度，禁止一事两诉或一事多诉。原告在两个以上人民法院对同一案件分别提起诉讼，如果两个法院都有管辖权，则由最先立案的人民法院审理，如果存在无管辖权的人民法院，则无管辖权的人民法院应将案件移送有管辖权的人民法院审理，一旦出现管辖权争议又协商不了的，则报请双方共同的上级人民法院指定管辖。我国民诉法在这些条款中没有提到被告在另一人民法院对同一案件提起诉讼的情况，也未提到受诉人民法院即使有管辖权而当事人仍以其受诉在后为由提起管辖权异议的情况，但根据前述条款的立法精神和本意，不难处理。

不过，至今为止，我国法律对平行诉讼问题既没有直接规定，也没有

平行诉讼比照适用或类推适用国内民事诉讼管辖权冲突条款的规定。我国法律有关内国诉讼竞合的规定并不能适用于平行诉讼领域，甚至比照适用或类推适用也缺乏依据，可以说我国法律对平行诉讼问题的规定是一片空白，由此则给人民法院处理平行诉讼问题带来很大的困惑，这直接导致最高人民法院有关司法解释的出台，也就是现有的立法现状迫使“法官造法”。

（二）司法解释的规定

我国法院最早提到平行诉讼问题是1967年4月26日最高人民法院《关于美国法院无权判决我国公民离婚案件的批复》，该批复肯定了山东省烟台市人民法院对栾玉敏与李香斋离婚一案的做法，不承认美国法院的离婚判决，当事人可以在我国重新提起诉讼。1985年9月18日，最高人民法院《关于旅美华侨张雪芬先后向我国法院和美国法院起诉离婚美国法院已判决离婚我国法院是否再作判决问题的批复》指出，在我国与美国尚无司法协助协定的情况下，只要原告未撤诉，不受外国法院受理同一案件和是否作出裁决的影响，我国法院得（继续审理）作出判决。华侨在居住国向我国国内居住的配偶者提起的离婚诉讼，国内配偶者不应诉或判决后不上诉，而向我国法院提起离婚诉讼的，因我国领域内的中国公民的婚姻关系，受我国法律的保护和调整，我国法院应予受理并依法裁决。最高人民法院1991年8月13日下发的《关于中国公民申请承认外国法院离婚判决程序问题的规定》第19条、第20条规定，外国法院关于离婚的判决，向人民法院申请承认的，我国法院不再受理就此提起的新的诉讼；未向人民法院申请承认的，不妨碍当事人一方另行向人民法院提起离婚诉讼。最高人民法院1992年7月14日下发的《关于适用〈中华人民共和国民事诉讼法〉若干问题的意见》第15条规定，中国公民一方居住在国外，一方居住在国内，不论哪一方向人民法院提起离婚诉讼，国内一方住所地的人民法院都有权管辖。如国外一方在居住国法院起诉，国内一方向人民法院起诉的，受诉人民法院有权管辖。该意见第306条规定，中华人民共和国人民法院和外国法院都有管辖权的案件，一方当事人向外国法院起诉，而另一方当事人向中华人民共和国人民法院起诉的，人民法院可予受理。判决后，外国法院申请或者当事人请求人民法院承认和执行外国法院对本案作出的判决、裁定的，不予准许；但双方共同参加或者签订的国际条约另有规定的除外。第318条规定，当事人向中华人民共和国有管辖权的中级人民法院申请承认和执行外国法院作出的发生法律效力的判决、裁定的，如果该法院所在国与中华人民共和国没有缔结或者共同参加国际条约，也没有互惠关系的，当事人可以向人民法院起诉，由有管辖权的人民法院作出判决，予以执行。

在我国，司法解释是法的渊源之一，具有强制约束力。从前述的最高人民法院的批复、规定和意见的形式看，最高人民法院司法解释的形式多种多样，另外还有复函、解答、通知和办法等形式，由于名称的多样化，使得这些司法解释显得非常零乱，不统一，甚至内容相矛盾，难以形成一个科学体系。加之有的司法解释是由审判庭制定的，有的是研究室制定的，有的是经过审判委员会讨论的，虽然对外均以最高人民法院名义发布，但其中的效力有差别，不明确。从我国法院对待平行诉讼的态度看，我国法院在 20 世纪 60 年代对平行诉讼完全放任，这一做法一直延续到 20 世纪 80 年代。直到 20 世纪 90 年代初，最高人民法院对平行诉讼的态度有所改变，这种改变体现在两个方面：一是外国法院关于离婚的判决如向我国法院申请承认的，我国法院不再受理就此提起的新的诉讼，二是规定了我国参加或者签订的国际条约另有规定的情况下可以允许外国法院或者当事人请求我国法院承认和执行外国的判决或裁定。不过我国法院允许平行诉讼存在，对平行诉讼基本不予限制，这与我国法律对内国诉讼竞合的态度完全不同。从最高人民法院上述规定的内容看，首先，最高人民法院对平行诉讼的规定比较简单，内容很不完备，如仅仅提到原被告逆转型的平行诉讼，没有对诉讼的同一性进行说明，没有规定外国判决承认和执行的条件与程序，没有提及不方便法院原则；其次，上述规定的内容具有浓厚的司法沙文主义的色彩，唯本国诉讼独尊，很少考虑外国诉讼利益；再次，《关于中国公民申请承认外国法院离婚判决程序问题的规定》与《关于适用〈中华人民共和国民事诉讼法〉若干问题的意见》在内容上似乎有相互矛盾和冲突的地方，该《意见》无条件允许平行诉讼，与当今国际社会的普遍做法不一致；最后，该《意见》没有明确受理案件的条件，完全由法院自由裁量，缺乏可操作性。所有这些，需要最高人民法院在制定有关平行诉讼方面的司法解释时注意完善和改进。

（三）国际条约的规定

至 2002 年 4 月 28 日，我国与其他国家签订并批准了 38 个双边司法协助条约。与我国国内法、司法解释不同，这些双边条约规定了大量有关平行诉讼的内容，概括起来处理原则有三个。

第一个原则是内国裁决在先的原则。如 1987 年 5 月 4 日签署的《中华人民共和国和法兰西共和国关于民事、商事司法协助的协定》第 22 条第 6 项规定，被请求一方法院对于相同的当事人之间就同一事实和要求的案件已经作出确定的裁决；或者被请求一方法院已经承认了第三国法院对于相同的当事人之间就同一事实和要求的案件所作的确定裁决，请求一方的裁决不予承认和执行。该规定没有说明内国法院的诉讼尚未作出裁决的情况下如何对待外国法院的裁决，也未规定外国法院对诉讼没有作出裁决的情况下如何处理平行诉讼。由此产生的问题是如果外国法院的诉讼在先，我国法院的诉讼在后，只要外国法院的裁决尚未作出，我国法院就可以无视外国诉讼而继续审理，而一旦外国法院先于我国法院裁决，并申请我国对其裁决进行承认和执行，则我国法院的诉讼就可能变得重复，造成诉讼资源的浪费。

第二个原则是内国正在受理的原则。如 1987 年 6 月 5 日签署的《中华人民共和国和波兰人民共和国关于民事和刑事司法协助的协定》、1991 年 1 月 16 日签署的《中华人民共和国和罗马尼亚关于民事和刑事司法协助的条约》、1993 年 1 月 14 日签署的《中华人民共和国和哈萨克斯坦共和国关于民事和刑事司法协助的条约》、1992 年 5 月 2 日签署的《中华人民共和国和西班牙王国关于民事、商事司法协助的条约》等都规定了内国正在受理原则。中国与波兰的双边协定第 20 条第 5 项规定，将承认或执行裁决的缔约一方境内的法院对于相同当事人之间就同一诉讼标的的案件已经作出了发生法律效力的裁决，或正在进行审理，或已承认了第三国法院对该案所作的发生法律效力的裁决，则请求一方的裁决不予承认和执行。内国正在审理原则说明只要内国对相同的案件正在审理，则不管内国受诉在先还是在后，也不管内国法院是否作出了裁决，外国法院的裁决将得不到承认和执行，这比内国裁决在先的原则更为宽松。

第三个原则是内国受诉在先原则。如 1989 年 8 月 31 日签署的《中华人民共和国和蒙古人民共和国关于民事和刑事司法协助的条约》第 18 条第 4 项规定，被请求的缔约一方法院对于相同当事人之间就同一标的的争讼案件已经作出了生效裁决；或已先受理了上述案件；或已承认了在第三国对该案件所作的生效裁决，请求一方的裁决不予承认和执行。该原则没有考虑外国受诉在先而内国受诉在后时的处理方法，也没有规定受诉的含义和受诉先后的计算，实际操作起来容易引起歧义。

二、我国学者有关平行诉讼的观点

我国学者对待平行诉讼，主要有两种观点，一种观点是“一事两诉为主，一事不两诉为例外”，另一种观点是“一事不两诉为主，一事可两诉为例外”。这两种观点的争论主要体现在中国国际私法学会起草和拟定《中华人民共和国国际私法示范法》的过程中。持第一种观点的学者、专家认为应以“肯定式”的立法模式表述平行诉讼条款：“除中华人民共和国缔结或参加的国际条约另有规定外，外国法院对相同当事人之间就同一诉讼标的进行的诉讼已做出判决或正在审理的，中华人民共和国法院为保护当事人的合法利益，仍可对同一诉讼行使管辖权。”持第二种观点的学者、专家认为应以“否定式”的立法模式表述平行诉讼：“除中华人民共和国缔结或参加的国际条约另有规定外，外国法院对相同当事人之间就同一诉讼标的进行的诉讼已做出判决或正在进行审理的，中华人民共和国法院一概不行使管辖权。”两种观点争论很大。① 经过多次讨论修改，《中华人民共和国国际私法示范法》第 6 稿对两种观点进行了折中，在第 54 条对平行诉讼进行了规定：“除中华人民共和国缔结或者参加的国际条约另有规定外，在外国法院对相同当事人之间就同一诉讼标的进行的诉讼已经作出判决或者正在进行审理的情况下，若预期该外国法院判决能够在中国法院得到承认，中华人民共和国法院可以不行使管辖权。但中华人民共和国法院受理在先，或者不行使管辖权，当事人的合法权益无法得到保护的，中华人民共和国法院可以对同一诉讼行使管辖权。”该条是为了克服平行诉讼给当事人带来的额外费用，实现诉讼的经济，并维护国际民商事法律秩序的稳定，而确立我国平行诉讼规则。从各国立法和实践来看，大多数国家采取了拒绝裁判管辖权或者中止诉讼的方式来解决平行诉讼，只是理论依据不同，包括不方便法院原则、受诉在先原则和承认预期原则等等，我国学者、专家们在示范法第 6 稿就采用了承认预期原则和内国法院受诉在先原则。

示范法第 6 稿虽是学者和专家拟定的学理性规范，但对我国司法实践

① 参见徐卉：《涉外民商事诉讼管辖权冲突研究》，中国政法大学出版社 2001 年版，第 274 页。

有借鉴意义，其与最高人民法院的上述《意见》相比，在平行诉讼问题上作了较大的改进，应予以肯定。不过，仍有学者认为示范法第6稿需要完善几个问题：其一，如何判断我国法院受案在先，这涉及受案概念的界定，可以参考海牙《民商事管辖权和外国判决公约（草案）》的相关规定；应明确对当事人权益保护与否的判断标准。其二，示范法第6稿第159条第5项规定，中国法院对相同当事人之间基于相同事实就同一标的进行诉讼的案件正在审理的，应拒绝承认与执行该外国判决。这与第54条的规定不协调统一。其三，中国法院不行使管辖权应包括拒绝管辖权和中止诉讼两种情形。①

三、我国内地与港澳台地区的平行诉讼问题

（一）内地与香港地区

内地与香港虽同属于一个主权国家，但在一国两制的原则下，两个地区分别实行不同的社会制度、经济制度和法律制度，因而作为一个主权国家的两个独立的法域，内地和香港在审理互涉民商事案件时必然会产生诉讼管辖权的冲突问题。目前，内地与香港虽然都有自己审理涉外民事案件所适用的程序规则，但都未制定或完善审理区际案件的管辖权规则。在香港回归之前，内地与香港法院均将互涉民商事案件作为涉外案件来处理，并适用本地关于涉外民事案件管辖权的规则，香港回归后，按照基本法的相关规定，香港关于民事案件管辖权的法律将基本保持不变，加之两地间尚未就互涉民事案件管辖权问题达成协议，两地仍将互涉民商事案件作为涉外案件来处理。

由于香港适用的法律主要是英国的普通法，因此，香港法院对平行诉讼的态度与英国法院的做法大致相同，特别注重适用不方便法院原则，但该原则的适用主要依赖于法官的自由裁量。内地法院对两地互涉案件的平行诉讼的态度与对国与国之间的平行诉讼的做法是一致的，允许平行诉讼。1989年《最高人民法院全国沿海地区涉外、涉港澳经济审判工作座谈会纪要》第三部分管辖问题第一条第四款规定："凡是中国法院享有管辖权的涉外、涉港澳经济纠纷案件，外国法院或者港澳地区法院对该案的

---

① 参见肖凯：《国际民事诉讼中未决诉讼问题比较研究》，载《中国国际私法与比较法年刊》（2001），法律出版社2001年版，第507页。

受理，并不影响当事人就同一案件在我国人民法院起诉，但是否受理，应当根据案件的具体情况而定。”这一规定与最高人民法院《关于适用〈中华人民共和国民事诉讼法〉若干问题的意见》第306条规定的精神是相符的。近年来，内地法院对内地与香港互涉案件的平行诉讼的态度有所松动。我们认为，两地之间的平行诉讼发生在一个国家的两个不同的法域，与国家之间的平行诉讼不同，处理方法也应有所区别，应参考内国法中有关禁止内国诉讼竞合的做法，原则上禁止两地之间的平行诉讼，避免重复诉讼，造成诉讼资源的浪费。当然，现今为止，内地与香港两地仅达成了《相互承认与执行仲裁裁决的安排》，并没有达成相互之间有关案件管辖权冲突以及相互承认和执行裁决的协议，这一方面要求两地要尽快就管辖权冲突问题达成协议，同时鼓励当事人协议案件管辖，两地法院适用不方便法院原则和一事不再理原则，解决两地间的管辖权冲突。

（二）内地与澳门地区

澳门与香港的情形差不多，都曾是外国的殖民地，先后回归祖国，只是澳门适用的法律制度与香港不同，地域较小，远没有香港的影响大，内地与澳门两地之间的平行诉讼问题的处理方法可参照内地与香港两地间平行诉讼的处理方法。

（三）内地与台湾地区

自古以来，台湾是中国领土的一部分，但自1949年以后，台湾和大陆地区长期处于政治对峙的状态，海峡两岸在不同环境下，各自形成了相互差异的政治、经济、社会文化等各方面的制度，决定了两岸分别实行性质不同的法律制度，存在着不同的法律追求，从而在两岸交往中必然产生法律问题上的各种矛盾和冲突。① 这种政治上的对立关系造成了大陆和台湾两地复杂而独特的法律冲突，包括民事案件的管辖权冲突。其一，两岸的法律冲突是两岸未统一情况下形成的特殊区际冲突。这种冲突既不同于其他多法域国家的区际冲突，又不同于内地与港澳地区的区际冲突，更不能视为国际冲突。其二，两岸的法律冲突是在两岸尚未完全明确对方法律在域内效力的状态下存在的。应该说，政治上的对立，两岸政府是不会承认对方的立法和司法制度在自己域内的效力的，但两岸政府实际存在的事

---

① 参见陈安：《海峡两岸交往中的法律问题研究》，北京大学出版社1997年版，第17页。

实，又使两岸在一定程度上承认对方的立法和法院判决在本方域内的效力。台湾地区在“台湾地区与大陆地区人民关系条例”中的立法选择，表明实质上已视内地为不同于台湾地区的“法域”，且内地之法律今后亦可被台湾地区法院直接援引，以作为特定民事案件之“准据法”。① 近年来，内地法院也有条件地承认台湾地区法院的民事判决，如最高人民法院在1998年1月15日以审判委员会第957次会议通过了《关于人民法院认可台湾地区有关法院民事判决的规定》。其三，两岸法律冲突受多种因素影响，具有不明显的阶段性和发展的渐进性。两岸目前没有任何正式官方接触，通过两岸官方的直接接触商讨解决两岸的法律冲突问题的方法和途径，尚待时日。② 因此，现阶段要解决两岸的民事案件管辖权冲突问题，首先只有由民间组织进行商讨，辅之以两岸法院在司法实践的习惯做法，在民商事案件领域某一个方面或几个方面相互承认和执行对方法院的判决，由两岸法院率先找出制止在两地重复诉讼的方法和途径。

四、我国关于平行诉讼的立法建议

由于平行诉讼产生的原因多样性，导致平行诉讼在全球范围内还将长期存在，我们不可能无视平行诉讼存在的客观现实性和合理性，而要求完全避免和禁止平行诉讼，但是，平行诉讼的弊端也是显而易见的，我们应对平行诉讼进行必要的限制，我们总的原则是以限制和禁止平行诉讼为主，以允许平行诉讼为例外，只有这样，才能既维护国家司法主权和内国的公共利益和私人利益，又符合国际潮流，以建立一个良好的国际司法秩序。具体而言，我们在处理平行诉讼问题方面，应采用下列原则和方法。

（一）尊重国家司法主权和互惠对等原则

一国的司法权是一个国家主权的产物，是一个国家的国家利益在司法领域内的体现，不能离开主权问题来谈平行诉讼。我们所称尊重国家司法主权并非过分强调国家主权，不是实行司法沙文主义，不是完全否认外国诉讼而放任平行诉讼存在。在以下几种情况下，我们应坚持管辖权。一是

① 王志文：《港澳问题与两岸法律冲突》，载《法令月刊》（台）1992年第43期。

② 参见曾涛：《论海峡两岸婚姻法律冲突及其解决》，载《中国国际私法与比较法年刊》（2001），法律出版社2001年版，第425页。

我国法律规定我国具有专属管辖权的涉外民商事案件，我国法院不能放弃管辖权。当然，我国法律确定专属管辖权案件的范围，应尽量考虑国际通行的做法和国际条约有关专属管辖的规定，以避免法律在专属管辖方面规定的欠缺和不合理。二是外国诉讼不实行互惠对等原则，对我国的公共利益和私人利益进行歧视，有损我国的国家主权、公共安全与秩序、法律基本原则，给当事人带来很大损害的，我国不能拒绝管辖。

（二）协议管辖原则

依据合同自由和“意思自治”原则，承认当事人协议管辖的效力，实际上就是允许当事人选择在他们看来最合适，最方便的法院来处理他们之间的纠纷，从而有效地排除了与案件有一定的联系的其他国家法院的管辖权，达到限制平行诉讼的效果。虽然世界上许多国家都允许当事人协议选择进行诉讼的法院，但各国对协议管辖有不同的规定，对协议管辖的效力都有一定的限制，限制条件主要有以下几种：1. 选择管辖法院的协议必须有效；2. 受案法院根据本国法有权受理；3. 协议选择的法院仅限于第一审法院；4. 协议管辖只限于财产权纠纷案件，不及于自然人身份和能力方面；5. 协议选择的法院只限于与案件有实际联系的国家；6. 协议管辖只限于非专属管辖的案件；7. 当事人选择法院不得违反内国公共秩序；8. 当事人选择管辖的协议应当采取书面形式。①《中华人民共和国民事诉讼法》第244条规定：“涉外合同或者涉外财产权益纠纷的当事人，可以用书面协议选择与争议有实际联系的地点的法院管辖。选择中华人民共和国人民法院管辖的，不得违反本法关于级别管辖和专属管辖的规定。”这是我国法律对协议管辖的限制。建议将协议管辖中当事人的合意限制一定的范围内，首先，当事人的合意仅应限于与身份、税收、关税、行政事务等无关的平等主体之间的合同纠纷及其他财产权益纠纷。因为上述纠纷往往涉及公共秩序，属于强行法的范畴，不能因当事人协议而加以改变。其次，对于一些典型的“弱势合同”，如消费合同、雇佣合同、保险合同等也应制定一些特殊的管辖权依据，限制合同双方的选择，以便更好地保护合同弱势一方当事人（如消费者、工人、某些保险合同中的被保险人）的利益。但协议管辖不应限制当事人选择与争议无关地方的法律，以保证当事人选择法院的公正性及独立性。

---

① 参见奚晓明：《论我国涉外民商事诉讼中协议管辖条款的认定（上）》，载《法律适用》2002年第3期，第13页。

具体到平行诉讼领域，我国法院应当要求原被告对涉外民商事诉讼的管辖权问题进行协商和选择。在原被告相同型的平行诉讼中，如果原告选择在外国进行诉讼，则要求其撤回在我国的诉讼；如果原告选择在我国进行诉讼，则要求其撤回在外国的诉讼，在其撤回在外国的诉讼之前，我国法院可以中止诉讼，待撤回外国诉讼后恢复诉讼；如果原告既不撤回外国诉讼，又不撤回我国诉讼，看被告有无诉讼系属抗辩，如果被告对我国诉讼提出抗辩，则推定原被告协议由外国法院管辖，我国法院中止诉讼或驳回起诉；如果被告对外国诉讼进行抗辩，则推定原被告双方协议由我国法院管辖，我国法院应继续审理。在原被告逆转型的平行诉讼中，原被告有协商一致的结果的，应要求相应的一方撤回在协议之外的国家的诉讼。如果原被告无法达成管辖协议也无推定协商一致的情况，则按其他的方法来解决平行诉讼问题。

当事人协议管辖是解决平行诉讼的一种比较有效的方法，但由于各国对协议管辖进行了限制，其作用也是有限的。

（三）不方便法院原则

不方便法院原则是一国法院依照本国的管辖权依据行使管辖权，但是考虑到本国及当事人利益，如果存在可替代法院，则本国法院拒绝行使管辖权。该原则产生并发展于英美法系国家，被运用来解决不同法域地区或不同国家之间诉讼管辖权冲突问题。

新中国成立后很长一段时间，我国法院审判工作只是人民民主专政的工具之一，民事诉讼活动并不受到重视，更无诉讼效益和诉讼成本之说。最近一、二十年，我国的立法、司法工作虽有了很大的发展和长足的进步，但在涉外民商事诉讼领域，立法工作仍显得相当滞后。随着我国改革开放的进一步深入，特别是加入 WTO 以后面临巨大的机遇和挑战，跨国民商事活动日趋频繁，涉外民商事案件越来越多，涉外民商事诉讼管辖权冲突问题日益严重，我国法院不得不考虑诉讼的社会效果和经济效益，如判决能否得到外国的承认与执行，有无良好的社会效果，能否切实维护当事人的合法权益，是否造成诉讼成本的扩大和诉讼资源的浪费，等等。我国法律并未规定不方便法院原则，《中华人民共和国民事诉讼法》规定的便利原则虽然词名相似，但二者的含义完全不同。如果我国法院审理涉外民商事案件时出现调查取证困难、法院财力有限、国外当事人和证人因费用问题无法出庭、外国法难以查明、判决不一定得到外国的承认与执行等问题，我国法院是否还要继续审理。建议我国立法或制定司法解释时引入不方便法院原则。判断能否适用不方便法院原则应考虑的因素包括：1. 是否存在外国可管辖法院；2. 案件与法院地的实际联系；3. 当事人的诉讼动机；4. 当事人参加诉讼的方便程度；5. 证据取得及证人出庭的便利程度；6. 判决的域外承认与执行力；7. 法院地国诉讼资源的保护；8. 法院地国与有关当事国法院的对等互惠和司法协助状况；9. 解决诉讼的实体法选择；10. 是否存在专属管辖情形；11. 其他是否方便的因素等。适用不方便法院原则一是要当事人抗辩和举证，一是靠法官自由裁量。

我国司法实践中已有适用不方便法院原则的案例。如上海市中级人民法院受理的大仓大雄与朱某离婚一案。日本籍和尚大仓大雄，与中国上海妇女朱某结婚后，双方在日本共同生活数月即起纠纷，大仓大雄欲赶朱某回国未成，遂远道来上海法院起诉离婚，其目的是保住日本财产不受损失。由于此案夫妻双方婚后住所均在日本，婚姻事实以及有关夫妻财产也在日本，如果诉讼在我国进行，既不利于双方当事人的诉讼，又不利于弄清夫妻关系的真实情况，更无法查明大仓大雄在日本的财产，难以保护当事人的合法权益。为此，上海市中级人民法院决定不行使司法管辖权，告知大仓大雄去日本法院起诉。日本法院审理后判决双方离婚，并判令大仓大雄给付朱某折合近十万元人民币的日币。①

在司法实践中运用不方便法院原则的意义在于它能够尽最大可能消除过于宽泛的管辖权带来的不良后果，也是对法院对其权力的自我限制，并且能在一定程度上防止当事人自由挑选法院的弊端。我国法院应积极探索不方便法院原则在涉外民商事诉讼领域的具体运用方法和经验，以便抑制平行诉讼的数量。

（四）受诉在先和承认预期相结合原则

最高人民法院《关于适用〈中华人民共和国民事诉讼法〉若干问题的意见》第 306 条关于允许平行诉讼的规定，只是处理平行诉讼问题的一种方法，而仅有这种方法是显然不够的。因为放任平行诉讼而不加任何限制，违背了国际潮流，不利于涉外民商事诉讼管辖权的国际协调，不利于国际间管辖权冲突的解决，也不利于保护当事人的合法权益。我国引入受诉在先原则和承认预期原则，限制平行诉讼，可以避免平行诉讼带来的

---

① 参见盛勇强：《涉外民事诉讼管辖权冲突的国际协调》，载《人民司法》1993 年第 9 期，第 31 页。

浪费诉讼资源、增加当事人诉讼成本、出现相互矛盾的判决等弊端。对于某一事件或纠纷已在外国法院进行诉讼时，而当事人又以同一事件或纠纷向我国法院起诉的，若预期该外国法院判决能够在我国法院得到承认和执行，我国法院应中止诉讼。若中止诉讼的条件不能成就或中止诉讼的原因消除，我国法院可以恢复诉讼。

第八章　国际及区际司法协助的理论与实践[①]

第一节　司法协助概述

当今世界是一个由主权国家组成的世界，依据“平等者之间无管辖权”的古老格言以及被广泛接受的国际法实践，作为主权重要标志的司法权的运作以及由此产生的结果只能及于一国领域，而不能无限扩大。但是，由于各国在政治、经济和文化领域内交流合作的广泛深入，随之而产生的纷争数量日渐增多，当这些带有涉外因素的纠纷进入审判渠道演变成为涉外民商事案件时，尽管一国的审判机构可以不考虑其涉外因素，如同审理纯粹的普通国内民商事诉讼案件那样来决定该案件的处理过程和处理结果，但在世界联系非常频繁的今天，这种做法实际上仅具有理论上的可能性。当当事人顾及自身的切身利益时，当一国司法机关念及其司法形象时，该国便不可能不考虑到涉外案件所具有的特殊性质，诉讼所包含的各种因素因为具有跨国特征，使得相关国家对该案件的处理都可以产生形式上或实质性的影响。因此，理智和有效的做法是一国在不违背其本国根本利益的前提下，对他国的司法行为给予一定的协助，并进而在世界范围内形成司法协助之网，以便世界尽可能变得更加有序，更具可预期性。

一、民商事司法协助的概念

关于司法协助，国际上并不存在统一的称谓。有些国家称之为 judicial assistance，有的国家则称其为 legal assistance，还有的国家称其为 judicial co-operation（司法协作）或者 judicial relation（司法联系），在我国，

① 如果没有特别提及，本章所涉司法协助均指民商事司法协助。

在立法、司法和理论界称谓比较一致，统一称为司法协助。与称谓的不统一相比，对于司法协助的界定，各国认识上存在的差异更为明显，要形成相对同一的观点并非易事。司法协助界定困难的成因，并不仅仅是纯粹的理论之争，不同法律文化背景下的各个国家司法体制和法律规则的差异才是界定困难的根本原因所在。概括说来，原因如下：

（一）法律文化的差异。法律上的民族主义或者说国家主义今天已经日益式微，其原因是多方面的，其中比较法的迅速发展是一个重要的、具体的原因。但是，今日世界法律传统的力量仍然十分强大，不同的文明使得各国法律文化呈现出不同的面貌。譬如，英美诉讼文化以当事人主导程序的发生和发展，在诉讼中强调当事人之间的对抗，而大陆法系诉讼文化则以法院为程序的主导者，强调法院对案件审理所具有的职权。法律文化的差别在学术上的表现也很突出，在有关比较法的国际学术讨论会上，法国学者主张用定义的方法，英国学者主张用列举的方法。当英国法学家接受一些定义时，只有明确规定这些定义仅对本公约生效的情况下，他们才能容忍这一定义。① 所以，可以很清楚的看到，在英美等国甚至没有司法协助这一总的概念，他们一般将之分解为域外送达、域外代为调查取证和域外判决的承认与执行等各个具体的制度分别加以规定。而在我国，在探讨司法协助问题之前，如果不对司法协助作出一个精准的定义，探讨似乎无法进行。由于大陆法系的传统使然，在探讨司法协助有关问题时，本章仍勉力对司法协助作出初步界定，以求从最一般的意义上对其加以把握。结合我国民商事诉讼法学界和国际私法学界的观点来看，所谓司法协助，是指一国的法院或者其他主管机关，基于本国缔结或参加的国际条约或者互惠关系，对于另一国法院或者主管机关提出的与诉讼相关的请求，给予一定便利，代为或者协助实行相关诉讼行为的一种具有司法性质的行为。

（二）司法体制的差异。法律文化的差异使得各国司法体制的设计表现出多样性。例如，在一些伊斯兰国家，至今仍存在着宗教法庭，专司婚姻家庭和继承等案件的审判，对于这些经由宗教法庭审理的案件，如果涉及域外送达或者判决的承认与执行问题，对于其带浓厚的宗教色彩的诉讼行为被请求国是否给予协助令人怀疑。而且，即使是在法治现代化程度比

---

① 参见［法］勒内·罗迪埃尔著：《比较法概论》，陈春龙译，法律出版社1987年版，第6~8页。

较接近的西方国家，司法体制的构建也不尽相同。例如，各国在行政法和行政诉讼程序方面的差异非常之大，英美等普通法系国家甚至没有完整的行政法体系，司法体制上也没有建立独立的行政法院。英国虽然建立了各种行政裁判机构，但并未形成独立的体系，基本上从属于普通司法系统；在美国，虽然也存在以“委员会”或“局”命名的行政裁判机构，但这些机构受理的案件与一般普通法院受理的民商事案件相互混杂和渗透，无法分清哪些是纯粹的行政案件，哪些是民商事讼争。① 而在民法法系国家如法国，则存在着发达的行政法体系和完整的行政审判机构。法国的行政法院数目繁多，除普通行政法院外，还有专门的行政法院或法庭，机构设置从行政法庭和行政争议庭到上诉行政法院直至最高法院，体系非常完整。② 因此，包括行政诉讼在内的一切诉讼，英美等国都由普通法院审理。如涉及司法协助事宜，英美等国坚持此类案件应被包括在内，而大陆法系国家则不尽然。

（三）法律规则的差异。各国法律体系的差异，最明显的便是法律规则的差异，这种差异既表现在实体法方面，也表现在程序法上。正是这些差异的存在才带来了比较法的繁荣，使得对冲突法规则的研究方兴未艾。第一，实体法规则的差异。不用多说，实体法规则的差异几乎无处不在，如果一项司法协助请求中，请求国所依据的本国国内法规则在被请求国从伦理到制度被认为完全不能接受，该请求在被请求国就很可能得不到协助。例如，伊斯兰法基本和最高级别的渊源是《古兰经》，伊斯兰国家的立法只能解释而不能违背其精神。如果一项判决是根据蕴涵着《古兰经》精神的条文所作的判决，在很多国家的法院应当是很难被接受的。第二，程序法规则的差异。以送达为例，各国对具体送达方式所作的规定并不一致，差别甚大。例如，英国允许外国的原告通过向居住在辖区内的被告邮寄送达文书，而包括我国在内的许多国家则不允许外国司法机构以邮寄方式直接向本国当事人送达司法文书，除非存在明确的司法协助协定。第三，同样规则所蕴涵的法律精神的差异。比如对于同样的送达规则，虽然

① 参见徐宏著：《国际民商事司法协助》，武汉大学出版社 1996 年版，第 13 页。

② 参见王名扬著：《法国行政法》，中国政法大学出版社 1988 年版，第 596～636 页。

表面看来并无差异，但是其所蕴涵的法律精神和司法实践人员对其理解不尽相同。有些国家将送达视为一种由法院行使的官方职权行为，强调送达的职权主义性质，对当事人自己所为的送达不予认可，对于域外当事人擅自向本国当事人送达司法文书的更是持积极否定的态度。而有些国家则将送达视为一种诉讼信息的告知，只要有证据证明已经向受送达人作出了一定送达行为，则推定受送达人知晓了诉讼信息的存在，至于送达行为是由法院作出还是由当事人自己作出并不重要。例如我国香港地区的送达规则，既认可基于当事人请求而由法院亲为的送达行为，也认可当事人自己所为的送达行为。

二、民商事司法协助的范围

由于法律文化、司法制度和法律规则的差异，各国对司法协助的范围认识上还不尽一致。主要表现在如下几个方面：

（一）民商事的界定：差异与统一

1. 民商事法在不同法系中形式和内容的不同

不论是民商事司法协助的多边或双边条约的起草，还是具体民商事司法协助请求的提出与执行，首先面临着一个基本的问题就是对“民商事”范围的认识。由于不同法系对法律部门的划分存在较大差异，各国对民商事的认识并不一致，首先表现在立法形式上，大体可以分为如下几种情况：第一，有些大陆法系国家，如法国和德国，采取民商分立的办法，将民法和商法分别编成两本独立的法典。有些民法典，如 1881 年瑞士债务法典、1934 年荷兰民法典和 1942 年意大利民法典，则采取民商合一的方法，将商法纳入到民法典中。大陆法系国家习惯将民法称为普通私法，而将商法称为民法的特别法。第二，英美法系国家不存在一个统一的民法部门，而且也没有商法这个概念，英国在 18 世纪中叶已经把商法吸收在普通法之中。英美法系只有普通法和衡平法的区别。尽管英美等国有时也使用商法这一术语，但其含义有所不同，它们不存在大陆法系那种民法与商法的区别，也不存在专门的商事法院。

除了形式上的不同之外，各国对民商事法所应包含的内容看法也颇不一致，较具代表性的分歧体现在各国对行政案件的理解上。以德国和法国为代表的许多大陆法系国家存在发达的行政法和行政诉讼法理论体系，有关行政诉讼的司法体系也相应比较完备，因此，这些国家坚持行政、税收等事项不属于民商事法调整，这类案件不属于民商事案件。但是以英美为代表的普通法系国家却并不存在完善、系统的行政法体系，也不存在独立的行政诉讼体系，因此，在许多大陆法系国家看来与民商事案件迥异的行政案件，在英美等国只是作为普通的诉讼案件，由审理普通民商事案件的普通法院审理。因此，在只存在民商事司法协助的情况下，某大陆法系国家定性为行政诉讼的案件如果需要普通法系国家给予司法协助，其遇到的困难可能不会太大。但是，如果是普通法系国家反过来向大陆法系国家提出请求，大陆法系国家可能首先会考虑两国间的司法协助条约的协助范围是否包括行政案件，其给予协助的可能性应该比英美法系国家要小。此外，即使是婚姻、家庭、继承等大陆法系和英美法系均认可属于民商事范畴的案件，一些伊斯兰国家如埃及却认为其并不属于民商事案件，因为这些案件在埃及通常由宗教法庭审理。① 另外，对于能否将劳动案件列入民商事案件范畴，各国做法也不一致。

2. 国际社会为统一民商事概念所作的努力

国际社会为统一民商事法这一概念的努力从来没有停止过，这种努力首先表现在制定国际条约（例如1965年海牙送达公约和1970年海牙取证公约）过程中各国对民商事概念的充分交流和探讨，后来，1977年的海牙国际私法会议特委会又对此进行过广泛的讨论。经过充分的交流，各国认识到给民商事下一个统一的定义几乎是不可能的，1989年在关于海牙送达公约和海牙取证公约执行情况的特委会上，各国又对这一问题进行了探讨，虽对该问题未取得共识，但形成了几个具有启发意义的结论：第一，各国可以以自主的方式对民商事概念作出解释，而不是绝对地指向请求国或被请求国的法律，或合并适用两国法律。第二，对于公法与私法之间的“灰色区域”，发展趋势是对民商事概念给予更加灵活的解释，尤其是破产、保险和雇佣等领域均应被视为属于民商事范畴。第三，该发展趋势并不意味着大多数国家视为公法范畴的案件如税收等，可以解释为属于民商事之列。第四，缔约国可以不受妨碍地在其相互关系中将上述两公约适用于公法案件，且不必对两公约以同一方式加以适用。上述结论体现出一个很重要的精神，即各国在解释“民商事”一词时，不应拘泥于本国

① 参见费宗祎、唐承元主编：《中国司法协助的理论与实践》，人民法院出版社1992年版，第57页。

的法律制度，而应本着合作、开放的态度，便利各国司法协助的进行。最近国际社会统一“民商事”概念的活动反映在2000年欧盟理事会《关于民商事管辖权及判决承认与执行的法规》和始于1997年的海牙《民商事管辖权和外国判决公约》（草案）中。前者明确其适用范围为民商事案件，而不问管辖的性质，但它不适用于自然人的身份或能力、夫妻财产关系、遗嘱或继承；破产、公司或其让法人清偿程序；司法和解及类似程序，并特别不适用于税收、海关或行政事项。应该说该界定明显反映了大陆法系的特色，虽然《民商事管辖权和外国判决公约》（草案）因各国对于通过一项双重公约的分歧过大而最终未获通过，但其中的部分内容仍表明了国际社会对统一民商事概念所作的最新努力。

3. 我国的实践

我国不存在法典意义上的行政法，但是存在独立的行政诉讼体系，所以，对于民事诉讼与行政诉讼的关系问题，我国与大陆法系国家站在同一立场，如果将行政诉讼归于广义的民事，对于我国法学理论界和司法实务界而言难以接受。至于民商分立与结合方面，我国属于民商合一传统的国家，但是尚不存在形式上的商法，只存在大量的单行商事法律规范。在我国与外国缔结的司法协助条约中，一般通过以下两种方式来确定“民商事”的含义。第一，在条约名称和具体条款中直接使用“民事”、“商事”或类似用语，而不对“民事”概念作具体说明，实际上是采用包括“商事”在内的广义的民事标准。例如我国和泰国关于民商事司法协助和仲裁合作的协定中，就直接使用民商事一词而未另设条文专门作出解释。事实上这也是一些国际司法协助条约中经常采用的形式，采取这种形式有利于各国在最大限度内接受条约约文，从而保证条约的通过或扩大条约的影响，但是其不利之处则在于，因为概念的模糊增加了实际操作中出现摩擦的可能性。第二，在条约中设专门条款对民事一词作出说明，例如我国和波兰、蒙古、意大利、罗马尼亚等国签订的司法协助协定中，就专设有定义条款对“民事”的范围作出说明，这一做法有利于消除理解上存在的“灰色区域”，增加透明度，从而有利于条约的顺利执行。

（二）民商事司法协助范围的广义与狭义之分

由于前述差异的存在，对于民商事司法协助应在什么范围内进行，各国在理论和实践中形成了广义与狭义两种分野。

1. 以涉及的法律部门和案件性质为标准

依据该标准，司法协助涉及的广义与狭义问题首先与两大法系对行政诉讼的理解及行政诉讼本身的特性有关。由于行政诉讼与一国行政权的设置及行使有关，为了避免或减少涉外行政纠纷的发生，各国一般会在立法上预防性地作出规定，如果发生涉外行政纠纷，行政机关在具体处理时，也会尽量谨慎。因此，相对于活跃的民商事交往而言，行政权的设置和行使具有相当的稳定性，而且即使纠纷形成，外方当事人在东道国境内提起行政诉讼的勇气和决心也远不及民商事诉讼，成讼的可能性远比民商事领域要小。因此，国际社会在行政诉讼领域开展司法协助的紧迫性、广度和深度均远不及民商事领域。一般来说，行政司法协助通常仅在地域临近、交往频繁，而且法律文化背景相似的国家和地区之间进行，协助的范围也比较有限，就目前涉及行政司法协助的条约来看，仅限于税收等领域。另外，民商事司法协助的广义与狭义也与国际社会对“民事”范围的理解有关，如前所述，由于各国对民事的理解存在较大差异，许多条约在使用“民事”一词时并不对其作具体界定，由各国在操作中灵活掌握。总之，如果将民商分立国家所理解的民事、商事以及大陆法系国家所理解的行政诉讼全部囊括进来，这无疑是范围最为广泛的民商事司法协助，相对于大陆法系国家而言，对行政案件的特性不作强调的英美法系国家更有可能接受这一范围。如果对民商事司法协助的理解仅仅涉及民事和商事而特别强调排除行政性事项，如大陆法系很多国家的做法，则可以说这是一种狭义的、严格范围的民商事司法协助。

2. 以需要进行协助的内容为标准

从司法协助的目的来看，司法协助主要是为了保障诉讼的顺利进行，因此，从立案阶段各类文书的送达一直到判决的承认与执行，司法协助的内容可能涉及其中的各个环节。但是由于法律制度的不同，各国对司法协助内容的认识不尽相同，分歧的焦点在于司法协助的内容是否包括域外判决的承认与执行。持狭义论的国家认为，民事司法协助的范围仅包括代为送达、代为调查取证，不包括域外法院判决的承认与执行。例如前苏联的《民事诉讼法纲要》就民事司法协助的规定仅涉及“送达传票及有关文件，询问当事人和证人，进行鉴定和勘查现场”；德国法学界认为，司法协助只包括送达诉讼文书和调查取证；日本法学界也认为，司法协助只包括送达文书和调查取证；英国虽然不存在统一的司法协助概念，但在与外国签订的“关于民商事法律诉讼程序”的条约中，其范围一般也仅限于文书的送达和调取证据两个方面。美国的实践也表明，外国的判决、裁决或命令不得通过司法协助的方式在美国得到执行，美国国务院将退回这种不予执行的请求。① 但是，也有许多国家对此持广义的观点。意大利对民事司法协助范围的理解是广义的，法国则从最宽泛的角度理解司法协助的范围。在法国的实践中，几乎囊括了在诉讼程序方面所有的合作事项。除了为各国广为接受的协助送达和代为调查取证外，还包括对外国法院判决的承认和执行、外国法的证明、外国人诉讼费用和诉讼费用担保的免除、身份证书的发放等事项。②

3. 我国理论界和实务界的观点

对于司法协助所涉部门法的问题，我国民商事立法和司法均取大民事的概念，取民商合一的立场。至于行政诉讼，我国理论界和实务界观点基本是统一的，即行政与民事分界较为清晰，这里不再赘述。对于司法协助的内容方面，我国国际私法学界对该问题也存在狭义和广义两种观点。有的学者认为，无论是从条件还是从程序上看，外国法院判决的承认和执行都与文书送达和调查取证存在不同，因此其不应被包括在司法协助范围内；③ 持广义论学者认为，判决的承认与执行是一种重要的司法行为，也需要外国有关机关的协助，而且由于判决的承认与执行是诉讼程序的归宿，是司法程序的实质所在，如果一国法院判决得不到外国的承认与执行，先前进行的诉讼也就失去了实际意义，因此它也应当是司法协助的一个重要组成部分。④ 我国司法协助的立法和司法实践是持广义观点的，从我国民事诉讼法的规定，以及我国与一些国家签订的双边司法协助条约的有关规定很明显可以发现这一点，人民法院办理承认和执行外国法院判决的案件也比较多见。

---

① 参见徐宏著：《国际民商事司法协助》，武汉大学出版社 1996 年版，第 18 ~ 19 页。

② 参见韩德培主编：《国际私法》，武汉大学出版社 1989 年修订版，第 436 页。

③ 参见余先予著：《简明国际私法》，中央广播电视大学出版社 1986 年版，第 376 页；姚壮、任继圣著：《国际私法基础》，中国社会科学出版社 1981 年版，第 218 页。

④ 参见韩德培主编：《国际私法》，武汉大学出版社 1989 年修订版，第 436 页。

三、司法协助过程中的各类参与者

（一）司法协助中的签约主体

1. 单一制下的中央政府

司法协助的执行有赖于各类多边或者双边国际条约、协定、安排等的签订，如果没有这些约文的存在，国际司法协助的广度和深度无疑将大打折扣。但是长期以来，在探讨司法协助的主体问题时，人们只注意到了具体实施司法协助行为的执行主体，而没有意识到司法协助的签约主体。诚然，在国际司法协助的实践中，司法协助主要发生在主权国家之间，作为协助依据的国际多边或双边条约、协定等其签署或参加者一般只能是主权国家，对此，《维也纳条约法公约》第 1 条便开宗明义规定条约的缔结只适用于国家之间。虽然该公约第 3 条指出第 1 条的规定并不影响国家与其他国际法主体之间或其他国际法主体相互之间所缔结的协定的法律效力，但是这里所指的其他主体主要是指国际组织、教廷和非自治民族、叛乱团体等，① 据笔者掌握的资料，这类实体以条约实体权利义务的享有和承受者签署或参加国际司法协助的实例尚未见到，所以对于这类实体的签约问题暂无探讨的必要。国际层面的司法协助一般是在主权国家之间展开，司法协助的签订主要是在国家之间进行。国家从结构形式上可以分为单一制国家和联邦制国家，实行单一制的国家其中央政府是唯一合法的条约缔结主体，因此在单一制国家范围内讨论司法协助条约的签约主体问题亦无多大必要，不在本章探讨范围之列。

2. 联邦制下的联邦政府

在实行联邦制的国家中，情况有所不同。一般说来，从国际法的角度看，只有联邦才具有国际法主体资格，联邦成员国并不享有国际法主体资格，不具备缔结条约的能力，但是，如果宪法有规定，某些联邦制国家的成员国可以具有缔约能力。例如《美国宪法》第 1 条，虽然其第 10 款明确排除了任何一个州的缔约能力，但该条随后又规定“任何一州，未经国会同意……不得与他州或外国缔结协定或协约”，这意味着只要经过了国会同意，联邦各州也有可能与外国缔结协定。而且在美国历史上，也出

① 参见［英］伊恩·布朗利著：《国际公法原理》，曾令良等译，法律出版社 2003 年版，第 671 ~672 页。另可参见该书第 3 章关于国际法主体的有关论述。

现过联邦各州经国会授权与他国缔结协定的实例，如1934年美国国会曾授权纽约州就维修和使用尼亚加拉河上的高速公路事项与加拿大缔结协定；1956年国会又授权纽约州就维修两大桥的事项与加拿大缔结类似协定。此外，历史上德意志帝国时期（1871～1918）的帝国成员，以及现在瑞士的各州，根据其宪法均享有一定的缔约能力。虽然在国际法理论界对于联邦成员国是否拥有主权的问题还存在争论，这类缔约实践也还比较少，且缔约所涉事项比较有限，但只要国会依据联邦宪法的规定对成员国授权，成员国在授权范围内就具有缔约资格。① 如果国会的授权涉及司法协助事项，联邦成员国就有权签署或参加相关司法协助条约或协定。当然，就笔者掌握资料看来，西方联邦制国家中联邦成员国参与单独缔结司法协助条约的实践还十分少见，但既然联邦宪法没有无条件排除缔约国的缔约能力，说明至少在立法层面成员国关于司法协助条约中的签约主体问题还存在探讨的空间，并不是一个无中生有的问题。

3. 一国国内司法机关

如果说探讨联邦制国家中成员国在国际司法协助层面的签约主体问题目前只具有理论上的可能性，那么在区际司法协助中，这一问题具有突出的现实性，特别是对于国内存在高度自治地区的国家而言，例如我国与香港和澳门的区际司法协助问题上，不仅立法层面涉及了这一问题，司法实践中也出现了一些不容回避的问题。

（二）司法协助中的联系和转递机关

1. 中央机关

在1965年海牙送达公约生效以前，一国向他国提出的司法协助请求，一般只能通过正式外交途径转递。因为外交机构也很难有时间和精力对各类请求进行审查，只能起到一个单纯转递的作用，加上通过外交途径转递请求的手续非常繁琐，造成司法协助效率的低下，有鉴于此，1965年海牙送达公约创设了“中央机关”制度。所谓“中央机关”，是指一国以开展民商事司法协助为目的而指定或设置的起联系和转递作用的机关。中央机关制度的建立大大便利了各国民商事司法协助请求的转递，同时减少了各国外交机关在民商事司法协助方面的负担。由于这一制度的成功，在此

① 参见万鄂湘等著：《国际条约法》，武汉大学出版社1998年版，第25～27页。

后缔结的大量关于民商事司法协助的多边和双边条约中均采纳了这一制度，一些国家还将之运用于两国间的刑事司法协助。目前，以“中央机关”为国际民商事司法协助的转递机关已经成为普遍的国际实践。但是，各国为民商事司法协助指定的中央机关并不一致。以《海牙送达公约》为例，大多数国家将司法部指定为中央机关，也有国家如意大利、荷兰、以色列等国将法院作为转递他国请求的中央机关。此外，《海牙送达公约》还规定实行联邦制的国家可以指定一个以上的中央机关，据此，德国、加拿大等主要将各州的司法部指定为中央机关，加拿大还将外交部指定为全国统一的中央机关。根据我国签署和参加多边和双边条约的实践，我国指定的中央机关分为三种情况：第一，大多数情况下司法部为中央机关，例如我国在与比利时等多国签订双边司法协助条约，以及加入1965年《海牙送达公约》时，均采取这种做法。第二，同时指定司法部和最高审判机关为中央机关，如我国与蒙古国签订的民刑双边司法协助条约中即采取这一以共同机关为中央机关的做法。第三，同时指定司法部和最高检察机关为中央机关，如我国与哈萨克斯坦、越南、罗马尼亚等国签订的民刑双边司法协助条约中即取此法。由此，中央机关是最为普遍的司法协助联系和转递机关，其职权取决于公约和条约的具体规定，一般说来包括：对外接受他国提出的司法协助请求，审查请求国提出的请求并将该请求转交相关部门以便执行，对内通过法定途径接受本国实际部门对他国提出的司法协助请求并转递他国中央机关；其次，通过一定形式向他国中央机关及提出请求的本国实际部门通知司法协助执行情况；最后，做一些法律方面的情报交换工作。

2. 外交机关

在民商事司法协助中的外交机关即一国的外交部门，如我国的外交部、美国的国务院等。在司法协助实践中经常发生这样的情况：在某一具有涉外因素的案件中，请求国与被请求国之间既未共同签署或者参加有关司法协助的多边国际公约，也没有签订双边司法协助协定，但是两国存在正常的邦交关系。案件审理国为保障审判的正常进行，可以通过本国外交部门与被请求国外交部门联系，由两国的外交部门负责转递司法协助请求及办理其他相关事宜，此时两国的外交机关实际上起着中央机关的作用。

3. 主管机关

民商事司法协助中的主管机关与中央机关是两个不同的概念，主管机关的含义非常广泛，一般说来，它是与起联系转递作用的中央机关相对应的一个概念，主要是指通过中央机关向外国提出司法协助请求，并且对于中央机关转递而来的外国提出的司法协助请求负责具体执行的机关。简言之，中央机关主要负责司法协助中的联系事宜，而主管机关主要负责具体请求的提出和执行。主管机关起联系和转递的情况并不多见，在一些地域接近，制度相仿、联系密切的国家之间，例如北欧地区的挪威、芬兰、冰岛、瑞典及丹麦等国，根据一项五国间的协定，对于文书送达及代为取证的司法协助请求，由各国主管机关之间通过直接信件交换的方式转递。另外，我国内地与香港和澳门地区之间的司法文书送达事宜，也是直接由内地主管机关与香港高等法院之间直接联系和办理。

（三）司法协助的实际执行机构

1. 主管机关

如前所述，主管机关是司法协助中最为主要的执行机构。主管机关大多是司法机关，执行人员大多是国家司法人员，如司法行政官员及法院工作人员等，例如我国，涉外案件的司法协助事项均由法院工作人员提出和执行，具有典型的国家职权性质。但各国的规定并不完全一致，也存在司法机关以外的机构或人员实际执行司法协助请求的情况，例如一些东欧国家将一些通常属于法院的职能交由公证机关行使。如罗马尼亚《继承公证程序》规定，继承事务由国家公证处管辖，按照程序，公证处可以对死者遗产采取保全措施；根据波兰法律，公证处也有权处理数额不大的财产纠纷以及遗嘱有效性和遗产保护方面的纠纷。另外，比利时等国有关文书送达的请求，一般由司法执达员完成，而司法执达员不属于司法机关工作人员，甚至不属于国家公务员，其地位与律师相似。在英美法系国家和地区，例如美国，其诉状及传票等司法文件的送达任务是由原告或者专门的送达公司而非法院工作人员承担的，我国香港地区也认可当事人自行完成的文书送达事项。

2. 外交机关

民商事司法协助的范围十分广泛，除了最常见的代为送达和代为调查取证等事项之外，还涉及其他的相关事项，这些事项通常包括：第一，外国法内容的查明。查明外国法内容的途径一般包括：当事人自己提供、法院依职权查证、有关机关协助查明等。在很多情况下协助查明的有关机关是外交机关，如我国与法国签订的民商事双边司法协助协定中便明确规定了这一点，另外，我国最高院颁布的民法通则施行意见第193条也有这样的规定。第二，诉讼费减免证明的出具。例如，我国和乌兹别克斯坦签订的民商事和刑事司法协助条约的第11条第2款规定："缔约一方国民申请免除费用，应由其住所或居所所在地的主管机关出具说明其身份及财产状况的证明书；如果该申请人在缔约双方境内均无住所或居所，亦可由其本国的外交或领事代表机关出具上述证明书。"此外，我国和吉尔吉斯斯坦共和国等国的双边司法协助条约中均有类似规定。第三，对司法协助条约的解释。条约的解释是条约法中一个经常和普遍的现象，司法协助条约亦然。如果条约中明确规定通过外交途径解释条约，则外交机关在某种程度上对于司法协助事项中处于执行机构的地位，事实上，很多条约中都有类似规定。如我国和意大利签订的双边司法协助条约第29条便规定："因解释或实施本条约而产生的争议均通过外交途径解决。"我国与法国等国的双边条约中也有这样的规定。第四，对特定事项的审查和决定等。对于是否准许外国司法机关和个人来华取证，以及审查外国提出的司法协助请求是否有损我国主权或安全等事项，我国外交机关起着重要作用。另外，对于与司法协助有关的事项外交机关也处于执行机构的地位，例如，我国最高人民法院、外交部、司法部《关于执行〈关于向国外送达民商事或商事司法文书和司法外文书公约〉有关程序的通知》中，明确规定执行公约过程中需同公约成员国交涉的事项由外交部办理。又如，最高人民法院、外交部、司法部《关于我国法院接受外国法院通过外交途径委托送达法律文书和调查取证收费的通知》规定，我国法院接受外国法院通过外交途径委托代为调查取证后所涉各项具体费用等，必要时，由外交部和最高人民法院决定。

3. 受托的私人机构

有一种观点认为，国际司法协助的概念不包括某一法院请求在国外的个人在该外国领域内执行某一诉讼行为，这一观点值得商榷。在美国国内民商事诉讼中，诉状、传票等一般性文书的送达由私人机构或者原告的律师完成，法院官员不执行送达程序，即使是协助外国法院在本国境内为一定司法协助事宜，也被认为是属于私行为，不能与国家特权联系在一起。以美国的做法为例，目前，作为美国司法协助中央机关的美国司法部甚至将来自境外的司法文书送达事项全部委托给了一家美国私人公司——Process Forwarding International 公司（简称 PFI 公司）。依据美国司法部与

PFI公司签订的为期5年的协议，PFI公司将从2003年6月1日起代表美国司法部，扮演事实上中央机关的角色，依据美国签署和参加的相关公约和条约负责外国向美国境内当事人的司法文书的送达事宜。在合同期内，通过PFI公司送达将是唯一被美国官方认可的正式送达方式，其他送达方式将不被美国法院承认，为此，外国请求方将需要向该公司支付一定费用。因此，在美国的送达制度中专事送达的个人与专事送达的私人公司在法律性质上是无区别的。在我国的司法协助实践中，由于对外提出请求的数量越来越多，最高人民法院已准许数个涉外案件较多的省高级法院依照请求书的格式和要求直接向包括美国在内的外国有关机关提出请求，不能说我国法院直接向美国PFI公司提出的请求不属于司法协助事项。

4. 中央机关

在有些国家，如以色列、原联邦德国等，中央机关在对请求国的请求进行审查后，并非像大多数国家那样将请求的执行交与主管机关予以执行，而是由中央机关直接执行。此时，中央机关便成为司法协助请求的直接执行机构，一如他国的主管机关。

由此可见，国际司法协助中依所起作用的不同而划分的各个机关，各国的理解和实际做法并不一致，同一机关在不同情况下可能分别扮演不同的角色，不同的机关可能实际起着相同作用。而且，即使各国理解一致，三种机关在实践中职能的区分也不可能泾渭分明，只可能是相互重叠的，这是由各国法律传统、司法制度、法律规则的差异性及司法协助实际执行过程的复杂性所决定的。因此，中央机关、主管机关和外交机关的划分不是绝对的，只是一种相对的、大致的划分，具体情况要依照公约或条约中的具体规定及各国实践而定。

（四）提出请求的主体

1. 外国法院判决或外国仲裁裁决的承认与执行的请求主体

一般说来，在司法协助事项涉及外国法院判决或外国仲裁裁决的承认与执行时，除了有权机关——通常是一国法院之外，在请求国与被请求国存在条约或互惠关系时，当事人也可以依条约的规定或互惠实践中形成的惯常做法直接向外国有权机关提出请求。例如，我国与波兰等国的司法协助协定，以及我国民商事诉讼法对此都作了规定。所以，在国际司法协助中，对于该事项的请求存在着承认双重请求主体的实践。

2. 其他司法协助事项的请求主体

除了外国法院判决或外国仲裁裁决的承认与执行事项外，寻求国际司法协助的请求通常都是由一定国家机关如一国中央机关、主管机关或者外交机关提出的，当事人不能直接向外国有关机关提出司法协助请求。虽然存在着由受托的私人机构执行外国提出的司法协助请求的实际做法，但是对于向外国提出请求，请求提出国还是比较慎重的，一般会由正式的国家机关提出。这既是对条约的尊重，也是对被请求国司法主权的尊重。

四、民商事司法协助的依据和基本原则

（一）民商事司法协助的依据

1. 民商事司法协助多边或双边条约

多边公约和双边条约，基于“条约必须信守”这一古老国际法原则的支撑，是当前国际社会开展民商事司法协助最常见、最可靠的依据。由于条约是经过订约各方反复磋商才得以形成，且无一例外地采取成文的形式，对于协助的范围、协助方式、协助程序等司法协助中最基本的内容，条约有着较为明确的规定，缔约各方在认识上产生重大分歧的可能性很小，因此，对于司法协助依据的形成，各国一般都愿意采用缔约的方式。对于这一点许多学者都给予了比较充分的论述，实务界的认识和做法基本一致，在此不再赘述。

2. 互惠关系的存在

（1）无条约的互惠

条约毫无疑问是国家或地区相互之间开展司法协助最正式和可信赖的根据，由于种种原因——主要是法律差异过大或司法交往数量有限等原因，许多国家之间并不存在正式的司法协助条约关系。在不存在条约关系的情况下，一国法院审理的案件如果某一诉讼环节需要他国给予司法协助时，便会产生一个现实的问题：提出或给予司法协助的依据何在？这取决于两国之间历史上对类似问题的处理和（或）两国之间对将来处理类似问题的意愿，即两国之间在以前的司法交往中是否存在相互之间互相提供便利的历史，以及（或者）两国之间对将来开展司法协助的必要性和可能性的考虑，这即是互惠的问题。所谓国际司法中的互惠，是指两国之间存在这样一种谅解：给予协助的一方也会得到提出请求的一方在今后类似事项中亦给予协助，而且协助的标准至少不低于被请求国目前给予请求国的标准。这种互惠关系的成立要件，有学者认为包括如下几个方面：第

一，主体要件，即作出互惠承诺的机关，应当是有权机关，大多数国家都是以政府或政府外交部门的名义作出；第二，意思要件，即请求与被请求双方存在开展司法协助的合意，就相互给予对方协助作出一致的意思表示。① 但是，从司法实践来看，互惠关系的成立应不限于此。首先，在主体方面，除了通过外交途径或者以政府名义作出互惠承诺外，也有不同国家或地区的司法机关之间相互承诺的实践。例如，在香港回归祖国大陆之前，为解决广东和香港地区民商事司法协助的迫切需要，香港和广东省高级人民法院签订了一个关于文书送达的协议，通常被称为“粤港协议”。虽然该协议的有效性最终是通过最高人民法院以司法解释的形式给予肯定的，但是协议的主体之一毕竟是我国一个省级地方法院，而且在该司法解释出台之前，两主体间业已存在的相互提供协助之事实，已经形成事实上的互惠关系，即使司法解释对该协助行为持否定态度，但先前两主体间已经完成的行为及因此产生的后果是无法抹煞的。另外，在意思方面，即使双方事先不存在合意，双方的实际行为也可以成立事实上的互惠。这主要涉及如下几种情形：例如被请求国出于政治、经济、外交等方面的考虑，单方面同意给予协助，或者被请求国认为给予请求国一定协助有助于维护本国的利益等。

（2）有条约的互惠

按照通常的理解，讨论司法协助中的互惠问题是基于这样一个前提，即两国之间不存在正式的司法协助条约关系。如果有条约关系，两国依条约约文行事即可。但是笔者认为在存在条约关系的情况下，仍存在互惠的可能。因为，第一，条约制定得再完善，也无法涵盖司法协助实践中的所有问题，即使条约对相关问题有明文规定，实际部门在理解和执行过程中也可能存在差异，这些都涉及条约的解释问题。但条约的解释是一个比较专门的活动，有着严格和复杂的程序，为解决实践中存在的迫在眉睫的问题，执行机关可能会先采用灵活的方式，超出条约范围行事。例如，我国与法国签订的双边司法协助条约第6条明确规定，请求送达司法或者司法外文书的，请求送达的文书应该附有被请求一方文字的译本。但在司法实践中，法国方向我国出具的请求书和请求协助送达的司法或司法外文书经

① 参见费宗祎、唐承元主编：《中国司法协助的理论与实践》，人民法院出版社1992年版，第14～15页。

常只有法文文本，并没有附中文译本。如严格按照条约的规定，我国中央机关本可以将有关材料直接退回，但是实际操作中我国主管机关通常仍接受该文书并将文书委托相关机构送达，而将是否签收的权利交由当事人处置。如果法国方对于无法文译本的中方材料也同样予以接受，那么就该事项而言，两国之间事实上已经形成了一种基于条约的互惠关系。又如，我国最高法院与香港司法机关之间签订的送达协议，仅涉及民商事司法文书，但实践中也存在送达行政诉讼司法文书的需要。目前香港高等法院尚未有正式结果。这些事项均超出了条约和协议的范围，但司法协助实际执行机关对这些问题都做了灵活处理，如果双方相互之间对类似问题的处理已经形成常态，可以说这也属于存在条约情形下的互惠关系。

（二）民商事司法协助的基本原则

1. 尊重各国司法主权原则

国家主权原则是国际社会处理国家间关系的最基本原则，依该原则，一国有权自主处理其本国内的一切事务，他国不得干涉。主权原则在不同领域有不同体现，在司法领域体现为司法主权。在国际司法协助中，虽然许多国家基于条约或互惠关系同意代他国或允许他国在本国境内实施一定司法行为，但这并不违反国家主权原则：第一，如果两国之间无正式的外交关系，即两国相互之间还不承认对方的主权，那么除非存在特别的情形，这两国之间开展司法协助的可能性微乎其微。第二，作为一个先决条件，任何请求只有在得到被请求国同意的前提下，该请求才有可能被协助实施。即使存在条约关系或者互惠关系，如果被请求国不顾及违反条约或互惠关系所造成的后果，不同意其请求，请求国不可能强迫被请求国给予协助。被请求国对请求内容虽然只是作表面初步的审查，但这种形式上的审查所具有的意义与实质审查并无区别，均是以被请求国的同意为基础。第三，即使条约或互惠关系已明确了司法协助的范围和具体方式以及其他相关问题，但如果被请求国对有关问题的理解及具体操作上存在自由裁量空间，请求国不得予以干涉。第四，为从根本上保障国家安全和重大利益，防止在有关事项上陷入被动，主权国家会在法律或政策层面设置一个"安全阀"，以"公共秩序保留"作为拒绝请求国请求的最后一道防线。因此，对于某些请求，虽然其形式和内容符合司法协助条约约定或互惠的实践，但被请求国如果基于特殊考虑不愿给予协助，被请求国只需以该理由拒绝其请求即可，无需作出详细的解释和说明。第五，被请求国同样应尊重请求国的主权，如果被请求国拒绝请求国的协助请求，其说明理由即可，如果直接要求请求国如何行事，将有违请求国的尊严。另外，从请求的形式上看，司法协助请求的提出不论是通过外交途径，还是条约约定的或互惠实践中形成的途径，请求都是以非常正式的书面形式提出，而且用语都是正式的礼貌用语，无不体现出对被请求国的尊重。

2. 互利对等原则

如果说在国际司法协助实践中国家主权原则只是一条理想的、终极的原则，那么互利对等原则则是一条现实的原则。在国际社会交往中，国家利益并不是虚无的，在政治、经济、文化等不同领域有不同的表现形式。它要求国家之间行事时所给予对方的利益应该相等，否则，一国对他国规定的义务，他国同样会对本国提出。互利对等原则是一国处理包括国际司法协助在内的一切对外事务的出发点和归宿。在国际司法协助领域，国家利益具体体现为在相互交往中，一方给予对方的协助，也需要对方在相同范围内，以相同的方式给予，如果一方对对方施加不合理的义务，对方有权对等施加。例如，目前加拿大和新加坡两国对我国代为送达的请求提出了收费要求，那么我国会依照对等原则对来自这两国的送达请求提出收费要求；反之，如果某国对我国代为调查取证的请求免除任何附加条件，那么我国也会免于向对方增加额外条件。总之，在司法协助事务中，双方享有同等的权利，承担同样的义务。当然，互利对等原则并不意味着开展司法协助的双方在一些具体操作上也采取完全相同的标准，毕竟各国司法程序并不完全相同，由此导致的协助环节、具体要求及费用等不可能毫无差别，互利对等原则所着眼的是实质上的互利和对等。

3. 协作原则

如果说主权原则和互利原则是国际司法协助中的“实然”原则，那么协作原则则是一条“应然”原则。纵观涉外民事诉讼的历史，如果各国一味只是强调司法主权的独立和自主，那么恐怕国际司法协助领域内的成果时至今日还是一片空白。正是因为国际社会意识到了在司法上相互提供便利的重要性，所以目前国际社会才出现了若干具有一定影响的国际性或区域性国际司法协助条约以及大量的双边司法协助条约。但是，与国际社会民商事交往总量及国际社会对最大限度维护民商事交往秩序的需求相比，国际司法协助的广度和深度还存在较大的拓展空间。目前国际社会开展司法协助的领域和效果还十分有限：就协助领域而言，目前多边国际公约达成所涉及的司法协助事项十分有限，绝大多数只涉及文书送达、代为取证和外国法院判决的承认与执行等，而且已经生效的公约几乎全部是单一性公约，即一个公约只对某一个事项作出规定，这难免因“头痛医头，脚痛医脚”而受到局限。始于1997年的海牙《民商事管辖权和外国判决公约》（草案），起草者在初期就公约的性质即已经达成一致意见，即让该公约具有双重性质，能够同时解决两个相互联系的重要问题，但在最终表决时，仍因同时解决两个（仅仅是两个）问题所面临的分歧过大而无法统一，最终未获通过。就协助效果而言，虽然国际社会取得了一些阶段性成果，但问题仍然比较突出。以协助送达为例，一是时间过长，二是准确性有待提高。当前涉外司法文书送达所花费的时间，从数星期到数月乃至数年不等，更有甚者，文书发往被请求国后杳无音讯的情形也不鲜见。例如笔者办理的一件涉及美国某公司的司法协助事项中，法庭为美方当事人预留了足够的开庭时间，但是等到美方的送达回证到达法庭时，开庭时间已过去半年左右。另外，送达过程中还会出现张冠李戴的情形。在笔者办理的另外一件涉及美方某公司的案件中，送达回执上显示的双方当事人姓名与案件当事人的姓名完全不同，不得已只能将文书原封不动逐级退回。这些都无一例外地影响了诉讼进程，降低了诉讼效率。实践表明，如果各国对司法协助重要性的认识能进一步增强，相互学习和倾听，扩大共识，减少分歧，加强在条约立法以及实际操作过程中的协作意识，司法协助的效率和准确性将会大大提高，这无疑有助于在世界范围内建立高效、协同的民商事新秩序。

第二节　国际民事诉讼中的域外送达

一、域外送达的概念及意义

（一）概念

国际民事诉讼中的域外送达（service abroad）是指一国司法机关依据国内立法或国际条约的规定，将司法和司法外文书（judicial and extrajudicial documents）① 送给居住在国外的诉讼当事人或其他诉讼参与人的行

① 有的将之译为“诉讼和非诉讼文书”，请参见韩德培主编：《国际私法新论》，武汉大学出版社1997年版，第634页；黄进主编：《国际私法》，法律出版社2005年版，第659页。

为。国际上通常都用的是“司法和司法外文书”，我国国内立法中使用的则是“诉讼和非诉讼文书”，但在我国与其他国家缔结的司法协助条约中则称为“司法文书”。有的学者认为，只有使用“诉讼文书”的提法才是恰当的，这种解释不无道理。然而，正如有学者所指出的，在国际上，绝大多数国家认为，司法程序就是指审判机关进行诉讼的程序，司法文书即是指与诉讼程序有关的所有文书，既包括由法院制作的判决、裁定、令状等文书，也包括由当事人制作的起诉书、答辩状等文书，① 因此，用“司法文书”一词是可以的。至于什么是“司法外文书”，由于各国对司法外程序并没有统一的定义，因而对于司法外文书的具体含义和范围也有不同认识。为此，海牙国际私法会议曾在 1977 年的一次特别委员会会议上进行了专门讨论。各国专家认为，司法外文书应具备以下两个基本特点：第一，它与诉讼案件本身并不直接相关，这一特点使之区别于司法文书；第二，它需要有某一“当局”（authority）或“司法助理人员”（judicial officer）的介入，并产生相应的法律后果，这一特点又使之区别于纯粹的私人文书。只要符合上述特点，例如由当局或执达员（process server）发出的给付催告书、退租通知书、汇票拒绝书，履行了一定手续的婚姻反对书、收养同意书，等等，均属于司法外文书。

（二）意义

司法文书的送达，对法院和当事人都具有重要意义，并产生相应的法律效果。

对于法院而言，首先，传票和起诉书有效地送达被告，是法院开始对案件行使管辖权并进行审理活动的前提。其次，在诉讼的各个阶段，送达是法院进行一系列法律程序的必备条件，只有将司法文书合法、及时地送达有关人员，才能有效地阻止诉讼活动，而且诉讼进程中的有些期限也是从送达之日起计算的。例如调查取证、传唤证人到庭作证或提供文件，都必须依法通知有关当事人。1965 年的《关于向国外送达民事或商事司法文书和司法外文书公约》第 15 条规定：只有证明司法机关在被告有足够的辩护时间内完成了对被告的送达，才能作出判决。

对于当事人而言，送达传票等司法文书意味着向被告通知原告的起诉

① 参见倪征(yù)：《国际法中的司法管辖问题》，世界知识出版社 1985 年版，第 123 页。

或诉讼进程，并向其提供出庭答辩或以其他方式主张权利的机会。当事人只有收到司法文书并获悉司法文书的内容，才能确定自己如何行使诉讼权利和承担诉讼义务。如果送达不合法，他可以就此提出异议或主张权利。另外，如果送达不合法，判决的承认与执行一般都会以诉讼程序缺少必要的公正而被拒绝。因此，域外送达的意义不可忽视，尤其是域外司法文书的送达。

二、域外送达的性质与依据

（一）性质

由于各国对送达文书的性质存在着不同的认识，因此各国的分歧和斗争均很激烈。英美法系认为，送达是当事人或其律师的事情，即使是协助在外国法院进行的诉讼，也被认为是属于“私”的性质，不能与“国家（州）的特权”联系在一起。① 与此相反，在大陆法系国家，送达被视为国家司法机关执行职权的行为，由法院或专司送达的官员完成。外国法院向其境内进行送达司法文书必须得到其许可，并且符合其法律规定的方式，否则就是对其主权的侵犯。

在我国，送达也专属于人民法院的职权，是一种执行国家司法权的行为。我国民事诉讼法第263条还明确规定：除通过司法协助的途径或使领馆送达途径外，“未经中华人民共和国主管机关准许，任何外国机关或个人不得在中华人民共和国领域内送达文书”。从这可以看出，我国与大陆法系国家的规定与认识是一致的。我国学者也认为，送达诉讼文书和非诉讼文书是一种很重要的司法行为，是一个国家的司法机关代表国家行使国家司法主权的一种体现，因而具有严格的属地性。一方面，一国的司法机关在未征得有关国家同意的情况下不能在该国境内向任何人（包括其本国国民）实施送达行为；另一方面，内国也不承认外国司法机关在没有法律规定和条约依据的情况下在内国所实施的送达行为。②

---

① 参见唐安：《涉外民事诉讼程序中的送达问题》，载《中国国际法年刊》(1993年)，第295页。

② 参见韩德培主编：《国际私法新论》，武汉大学出版社1997年版，第634页；黄进主编：《国际私法》，法律出版社2005年版，第659～660页。

（二）依据

域外送达属于国际民事司法协助的一种。根据国际法，一国并没有向他国提供民事司法协助的强制性义务。然而，随着国际交往不断走向纵深，各国的联系越来越紧密，在此过程中，跨国纠纷也因而增多。因此，为了各国自身的需要，必须加强民事司法协助领域的合作，其中一个重要的方面就是加强域外送达的合作。这样，各国就依据条约和互惠原则来进行域外送达。

除了通过双边的司法协助条约（协定）外，各国还于1965年缔结了《关于向国外送达民事或商事司法文书和司法外文书公约》①（简称《海牙送达公约》）。同时，还存在一些区际送达公约和机制，最有代表性的就是1997年的《欧盟成员国间送达民商事司法文书及司法外文书的公约》。② 2000年5月29日，欧盟理事会颁布了《关于送达的第1348/2000号（欧共体）条例》，③ 该条例已于2001年5月31日生效，在除丹麦以外的欧盟成员国之间取代了1965年《海牙送达公约》和1954年《民事程序海牙公约》。实践中，有外交关系的国家之间还通过互惠原则办理域外送达事宜。

三、直接送达

在国际民事诉讼中，基于有关国家的国内立法和司法实践以及有关国

① 该公约是在1954年《民事诉讼程序公约》的基础上制定的，其宗旨在于：建立一套合适的制度以便利司法或司法外文书的国外送达，保证被送达人有充分的时间准备应诉；同时通过一种简单而迅速的程序以改进相互司法协助的体制。公约自1965年11月15日开放签字，并于1969年2月10日开始生效。截止到2005年5月12日，已经有52个国家或地区批准或加入该公约。关于该公约的详细情况，可以参见http://hcch.e-vision.nl/index_en.php?act=conventions.text&cid=17，2005年7月23日访问。

② 关于对该公约的介绍和评论，请参见肖永平、郭树理：《欧盟统一国际私法的最新发展——民商事司法文书及司法外文书域外送达事项的合作与协调》，载《法学评论》2001年第2期。

③ 其全称是《关于在成员国送达民事或商事司法和司法外文书的第1348/2000号（欧共体）条例》，对其详细介绍和评论，请参见邹国勇：《德国国际私法的欧洲化》，武汉大学2005年度博士论文，第197～199页。

际条约的规定，受诉法院可以通过一定的方式或通过委托其本国的有关机关，特别是通过委托其本国的驻外代表机关，将有关的文书直接送达给处于受诉法院所属国以外的有关诉讼当事人和诉讼参与人。纵观目前国际社会在这方面的立法和司法实践，这种直接送达方式主要有：

（一）外交代表或领事送达

外交代表或领事送达是指一国法院将需要在国外送达的文书委托给本国驻有关外国的外交代表或领事代为送达，这是国际社会普遍承认和采用的一种方式。许多国家的国内立法和有关国际条约都对这种送达方式作了明确的规定。

外交代表或领事送达这种送达方式一般都要求在不违反所在国法律规章规定的情况下以现存的国际条约为依据。而且，除少数国家的国内立法①和个别国际条约外，大多数国家的立法和有关的国际条约都规定外交代表或领事只能对其所属国国民进行司法和司法外文书的送达，并且都规定不能采取强制措施。此外，也有一些国家对这一方式持相反的态度，认为外国官员在内国境内接受其本国法院的委托代为履行诉讼行为，是对内国主权的侵犯。如比利时、卢森堡、挪威和埃及等国在批准1965年《海牙送达公约》的声明中明确反对这种送达方式。

（二）邮寄送达

邮寄送达是指一国法院通过直接将司法和司法外文书邮寄给外国的诉讼当事人或其他诉讼参与人，对此，各国立法和司法实践中所持的态度不尽相同。美国、法国等允许邮寄送达，我国仅允许法院向外国进行邮寄送达，反对外国在我国进行邮寄送达。

（三）个人送达

个人送达是指一国法院将司法和司法外文书交给具有一定身份的个人代为送达。这种个人可能是有关当事人的诉讼代理人，也有可能是当事人选定的人，或与当事人关系密切的人。这种送达方式一般为英美法系各国所承认和采用。

（四）公告送达

公告送达是指将需要送达的司法和司法外文书的内容用张贴公告、登

---

①　例如，美国就并不限制受送达人的国籍，参见徐宏：《国际民事司法协助》，武汉大学出版社1996年版，第159页。

报或广播的方式告知有关的当事人或诉讼参与人，自公告之日起经过一定的时间即视为送达。许多国家的民事诉讼立法都规定，在一定的条件下可采用公告送达的方式，但各国对公告送达方式采用的前提条件和期间规定不一。

（五）按当事人协商的方式送达

按当事人协商的方式送达是指法院可以依据双方当事人协议的方式进行诉讼文书的送达，这主要为英美法系国家所承认和采用。

四、间接送达①

国际民事诉讼中的司法和司法外文书的间接送达是指一国法院在审理国际民事案件时通过国际司法协助的方式所进行的送达。它一般包括国际司法委托和国际司法协助两大部分，一方面，必须有受诉法院依法向该有关外国的司法机关或其他有关机构提出委托，也即提出司法协助的请求；另一方面，必须有该有关被请求国的司法机关或其他有权机构依法给予司法协助，以向该被请求国境内的有关当事人或其他诉讼参与人送达有关的文书。大致而言，要经过请求的提出、请求书及有关文书的转递、请求的执行及执行情况的通知等环节。

（一）请求的提出

因为一国法院的司法和司法外文书需要通过其他国家的司法机关或其他有权机构送达给有关的当事人或其他诉讼参与人，所以，请求国法院或有该项权限的其他机构应依据其内国诉讼立法和有关国际条约的规定提出请求书，用书面形式向外国法院或其他机构提出请求。例如，《海牙送达公约》第3条第1款规定："依文书发出国法律有权主管的当局或司法助理人员应将符合本公约所附范本的请求书送交文书发往国中央机关，无须认证或其他类似手续。"需要注意的是，提出请求的机构只能是请求国的法院或其他有此权力的机构，诉讼当事人一般也只能向所在国法院提出申请，再由该受诉法院按规定的方式提出司法协助请求书。

司法协助请求书应该具备一定的形式要件，有些国际条约（例如《海牙送达公约》）还专门附有请求书的格式。另外，各国民事诉讼立法

① 在有的论著中，间接送达被称为"代为送达"，请参见徐宏：《国际民事司法协助》，武汉大学出版社1996年版，第168页。

以及各国间订立的国际条约都规定，请求书和请求送达的文书需要用请求国的官方文字或缔约国间商定的文字写成，并附有用被请求国文字翻译的经过认证的译本。

（二）请求书及有关文书的转递

请求书及有关文书的转递必须经过一定的程序和方式，否则就可能遭到有关国家的拒绝。至于具体的程序和方式，各国立法和国际条约的规定都不尽相同。主要有如下四种：

1. 外交途径。其程序一般是由请求国的主管法院将有关请求书和所需送达的文书交给本国的外交部，再由本国外交部递交给有关国家的外交部，然后再由该有关国家的外交部转交给该国的主管法院。各国的民事诉讼立法和有关的国际条约都对这种途径作了明确的规定。

2. 领事途径。采用这种途径是由请求国驻有关国家的领事直接将有关请求书和文书递交给被请求国主管法院。其程序较为简单，先由请求国法院将上述文件交给本国驻被请求国的领事机构，然后由有关的领事机构递交给被请求法院。

3. 中央机关递交途径。这是近几十年来各国间所缔结的涉及国际司法协助的条约所普遍采用的一种途径。各缔约国依据有关条约的规定分别指定或成立一个或几个中央机关，专门负责办理国际司法协助事务。如《海牙送达公约》第2条规定："每一缔约国应指定一个中央机关，负责根据第3条至第6条的规定，接收来自其他缔约国的送达请求书，并予以转递。每一缔约国应依其本国法律组建中央机关。"在送达文书时，其程序一般都是先由请求法院做成请求书，连同所要送达的文书，交给本国的中央机关，再由本国的中央机关转交给被请求国的中央机关，然后递交给被请求法院进行送达。

4. 法院直接递交途径。采用这种途径是一国法院在需要向国外送达文书时，将司法协助请求书和所要送达的文书，不通过任何中间媒介，直接寄交给有关国家的主管法院，请求该外国法院代为送达。

（三）请求的执行及执行情况的通知

1. 请求的执行

从《海牙送达公约》的规定和一些国家的实践来看，一国执行外国提出的送达请求主要有三种方式：

（1）正式送达。《海牙送达公约》第5条第1款第1项规定，"按照其国内法规定的在国内诉讼中对在其境内的人员送达文书的方法”执行请求，这是《海牙送达公约》规定的执行外国请求的最主要的方式。而且，规定被请求法院根据被请求国法律按送达国内类似性质文书的方式和程序进行送达已经成为执行送达请求的一项普遍原则。① 至于被请求法院具体将采取什么样的方式将需要送达的文书送达给有关当事人和诉讼参与人的问题，完全依赖于各国的内国法规定。

(2) 特定方式送达。《海牙送达公约》第 5 条第 1 款第 2 项规定："按照申请者所请求采用的特定方法，除非这一方法与文书发往国法律相抵触执行请求。”也就是说，内国法院可以在不与内国法律规定相抵触的情形下，接受外国法院的委托，按外国法院所要求的特殊方式，将有关的文书送达给有关当事人或其他诉讼参与人。至于何谓“特定方法”，并没有一个明确的定义，只能作相对的理解，相对于某一个国家，也即相对于被请求国而言，或者对于没有用成文法规定某种方式和程序的国家来说，该有关的方式和程序为特定方式。

(3) 非正式送达。非正式送达是指被请求国法院依其内国法的规定进行一般性的非强制送达，即在收件人自愿接收时向其送达文书，而无需严格遵循有关译文等形式上的要求。《海牙送达公约》第 5 条第 2 款规定："均可通过将文书交付自愿接受的收件人的方法进行送达。”

2. 执行情况的通知

一般而言，一国法院或其他有关机构接受外国机构的委托，代为一定的送达行为以后，不管该送达行为的情况如何，都需要通过某种途径用适当的方式通知该外国的请求机构。各国民事诉讼法和各有关国际条约的一般规定以及实践中的普遍做法都是采用送达回证或由有关机构出具送达证明的形式。送达回证或送达证明一般都包括送达有关文书的方式、地点和日期，以及收件人的有关情况。至于送达回证或送达证明应通过什么途径递交给请求机构，各国的立法规定和实际做法都不尽相同。

另外，除非另有约定，请求国的有关机构依据国内立法和国际条约的规定请求被请求国的有关机构送达文书，原则上不需要支付或偿还手续费或被请求国的服务费用。

---

① 参见谢石松：《国际民商事纠纷的法律解决程序》，广东人民出版社 1996 年版，第 333～335 页。

（四）无法送达和拒绝送达

在相互协助进行送达的过程中，被请求方有时会对送达请求提出异议进而拒绝送达，也有时存在一些客观障碍，致使无法送达。主要包括送达地址不详、涉及主权和安全、公共秩序以及专属管辖权等问题。①

五、中国的域外送达制度

（一）法律渊源

中国调整域外送达制度的法律制度，主要体现在中国同有关国家签订的司法协助协定和1991年加入的《海牙送达公约》之中，另外有中华人民共和国民事诉讼法及有关司法解释、1986年8月14日由最高人民法院、外交部、司法部联合发出的《关于中国法院和外国法院通过外交途径相互委托送达法律文书若干问题的通知》、1992年3月4日发布的《关于执行〈关于向国外送达民事或商事司法文书和外文文书公约〉有关程序的通知》、1992年9月19日发布的《关于执行海牙送达公约的实施办法》、最高人民法院办公厅于2003年9月23日发布的《关于指定北京市、上海市、广东省、浙江省、江苏省高级人民法院依据海牙送达公约和海牙取证公约直接向外国中央机关提出和转递司法协助请求和相关材料的通知》。另外，我国调整区际送达制度的法律制度，在香港、澳门回归以后，主要是最高人民法院《关于内地与香港特别行政区法院相互委托送达民商事司法文书的安排》和《关于内地与澳门特别行政区法院就民商事案件相互委托送达司法文书和调取证据的安排》。关于区际送达问题，对此另有专门论述，在此不赘述。

（二）送达途径

我国民事诉讼法第247条规定，人民法院对我国领域内没有住所的当事人送达诉讼文书，可以采用下列方式：1. 依照受送达人所在国与我国缔结或者共同参加的国际条约中规定的方式送达，如有双边司法协助条约，应优先适用双边条约；2. 通过外交途径送达；3. 对具有我国国籍的受送达人，可以委托我国驻受送达人所在国的使领馆代为送达；4. 向受

① 参见徐宏：《国际民事司法协助》，武汉大学出版社1996年版，第178～184页。

送达人委托的有权代其接受送达的诉讼代理人送达；5. 向受送达人在我国领域内设立的代表机构或者有权接受送达的分支机构、业务代办人送达；6. 受送达人所在国的法律允许邮寄送达的，可以邮寄送达；7. 不能用上诉方式送达的，公告送达。

我国对外开展司法协助主要在三个层面上进行：一是根据我国参加的载有司法协助条款的国际公约与其他缔约国开展司法协助；二是根据双边司法协助条约相互请求提供司法协助；三是与不存在司法协助条约关系的国家，根据国内法和司法实践，在平等互惠基础上通过外交途径与外国相互请求提供司法协助。

1. 通过《海牙送达公约》规定的途径进行送达

我国于 1991 年 3 月 2 日批准加入《海牙送达公约》后，最高人民法院、外交部、司法部于 1992 年 3 月 4 日发布了《关于执行〈关于向国外送达民事或商事司法文书和司法外文书公约〉有关程序的通知》（以下简称《通知》）。根据该《通知》的规定，我国司法部被指定为有权接受我国通过领事途径转递文书的中央机关。1992 年 9 月 19 日，司法部、最高人民法院和外交部又联合颁布了《关于执行海牙送达公约的实施办法》，对送达中的一些细节问题作了规定。为了简化执行《海牙送达公约》的送达程序，提高国际司法协助的效率，最高人民法院办公厅于 2003 年 9 月 23 日又发布了《关于指定北京市、上海市、广东省、浙江省、江苏省高级人民法院依据海牙送达公约和海牙取证公约直接向外国中央机关提出和转递司法协助请求和相关材料的通知》，规定由上述几个省市的高级人民法院就涉及《海牙送达公约》和《海牙取证公约》的司法协助工作进行试点，上述几个省市的高级人民法院可以依据海牙公约的规定直接向公约成员国中央机关提出和转递本院及下级法院提出的送达民事司法文书和司法外文书的请求及相关材料。

2. 双边司法协助条约

我国除了已经加入《海牙送达公约》外，还与许多国家订立了双边司法协助条约和协定。与我国订立此种双边司法协助协定的国家中，有些同时也是《海牙送达公约》缔约国，有些不是该公约缔约国。对于我国与非《海牙送达公约》缔约国之间的送达问题，根据民事诉讼法第 238 条，当然应当按照双边司法协助协定的规定办理。对于《海牙送达公约》

缔约国与我国之间的送达，如果缔约国同时与我国签订有双边司法协助协定，根据《海牙送达公约》第 11 条的规定和我国最高人民法院、外交部和司法部《通知》第 7 条的规定，应当优先适用双边司法协助协定的规定。

3. 没有条约关系的国家之间的送达

如果一个国家与我国之间既没有共同参加《海牙送达公约》，也没有签订双边司法协助协定，那么我国与该国之间相互送达司法文书或司法外文书就只能依据我国民事诉讼法的规定办理。外国法院请求我国人民法院提供司法协助进行送达的，根据民事诉讼法第 265 条的规定，应当依照我国法律规定的程序进行。外国法院请求采用特殊方式的，也可以按照其请求的特殊方式进行，但请求采用的特殊方式不得违反我国法律。另外，根据民事诉讼法第 262 条第 2 款，外国法院请求协助的事项有损于我国主权、安全或者社会公共利益的，人民法院不予执行。

第三节　国际民事诉讼中的域外取证

证据是诉讼过程中用来确定案情的根据。证据问题，关乎案件实体的解决及最后的判决结果，影响当事人利益至深。证据的提供与收集以及对于证据的认定，实际上构成了整个诉讼活动的核心部分。在国际民事诉讼中，由于其涉外性，不可避免地会出现大量涉案证据是在一国领域外形成的这一事实。如何进行域外取证直接关系到国际民事诉讼程序的顺利进行和纠纷的解决，然而，由于世界各国对证据制度和取证方式在理论和实践上都存在巨大的分歧，域外取证因而变得更加复杂和困难。下面，我们简单阐述域外取证的几个问题。

一、域外取证的概念与法律性质

国际民事诉讼中的域外取证（taking of evidence abroad）是指受诉法院国的有关机构或人员为进行有关的国际民事诉讼程序而在法院国境外提取证据的法律行为。

关于取证的法律性质，大陆法系国家和英美法系国家分歧很大。大陆法系国家认为，取证属于一种行使国家司法权力的活动，所以这一活动应主要由法院进行，而当事人仅起协助司法机关的辅助作用。至于域外取证，则认为其是国家主权行为在司法领域中的一种域外延伸，如果没有相关国家明示或默示的同意是不能在该国领域内实施的，否则就侵犯了该国的主权。即使有关证人有义务出席受诉法院参与作证，但如果没有有关国家的同意也同样不能强制要求该证人作证，不能在有关国家境内实施取证行为，更不能采取强制措施。

英美法系国家认为，调查取证是各方当事人自己的义务，法官一般并不介入。实践中，当事人可以自由选择使用各种调查取证方式，无需得到法院的许可。法院在调查过程中的作用，通常只发生在一方当事人在对方对调查范围有异议时请求法院发布有关调查的强制性命令或保护性命令的情形。至于域外取证，则认为并不限于受案法院和受案法院国的权力机构，当事人照样可以进行。

虽然我国学者基本认同大陆法系学者的主张，① 但我们同时也要看到，实践中与案件有关的域外证据资料多由当事人或者诉讼代理人收集和提供，特别是对一些书证和物证的收集就更是如此。所以，域外取证的法律性质，是纯粹的国家行使司法主权的行为，还是属诉讼当事方实施履行的民事义务的范畴，不能一概而论。

二、域外取证的范围

在国际民事诉讼程序中，由于世界各国的证据学对证据概念的理解各不相同，各国诉讼立法和证据立法对证据制度的规定也极不统一，所以，关于域外取证的范围，各国的理解也不尽相同，差异很大以致难以确定，这样，必然给域外取证及其司法协助带来很大不便。就目前已订立的各种有关域外取证的国际条约而言，它们对取证范围问题也是采取极不明确的态度，只是作出抽象的规定，很少有具体的内容。最为详细的规定也只是列举几项主要的证据形式，然后再加上一个概括性的补充规定。例如，1970 年的《关于从国外调取民事或商事证据的公约》（简称《海牙取证公约》）第 1 条第 1 款只规定：“在民事或商事案件中，每一缔约国的司法机关可以根据该国的法律规定，通过请求书的方式，请求另一缔约国主管机关调取证据或履行某些其他司法行为。”即使有些国际司法协助条约

① 参见谢石松：《国际民商事纠纷的法律解决程序》，广东人民出版社 1996 年版，第 359～360 页；韩德培主编：《国际私法》，高等教育出版社、北京大学出版社 2000 年版，第 447 页；黄进主编：《国际私法》，法律出版社 2005 年版，第 670 页。

对取证范围作了具体的列举性规定，① 但也未能穷尽调查取证的范围。

我们认为，域外取证的证据范围，应首先根据法院地法来确定。如果依法院地法不能作为证据，显然就不应在域外取证的证据范围之内，因为这样的“证据”于审判毫无帮助。如果依法院地法可以作为证据，则要视情况而定，如果证据所在地认为该项事实与特定案件存在相当程度的关联，即使证据所在地法不视之为证据，也应允许甚至协助受案法院或当事人在本法域取证；如果认为该项事实与特定案件没有关联，证据所在地完全可以拒绝此项取证请求。在实践中，证据所在地拥有是否接受某项取证请求的决定权。

综合各国的民事诉讼立法和证据立法，可以认为下列情形属于取证的范围：（1）询问或讯问诉讼当事人、证人、鉴定人以及其他诉讼参与人，以制作证言笔录、视听资料或请求其出庭作证；（2）提取、收集、复制、保全与案件或诉讼程序有关的书证、物证、视听资料②等证据；（3）对某一事实进行调查或对有关书证的真实性进行审查；（4）对诉讼标的物或与案件有关的现场、痕迹、物品等进行鉴定和勘验，制作鉴定报告、勘验笔录和视听资料等。当然，如前所述，证据所在地拥有是否接受某项取证请求的决定权。

至于应通过何种途径，按照什么样的方式和程序来获取处于国外的证据，各国民事诉讼立法和各有关的国际条约的规定都各不相同。与域外送达一样，一般也可以分为两种，即直接的方式和间接的方式。

---

① 例如 1987 年签署的《中华人民共和国和波兰人民共和国关于民事和刑事司法协助的协定》第 13 条规定，取证范围是“询问当事人、证人和鉴定人，进行鉴定和司法勘验，以及收集其他证据”。http：//www. legalinfo. gov. cn/moj/sfxzws/2003-03/31/content_ 19577. htm，2005 年 7 月 23 日访问。同年签署的《中华人民共和国和比利时王国关于民事司法协助的协定》第 9 条第 2 款规定：“调查取证主要包括询问当事人、证人和鉴定人，调取与民事诉讼有关的证据，进行鉴定和司法勘验。”http：//www. fmprc. gov. cn/chn/wjb/zzjg/xos/gjlb/1822/1823/t7202. htm，2005 年 7 月 23 日访问。

② 英美各国都将视听资料列入书证的范畴，其他国家尚无有关这种证据的规定。相反，我国民事诉讼立法却对此作了规定。我国学者也认为视听资料不同于书证、物证，而将其作为一种独立的证据。参见江伟主编：《民事诉讼法》，高等教育出版社、北京大学出版社 2000 年版，第 140 页。

三、直接取证方式

国家民事诉讼中的域外直接取证，是指受诉法院依据其所属国与有关国家之间所存在的条约关系或互惠关系以及该有关国家的民事诉讼立法直接派员提取诉讼证据的行为，主要包括如下三种：

（一）外交和领事人员取证

外交和领事人员取证是国际社会所普遍承认和使用的方式，世界各国的民事诉讼立法和各国间缔结的条约，特别是司法协助条约都明确规定外交和领事人员直接取证这种方式，必须以国家间条约或互惠关系为依据，并且遵守内国法律的规定；取证的对象通常限于外交和领事人员派出国的国民；取证的前提必须是派出国的法院对涉讼案件具有管辖权且已经受理；取证的方法不得采取任何强制措施等。《海牙取证公约》第 15 条、第 16 条对此作了规定。

（二）当事人和诉讼代理人取证

以美国为代表的英美法系国家，极力提倡当事人和诉讼代理人可以直接到境外取证。部分大陆法系国家也规定了这种取证方式，认为法院可以考虑由有关当事人通过这种方式获取的文书的证据法上效力。其他大多数国家，甚至是同属普通法系的英国都反对这种直接取证的做法，尤其是对于所谓的“审判前取证”（discovery），除美国外的各国对此都表示反对，瑞士等国甚至制定了“障碍立法”予以对抗。① 对此，《海牙取证公约》原则上不否认当事人和诉讼代理人取证的方式，但同时允许缔约国对此声明保留，第 23 条规定：“缔约国可在签署、批准或加入时声明，不执行普通法国家的旨在进行审判前文件调查的请求书。”

（三）特派员取证

特派员取证，是指有关法院在审理国际民商事案件时委派专门的官员去有关外国境内提取证据的行为，包括法院法官、书记员以及律师，甚至是取证地国的公职人员或律师，在有关外国境内直接调取证据。

有关特派员取证的条件，英国法律规定需以互惠为前提，美国则要求事先得到主管机关专门的许可。大陆法系国家一般认为这种方式有损于一国的司法主权，所以在适用时采取了极为谨慎的许可。《海牙取证公约》第 17 条第 1 款规定：“在符合下列条件的情况下，在民事或商事案件中，

① 参见徐宏：《国际民事司法协助》，武汉大学出版社 1996 年版，第 192～199 页。

被正式指派的特派员可以在不采取强制措施的情况下在一缔约国境内调取证据，以协助在另一缔约国法院中正在进行的诉讼：（一）取证地国指定的主管机关已给予一般性或对特定案件的许可；并且（二）他遵守主管机关在许可中设定的条件。”由此可见，特派员取证只有得到取证国的许可并遵守取证国主管机关所规定的条件后方得进行，并且不能采取强制措施。当然，该条第2款也规定：“缔约国可以声明在无事先许可的情况下依本条进行取证。”

以上是对直接的域外取证途径所包含的三种主要方式所作的简要介绍，其共同特点是法院国在审理国际民商事案件时，直接提取位于域外的证据。只要获得有关国家的许可并遵守有关国家的法律规定就行，无需有关国家提供国际司法协助，同时，这些取证方式都不能采取强制措施。

四、间接取证

国际民事诉讼中的域外间接取证，是指受诉法院依据其所属国与有关国家之间所存在的条约关系或互惠关系以及该有关国家的国内立法，委托该有关国家的法院或其他有权机构代为提取位于该有关国家内的诉讼证据的行为。与域外送达一样，也是通过国际司法委托和国际司法协助的途径进行，其具体的取证程序主要包括请求的提出、请求书及有关文书的转递、取证行为的实施和证据的移交及执行情况的通知等环节。

（一）请求的提出

由于国际司法协助中的域外取证是指一国法院在审理国际民商事案件时，请求某一外国法院或其他有关机构代为调取与案件有关而又处于该外国境内的证据的行为，所以，世界各国的民事诉讼立法和各有关国际条约都明确规定，请求国法院或由有该项权限的其他机构在需要请求外国法院或其他有关机构代为取证时，应首先用书面形式提出请求书。例如，《海牙取证公约》第1条第1款规定：“在民事或商事案件中，每一缔约国的司法机关可以根据该国的法律规定，通过请求书的方式，请求另一缔约国主管机关调取证据或履行某些其他司法行为。”需要注意的是，提出请求的机构只能是请求国的法院或其他有此权力的机构，诉讼当事人一般也只能向所在国法院提出申请，再由该受诉法院按规定的方式提出司法协助请求书。

司法协助请求书应该具备一定的形式要件，有些国际条约还专门附有请求书的格式。另外，各国民事诉讼立法以及各国间订立的国际条约都规定，请求书和请求送达的文书需要请求国的官方文字或缔约国间商定的文字写成，并附有用被请求国文字翻译的经过认证的译本。

（二）请求书及有关文书的转递

请求书及有关文书的转递必须经过一定的程序和方式，否则就可能遭到有关国家的拒绝。至于具体的程序和方式，各国立法和国际条约的规定都不尽相同，主要有外交途径、领事途径、中央机关递交途径、法院直接递交途径四种。关于这四种途径的具体方式和程序，与域外送达的转递一样，由于前面已经有论述，在此不再赘述。

（三）取证行为的实施和证据的移交及执行情况的通知

1. 取证行为的实施

被请求国收到取证请求书后，面临一个取证行为的实施问题，即被请求机构应依据哪个国家的法律，又该按照什么样的方式和程序来协助请求机构调取有关证据的问题。综观各国立法和有关国际司法协助条约的规定以及各国的司法实践，基本上有两种做法：一种是由被请求机构依据本国的法律规定，按照内国法所规定的取证方式和程序进行取证；另一种是依据请求国所要求的特殊方式和程序来协助请求机构实施取证行为，但以不与被请求国法律相冲突为限。第一种方式和程序是原则，第二种则是例外。

2. 证据的移交及执行情况的通知

一般而言，一国法院或其他有关机构接受外国机构的委托，依据本国法律的规定，按照一定的方式和程序协助请求机构执行完毕调查取证的行为以后，不管结果如何，都需要通过某种途径用适当的方式通知该外国的请求机构，并且将其提取的有关证据移交给该请求机构。至于具体应通过什么途径来发出这种通知和移交有关的证据，各国的民事诉讼立法和有关的国际条约的规定都不尽相同。

另外，除非另有约定，请求国的有关机构依据国内立法和国际条约的规定请求被请求国的有关机构协助取证时，原则上不需要支付或偿还手续费或被请求国的服务费用。

（四）请求的拒绝

在相互协助进行取证的过程中，被请求方有时会对请求提出异议进而拒绝执行，并将拒绝执行的理由及取证请求书退回请求机构。至于被请求国法院具体可以依据哪些理由拒绝执行有关请求的问题，各国立法和各国际条约的规定不尽相同,① 国际社会公认的理由是“主权或安全”以及“公共秩序条款”。至于它们的具体内涵和外延，则是模糊不清而不确定的，只能在实践中进行个案判断。

通过以上对取证方式的论述，我们可以看出，除当事人和诉讼代理人直接的域外取证方式外，国际民事诉讼中域外取证制度包括两个方面的内容，一是内国请求外国代为调取或准许调取位于该外国的证据；二是外国接受内国的请求代为调取或准许该内国机构和人员到本国境内调取证据。所以，域外取证的法律制度是具有双务内容的、双向性的法律制度，域外取证的实践也是以双向性为基本特征的。

五、我国的域外取证制度

（一）国内立法

民事诉讼法第262条规定，“根据中华人民共和国缔结或者参加的国际条约，或者按照互惠原则，人民法院和外国法院可以相互请求，代为送达文书、调查取证以及进行其他诉讼行为”；第263条规定，应当依照条约规定的途径，没有条约关系的，通过外交途径进行，该条还规定外国驻中华人民共和国的使领馆可以向该国公民调查取证，但不得违反中华人民共和国的法律，并不得采取强制措施。可见，我国规定的域外取证主要采取如下途径：（1）基于条约关系、外交关系和互惠关系的请求书方式；（2）外交和领事代表对本国国民直接取证的方式。除上述途径外，未经我国主管机关准许，任何外国机关或者个人不得在中华人民共和国领域内送达文书、调查取证。

---

① 《海牙取证公约》第11条规定：“在请求书的执行过程中，在下列情况下有拒绝作证的特权或义务的有关人员，可以拒绝提供证据：（一）根据执行国法律，或（二）根据请求国法律，并且该项特权或义务已在请求书中列明，或应被请求机关的要求，已经请求机关另行确认。此外，缔约国可以声明在声明指定的范围内，尊重请求国和执行国以外的其他国家法律规定的特权或义务。”

第12条规定：“只有在下列情况下，才能拒绝执行请求书：（一）在执行国，该请求书的执行不属于司法机关的职权范围；或（二）被请求国认为，请求书的执行将会损害其主权和安全。执行国不能仅因其国内法已对该项诉讼标的规定专属管辖权或不承认对该事项提起诉讼的权利为理由，拒绝执行请求。”

（二）国际立法

在多边性条约方面，我国参加了旨在消除域外取证冲突的《海牙取证公约》，该公约于1998年2月6日起对我国生效。根据公约相互声明适用的规定，截止到2004年4月13日，共有19个国家声明接受我国加入《海牙取证公约》，公约已在我国与上述19国之间适用。为配合《海牙取证公约》中请求书取证方式的实施，除由司法部作为中央机关负责转递域外取证的请求及相关材料外，最高人民法院还指定了北京、上海、广东、浙江和江苏5省市的高级人民法院，直接与外国中央机关之间进行请求书的转递。

在双边司法协助条约方面，截止到2004年2月29日全国人民代表大会常务委员会批准《中华人民共和国和大韩民国关于民事和商事司法协助的条约》为止，我国总共与41个国家签订了双边司法协助条约，其中涉及民事司法协助内容的条约共计32个。在这些双边协助条约中，我国分别采用了综合式、专项式和民刑混合的模式对域外取证作出规定。在国际条约与国内法的关系方面，我国现行民事诉讼法规定了条约优先适用的原则，即优先适用公约关于域外取证的规定。同时，结合我国的实际情况，对《海牙取证公约》中的外交或领事官员向驻在国国民及第三国国民取证、特派员取证以及“审判前调查程序”等条款予以保留。

另外需要注意的是，我国民事诉讼法对于如何确认域外证据的真实性问题没有规定。但对于从域外寄交的授权委托书，民事诉讼法第242条规定：“在中华人民共和国领域内没有住所的外国人、无国籍人、外国企业和组织委托中华人民共和国律师或者其他人代理诉讼，从中华人民共和国领域外寄交或者托交的授权委托书，应当经所在国公证机关证明，并经中华人民共和国驻该国使领馆认证；或者履行中华人民共和国与该所在国订立的有关条约中规定的证明手续后，才具有效力。”

根据最高人民法院《关于民事诉讼证据的若干规定》第11条，“当事人向人民法院提供的证据系在中华人民共和国领域外形成的，该证据应当经所在国公证机关予以证明，并经中华人民共和国驻该国使领馆予以认证，或者履行中华人民共和国与该所在国订立的有关条约中规定的证明手续。当事人向人民法院提供的证据是在香港、澳门、台湾地区形成的，应当履行相关的证明手续”。第12条规定：“当事人向人民法院提供外文书证或者外文说明资料应当附有中文译本。”

但如果证据所在国与我国没有外交关系，可以参照民事诉讼法第 59 条第 3 款的规定，该证据应经与我国有外交关系的第三国驻该国使领馆认证，再转由我国驻该第三国使领馆认证。

第四节　内地与香港司法文书送达若干具体问题研究

在内地与香港地区的司法协助史上，有两个直接规范司法文书送达的文件，一个是 1988 年广东省高级人民法院与香港最高法院就相互委托送达民商事案件诉讼文书达成的包含七点内容的协议（下称《粤港协议》），对于该协议的内容最高人民法院以批复的形式给予了肯定。另一个是最高人民法院于 1999 年 3 月公布的《关于内地与香港特别行政区法院相互委托送达民商事司法文书的安排》（下称《安排》）。这两个文件的出台对于便利内地与香港当事人的诉讼、平等保护两地当事人的合法权益以及提高两地法院的审判效率起了重要作用。上述两个文件的出台已有一定时间，其适用过程中产生的一些问题已经慢慢显现。本节拟对相关问题进行梳理和探讨，以期抛砖引玉，在理论界和实务界引发更加深入的研究。

一、涉港文书送达历史：演变和基本成型

20 世纪 80 年代以前，由于历史的原因，我国还没有制定民事诉讼法法典，完整的民事诉讼体系也尚未建立。民事案件的审判程序主要是依照中央文件及其精神、最高人民法院单独或者联合其他部门颁布的各类司法文件、中央政府及其各部门的政策、以及实践中形成的审判经验来进行，其中以最高人民法院颁布的司法解释最为重要。以这些司法解释所涉及的内容为标准，可以将这些司法解释分为两类，一类相当于“总则类”，用于指导包括涉港司法文书送达在内的所有涉外司法文书的送达，其内容主要 涉及“涉港澳台”案件的定性、送达中对域外司法权的尊重等；另一类则相当于“分则类”，主要涉及具体的送达方式。这两类司法解释构成了内地涉港文书送达的最主要依据。

（一）“涉港澳台”案件的定性问题

20 世纪 50 年代初，香港等地区被认为属于“国外地区”，这从当时最高人民法院西南分院对最高人民法院的一份请示以及最高人民法院就该

请示的批复中可以看出来。① 在这份请示中，最高人民法院西南分院将香港、南洋群岛等地划归为“国外”，最高人民法院的批复虽未明文肯定这一划分，但也并未另行指出这一划分有不妥之处。直到后来最人民高法院才渐渐意识到涉港澳台地区案件的特殊性。涉及这些地区的诉讼既不同于纯粹的国内诉讼，也不同于跨国诉讼，具有自身独特的性质。在1958年2月的一份批复中，最高人民法院指出，“对于住在香港和澳门的我国同胞不能以华侨看待，如果他们愿意回大陆居住，只需持在港、澳居住的身份证件（如身份证、居住证等），即可向我边防检查机关领取港、澳同胞回乡介绍书，往目的地申报户口。此外无须办理其他手续”。② 在1965年4月15日对安徽省、河南省高级人民法院的一个批复中则明确指出：“香港、台湾不是涉外问题，对于涉及港、台的婚姻案件也就不能作为涉外案件处理……”③ 此后，最高人民法院1984年8月30日《关于贯彻执行〈民事诉讼法（试行）〉若干问题的意见》中，重申了处理涉港澳台案件的这一原则，并进一步指出由于港、澳地区的特殊地位，审理这类案件，可参照民事诉讼法（试行）涉外案件的审理程序和其他有关规定办理。1984年年底，最高人民法院根据《中华人民共和国国籍法》第9条、公安部《关于实施国籍法的内部规定》第7条的规定，及中英之间关于香港问题的联合声明所附的中方备忘录的精神，再次批复上海市高级人民法院，指出“持有港英当局所发‘英国属土公民护照’或澳葡当局所发身份证的……他们在内地人民法院起诉、应诉的民事案件，不能作为涉外案件处理”。④ 后来的一系列司法解释以及正式颁行的民事诉讼法均以此作为处理涉港案件的定性原则。至此，我国对港澳台案件的定性已经完全确立下来：港澳台案件具有“准涉外”性质，在法律适用上不能按照国内案件对待，但也不能完全按照跨国诉讼对待，只能“参照适用”涉外诉

---

① 参见最高人民法院1951年11月14日《关于婚姻案件被告现住国外或台湾待解放地区（指一般人民）无法传讯应如何处理的问题的函复》。

② 最高人民法院1958年2月12日《关于住在香港和澳门的我国同胞不能以华侨看待等问题的批复》。

③ 参见最高人民法院1965年4月15日《关于县一级主要负责干部的民事案件和涉及香港台湾的离婚案件管辖问题的批复》。

④ 最高人民法院1984年12月6日《关于持有港英或澳葡当局所发护照的港、澳同胞在内地人民法院起诉、应诉的民事案件可否作为涉外案件问题的批复》。

讼程序的有关规定，作为诉讼程序重要组成部分的文书送达当然要服从这一定律。事实上，这一演变鲜明地勾勒出我国司法实务界对“区际法律冲突问题”的认识从最初的浑然不知到开始具备朴素的认识，再到有了较深入的理性认识这样一个渐进的过程。由于我国对区际法律冲突问题直到现在仍未系统完整地解决，所以，涉港澳台案件的“准涉外”和法律适用方面“参照适用”的性质仍将持续一段时间。

（二）送达中对域外司法权的尊重

早在20世纪50年代初期，最高人民法院和有关部门即已经确立这样的原则：各级法院凡处理有关外侨案件时，不论刑、民事，均应随时与当地外事部门作必要的联系，处理经过亦应摘要函告当地外事部门。① 到了20世纪50年代中期，因司法实践中发生了地方基层法院直接发信与外国政府联系，甚至直接去函要求外国最高司法机构督促我国国内被告返回原籍答辩等事例，为保持外事的严肃性和政策的统一性，最高法院和有关部门先后发文，进一步强调法院在处理涉外案件时，不可不通过外事机构自行其是，尤其反对地方各级法院与外国政府直接进行联系。② 这体现出我国对审判工作中的涉外事项的高度重视，对外事工作的重视即是对国家之间关系的重视，在司法领域则是对国家间司法主权的重视。相应地，作为涉外案件处理过程中必不可少的文书送达环节，也必须服从这一大的原则。至于涉港案件，如前所述，中央政府和有关部门对其定性问题早已有了明确认识，认为其具有“准涉外”的性质。虽然其间认识上存在变化，但不论怎么变，也从没有将香港视为与内地省、市、自治区无差别的行政区来对待，对香港事务均是比照涉外事务高规格对待。香港回归后这一基本思路也没有发生变化，与涉外送达相关的一系列制度，如法院系统内部所实行的层级转递程序、文书审查制度以及最近开始实行的涉外案件集中管辖制度等，既适用于涉外案件，也适用于涉港案件，这是对香港司法权尊重的最好写照。

---

① 参见最高人民法院1951年8月13日《关于处理外侨案件应随时与当地外事部门联系的通报》。

② 最高人民法院1953年12月4日《关于法院不得与外国政府直接联系的通报》、司法部1957年5月21日《关于各级人民法院不应直接与外国政府或法院联系处理诉讼案件的通知》。

（三）涉外和涉港文书送达的具体途径和方式

1. 域内送达与域外送达

包括涉港文书送达在内的诸多涉外送达方式中，公告送达、对外方当事人在国内的诉讼代理人的送达以及对在我国境内设有代表机构或者有权接受送达的分支机构、业务代办人的送达等几类方式，有着以下共同的特点：第一，意思方面，送达的进行和完成可以完全取决于送达法院的单方意思；第二，场所方面，所有行为的完成和结束均可以控制在送达法院所在国领域内。因此，如果不考虑实际效果，即使一国与他国不存在任何条约关系或互惠实践，为便于其本国涉外民事诉讼程序的展开和结束，一国仍可以自行规定上述送达途径和方式而无需顾及他国的意志。由于这一类送达既无需穿越他国领土，也无需借助他国人员或机构的协助，而且效力仅局限于送达国领域内，因此这些方式可以被归类为域内送达方式。相比较而言，如果一国送达意思的表示（如在他国登报公告送达司法文书）和送达行为其效果将及于其他国家或地区的属地，不论其原因是送达国擅自的行为使然，还是其他国家或地区有关部门的协助行为使然，都可以被称为域外送达，邮寄送达、委托受送达国有关机构送达以及司法人员亲赴他国进行送达等，都属于域外送达方式。由于域外送达不可避免地要穿越他国的领土，有时还要借助他国的机构和人员，因此，出于对他国主权的尊重，各国一般采取相互委托送达的方式。在我国对香港地区送达的历史中，域内送达的各种方式，如公告送达等很早就被最高人民法院和有关部门所肯定，尤其是公告送达，其最早的依据甚至可以追溯到 1937 年，①而其他域内送达方式，如对外方当事人在国内的诉讼代理人进行送达、对在我国境内设有代表机构或者有权接受送达的分支机构、业务代办人进行送达等，在 20 世纪 70 年代末到 90 年代初才逐渐被确定下来，这些方式至今在对涉港文书的送达中仍发挥着重要作用。由于域内送达完全是以国内法规定为依据，讨论这些方式对于研究和了解两地间司法协助的动态发展没有多大实际意义，因此，下面仅就涉港文书送达实践中存在过的域外送达方式进行讨论。

2. 涉港送达中的域外送达方式

① 参见最高人民法院 1951 年 11 月 14 日《关于婚姻案件被告现住国外或台湾待解放地区（指一般人民）无法传讯应如何处理的问题的函复》。

（1）邮寄送达

从最高人民法院早期的有关批复来看，在20世纪50年代，法院通过邮寄方式直接对外联系的情况还不鲜见，由于法院直接与外国政府或法院联系关涉到司法主权的问题，所以最高人民法院和司法部的几个复函明文禁止了这一做法。但是，对于法院直接通过邮寄方式向国外或港澳地区送达文书，最高人民法院的态度似乎有一个变化过程：最初最高人民法院是不同意法院直接将文书邮寄给包括港方在内的涉外当事人的，这一点从1954年7月最高人民法院与中央人民政府华侨事务委员会意见分歧一事可以得知。①然而在1954年年底，在对浙江省高级人民法院的一份复函中最高人民法院的态度似乎发生了变化：指出"如原告已知被告在港澳的地址，法院各种文件可利用邮递通知被告"，②首次对涉外文书邮寄送达方式予以肯定。在1956年7月对湖北省高级人民法院的一份复函中，最高法院进一步明确了邮寄送达的具体操作细则，"在邮寄时，可勿用印有法院名义的信封，只须在信封上写明法院的地址、门牌号码和主办人的姓名"，③当年年底最高人民法院对山东省牟平县人民法院的一份函则完全重复了对湖北省高级人民法院所作批复的内容。1963年2月最高人民法院对河南省高级人民法院的批复更加开门见山，将"可以将离婚判决直接寄给在香港的当事人"作为批复行文的标题。④至少到1987年底，最高人民法院仍对邮寄送达以司法解释的形式明确予以肯定：对于在香港、澳门地区的当事人，法院送达诉讼文书，可以用双挂号邮寄送达。⑤因此，在相当长的一段时间内，内地法院对涉港司法文书以邮寄方式进行送达，便是以这些司法文件为依据。2001年12月28日最高人民法院清

---

① 参见最高人民法院1954年7月27日《关于华侨离婚处理手续问题的复函》。

② 参见最高人民法院1954年12月30日《关于配偶一方居住内地一方居住港澳婚姻问题的处理意见的复函》。

③ 参见最高人民法院1956年7月21日《最高人民法院关于一方居住内地一方居住港澳的离婚应如何处理问题的复函》。

④ 最高人民法院关于1963年2月25日《离婚判决可以直接寄给在香港的当事人的批复》。

⑤ 参见最高人民法院1987年10月19日《关于审理涉港澳经济纠纷案件若干问题的解答》。

理旧有司法解释时，明文废止了1963年2月的批复。①

（2）外交送达方式

1973年我国与英国政府正式建立外交关系，但1997年以前，由于我国尚未对香港恢复行使主权，大陆与香港两地之间的诸多事宜具有国际性，因而这一阶段文书的协助送达可以按照国与国之间的方式进行。其时我国虽与英国存在外交关系，但两国既未共同参加任何有关司法协助的国际公约，也未签署任何双边民商事司法协助条约，因此，如果内地或香港存在文书协助送达的需求，可以互惠为基础，通过外交途径来进行。香港回归之后，内地与香港的关系发生了根本性变化，适用外交送达的环境已经发生变化，故而不适宜再沿用这一方式。

（3）委托送达方式

依委托送达方式进行送达的依据包括三个法律文件，一是1988年的《粤港协议》，该协议为两地司法机构间相互直接委托代为送达司法文书这一新的送达模式作了规定。二是1965年《海牙送达公约》。因该公约已分别于1969年2月和1970年7月对英国和香港地区生效，所以当我国于1991年加入公约，公约于1992年对我国生效时，我国与英国及香港地区便共同成为《海牙送达公约》的成员，相互间司法文书及司法外文书的送达可以依照公约的规定，相互之间委托各自指定的中央机关和主管机关进行送达。由于公约系适用于主权国家之间的法律文件，因此，其不再适宜在内地与香港两地间适用。三是1999年《安排》。《安排》是香港回归以后，内地和香港代表经过近两年的协商、探索和讨论后的成果在内地的表现形式，是内地最高司法机关与香港特别行政区代表协商一致的结果，双方商定的内容除了某些操作性条款与《粤港协议》存在不同外，基本上是重复了《粤港协议》的模式和基本内容，该文件就内地与香港之间的民商事诉讼文书送达作了规定。

至此，内地与香港两地间司法文书的域外送达制度，从案件的定性到送达执行过程中的基本原则，早期一系列的司法解释和司法实践已经基本确立。《安排》对于具体的协作模式操作条款进一步作了比较明确的规定，它的出台，标志着我国区际司法协助方式的重大突破，在理论和实践

---

① 参见2001年12月28日《最高人民法院予以废止的2000年底以前发布的有关司法解释目录（第四批）》。

上都有着重要意义。

二、与《安排》有关的几个具体问题

（一）《安排》的性质

通过协商的方式来解决内地与香港之间的司法协助问题，是基本法第95条所规定的解决司法协助问题的模式。两地司法机构以此为据，经过平等协商，就文书送达问题达成了一定共识，并在立法技术上采取分别立法的模式，于各自的法域内以不同的形式将这种共识反映出来。内地的成果便是《安排》。《安排》是最高人民法院以司法解释的形式出台的，根据内地司法实践的传统，司法解释属于有权解释，是法的渊源的一部分，对于司法机关处理相关案件具有直接的约束力。在香港，委托送达的有关规定被吸收进了《香港高等法院规则》，也成为香港地区成文法渊源的一部分。但是，从表面形式看，关于两地间的文书委托送达，内地与香港不存在任何经双方代表正式签署并对外公开的协作文本。目前两地间的委托送达模式之所以能够顺利运作，全赖于内地与香港就委托送达问题确实有过一个平等协商的过程，而且协商的结果双方都已经接受，并各自在立法或者准立法层面作了规定。

但是，不论是《安排》还是《香港高等法院规则》，从效力来看，其只是各自法域内的内部法律文件，不能超越法域适用于对方，如果一方不接受委托，也只是对域内依据的违反，不存在违约或违反协定，更谈不上责任的承担。虽然两地间确实有过一个协商过程，但毕竟双方没有形成正式的、能约束双方的法律文本。也许会有人认为对该问题可以从国际条约在国内法的转化这一角度来理解，其间也的确存在一个转化的问题，但是应当注意到，将国际条约的内容转化成国内立法条文，一定是国际条约约文存在在先，转化过程在后。转化开始之前，正式的条约约文已经正式签署和对外公布，而目前的协作模式恰恰不存在这样一个正式“约文”。因此，从表现形式来看，目前的委托送达模式仍然只是一种基于双方同意的互惠模式，而不是类似于国际间的“条约模式”。双方协商过程中的文字记录材料，充其量只是两地法院之间的一种备忘录，并不可以作为正式的约文。

所以，就目前状况而言，缺少有效和系统的正式法律依据，没有综合整体的合作机制及法例，仍是困扰和制约两地间司法协作深入广泛开展的根本原因。制定适用于两地间的统一的区际冲突规则，或者两地间代表另外采取其他的方式对送达问题作出规定，才是最终有效的解决办法。

(二)《安排》是否已代替早期的相关司法解释

如前所述，自20世纪五六十年代起，最高法院就针对涉港文书送达问题发布过一系列司法解释，后来的《粤港协议》，最高人民法院也以司法解释的形式明确给予肯定。1999年《安排》出台后，包括《粤港协议》在内的司法解释中有很大一部分并没有被最高人民法院明文废止，至少对于司法实践而言，其仍然属于法的渊源的一部分。这批先前的司法解释的效力到底如何？是无效还是有效？如果无效，是部分无效还是全部无效？如果有效，其与《安排》的关系如何？讨论这些问题并非庸人自扰。《安排》与早期相关司法解释的关系问题，涉及内地法院涉港文书送达依据的确定，进而涉及具体域外送达方式的确定。如果不同的司法文件所确定的送达方式不同甚至相互冲突，将会给司法实践带来不必要的混乱。

1. 邮寄送达类司法解释的存废

如前所述，邮寄送达在很长时间内一直是内地对涉港司法文书送达的重要方式，最高人民法院对此发布了一系列的司法解释。最高人民法院后来在清理废止的司法文件时，只有1963年2月25日发布的一个司法解释被明文废止，理由是其已被《安排》所代替。那么，其他一些司法解释，其效力到底如何？既然找不到明确答案，那么“有效说”和“无效说”都可以找到充分的理由进行辩论。“有效说”的理由包括：第一，在全国人大法工委、国务院法制办、最高人民法院、最高人民检察院和国家信息中心共同开发和公布的国家法规数据库中，另外两个司法解释仍处于有效期之内。第二，最高法院开展的司法解释清理活动，是一项严肃而重要的司法活动，对于司法实际部门而言，其甚至带有“法”的编撰的意味。既然最高人民法院只明文废止了其中一种，就不能想当然地认为其他两种也已经被废止。第三，即使是《安排》，也同样属于最高人民法院的司法解释，与先前的司法解释在表现形式上并无二样，效力等级相当。第四，从许多司法解释的结构来看，如果最高人民法院不认可先前的解释，在解释的尾部会作出明确交代，如“与本司法解释不一致的，以本司法解释为准”等，而《安排》的尾部并没有作出这样的交代。第五，被废止的那个司法解释只涉及离婚判决的邮寄送达问题，而婚姻诉讼案件中的其他司法文书如传票、各类通知书等不被包括在内。即使邮寄送达方式被废止，废止的范围也仅仅及于邮寄送达离婚判决这一种情形。如果将文意发挥到极致，甚至连不准离婚的判决，其送达都仍可以邮寄方式进行。结合这两个司法解释的实际情况，这两种原因都不存在，所以，从形式上看，另两个司法解释仍处于有效期内，内地法院仍然可以其为依据进行邮寄送达。

但是，反对另两个司法解释继续有效的理由同样有力：第一，这三个司法解释规范的都是婚姻类案件，既然离婚判决已经不可以直接寄给在香港的当事人，那么，只需要作一合理推论，就可以得知，至少与婚姻类案件有关的所有司法文书，均不得再行寄送。第二，既然最高人民法院废止该司法解释的理由是其已被《安排》所代替，那么，同样只需作一个合理推论，便可知邮寄送达方式作为涉港文书送达方式的一种，已经被全部废止。第三，虽然这些司法解释不是立法意义上的法律，但“后法优于前法”的原则可以比照适用于该问题。根据这一原则，《安排》不仅代替了邮寄送达方式，甚至代替了所有其他的域外送达方式，委托送达是两地间唯一正式、合法、有效的方式。

2. 《粤港协议》的存废

《粤港协议》和《安排》，都是内地有关司法机关与香港有关部门经过平等协商取得一致意见后所形成的司法文件，都是对委托送达方式予以规范。可以说，从形式到内容，《粤港协议》大多被《安排》所复制。《粤港协议》的出台较《安排》早10多年，但目前《粤港协议》并未被明文废止。随之而来的问题是：《粤港协议》是否仍然有效？同上述有关邮寄送达类司法解释存废的争论一样，上述理由中的很大一部分正方和反方可以照搬作为论据。此外，另一个司法解释的搅和，使得《粤港协议》和《安排》的关系变得相对复杂。1995年1月28日，最高人民法院针对个别地方法院与国外地方司法机关签订司法协助协议的现象发布通知，认为司法协助事关国家司法主权，依据我国《缔结条约程法》的有关规定，与外国谈判缔结司法协助协定只能以国家或政府的名义，或者经国家或政府授权的机关对外签署，并须报请国务院审核后，提交全国人大常委会决定批准。据此，地方法院无权与国外签订司法协助协议，已签订的应立即终止执行，并向对方说明情况。① 司法实践中很多人认为，根据这一司法解释，《粤港协议》已告失效。因为：第一，从主体上看《粤港协议》的国内主体是广东高级人民法院这一地方法院；第二，从内容上看，《粤港协议》所包含的正是司法协助内容；第三，不论该地方法院所签订的司法协助协议事先是否得到了最高人民法院的同意，但至少没有得到有关部门的授权，没有经过国务院的审核和全国人大的批准程序。据此，《粤港协议》在国内应立即终止执行，并向香港方说明情况。

笔者认为，仅根据该通知的内容并不能得出《粤港协议》已经失效的结论。第一，从形式上看，前述法规库中表明其仍属于有效的司法解释。第二，从内容上看，通知的题头显示：最高人民法院禁止的是与国外地方法院部门签订协议。当然，在香港回归以前，我国尚未恢复对其行使主权，香港地区仍处于英国政府的实际控制之下。但是，如前所述，对于香港的国际定位，从最高人民法院早期作出的一系列批复，到后来两个民事诉讼法适用意见，直至目前的一系列司法解释，可以看出我国对于香港的国际定位一直是非常明确的，即香港的问题不是涉外问题，香港的案件不是涉外案件，因此，香港的法院也就不应被理解为国外的地方法院。这一定位一直到现在仍然有效。第三，比照条约法的一般原理，旧约被废止的原因多种多样，② 其中与本讨论相关的原因是，首先，《粤港协议》是否包含有《安排》所不能相容的内容；其次，从《安排》的内容是否可明显推知有关委托送达事项的规范应以其为准。对于第一个原因，答案显然是否定的，因为《安排》的内容几乎是复制于《粤港协议》，某些内容如联系和协商机关、文书的翻译等虽有不同，但这些不同不至于达到使两者不相容的程度；至于第二个原因，似乎颇能支持《粤港协议》失效论，但该理由仍存在明显的硬伤，实际参与两文件讨论过程的主体完全不同；两文件中的不同规定也未见任何交代。

3. 司法解释的形成应当严谨而规范

虽然《安排》与其他司法解释关系的不清，已经给司法实践带来了

① 最高人民法院 1995 年 1 月 28 日《关于终止地方法院与国外地方法院司法部门司法协助协议的通知》。

② 具体原因可参见李浩培著：《条约法概论》，法律出版社 2003 年版，第 419 ~476 页；万鄂湘等著：《国际条约法》，武汉大学出版社 1998 年版，第 333 ~346 页。

理解上的困难。当然，不可否认的是，从实际效果上看，因《安排》的出台，《粤港协议》的使命已告完成，其存在的现实意义已经不大。但笔者对上述问题进行讨论的主要目的并不在于对目前可资适用的域外送达方式刨根问底，甚至不在于弄清先前的司法解释在形式上是否还有效，而在于指出这样一种现象：司法解释的数量过滥，体系过于杂乱，其内容和效力暧昧甚至矛盾之处几乎随处可见，急需进一步全面清理和完善。事实上，上述问题的解决并不需要高深的理论功底，也不需要复杂的立法技术，也许只需要一点耐心和仔细。当然，即使给予足够的时间和精力，也不可能完全消除这些暧昧和矛盾之处，毕竟纸面规则的致命障碍在于无法穷尽现实中的一切问题，矛盾、暧昧的存在及由此而生的解释、争论必定与之随身相伴，但如果某规则可供争论之处数量过多，争论点过于明显，如果某规则的存废与否还需要经过一系列的历史考证和学理推论，那只能表明这是一条失败的规则，至少是一条极不严谨的规则。失败的或者不严谨的地方过多，规则也就失去了其存在的意义。在我国，司法解释属于有权解释，立法和司法的历史传统使得司法解释在司法实践中占据相当重要的地位，涉港文书送达因其跨法域的特性，具有"准涉外"性质，对相关问题的解释更应当慎之又慎。如果有关规定在国内都能引起很大的争论，那么对于域外的当事人而言，这样的规定因其理解存在过多的不确定性，几乎可以视为无物，这无疑无助于提高和维护我国的司法形象。

(三)《安排》是否排斥其他域外送达方式

1. 委托的具体方式

比较《粤港协议》和《安排》可知，在委托的具体方式上，前者规定的是采用双挂号邮寄方法进行委托，而后者对于委托的具体方式则未予明确。那么，《安排》中规定的委托是否包括除邮寄之外其他形式的委托？司法实践中已经出现这样的实例：因一审对港方当事人采用公告送达方式，已经耗费相当时间，二审中当事人甚至来不及等待所送文件在邮途的时间——按照一般规律，这一过程至少需要一个多月时间——请求法院尽可能将送达时间缩短。于是，若同意当事人的请求，问题便产生了：法院工作人员能否亲自赴港，当面委托香港高等法院工作人员送达相关文书？如果能够采取这一方式，其有利之处在于：首先，效率得到提高；其次，送达这一司法行为的主动权仍为司法人员所掌握；再次，对港方司法机构也不失尊重。但同时也会带来一些实际问题：第一，司法人员身份特殊，有引起其他麻烦的可能；第二，司法人员实际上仅仅扮演着一个特快专递员的角色，而因此产生的费用与所起的实际作用却是不成比例的。如果将有关文书连同委托书一道密封之后交由当事人，由当事人赴港面交香港高等法院（根据香港的送达规则，当事人既可以自行完成送达，也可以由法院进行送达），效率提高自不待言，唯一的问题是，送达这一在内地具有强烈司法性质的行为，至少在当事人的旅途中是不为法院所掌握的，存在当事人涂改法院文件的可能性。需要说明的是，港方具体执行人员对这两种方式口头上都是同意的，但是在内地，这两种方式都被否决。依笔者看来，既然《安排》并未禁止当面委托这一具体的委托方式，而且港方亦同意这一操作步骤，何况港方并不特别强调送达行为的司法性质，所以，当面委托形式应该是可以利用的，但应该遵循两条原则：第一，确实是因案件审理的需要；第二，应当事先得到港方的同意，以免一时大量内地司法人员集中入港而引起不必要的误会，亦有利于港方进行具体工作的安排。

2. 其他灰色送达方式

在内地司法实践中，还存在一些其他的送达方式，如司法人员以探亲、旅游等名义，隐瞒身份亲自赴港送达、委托亲友赴港送达、委托香港本地律师送达等。这些方式在国内找不到任何依据，香港方也未明确表示反对或许可，因此可以称之为灰色送达方式。笔者认为，既然《安排》已经出台，司法人员亲自赴港直接向港方当事人送达应属不妥，司法人员即使赴港，也应事先征求香港有关司法机构的同意，送达行为还是应交由香港高等法院完成为妥。至于当事人或者其代理人赴港送达，因香港本地允许这一送达方式，内地法院也应该持宽松态度，对不涉及实体权益的一般程序性司法文书，如传票、合议庭组成通知、应诉通知等，可交由当事人完成。而对涉及实体权益的文书如判决书、强制执行通知书等，送达则不宜由当事人进行，必须由法院掌握。

三、行政诉讼中的司法文书送达

考察内地与香港司法文书送达依据的演变历史，可以发现不论是全国人大颁布施行的民事诉讼法（试行）和民事诉讼法、行政诉讼法以及最高人民法院发布的所有司法文件，都找不到关于行政诉讼中涉外司法文书送达的规定。基于两地司法机构协商一致而形成的《粤港协议》和《安排》虽是专门用于解决两地间司法文书的送达，其内容也只是涉及我国诉讼体系中的民商事诉讼领域。之所以形成这一局面，既有国内法方面的原因，也有香港法律传统方面的原因。就国内原因而言，与行政法和行政诉讼比较发达的德国、法国等国相比，我国的行政法和行政诉讼起步比较晚，发展水平还不高。我国直到1989年才颁布行政诉讼法，该法颁布施行后很长一段时间得不到重视，这从客观上造成了包括涉港在内的涉外行政诉讼不活跃，因而导致由行政诉讼而引发的涉外文书送达问题得不到重视。就香港法律传统而言，因其法律是在英国长期占领过程中逐渐形成的，英国法律传统对香港法治的影响是非常深远的。而英美等普通法系国家的行政法体系并不完善，行政诉讼也不如大陆法系很多国家发达，这些传统不可能不对香港的行政诉讼产生影响。① 目前香港针对政府的诉讼除了在普通法院进行外，更多的是在近20多年来建立的行政裁判所进行，其裁判程序及各方面与大陆法系所理解的行政诉讼法存在较大差异。因此，对于与行政诉讼有关的问题，对香港而言并不存在进行进一步深入探讨的紧迫感，这两方面的原因使得行政诉讼中的文书送达问题很难得到重视。

但是，问题不被重视并不表示问题不会发生。随着内地开放程度越来越高，各地招商引资力度越来越大，香港地区的当事人在内地的投资、贸易等活动已经非常活跃而且必将更加深入，这就客观上为香港地区的当事人与内地行政机关发生纠纷提供了可能。在行政诉讼制度层面，第一，从渊源上看，行政诉讼法系脱胎于民事诉讼法，许多在行政诉讼法中未予规定的制度，都可以参照民事诉讼法的相关规定，所以，民事诉讼中的涉外送达问题不可能不在行政诉讼中发生。第二，民商事诉讼案件与行政诉讼案件的区别并不是不可逾越。就诉讼技巧而言，当事人可以通过一定的策略将民商事案件演变成行政诉讼案件。例如，某股东提起的关于要求恢复其董事长位置的民事诉讼中，不论诉讼的结果如何，该股东完全可以就变

① 在笔者查询介绍香港法的一些资料中，没有一本提及香港的行政诉讼。参见赵秉志主编：《香港法律制度》，中国人民公安大学出版社1997年版；李启欣主编：《香港法教程》，中山大学出版社1991年版。虽然有学者认为香港的行政法内容非常丰富，但这纯粹是从大陆法系法律部门角度所作的观察。参见杨海坤：《对香港行政法的观察与思考》，载《行政法学研究》1996年第1期，第28～34页。

更董事长一事先起诉工商行政管理机关，通过该诉讼来为即将提起的民事诉讼服务。第三，最高人民法院《关于执行〈中华人民共和国行政诉讼法〉若干问题的解释》第15条所作的规定，为港方当事人提起诉讼提供了直接依据。① 第四，正在进行的行政诉讼，如果法院依职权追加或者当事人申请追加当事人的，被追加进来的当事人如果是港方当事人，其将成为行政诉讼中的第三人。对于该被追加的当事人，也存在司法文书的送达问题。

内地司法实践中已经发生了这样的行政诉讼案件。内地某公司对某工商行政管理局变更法定代表人的具体行政行为不服而对其提起行政诉讼，法院依职权追加香港某当事人为第三人。对涉港当事人的文书送达便成了法院不可回避的程序性问题，由于《安排》的规定不涉及行政诉讼司法文书，因此，内地法院只能以尝试的态度委托港方送达。最终结果是，香港高等法院接受委托，无条件进行了送达。

问题的焦点在于，既然香港高等法院在实际操作中已经先行单方面作出了施惠行为，如果香港当事人在香港提起的以内地某行政机关为被告的行政诉讼案件，香港高等法院予以受理，而后委托内地法院送达有关文书，内地法院该如何处理？从形式上看，内地有着较为严格的制定法传统，《安排》对案件性质和送达文书的范围已经作了非常明确的规定，接受委托即意味着对《安排》规定甚至国家安全的违反，如果不接受委托，香港高等法院可能以其先行作出的协助送达行为作为条件，要求内地法院协助予以送达。如果强行拒绝，极可能使两地间的协作精神受到损害。因此，对该问题不应等闲视之。

对该问题的处理从程序、参与处理的主体到处理的结果，不外乎有如下几种情况：从处理程序上看，要么及时发文予以规范，要么先听任实践的发展，到双方的送达达到一定数量，问题已经带有一定普遍性后再考虑具体的解决方案；参与处理该问题的主体，要么与香港高等法院共同协商，要么自行单方发文；从内容来看，要么禁止内地法院就行政诉讼案件委托香港高等法院送达相关司法文书，要么回应香港司法机构已经作出的

① 该条规定，联营企业、中外合资或者合作企业的联营、合资、合作各方，认为联营、合资、合作企业权益或者自己一方合法权益受具体行政行为侵害的，均可以自己的名义提起诉讼。

单惠举动，单方发文准许内地法院接受香港高等法院的委托。依笔者看来：出于对香港司法权的尊重，以及对《安排》的慎重，应通过一定途径，及时启动双方协商程序；在处理结果上，香港方既然已经作出单惠举动，说明香港方对这一问题并非如许多大陆法系国家那样，强调行政诉讼与民商事诉讼在性质上的不同，何况香港法例和司法实践对送达行为的理解也不同于大陆法系国家，不刻意强调其“公法”性质，因此，对这一问题的处理，主要取决于内地的态度。首先可以肯定的是，香港回归后香港与中央政府的关系是中央政府与中央政府管辖下的特别行政区的问题，与主权问题丝毫无关，这也正是在内地与香港同为 1965 年《海牙送达公约》成员的情况下仍就两地司法文书送达问题另行订立《安排》的根本原因所在，因此，在涉港行政诉讼案件中，不论诉讼的发生是在内地还是香港，内地行政机关在诉讼中的诉讼地位及其对相关权利义务的享有和承担等问题，与主权豁免问题无关，充其量只是一个区际行政、区际司法的问题。随着改革开放的日益深入和广泛，两地间的经济、文化交往和融合也随之日益加强，这必将对两地的政治、法律等制度和观念等产生影响，从长远来看，为进一步加强两地民商事交往的发展，促进两地间在更深更高层次的交流与合作，可以考虑对内地法院接受委托予以肯定，代为一定送达行为。①

四、结语：送达制度的进一步完善任重而道远

在香港回归以前，在文书协助送达领域，两地间尚可以依外交方式或者依据 1965 年《海牙送达公约》相互委托送达司法外文书，而《安排》所规定的送达只涉及司法文书，司法外文书并未被包括在内。另外，对于案件类型，《安排》所涵盖的对象仅仅是民商事司法文书，对于内地大量的行政诉讼案件司法文书，《安排》还无暇顾及。而且，相对于整个司法协助领域而言，更为重要的领域——判决的承认与执行以及相互委托代为

---

① 2004 年 7 月 20 日，最高人民法院办公厅发布了《关于向外国送达涉外行政案件司法文书的通知》，但该通知仍然存在局限：第一，该通知以 1965 年《海牙送达公约》为基础，用于规范国家与国家之间的协助送达，并不能适用于香港；第二，就通知名称和主文表述中所显示的初衷而言，只单向涉及请求外国协助送达的问题，而对于香港和其他国家请求我国协助送达的问题，不能明确看出可以适用。

调查等事项,《安排》更是力不从心。因此，还不能认为《安排》的出台已经解决了两地间司法协助的主要问题，相反,《安排》的出台只是这一工作的开始。因香港地位的特殊性及其与内地法律传统的迥异,《安排》的出台表明两地间的文书送达已经具备初步的协作机制。但是应当看到，在内地,《安排》的出现形式还只是层级较低的一个司法解释，对于两地而言，其充其量是一份备忘录在两地司法机关之间的转化。关于司法文书送达，系统和完善的法律根据尚未形成，正式的协作机制也还没有正式设立。这些还有待两地司法工作人员和学者共同参与，以创新、务实的精神，通过平等协商的方式认真加以解决。

第九章　域外法院裁决的承认与执行

第一节　域外法院裁决承认与执行的法律依据

在当今国际社会中，主权原则是处理国家关系的一项基本原则。根据这一原则，各国主权一律平等。因此，一国法律只能在其领域内发生效力，而不能在外国发生效力。一国法院只能在其领域内行使管辖权，而不能将管辖权延伸到外国。如果仅就这一点，从裁决国的角度看，不存在他国承认与执行其裁决的问题；从承认与执行国的角度看，亦不存在对域外法院裁决的承认与执行问题。但是，随着近代以来世界各国经济、文化、政治、外交等各方面交往的频繁和深入，一国法院裁决在他国的承认与执行被提到了国际关系中来。因为，各国都看到，承认与执行域外法院裁决与各国的经济、政治等重大利益有着不可分的关系。于是，就出现了规范两个国家双边国际民事的司法协助条约。后来，又陆续出现了区域性乃至全球性的多边国际公约。

一、国际公约

涉及国际民事诉讼的全球性公约主要有海牙国际私法会议制定的公约。海牙国际私法会议于 1896 年制定了《国际民事诉讼程序公约》。这是一部综合性国际民事司法协助公约。此公约经 1905 年和 1954 年的修订，至今仍然有效。随后，海牙国际私法会议还制定了一系列涉及国际民事诉讼方面的公约。不过，涉及本章内容的仅一件，即《关于承认与执行外国民事或商事判决的公约》。此公约缔约国很少，至今为荷兰、葡萄牙和塞浦路斯三国。

另外，海牙国际私法会议先后就一些专门事项作出了规范性的法律文件供各主权国参加或批准，例如 1958 年的《对未成年人抚养义务判决的承认和执行公约》、1965年的《收养方面管辖权、法律适用和判决执行公约》、1973年的《承认和执行抚养义务判决的公约》。其中都涉及对域外法院裁决承认与执行的内容。

1969年11月29日签订于布鲁塞尔的《国际油污损害民事责任公约》(我国于1980年4月29日加入) 第9条至第11条规定：如已在一个或若干个缔约国领土（包括领海）内发生油污损害事件，或已在上述领土(包括领海) 内采取防止或减轻油污损害的预防措施，赔偿诉讼便只能向上述的一个或若干个缔约国法院提出。关于任何上述诉讼的适当通知，均应送交被告人。每一缔约国都应保证它的法院具有处理上述赔偿诉讼的必要管辖权。在按照该公约第5条规定设立基金之后，基金所在国的法院可以独自决定有关基金分摊和分配的一切事项。上述管辖权的法院所作的任何判决，如可在原判决国实施而不再需通常的复审手续时，除下列情况外，应为各缔约国所承认：（1）判决是以欺骗取得；（2）未给被告人以适当的通知和陈述其立场的公正机会。按上述规定确认的判决，一经履行各缔约国所规定的各项手续之后，便应在各缔约国立即实施。在各项手续中不得允许重提该案的是非。本公约各项规定，不适用于军舰或其他为国家所有或经营的，在当时仅用于政府的非商业性服务的船舶。关于为一缔约国所有而用于商业的船舶，每一国家都应接受上述规定的管辖权范围内的控告，并放弃一切以主权国地位为根据的抗辩。

该公约1984年5月25日签署了《修正1969年国际油污损害民事责任公约的1984年议定书》，我国于1986年8月31日加入。据此，任何一个缔约国有管辖权的法院就油污损害赔偿作出的民事判决，只要是已生效的（“在原判决国实施而不再需通常的复审手续”）和不是以欺骗取得，已给被告以适当的通知和陈述其立场的公正机会的，则应为各缔约国承认，一经履行各缔约国所规定的各项手续之后，便应在各缔约国立即实施(即执行)。

区域性公约至今有美洲国家组织于1928年2月制定的《布斯塔曼特法典》，即第6届泛美会议于古巴首都哈瓦那通过的《国际私法法典》，因哈瓦那大学国际私法教授A. S. de布斯塔曼特作为起草主持人而得名。该法典于1928年11月25日生效。缔约国有15个：玻利维亚、巴西、智利、哥斯达黎加、古巴、多米尼加、厄瓜多尔、危地马拉、海地、洪都拉斯、尼加拉瓜、巴拿马、秘鲁、萨尔瓦多、委内瑞拉。该法典规定缔约国法院的判决，在符合下列条件时可在其他缔约国发生效力并执行：（1）依本法典的规定作出判决的法院有管辖权；（2）当事人或其法定代理人经传唤就审；（3）判决与执行地国的公共政策或公法不相抵触；（4）判决在其作出的国家为可以执行的判决；（5）判决经执行国公务人员或译员准确译出；（6）判决书符合寄出地国关于公证文书的要求及执行地国关于认证的要求。执行判决的程序按执行国法律的规定。① 美洲国家1984年制定了《在国际范围外国判决域外效力和管辖权公约》。区域性公约还有欧共体1968年制定的《民商事管辖权和判决执行公约》。其后，1988年欧共体又制定了关于管辖权和判决的承认与执行的洛迦诺公约。

二、双边条约

双边条约亦属国际条约之一种。涉及对域外法院裁决承认与执行的国际民事司法协助的条约在世界上很多。我国在1978年实行对外开放政策以来，于1987年5月4日与法国签署的《关于民事、商事司法协助的协定》是我国与外国签署这方面的第一个双边协定。自此以后至2002年8月，我国已签署这类协定38个②，其中，涉及域外法院裁决的承认和执行的有26个。这些国家是：法国、波兰、蒙古、罗马尼亚、意大利、西班牙、俄罗斯、土耳其、乌克兰、古巴、白俄罗斯、哈萨克斯坦、埃及、保加利亚、希腊、塞浦路斯、匈牙利、摩洛哥、吉尔吉斯斯坦、塔吉克斯坦、乌兹别克斯坦、越南、老挝、突尼斯、立陶宛、阿根廷。余者或仅规定刑事司法协助（如美国、加拿大、菲律宾、印度尼西亚等），或仅规定对仲裁裁决的承认和执行（如比利时、泰国、新加坡等），或仅规定移管被判刑人（如乌克兰）。

三、国内立法

在当今国际社会中，除了国际公约和双边条约外，各国关于国际民事司法协助的立法也是域外法院裁决的承认与执行的法律依据。从各国的立

① 《中国大百科全书（法学卷）》，中国大百科全书出版社1984年版，第30～32页。

② 参阅全国人大常委会法制工作委员会审定，肖扬主编：《中华人民共和国法库》（第15卷），人民法院出版社2002年版，第11267～11466页。

法来看，有的将这类规范规定在民事诉讼法中，如意大利、匈牙利、波兰等。有的将这类规范规定在统一的国际私法法典中，如瑞士、阿根廷、土耳其等。有的则就国际民事司法协助制定单行法律。如英国于1933年制定的《外国判决（相互执行）法》。另外，在普通法系国家，这类规范还散见于其法院判例中。

在我国，这类规范在民事诉讼法中有之，在海事诉讼特别程序中亦有之。另外，最高人民法院的司法解释和有关规定，亦为我国法院办理域外法院裁决承认与执行案件的法律依据。这方面的情况下文详述。

四、互惠

条约或互惠关系的存在是民事司法协助的依据。在国际民事诉讼中，在有关国家之间不存在民事司法协助条约或协定的情况下，如果在有关国家之间存在一种谅解：其中提供协助的一方今后在同类的民事案件中也将会得到另一方给予的类似的协助。这种状况即为互惠。在实践中，大多数国家是通过外交途径以国家或政府的名义承诺互惠。不过在美国，是由具体提出请求的法院在通过外交途径转交的请求书中承诺互惠。它仅表示提出请求的某法院与被请求国具体执行请求的法院之间的一种互惠，不涉及两国境内其他法院之间的协助。美国国务院为了消除各国的疑虑，曾于1976年照会各国驻美使团，表示“美国国务院的基本考虑是，在互惠条件下和在美国法律规定的限制范围内，通过与外国司法机关之间的卓有成效的合作来推动执法”。如果有关外国接受了美国的提议，即可理解为美国与有关外国之间的一种互惠承诺①。

在英国，对域外法院裁决的承认与执行同时存在平行的两种制度。一是普通法制度，一是成文法制度。由于前者与互惠无关，这里不说了。下面介绍其成文法制度。

根据英国1920年《司法条例》的规定，在英国与英联邦国家或地区之间有一项相互承认与执行判决安排的前提下，在对某个英联邦国家或地区需要适用《司法条例》以承认与执行域外法院裁决时，还需要由英国女王确信该国家或该地区就执行英国判例事宜已作出了规定，并由英国枢

---

① 参见徐宏：《国际民事司法协助》，武汉大学出版社1996年版，第37～39页。

密院颁布枢密院令。在这些条件均成立后，当事人即可根据《司法条例》的规定，向英国法院申请对该域外法院裁决进行登记。

英国于1933年又颁布了《外国判决（相互执行）法》。此法适用于与英国签订了民事司法协助条约的国家。不过，该法亦保留对英联邦国家的适用以逐渐取代上述《司法条例》的规定。根据《外国判决（相互执行）法》第13条第1款的规定，对于需在英国得到承认与执行的域外法院裁决，要求有"实质性互惠待遇"，并需英国女王确信英国判例能在对方国家得到对等的待遇时才通过英国枢密院令的形式认可此法适用于该外国，从而使该外国法院裁决在英国得到承认与执行。当事人向英国法院申请登记后，英国法院根据《外国判决（相互执行）法》的规定进行审查，认为符合有关法律规定的，才对当事人的申请予以登记，并可强制执行。可见，在英国，互惠是在双边民事司法协助条约或安排的前提下来实行的。所以，这种互惠的范围是有限的。因为，英国成文法制度规定的程序是较为简便的。随着英国加入欧洲共同体后，英国又加入了欧洲共同体的《民商事司法管辖权和判决执行公约》，并于1982年颁布了《民事司法管辖权和判决执行法》，此法适用于欧洲共同体该公约缔约国①。

与英国这种规定相类似，在某些大陆法系国家，其法律规定以互惠作为承认与执行域外法院裁决的一个必要条件。例如，日本《民事诉讼法》规定，承认与执行域外法院判决必须"有互惠保证"。又如，法国《民事诉讼法》第328条规定的承认与执行域外法院裁决的条件之一是"必须存在互惠"。根据意大利《民事诉讼法》第4条第4款的规定，除非存在互惠，不能确定外国法院的管辖权。我国民事诉讼法第267条规定："外国法院作出的发生法律效力的判决、裁定，需要中华人民共和国法院承认与执行的，可以由当事人直接向中华人民共和国有管辖权的中级人民法院申请承认和执行，也可以由外国法院依照与中华人民共和国缔结或者参加的国际条约的规定，或者按照互惠原则，请求人民法院承认和执行。"据此，笔者以为，这里的"互惠"与"国际条约"是并列的。因为，从文义上看，"国际条约的规定"与"按照互惠原则"是以"或者"连接的。

---

① 参见徐宏：《国际民事司法协助》，武汉大学出版社1996年版，第259～260页。

“或者”意味着二者只居其一，而不是二者同时具备。亦即在存在国际条约的情形下，外国法院只需依照国际条约的规定即可请求人民法院承认和执行，互惠的存在与否不影响外国法院的请求。因为，该外国法院的请求是以国际条约为依据的。在某国与我国不存在国际条约的情形下，该国法院按照互惠原则，也可请求我国人民法院承认和执行其裁决。在这里，互惠的存在对该裁决的承认和执行与否就具有重大意义了。因为，该外国法院请求的依据仅为互惠，如果不存在互惠，我国人民法院对该国法院裁决很可能就裁定不予承认与执行。另一方面，该国法院很可能也不会向我国人民法院请求承认与执行。

另一方面，从我国与世界各国签订的26个双边国际民事司法协助条约或协定（下文详述）的内容看，关于域外法院裁决承认与执行事宜，均按条约的规定办理，而未把互惠专门作为一项条件予以规定。因为，一个明显的理由就是，既然双方已经有一个国际条约，那么根据条约应当遵守的原则，双方都应履行国际条约规定的义务。如果哪一方不履行义务，则违反了国际条约，应当承担由此产生的后果。在这里，无需以互惠为履行国际条约的前提。另一方面，如果缔约国以无互惠的存在为由不履行国际条约，则充其量不过是个不履行的借口，而不能成为不履行国际条约的堂堂正正的理由，当然也不会得到国际社会的支持。最高人民法院审判委员会2001年8月9日通过，2001年9月18日起施行的《关于海事法院受理案件范围的若干规定》第63条规定我国海事法院收案范围之一是："依照我国与外国签订的司法协助协定，或者按照互惠原则申请承认和执行外国法院裁决的海事海商案件。"这里的规定亦为笔者对这一问题的上述看法的法律依据之一。

同理，对我国民事诉讼法第268条和第266条第1款中的“互惠”，亦应作如此理解。

有的学者认为，从未来立法的一般原则看，过分严格地坚持互惠的观点是不可取的。虽然互惠的要求并不意味着违反外国的主权，但也毫无疑问，互惠条件在某种程度上阻碍了国际合作，并且不利于在外国诉讼中胜诉的一方当事人。显然，私人不能因为作出判决的法院所属国没有实行互惠而承担责任。而且，互惠的要求并非起源于应普遍接受的一般国际法原则，而仅仅是有关国家出于政治和经济方面的考虑①。还有的学者认为，表面上看，严格地要求互惠可能会使无辜的当事人处于不利境地，但强调互惠原则，正是为了保持各国在承认与执行判决方面相互合作，从而在更大的范围内和程度上保护当事人的合法权益和长远利益。因此，互惠作为承认与执行外国法院判决的一项条件，是完全必要的。当然，在这个前提下，规定一些例外情况，以保护本国当事人的实际利益，也是合理的②。

笔者以为，在有关国家之间如存在国际民事司法条约，则双方或各方均须履行各自的国际义务。假设该国际条约规定了以互惠为承认与执行域外法院裁决的一个条件，那么，这里仍然是一个履行国际协定的义务问题，而不是一个单纯的互惠问题。在有关国家之间不存在国际条约的情况下，在当今的国际社会中，互惠是否可看作一把"双刃剑"？一方面，它在一定条件下限制着国际司法协助；另一方面，它又促使各国从加强国际合作的角度，既衡量本国的政治、经济等重大利益，同时又要考虑其他国家乃至国际社会的长远的和根本的利益。因为，在"经济全球化"的今天，一个基本的事实就是任何一个国家都不可能完全脱离国际社会。每一个国家都不可避免地同其他国家或国际社会发生各种联系。近几个世纪的世界历史已经证明，各国的这种联系，正以前所未有的速度、广度和深度得以强化。所以，应该承认，互惠在国际民事司法协助这一领域中，目前仍是一项很重要的条件。随着时间的推移，各国之间的国际合作将会得到进一步的加强，这其中亦包括对域外法院裁决的承认与执行。到那时，互惠作用的范围可能被缩小。不过，这可能是一个历史发展的过程，非一朝一夕之功。

第二节　域外裁决承认和执行的条件

外国判决的承认和执行（recognition and enforcement of foreign judgments）指外国法院的判决得到内国的承认和执行，因而在内国发生域外效力。对于域外裁决的承认和执行的条件，我国学者李浩培教授认为，承

① 参见李双元等：《国际民事诉讼法概论》，武汉大学出版社 2001 年版，第 468 页。

② 参见徐宏：《国际民事司法协助》，武汉大学出版社 1996 年版，第 315 页。

认和执行外国判决的条件，各国法律的规定大同小异：（1）该外国判决必须是已确定的，既不得上诉也不得申请再审的判决。（2）该外国判决与内国法院已作出的判决并无矛盾。（3）在该外国判决确定以前，本案双方当事人并未就同一标的在内国法院进行诉讼。（4）按照承认或执行国（即被申请承认或执行外国判决的国家）的法律，判决国（即判决该案的法院的本国）对该案有管辖权。这里，承认或执行国的法院只审查判决国对该案有无管辖权（即"国际管辖权"），而不审查判决国的一个特定法院对该案有无管辖权（即"国内管辖权"）。如果承认或执行国法院按照内国法律对该案有专属管辖权，判决国就没有管辖权；如果按照承认或执行国的法律，被告住所地法院对该案有管辖权，那么该国自应认为判决国法院也可以根据被告在该国有住所的原则而行使管辖权。但有些国家的判决认为承认或执行国尚须采取更为宽大的态度，以便利外国法院的判决得到承认和执行。例如，1971 年 11 月 10 日巴黎上诉法院对美国麦克有限公司等上诉案的判决中认为，只要原告向判决国法院的起诉既不是擅断的，又不是不自然的，也不是欺诈的，该外国判决就应得到承认或执行。所谓"擅断"，是指该案同判决国并无客观的关系；所谓"不自然"和"欺诈"，是指原告向判决国法院起诉，意在规避正常的有管辖权的法院以取得不正当的利益。（5）该外国判决不违反承认或执行国的公共秩序和善良风俗。（6）该外国判决在适用法律上并不违反承认或执行国国际私法的规定。（7）相互。有些国家的法典规定了这个条件。例如，按照 1896 年奥地利《执行法》第 79 条，相互作为执行外国判决的条件必须由国际条约或载在公报中的有关相互执行的政府宣告予以保证。1877 年德国《民事诉讼法》第 328 条第 5 款规定，承认外国判决，除了按照德国法，德国法院无管辖权的非财产案件的判决外，以得到相互的保证为条件，但该法并不要求外国立法上或政府宣言的保证，而只要求事实上相互的保证。按照 1933 年英国的《外国判决（相互执行）法》，只是执行外国判决以相互为条件，承认外国判决无须有相互的保证。（8）无欺诈情事①。关于承认与执行域外法院裁决的条件，学者们有不同意见。除上

① 参见《中国大百科全书（法学卷）》，中国大百科全书出版社 1984 年版，第 602～603 页。

述意见外，有的认为有4个条件①，有的提出5个条件②，有的提出7个条件③，还有的也提出8个条件④，有的甚至提出更多的条件⑤。学者们所列条件中大部分都是重合的。下面就这些条件分别予以讨论。

关于承认与执行域外法院裁决的相互关系，一般说来，承认与执行是两个既有关系又相互区别的诉讼行为。虽然承认是执行域外法院裁决的前提，但在某些案件中执行并不是承认域外法院的必然结果，因为，一方面，除给付判决以外的域外法院裁决只发生承认的问题，例如，一个单纯的允许当事人离婚而不涉及财产问题的判决就无需执行，另一方面，有的已得到一国法院承认的域外法院裁决可能由于某种原因而无法得到内国法院的强制执行⑥。为了行文的方便，对域外法院裁决承认的条件和执行的条件，本书就不分别讨论了。仅在必要的地方予以说明。

一、域外法院有合法的管辖权

世界各国都认为，作出裁决的域外法院必须要有合法的管辖权。这是其裁决被内国法院承认与执行的首要条件。在我国与世界各国签署的双边司法协助协定或条约中均有此规定。

我国与法国《关于民事、商事司法协助的协定》第22条规定：对有下列情形之一的裁决，不予承认和执行：（一）按照被请求一方法律有关管辖权规定，裁决是由无管辖权的法院作出的……可见，“协定”将合法的管辖权作为承认和执行域外法院裁决的首要条件。在其余25个双边司法协助协定中，无不对此作了规定，且其中有6个协定用专门一条对管辖

① 参见张茂：《美国国际民事诉讼法》，中国政法大学出版社1999年版，第282～286页。

② 参见卢峻：《国际私法之理论与实践》，中国政法大学出版社1998年版，第328页。

③ 参见徐宏：《国际民事司法协助》，武汉大学出版社1996年版，第312～328页。

④ 参见韩德培主编：《国际私法》，高等教育出版社2000年版，第465～467页。

⑤ 参见李双元等：《国际民事诉讼法》，武汉大学出版社2001年版，第448～467页。

⑥ 参见韩德培主编：《国际私法》，高等教育出版社2000年版，第462页。

权作出了规定。由此足见域外法院裁决的管辖权的合法性是何等重要。

我国与西班牙《关于民事、商事司法协助的条约》(1992 年 5 月 2 日签署，1994 年 1 月 1 日生效）第 21 条规定：一、为实施本条约，符合下列情况之一的，作出裁决的法院即被视为对案件有管辖权：（一）在提起诉讼时，被告在该缔约一方境内有住所或居所；（二）被告因其商业性活动引起的纠纷而被提起诉讼时，在该缔约一方境内设有代表机构；（三）被告以书面明示接受该缔约一方法院的管辖；（四）被告就争议的实质进行了答辩，未就管辖权问题提出异议；（五）在合同案件中，合同在作出裁决的缔约一方境内签订，或者已经或应当在该缔约一方境内履行，或诉讼的直接标的物在缔约一方境内；（六）在合同外侵权责任案件中，侵权行为或结果发生在该缔约一方境内；（七）在身份关系诉讼中，在提起诉讼时，身份关系人在作出裁决的缔约一方境内有住所或居所，可不适用本款第（一）项的规定；（八）在扶养责任案件中，债权人在提起诉讼时在该缔约一方境内有住所或居所，可不适用本款第（一）项的规定；（九）在继承案件中，被继承人死亡时住所地或主要遗产所在地在作出裁决的缔约一方境内；（十）诉讼的对象是位于作出裁决的缔约一方境内的不动产的物权。二、（一）尽管有第一款的规定，缔约双方法律中关于专属管辖权的规定仍然适用。（二）缔约双方应当通过外交途径以书面方式将各自法律中关于专属管辖权的规定通知对方。

据统计，其余 25 个条约或协定中，专列管辖条款的还有 5 个（埃及、塞浦路斯、越南、老挝、突尼斯）。6 个条约或协定的管辖条款的基本内容没有大的差别。前 5 个条约或协定其管辖权规定的内容几乎一致。在我国与突尼斯共和国《关于民事、商事司法协助的条约》(1999 年 5 月 4 日签署，2000 年 7 月 20 日生效）第 23 条“管辖权”的规定中，其第一款仅有 8 项，与其他 5 个条约或协定的“管辖”条款相比，少了两项：一是身份关系诉讼；二是继承诉讼。

如果将中法协定与中西（班牙）条约的“管辖条款”对比，可以看出，在前者，双边协定授权被请求一方的法院依其本国法律的规定审查域外法院对所作出的裁决是否有合法的管辖权。这样的好处是，被请求国法院对本国法律当然是熟悉的，适用本国法可以说是得心应手。其弊端是，作出裁决的域外法院对缔约另一方的法律未必熟悉，而法院的诉讼程序又必须依照其本国的法律规定办理。所以，在这里，法律冲突依然存在。

在后者，缔约双方均不以各自的国内立法为依据，而是以条约中共同认可的条款为依据来审查法院管辖权的合法性。显然，在这里，法律冲突已得到处理。应该说，后一种方式更利于国际民事诉讼中管辖冲突的化解，或者更确切地说，其本身就是化解国际民事诉讼中管辖冲突的一个途径，更接近国际民事诉讼的管辖正义。由于中西（班牙）条约涉及了“专属管辖”的问题，这里略作讨论。

专属管辖是指法律规定某类案件只能由特定的法院管辖，其他法院无权管辖，当事人也不得以协议方式变更管辖①。专属管辖的一个很重要特点就是排他性，排除当事人的协议管辖，排除其他法院（含外国法院）的管辖。

根据中西（班牙）条约第 21 条第 2 款的规定，凡属缔约一方内国法律规定专属管辖的案件，即使对方法院已就该案作了裁决且申请另一方法院承认与执行，或经双边司法协助条约规定的途径请求承认与执行的，另一方法院即被请求国法院亦可依据法律关于专属管辖的规定，不予承认与执行。也就是说，中西（班牙）条约的规定不影响双方各自内国法律关于民事案件专属管辖规定的适用。

那么，我国民事案件专属管辖的法律如何规定？

根据我国民事诉讼法第 34 条的规定，下列案件为我国法院专属管辖的案件：（一）因不动产纠纷提起的诉讼，由不动产所在地人民法院管辖；（二）因港口作业中发生纠纷提起的诉讼，由港口所在地人民法院管辖；（三）因继承遗产纠纷提起的诉讼，由被继承人死亡时住所地或者主要遗产所在地人民法院管辖。该法第 246 条规定：因在中华人民共和国履行中外合资经营企业合同、中外合作经营企业合同、中外合作勘探开发自然资源合同发生纠纷提起的诉讼，由中华人民共和国人民法院管辖。

根据我国《海事诉讼特别程序法》第 7 条的规定，下列海事诉讼，由我国海事法院专属管辖：（一）因沿海港口作业纠纷提起的诉讼，由港口所在地海事法院管辖；（二）因船舶排放、泄漏、倾倒油类或者其他有害物质，海上生产、作业或者拆船、修船作业造成海域污染损害提起的诉讼，由污染发生地、损害结果发生地或者采取预防污染措施地海事法院管辖；（三）因在中华人民共和国领域和有管辖权的海域履行的海洋勘探开

① 江伟主编：《民事诉讼法》，高等教育出版社 2000 年版，第 75～76 页。

发合同纠纷提起的诉讼，由合同履行地海事法院管辖。

对比我国民事诉讼法和《海事诉讼特别程序法》的规定，可以看到其中有一项是重合的，即港口作业纠纷案件。有一项是交叉的，即中外合作勘探开发自然资源合同纠纷与海洋勘探开发合同纠纷，因为，一方面，勘探开发自然资源合同纠纷的外延显然要大于海洋勘探开发合同纠纷（例如，前者包括陆上勘探开发自然资源合同纠纷）；另一方面，海洋勘探开发合同纠纷又不局限于“中外合作”这一形式，例如，可以是中外合资、外商独资等。因此，依照这两部法律的规定，我国法院专属管辖的案件就是上列6种。

最高人民法院2003年1月6日公布了《关于适用〈中华人民共和国海事诉讼特别程序法〉若干问题的解释》（自2003年2月1日起施行）。其中，对专属管辖作了以下规定。第11条规定，海事诉讼特别程序法第7条第3项规定的有管辖权的海域指中华人民共和国的毗连区、专属经济区、大陆架以及有管辖权的其他海域。第12条规定，海事诉讼特别程序法第7条第3项规定的有管辖权的合同履行地指合同的实际履行地；合同未实际履行的，为合同约定的履行地。这些均为我国法院专属管辖的法律依据。

上述《解释》第80条规定，“海事事故发生在中华人民共和国领域外的，船舶进入中华人民共和国领域内的第一到达港视为海事诉讼特别程序法第102条规定的事故发生地”。笔者以为，在本条规定的情形下，不排除专属管辖的可能性。例如，假设船舶在公海上排放、泄漏、倾倒油类或者其他有害物质，或在公海上生产、作业造成海域污染损害后，该船舶发生事故后进入我国领域内的第一到达港而提起诉讼的，根据我国《海事诉讼特别程序法》第7条第2项的规定，可以由我国海事法院专属管辖。

在国际民事诉讼中，下面这种管辖冲突也是常见的。我国最高人民法院《关于适用〈中华人民共和国海事诉讼特别程序法〉若干问题的解释》第21条第2款规定，“外国法院已受理相关海事案件或者有关纠纷已经提交仲裁，但涉案财产在中华人民共和国领域内，当事人向财产所在地的海事法院已受理相关海事案件，也不影响我国法院对该案的受理”。该“解释”第47条第2款还规定，“外国提出海事请求保全申请的，海事法院应当受理”。可见，只要涉案财产在我国领域内，即使外国法院已受理相关海事案件或者有关纠纷已经提交仲裁，当事人向中华人民共和国的海事法院提出海事证据保全申请，并提供被保全的证据在中华人民共和国领域内的相关证据的，海事法院应当受理。从法理上讲，这两类都涉及平行诉讼的问题。由于本书有专章对此讨论，这里就不多说了。

“意思自治”是民法中的一项基本原则。为各国普遍认可。在国际民事诉讼中，协议管辖是当事人意思自治的一个体现，亦为各国普遍认可。我国法律对此作了规定。下面介绍这方面的一个实例。

2000年4月14日，巴拿马A航运公司（以下简称A航运公司）所属的“1号”（M/V“1”）轮与韩国B租赁有限公司（以下简称B租赁公司）所属的C轮在CHEJU岛外发生碰撞，造成B租赁公司支出船员赔偿费、油污清理费、油污罚款、沉船打捞费、油污调查费等共25万美元，引起B租赁公司与A航运公司之间的纠纷。事故发生后，B租赁公司于2000年8月1日向武汉海事法院申请扣押A航运公司所属的“1号”轮。此后，B租赁公司与A航运公司就本案的诉讼管辖达成协议，双方决定由武汉海事法院对上述纠纷行使管辖权。B租赁公司于同月28日向武汉海事法院提起诉讼，要求A航运公司支付相关费用。2000年9月6日该院发出《受理起诉通知书》。随后，双方均委托我国律师参加了诉讼。在诉讼中，双方当事人在庭外达成和解协议，B租赁公司向武汉海事法院提出撤诉申请，武汉海事法院审查后认为B租赁公司的撤诉行为符合我国民事诉讼法的有关规定，于2001年9月13日裁定允许其撤回起诉。

这起碰撞纠纷案件的当事人均是外国公司，事故发生在公海。《中华人民共和国海事诉讼特别程序法》第8条规定：“海事纠纷的当事人都是外国人、无国籍人、外国企业或者组织，当事人书面协议选择中华人民共和国海事法院管辖的，即使与纠纷有实际联系的地点不在中华人民共和国领域内，中华人民共和国海事法院对该纠纷也具有管辖权。”这一条款借鉴了世界各国海事诉讼的经验，突破了我国传统的管辖理论，其立法目的是要适应我国改革开放政策的需要，适应当今世界经济发展的需要。依据该规定，我国可以管辖外国公司在公海上发生的纠纷，这起碰撞纠纷案件中，当事人是在事后达成协议选择中华人民共和国武汉海事法院管辖。这起案件最后虽然以撤诉的方式结案，但仍从一个侧面反映了我国海事法院审判在国际上的影响力。这个案件说明，在我国法制日益完善的情况下，随着我国司法审判在国际上的影响逐步扩大，外国当事人选择在我国进行诉讼也会逐步增多。

另一方面，还有一个内国法院管辖权的问题。这里的内国法院是相对于域外法院而言的，即被申请承认或执行域外法院裁决的法院。管辖权的合法性不仅对作出域外裁决的法院是合理的要求，而且对内国法院也应是合理的要求。例如，我国与法国《关于民事、商事司法协助的协定》第20条第2款规定："缔约双方的中央机关应根据对方的请求，提供必要的情况，例如，确定有管辖权的法院名称以及提出请求的方式和其他一切有用的情况。"可见，对某一具体的域外法院裁决的承认和执行案件，并非被请求国的任何法院都可受理，而是依据被请求国法律的规定，由"有管辖权的法院"受理。据统计，其余25个条约或协定中，未明文规定内国法院管辖权的有4个（土耳其、古巴、白俄罗斯、哈萨克斯坦），其余均有此类规定。从内国法院管辖权的规定形式看，有5种：一是上述中法协定的形式，是以双方各自向对方提供"确定有管辖权的法院名称"的角度规定的。

二是中波（兰）协定第18条承认与执行的程序规定，可由当事人直接向承认或执行裁决的缔约另一方有管辖权的法院提出。显然，这类规定是最明确、肯定的。同类规定还有罗马尼亚、西班牙。

三是中蒙（古）条约第20条承认与执行的请求的提出规定，可由该当事人直接向有权承认与执行裁决的法院提出请求。这里的"有权承认与执行裁决的法院"虽然不如上述中波协定的规定明确、肯定，但也应该说基本是明确、肯定的。同类规定的还有意大利、埃及、摩洛哥、越南、突尼斯、立陶宛。

四是中俄（罗斯）条约第18条承认与执行法院裁决的程序第二款规定，被请求主管机关可以审查该裁决是否符合本条约的规定……虽然这里的"主管机关"不甚清楚，不过，该条约第27条承认与执行裁决的请求规定，申请承认与执行裁决的当事人可直接向该缔约一方的法院提出申请。据此，可以认为，这里的"主管机关"即"主管法院"。同类规定的还有乌克兰、保加利亚、吉尔吉斯斯坦、哈萨克斯坦、乌兹别克斯坦。

五是中希（腊）协定第21条请求的提出规定，申请人可直接向承认或和执行该裁决的主管法院提出。同类规定的还有塞浦路斯、匈牙利、老挝、阿根廷。

综上，从国际双边条约的角度看，国际民事诉讼管辖权的规定内容有两个方面，一是作为裁决的域外法院的管辖权，二是承认与执行国的法院的管辖权，二者均需有管辖权的合法性。

下面介绍我国内地法院有关涉外民事案件管辖的有关情况。

根据我国宪法的规定，我国内地的人民法院分为4级，共3000多个法院。为了顺应我国加入WTO后形势的需要，正确审理涉外民商事案件，依法保护中外当事人的合法权益，最高人民法院2001年12月25日通过了《关于涉外民商事案件诉讼管辖若干问题的规定》（以下简称《管辖规定》）且于2002年3月1日起施行。《管辖规定》规定，第一审涉外民商事案件由下列人民法院管辖：（一）国务院批准设立的经济技术开发区人民法院；（二）省会、自治区首府、直辖市所在地的中级人民法院；（三）经济特区、计划单列市中级人民法院；（四）最高人民法院指定的其他中级人民法院；（五）高级人民法院。对国务院批准设立的经济技术开发区人民法院所作的第一审判决、裁定不服的，其第二审由所在地中级人民法院管辖。

该《管辖规定》适用于下列案件：（一）涉外合同和侵权纠纷案件；（二）信用证纠纷案件；（三）申请撤销、承认与强制执行国际仲裁裁决的案件；（四）审查有关涉外民商事案件仲裁条款效力的案件；（五）申请承认和强制执行外国法院民商事判决、裁定的案件。涉及香港、澳门特别行政区和台湾地区当事人的民商事纠纷案件的管辖，参照该《管辖规定》处理。

根据这一规定，受理涉外（涉港澳台参照）案件的法院由原来的3000多个法院锐减到50多个。这样的好处：一是可以充分地利用这些法院审判资源优势，因为《管辖规定》指明的这5类法院比起一般的中级人民法院，就整体而言，无论是从审判人员的文化程度还是审判水平、知识结构等多方面来看，都要略胜一筹。各省会、自治区首府一般是该省、自治区的政治、经济、文化中心，且这是由于各省、自治区经济、文化、社会等各方面长期发展形成的客观现实，不是一时半刻能轻易改变的。二是有利于提高涉外民商事纠纷办案质量，有利于集中现有的诉讼资源，在尽可能短的时间内培养、训练和造就一支适应我国加入WTO后的客观形势需要的涉外民商事审判的法官队伍。

为了更清楚地说明后者，这里介绍一下湖北省各级法院1983年至2002年期间涉外（含涉港澳台）案件的有关情况：

1983年至1997年收涉外民事案466件。1998年至2002年全省法院审结涉外民事案1390件；2002年结案752件。亦即1998年至2001年全省法院审结涉外民事案638件；加之1983年至1997年的收案数，则1983年至2001年收案总数为1104件（1998年至2002年未收集到收案数，只好用结案数）。

同期，全国的情况是："据不完全统计，自1978年至2001年间，全国各级法院共受理各类一审涉外商事海事纠纷案件63894件。其中，涉外商事纠纷案件40572件，涉港、澳、台商事纠纷案件13843件，海事海商纠纷案件40572件，涉案金达1000多亿元人民币。"①

可见，在长达近20年的期间内，湖北涉外（含涉港、澳、台）案件仅占全国同期同类案件的1.73%，这个比重非常小。这是由于湖北作为一个内陆省份的地位决定的。

二、域外法院裁决是已确定的

这里"确定的裁决"是指域外法院或有审判权的其他机关按照其本国法所规定的程序，对诉讼中的程序问题和实体问题所作的已经发生法律效力的裁决。至于应依哪一国的法律来认定有关外国法院裁决是否已经确定的问题，虽然有不同意见但大多数国家的学者倾向于主张依有关外国法院所属国的立法来决定。例如，海牙《关于承认与执行外国民事和商事判决的公约》规定，承认与执行域外法院裁决的一个条件是，"在裁决国不得对该裁决进行通常形式的复审"。"只有在裁决国为可予执行的裁决，才可在被请求国为可予执行的裁决。"事实上，也只能由该外国法院所属国的法律来确定有关裁决是否已经发生法律效力，从而确定是否对当事人具有确定性②。

我国与土耳其《关于民事和商事司法协助的协定》（1992年9月28日签署，1995年10月26日生效）第23条规定的情形之一是"根据提出请求的缔约一方的法律，裁决尚未生效"的。据统计，其余25个条约或

① 万鄂湘：《迎接入世，乘势而上，努力开创我国涉外商事海事审判工作的新局面——在全国涉外商事海事工作会议上的讲话》，载万鄂湘主编《中国涉外商事海事审判指导与研究》第一卷，人民法院出版社2002年，第41页。

② 参见韩德培主编：《国际私法》，高等教育出版社2000年版，第466页。

协定均有类似条款。可见，在国际社会中，申请承认的域外法院裁决必须是已发生法律效力的且裁决生效的根据是“提出请求的缔约一方的法律”即作出域外裁决法院所在国的法律。这是可以得到内国法院承认的必要条件之一。

这里的“裁决”不仅包括裁定和判决，还包括调解等。事实上，对“裁决”作这种广义的解释，在有关的国际公约中可以找到类似的规定。例如，海牙《关于承认与执行外国民事和商事判决的公约》规定：“本公约适用于缔约国法院作出的全部裁决，不论该国在作出裁决的诉讼中或对该裁决本身如何加以表述，例如称作判决、命令或执行令等。”又如，布鲁塞尔欧洲《民商事司法管辖权和判决执行公约》规定：“本公约适用于民事和商事案件，而不问司法机关的性质。”“在本公约的意义上，判决是指由一缔约国的司法机关作出的任何裁决，而无论使用何种名称，例如命令、判决、裁定、执行令以及书记官对司法费用的决定。”在我国缔结的上列 26 个双边国际司法协助条约或协定中，关于域外法院裁决的范围，有 4 种规范形式：

（1）中波（兰）司法协助协定第 16 条规定，一、缔约双方应根据本规定的条件，在其境内承认或执行本协定生效后的缔约另一方境内作出的下列裁决：（一）法院对民事案件作出的裁决；（二）法院对刑事案件中有关赔偿请求所作出的裁决；（三）主管机关对继承案件作出的裁决；（四）仲裁庭作出的裁决。二、本协定中所指“裁决”也包括调解书。

作出同类规定的有我国与下列国家签署的司法协助条约或协定：罗马尼亚、意大利、西班牙、俄罗斯、土耳其、古巴、埃及、保加利亚、希腊、摩纳哥（无仲裁裁决承认与执行的内容）、吉尔吉斯斯坦、乌兹别克斯坦、越南、老挝、立陶宛。

（2）中蒙（古）双边司法协助条约第 17 条规定：缔约双方应依照本条约规定的条件，承认与执行本条约生效后在缔约另一方境内作出的下列裁决：（一）法院或其他主管机关对财产性或非财产性民事案件作出的裁决；（二）法院就刑事案件中有关损害赔偿部分作出的裁决；（三）法院对诉讼费用的裁决；（四）法院就民事案件作出的调解书。与中波（兰）协定相比，这里减少的范围：一是法院对刑事案件中有关赔偿请求所作出的调解书；二是仲裁庭作出的裁决。作出同类规定的有我国与下列国家签署的司法协助协定和条约：法国、白俄罗斯、哈萨克斯坦、塞浦路斯、匈牙利、塔吉克斯坦、阿根廷。

(3) 中乌(克兰)双边司法协助条约第17条第2款规定，本条约所指的“法院裁定”在中华人民共和国方面系指法院就民事作出执行的判决、裁定、决定和调解书及就刑事案件中有关损害赔偿作出的判决；在乌克兰方面系指法院(法官)作出的刑事案件中有关损害赔偿的判决，民事判决、裁定、决定和调解书，以及仲裁法院作出的判决和裁定。同时，该条第一款还规定，双方仲裁机构的裁决，其中依裁决性质应执行者，予以执行。

(4) 中突(尼斯)双边司法协助的条约第19条规定，一、缔约一方法院作出的下列裁决，应根据本条约规定的条件在缔约另一方境内得到承认和执行：(一) 法院在民事和商事案件中作出的裁决；(二) 审理刑事案件的法院就向受害人给予赔偿和返还财物作出的民事裁决。二、本条第一款所述“裁决”包括法院就民事和商事案件制作的调解书。三、本章不适用于针对以下事项作出的裁决：(一) 遗属和继承；(二) 破产、清算和其他类似程序；(三) 社会保障；(四) 保全促使措施和临时措施，但涉及生活费的裁决除外。

中突(尼斯)条约中第19条第3款关于“不适用”“事项”的规定，在26个司法协助条约或协定中是独有的。这种规定虽然少见，但在有关的国际公约中可以找到类似的规定。例如，海牙国际私法会议于1971年制定的《关于承认与执行外国民事和商事判决的公约》规定，本公约不适用于主要用来确定下列事项的裁决：人的身份和能力，或家庭法方面的问题；法人的存在或组成，或高级职员的权力；抚养义务；继承问题；破产、清偿协议或类似程序方面的问题；社会保障方面的问题；涉及核物质引起的损害或伤害问题；关于支付关税、税款或罚金；保全措施等。

同时，这里的“域外法院”也是一个广义的概念，不仅包括法院，而且也包括具有审判职能的某些机关或机构。例如，上述中波(兰)司法协助协定中就包括对继承案件作出裁决的“主管机关”，且这里的“主管机关”是区别于作出民事判决的法院或作出仲裁裁决的仲裁庭。又如，上述中乌(克兰)司法协助条约中就包括作出判决和裁定的“仲裁法院”，且这里的“仲裁法院”是区别于作出民事判决、裁定、决定和调解的法院(法官)。这一观点在有关国际公约中可以找到类似的规定。例如，1979年美洲国家在蒙得维的亚制定的《美洲国家间关于外国判决和仲裁裁决的域外效力公约》规定，任何成员国在批准此公约时，都可以宣布此公约亦适用于行使某种审判职能的主管机关的决定。

在这四种域外裁决范围的规范中，笔者以为，第一种的范围最为宽广。因此，这最利于国际社会在这一问题上的相互理解与合作。随着国际交往的日益频繁和深入，域外法院裁决的被承认和执行应该说越来越多。事实上，这类双边国际条约的数量最多。这从一个角度反映出人类社会的进步。

关于申请再审的裁决是否确定的裁决的问题。对此学者们有不同的意见。海牙《关于承认与执行外国民事和商事判决的公约》规定，承认与执行外国法院判决的一个条件是，“在裁决国不得对该裁决进行通常形式的复审”，“只有在裁定国为可予执行的裁决，才可在被请求国为可予执行的裁决”。可能有的学者以此为据，认为只有不得申请再审的判决才是确定的判决。有的学者认为，“当事人可以提出申诉或申请再审的判决也应是可以承认与执行的，因为在再审程序提起以前，判决已经生效，而且在规定了再审程序的国家中，从理论上讲每个生效判决都存在再审的可能性，如果要求必须经过再审的判决方为确定的判决，实际上就使外国法院的大多数判决根本不可能得到承认与执行”。① 笔者同意后者的看法。这种看法更切合审判实际。另一方面，在法律上，再审不是“通常形式的复审”。例如，在我国，“通常形式的复审”是二审；再审是非通常形式的复审。

有的学者还主张，外国法院就诉讼费用所发布的命令也属于可以承认与执行的范围②。在上述的海牙《关于承认与执行外国民事和商事判决公约》的规定中也有这方面的内容。就我国与上述26个国家签订的司法协助条约或协议看，中蒙（古）双边司法协助条约第17条第3项就有“法院对诉讼费用的诉讼”的规定，同时，就我国民事诉讼法的规定和审判实践来看，一般而言，生效的裁判文书（含调解书等）均载明了诉讼费用的承担事项。显然，依照上述条约或协定的规定，我国这些已生效的法律文书的当事人可在缔约国对方法院申请承认与执行。因此，我国法院有关诉讼费用的裁判内容是可以在缔约国执行的。同理，这些缔约国法院这

① 徐宏：《国际民事司法协助》，武汉大学出版社1996年版，第319页。

② 参见徐宏：《国际民事司法协助》，武汉大学出版社1996年版，第328页。

方面的命令、裁判等亦应在我国被承认与执行。

至于在未与我国签订双边条约或协定的条件下，该国法院就诉讼费用作出的裁决在我国法院申请承认与执行的问题，笔者以为，一般而言，以互惠作前提为宜。

三、“一事不再理”

“一事不再理”是民事诉讼中的一项为各国所普遍认可的原则。例如，海牙《关于承认与执行外国民事和商事判决的公约》规定的对域外法院裁决不予承认与执行的情形之一是，相同当事人之间基于相同事实和相同目的的诉讼，已由被请求国法院作出裁决；或者，相同当事人之间基于相同事实和相同目的的诉讼，已由另一国法院作出裁决，并将依照被请求国法律予以承认与执行；或者，被请求国法院先于外国法院受理相同当事人之间基于相同事实和相同目的的诉讼案件的。这一原则在很多双边国际司法协助协定或条约中得到了承认。例如，我国与俄罗斯《关于民事和刑事司法协助的条约》（1992 年 6 月 19 日签署，1993 年 11 月 14 日生效）第 20 条规定的一种情形是：“被请求承认和执行裁定的缔约一方的法院对于相同当事人之间就同一的案件已经作出了生效裁决，或正在进行审理，或已承认了在第三国对该案所作出了生效裁决”。这里，“一事不再理”的表现形式有三种。我国与其余 25 个国家的司法协助条约或协定均有此类条款。其中，有的条约的这类规定比上列规定内容简单一些。例如，我国与塞浦路斯《关于民事、商事和刑事司法协助的条约》（1995 年 4 月 25 日签署，1996 年 1 月 11 日生效）第 25 条规定的条件之一为：“在作出该裁决的诉讼程序开始，相同当事人未就同一诉讼的在被请求的缔约一方法院提起诉讼”。这里只规范了一种形式。

有的学者指出，“法院对某一案件所作的判决生效后，对既判事项不得再行起诉，也即产生了既判力的效果，此民事诉讼中的‘一事不再理’原则使然。而既判力的范围原则上只及于本案的诉讼标的”。① 还有的学者主张，根据“一事不再理”原则，如果对经过判决的原当事人，承认国

① 江伟主编：《民事诉讼法》，高等教育出版社 2000 年版，第 27～28 页。

法院不准其就同一标的提起新的诉讼，就是对原判决发生既判力的承认①。无论在中俄或中塞双边司法协助条约或协定中均有“就同一标的”或“就同一诉讼标的”的案件已经提起诉讼，故不再承认与执行相关域外法院裁决的规定。这是符合“一事不再理”原则的。显然，“一事不再理”原则既是对当事人滥用诉权可能性的限制，也是对法院依法行使管辖权的规范，符合国际民事诉讼的内在要求。

与“一事不再理”有关的是，域外法院裁决被承认与执行的条件之一是不与内国法院裁决相抵触。有的学者提出，“这一条是强调，只有在有关的外国法院判决不与内国法院就同一当事人之间的同一争议所作的判决相抵触，或不与内国法院已经承认的第三国法院就同一当事人之间的同一争议所作的判决相冲突时，内国法院才可以在满足其他条件的情况下承认与执行该外国法院的判决”。② 有的国家在国内立法中有类似规定。例如，英国 1982 年《民事管辖权和判决法》第 27 条第 3 款和第 5 款分别规定，如果有关外国法院判决与承认国法院就同一当事人之间同一争议所作出的判决相冲突，或与某一第三国就同一当事人之间相同诉因的案件所作的更早的判决相抵触，而且该第三国的判决在被请求国已满足请求承认所需的所有条件的话，英国法院可以拒绝承认该外国法院的判决③。从民事诉讼理论角度看，似可将此视为“一事不再理”原则的体现。

四、有关的诉讼程序具有必要的公正性

我国学者认为，这是承认和执行域外法院裁决的条件之一。他们主张，“内国法院在承认和执行外国法院判决时，应对有关外国法院判决所依赖的诉讼程序的特定方面，更确切地说，对败诉一方当事人是否适当地行使了辩护权的问题进行审查。如果发现有关诉讼程序中败诉的一方当事人基于除其本身以外的原因而未能适当地行使辩护权，就认为该有关的诉讼程序不具备应有的公正性，从而内国法院就可以因此而拒绝承认与执行

① 参见《中国大百科全书（法学卷）》，中国大百科全书出版社 1984 年版，第 602 页。

② 韩德培主编：《国际私法》，高等教育出版社 2000 年版，第 466 页。

③ 参见韩德培主编：《国际私法》，高等教育出版社 2000 年版，第 466～467 页。

外国法院判决”。① 例如，海牙《关于承认与执行外国民事和商事判决的公约》规定，除非缺席一方当事人已经按照作出裁决的国家的法律，在使其能够出庭答辩的足够时间内收到了起诉通知书，否则，缺席判决不应得到承认或执行。又如，欧共体布鲁塞尔《民商事司法管辖权和判决执行公约》规定的对域外法院裁决不予承认与执行的情形之一是，如果没有向缺席的被告人适当地和及时地送达起诉通知书，以使他能够为自己辩护。

除了上述败诉一方当事人被合法送达以使其能够出庭答辩的条件外，海牙《关于承认与执行外国民事和商事判决的公约》规定的对域外法院裁决不予承认与执行的必要条件之一是，“裁决是在违背法律的正当程序要求的诉讼中作出的，或在该案中，当事人双方未能平等地得到充分的陈述机会。”在我国与意大利《关于民事司法协助的条约》（1991 年 5 月 20 日签署，1995 年 1 月 1 日生效）第 21 条第 3 项规定，“根据作出裁决的缔约一方的法律，在缺席判决的情况下，败诉一方未经合法传唤，或在没有诉讼行为能力时没有得到合法代理”，则该裁决可“拒绝承认和执行”。这里的具体内容有 2 项：一是在缺席判决的情况下，败诉一方未经合法传唤；二是在没有诉讼行为能力时没有得到合法代理。应予注意的是，认定这 2 项的根据是“作出裁决的缔约一方的法律”，亦即作出域外裁决的法院地的法律。例如，我国法院作出的生效判决后，当事人申请意大利法院承认或执行时，意大利法院在审查我国法院裁决中的上列 2 项情形时的根据是中华人民共和国民事诉讼法及相关法律，而不是意大利的有关法律。反之亦然。应该说，我国与意大利的双边条约的这种规定体现了程序公正的要求。据统计，在 26 个双边条约或协定中，有 25 个有这种规定。仅有与老挝的协定只规定了“在缺席判决的情况下，根据其境内作出裁决的缔约一方的法律，未参加诉讼的当事人已被适当地通知应诉”，而未作代理方面的规定。

笔者以为，在这里，大多数司法协助协定或条约的规定还是更好些。这对于当事人利益的保护更全面。

---

① 韩德培主编：《国际私法》，高等教育出版社 2000 年版，第 465 页。

五、无诈欺情事

我国有的学者认为，如果判决是用欺骗方法取得的，被申请法院可以拒绝承认与执行域外法院的裁决①。有的学者将这种欺骗称为诈欺，且分为两种：一是过去的诈欺，指域外裁决一方当事人即申请人通过行贿，伪证等取得对其有利的裁决。二是现在的诈欺，指申请人通过诈欺使用裁决②。在有的国家，例如美国，不仅欺诈构成了对抗域外法院裁决的充足理由，而且只要依外国法的规定欺诈能够成立，美国法院就会接受被告即被申请人的抗辩，对该域外法院裁决不予承认③。

还有的学者认为，请求承认和执行的域外法院裁决必须合法。有关的域外法院裁决是基于合法手段而获取的。大多数国家的立法和司法实践都强调，运用欺诈手段获得的域外法院裁决不能在内国境内得到承认与执行。④

《国际油污损害民事责任公约》（1969 年 11 月 29 日订于布鲁塞尔，我国于 1980 年 4 月 29 日加入）第 10 条规定，缔约国有管辖权的法院作出的不再需通常的复审手续亦即发生法律效力的判决应为各缔约国所承认，且一经履行各缔约国所规定的各项手续之后，便应在各该国立即实施（亦即执行），但是，当“判决是以欺骗取得”的除外，亦即各缔约国可不予承认与执行。可见，国际公约的立法实践采纳了学者们的意见。笔者以为，上列学说与审判实践对我国法院审理这类案件都是可予借鉴的经验，而我国加入的国际公约，对我国法院审理这类案件是有约束力的。

六、公共秩序保留

“有关外国法院判决的承认和执行不能与内国的公共秩序相抵触，这

---

① 参见姚梅镇主编：《国际经济法概论》，武汉大学出版社 2000 年修订版，第 681 页。

② 参见《中国大百科全书（法学卷）》，中国大百科全书出版社 1984 年版，第 603 页。

③ 参见李双元等著：《国际民事诉讼法概论》，武汉大学出版社 2001 年版，第 462 页。

④ 参见韩德培主编：《国际私法》，高等教育出版社 2000 年版，第 466 页。

是国际社会所普遍公认的一个条件。"①例如，我国与蒙古《关于民事和刑事司法协助的条约》(1989年8月31日签署，1990年10月29日生效)第9条司法协助的拒绝规定："如果被请求的缔约一方认为提供司法协助有损于本国主权、安全和公共秩序，可以拒绝提供。但应将拒绝的理由通知提出缔约的一方。"据统计，上列其他25个司法协助协定或条约，无一不有类似的条款。这类条款即是国际私法上的"公共秩序保留"条款。

囿于笔者的经历，目前尚未发现以域外法院裁决在我国内地法院被申请承认或执行裁定不予认可是因"有损于本国主权、安全和公共秩序"的。事实上，随着世界经济全球化，随着我国改革、开放政策的推行和加入WTO，可以预见，即使我国法院对域外法院裁决的承认和执行的申请裁定不予认可，其理由也可能很少为"公共秩序保留"。因为，不恰当地适用"公共秩序保留"以拒绝承认和执行域外法院裁决，不利于推动和增进国际民事关系的发展，归根到底不利于我国的改革开放。

有的学者批评了下述作法，即有的国家的立法，把外国法院判决本身不违背内国的公共秩序作为承认与执行有关外国法院判决的条件。如《日本民事诉讼法》第200条第3款规定的承认与执行的条件之一是："外国法院的判决，不违背日本的公共秩序或善良风俗。"关于这一问题，恰当的做法应当是要求承认与执行有关外国法院判决不与内国的公共秩序相抵触，强调的应该是承认与执行有关外国法院判决的结果，而不是有关外国法院判决本身的内容不与内国的公共秩序相抵触。因为各国在规定这一条件时，只是为了保护内国国家的重大利益，维护内国的基本政策、道德与法律的基本观念和基本原则，使它们不至于因为外国法院在裁决内国的承认与执行而受到威胁和动摇②。

在此，介绍一下我国法院的做法似有裨益。最高人民法院关于认真贯彻执行《关于人民法院认可台湾地区有关法院民事判决的规定》的通知第二条规定，人民法院在制作受理申请认可通知书和认可或者不予认可的裁定书时，不得在该通知书和裁定书中出现"中华民国"的称谓、纪年等一类的文字。对于当事人申请认可的台湾地区有关法院的民事判决书(含民事裁定书和台湾地区仲裁机构的裁决书，下同)，如有"中华民国"

① 韩德培主编：《国际私法》，高等教育出版社2000年版，第467~468页。
② 参见韩德培主编：《国际私法》，高等教育出版社2000年版，第468页。

的称谓、纪年等与“一个中国”相违背的文字，应当更正或作技术处理，如将“中华民国”改写为“台湾地区”，将“中华民国八十七年”改写为“公元 1998 年”等。笔者以为，这种“技术处理”好。一是站在当事人的角度，能解决实际问题，维护其合法权益。二是从民族大局出发，不损害海峡两岸的利益，为双方所接受。因此，笔者以为，这种处理国内关系的做法或经验，是否可以借鉴到国际关系的处理上。假如某个外国法院的裁决也有类似的情况，出于保护当事人的合法权益，亦可作些“技术处理”，作为裁定承认与执行该裁决的一个前提。这当然仅是一个设想，还可在实践中进一步探讨。笔者以为，这有利于适应我国加入 WTO 后形势的需要，有利于促进各国间的友谊与交往。当然，国际关系与国内关系（内地与台湾地区的关系为国内关系）是不同的。上述想法既不是将国际关系混同于国内关系，也不是主张牺牲内国的公共秩序迁就域外法院的裁决，而是在当今国际社会的大背景下，在不损害国家主权和根本利益的同时，如何推进各国之间的合作与交往。

七、其他条件

除上列条件之外，有的学者对域外法院裁决承认与执行的条件还罗列了一些，如互惠（有的说“相互”，由于本章第一节已对此作了介绍，此不赘述）。还有的主张，域外法院裁决在适用法律上应不违反被申请承认或执行国的国际私法的规定。这一条件要求，原判决国法院适用了适当的准据法。亦即内国法院所在国诉讼立法和司法实践要求域外法院应适用依内国国际私法中的冲突规范可适用的实体法作为承认和执行外国法院判决的条件①。如果域外法院的裁决与此不符，则不能得到内国法院的承认或执行。

例如，我国与西班牙《关于民事、商事司法协助的条约》第 22 条拒绝承认与执行第 2 项规定，关于自然人的身份或能力方面，提出请求的缔约一方法院适用的法律不同于按照被请求缔约一方的国际私法规则应适用的法律，除非所适用的法律导致裁决结果相同。同类规定的还有法国与我国的双边司法协助协定。这类规定只是在少数国家间起作用。因此，这类情况不具有普遍性。是否可将此种情形作为承认和执行域外法院裁决的一

① 参见韩德培主编：《国际私法》，高等教育出版社 2000 年版，第 467 页。

个条件，在学理上亦有讨论的余地。

另外，1961 年《葡萄牙民事诉讼法典》第 1096 条第 7 款规定，判决对葡萄牙公民不利时，不得违反葡萄牙私法的规定，如果按照葡萄牙的抵触规则（即冲突规范），应适用葡萄牙法。1877 年法国《民事诉讼法》第 3285 条第 3 款也有类似的规定①。这类条款是这些国家保护其公民的利益而设置的。笔者以为，虽然这类情形不普遍，但在我国法院对具体案件的审理中还是具有参考价值的。同时，如果审判中正是涉及这几个国家，则更有针对性了。从这个意义上讲，学理上的这种讨论不无益处。

《西班牙民事诉讼法》第 954 条第 1 款规定，只有对人诉讼的判决才可以执行。对人诉讼是相对于对物诉讼而言的。因此在这里就对物诉讼作一些讨论。所谓对物诉讼是在海事诉讼中当事人以具体的物作为被告向法院提出保护合法权益的请求。这是英美海事法的一种独特制度。《英国 1981 年最高法院法》规定，根据海事请求的性质，对物诉讼请求可分为 4 类：1. 在相关财产上附有海事优先权的请求；2. 以对物诉讼程序，仅能对相关财产予以强制执行的请求；3. 在一定条件下能对姊妹船予以强制执行的请求；4. 其他请求②。还有的学者认为，即使在英国，对物诉讼也不限于海事诉讼。因此，在英美普通法③中，当处于其管辖范围内的财产与争议标的没有任何关系时，也可以通过对这种财产的扣押，创设对与该财产无关的争议的管辖权。

---

① 参见《中国大百科全书（法学卷）》，中国大百科全书出版社 1984 年版，第 603 页。

② 参见司玉琢主编：《海事法大辞典》，人民交通出版社 1998 年版，第 231 页。

③ “学者一般称‘Common Law’为‘习惯法’或‘普通法’，从其法律制度的形成来看，似称‘习惯法’较为恰当。”“判决书非以条文形式显示，故称为不成文法；又因不成文法是由各地习惯积累成的，故称为‘习惯法’；因其法律的适用有一般的法律标准，而与原先英国各地分歧的标准有别，故依其法律内容的特性以‘Common Law’‘共同法’‘一般法’作为法律名称。若将‘Common Law’称为普通法，非但与其历史形成及意义不符，亦有产生其另有‘特别法’的误会，故将其译为‘习惯法’较佳。”（潘维大等：《英美法导读》，法律出版社 2000 年版，第 4 页。）潘维大教授从英美法的历史沿革说到“Common Law”的翻译，不能说没有道理。另一方面，将“Common Law”译为“普通法”且在法学界广为流传，真要予以校正，恐怕亦非易事。但是，笔者以为，从法学研究的角度看，学者的这种探索是有益的。

有的学者认为，在英国法律中，法院行使对物管辖权的诉讼仅指对船舶或与船舶有关的其他物品，如船货，或对飞行器或气垫船的海事诉讼。而在美国法律中，对物诉讼的范围更为广泛，它还包括对土地权利、证券、公司股份等的管辖权。还有所谓"准对物管辖权"的概念，含义是法院就特定人员对于特定财产的利益进行审判的权利。实际上，这种管辖权的行使，并不是要对案件的实质问题作出裁判，而是指法院根据原告的要求扣押被告的财产以其作为一种诉讼担保，它通常包括两种情况：一是根据原告的要求扣押被告在法院地的财产，以等候另一个具有对人管辖权的法院就原告对被告提起的与该被扣押财产完全无关的诉讼作出判决；二是根据原告的要求扣押被告在法院地的财产，以便原告嗣后在该法院提出一项与该财产无关的诉讼，并通过执行该被扣押财产来实现其利益①。

关于对物诉讼的好处，我国香港学者杨良宜先生写道：(1) 诉人困难或无法进行；(2) 方便容易；(3) 择地行诉；(4) 诉前保全等。他甚至写道：很想加一段是对物诉讼的坏处，但实在想不到。他还说：对物诉讼没有坏处是因为它经常（除了是船舶优先权）是诉人做法的一种额外"程序"(procedural)，希望船舶背后的船东（特别是外国船东/方便旗船舶的单船公司）出面应诉。的确，船东特别是提供了诉前保全后，肯定会应诉，而对物诉讼也就变成了对人诉讼在继续进行②。笔者以为，杨良宜先生的这番话是符合海事审判实际的。

在我国，法律虽然没有使用"对物诉讼"的概念，但有关规定的实际效果是承认对物诉讼的。根据我国《海事诉讼特别程序法》第二章管辖和第三章海事请求保全的有关规定，对海难救助；船舶对环境、海岸或者有关利益方造成的损害；对船舶营运直接相关的人身伤亡等海事请求，当事人因此提出的扣押船舶的申请，我国海事法院应予受理。同时，我国海事审判中也有扣押姊妹船的实践。最高人民法院 1994 年 7 月 6 日《关于海事法院诉讼前扣押船舶的规定》第 3 条第 3 款规定："扣押本条第一款规定的船舶经营人、承租所有人、经营的或租用的其他船舶。"这里的"其他船舶"可以理解为"姊妹船"。此规定已于 2002 年 3 月 10 日被最高人民法院废止。我国《海事诉讼特别程序法》第 23 条第 2 款规定：

① 参见徐宏：《国际民事司法协助》，武汉大学出版社 1996 年版，第 274 页。
② 参见杨良宜：《海事法》，大连海事大学出版社 1999 年版，第 1～9 页。

"海事法院可以扣押对海事请求负有责任的船舶所有人、光船承租人、实期租船人或者航次租船人在实施扣押时所有的其他船舶，但与船舶所有权或者占有有关的请求除外。" 这里的 "其他船舶" 亦可理解为 "姊妹船"。应该指出，我国目前仅在《海事诉讼特别程序法》中有这方面的规定。我国民事诉讼法没有这方面的规定。根据我国民事诉讼法第 108 条第 2 项的规定，原告起诉应 "有明确的被告"。此即对人诉讼的一个基本特点。

笔者以为，在一般情况下，根据我国民事诉讼法的规定，我国法院只能承认与执行域外法院关于对人诉讼的裁决。在特别情况下（例如海事诉讼），我国海事法院根据我国《海事诉讼特别程序法》的规定，不排除承认与执行域外法院关于对物诉讼的裁决的可能性。分别情况予以不同处理，至少在内国法的角度看，我国法院（含海事法院）的这些审判实践是有法律依据的。下面介绍一个具体案例：

1994 年 1 月 5 日和 3 月 24 日，申请人湖北光大公司与被申请人德国 F 公司先后签订了两份钢材买卖合同。合同约定，被申请人应在收到申请人开出的不可撤销信用证后的 40 天内装船，在中国汕头三百门港交货。为履行此两份合同，申请人于同年 2 月 26 日和 3 月 31 日通过交通银行武汉分行，先后开出了以被申请人为受益人的不可撤销信用证 4 张，总金额为 571 万余美元。同年 4 月 29 日，申请人与被申请人在中国武汉就该两份合同的履行签订了补充协议，将货物装船期修改为 5 月 25 日。5 月 27 日，申请人收到被申请人发来的装船通知，告知货物已按修改装船期装船。

5 月 28 日，申请人与汕头中建房地产开发联合公司（以下简称汕头中建公司）签订购销合同，由申请人将购买的被申请人的钢材转售给汕头中建公司。合同约定于 7 月 10 日前在汕头三百门港交货。汕头中建公司按照合同约定，于 6 月 23 日和 7 月 2 日，向申请人支付定金人民币 1360 万元、货款人民币 80 万元，共计 1440 万元。

6 月 20 日、7 月 5 日，交通银行武汉分行先后收到上述 4 张信用证项下全套提单，并表示予以承兑，约定付款时间为 1994 年 10 月 14 日。

但至 1994 年 7 月 10 日，被申请人未将货物运抵中国汕头三百门港，直至同月 19 日货船才抵达三百门港。因申请人未在约定时间向汕头中建公司交货，7 月 12 日，汕头中建公司向申请人提出，鉴于交货延迟，市场行情下跌，公司如逾期收货损失巨大，因此拒绝收货，并向申请人提出索赔，要求申请人双倍返还定金和支付违约金。据此，货船于7月22日改泊深圳蛇口港。

承运货物的船舶，为圣殿骑士船务有限公司（TEMPLAR SHIPING CO.，LTD.）所属“地拉那”（M/V DINARA）号轮，提单上载明的签发日期为1994年5月25日，是由圣彼得堡驶往中国三百门港的。但申请人经调查，认为有确凿的证据证实该轮在1994年5月25日实际并未到达圣彼得堡，被申请人提供的4张提单中有两张系伪造，另两张提单系被申请人向船务公司提供担保后由船务公司倒签，实际装船期为6月11日。申请人遂于1994年8月2日向广州海事法院提出诉前扣船申请，并提供了担保。广州海事法院于同日经审查作出裁定：准许申请人诉前扣船财产保全申请，自即日起扣押“地拉那”号轮；责令圣殿骑士船务有限公司在收到裁定之日起30日内提供360万美元担保；责令“地拉那”号轮船长提供本船次的航海日志、载货清单以及与正本提单相关的大副收据、理货报告等证据。此后，申请人于法定期间在广州海事法院对圣殿骑士船务有限公司提起了诉讼，请求赔偿损失。

据此，申请人认为，被申请人在无法保证按期装运的情况下，弄虚作假，伪造单证，倒签提单，恶意欺诈，构成根本违约，导致用户拒收货物，提出索赔，使申请人蒙受了重大经济损失，申请人对到货只能依法拒收。故依与被申请人的买卖合同仲裁条款，于1994年9月向中国国际经济贸易仲裁委员会申请仲裁，请求被申请人赔偿损失等费用共计1700多万元。受理后，申请人申请对其在交通银行武汉分行业已承兑的4张信用证项下的款项予以冻结。中国国际经济贸易仲裁委员会于同月21日向湖北省高级人民法院提请作出财产保全裁定，中国光大对外贸易总公司为申请人的财产保全申请向法院出具了担保函。

湖北省高级人民法院经审查认为：提请人的提请和申请人的申请合法。依照中华人民共和国民事诉讼法第258条和第94条第2款的规定，于1994年9月23日裁定：一、准许申请人湖北光大公司的财产保全请求。二、自即日起对交通银行武汉分行业已承兑尚未支付的4张信用证项下的款项予以冻结。

裁定送达后，由于被申请人在纠纷发生以前已将上述4张信用证转让给德国W银行，申请人、被申请人、德国W银行和交通银行武汉分行四方于1994年10月26日在中国武汉签署了和解协议。同年11月29日，四方就和解协议的履行又签署了一份附件，约定：被申请人支付申请人179万美元，以解决与本案合同有关的过去的、现在的和将来的所有索赔和未完的仲裁；申请人正式接受合同项下的货物，并放弃有关货物数量和规格方面的索赔权；交通银行武汉分行在接到德国W银行的确认3天内，由申请人向湖北省高级人民法院申请解除4份信用证项下的款项的冻结；交通银行必须不迟于1994年12月20日向德国W银行确认法院冻结已经解除；在附件签字之日起，申请人不可撤回地放弃任何索赔。据此，申请人于11月30日向湖北省高级人民法院申请解除财产保全措施。

湖北省高级人民法院经审查认为：申请人与被申请人等签署了处理被冻结的信用证事宜的协议，申请人依该协议向本院申请解除对4份信用证项下款项的冻结，其申请符合法律规定。依照中华人民共和国民事诉讼法第13条之规定，于1994年12月2日裁定：一、准许申请人湖北光大公司解除4份信用证项下款项冻结的请求。二、自即日起对交通银行武汉分行4份信用证项下款项解除冻结。

裁定送达后，和解协议的四方已按该协议履行完毕。

此件涉外仲裁机构在仲裁程序中提请财产保全案，人民法院在审查申请后是否准许申请，主要涉及国际惯例的适用问题。

尊重国际惯例，是人民法院在涉外审判工作中必须遵循的一项原则，这在涉外仲裁机构仲裁程序中需要提请人民法院采取财产保全的审查与裁定中也不例外。但在具体问题的处理上，对如何适用国际惯例，认识上是会不一致的。就本案而言，法院能否冻结信用证项下货款，就涉及国际惯例的适用问题，在处理上就有两种不同意见。

一种意见认为，《跟单信用证统一惯例》① 第3条“信用证与合同”a款规定：“就其性质而言，信用证是独立于其所基于的销售合同或其他合同以外的交易。即使信用证中含有对此类合同的任何援引，银行也与该合同无关，或不受其约束。因而银行依信用证所承担的付款、承兑和支付汇票或代付及或履行信用证项下任何义务的责任，不受申请人因其与开证行或受益人之间的关系而提出的索赔或抗辩的约束。”此系在信用证与合同关系的处理上国际通行的惯例，我国银行对外业务也均按此操作。据此，对本案交通银行武汉分行业已承兑准备支付的四份信用证项下款项，

① 国际商会第500号出版物。

法院不应准许申请人的财产保全申请而予以冻结。

另一种意见认为，在一般情况下，上述意见不无道理。但是，在本案中已有确凿证据证明卖方即被申请人德国 F 公司伪造提单、倒签提单，不仅违反了通行的国际贸易惯例，而且其行为已构成欺诈，且作为开证行的交通银行武汉分行在合理的时间里尚未对外付款，根据有关规定，法院对信用证项下款项予以冻结，并无不当。

上述第二种意见是正确的，理由如下：首先，《跟单信用证统一惯例》第 3 条“信用证与合同”b 款规定：“受益人在任何情况下，不得利用银行之间或申请人与开证行之间存在的合同关系。”此规定表明，跟单信用证的受益人，通常是国际货物买卖合同的卖方，是不能利用信用证关系的特征来实施欺诈行为，损害买方的合法权益的。如果有确凿证据证明卖方实施有欺诈行为，而信用证已经开证行开出或承兑行已表示承兑但尚未付款，就只能通过财产保全措施冻结信用证项下货款，才能使卖方的欺诈行为不能得逞，保证买方的合法权益不受损害。这样做并不损害相关银行的信誉，又能有效地制止卖方的欺诈行为不良后果的实际发生。所以，在信用证贸易所遵循的国际惯例规则中，是不可能也不应该找到庇护欺诈行为的条款规定的。正确的信用证贸易国际惯例应当是既维护信用证关系的独立性和银行承兑、付款的无因性，也不准许受益人利用信用证关系实施欺诈行为。其次，正因为如此，最高人民法院法（经）发（1989）12 号《全国沿海地区涉外、涉港澳经济审判工作座谈会纪要》中的“诉讼保全问题”第 2 条明确规定：“信用证交易和买卖合同属于两个不同的法律关系，在一般情况下不要因为涉外买卖合同发生纠纷，轻易冻结中国银行所开信用证项下货款，否则，会影响中国银行的信誉。根据国际国内的实践经验，如有充分证据证明卖方是利用合同进行欺诈，且中国银行在合理的时间内尚未对外付款，在这种情况下，人民法院可以根据买方的请求，冻结信用证下货款。”“对于中国涉外仲裁机构提交的冻结信用证项下货款的请求，人民法院也应照此办理。”本案财产保全正好符合上述规定可以冻结信用证下货款的条件，受案法院裁定准许申请人关于冻结信用证下货款的申请，冻结了案涉四份信用证项下货款，是符合国际惯例和上述规定的要求的。

本案裁定冻结信用证项下货款后的事实，证明法院在本案中采取的财产保全措施并没有影响开证行和承兑行的信誉；德国 W 银行为使信用证解冻，积极参与了当事人之间的和解行为；作为卖方的德国F公司也为自己的不法行为承担了应有的责任；作为买方的湖北光大公司的权益得到了应有的保护。这充分说明法院对本案的处理是正确的①。

这个案例表明，在我国，审判实践对"准对物诉讼"亦是承认的。因为，在本案中，申请人请求对被申请人的财产进行保全，是"作为一种诉讼担保"，即作为在广州海事法院的"诉讼担保"，或作为在仲裁案件中的"担保"。实践证明，本案的诉讼程序既符合我国法律规定，且其效果亦是好的。

第三节　域外法院裁决承认与执行的程序

对域外法院裁决承认与执行的程序，各国法律的规定千差万别。下面就几个问题作一探讨。

一、申请的提出

关于申请提出的主体、形式（书面或口头）、期限、受理申请的管辖（或主管）法院和申请应附的有关文件及其译本等问题，国内有的著作已作了详细的讨论②。在这里，笔者拟从我国签署的双边司法协助协定或条约的规定和我国法律的规定作一探讨。

（一）我国缔结的双边协定或条约的规定

在我国与26个国家签署的司法协助条约或协定中，承认和执行域外法院裁决的申请的提出有三种规范形式：

（1）我国与意大利司法协助条约第23条"申请的提出"规定："一、申请应由当事人直接向有权承认与执行的法院提出。二、为便于提出上述申请，缔约双方的中央机关可以根据请求提供一切有用的情况。"与我国签署司法协助条约或协定有类似规定的国家有：法国、西班牙、突尼斯。

（2）我国与土耳其司法协助协定第22条"承认与执行的请求书"规

① 参见冯蕴强等编：《人民法院案例选》（1996年第4辑），人民法院出版社1997年版，第182～188页。

② 参见韩德培主编：《中国冲突法研究》，武汉大学出版社1993年版，第391～394页。

定:“承认与执行裁决的请求书应由缔约一方法院通过第2条所规定的途径送交缔约另一方法院。”该协定第二条规定,“缔约双方指定各自的司法部作为按照本协定相互提供司法协助的中央机关”。与我国签署司法协助条约或协定并有这类规定的国家中,这是仅见的。

(3)我国与罗马尼亚司法协助条约第24条“承认与执行的请求书”规定:“一、请求承认与执行裁决的请求书,应由当事人提交给作出裁决一方有管辖权的法院,该法院应按本条约第八条规定的途径将请求书转给被请求的一方法院。该项请求书亦可由当事人直接提交给被请求一方有管辖权的法院。二、请求书应附下列文件:(一)裁决的副本或经证明无误的复印件。如果副本或复印件中没有明确指出裁决已经生效和可以执行,还应为此附有证明书一份;(二)证明未出庭的败诉一方已经合法传唤,以及在其没有诉讼行为能力时可得到适当代理的证明书;(三)请求书和第一、二项所指文件经证明无误的被请求一方文字或英文的译本。译本一式两份。”该条约第8条“联系途径”规定:“一、除本条约另有规定外,缔约双方主管机关的司法协助事务,应通过各自的中央机关相互通知。二、前款所指‘中央机关’,在中华人民共和国方面系指司法部和最高人民检察院,在罗马尼亚方面系指司法部和总检察院。”与我国签署司法协助条约或协定有类似规定的国家有:波兰、蒙古、俄罗斯、乌克兰、古巴、白俄罗斯、哈萨克斯坦、埃及、保加利亚、希腊、塞浦路斯、匈牙利、摩洛哥、吉尔吉斯斯坦、塔吉克斯坦、乌兹别克斯坦、越南、老挝、立陶宛、阿根廷。

笔者以为,在这三种规范形式中,应该说,从域外法院裁决被承认和执行的程度方面看,第3种规范形式最广。这种形式无疑具备了其他两种规范形式所没有的优点。第3种规范包括了前两种规范的形式,列明了两种途径,一是当事人直接向“被请求一方有管辖权的法院”提出申请,显然,这里的法院即相对于作出裁决的域外法院的承认(或执行)国法院。二是当事人向作出裁决的一方有管辖权的法院申请。但无论哪种情形,申请都是由当事人提出的,只是当事人相对的法院不同而已。可见,这里的选择权在当事人。应该说,第3种规范对当事人权利的保护更全面。

从上列国际条约和协定的规定中可以看到,申请人只能是当事人,因为只有当事人才是民事法律关系的主体。申请的提出或不提出,都是当事人处理其民事权利的表现。当事人的申请可以向承认与执行域外裁决的法院提出，亦可以向作出裁决的法院提出，由该法院依照国际条约与另一国法院联系，请求承认与执行。

（二）我国法律的规定

根据我国民事诉讼法第267条和第268条的规定①，我国法院承认和执行外国法院作出的发生法律效力的判决和裁定，其条件：一是依照我国缔结或者参加的国际条约；二是不违反我国的公共秩序；三是由当事人向我国有管辖权的中级人民法院申请；四是按照互惠原则，请求我国法院承认和执行；五是需要执行的，发出执行令，依照本法的有关规定执行。

在我国现行的法律体系中，司法解释属有权解释，是我国法律的重要补充。在涉外民事诉讼中，为了正确适用中华人民共和国民事诉讼法，最高人民法院发布了《关于适用〈中华人民共和国民事诉讼法〉若干问题的意见》。关于申请承认和执行外国法院裁决的内容在第318条和第319条作了规定②。将司法解释的这些规定与上述法律规定相比，可以看到，司法解释在这里作了扩大解释。应该说，这种扩大解释适应了司法实践的需要。据此，可以看到，司法解释包括但不限于下述内容：第一，承认和执行外国法院作出的发生法律效力的判决和裁定由有管辖权的中级人民法

① 该法第267条规定，“外国法院作出的发生法律效力的判决、裁定，需要中华人民共和国人民法院承认和执行的，可以由当事人直接向中华人民共和国有管辖权的中级人民法院申请承认和执行，也可以由外国法院依照该国与中华人民共和国缔结或者参加的国际条约的规定，或者按照互惠原则，请求人民法院承认和执行”。该法第268条规定，“人民法院对申请或者请求承认和执行的外国法院作出的发生法律效力的判决、裁定，依照中华人民共和国缔结或者参加的国际条约，或者按照互惠原则进行审查后，认为不违反中华人民共和国法律的基本原则或者国家主权、安全、社会公共利益的，裁定承认其效力，需要执行的，发出执行令，依照本法的有关规定执行。违反中华人民共和国法律的基本原则或者国家主权、安全、社会公共利益的，不予承认和执行”。

② “318. 当事人向中华人民共和国有管辖权的中级人民法院申请承认和执行外国法院作出的发生法律效力的判决、裁定的，如果该法院所在国与中华人民共和国没有缔结或者共同参加国际条约，也没有互惠关系的，当事人可以向人民法院起诉，由有管辖权的人民法院作出判决，予以执行。319. 与我国没有司法协助协议又无互惠关系的国家的法院，未通过外交途径，直接请求我国法院司法协助的，我国法院应予退回，并说明理由。”

院受理。这里对管辖权作了明确的规定。既然是“依照本法的有关规定执行”，那么，在确定管辖权时，当然只能依照本法即中华人民共和国民事诉讼法第二章“管辖”的规定办理。第二，如果外国法院裁决未予承认和执行的，当事人可向人民法院起诉，由有管辖权的人民法院作出判决，予以执行。这里对管辖权再次作了规定。第三，与我国没有司法协助协议又无互惠关系的国家的法院，未经外交途径直接请求我国法院司法协助的，我国法院应予退回，并说明理由。假设与我国没有司法协助又无互惠关系的某国法院，经外交途径请求我国法院司法协助的，怎么办？笔者认为，在这种情况下，可以考虑予以司法协助即承认与执行该国法院的裁决，只要我国法院审查后认为该域外裁决并不违反我国的公共秩序且符合我国法律规定的其他条件。只有这样，即使在没有司法协助协议的情况下，我国与世界各国的互惠关系才会越来越广，推动我国与各国的交往与友谊。

除了法律和司法解释外，最高人民法院的有关规定亦为办理域外法院裁决案件的依据。最高人民法院 2003 年 3 月 18 日发布了《海事诉讼文书样式（试行）》。其中，样式之 69 为：承认和执行外国法院判决（或裁定）申请书。该样式规定，申请书应注明申请人（写明姓名或名称、住所地等基本情况），被申请人（写明姓名或名称、住所地等基本情况），请求事项（要求承认和执行某国某法院作出的海事判决或裁定），事实和理由（写明当事人之间的纠纷以及在外国法院处理的情况，要求承认和执行的具体内容、依据等），并附经公证认证的判决书或裁定书原本及中文翻译件。最后申请人应签名或盖章，注明日期。

（三）申请时间问题

根据 1961 年通过的《苏联民事诉讼法纲要》第 63 条的规定，对于外国法院的判决只能在该判决生效 3 年内在苏联提请执行。我国民事诉讼法对此类事项没有明确的规定。该法第 219 条第 1 款规定，申请执行的期限，双方或者一方当事人是公民的为 1 年，双方是法人或者其他组织的为 6 个月。有的学者认为，在发生这种情况时，法院是应根据民事诉讼法第四编第 237 条的规定，在“本编没有规定的，适用本法其他有关规定”，即适用该法第 219 条的规定，还是给予适当的延长，不得而知。不过，在这一问题上，可以参照该法第 248 条和第 249 条的规定对请求期限给予适当的延长①。

笔者以为，学者们的这一看法是符合审判实践需要的。理由是：第一，在我国与法国等26个国家的司法协助协定或条约中均作出如下类似的规定，即除了中波（兰）协定以外，其余25个协定或条约“裁决的承认与执行，由被请求一方法院依照本国法律规定的程序决定”。可见，这类规范为当今国际社会的主流所认可。因此，在我国法院受理申请承认与执行域外法院裁决的案件中，只能依据我国法律的规定办理，除非国际协定有另外的规定。第二，我国民事诉讼法第113条规定被告的答辩期为15日；该法第147条规定上诉期为15日。而该法对涉外程序的特别规定中被告答辩期为30日，上诉期亦为30日；均比普通程序的上列期限分别多一倍。根据此立法精神，在法律和司法解释没有明确规定的前提下，似可按这类规定，考虑在普通执行案件申请期限的规定上，多延长一倍的时间。当然，最高法院在这方面如能作出司法解释则更好。

二、域外法院裁决承认与执行的审查标准

当被申请国是国际民事司法协助条约的缔约国时，其对域外法院裁决承认与执行的审查标准，只能是国际条约的规定。在我国与世界各国签署的26个双边司法协助协定或条件中，都有这种规定。根据这些规范内容的多少，可分为四种：

（1）我国与波兰司法协助协定第18条“承认与执行的程序”第2款规定，“在承认与执行裁决的过程中，法院只审查该裁决是否符合本协定所规定的条件”。与我国签署的司法协助条约或协定中，这种规定是仅见的。

（2）我国与法国司法协助协定第23条“程序”规定，“一、裁决的承认和执行，由被请求一方法院依照本国法律规定的程序决定。二、被请求一方法院应审核请求执行的裁决是否符合本章规定，但不得对该裁决作任何实质性审查”。与我国签署司法协助协定或条约有类似规定的国家有：蒙古、罗马尼亚、意大利、西班牙、俄罗斯、土耳其、乌克兰、古巴、塞浦路斯、匈牙利、摩洛哥、吉尔吉斯斯坦、乌兹别克、越南、老挝、立陶宛。

---

① 韩德培主编：《国际私法》，高等教育出版社2000年版，第468～469页。

(3) 我国与白俄罗斯司法协助条约第19条“承认与执行法院裁决的程序”规定，“一、法院裁决的承认与执行，由被请求的缔约一方法院依照本国法律规定的程序进行。二、被请求法院只能审查该裁决是否符合本条约的规定。三、被请求法院对于请求承认与执行的裁决，必要时可以要求作出裁决的法院提供补充材料”。与我国签署司法协助条约或协定有类似规定的国家是：哈萨克斯坦、埃及。

(4) 我国与保加尼亚司法协助协定第22条“承认与执行的程序”规定，“一、承认与执行裁决的程序，适用被请求的缔约一方的法律。二、被请求的缔约一方的主管机关可以审查该裁决是否符合本协议的规定，但不得对裁决进行实质性审查。三、如果裁决涉及多项内容而无法全部得到执行，被请求的一方可以执行部分请求”。与我国签署司法协助条约或协定有类似规定的国家有：希腊、突尼斯、阿根廷。

上列四种规范中，笔者以为，后三种规范优于第一种，因为明确了裁决承认和执行的程序应当依照哪一国法律的规定办理。其次，第三种规范与第二种规范相比，多了一项“补充材料”的规定。明确这一点总比不明确为好。再次，第四种规范与第二种规范相比，多了一项多项执行内容中的部分执行的规定。明确这一点也总比不明确为好。

总的来说，第二种规范占绝大多数，为主流。后两种与第二种其实无实质性的差别，可看作是第二种规范的两种变形。由此得出一个很重要的结论是，无论在国际民事诉讼理论方面有多少主张和流派，在域外法院裁决承认和执行这一领域中，绝大多数的内国法院都是依照本国法律规定的程序办理这类事宜，且为当今国际社会所普遍认可。显然，这一结论对法院的司法实践有十分重要的指导意义。

另外，上列国际条约或协定都规定内国法院对域外法院裁决不得进行实质性审查。对这种规定的学理解释有多种，如国际礼让说，属地说，既得权说，政府利益分析说等①。不过，无论这些学说的分歧有多大，在当今国际社会中，各国越来越认识到，只有相互尊重对方的主权，才能增进友谊，发展经济，造福整个人类社会。应该说，内国法院不得对域外法院裁决进行实质性审查的规定，正是这种各国相互尊重的积极成果。

---

① 参见张仲伯主编：《国际私法学》（修订版），中国政法大学出版社2002年，第30～33页。

三、域外法院裁决承认与执行的法律效力

从当事人的角度看，提出承认与执行域外法院裁决的申请，目的就是要使该裁决在承认（或执行）国具有法律效力，以保障其权益。下面从国际条约和国内立法两个方面讨论一下这个问题。

（一）国际条约

我国与立陶宛司法协助条约的第 20 条“承认与执行的效力”规定，“缔约一方作出的裁决经缔约另一方法院承认或执行，即应当与缔约另一方法院作出的裁决具有同等效力”。与我国签署司法协助条约或协定有此类规定的国家是：阿根廷、突尼斯、老挝、越南、乌兹别克斯坦、塔吉克斯坦、吉尔吉斯斯坦、摩洛哥、塞浦路斯、希腊、保加尼亚、埃及、哈萨克斯坦、白俄罗斯、古巴、乌克兰、土耳其、俄罗斯、西班牙、意大利、罗马尼亚、蒙古、波兰、法国。仅我国与匈牙利司法协助条约无此明确规定。但是，该国际条约第 20 条“承认与执行裁决的方式”第 1 款规定：“缔约双方的法院根据本国的法律承认与执行裁决。”据此，假设有一当事人持匈牙利法院已发生法律效力的判决申请我国法院承认与执行，且我国法院已裁定承认与执行，这时，匈牙利法院的该判决是否与我国法院已发生法律效力的裁判具有同等的效力呢？回答只能是肯定的。同理，假设有一当事人持我国法院已发生法律效力的判决申请匈牙利法院承认与执行，且匈牙利法院书面同意承认与执行，这时，我国法院的该判决是否与匈牙利法院已发生法律效力的裁决具有同等的效力呢？回答亦只能是肯定的。可见，中匈（牙利）双边条约虽然对已承认与执行的域外裁决的效力无明确的规定，但是，从有关的条款规定中可推论：正如中国签署的其他 25 个条约一样，在中匈（牙利）条约中，双方均承认对方法院裁决的法律效力，只要对方法院裁决符合国际条约的规定。

（二）国内立法

我国民事诉讼法第 207 条第 1 款规定：“发生法律效力的民事判决、裁定、以及刑事判决、裁定中的财产部分，由第一审人民法院执行。”从执行角度看，这就是执行依据的法律规定。在这里，一个基本的规定就是，执行的依据是发生法律效力的判决、裁定。亦即未发生法律效力的判决、裁定（例如尚处于上诉期内的一审判决）不得执行。换言之，凡进入执行程序的判决、裁定都是发生法律效力的。把我国国内立法与上列国

际条约的规定对照后可以清楚地看到，二者规定是相互配合的。

第四节　域外法院裁决承认与执行在我国的实践

对于任何一个主权国家而言，域外法院已发生法律效力的涉外民事裁决，在其领域外得到承认和执行，包括两种情形：一是域外法院民事裁决在本国法院得到承认与执行；二是本国法院涉外民事裁决得到域外法院的承认与执行①。

一、我国法院对域外法院裁决承认与执行的实践

从我国司法实践看，对域外法院裁决承认与执行的案件中，域外离婚判决的承认占相当比重。正是在对这些域外法院裁决承认案件审理经验的基础上，最高人民法院审判委员会于1991年7月5日讨论通过了《关于中国公民申请承认外国法院离婚判决程序问题的规定》，于同年8月13日印发。该规定共22条。其主要内容：对与我国没有订立司法协助协议的外国法院作出的离婚判决，中国籍当事人可以根据此规定向人民法院申请承认该外国法院的离婚判决。对与我国有司法协助协议的外国法院作出的离婚判决，按照协议的规定申请承认。外国法院离婚判决中的夫妻财产分割、生活费负担、子女抚养方面判决的承认执行，不适用此规定。向人民法院申请承认外国法院的离婚判决，申请人应提出书面申请书，并须附有外国法院离婚判决书正本及经证明无误的中文译本。否则，不予受理。申请书应记明以下事项：（一）申请人姓名、性别、年龄、工作单位和住址；（二）判决由何国法院作出，判决结果、时间；（三）受传唤及应诉的情况；（四）申请理由及请求；（五）其他需要说明的情况。申请由申请人住所地中级人民法院受理。申请人住所地与经常居住地不一致的，由经常居住地中级人民法院受理。申请人不在国内的，由申请人原国内住所地中级人民法院受理。人民法院接到申请书，经审查，符合本规定的受理条件的，应当在7日内立案；不符合的，应当在7日内通知申请人不予受理，并说明理由。人民法院受理申请后，对于外国法院离婚判决书没有指

① 参见王怀安主编：《中国民事诉讼教程》（修订本），中国政法大学出版社1996年版，第524页。

明已生效或生效时间的，应责令申请人提交作出判决的法院出具的判决已生效的证明文件。外国法院作出离婚判决的原告为申请人的，人民法院应责令其提交作出判决的外国法院已合法传唤被告出庭的有关证明文件。按照上列要求提供的证明文件，应经该外国公证部门公证和我国驻该国使、领馆认证。同时应由申请人提供经证明无误的中文译本。居住在我国境内的外国法院离婚判决的被告为申请人，提交上列所要求的证明文件和公证、认证有困难的，如能提交外国法院的应诉通知或出庭传票的，可推定外国法院离婚判决书为真实和已经生效。经审查，外国法院的离婚判决具有下列情形之一的，不予承认：（一）判决尚未发生法律效力；（二）作出判决的外国法院对案件没有管辖权；（三）判决是在被告缺席且未得到合法传唤情况下作出的；（四）该当事人之间的离婚案件，我国法院正在审理或已作出判决，或者第三国法院对该当事人之间作出的离婚案件判决已为我国法院所承认；（五）判决违反我国法律的基本原则或者危害我国国家主权、安全和社会公共利益。对外国法院的离婚判决的承认，以裁定方式作出且不得上诉。没有上列规定的情形的，裁定承认其法律效力；具有上列规定的情形之一的，裁定驳回申请人的申请。裁定书一经送达，即发生法律效力。申请承认外国法院的离婚判决，委托他人代理的，必须向人民法院提交由委托人签名或盖章的授权委托书，委托人在国外出具的委托书，必须经我国驻该国的使、领馆证明。人民法院受理离婚诉讼后，原告一方变更请求申请承认外国法院离婚判决，或者被告一方另提出承认外国法院离婚判决申请的，其申请均不受理。人民法院受理承认外国法院离婚判决的申请后，对方当事人向人民法院起诉离婚的，人民法院不予受理。当事人之间的婚姻虽经外国法院判决，但未向人民法院申请承认的，不妨碍当事人一方另行向人民法院提出离婚诉讼。申请人的申请为人民法院受理后，申请人可以撤回申请，人民法院以裁定准予撤回。申请人撤回申请后，不得再提出申请，但可以另向人民法院起诉离婚。申请人的申请被驳回后，不得再提出申请，但可以另行向人民法院起诉离婚。

为了配合上列规定的执行，最高人民法院于1997年7月16日转发了我国外交部、司法部、民政部于1997年3月27日发出的《关于驻外使、领馆就中国公民申请人民法院承认外国法院离婚判决等进行公证、认证的有关规定》。此规定共有9条，其主要内容：婚姻当事人一方为中国公民的外国法院的离婚判决书在国内使用，须经国内中级人民法院对该判决裁定承认后，才能为当事人出具以该外国法院离婚判决为准的婚姻状况公证。婚姻当事人一方为中国公民的外国法院离婚判决书在国外使用：(一) 若居住国可根据外国法院离婚判决书或其他证明材料，为当事人出具婚姻状况证明，不需要我驻该国使、领馆出具以外国法院离婚判决为准的婚姻状况公证，我使、领馆可不予干预，但不干预不等于承认。(二) 若当事人不能在居住国取得婚姻状况证明，需我驻该国使、领馆出具以此判决为准的婚姻状况公证，应先向国内中级人民法院申请对该判决的承认。该判决经裁定承认后，才能为当事人出具有关公证。国内中级人民法院受理当事人的申请时，对外国法院离婚判决书的真伪不能判定，要求当事人对该判决书的真实性进行证明的，当事人可向驻外使、领馆申请公证、认证。外国法院的离婚判决书可经过居住国公证机构公证、外交部或外交部授权机构认证，我使、领馆认证；或居住国外交部直接认证，我使、领馆认证。进行上述认证的目的是为判决书的真伪提供证明，不涉及对其内容的承认。当事人不能亲自回国申请承认外国法院的离婚判决，可委托他人代理。驻外使、领馆可为此类委托书办理公证或认证。受理委托书公证应要求当事人亲自申请。当事人或其代理人申请国内中级人民法院对外国法院离婚判决书的裁定承认，必须提供：(一) 外国法院离婚判决书正本及经证明无误的中文译本；(二) 若申请人是离婚判决的原告，作出判决的外国法院出具的被告已被合法传唤出庭或合法传唤出庭文件已送达被告的有关证明文件及经证明无误的中文译文；(三) 若判决书中未指明判决已生效或生效时间的，作出判决的外国法院出具的判决已生效的证明文件及经证明无误的中文译文。驻外使、领馆应按照公证、认证程序为上述文件办理公证或认证。上列所述的“经证明无误的中文译文”，可经如下途径证明：(一) 外国公证机构公证、外交部或外交部授权机构认证及我驻外使、领馆认证；(二) 驻外使、领馆直接公证；(三) 国内公证机关公证；外国法院离婚判决书生效日期与我国法院裁定承认日期不同，离婚后未再婚公证应以外国法院离婚判决书生效日期为准。国内中级人民法院裁定对外国法院离婚判决不予承认的，当事人可到国内原户籍所在地或婚姻缔结地中级人民法院起诉离婚。驻外使领馆可根据国内法院的离婚判决，为当事人出具在国外期间的婚姻状况证明。有关外国法院离婚判决中夫妻财产分割、生活费负担、子女抚养等方面判决承认执行的公证、认证，不适用本规定。

最高人民法院 2000 年 2 月 29 日公告公布了《关于人民法院受理申请承认外国法院离婚判决案件有关问题的规定》，自同年 3 月 1 日起施行。该规定共有 3 条，其主要内容：中国公民向人民法院申请承认外国法院离婚判决，人民法院不应以其未在国内缔结婚姻关系而拒绝受理；中国公民申请承认外国法院在其缺席情况下作出的离婚判决，应同时向人民法院提交作出该判决的外国法院已合法传唤其出庭的有关证明文件。外国公民向人民法院申请承认外国法院离婚判决，如果其离婚的原配偶是中国公民的，人民法院应予受理；如果其离婚的原配偶是外国公民的，人民法院不予受理，但可告知其直接向婚姻登记机关申请再婚登记。当事人向人民法院申请承认外国法院离婚调解书效力的，人民法院应予受理，并根据《关于中国公民申请承认外国法院离婚判决程序问题的规定》进行审查，作出承认或不予承认的裁定。下面看一下域外法院离婚裁决在我国承认的三个实例。

第一个是我国法院裁定承认外国法院判决离婚的案件：

申请人王某与彭某（女）于 1986 年 4 月 16 日在中国广州登记结婚。婚后没有生育子女，没有购置财产，亦没有共同的债权债务。1986 年 5 月，彭某自费到美国留学。1989 年 2 月 6 日，彭某向美国纽约州最高法院提起要求与王某离婚的诉讼。彭某并将起诉书副本和该法院的出庭传票寄给其弟转交给王某。王某收到后，没有向美国法院应诉，但写信向彭某表示同意离婚。1989 年 2 月 28 日，美国纽约州最高法院依据彭某的请求，缺席判决解除彭某与王某的婚姻关系。判决书复印件经彭某的弟弟转王某收。1991 年 1 月 21 日，王某持美国法院离婚判决书复印件，向广东省广州市中级人民法院申请承认该判决。

广州市中级人民法院受理该申请后，审查认为，申请人申请承认外国法院离婚判决的，应当提交外国法院离婚判决书正本。本案申请人王力健提交的美国法院离婚判决书虽然是复印件，但该复印件经美国纽约州最高法院的秘书签章证明与原件相同无异，该判决书的真实性可予认定。该判决与中华人民共和国法律无抵触。根据中华人民共和国民事诉讼法（试行）第 122 条的规定，广州市中级人民法院于 1991 年 4 月 5 日以（1991）穗法民裁字第 4 号民事裁定书裁定：承认美国纽约州最高法院判决解除彭某与王某婚姻关系的拘束力，该判决的拘束力从申请人接到本裁定书之日起算。

广州市中级人民法院审理该案时间是1991年初，系中华人民共和国民事诉讼法（试行）施行期间，该法没有规定当事人可以直接向人民法院申请承认外国法院判决的问题。最高人民法院1990年8月28日就广东省高级人民法院《关于当事人申请承认外国法院离婚判决效力有关问题的请示》作了批复："中国当事人一方持外国法院作出的离婚判决书，向人民法院申请承认其效力的，应由中级人民法院受理。经审查，如该外国法院判决不违反我国法律的基本准则或我国国家、社会利益，裁定承认其效力；否则，裁定驳回申请。裁定后不得上诉。"该批复首次确立了我国民事诉讼程序制度中的一项新的程序制度，即当事人申请承认外国法院判决的程序制度，其承认条件就是不违反我国法律的基本准则或我国国家、社会利益。王某案的审理就是依据该批复的规定进行司法审查，并作出了承认外国法院离婚判决效力的裁定①。

第二个是我国法院裁定承认外国法院调解离婚的案件：

申请人李某与丁某（女）于1974年11月结婚，婚后感情尚好，1975年2月生一女李某某。1980年11月，李某赴日本留学，从此之后，双方感情逐渐淡漠。1988年1月，丁某赴日本留学，双方在日本共同生活了一段时间之后，于同年底开始分居。1989年春，丁某向日本国大阪府地方法院提起离婚诉讼，因手续不全，大阪府地方法院未受理。1990年12月，丁某再次提起离婚诉讼，日本国大阪府地方法院受理并进行了调解，于1991年2月27日调解解除李某、丁某的婚姻关系；丁某在中国、日本国的财产归丁某所有；李某给付丁某生活费200万日元；李某在日本国的财产归李某所有；女儿李某某由丁某抚养，李某给付抚养费200万日元。按照日本国法律规定，双方还到大阪府丰中市市长处领取了"离婚申请受理证明书"。事后，丁某准备回中国，向日本国大阪府地方法院要求提取李某已交付于法院的生活费、抚养费。大阪府地方法院提出，李、丁双方解除婚姻关系的证明书得到中国法律的认可后，才能将上述费用交给丁某。因此，李某、丁某分别向我国北京市中级人民法院申请承认日本国大阪府地方法院解除双方婚姻关系的调解协议。

北京市中级人民法院受理申请后，经审查认为，日本国大阪府地方法

①　参见最高人民法院中国应用法学研究所编：《人民法院案例选》（1992年第1辑），人民法院出版社1992年版，第88页。

院对李某、丁某离婚一案作出的解除双方婚姻关系的协议书，与我国法律规定的承认外国法院判决、裁定的条件不抵触，于1991年5月28日作出裁定：日本国大阪府地方法院关于申请人李某、丁某离婚的1990年第273号调解协议书，在中华人民共和国领域内具有法律效力。

中华人民共和国民事诉讼法于1991年4月9日施行，该法第267条和第268条对当事人申请承认和执行外国法院作出的发生法律效力的判决、裁定以及人民法院审查承认的条件、承认的形式等作出了规定，使人民法院处理这类案件有了明确的法律依据。依此规定，人民法院审查承认外国法院判决、裁定的条件是：不违反中华人民共和国法律的基本原则或者国家主权、安全、社会公共利益。但是，本案申请人李某、丁某申请承认的是日本国法院作出的离婚调解协议书，而非判决或裁定。对此我国法律尚无明文规定。北京市中级人民法院审理该案件的依据仍为我国民事诉讼法第268条的规定，裁定承认日本国大阪府地方法院关于申请人李某、丁某离婚的调解协议书的理由是：该调解协议书与我国法律规定的承认外国法院判决、裁定的条件不抵触。该案的实践意义在于，只要一国法律明确规定法院可以调解方式处理案件，且作出的调解协议书具有强制执行力，其调解协议就属于一国法院作出的生效裁决。我国法律规定中所规定的承认外国法院的生效判决、裁定，应理解为包括调解协议这种形式①。

第三个是我国法院承认外国法院解除婚约决定书效力的案件：

申请人蒋某与陈某（女）于1985年10月2日在中国西安市登记结婚。婚后没有生育子女，亦没有产生对外的共同债权债务。1989年初，陈某自费前往新西兰国留学，后在该国克赖斯特彻奇市长期居住。蒋某仍在国内居住工作。1992年9月9日，陈某向新西兰国克赖斯特彻奇地区法庭起诉，要求与蒋某离婚，并放弃对在蒋某处的夫妻共同财产任何要求。该法庭将陈某的离婚起诉状副本通过陈某之父转送给蒋某，并同时附上诉讼通知书，告知蒋某对陈某的离婚起诉应提出答辩并通知本法庭，同时应向陈某提交答辩状副本；告知蒋某应直接通过一名中国境内的律师用航空信件委托一名新西兰律师作为其诉讼代理人。但蒋某没有应诉答辩，对此诉讼未予理睬。同年10月14日，新西兰国克赖斯特彻奇地区法庭依

① 参见最高人民法院中国应用法学研究所编：《人民法院案例选》（1992年第2辑），人民法院出版社1993年版，第95页。

据陈某的诉讼请求和新西兰国1980年家庭诉讼条例第39条，作出第1219号决议书，决议解除蒋某与陈某于1985年10月2日在中国西安市达成的婚约。1994年5月2日，蒋某持新西兰国克赖斯特彻奇地区法庭的上述第1219号解除婚约决议书、该法庭的诉讼通知书和陈某的离婚起诉状副本的英文本和中文译本，向西安市中级人民法院申请承认该解除婚约决议书的效力。

西安市中级人民法院审查认为，蒋某的申请符合中华人民共和国民事诉讼法第267条规定的条件，予以立案受理。该院认为：蒋某申请承认的新西兰国克赖斯特彻奇地区法庭的解除其与陈某的婚约关系的第1219号决议书，内容与我国法律不相抵触，符合我国法律规定的承认外国法院判决效力的条件。根据中华人民共和国民事诉讼法第268条的规定，该院于1994年6月20日裁定如下：对新西兰国克赖斯特彻奇地区法庭第1219号决议书的法律效力予以承认。

本案的处理是根据我国民事诉讼法第268条的规定，同时依照1991年7月5日最高人民法院《关于中国公民申请承认外国法院离婚判决程序问题的规定》（简称《规定》）办理。该《规定》专门适用于中国公民申请承认与我国没有司法协助协议关系的外国法院作出的离婚判决效力的案件，对与我国有司法协助协议的外国法院作出的离婚判决，按照协议的规定申请承认即可。本案申请承认的是新西兰国法院作出的解除婚约决议书，而非我国民事诉讼法规定的离婚判决书，此为不同国家法院裁决形式的不同，新西兰国法院作出解除婚约的处理，就是解除婚姻关系的处理，“决议书”的用法，也是一国的习惯用法。因此，本案申请承认的新西兰国法院解除婚约的决议书，等同于我国法院出具的判决书①。

以上三个案例从不同侧面反映出我国法院对外国法院就涉及我国公民的离婚案件所作裁决的态度。这里的裁决既有判决，亦有调解，还有决定。这里还可看到中外法律制度的差异。例如，在我国经婚姻登记，男女双方即结婚为夫妻，而新西兰则认为这是“婚约”，予以解除。对于这些域外裁决，只要是不违反我国法律的基本原则或国家主权、安全、社会公共利益的，均裁定予以承认。笔者以为，这些既合法，亦有助于推动我国

① 参见最高人民法院中国应用法学研究所编：《人民法院案例选》（1997年第1辑），人民法院出版社1997年版，第130页。

与世界各国的交流。

近年来，湖北省境内也出现了承认域外法院离婚裁决的案件。例如：

申请人张某（女）与唐某（男）于1999年12月26日在中国湖北省孝感市结婚。2001年8月30日，加拿大安大略省渥太华高等法院对唐某提起的离婚诉讼作出证明编号01-FL-1421离婚判决：准许唐某和张某离婚，离婚生效之日自本判决书下达31天之后生效。2001年11月6日，张某向湖北省孝感市中级人民法院提出申请，要求承认该离婚判决书的效力。

孝感市中级人民法院受理后，经审查认为，加拿大安大略省渥太华高等法院的上述离婚判决，符合我国法律规定的承认外国法院判决效力的条件，遂于2001年12月21日依照《中华人民共和国民事诉讼法》第267条、第268条的规定，裁定：对加拿大国安大略省渥太华高等法院对张某、唐某离婚一案于2001年8月30日作出的离婚判决予以承认。

2003年，湖北境内又出现了类似的案件，可以预见，随着改革、开放的不断推进，这类案件将会更多。

现在再讨论域外法院民商事案件（即过去的经济纠纷案件）裁决在我国承认和执行的实践。

首先，从法律上看，我国法院在这方面是持谨慎态度的。其法律依据就是最高人民法院《关于中国公民申请承认外国法院离婚判决程序问题的规定》第2条的规定："外国法院离婚判决中的夫妻财产分割、生活费负担、子女抚养方面判决的承认执行，不适用本规定。"

其次，随着我国的入世，最高人民法院就承认与执行域外法院裁决的有关事宜，又作出了一个新的规定，以推动此项工作的健康发展。为了进一步规范海事审判活动，最高人民法院审判委员会根据我国《海事诉讼特别程序法》的规定，讨论通过了《海事诉讼文书样式（试行)》，并于2003年3月18日发布了《关于印发〈海事诉讼文书样式（试行)〉的通知》，要求在海事审判工作中遵照执行，并把《样式》运用到海事审判的实践中去，实现海事诉讼文书样式统一。同时规定，此样式仅适用于我国《海事诉讼特别程序法》所涉及的内容，其他海事诉讼文书的制作仍适用最高人民法院办公厅1992年6月20日印发的《法院诉讼文书样式（试行)》，在海事审判工作中应将两个诉讼文书样式结合使用。凡已制定新的诉讼文书样式的，原同一种诉讼文书样式不再适用。此《样式》共有

87 种，其中涉及域外法院裁决承认与执行的诉讼文书式样共有 3 种，即式样之 4：民事裁定书（承认外国法院判决或裁定用）；样式之 5：执行令（执行外国法院判决或裁定用）；样式之 69：承认和执行外国法院判决（或裁定）申请书。上述样式之 5 的说明称：供海事法院根据申请人的请求，作出承认外国法院判决或裁定的申请后，对于该裁定的内容的执行事项发出执行令时使用。

再次，我国法院在这方面的实践是存在的，请看一例。

1990 年，日本日中物产有限公司及其法定代表人宇佐邦夫以在中国投资的中国大连发日海产食品有限公司急需资金为由，向申请人五味晃借款 15000 万日元。因到期未还，五味晃以日中物产有限公司及宇佐邦夫为被告，起诉至日本国横滨地方法院，要求两被告连带偿还该借款，并承担利息。1991 年，日本国横滨地方法院小田原分院作出第 529 号判决，判决两被告偿还借款并承担利息。但因该两被告在日本无可供执行的财产，判决生效后一直无法执行。1993 年 12 月 21 日，日本国熊本县地方法院根据该生效判决认为，本公司虽系与该案被告之一日中物产有限公司合资成立，但该公司自 1988 年后再无投资，故该公司此后在国内所欠债务与本公司无关，日本法院欲将该案两被告在国内所欠债务转嫁给本公司，没有道理。况且，本公司系中国法人，只接受中国法律保护和管辖，没有义务履行外国法院的判决和裁定。因此，该公司拒绝履行该债权扣押令。五味晃因不能依日本国法院的裁判得到执行，于 1994 年 5 月 27 日向中国大连市中级人民法院提出申请，要求中国法院承认日本国上述法院的判决、债权扣押命令和债权转让命令的法律效力，并执行在大连发日海产食品有限公司的扣押款。

大连市中级人民法院接到五味晃的申请后，依据中华人民共和国民事诉讼法）第 267 条的规定，予以立案受理。随后，辽宁省高级人民法院就此案请示了最高人民法院。最高人民法院于 1995 年 6 月 26 日就此案作出《关于我国人民法院应否承认和执行日本国法院具有债权债务内容裁判的复函》，称：关于日本国五味晃向大连市中级人民法院申请承认和执行日本国横滨地方法院小田原分院具有债权债务内容的判决和熊本地方法院玉名分院所作债权扣押命令及债权转让命令，我国人民法院应否承认和执行问题，经研究认为，我国与日本国之间没有缔结或者参加相互承认和执行法院判决、裁定的国际条约，亦未建立相应的互惠关系。根据《中华人民共和国民事诉讼法》第 268 条的规定，我国人民法院对该日本国法院判决应不予承认和执行。(《中华人民共和国法库》第 9278 页）之后，大连市中级人民法院于 1995 年 11 月 15 日裁定认为：中国和日本国之间，没有两国共同参加的有关相互承认和执行法院判决的国际条约，亦无互惠根据。日本国横滨地方法院小田原分院作出的判决，其当事人均系日本国国民，且双方借贷行为也发生在日本，与中国大连发日海产食品有限公司无任何法律关系。日本国熊本县地方法院在执行上述判决不成情况下，未经通知中方，便追加中国大连发日海产品有限公司为债务第三人，没有任何法律依据，实属侵犯中华人民共和国司法主权之行为。另外，日本国横滨地方法院小田原分院的判决系在被告之一宇佐邦夫缺席情况下作出的，申请人未能向中国法院提供足以证明受案法院已向宇佐邦夫发出过合法传唤的证据。故对于申请人请求承认和执行的上述日本国法院的判决、债权扣押令和债权转让命令等，我国法院不能承认。该院依照中华人民共和国民事诉讼法第 268 条的规定裁定：驳回申请人五味晃的请求①。

本案是外国籍人向中国法院申请承认和执行外国法院判决的案件，根据我国民事诉讼法第 267 条的规定，由当事人直接向中国有管辖权的中级人民法院申请承认和执行，有管辖权的中级人民法院即应当立案受理。受理后，首先要审查我国和作出判决的该外国法院所属国之间有无共同缔结或参加的关于相互承认的执行判决的双边或多边国际条约，或者有无这方面的互惠关系。如果两国之间没有这种条约或互惠关系存在，则因无对该外国法院判决进行审查的依据而应驳回申请人的申请，终结案件。如经审查，两国之间存在这种国际条约或互惠，则依据条约和我国法律规定承认判决的条件，进行进一步审查，认为符合承认条件的，裁定承认该外国法院判决，需要执行的，发出执行令；否则裁定不予执行。

最近又看到一件意大利法院裁决破产后，权利人在我国申请承认和执行的案例（姚启平等《国际破产程序域外效力的理论与实践——析一起承认与执行外国法院破产判决案》载《人民法院报》2004 年 6 月 9 日第 3 版），其基本案情：

① 参见最高人民法院中国应用法学研究所编：《人民法院案例选》（1996 年第 2 辑），人民法院出版社 1996 年版，第 126～128 页。

南海娜塞提公司系位于广东省南海的中外合资企业，外方意大利Nassetti公司持有98%的股份。Nassetti公司在1997年变更名称为E. N. Group股份公司，后进入清理程序。1997年10月24日，E. N. Group股份公司被意大利米兰法院第62673号判决宣告破产。1999年4月14日，米兰法院作出《E. N. Group股份公司破产出售令》，判令将该破产公司所有财产、权利及持有股份的海外公司作为不可分割的整体进行出售。1999年9月30日，米兰法院作出《被没收财产转让判处令》，判处将属于E. N. Group股份公司的所有财产、权利及所持海外公司的股份，以单一整体价格转让给申请人B&T公司；责令破产监护人将上述破产财产完全交付于申请人供其自由支配。

但是，Nassetti公司于1999年5月将该公司在南海娜塞提公司的股份转让给了香港隆轩公司。我国当地外经部门批准了上述股份转让，南海娜塞提公司外方股东已变更为隆轩公司。申请人B&T公司认为：Nassetti公司非法转让其已无权处分的南海娜塞提公司股份给隆轩公司，侵犯了申请人作为唯一持有破产人海外股份的法定所有人的权利。申请人遂向我国某市中级法院提出申请，要求承认和执行：（1）意大利米兰法院于1997年10月24日作出的第62673号破产判决；（2）意大利米兰法院于1999年9月30日作出的《被没收财产转让判处令》；（3）确认申请人在南海娜塞提公司的合法股东地位，E. N. Group股份公司在南海娜塞提公司持有的98%股份，应完全交付申请人自由支配。

该文介绍，根据1991年缔结且1995年生效的《中意司法协助条约》的规定，意大利米兰法院1997年10月24日作出的第62673号破产判决和1999年9月30日作出的被没收财产转让判处令均已发生法律效力，不存在双边条约规定的拒绝承认的情形，因此，受理该案的我国某中级人民法院依法应予以承认。

另一方面，该文认为在本案中，由于意大利法院破产判决的标的物已经由破产人转让给境外的第三人，致使所涉及的法律问题变得异常复杂。首先，涉及审查确认股份转让的法律效力及其法律性质。其次，如果这一转让行为被确认为非法转让破产财产的破产欺诈行为，随之而来的是要如何合理均衡保障申请人与第三人的合法权益，则更是深层次上需要考虑的复杂问题。这其中包括，第三人在受让股份过程中的主观心理（善意或恶意）。第三人与申请人应该处于怎样一种权益保障地位，如何协调外国法院判决与我国外资企业公司股权变动法律制度之间的冲突（该股份转让已经我国法定股权变更程序完成），如何维护南海娜塞提公司经营的稳定性等一系列问题，这些因素都需要综合考虑并谨慎处理。最后，由于上述合资公司股份的受让人隆轩公司为香港注册法人，由中国大陆人民法院发出的执行令在香港法域能否得到有效执行，亦牵涉到两个不同法域间的司法协助问题。综上，该破产判决在我国能否直接予以执行尚不确定，无法直接发出执行令。其实，正因为国际破产案件的特殊复杂性，外国破产判决的承认与执行，往往不是通过简单地发布一个执行令来解决，而必须体现在具体的司法程序之中，即在本国发动“附属破产诉讼”，以便与外国法院的“主破产诉讼”相配合。如根据《联合跨国破产示范法》的规定，外国破产程序得到承认后，外国代表可在本国提起避免债权人损失的诉讼程序。所以我国法院对申请人针对合资公司股份的执行请求在本案不作处理，而告知申请人可以持民事裁定书另行通过诉讼程序主张权利，是合理的，也是符合国际惯例的。

笔者以为，此例作者的看法有道理。其中，特别是受让人隆轩公司系香港企业，受香港法律调整，与我国内地非一个法域，究竟应如何执行，肯定有不同于内地企业的特点，应慎重处理。但这并不是说内地法院就一定处理不了。因为，被转让的娜塞提公司毕竟在内地，其作为中外合资企业，依法应受中华人民共和国法律管辖。由于案情在某些方面没有（该文限于篇幅也不可能）说得那么细致，笔者也只能就此打住了。

二、我国法院裁决在域外承认与执行的实践

我国法院裁决在国外承认与执行的法律依据，概括起来有三个方面。一是我国的立法。根据我国《民事诉讼法》第266条第1款的规定，我国法院作出的发生法律效力的判决、裁定，如果被执行人或者其财产不在中华人民共和国领域内，当事人请求执行的，可以由当事人直接向有管辖权的外国法院申请承认和执行，也可以由我国法院依照中华人民共和国缔结或者参加的国际条约的规定，或者按照互惠原则，请求外国法院承认和执行。为了向当事人提供方便，我国最高人民法院关于适用《中华人民共和国民事诉讼法》若干问题的意见第320条规定，当事人在我国领域外使用的人民法院的判决书、裁定书，要求我国人民法院证明其法律效力的，以及外国法院要求我国人民法院证明判决书、裁定书的法律效力的，

我国作出判决、裁定的人民法院，可以本法院的名义出具证明。

二是我国缔结或参加的国际条约。

三是互惠原则。关于后两者，已在别处作了讨论，此不赘述。

可见，当事人如果以我国法院已发生法律效力的裁决为依据，请求外国法院承认和执行，其途径有三：一是以其自身的名义申请外国法院承认与执行。二是依据我国缔结或参加的国际条约的规定，请求外国法院承认与执行。三是某外国与我国未签署国际条约，但双方有互惠关系，当事人可依我国与该国共同认可的方式请求该国法院承认与执行。

在我国法院的裁判中也有涉及需在域外执行的，请看一例：

原告武汉市G贸易公司（以下简称G公司）因与被告D有限公司（美国）（以下简称D公司）债务一案，于1995年12月28日向湖北省高级人民法院提起诉讼。湖北省高级人民法院受理后，依法组成合议庭，于1996年10月17日公开开庭审理了本案，原告公司和被告公司的委托代理人均到庭参加诉讼。

原告G公司诉称，1991年9月2日及1992年9月2日，G公司与D公司签订了两份关于出口丝绸服装的协议，至1993年9月，G公司先后向D公司出口货物累计6799436.68美元，现D公司共欠189万美元，为此双方于1994年5月19日签订了还款协议，但D公司至今分文未付，故请求判令D公司立即偿还欠款189万美元及其利息，并承担本案的诉讼费用。

被告D公司辩称，还款协议书是应G公司总经理新旧交替需要而由G公司单方面所为，没有反映双方真实的财务账目往来情况。依双方所发生的业务，D公司实欠G公司24万美元，G公司所诉其他欠款是香港N公司以及美国某公司所发生的业务，与D公司无关，请求人民法院依法判决。

经审理查明，1991年至1993年，G公司与D公司多次进行丝绸服装出口贸易往来。1994年5月19日，D公司（甲方）拖欠G公司（乙方）货款一事，经过对账签订了还款协议书。其内容是：一、甲乙双方经核对确认，乙方逾期未收汇189万美元；二、甲方同意在1995年元月31日前偿还90万美元，时间为，1994年7月31日内偿还24万美元，同年10月30日内偿还26万美元，1995年10月31日内偿还40万美元；三、余下99万美元，甲方在1994年6月底前提供具有法律效力的官方检验机构的质量检验报告，并提出具体的解决方案，报请甲方主管机构武汉市外经贸委审批、备案，以便乙方按照国内的外贸政策解决善后事宜。协议签订后，D公司未履行还款义务，也未按协议规定的期限提供质量检验报告证明。为此，G公司于1995年12月28日向法院起诉。

法院认为，G公司与D公司于1994年5月19日签订的《还款协议书》是双方在对经贸往来账目进行认真核对之后所达成的，并有双方法定代表人的签字，因而是双方当事人的真实意思表示，内容合法，双方由此产生的债权债务法律关系明确。《还款协议书》的订立，表明双方原有的国际贸易合同关系的终止，以及双方债权债务法律关系的产生。G公司请求D公司偿还欠款及利息的理由成立，法院予以支持。D公司辩称其法定代表人的行为不能代表该公司及协议未正确反映双方的贸易往来情况，没有事实依据，其理由不能成立。法院依照《中华人民共和国民法通则》第106条第1款、第108条之规定，判决如下：D公司（美国）向武汉市G贸易公司偿还欠款189万美元，折合人民币15856940元及其利息（截至1996年10月31日止的利息为人民币2394076.89元，1996年11月1日至偿还之日止的利息按中国人民银行规定的同期流动资金贷款利率计算）。上述款项于判决生效之日起30日内付清。

案件受理费人民币105000元，由D公司（美国）负担。

本案当事人均未上诉，此判决发生法律效力。由于被告未履行，原告G公司于1997年5月12日向湖北省高级人民法院申请执行，并反映被告在我国无任何财产。

据悉，至今为止，我国与美国尚未签订司法协助条约，亦无两国共同参加的司法协助国际条约。因此，由我国法院请求美国法院协助执行无法律依据。另一方面，笔者尚未得到两国之间在相互承认与执行对方法院裁决方面存在互惠的信息。因此，根据我国《民事诉讼法》第266条的规定，当事人可直接向被告所在地的有管辖权的美国法院申请承认与执行。

三、港澳台法院裁决在内地法院承认与执行的实践

由于港澳已先后于1997年和1999年回归祖国且台湾又是我国不可分割的一部分，同时港澳台各有一套法律制度，所以从法律上看，我国是一个具有多元法律秩序或复合法律秩序的国家①。所以，涉港、澳、台民事案件是当事人一方或多方居住在香港、澳门、台湾地区的中国公民，或者当事人各方均为内地中国公民 但讼争的财产在港、澳、台地区，或者当事人争议的民事关系据以发生、消灭、变更的法律事实发生在港、澳、台地区，依法由我国人民法院审理的案件。涉港、澳、台民事案件并不是涉外案件，而是国内民事案件，但又是区别于我国内地一般民事案件的特殊民事案件。从诉讼程序上来讲，这类案件参照我国涉外民事诉讼程序的有关规定②。法律依据是最高人民法院 2001 年 12 月 25 日通过的《关于涉外民商事案件诉讼管辖权若干问题的规定》第 5 条的规定（在此之前最高人民法院的有关司法解释也有类似的规定）。

香港特别行政区基本法第 95 条规定："香港特别行政区可与全国其他地区的司法机关通过协商依法进行司法方面的联系和相互提供协助。"此即内地与香港相互开展司法协助的法律依据。关于香港与内地民事司法协助的性质问题，有的提出，这种协助属于一国内部平等法域之间的区际司法协助③。有的学者还提出，"从国际私法的历史看，国际私法的本体是在区际冲突法的基础上产生并发展起来的。在有些国家，这两者一直相互影响，相互促进，以致发展到相辅相成、紧密结合的程度。区际冲突法至少在目前应当是国际私法学的研究对象已成为国际私法学界的共识"。④"区际冲突是一国内各法域之间民商事法律适用上的冲突，就是说，并能将国内各法域的民商事法律制度对同一民商事关系规定的歧义本身视为法律冲突，只有当国内某一跨区域的民商事关系涉及这些不同的规定，而适用其中某一法域的法律结果与适用另一法域法律的结果不同时，各法域间

---

① 黄进等：《多元法律秩序与法律选择》，载《中国海商法年刊 1996》，大连海事大学出版社 1997 年版，第 203 页。

② 参见王怀安主编：《中国民事诉讼教程》（修订本），中国政法大学出版社 1996 年版，第 304～305 页。

③ 参见刘振江：《中国区际司法协助问题的探讨》，载黄进等主编《区际司法协助研究》，中国政法大学出版社 1993 年版，第 38 页。

④ 张仲伯主编：《国际私法学》，中国政法大学出版社 2002 年修订版，第 385 页。

的法律在该民商事问题上才产生法律冲突。"① 另外，有的学者提出了不同的观点，认为香港特别行政区与内地之间的民事司法协助，不属于一国内部平等法域之间的区际司法协助，而是根据一国两制产生的中央与地方之间的一种特殊关系。如果要称之为区际司法协助，也只能算是一种特殊的、中央法制施行区域与地方特殊法制施行区域之间的区际司法协助②。这一观点在介绍了英美法系（如英、美、澳大利亚、加拿大等）一些国家和前苏联以及瑞士这些国家有关在一个主权国家内各平等法域之间的司法协助制度后指出，香港与内地的关系，同上列各国平等法域之间的关系，既有类似之处，又有重大差异，其异有三：一是香港与内地的法律，不仅在法律体系和具体规范上有不同，而且本质也有区别。因此，这就决定了香港法律不仅有其独特性，且这种独特性较之其他多法域国家中各法域的法律更为突出。二是香港享有高度自治权，其本地法律涵盖的事项之广，也不是其他多法域国家中各个法域的法律所能比拟的。香港调整民事关系的法律完全自成体系，并不在任何方面依附于中央的同类法律。三是香港法律与内地法律之间并不具备其他多法域国家中各法域法律之间相互平等的特点。这是因为，香港虽然享有高度自治，但毕竟是一个特别行政区即一非主权地区。虽然香港法律与内地法律在调整民事法律关系的某些规范及其适用上有平等的一面，但这二者不可能完全平起平坐，也不能把实行全国性法律的区域与香港特别行政区视为完全平等的法域。不过，在目前的情况下，由于香港、澳门已先后回归，二者之间的法律应该说是一个主权国家下的平等法域中的法律。

笔者以为，这种观点是有道理的。一个基本的事实就是，香港无论怎么说，毕竟是祖国大家庭中的一员，其特殊性是由香港特别行政区基本法的规定决定的。这种特别的相互关系是随着一国两制的出现而来的。也是国家制度在世界范围内的创新。这一创新与原有的联邦制在某些方面有相似的一面，但也有不同的一面。正是这不同的一面构成一国两制与联邦制的区别，也是一国两制的特点所在。而香港法律与内地法律的相互关系仅

---

① 张仲伯主编：《国际私法学》，中国政法大学出版社 2002 年修订版，第 386 页。

② 参见徐宏：《国际民事司法协助》，武汉大学出版社 1996 年版，第 366 ~ 369 页。

在一个角度反映出一国两制的特点。应该说，在这一领域，实践已提出了许多可以继续研究和探讨的问题。

目前，内地与港澳之间虽然在民事司法协助方面出台了三个安排，即《关于内地与香港特别行政区法院相互委托送达民商事司法文书的安排》、《关于内地与香港特别行政区相互执行仲裁裁决的安排》和《关于内地与澳门特别行政区法院就民商事案件相互委托送达司法文书和调取证据的安排》①，但是，法院裁决在对方领域内的承认与执行却无一个全面的“安排”或规定。不过，随着时间的推移，近些年来，内地与港澳台关系的发展和经济、文化、人员交流的增多，对这些地区法院民事裁判的承认与执行已成为人民法院处理涉港澳台民事案件的一个内容。各地人民法院也陆续收到当事人要求人民法院承认与执行这些地区法院裁决的申请②。为了使香港同胞和内地公民的婚姻权利得到法律保护，最高人民法院1991年9月20日在答复黑龙江省高级人民法院的请示时作出了《关于我国公民周芳洲向我国法院申请承认香港地方法院离婚判决效力我国法院应否受理问题的批复》，其内容：我国公民周芳洲向人民法院提出申请，要求承认香港地方法院关于解除英国籍人卓见与其婚姻关系的离婚判决的效力，有管辖权的中级人民法院应予受理。受理后经审查，如该判决不违反我国法律的基本原则和社会公共利益，可裁定承认其法律效力。

笔者以为，澳门与香港同属我国的特别行政区，其法律地位是一样的。因此，最高人民法院上述批复规定的内容也可作为内地法院受理当事人申请承认澳门当地法院离婚判决的法律效力及其审查的依据。

但另一方面，限于笔者目前手头的资料，尚无内地法院承认与执行香港法院（含澳门）关于民商事案件（如合同、产权等）的裁决的规范或规定。但这方面的实践是有的，请看两例：

原告香港D有限公司与被告香港P有限公司于1993年6月至9月间先后签订合同，由被告购买原告工程车辆。被告在货物装船之前，按合同已支付50%的货款，双方约定余款分别在提单签发120天或150天内支付。付款期到后，原告多次，包括通过律师要求被告支付，但被告没有支

---

① 参见《中华人民共和国法库》，人民法院出版社2002年版，第9265~9272页。

② 参见王怀安主编：《中国民事诉讼教程》（修订本），中国政法大学出版社1996年版，第312页。

付。原告遂于1995年10月17日在香港最高法院对被告提起诉讼，香港最高法院于1995年12月8日作出第A10558号判决。次日香港最高法院又作出A10557号判决。

由于被告在香港没有财产可被执行，原告的母公司韩国D株式会社后打听到被告在内地设立了H（湖北）有限公司，且将买下的工程运输车辆运到湖北，遂委托内地律师于1998年1月8日在武汉市中级人民法院书面申请承认香港最高法院的上述两份已发生法律效力的判决，并附经域外公证且经我驻韩使馆和授权机构认证的委托书、香港最高法院判决书等法律文件。武汉市中级人民法院1998年3月18日立案，1998年7月2日作出裁定，认定：申请人韩国D株式会社于1998年3月18日向本院提出申请，要求确认香港最高法院对原告D公司诉被告P有限公司一案，于1995年12月9日所作出的1995. No. A10557号判决书，以及该院对原告香港D有限公司诉被告P有限公司一案，于1995年12月8日所作出的1995. No. A10558号判决书的法律效力。香港最高法院所作出的1995. No. A10557号判决结果为：被告应支付原告下列款项：（1）总额为541，088.00美元或等值的香港港币，其中总额为350806.00美元的利息自1994年5月11日起至判决之日计算，年息为19%；其中总额为190282.00美元的利息，自1994年4月11日起至判决之日计算，年息为19%，另加罚息；（2）总额为345600.00美元或等值的香港港币，另加自1994年2月28日起至判决日止的利息，年息为19%，以及罚息；（3）总额为148454.00美元或等值的香港港币，另加自1994年1月21日起至判决日止的利息，年息为19%，自该日起至实际支付之日的罚息；自该日起至实际支付之日的罚息，和（4）1，550港币的固定收费。该院所作出的1995. No. A10558号判决结果为：被告应支付原告下列款项：（1）总额为166965.00美元或等值的香港港币并且支付利息：自1993年8月31日至1993年12月28日的利息，年利息1.75%，自1993年12月28日起到判决日止的利息，年利息19%，以及自判决日起到支付价款止的罚息；（2）总额77520.00美元或等值的香港港币，年利息为6%，自1994年9月8日起到判决日止的利息，年利息为19%，以及自判决日起到支付价款止的罚息；（3）1550港币的固定收费。

武汉市中级人民法院经审查认为，香港最高法院所作出的1995. No. A10557号判决以及该院所作出的1995. No. A10558号判决，符合我国法律的基本原则。该院依照《中华人民共和国民事诉讼法》第 267 条的规定，裁定如下：对香港最高法院所作 1995. No. A10557. 1995. No. A10558 两案的判决效力予以承认。

据称，申请人韩国 D 有限公司在收到法院的这一裁定后，立即着手进一步调查香港 P 有限公司的有关情况。有关资料显示，被告 1984 年 7 月 20 日于香港注册设立，该公司于 1993 年 12 月向湖北省有关部门申请设立外商投资企业，内地工商行政管理部门于 1994 年 1 月 4 日颁发了该公司的法人执照。公司注册资本为 350 万美元，以设备作为投资，其设备中有搅拌车、自卸车、混凝土车等。法院根据申请人提供的线索对 H（湖北）有限公司进行调查发现，其法定住所已无该公司，进口的设备也没了踪影，公司的人员查无下落。

囿于笔者占有的资料，这是笔者仅见的内地法院裁定承认香港特别行政区法院的民商事判决的案件。笔者以为，武汉市中级人民法院的这种做法是一种尝试。本书本章中他处这方面的案例，是裁定不承认域外法院裁决的案件。从法律上讲，对域外法院的裁决承认或不承认，执行或不执行，均为一国司法主权的具体表现。不能说承认与执行是行使司法主权的表现，不承认与不执行就不是行使司法主权的表现；反之亦然。从实践上讲，对域外法院的裁决，既有裁定不承认与不执行，又有裁定承认与执行，毕竟比仅有一个方面的实例好。人们可以从两方面的比较中，更清楚地看到我国在这方面的法律制度。在我国“入世”后，这既是履行我国已承诺的国际义务（如公开我国的法律制度等），同时也是让世界了解中国的一个渠道。因此，武汉市中级人民法院的这种尝试是积极的、有益的。另一方面，既然是尝试，就有一个总结经验、不断探索、不断完善的过程。在这方面，客观地讲，我国法院还有很多工作可做。

之后，笔者又见到一例：

申请人利登利公司、富华公司与被申请人耀声公司合同纠纷一案，经香港特别行政区高等法院原讼法庭于 1998 年第 A15726 号判决书判决，被申请人耀声公司向利登利公司支付港币 13897153. 80 元，应向富华公司支付港币 2941840. 82 元；支付至 1998 年 12 月 29 日止按申请人合约规定的利率计算上述款项的利息，并支付自 1998 年 12 月 29 日起至被申请人支付上述款项完毕之日止按该判决利率计算的利息以及诉讼费和律师费。由于被申请人在香港的资产不能满足按法院判决确定的给付义务，而被申请人在厦门地区有可供执行的财产，申请人参照《中华人民共和国民事诉讼法》第267条和268条规定，于1999年3月8日向厦门市中级人民法院申请承认和执行该判决。

申请人在申请的同时向该院提交了香港特别行政区高等法院原讼法庭1998年第A15726号判决书复印件、该判决书的中文译本、中国法律服务（香港）有限公司的认证材料以及有关被申请人在厦门的财产资料等。

厦门市中级人民法院对申请人提交的申请书及有关材料进行审查后认为：申请人与被申请人的公司注册、商业登记及涉讼合同纠纷均发生在香港，适用的是香港特别行政区法律。香港特别行政区司法机关与内地司法机关互不隶属，双方按各自的司法制度独立进行活动。根据《中华人民共和国香港特别行政区基本法》第95条规定，内地法院与香港特别行政区法院之间依法进行司法方面的联系和相互提供协助事项，必须通过两地的主管机关协商作出安排后才能进行。目前，内地法院与香港特别行政区法院尚未就相互承认与执行民事判决事项作出安排，因此，内地法院受理此类申请没有依据。据此，厦门市中级人民法院于2000年2月23日决定依法对本案申请不予立案受理，并向申请人说明了理由，告知其有权就本案向内地有管辖权的人民法院重新起诉。①

将上列两例对比一下可以看到，一般而言，我国内地法院对香港法院有关民商事案件（如合同、产权等）裁决的承认和执行是持一种保留态

---

① 内地法院与香港特别行政区法院之间相互承认和执行判决，属两地之间的司法协助事项之一。依香港特别行政区基本法第95条的规定，两地之间的司法协助需通过协商安排解决。据此，两地的共识是通过两地的主管机关就某类司法协助进行协商达成安排的协议的方式，作为进行某类司法协助进行的依据，未达成之前，两地各自执行自己的原有作法。这实际上表明，两地之间的司法协助非经过双方协商达成安排的协议不可，法律上没有其他管道可言。因此，内地法院对当事人提出的涉港司法协助请求，能否启动司法协助程序，必以有无这方面的安排作依据，否则就应拒绝启动。

需要说明的一点是，无论两地之间是否已就某类司法协助事项达成安排，均不应妨碍法院对当事人请求的受理。受理后才发生根据不同的理由是否提供或拒绝予以协助的问题。两地之间还未达成该类司法协助事项的安排，应是拒绝提供协助、驳回请求的理由，而不是不予受理的理由。同时，提供或者拒绝均应以裁定的方式表示之。（谢水胜编：《人民法院案例选》2001年第1辑，人民法院出版社2001年版，第415～148页）。

度的。这种状况显然不利于内地与香港之间的相互交往，对两者都无益处。当然，这不仅取决于内地的法院，而需双方的共同努力。笔者相信，这种状况一定会改变，且一定会在不远的将来予以改变。

为了保障我国台湾地区和其他省、自治区、直辖市的诉讼当事人的民事权益与诉讼权利，最高人民法院于1998年5月22日公布了《关于人民法院认可台湾地区有关法院民事判决的规定》，并于同月26日施行。此规定共19条，其主要内容是：台湾地区有关法院的民事判决，当事人的住所地、经常居住地或者被执行财产所在地在其他省、自治区、直辖市的，当事人可以根据本规定向人民法院申请认可。申请人应提交申请书，并须附有不违反一个中国原则的台湾地区有关法院民事判决书正本或经证明无误的副本、证明文件。申请书应记明以下事项：（一）申请人姓名、性别、年龄、职业、身份证号码、申请时间和住址（申请人为法人或其他组织的，应记明法人或其他组织的名称、地址、法定代表人姓名、职务）；（二）当事人受传唤和应诉情况及证明文件；（三）请求和理由；（四）其他需要说明的情况。

人民法院收到申请书，经审查，符合上列条件的，应当在7日内受理；不符合上列条件的，不予受理，并在7日内通知受理人，同时说明不受理的理由。人民法院审查认可台湾地区有关法院民事判决的申请，由审判员组成合议庭进行。人民法院受理申请后，对于台湾地区有关法院民事判决是否生效不能确定的，应告知申请人提交作出判决的法院出据的证明文件。台湾地区有关法院的民事判决具有下列情形之一的，裁定不予认可：（一）申请认可的民事判决的效力未确定的；（二）申请认可的民事判决，是在被告缺席又未经合法传唤或者在被告无诉讼行为能力有未得到适当代理的情况下作出的；（三）案件系人民法院专属管辖的；（四）案件的双方当事人订有仲裁协议的；（五）案件系人民法院已作出判决，或者外国、境外地区法院作出判决或境外仲裁机构作出仲裁裁决已为人民法院所承认的；（六）申请认可的民事判决具有违反国家法律的基本原则，或者损害社会公共利益情形的。人民法院审查申请后，对于台湾地区有关法院民事判决不具有上述所列情形的，裁定认可其效力。申请人委托他人代理申请认可台湾地区有关法院民事判决的，应当向人民法院提交由委托人签名或盖章并经当地公证机关公证的授权委托书。人民法院受理认可台湾地区有关法院民事判决的申请后，对当事人就同一案件事实起诉的，不予受理。案件虽经台湾地区有关法院判决，但当事人未申请认可，而是就同一案件事实向人民法院提起诉讼的，应予受理。人民法院受理认可申请后，作出裁定前，申请人要求撤回申请的，应当允许。对人民法院不予认可的民事判决，申请人不得再提出申请，但可以就同一案件事实向人民法院提起诉讼。人民法院作出民事判决前，一方当事人申请认可台湾地区有关法院就同一案件事实作出的判决的，应当中止诉讼，对申请进行审查。经审查，对符合认可条件的申请，予以认可，并终结诉讼；对不符合认可条件的，则恢复诉讼。申请认可台湾地区有关法院民事判决的，应当在该判决发生效力后 1 年内提出。被认可的台湾地区有关法院民事判决需要执行的，依照《中华人民共和国民事诉讼法》规定的程序办理。

为了切实贯彻执行好上述规定，最高人民法院于 1998 年 6 月 17 日专门发出通知，明确要求，在目前一段时间内，当事人申请认可台湾地区有关法院的民事判决，人民法院在裁定认可或不予认可之前，应当报请本辖区所属高级人民法院进行审查，高级人民法院经审查同意或不同意认可，均应当及时予以答复，并报最高人民法院备案。依照《规定》向人民法院申请认可台湾地区有关法院民事判决的，不收取案件受理费。

随着时间的推移，四川省高级人民法院针对实践中的问题，向最高人民法院呈报了《关于当事人持台湾地区有关法院民事调解书或者有关机关出具或确认的调解协议书向人民法院申请认可，人民法院应否受理的请示》。最高人民法院于 1999 年 4 月 27 日公告发布了《关于当事人持台湾地区有关法院民事调解书或者有关机关出具或确认的调解协议书向人民法院申请认可，人民法院应否受理的批复》，自同年 5 月 12 日起施行，其内容：台湾地区有关出具的民事调解书，是在法院主持下双方当事人达成的协议，应视为与法院民事判决书具有同等效力。当事人向人民法院申请认可的，人民法院应比照我院《关于人民法院认可台湾地区有关法院民事判决的规定》予以受理。但对台湾地区有关机构（包括民间调解机构）出具或确认的调解协议书，当事人向人民法院申请认可的，人民法院不应予以受理。

随后，广东省高级人民法院向最高人民法院呈报了《关于当事人持台湾地区有关法院支付命令向人民法院申请认可，人民法院应否受理的请示》。最高人民法院于 2001 年 4 月 10 日公告公布了《关于当事人持台湾地区有关法院支付命令向人民法院申请认可，人民法院应否受理的批复》，自同月27日施行，其内容：人民法院对当事人持台湾地区有关法院支付命令及其确定证书申请其认可的，可比照我院《关于人民法院认可台湾地区有关法院民事判决的规定》予以受理。

支付命令是有支付内容的。只要人民法院裁定认可后，当事人即可申请执行。对此应依照《中华人民共和国民事诉讼法》的规定执行。

例如，经常居住在广东省中山市的台湾居民H，因债务人在中山市独资经营某服装厂，便向中山市中级人民法院提出书面申请，要求认可台湾士林地方法院作出的民事判决，其申请被法院认可后因债务人拒不履行债务，H向市中院提出强制执行申请。被申请人一度向中山市中级人民法院提出异议，以台湾士林地方法院判决确定证明书已被撤销为由，要求终止执行，并向中山市中级人民法院提交了一份台湾士林地方法院于1998年8月24日作出的函件，其上载明“因被告未经合法送达而行公示送达，原1997年9月5日所发给原告之确定证明书正本应予撤销”。后H通过海基会向中山市中级人民法院转来了台湾士林地方法院于1998年9月23日作出的判决的确定证明书。中山市中级法院将此件出示给债务人，债务人表示愿意对该判决所确定的债务本息分期予以履行，最终H的债权全部得以实现。又如，住所地位于台湾的东亚银行有限公司台北分公司向广东省东莞市中级人民法院申请承认和执行台北地方法院民事裁定。被执行人为Q公司。Q公司是Y公司的股东。而Y公司又是G公司的股东。亦即Q公司在东莞市有可供执行的财产。法院审查后对台北地方法院的裁定予以认可。

第十章　域外仲裁裁决的承认与执行

仲裁裁决的承认与执行问题，是国际商事仲裁制度的核心问题，同时也是各国法院无法回避的一个重要问题。本章将以1958年《纽约公约》为中心，探讨域外仲裁裁决的承认与执行。

第一节　域外仲裁裁决的含义

一、域外的含义

在分析“域外仲裁”的“域外”之前，不得不提及“国际仲裁”、“外国仲裁”、“涉外仲裁”和“非内国仲裁”等含义近似的术语。“国际仲裁”出现得最多，而“外国仲裁”则主要针对“内国仲裁”而言，“涉外仲裁”则是改革开放以来立法领域的中国特色。① 本文所述“域外仲裁”主要是指法域外的仲裁。就中国大陆法域而言，台湾、香港、澳门及其他国家或地区的仲裁就是域外仲裁。而且一般来说，“域外仲裁”就是“国际仲裁”，但国内更常用的是“涉外仲裁”。

那么如何认定一项仲裁是“国际仲裁”呢？对于“国际”一词的含义，各国国内立法和国际公约均未给予一个明确的定义，而只是从外延上进行了描述，即回答“什么情况下的仲裁是国际性的”这样一个问题；学者们试图从外延和内涵上对此下一定义，也未见有统一的观点。但对“国际”的认定标准上，基本上形成了两种主要标准：一种是以争议的实质为标准，一项仲裁是否国际性的，主要是分析争议的实质或本质是否涉及国际商业利益；另一种标准是主体标准，它主要考察当事人的国籍、住

① 参见宋连斌、赵健《关于修改1994年中国〈仲裁法〉若干问题的探讨》，陈安主编《国际经济法论丛》第4卷，法律出版社2001年版，第611页。

所或习惯居所，如果是法人，则以法人注册地或管理中心地等连结因素是否具有涉外因素，即以当事人的身份来识别仲裁是否为国际仲裁。

鉴于上述两种标准均有其局限性，联合国国际贸易法委员会1985年的《国际商事仲裁示范法》兼采这两种标准，对“国际”一词坚持广义的解释。《示范法》第1条第3款规定：“仲裁如有下列情形之一即为国际仲裁：(1) 仲裁协议的当事各方在缔结协议时，他们的营业地点位于不同的国家；或者 (2) 下列地点之一位于当事各方营业地点所在国之外：①仲裁协议中确定的或根据仲裁协议而确定的仲裁地点；②履行商事关系的大部分义务的任何地点或与争议标的最密切的地点；或 (3) 当事各方明确地同意，仲裁协议的标的与一个以上的国家有关。”这一规定反映出涉外仲裁或国际商事仲裁实践对“国际”含义扩大解释的趋势。①

由于我国涉外民商事法律制度的建设起步较晚，加上涉外民商事的诸多法律法规又在发展演变中，使得我国现有的涉外民商事立法规定过于笼统和原则，迄今对“国际”或“涉外”一词尚无明确的定义或解释。

最高人民法院为规范执法活动，依法行使职权，对民商事法律中的“涉外”一词作出了一些解释。如1992年最高人民法院《关于适用〈中华人民共和国民事诉讼法〉若干问题的意见》第304条规定：“当事人一方或双方是外国人、无国籍人、外国企业或组织，或者当事人之间民事关系的设立、变更、终止的法律事实发生在外国，或者诉讼标的物在外国的民事案件，均为涉外民事案件。”

但是，中国涉外仲裁机构对“涉外”的解释较之最高人民法院的要宽泛得多。根据2000年修订的《中国国际经济贸易仲裁委员会仲裁规则》第2条第2款的规定，中国涉外仲裁实践中的“涉外”情形主要包括：

(1) 国际的或涉外的契约性或非契约性的争议。具体而言，是指发生在外国法人及/或自然人同中国法人及/或自然人之间，外国法人及/或自然人之间，中国法人及/或自然人之间的争议；

(2) 涉及香港特别行政区、澳门特别行政区或台湾地区的争议。通常是香港、澳门或台湾地区法人及/或自然人相互之间，或者其同大陆法

---

① 参见黄进、徐前权、宋连斌编著：《仲裁法学》，中国政法大学出版社1999年修订版，第170页。

人及/或自然人之间，或者其同外国法人及/或自然人之间的争议；

（3）外商投资企业相互之间以及外商投资企业与中国其他法人、自然人及/或其他经济组织之间的争议；

（4）涉及中国法人、自然人及/或其他经济组织利用外国的、国际组织的或香港特别行政区、澳门特别行政区、台湾地区的资金、技术或服务进行项目融资、招标投标、工程建筑等活动的争议。

二、域外仲裁裁决

（一）仲裁裁决的含义

对于仲裁裁决（Arbitral Award）的内涵，各国的仲裁立法均未作出界定。1958 年《纽约公约》第 1 条第 2 款对仲裁裁决的解释是：“‘仲裁裁决’一词系指由为每一案件选定的仲裁员所作出的裁决，及由常设仲裁机构经当事人提请而作出的裁决。”这一解释仅指出了作出裁决的主体和对象，并未对仲裁裁决下一个完整的定义。联合国国际贸易法委员会在起草《国际商事仲裁示范法》时，曾有人提出过有关仲裁裁决的定义，认为：仲裁裁决系指解决所有提交仲裁庭的事项而作出的最终裁决以及仲裁庭对于任何实体问题所作出的最后决定；或者是仲裁庭对于本身的管辖权问题或任何其他程序问题所作出的决定。在后种情形下，仅在仲裁庭将其决定称之为裁决时才为“仲裁裁决”。由于该定义难以确定哪种裁决具有终局性，所以未被《示范法》所采纳。

我国《仲裁法》和涉外仲裁机构的《仲裁规则》均未界定“仲裁裁决”的含义。学术界对仲裁裁决的定义主要有两种。一种定义是：仲裁裁决是“仲裁庭在审理案件过程中或者审理案件后，对当事人提交仲裁的争议事项所作的权威性决断”。① 另一种定义是：“裁决是指仲裁庭依法对提交仲裁的案件的审理过程中或进行审理后，根据已查明的事实和认定的证据，对当事人提出的仲裁请求或反请求或与之有关的其他事项作出书面决定的行为。该书面决定成为仲裁裁决书。有时，裁决也可与仲裁裁决书同样理解。”② 相对而言，第二种定义更为全面具体。

① 谭兵主编：《中国仲裁制度研究》，法律出版社 1995 年版，第 242 页。

② 黄进、徐前权、宋连斌编著：《仲裁法学》，中国政法大学出版社 1999 年修订版，第 140 页。

（二）域外仲裁裁决的有效性

域外仲裁裁决有效与否直接决定该项仲裁裁决能否在域外得到承认与执行。那么如何认定一项仲裁裁决是有效的裁决呢？主要应从该项裁决的形式和内容两方面进行考察。

首先，仲裁裁决的形式直接关系到裁决的效力和承认与执行。仲裁裁决只有在形式上符合仲裁地法的规定，才被仲裁地国认为有效；仲裁裁决只有在形式上符合执行地国法律的规定，才可能得到该国承认与执行。

绝大多数仲裁立法和仲裁规则表明，仲裁裁决必须以书面形式作出。英国仲裁立法中虽然允许口头裁决，但它也仅适用于无需执行的仲裁裁决。联合国《国际商事仲裁示范法》第31条规定，仲裁裁决应以书面形式作出并应由一名或数名仲裁员签字，说明仲裁裁决的理由以及裁决作出的日期与地点。伦敦国际仲裁院1998年《仲裁规则》第26条第1款规定："除非当事各方另有书面约定，仲裁裁决应当采用书面形式作出，并应说明裁决所依据的理由。还应述明作出裁决的时间和仲裁地，并应由仲裁庭或同意此裁决的成员签署。"联合国国际贸易法委员会《仲裁规则》第32条规定，仲裁裁决必须采用书面形式，必须附具理由，应由仲裁员签名并载明裁决作出的日期与地点。我国《仲裁法》第54条明确要求仲裁裁决须以书面形式作出。

书面并经签署这两个要求几乎总是联系在一起。联合国《国际商事仲裁示范法》规定："裁决应以书面作出，并应由一名或数名仲裁员签字，在有一名以上仲裁员程序中，仲裁庭全体成员的多数签字即可，但须对任何省去的签字说明原因。"

其次，仲裁裁决的内容既是仲裁庭对当事人争议事项的裁定，又是当事人享有权利承担义务或法院强制执行的依据，因此，其是否详尽、准确、全面，对裁决的效力和承认与执行具有重要意义。

内容之一：裁决的理由。对于仲裁裁决是否应载明裁决的理由，两大法系存在差异。一般而言，大陆法系国家的仲裁规范都要求仲裁裁决附具裁决理由，而普通法系国家则没有这个传统。但是随着仲裁立法的发展，两大法系在某种程度上已比较接近且正相互趋于一致。目前国际上均主张裁决应附具理由，除非当事人另有约定。这在《示范法》第31条第2款中得到了充分体现："裁决应说明它所根据的理由，除非当事各方协议不要说明理由或该裁决是根据第30条的规定按和解条件作出的。"据此可以认为，裁决书应载明理由已属于各国认定仲裁裁决有效的必备要件。

在这个问题上，我国采取了折中的处理办法。我国《仲裁法》第54条规定："裁决应当写明仲裁请求、争议事实、裁决理由、裁决结果、仲裁费用的负担和裁决日期。当事人协议不愿写明争议事实和裁决理由的，可以不写。"《中国国际经济贸易仲裁委员会仲裁规则》第55条规定："仲裁庭在其作出的仲裁裁决中，应当写明仲裁请求、争议事实、裁决理由、裁决结果、仲裁费用的负担、裁决日期和地点。当事人协议不愿写明争议事实和裁决理由的，以及按照双方当事人和解协议的内容作出裁决的，可以不写明争议事实和裁决理由。"《中国海事仲裁委员会仲裁规则》第54条的规定与此完全相同。

内容之二：裁决地点和时间。裁决应载明仲裁地点及裁决日期，所有国家在其仲裁法或仲裁规则中都对此要求作出了相应的规定。仲裁地决定裁决的"国籍"，但仲裁地并不必然等同于裁决签署地。一般而言，仲裁庭有权决定什么日期为裁决的作出日期。在仲裁庭未决定的情况下，裁决书上载明的日期即为仲裁员或不止一个仲裁员时最后一个仲裁员签署裁决的日期。根据《示范法》第31条第3款，"裁决应载明裁决日期及根据第20条第1款所确定的仲裁地。裁决应视为在该地点做成"。第20条第1款规定："当事人自由约定仲裁地。如当事人没有约定，仲裁地应由仲裁庭视案件情形包括是否方便于当事人而确定。"

（三）域外仲裁裁决的法律效力

一个有效的域外仲裁裁决应该具有哪些法律效力，直接关系到当事人、有关法院和其他机构对该项仲裁裁决的态度，因此也需要予以明确。

1. 既判力

既判力本身是西方民事诉讼理论中的概念，意即对作为诉讼标的的法律关系作出终局判决后，当事人不得再以该法律关系作为标的提起诉讼，法院也不得再就已裁判的法律关系作出相反的裁判。仲裁裁决既判力是近年来从西方民事诉讼法学中移植过来的概念，其含义主要是指仲裁裁决生效后对仲裁机构、法院和当事人所形成的必须受制于决断内容的效力。①它包括以下几个方面的内容：

① 参见刘想树：《中国涉外仲裁裁决制度与学理研究》，法律出版社2001年版，第186页。

（1）排他性

仲裁裁决的排他性是指仲裁裁决生效后，法院和其他机构不得受理已由该裁决解决的争议，当事人也不得就该争议重新提请仲裁或诉讼。对生效仲裁裁决的排他性，几乎所有仲裁规范都作了规定。

（2）稳定性

仲裁裁决的稳定性是指仲裁裁决生效后，仲裁机构无正当理由不得废弃、变更该裁决。值得注意的是，对已生效仲裁裁决的补充、更正和解释，不认为是对仲裁协议稳定性的否定。从大部分仲裁规范的规定来看，仲裁庭对自己已经作出仲裁裁决的补充、更正和解释都是基于当事人一方或双方的请求，而很少有仲裁庭主动补充、更正和解释裁决内容的规定，以充分尊重当事人的意思自治。

2. 执行力

仲裁裁决的执行力包括“作为履行根据的效力”和“作为强制执行根据的效力”两个方面。

（1）仲裁裁决作为履行根据的效力。表现在这几个方面：第一，义务人应当主动履行仲裁裁决所规定的义务，否则，将承担迟延履行的责任；第二，权利人不得拒绝接受义务人对义务的履行，除非权利人放弃自己的权利；第三，权利人不得基于某种理由为义务人履行义务设置障碍，否则应承担由此而引发的法律责任；第四，其他任何组织和个人不得为义务人履行义务设置障碍或干扰履行，不得否定履行的有效性，否则也应承担相应的法律责任。

（2）仲裁裁决作为强制执行根据的效力。这是指仲裁裁决生效后，义务人逾期不履行义务时，权利人可以根据仲裁裁决申请强制执行，执行机构应依法按照仲裁裁决和权利人的申请采取相应的强制执行措施。

我国现行法律对仲裁裁决效力的规定散见于民事诉讼法和《仲裁法》之中。民事诉讼法第259条规定：“经中华人民共和国涉外仲裁机构裁决的，当事人不得向人民法院起诉。一方当事人不履行仲裁裁决的，对方当事人可以向被申请人住所地或者财产所在地的中级人民法院申请执行。”《仲裁法》第9条第1款规定：“仲裁实行一裁终局制度。裁决作出后，当事人就同一纠纷再申请仲裁或向人民法院起诉的，仲裁委员会或者人民法院不予受理。”

第二节 域外仲裁裁决的承认与执行

仲裁裁决作出之后，自然而然就面临裁决的执行问题。仲裁实践表明，多数仲裁裁决都是由当事人自动履行的，但也有少数仲裁裁决的败诉方或债务方拒绝自动履行。此时最为有效的争议解决方式就是向法院提出强制执行仲裁裁决的申请，通过法院强制执行该仲裁裁决。法院对域外仲裁裁决的承认与执行是争议得以解决的最终保障。

一、承认与执行的含义

在探讨仲裁裁决的承认与执行问题之前，首先必须区分"承认"与"执行"。这两个词在很多场合总是密切相关的。例如，在1958年《纽约公约》中便谈及了外国仲裁裁决的"承认与执行"；但在有些场合，二者又作了明显的区分，如1927年《日内瓦公约》中使用了"承认或执行"（recognition or enforcement）的表述。显然二者是有细微差别的。一项裁决可以被承认但可能不能被执行；相反，一项裁决如果能够得到执行，它必须首先得到承认。因此，"承认"是"执行"的前提。我们通常所说的"裁决的承认与执行"实际上所指包含了"裁决的承认"和"裁决的承认与执行"两层意思。1985年《示范法》第35条第1款也作了这种区分："仲裁裁决不论在何国境内做成，均应承认其具有约束力，而且经向有管辖权的法院提出书面申请，即应予以执行，但须服从本条和第36条的规定。"

该条的标题为"承认与执行"，实际上是将"承认"和"执行"视为不同的程序来看待的，执行之前必须经过承认裁决的拘束力，因此承认是执行的前提，承认和执行既有区别又相互联系。

在司法实践中，有时仲裁裁决的承认与执行可以相分离，即只需"承认"而无需"执行"，这具体表现为两种情形①：其一，无论是外国（或外法域）仲裁裁决，还是非内国（或非内法域）仲裁裁决。都存在裁决的承认与执行问题，而内国（或内法域）仲裁裁决一般只存在执行问题，而不存在承认问题；其二，仅对外国（或外法域）仲裁裁决而言，

① 参见韩健著：《现代国际商事仲裁法的理论与实践》（修订本），法律出版社2000年版，第371页。

一项裁决有可能被承认，却不能被执行，但一项裁决得到了执行，则必然以被下达执行令的法院所承认为前提。

1. 裁决的承认

就承认外国仲裁裁决来说，承认是一种防御程序。① 它产生于如下情形：在裁决已经作出，一方当事人又就裁决书中已经裁决的争议向法院提起诉讼时，胜诉方往往以争议已经解决为由提出反对，并以裁决作为依据或证据要求法院承认裁决的效力和对当事人的拘束力。也就是说，提交法院诉讼所要处理的争议已经仲裁审理作出裁决并具有既决的效力，法院已无管辖权，新的诉讼程序应该终止。这样便产生了要求法院承认先前裁决的效力问题，而不存在执行问题，执行只能作另案处理。一旦法院承认了先前仲裁裁决的效力，那么一方当事人的诉讼将被驳回，仲裁裁决的法律强制性和效力即得到了承认，但裁决本身并未得到执行。在这种情况下，承认裁决具有独立的意义，其作用主要是为了抵消败诉方从法院那里获得一个新的判决。另外，裁决的承认还可发生在两诉相关联的场合，在提交给仲裁人的争议与诉讼于另一法院的争议相关联的情况下，仲裁庭作出的仲裁裁决可以作为一个证据并入一方当事人的诉讼请求中，如果有关可适用的程序法允许，承认裁决可以作为一个附带承认问题提起，这时法院须对此作出一个判决，承认裁决的拘束力，承认裁决程序并入诉讼程序中。这一做法存在于意大利法中，承认裁决是另一未决案的先决条件。②

在 1958 年《纽约公约》中有多处提及“承认”问题，它包括公约第 3 条、第 1 条第 1 款和第 3 款、第 4 条第 1 款以及第 5 条第(1)、(2)项均明确提及或涉及承认问题。仅有公约第 6 条是个例外，它未提及承认裁决问题，仅涉及暂停裁决执行问题，以上其余条款均是将二者视为等同的地位，承认裁决的拘束力是各缔约国的一项基本义务。但在实践中，大多数当事人均要求执行裁决，而不是申请承认裁决。

2. 裁决的执行

裁决的执行不同于裁决的承认。如果要求法院执行一项仲裁裁决，则不仅是要求法院承认裁决的法律强制力和效力，而且还要求法院采取可行

---

① See A. Redfern & M. Hunter, Law and Practice in International Commercial Arbitration (2nd ed. 1991), p. 448.

② See M. Rubino-Sammartano, International Arbitration Law (1987), pp. 484-485.

的法律手段使裁决所确定的实体权利和义务得以实现。这样看来，执行比承认“更上一层楼”。

从各自的目的而言，承认裁决的目的是为了防止对方翻供，以免另一方当事人欲就裁决已决定了的争议重新提起诉讼；相反，执行裁决则是一种主动的、积极的步骤，目的在于迫使败诉方当事人履行他所不愿自动履行的裁决中确定的义务，即用法律强制手段试图确保反对裁决的一方当事人履行裁决。这些法律强制手段包括扣押财产或其他资产、冻结银行账户以及在某些特殊情况下对个人实行拘禁等手段。①

综上所述，裁决的承认和执行是既有区别又有联系的两个概念。仲裁裁决的承认（Recognition of Arbitral Award）是指有关国家的法院对仲裁机构所作出的具有约束力的裁决予以认可，并赋予其强制执行力的司法行为。仲裁裁决的执行（Enforcement of Arbitral Award）是指在承认仲裁裁决的基础上，通过国家强制力，使已经发生法律效力并取得了执行力的仲裁裁决得以实施的司法行为。②

二、承认与执行的程序和条件

（一）承认与执行的程序

1. 承认与执行地的选择

仲裁裁决作出之后，胜诉的一方当事人首先必须考虑的问题就是在何处寻求承认与执行。由于域外仲裁裁决的承认与执行通常是在仲裁地以外的国家，仲裁庭对此无法控制，裁决的承认与执行只能受制于承认与执行地的法院，而各国法院对于外国裁决的态度和执行程序仍存在分歧。因此，适当选择承认与执行地，对于当事人来说是至关重要的第一步。

一般来说，仲裁裁决的执行对象通常是败诉方的资产。当事人选择承认与执行地，首先必须考虑到执行地是否有败诉方的资产。有时败诉方的资产可能分布在不同的国家，请求承认与执行的一方必须在多个可执行的资产所在国作出选择。由于域外仲裁不同于国内仲裁，仲裁地往往同承认

① See A. Redfern & M. Hunter, Law and Practice in International Commercial Arbitration (2nd ed. 1991), p. 449.

② 参见刘想树著：《中国涉外仲裁裁决制度与学理研究》，法律出版社 2001 年版，第 221 页。

与执行地无多大联系，因此裁决的执行通常须向仲裁地以外的国家提出申请，并且这个国家须是败诉方的资产所在地。作为申请的一方，第一步他必须决定向哪个或哪些国家申请承认与执行裁决，为此，他必须事先了解这个或这些国家是否有败诉方可供执行的资产。其次，他必须考虑到承认与执行地法院所在国是否为《纽约公约》的成员国或与裁决作出地国签有多边条约或双边条约；此外，他还应考虑到当地法院对于域外仲裁的承认与执行的态度如何；在被执行一方是国家或国家实体时，他还应考虑到法院地对于国家豁免问题的立场和主张。以上这些因素，都是影响裁决的承认与执行结果的程序外因素。

1958 年《纽约公约》第 3 条规定："各缔约国应该……依照裁决需其承认与执行的地方的程序规则予以执行。对承认和执行本公约所适用的仲裁裁决，不应该比对承认与执行本国的仲裁裁决规定实际上更苛刻的条件或更高的费用。"

2. 承认与执行的方式

现在，世界上大多数贸易国家均已参加了 1958 年《纽约公约》，依据公约承认和执行域外仲裁裁决已成为裁决的承认与执行的主要途径。从各国立法来看，对于承认与执行域外仲裁裁决的程序，大多是采用以下做法：由申请人向被请求承认与执行地国的管辖法院提出承认或认可仲裁裁决之可执行力的申请，管辖法院对仲裁裁决仅仅进行形式上的审查，认为符合法定条件后，将就仲裁裁决的可执行力作出书面确认或下达许可令，也即对仲裁裁决予以承认。在该审查程序过程中，法院多不进行听证。

关于承认仲裁裁决的情况通知给被执行一方后，被执行一方如有异议，应在收到该文件或许可令的议定期限内向管辖法院提出其异议，再经管辖法院听审，作出是否强制执行的决定，如果被执行一方未在规定期限内提出异议，法院将直接或经申请人申请作出强制执行仲裁裁决的决定。由于 1958 年《纽约公约》取消了双重许可制（double exequatur）①，如果

① 1927 年《日内瓦公约》规定，申请执行裁决的当事人必须举证证明该裁决在裁决作出地国已成为终局的裁决。因此申请执行裁决的当事人只有提供由裁决作出地国法院发给的执行许可令，方能证明裁决的终局性。除此之外，申请执行裁决的当事人还需在被请求执行裁决地国取得执行许可令，裁决才能得到执行。这种执行体系通常被称为"双重许可制"。

所申请承认与执行的裁决可以适用1958年《纽约公约》，被申请承认和执行裁决的管辖法院将不要求申请人提供裁决起源地国出具的关于裁决具有可执行力或效力的许可令。

在承认和执行域外仲裁裁决的程序要求上，另有一些国家做法大有不同。综观各国立法，这些方式主要有以下三种：

（1）将裁决作为合同之债

将外国仲裁裁决视为合同之债予以执行，这种做法在英美法系国家比较普遍。这种方式要求请求执行裁决的一方当事人依据裁决向外国法院提起普通民事诉讼，执行地法院在对裁决作形式上审查后决定是否执行该项裁决。执行法院只要考虑裁决依据对其适用的法律是有效的或者执行裁决并不违反执行地国的公共政策两方面的因素，便可执行裁决，命令败诉方履行债务。在这里，外国仲裁裁决并不是一份普通的合同，只要得到法院认可，它便是一份具有法律拘束力的文件。①

在承认与执行外国仲裁裁决的实践中，把外国仲裁裁决视为合同之债同下面要提到的把外国仲裁裁决完全视为外国法院判决相比较，前者的执行毕竟还是简易不少。因为在有些国家，外国法院判决的执行受限于多种条件，甚至完全失去了执行的可能性。把仲裁裁决视为具有契约性质的债务可以免除这类限制。②

（2）将裁决作为外国法院判决

在许多国家，除了适用有关的国际公约外，均将外国仲裁裁决视为外国法院判决，但有关执行的具体要求却不大相同。有的要求以互惠为原则执行外国判决，这要求以条约为基础；有的则只要求事实上的互惠；有些国家要求对外国裁决所解决的争议实质问题予以控制；大多数国家则仅仅审查所作判决或裁决是否违反了法院地法的基本原则。

这种执行方式存在诸多不利：首先，外国裁决不可能适用国内裁决可以采取的简易程序而得到执行；为了使裁决并入外国判决，申请人必须首先在裁决作出地国得到当地法院对仲裁裁决为可执行之裁决的确认，再予以执行。这种双重许可的要求，不仅会使当事人花费较多的时间、人力和物力，存在诸多不便，甚至还会增大法院把政治、主权等因素考虑进去的

① See R. David, Arbitration in International Trade (1985), p. 384.

② [法] Rene David, Arbitration in International Trade, 1985, p. 367.

可能性。其次，将外国裁决视同外国判决，除了裁决作出地国与承认与执行地国存在条约关系时容易得到执行外，外国判决的承认与执行的状况在国际实践中并不令人满意，其承认与执行常受制于许多条件。如果我们认同仲裁是一种解决国际贸易争议的合理途径的话，那么将外国仲裁裁决视为外国判决的方式是最不令人满意的一种方式。

近年来，一个值得注意的动向是：将外国仲裁裁决视同外国法院判决，并按照承认与执行外国法院判决的规则办理的做法已被一些国家所摒弃。例如，意大利于 1969 年 1 月加入 1958 年《纽约公约》后，最初仍然按照其原民事诉讼法中的有关规定，将适用于执行外国法院判决的规则适用于对仲裁裁决的承认与执行。意大利 1994 年修改《民事诉讼法典》的规定，当事人应向被执行人住所地的上诉法院提出执行外国仲裁裁决的申请，如果被执行人在意大利没有住所地，则向罗马上诉法院提出申请。由法院以判决形式批准执行该项仲裁裁决。在审查承认和执行外国仲裁裁决的申请时，只审查外国仲裁裁决的形式是否合法有效，而不涉及该裁决所判定的案件事实的实质内容。法院在作出拒绝承认仲裁裁决效力或承认仲裁裁决效力之裁定的审查期间，无需听证当事人。在有关裁定作出后，当事人方有权对裁定提出异议。①

（3）将外国裁决视为本国裁决

这是承认和执行外国裁决较为简便的程序。德、法、日、希腊、比利时等国均采用这种方式，但在具体运用上略有不同。法国《民事诉讼法典》第四编第 1498 条规定，适用于执行内国裁决的规则基本上可以扩展适用于外国裁决的执行，只要援引仲裁裁决的当事人证明其存在并且裁决不明显违反国际公共政策，仲裁裁决应以执行判决宣布在法国境内可以执行。德国《民事诉讼法典》第 1044 条规定，如德国参加的国际公约无相反的规定，则根据裁决所适用的法律已属终局的外国裁决应根据本国裁决所适用的程序宣告可强制执行。对宣告裁决可执行的申请，无须初步口头听审即可以命令方式作出决定，宣告裁决可执行的宣告令必须宣告暂时可执行，对宣告令可提出异议，如提出异议，宣告裁决可执行的决定应由判决决定，该判决不得上诉，如裁决被宣告具有可强制执行的法律效力，则

① 意大利《民事诉讼法典》（1994 年修订）第 796 条，第 839 条，第 840 条；［意］Giorgio Benini, Intl. Handbook on Comm. Arb., Suppl. 3, January 1985, Italy-55.

当事人一般不得申请撤销裁决令。

(二) 承认与执行的条件

承认与执行域外仲裁裁决的条件，是指申请承认与执行裁决的一方当事人请求有权法院承认及执行该裁决所应满足的条件。当事人申请承认及执行仲裁裁决时，应提交一定的文件材料，法院首先要对申请人及其材料进行审查。

一般而言，承认与执行域外仲裁裁决的条件应包括形式要件和实质要件两个方面，各国法院在审查裁决是否可以执行时，也往往从形式和内容两方面着手，因而广义的裁决执行条件应包括申请人申请执行和被申请人举证要求拒绝执行裁决的理由，即执行的积极要件和消极要件。本节所要讨论的问题只是执行裁决的一般要件即形式要件，它主要规定在1958年《纽约公约》第4条中，胜诉方当事人只要提出该条所要求的书面文件证据，便可依此向有管辖权的法院申请执行裁决，从而开始裁决的执行程序。而有关拒绝执行外国裁决的理由作为消极要件，则属被申请人和执行地法院需要举证和认定的事由，本节暂不予讨论，留待下一节阐述。

1958年《纽约公约》第4条统一规定了申请承认与执行的当事人获取裁决的承认与执行必备的程序性条件：

“一、为了取得对前条所指的承认和执行，申请承认和执行裁决的一方当事人应该在申请时提供：

(一) 经正式认证的裁决正本或经过正式证明的副本；

(二) 第2条所称的仲裁协议正本或经过正式证明的副本。

二、如果上述裁决或协议不是用被请求承认和执行裁决地国的官方文字写成，申请承认或执行裁决的当事人应该提出这些文件的此种文字译本。译本应该由一个官方的或宣过誓的译员或一个外交或领事人员证明。”

《纽约公约》的这条规定与1927年《日内瓦公约》相比，大大减少了申请人的负担，从而在执行条件方面放宽了要求。1927年《日内瓦公约》规定，申请执行裁决的当事人除了提供裁决的正本或副本外，还要提供证明裁决在裁决作出地国已成为终局的证明材料。在必要时，申请执行裁决的当事人还要提供证据证明裁决是根据仲裁协议作成的；该协议依其适用的法律是有效的，或者是依照当事人所同意的形式做成，并且符合决定仲裁程序的法律。这些条件的设置，使得申请执行裁决的当事人承担了过重的举证责任，从而造成适用公约的困难。例如，需要申请人“证明裁决在裁决作出地国已成为终局的”这一要求常常会导致双重执行许可问题，裁决必须得到裁决作出地国和被请求承认与执行地国的双重许可后，才成为可申请执行的裁决。这种限制显然造成了不必要的麻烦，不利于公约的适用，这也是 1927 年《日内瓦公约》被 1958 年《纽约公约》所取代的主要原因之一。

《纽约公约》在这方面作出了相当大的改进。申请执行裁决的条件相当简单和有效，它只要求当事人提供经正式认证的裁决正本或其经正式证明的副本以及仲裁协议或其经正式证明的副本等，申请执行的当事人便已提供了使其有资格取得裁决执行的初步证据。而这些简单条件，当事人是很容易满足其要求的，无须诸多繁琐的手续，而被申请人如要反对执行裁决，则必须证明公约中规定的据以拒绝执行公约裁决的理由之一存在，而这些条件大多数在 1927 年《日内瓦公约》里却是申请执行的一方当事人必须负的举证责任。显然，《纽约公约》为执行裁决提供了更为便利的条件，取消了双重执行许可，使对裁决的司法控制集中于裁决执行地。仲裁实践的结果也表明，公约第 4 条在适用时并未遇到过多大困难，已为各国所接受。①

而《国际商事仲裁示范法》规定的申请承认和执行仲裁裁决的条件更为简化。根据《示范法》，援用裁决或申请予以执行的当事人，只需提供：（1）经正式认证的裁决书正本或经正式认证的裁决书副本；以及（2）《示范法》规定的仲裁协议正本或经正式认证的仲裁协议副本。《示范法》第 35 条第 2 款还规定，如果裁决或仲裁协议不是用本国的正式语言作成，则应提供该文件的经正式认证的译本。应当说，《示范法》第 35 条第 2 款的规定更为宽松，注意到了在实施《纽约公约》的实践中的一些立法发展趋向，给予了执行裁决的主管机关国内立法以更大的自由，与

① Cf. Commentaries to Art. IV, YCA I (1977), p. 260; YCA IV (1979), p. 245. Also See Report of the Secretary-General; Study on the Application and Interpretation of the Convention on the Recognition and Enforcement of Foreign Arbitral Awards (New York, 1958) (A/CN. 9/168 para, 31).

《纽约公约》是并行不悖的。①

第三节　拒绝承认与执行域外仲裁裁决的理由

上一节主要探讨了申请承认与执行仲裁裁决的积极条件，当事人只要提供了符合条件的有关文件，就获得了在有关国家承认和执行裁决的资格，受理案件的法院便可开始执行程序。与此同时，被申请人可能反对该裁决的执行，不愿自动履行裁决中确定的义务，为阻止法院强制执行裁决，它也可以提出证据证明裁决不符合执行条件并请求法院拒绝执行仲裁裁决；此外，作为被申请承认与执行仲裁裁决的法院，它也可通过对裁决的审查，依据某种原由拒绝承认与执行仲裁裁决。严格来说，拒绝承认与执行仲裁裁决的理由也应包括在承认与执行仲裁裁决的条件内，只不过是承认和执行裁决的消极要件而已。

拒绝承认与执行外国仲裁裁决的理由，是指法院拒绝承认与执行仲裁裁决的根据和原因。一方面，法院出于自己作出的考虑可能拒绝承认和执行仲裁裁决，另一方面，法院基于反对执行裁决的当事人的申请，也可能拒绝承认和执行仲裁裁决。

拒绝承认与执行裁决理由的范围以及理由的成立与否，直接关系到裁决能否得到执行，是当事人的权利和义务能否实现的关键所在。对此，《纽约公约》作了统一规定②。

1958 年《纽约公约》第 5 条规定：

“一、被请求承认或执行裁决的主管机关只有在作为裁决执行对象的当事人提出有关下列情况的证明的时候，才可以根据该当事人的请求，拒绝承认和执行该项裁决：

（一）第二条所述的协议的双方当事人，根据对他们适用的法律，当时是处于某种无行为能力的情况之下；或者根据双方当事人选定适用的法律，或在没有这种选定的时候，根据裁决作出地国的法律，上述协议是无效的；或者

① 参见宋航著：《国际商事仲裁裁决的承认与执行》，法律出版社 2000 年版，第 111 页。

② 《国际商事仲裁示范法》第 36 条也作了类似的规定。

（二）对作为裁决执行对象的当事人，未曾给予指定仲裁员或者进行仲裁程序的适当通知，或者作为裁决执行对象的当事人由于其他缘故未能提出申辩；或者

（三）裁决涉及仲裁协议所未曾提到的，或者不包括在仲裁协议规定之内的争执；或者裁决内含有对仲裁协议范围以外事项的决定；但是，对仲裁协议范围内的事项的决定，如果可以同仲裁协议范围以外事项的决定分开，则该部分的决定仍然可予以承认和执行；或者

（四）仲裁庭的组成或仲裁程序同当事人间的协议不符，或者当事人间未订立此种协议时，而又与仲裁地国的法律不符；或者

（五）裁决对当事人尚未发生约束力，或者裁决已由裁决作出地国或裁决所依据法律的国家的主管机关撤销或停止执行。

二、被请求承认和执行仲裁裁决的国家的主管机关如果查明有下列情况，也可以拒绝承认和执行：

（一）争执的事项，依据这个国家的法律，不可以用仲裁方式解决；或者

（二）承认或执行该项裁决将和这个国家的公共政策相抵触。”

从上述规定可以看出，《纽约公约》规定的拒绝承认与执行外国仲裁裁决的理由有下列几个特点①：

第一，举证责任由申请承认和执行裁决的当事人转而由作为执行对象的当事人承担，这是《纽约公约》的一大改进。被执行人如欲反对裁决的执行，他必须举证证明公约第5条第1款规定的拒绝执行裁决的理由存在，而在《日内瓦公约》中，这方面大部分义务是由申请执行裁决的一方当事人来完成的，显然不利于裁决的顺利执行，而且有时申请人因难以举证而导致裁决不可能得到执行，而被申请人则常常有可能轻而易举地阻碍裁决的执行。《纽约公约》将当事人的位置作了调换，使得裁决的执行由消极变为积极，申请人由被动变为主动，裁决的执行往往容易得多，反映了国际社会对国际商事仲裁裁决的承认和执行的态度已发生了根本性的

① See Jan Paulsson, The New York Convention in International Practice-Problems of Assimilation, Speech delivered at the SAS (Swiss Arbitration Association) Conference on the New York Convention of 1958 (Feb. 2, 1996), reprinted in W. Michael Reisman, W. Laurence Craig, William Park & Jan Paulsson ed., op. cit., at 1262.

变化，由原来强加国内法上的干预转而放松对仲裁的监控，明显地采取一种积极支持国际商事仲裁的态度。

第二，公约第 5 条关于拒绝承认与执行外国仲裁裁决的理由是穷尽的(exhaustive)。反对裁决的当事人只有证明存在第 5 条第 1 款列举的五种理由之一时才可以拒绝执行裁决，法院也只有在认定依本国法律争议不能以仲裁方式解决，或者查明执行裁决会违反法院地的公共政策时，才可以作出拒绝执行裁决的决定，除此之外，被执行一方当事人以其他原因要求拒绝执行裁决或法院以其他理由拒绝执行裁决都是不允许的，是不符合《纽约公约》的规定的。因此，被申请人不能以第 5 条范围之外的其他理由对仲裁裁决的效力问题向法院提出抗议，而这一权利在 1927 年《日内瓦公约》里却是允许的。

第三，承认与执行地法院不对仲裁裁决进行实体审查。第 5 条列举的几种理由均不涉及对裁决的实质审查，都只是形式上的审查。实际上，构成这些理由大多也只是仲裁过程中和仲裁裁决中具有明显的严重缺陷造成的，它包括：仲裁协议的无效、违反正当程序、裁决超越权限、仲裁庭的组成或仲裁程序严重不当、裁决在原作出地国或裁决准据法所属国已被撤销以及违反公共政策。由于以上抗辩理由是穷尽的，有关仲裁员在事实上和法律问题上存在错误并不能构成拒绝执行裁决的理由。作为执行裁决的法院的执行法官，他唯一的任务是查明被告方提出的第 5 条第 1 款内的反对理由是否证据确凿以及执行裁决是否会违反本国的公共政策。这种限制，是符合国际商事仲裁不支持国内法院对仲裁进行实质性干预原则的。当然，《纽约公约》不允许对仲裁裁决进行实质审查，并不意味着法院不能审查裁决的内容。因此，如果被援引裁决的当事人依据公约第 5 条第 1 款第 3 项，认为裁决处理的争议不包括在仲裁协议范围之内或者裁决内容有对仲裁协议范围以外事项的决定而向法院提出拒绝执行裁决的主张，法院为了评判其主张的正确性就必须调查裁决的内容；同样，法院为了查明进行裁决是否会违反公共政策也会对裁决进行调查。但是，法院对裁决的审查均被严格限制在确证是否裁决所包括的事项会导致第 5 条所列的抗辩理由之一的存在方面，并不包括法院对仲裁员认定的事实和法律问题的评估。

在实践中，不允许对裁决进行实质审查的原则也为许多国家所确认。瑞典最高法院曾在一起案件中，否决了被告方以仲裁员认定事实错误为由提出的拒绝执行裁决的申请，其判决理由就是《纽约公约》不允许对裁决进行实质审查。①

第四，取消了"双重执行许可"制度。1927年《日内瓦公约》要求申请执行裁决的当事人必须证明裁决在裁决作出地国已成为终局的。这一要求实际上只能由裁决作出地国作出执行许可后才能得到证明，当事人在另一国请求执行裁决时，也往往必须得到裁决执行地国的执行许可。这样就导致了"双重执行许可"制度的产生，从而造成了执行裁决的极大不便。这一做法为1958年《纽约公约》所摒弃该公约，取消了裁决作出地国的执行许可，从而使某些当事人在裁决作出地国通过提起撤销裁决程序以阻止裁决成为终局而采取的拖延战术成为无望。《纽约公约》没有采用"终局的"（final）一词，而用"拘束力"（binding）一词代替，从而取消了裁决原作出地国的执行许可条件；请求执行裁决的当事人不必承担证明裁决在裁决作出地国已成为具有约束力的裁决的义务，而要求反对执行裁决的当事人提出证据证明裁决尚未成为具有拘束力的裁决才能构成拒绝执行裁决的正当理由。通过这两个方面的改进，《纽约公约》从根本上取消了双重执行许可制度。

第五，仲裁协议具有《纽约公约》第5条规定的瑕疵时，承认与执行地法院对是否承认和执行仲裁裁决享有自由裁量权（discretion）。根据《纽约公约》第5条，裁决存在该条列举的情形时，承认及执行地国法院"始得"而不是"必须"拒绝承认和执行，这就赋予了法院以自由裁量权。在司法实践中，各国和各地区法院并不是在仲裁裁决出现《纽约公约》第5条规定的情形时就一定不予承认和执行，而是视具体情况，分别处理。例如，香港高等法院在执行一项中国国际经济贸易仲裁委员会仲裁裁决时指出，如果仲裁裁决作出的过程中有程序瑕疵，法官还可以就执行该裁决发出执行令，除非该瑕疵有可能改变裁决结果的公正性。② 这种做法显然有助于《纽约公约》目标的实现。

下面我们逐一分析《纽约公约》第5条列举的几种理由：

---

① See Supreme Court, August 13, 1979, GNMTC v. Gotaverken (Sweden No. 1).

② 参见韩健、宋连斌：《论我国国际商事仲裁机构和法院的关系》，载《仲裁与法律通讯》1997年8月第4期，第12页。

一、仲裁协议无效

国际商事仲裁协议要得到国际范围内的承认与执行必须考虑到有关国际法制对于仲裁协议的统一要求，而 1958 年《纽约公约》对于这一问题的规定为我们提供了一个统一的国际标准。

根据《纽约公约》的规定，仲裁协议必须满足如下要件才能在各缔约国内得到承认和享有效力：

1. 仲裁协议必须是书面的；
2. 仲裁协议必须是旨在解决当事人之间已经发生或可能发生的各种争议；
3. 争议须源于特定法律关系，不论其是否为契约性质；
4. 争议的客体是可仲裁的事项。

（一）仲裁协议有效的形式要件

国际商事仲裁协议必须采取书面形式，这作为一项统一性的要求，已为现代国际商事仲裁法所接受。尽管某些国家的仲裁法并未对仲裁协议的形式作特别的规定，但仲裁协议的书面形式要求是为大多数国家所确认的。我国《仲裁法》第 16 条规定："仲裁协议包括合同中订立的仲裁条款和以其他书面形式在纠纷发生前或纠纷发生后达成的请求仲裁的协议。"由于 20 世纪前期各国对仲裁协议的形式要求各异，因此引发了一些冲突和麻烦。为了克服上述弊端，1958 年《纽约公约》要求仲裁协议采用书面形式。以下将围绕 1958 年《纽约公约》第 2 条第 2 款的规定，从仲裁协议的承认与执行角度，探讨域外仲裁协议书面形式的法律效力。

《纽约公约》第 2 条第 1 款要求每一缔约国必须承认书面仲裁协议。第 2 款规定了书面仲裁协议的定义，该款将书面的仲裁条款和仲裁协议分为两种形式：

第一种：经双方当事人签署的订立在合同中的仲裁条款或仲裁协议书；

第二种：在双方当事人互换或往来函件、电文中所缔结的仲裁条款或仲裁协议书。

上述第一种形式在实践中引起的争议不多，而对第二种形式的仲裁协议，在解释适用上存在着许多歧义。这主要反映在国际贸易实践中，通过使用各种现代通讯方式达成交易的情况更为普遍。在这种情形下订立的仲裁条款或仲裁协议书面形式各异，如何确定其书面形式要求已满足协议的有效性，在实践中的处理有较大的差异。因此，依据《纽约公约》第2条第2款的规定来认定形式的效力，对于仲裁协议乃至裁决的承认和执行都是一个首要问题。

1. 是否需要当事人签署

对于就现有争议提交仲裁的协议是否应由双方当事人签署的问题，1958年《纽约公约》的规定是明确的：必须由双方当事人签署。但在合同中订立的仲裁条款是否需签署的问题，则要区别两种情形。一种情形是，当事人在订立合同之前，就某项交易订立一个独立的仲裁协议书，约定把产生于他们之间尚未订立的某项交易合同的所有争议提交仲裁，这种形式的仲裁协议书不同于就现有争议提交仲裁的交付协议（submission agreement），也不同于合同中的仲裁条款，具有独立协议的性质，可以将其作为随后订立的主合同的附件。如同交付协议一样，它须由双方当事人签署后方具备形式上的效力。另一种情形则是，在合同中订立的仲裁条款，通常为合同的最后条款，往往是在主合同中双方权利和义务均已建立后达成的。对于这种情形，双方当事人除了签署合同外，是否还需专门签署仲裁条款？仅从公约第2条第2款的字面解释容易产生混淆，“signed”一词是针对“Contract”（合同）还是“arbitral clause”（仲裁条款），模棱两可。现在普遍的看法是，从现代国际商业交易的实情考虑，仲裁条款无需专门签署，只要求双方当事人就整个合同签署即符合形式要求。①

对于双方当事人通过互换或往来书信、电报所订立的合同里的仲裁条款或仲裁协议书的签署问题，在实践中存在许多争议。实际上，双方互换文件中有时只有一方签名，有时甚至双方都没有签名。尤其是在1958年《纽约公约》诞生后的几十年里，通讯方式更具现代化的形势下，更是如此。通过电传和传真方式订立协议已被大多数国家的法律所认可，这也为《示范法》第7条第2款所承认：“仲裁协议应是书面的。协议如载于有当事各方签字的文件中，或载入往来的书信、电传、电报或提供协议记录的其他电讯手段中，或在申诉书和答辩书的交换中当事一方声称有协议而另一方不否认，即为书面协议。在合同中提出参照载有仲裁条款的一项文

① See A. Redfern & M. Hunter, Law and Practice of International Commercial Arbitration (2nd ed. 1991), p. 135.

件即构成仲裁协议，只要该合同是书面的而且这种参照足以使该仲裁条款构成该合同的一部分。”因此，在采用电传或传真的情况下，当事人不可能签名，发送人的指令能否等同于他本人的签名是一个容易引起争议的问题。此外，还可能出现以下情形，即一方当事人发出一份未签署的确认书，通过发回一份副本或以其他书面形式，如电传等予以接受，其发回的副本或其他书面文件也有可能未签署。①

对于以上情形，当事人签署是否有必要？对于这个问题存在着两种不同意见。一种意见认为，这种形式订立的仲裁协议也应要求双方当事人都签字。另一种意见则与之相反，认为这种硬性要求是不合理的。《纽约公约》只对订立在合同中的仲裁条款或仲裁协议书要求当事人签署，而对于通过书信、电报等所缔结的合同里的仲裁条款或仲裁协议书并未作此要求，这种以书面互换通讯方式订立的合同与由当事人共同签署的合同不同，后者中的当事人对合同签字即表明达成了提交仲裁的合意。而前者的当事人是通过互换或往来方式，相互告知他们各自的意向。如双方通过互换达成一致，其互换文件本身即构成了相互同意的关系。在这种情况下，没有当事人的签署也不能证明当事人的接受无效，只要他们之间的相互通讯是确实的即可。目前，第二种意见已得到了有关国家法院的确认，其影响力日渐增大。

2. 口头或默示接受协议问题

由双方当事人签署的含有仲裁条款的合同或仲裁协议的场合，双方签字是必要条件，因而不存在口头或默示接受协议的问题。在双方当事人通过互换或往来函件、电报方式所缔结合同里的仲裁条款或仲裁协议书的场合，虽不要求当事人签字，但须有书面文件证明协议已经达成，口头或默示接受协议并不符合《纽约公约》第 2 条第 2 款的要求。在该条款中规定的第二种情形中，双方当事人以通讯方式提议仲裁和接受该提议是互换要求的基本因素，互换信件或电报内容应包括以书面形式提出仲裁协议和以书面形式作答才构成书面文件证明，口头或默示接受不可能构成文件互换。

《示范法》对这一问题的解释，其基调与《纽约公约》的规定是基本

① A. J. Van den Berg, The New York Arbitration Convention of 1958 (1981), p. 193.

一致的。虽然《示范法》第 7 条第 2 款规定书面协议的范围比《纽约公约》第 2 条第 2 款规定的范围更广泛一些，但对于口头或默示接受协议仍持否定意见。

在实践中，大多数案件主要涉及售货确认书或购货确认书中的仲裁条款的接受问题。在国际贸易中，当事人之间常常通过电话就咨询的要点达成口头协议，而后由卖方或买方发出一份交易确认书，将交易要点变为书面形式。确认书中总是包括有关交易的其他条件，其中可能包括一项仲裁条款。确认书通常一式两份，由双方共同签订或由一方提出后，邮寄给另一方交换签署后，才作为合同正式成立的依据。更普遍的是，一方当事人随确认书附上一份要求对方当事人签署的确认书副本，对方回签了确认书副本，合同自然成立。这里的问题在于，有时对方当事人收到确认书及其副本后，既没有回签副本，也没有表示反对确认书中的条件。当事人的这种沉默是否可以视为是接受了确认书中的条件呢？在司法实践中，除了个别判决外，大多数国家的法院均确认口头或默示接受不能满足《纽约公约》第 2 条第 2 款的书面形式要求。

（二）仲裁协议有效的实质要件

一项有效的仲裁协议，除了书面形式要求外，还应有具体的实质要件。关于仲裁协议的实质要件，各国法律实践并不完全一致。本文主要根据《纽约公约》第 2 条的规定探讨仲裁协议有效的实质要件。

1. 当事人具有缔约的行为能力

当事人的行为能力是否符合有关国家的法律，也将决定仲裁协议的有效性。根据绝大多数国家的仲裁法和有关国际公约的规定，仲裁协议当事人一方或双方在订立仲裁协议时无行为能力，不仅直接导致仲裁协议的无效，而且可构成撤销仲裁裁决和拒绝承认与执行裁决的理由。1958 年《纽约公约》第 5 条第 1 款和 1985 年《国际商事仲裁示范法》第 1 条第 1 款均规定，当事人在无行为能力情况下订立的仲裁协议，被请求承认和执行裁决的主管机关可根据另一方当事人的请求，拒绝承认和执行有关裁决。当事人有无行为能力实际上是从主体方面来限制仲裁，因此有人将“当事人是否有行为能力将争议提交仲裁”称为“主体可仲裁性”（subjective arbitrability)，而将“争议能否通过仲裁裁决”称为“客体可仲裁性”(objective arbitrability)。①

在国际商事仲裁实践中，对于自然人和法人行为能力的法律适用问题，是由仲裁庭和有关国家法院予以决定的。仲裁协议当事人为自然人时，通常适用仲裁协议缔结地法；当事人为法人时，则通常适用法人成立所依据的法律。在承认与执行域外仲裁协议时，受案法院在判定仲裁协议的效力时，首先就要考察仲裁协议当事人有无行为能力。如果当事人向一个以上国家法院申请执行裁决，则会有更多国家的法院介入到对当事人行为能力的确定中来。法院作为一国司法审判机关，应适用本国的冲突规则决定当事人行为能力的法律适用。

2. 争议源于特定法律关系

一项仲裁的开始须是源于当事人之间的争议。但仅有争议是不够的，这种争议还须产生于当事人之间某种法律关系。《纽约公约》第 2 条第 1 款规定仲裁协议旨在解决的争议须源于特定法律关系，而不论其是否是契约关系。《示范法》也承袭了这一原则。大多数国际商事仲裁产生于当事人之间的合同关系，但有关国际公约对此并无要求，这样就扩大了承认和执行仲裁裁决事项的范围，因为法律关系的范围毕竟要比合同关系广泛得多。例如，海上碰撞造成的海损问题即为非契约关系的法律关系，符合《纽约公约》和《示范法》规定的要求。

3. 争议事项具有可仲裁性

争议事项的可仲裁性，是指根据对其适用的法律，哪些争议事项可以交付仲裁，哪些争议事项不能提交仲裁，也就是仲裁的范围问题。在国际商事仲裁中，确定争议事项的可仲裁性具有十分重要的法律意义。绝大多数国家的仲裁立法和有关国际商事仲裁的公约，都承认争议事项不可仲裁性可直接导致仲裁协议的无效，并且当事人可以此为由，向有关国家法院提起诉讼，要求仲裁庭终止仲裁程序；在裁决作出后，当事人也可基于同样的理由，向法院申请撤销裁决或拒绝执行裁决。

在国际立法上，尽管 1923 年日内瓦《仲裁条款议定书》和 1958 年《纽约公约》都涉及争议事项的可仲裁性问题，但均未明确哪些争议事项具有可仲裁性，而将该问题留给各国国内法解决。《纽约公约》设有商事

---

① O. Chukwumerje, Choice of Law in International Commercial Arbitration (1994), p. 38.

保留条款，规定缔约国可以声明“本国只对根据本国法属于商事的法律关系，无论是否为契约关系所引起的争议，适用于本公约”①，在一定范围内排除了非商事性质的争议的可仲裁性。

争议事项的可仲裁性，与公共秩序密切相关。按照国家主权原则，任何国家都有权根据自己的国情、政策和公共利益需要来决定争议事项的可仲裁性，以在可仲裁与不可仲裁的争议事项之间划出一条明确的界限。由于各国政治、经济、文化、法律传统等的差异，各国法律对争议事项可仲裁性的规定各有千秋。归纳起来，主要有以下几种事项不能提交仲裁：

第一，对于当事人不能自行处理或不能通过和解解决的争议不允许交付仲裁；反言之，只有当事人能自由处分或通过和解解决的争议才允许交付仲裁。比利时、希腊、日本、奥地利、法国等国都有类似规定。之所以作如此规定，主要是由于仲裁本身具有自治性的特点决定的。当事人不能自由处分的权利和不能通过和解解决的争议均有可能涉及社会公共利益，而不属于私法或商事关系的范畴，且仲裁本身就是一种与和解相类似的主要解决私法上争议的方式。

第二，有关民事身份、父母与子女之间的关系、离婚、劳资争议等事项不能提交仲裁。这一类争议实际上是第一类争议适用的领域，也就是说，是属于非仲裁事项中的当事人不能自由处分的事项。

第三，涉及公共和社会利益的事项不能提交仲裁。主要包括：有关工业产权争议、反托拉斯问题、有关强制执行争议以及直接与公共政策和道德相抵触的争议。

在承认和执行域外仲裁裁决时，公共秩序是指当承认及执行域外仲裁裁决将与承认及执行地国的重大利益、基本政策、基本道德观念或法律的基本原则相抵触而拒绝承认和执行该裁决的一种制度。公共秩序作为一项制度，虽然得到了各国理论和实践的普遍采纳，但是对于公共秩序的具体内容，观点不一。就连统一化程度极高的《纽约公约》对这个问题也颇感棘手，而留给各国自由裁量。我国法律对此也未作任何解释或界定。因此，在审查域外仲裁裁决的承认与执行时，法院应当审查，执行裁决的结果是否使国家的重大社会或经济利益遭受严重的损失，是否违背法律的基本原则，是否违反国家的公序良俗。从外国关于“公共秩序”的实践来

① 《纽约公约》第1条第3款。

看，多数国家越来越严格限制适用公共秩序条款。我国也应顺应这股潮流，从严、从窄解释“社会公共利益”，严格控制“社会公共利益”的适用。①

我国民事诉讼法第257条、《仲裁法》第65条均规定，涉外经济、贸易、运输和海事中发生的纠纷均可提交仲裁解决。我国于1986年12月在加入1958年《纽约公约》所作的“商事保留”表明，我国仅对按照我国法律属于契约性和非契约性商事法律关系所引起的争议适用该公约。根据最高人民法院1987年4月10日发布的《关于执行我国加入的〈承认与执行外国仲裁裁决公约〉的通知》对“契约性和非契约性商事法律关系”所作的解释，知识产权转让争议、证券交易争议等，均可提交仲裁。但根据我国《仲裁法》第3条规定，涉及婚姻、监护、扶养、继承争议和依法应由行政机关处理的争议，不能交付仲裁。由此可见，我国对争议事项可仲裁性的限制是较少的。

二、违反正当程序

正当程序（due process 美国），又称自然正义（natural justice 英国），是一植根于西方法律理念中的概念。其基本原则在于，一方面要保证当事人有公平的机会陈述意见，另一方面不能审裁与自己有利害关系的案件。

《纽约公约》第5条第1款第2项规定，违反正当程序主要是指：对作为裁决执行对象的当事人，未曾给予指定仲裁员或者进行仲裁程序的适当通知，或者作为裁决执行对象的当事人由于其他缘故未能提出申辩。

以违反正当程序作为理由提出的抗辩，在司法实践中出现得很多，但据已有的司法判例来看，这类抗辩却很少获得成功，尽管《纽约公约》的规定比较宽松，然而各国法院在判定是否违反正当程序时，往往对此作较窄的解释，执行地法院也并不总是以其内国法关于正当程序的规定来对待外国裁决；恰恰相反，执行地法院往往采取某些严格的限制，将违反正当程序限制在少数严重的行为不当情形中。

（一）违反正当程序的认定标准

违反正当程序究竟应以何种法律来判定？有学者认为，1958年《纽

① 赵健：《论公共秩序与国际商事仲裁裁决的承认与执行》，《中国国际私法与比较法年刊》1999年第二卷，法律出版社1999年版，第398页。

约公约》中关于正当程序的规定构成了一条真正的国际规则，它与任何国内法都没有联系。① 但是事实上，法院对违反正当程序的认定往往摆脱不了国内法的支配，正当程序标准仍应按照自己的国内法来判定。然而，各国国内法关于违反正当程序的理由不一定也适用于《纽约公约》中关于拒绝承认和执行裁决的理由。学理观点和实践中的看法虽然出发点不同，但对于公约拒绝执行裁决的态度是一致的。因此，是否违反正当程序，判定的标准主要不在于国内法的规定，主要考虑的问题仍在于事实的认定，即仲裁活动是否显失公平和公正，所以只有严重的不当行为才构成公约规定的违反正当程序。

（二）违反正当程序与公共政策抗辩

1958 年《纽约公约》第 5 条第 2 款第 2 项规定，如果承认和执行裁决将和本国的公共政策相抵触，法院可自行拒绝执行裁决。由于正当程序一般都被纳入公共政策范畴，这就产生一个问题，即公约单独把正当程序列为拒绝执行裁决的一项理由，是否具有把正当程序排除在公约所指的一般公共政策之外的效力。如果回答是肯定的，这是否意味着，在法院自行发现裁决是在严重违反正当程序的情况下作出时，它将不能自行以违反公共政策为由拒绝执行裁决，只有在被诉人以违反正当程序为由提出申请时，才能拒绝执行裁决。现有案例中还没有哪个法院以违反正当程序为由自行拒绝执行裁决的，因为被诉人大多希望根据违反正当程序这一理由，要求拒绝执行裁决。

对于这个问题，较为普遍的看法是：《纽约公约》中把正当程序作为专项理由作出规定，是因为公平审理这一基本要求具有特别的重要性，而且在许多关于承认和执行外国判决的条约中都传统地规定了这一要求。将正当程序的要求列入应由被诉人证实的理由中，只是为了强调应由被执行人而不是由申请执行人（执行裁决的申请人）提供违反正当程序的证据，在理论上并不能排除在法院发现违反正当程序而被执行人并未提出时，由法院以违反公共政策为由自行拒绝执行裁决。

（三）违反正当程序的具体要求

根据《纽约公约》的规定，正当程序的违反包括两个方面：

---

① See G. Gaja, "Introduction" in New York Convention (Dobbs Ferry 1978-1980) I. C. 4.

1. 未给予适当的通知

适当通知中“适当”（proper）一词可解释为向当事人提供的关于仲裁员任命和进行仲裁的通知必须是充分的，这对于一方当事人缺席的情况下作出裁决尤为重要。以未给予适当通知提出抗辩理由在很多案件中经常为当事人所援用，但很少获得成功。这主要是因为各国法院对于什么是“适当”的“充分”的通知的理解各有不同。事实上，适当的通知的要求主要在任命仲裁员和进行仲裁程序方面，它主要包括：

首先，在任命仲裁员方面，仲裁员的姓名应为双方当事人所知晓，仲裁庭的组成人员包括仲裁庭主席都应适当地正式通知当事人，是否符合这一要求常常成为判断给予指定仲裁员的适当通知的依据。仲裁规则也不能排除当事人对仲裁员提出异议的权利，否则将违背公平审理的原则。

其次，给予指定仲裁员和进行仲裁程序的通知是否充分主要是一个事实问题，通知并无正式的特别形式要求。墨西哥法院曾在两个案件中判定，当事人已通过协议达成了有关进行仲裁程序的规则，从而默示放弃了墨西哥国内法有关通知手续的正式要求规定的适用。① 因此不符合有关国内法的正式要求，不能成为违反正当程序的抗辩理由。

再次，给予指定仲裁员的时间限制过短并不能视为未给予适当通知，从而不能成为拒绝执行裁决的理由，因为仲裁是一种快捷的解决争议的手段，仲裁规则要求给予通知的时限较短是正当的做法，并不违反正当程序。

2. 未能提出申辩

将裁决执行对象的当事人未能提出申辩列为拒绝承认和执行裁决的理由，符合当事人陈述机会平等的原则。陈述机会平等，是指必须为当事人有效地提供陈述案情的机会，但是，如果曾经适当地通知了被执行人，被执行人仍拒绝参加仲裁或者在仲裁中持消极态度，则认为被执行人当时是有意放弃其机会。在适当通知后，如果被执行人拒绝参加仲裁，可进行缺席审理，所作出的裁决不妨碍作为《纽约公约》的裁决得到承认和执行。

正当程序原则中要求给予当事人以申辩机会，还包括仲裁员有义务将

① See Report of the Secretary-General: Study on the Application and the Convention on the Recognition and Enforcement of Foreign Arbitral Award (New York, 1958) (A/CN. 9/168) para. 33.

一方当事人的论点和论据告知另一方当事人，并允许另一方当事人就这些论点和论据发表自己的看法。如果违反这一要求，法院有可能认定为违反正当程序而拒绝执行裁决。至于当事人未能在给予的期限提出答辩，与指定仲裁员一样，以时间过短不能准备答辩为由认为违反正当程序，并不构成拒绝执行裁决的有效理由。①

从以上分析可以看出，违反正当程序仅属于那些较为严重影响公平审理原则的不当行为，各国法院一般都对违反正当程序的解释较之国内法的规定要严格，只要在事实上仲裁遵守了当事人间的协议，依据给予每一当事人以平等的待遇和权利的原则进行，便可视为遵守了正当程序，当事人在这种情形下即使提出了抗辩也是徒劳。

三、仲裁员超越权限

所谓仲裁员超越权限是指：仲裁员对仲裁协议未曾提到或者不包括在仲裁协议规定范围之内的事项作出了裁决，或者裁决内含有对仲裁范围以外事项的决定。就特定案件而言，仲裁员超越权限还可能起源于另一种情况，即仲裁庭对主张权利的当事人未主张的或与主张无关的事项作出了裁决。关于仲裁员超越权限的范畴不涉及因仲裁协议无效而使仲裁员不具有管辖权的问题。

那么，如果仲裁庭作出的仲裁裁决没有解决当事人提交仲裁庭解决的所有问题或事项，也就是仲裁庭没有就当事人提请仲裁庭裁决的请求都作出裁决，裁决属于不完全裁决时，经当事人申请，法院是否可以据此拒绝承认和执行该不完全裁决呢？

1958 年《纽约公约》没有提及不完全裁决，也没有将不完全裁决列为拒绝承认和执行裁决的理由。一般认为，公约中关于拒绝承认和执行裁决的理由是限定的理由，应予以严格的狭义解释，既然公约未作规定，把不完全裁决作为拒绝承认和执行裁决的理由是不能成立的。所以原则上，不完全裁决应依照《纽约公约》予以执行。

以仲裁员超越权限为由直接提出的抗辩，在实际案例中颇为少见，也很少有法院以此为由拒绝执行裁决。

---

① See A. J. van den Berg, The New York Arbitration Convention of 1958, (1981), p. 308.

四、仲裁庭的组成或仲裁程序不当

拒绝承认和执行裁决的理由还包括当事人举证提出仲裁庭的组成或仲裁程序不当，即如果被诉人证实，仲裁庭的组成或仲裁程序同当事人之间的协议不符，或者当事人之间未订有这种协议时，可以拒绝执行裁决。这一规定体现了在有关仲裁庭的组成和仲裁程序方面当事人的意思自治原则，在一定程度上限制了仲裁地法的适用，只有当事人未就程序问题达成协议时，仲裁地法才可作为补充规则予以适用。因此只要不违反一国的公共政策，当事人这种优先权很少受到限制。

1958 年《纽约公约》第 5 条第 1 款第 4 项规定拒绝承认和执行裁决的理由包括，仲裁庭的组成或仲裁程序同当事人间的协议不符，或者当事人间未订此种协议时，而又与仲裁地国的法律不符。

五、裁决不具有约束力或已被撤销

（一）裁决不具有约束力

1958 年《纽约公约》第 5 条第 2 款第 5 项规定，裁决对当事人尚未发生约束力，可拒绝执行该裁决。在 1958 年《纽约公约》之前的 1927 年《日内瓦公约》，要求裁决是“终局的”，方可得到执行。1958 年《纽约公约》摒弃了“终局的”要求，代之以“有约束力”一词，这被认为是《纽约公约》对《日内瓦公约》作出的重大改进之一。

那么裁决在何种情况下才被认为具有约束力呢？主要依可适用的仲裁法认定。这是国际上较为普遍的看法。就 1958 年《纽约公约》的规定而言，可适用的仲裁法即为裁决作出地国法或作出裁决所依据的法律。

（二）裁决已被撤销或停止执行

1. 裁决的撤销

根据 1958 年《纽约公约》第 5 条第 2 款第 5 项规定，作出裁决地国家的主管机关或裁决所依据法律的国家的主管机关，对当事人提出的撤销裁决之诉具有专属管辖权。这一原则已得到各国法院一致确认。

所谓撤销裁决之诉的主管机关，实际上均为裁决作出地国的法院。只有在裁决已被裁决作出地国法院有效地予以撤销，当事人才可以以裁决被撤销为由，向被请求承认和执行地国法院提出拒绝承认和执行裁决的申请。

2. 裁决的停止

裁决的停止也可成为拒绝执行裁决的理由。当事人要想达到拒绝裁决的目的，必须证明有管辖权的主管机关已作出了这样的决定。1958 年《纽约公约》并没有明确“裁决的停止”是指什么，但从《纽约公约》第 6 条规定来看，所谓的“裁决的停止”是指停止裁决的执行或可执行性。因为公约第 6 条规定，如果已在裁决起源地国提出停止裁决的申请，被请求承认和执行地国法院可以作出延期执行裁决的决定。

第四节　域外仲裁裁决在中国的承认与执行

虽然仲裁在严格意义上不是司法行为，但由于各国仲裁立法都规定仲裁裁决的强制执行需通过法院按照司法程序进行和实现，所以外国仲裁裁决的承认和执行问题应包括在国际私法领域的司法协助范围内。① 在实践中，一些多法域的国家，关于外国仲裁裁决的承认与执行的法律规则基本上都类推或参照适用于外法域之间的仲裁裁决的承认与执行。在美国，承认和执行外国仲裁裁决（foreign award）中的“foreign”一词，不仅是指外国，也指外州。

如前所述，由于中国存在“一国四域”这种独特的现象，那么域外仲裁裁决针对大陆法域而言，就是指大陆法域以外仲裁机构作出的涉外仲裁裁决，台湾、香港、澳门地区的仲裁裁决，以及其他国家或地区的外国仲裁裁决；而针对台湾、香港及澳门而言，大陆法域仲裁裁决以及其他国家或地区的外国仲裁裁决则成为了域外仲裁裁决。

应当指出的是，中国涉外仲裁机构作出的裁决在中国境内执行并不是依据 1958 年《纽约公约》的规定，尽管《纽约公约》第 1 条第 1 款允许这种裁决视为公约裁决即公约采用非内国裁决标准被认为不是内国裁决的裁决也可依据公约进行。但中国在 1987 年加入 1958 年《纽约公约》时对此做了保留，中国只接受在一国领土内作出的仲裁裁决而在另一国申请承认和执行时承担公约规定的义务，且是在互惠的基础上承认和执行外国仲裁裁决的。因此，中国涉外仲裁机构作出的裁决要在国内申请执行，仍受中国国内法的支配，而不是以公约为依据的。

---

① 参见韩德培主编：《国际私法新论》，武汉大学出版社 1997 年版，第 680 页。

一、外国仲裁裁决在中国的承认与执行

根据1991年民事诉讼法和1994年《仲裁法》，外国仲裁裁决可以依据我国国内法的有关规定或我国缔结或参加的国际条约或国际协定得以承认和执行。

（一）依据我国国内法执行外国裁决

我国现行有关涉外仲裁裁决执行的法律依据是1991年民事诉讼法。该法第269条明确规定，外国仲裁裁决可以在中国直接申请承认和执行。一方当事人不愿自动履行裁决，对方当事人可以向被申请人法定住所地或者财产所在地的中级人民法院申请执行。人民法院依照我国缔结或者参加的国际条约或协议办理；在没有可适用的国际条约或协议的情况下，人民法院也可根据互惠原则决定执行申请。

因此，外国仲裁裁决在中国的承认和执行已具备充分的法律基础。

（二）依据国际条约执行外国裁决

如上所述，1991年民事诉讼法第269条要求人民法院根据我国缔结或参加的国际条约的规定或基于互惠原则受理决定外国裁决的承认和执行。在这方面，我国已参加了国际仲裁领域两个最重要的国际公约即1958年《纽约公约》和1965年《华盛顿公约》，当事人向我国申请外国仲裁裁决的承认和执行可以根据这两个公约的有关规定办理。此外，我国还与许多国家签订了司法协助协定，其中大多涉及相互承认和执行仲裁裁决问题，而这些协议很多都是在中国加入1958年《纽约公约》以前签订的，因此，在协议的另一方缔约国不是《纽约公约》成员国时，有关我国与该国之间裁决的承认和执行，仍可按双边条约或协定的规定办理。

（三）依据《纽约公约》承认和执行外国裁决

在中国缔结或加入的有关外国仲裁裁决的承认和执行的国际条约中，1958年《纽约公约》是最为重要的一部公约。由于世界上大多数国家均已加入了这部公约，外国仲裁裁决在中国申请承认和执行将主要依据该公约的规定办理。我国在参加《纽约公约》时作了互惠保留声明①和商事

① “互惠保留”是指我国政府只承认和执行在缔约国领土内作成的仲裁裁决。

保留声明①。

二、中国涉外仲裁裁决在外国的承认与执行

我国民事诉讼法第266条第2款规定："中华人民共和国涉外仲裁机构作出的发生法律效力的仲裁裁决，当事人请求执行，如果被执行人或者其财产不在中华人民共和国领域内，应当由当事人直接向有管辖权的外国法院申请承认和执行。"当事人在向外国法院申请执行时分为两种情况：

一种情况是向《纽约公约》成员国的法院申请执行。由于我国已是《纽约公约》的成员国，我国涉外仲裁机构的仲裁裁决在这些国家如何得到承认和执行，按《纽约公约》的有关规定办理。

1958年《纽约公约》对承认和执行外国仲裁裁决的问题作了较为全面的规定。在承认和执行外国仲裁裁决的条件方面，该公约未从正面规定外国仲裁裁决应具备哪些条件才能得到承认和执行，而是规定了被申请承认和执行地国在哪些条件下可以拒绝承认和执行外国仲裁裁决。公约规定的拒绝承认和执行外国仲裁裁决的条件主要体现在第5条，具体内容上文已提到，这里不再赘述。

另一种情况是向非《纽约公约》成员国的法院申请执行。在此情况下，只要我国与对方国家存在互相承认和执行仲裁裁决的双边条约或互惠关系，我国涉外仲裁机构的仲裁裁决也可以得到对方国家法院的承认和执行。而在我国和承认与执行地国没有条约或互惠关系的情况下，中国涉外仲裁裁决要在该国得到承认和执行是非常困难的。因此，在外国承认和执行中国涉外仲裁裁决通常以条约或互惠关系为前提。

三、我国大陆与香港、澳门、台湾地区相互承认和执行仲裁裁决

改革开放以来，我国内地与香港、澳门、台湾地区经济逐渐走向一体化，彼此间的贸易往来越来越频繁，由此而产生的商事纠纷也日益增多，通过仲裁方式解决争议也就成为解决纠纷的重要手段。我国已于1997年7月1日和1999年12月20日分别恢复对香港、澳门行使主权，台湾问题也终将得到解决。在此情形下，如何有效解决内地与港、澳、台之间相互

① "商事保留"是指我国只承认和执行对属于契约和非契约性商事法律关系争议做成的仲裁裁决。

承认与执行仲裁裁决问题，就成为区际司法协助的重要内容，也成为仲裁法理论与实践研究的重大问题之一。

为了解决香港、澳门、台湾问题，我国提出了实行“一国两制”的伟大构想，并用基本法的形式予以固定下来。所谓“一国两制”，即“一个国家，两种制度”，具体而言，就是在中华人民共和国内，中国内地实行社会主义制度，而在香港、澳门、台湾地区设立特别行政区并实行资本主义制度。特别行政区享有行政管理权、立法权、独立的司法权和终审权，且现行法律基本不变。那么，在香港、澳门已经回归和台湾地区终将回归的情势下，必然在我国领域内同时并存四个不同的法域，产生区际法律冲突和区际司法协助问题。在这种情况下，对中国内地而言，香港、澳门、台湾地区的仲裁裁决既不是中国内地的非涉外裁决，也不是中国内地的涉外裁决，更不是外国裁决，其实，这类裁决可称为港、澳、台裁决或外法域裁决。在中国内地作出的内地裁决与在港、澳、台地区作出的裁决都是中国仲裁裁决，但由于中国内地与港、澳、台地区为不同的法域，对整个中国而言，中国内地裁决、香港特区裁决、澳门特区裁决和台湾地区裁决可称为中国区际仲裁裁决。

（一）我国内地与香港地区相互承认和执行仲裁裁决

在1997年7月1日以前，内地与香港在相互承认和执行仲裁裁决方面并不存在实质性障碍。由于英国是《纽约公约》的缔约国，1977年1月该公约推广适用于香港，而中国也已加入了《纽约公约》。因此，两地仲裁机构作出的裁决如须在对方申请执行，均可视其裁决为公约裁决，依据该公约规定的条件予以执行。在中国内地涉外仲裁机构涉及内地一方当事人与香港当事人之间争议而进行仲裁也视为涉外仲裁，其作出的裁决在内地申请执行也视为涉外裁决，并依据我国法律有关涉外裁决的承认和执行的规定予以执行。

香港回归以后，由于香港法律基本保持不变，有关香港地区以外的裁决的承认与执行仍依《香港仲裁条例》中有关规定办理，但在回归后很长一段时间内，由于香港已成为中国第一个特别行政区，这方面的合作已不能按照《纽约公约》相互予以执行，因此这一问题一直悬而未决。为解决这一难题，1999年6月21日，最高人民法院与香港特别行政区代表根据基本法和“一国两制”的原则共同签署了《关于内地与香港特别行政区相互执行仲裁裁决的安排》（以下简称“安排”），2000年1月24

日，最高人民法院以司法解释的形式在内地予以公布，自 2000 年 2 月 1 日起施行。“安排”基本上采纳了《纽约公约》的规定，其主要内容为：

1. 在内地与香港特别行政区作出的仲裁裁决，一方当事人不履行的，另一方当事人可以向被申请人住所地或者财产所在地的有关法院申请执行。有关法院，在内地指被申请人住所地或者财产所在地的中级人民法院，在香港特别行政区指高等法院。

2. 被申请人的住所地或者财产所在地，既在内地又在香港特别行政区的，申请人不能同时分别向两地有关法院提出申请。只有一地法院执行不足以偿还债务时，可就不足部分向另一地法院申请执行。两地法院先后执行的总额，不得超过裁决数额。

3. 申请人向有关法院申请执行内地或者在香港特别行政区作出的仲裁裁决的，应提交执行申请书、仲裁裁决和仲裁协议等文书。

4. 内地或者香港特别行政区作出的仲裁裁决在被申请人接到通知后，提出证据证明有下列情形之一的，经审查核实，有关法院可裁决不予执行：

（1）仲裁协议当事人依对其适用的法律属于某种无行为能力的情形；或者该项仲裁协议依约定的准据法无效；或者未指明以何种法律为准时，依仲裁裁决地的法律是无效的；（2）被通知人未接到指派仲裁员的适当通知，或者因其他原因未能陈述意见的；（3）裁决所处理的争议不是交付仲裁的标的或者不在仲裁协议条款之内，或者裁决载有关于仲裁范围以外事项的决定的（但交付仲裁事项的决定可与未交付仲裁的事项划分时，裁决中关于交付仲裁事项的决定部分应当予以执行）；（4）仲裁庭的组成或者仲裁程序与当事人之间的协议不符，或者在有关当事人没有这种协议时与仲裁地的法律不符的；（5）裁决对当事人尚无约束力，或者已经仲裁地的法院或者按仲裁地的法律撤销或者停止执行的。此外，如有关法院认定依据执行法律，争议事项不能以仲裁裁决解决的，则可不予执行该裁决；如内地法院决定在内地执行该仲裁裁决违反内地社会公共利益，或者特区法院决定在特区执行该仲裁裁决违反特区的公共政策，也可不予执行该裁决。

5. 1997 年 7 月 1 日以后申请执行内地或者香港特别行政区作出的仲裁裁决按照本安排执行。1997 年 7 月 1 日至本安排生效之日因故未能向内地法院申请执行的，如申请人为法人或者其他组织的，可以在本安排生效后6个月内提出；如申请人为自然人，可以在1年内提出。对于香港特别行政区或者内地法院在1997年7月1日至本安排生效之日拒绝受理或者拒绝执行仲裁裁决的案件，应当允许当事人重新申请。这一安排将在最高人民法院发布司法解释及在香港特别行政区修改仲裁条例后生效实施。

应当说，最高人民法院与香港高等法院签署的关于相互执行仲裁裁决的安排，在一定程度上填补了香港回归后形成的相互执行裁决的法律真空，为切实解决相互执行裁决的困难提供了法律基础，无疑对推动内地仲裁事业的发展，促进双方经贸往来，保护当事人合法权益，具有深远的影响。

（二）我国内地与澳门地区相互承认和执行仲裁裁决

中国内地与澳门地区尚未有相互承认和执行仲裁裁决的实践，两地的法律都未涉及这一问题。澳门地区有关仲裁的法律主要是适用葡萄牙《民事诉讼法典》的有关规定，而澳门政府为发展本地仲裁事业，在参考有关国家仲裁立法和有关国际公约的规定，并考虑本地区实情的前提下，于1996年9月25日以第29/96/M号法令核准通过了澳门本地仲裁法，但该法仅适用于澳门地区的内部仲裁，并未涉及外国仲裁裁决的承认和执行问题。为弥补涉外仲裁方面的不足，1998年11月13日澳门又核准通过了《涉外商事仲裁专门制度》（澳门政府第55/98/M号法令）。该法几乎完全参照1985年《示范法》，表明了澳门地区涉外仲裁立法已走向国际化。依此法令，中国内地涉外仲裁机构作出的涉外裁决，可以在对等情况下在澳门地区获得承认和执行。

（三）我国大陆与台湾地区相互承认和执行仲裁裁决

关于大陆与台湾地区相互承认和执行裁决问题，由于政治方面的原因，两岸的对立状况一直存在，有关这一问题的解决与港、澳相比则更为复杂，且台湾地区并未加入1958年《纽约公约》，两地之间相互执行裁决目前尚未有过这方面的案件公开报道。但我国有关法律已对此问题有所涉及。1988年7月，国务院发布的《关于鼓励台湾同胞投资的规定》中规定，台湾投资者在大陆投资因履行合同发生的或者与合同有关的争议，可以依据合同中的仲裁条款或者事后达成的仲裁协议，提交大陆或香港的仲裁机构仲裁。1994年3月，全国人大常委会颁布的《中华人民共和国台湾同胞投资保护法》中也规定，台湾投资者与内地省、自治区和直辖市的公司、企业、其他经济组织或者个人之间发生的与投资有关的争议，可以提交仲裁。应当说，以上这些有关涉台仲裁的法律规定表明，内地与台湾地区相互承认和执行裁决已初步具备了一定的条件。但这些规定的实施尚存在一些困难。现阶段，涉台案件的裁决的承认和执行不仅仅是法律上的障碍，还主要受两岸政治对立的影响和干扰，这尤其是台湾当局的不合作态度造成的。近年来，台湾方面在民商事司法合作方面的态度有所变化，1992 年 7 月 16 日公布的"台湾地区与大陆地区人民关系条例"中允许台湾地区法院承认和执行在大陆做成的民事仲裁裁决。但该条例并没有对祖国大陆仲裁机构作出的仲裁裁决的承认和执行给予便利的条件，在审查方面实质上仍将大陆做成的民商事仲裁裁决视作外国裁决对待，而台湾现行的有关外国裁决承认和执行的规定体现在"台湾商务仲裁条例"(1982 年修正）中。申请承认和执行外国仲裁裁决的条件与《纽约公约》的规定基本一致，但对于祖国大陆的仲裁裁决的承认和执行问题仍未明确涉及，这主要表现在：

1. 当事人提出申请除提供仲裁裁决正本或经认证之副本和仲裁协议原本或经认证之副本外，还须提供有关仲裁地的法规节本。

2. 在法院自行决定驳回当事人申请的理由方面，除以违反争议事项可仲裁性和公共秩序作为理由外，法院还可以以违反台湾法律的强制规则或禁止性规定为由驳回其执行申请。

3. 被执行人要求法院拒绝裁决执行提出的抗辩有多种情形，即仲裁组织或仲裁程序未依裁决作出地法；裁决依裁决作出地法尚未发生效力或已被有关主管机关予以撤销或停止执行；裁决事项超出了仲裁协议之范围；仲裁协议无效；仲裁员作出裁决前未使当事人陈述，或当事人依仲裁程序未经合法代理；应当回避的仲裁员仍参与仲裁；仲裁员违反职责触犯刑律；当事人及其代理人关于仲裁有刑事上应罚行为，影响仲裁者；为仲裁基础的文书，系伪造或变造者；为仲裁之基础之民事或刑事上判决及其他仲裁或行政处分，依其后之确定裁判或行政处分已做变更。

由此可见，台湾法院有关裁决审查极其严格，并且如果法院对以上情形之一为法院职务上已知悉，也可以自行驳回当事人的执行申请。显然，这些规定是不符合现代国际商事仲裁的发展趋势的，给外国仲裁裁决在台湾的承认和执行造成严重障碍，大陆作出的涉外裁决在台湾地区的可执行性就可想而知了。这不利于两岸民商事交往，不利于保护当事人的合法权益，要改变对中国涉外仲裁裁决在承认和执行中的上述情况，台湾地区应在不违反“一国两制”的前提下，加强司法方面的联系和合作，使两岸在相互承认与执行仲裁裁决方面更加便捷。

第十一章　涉外民事公益诉讼问题初探

人类社会总是在各种途径上不断接近正义。博登海默认为："正义所关注的是如何使一个群体的秩序或社会的制度适合于实现其基本目的的任务，满足个人的合理需要和要求，并与此同时促进生产进步和社会内聚性的程度，就是正义的目标"①。为实现正义的目标，人类在其发展的早期就创造了司法诉讼。随着社会的发展，司法诉讼程序也更加公正、透明，利用司法程序维护自身权利的主体更多，司法裁判不再仅是统治阶级的专用工具。司法诉讼的发展史证明，通过诉讼是实现社会公平与正义的最好的方式之一，因为诉讼是通过当事人举证、辩论，以尽可能向法官恢复纠纷所涉事实的原状，由法官运用法律裁判的活动，当事人通过参与这样的活动，提出自己的意见，以获得一种满足感。在奴隶社会、封建社会，不同阶级的人由于身份的不同，在享受权利及承担义务上是不平等的。资产阶级掀起了契约运动，用契约约定双方的权利，强调人、组织及国家在法律上享有公正与正义。但是，随着社会的发展，人们逐渐认识到契约在形式上是公正的，但在实质上并不一定公正，因为由于当事人身份的不同，导致举证能力，运用法律的能力，以及进行诉讼时的资金能力都不同，简单强调形式上的平等就会导致不平等及不正义。现代司法的实践要求区别当事人的身份，以追求实质上的公正与正义。

在20世纪60年代，西方国家中出现了一种新的民事诉讼，私人为了维护公共利益而提起的一类民事诉讼，我们称之为公益法运动。随着我国经济、文化的发展，这类诉讼在我国正不断的涌现。例如河北律师乔占祥认为铁道部2000年12月21日下发的《关于2001年春运期间部分旅客列车实行上浮的通知》侵害了其合法权益，其乘车共多支付9元，向铁道部提起行政复议。铁道部在复议中维持了票价上浮行为，乔遂向北京市第

① 博登海默：《法理学、法哲学及其方法》，华夏出版社1987年版，第238页。

一中级人民法院提起诉讼，请求判决撤销复议决定，撤销票价上浮通知①。浙江省浦江县检察院为阻止国有资产流失，以原告身份，向当地法院提起民事诉讼。法院判决检察院胜诉②。大多数比较法学者认为，这类诉讼是民事诉讼今后的主要发展方向③。正如盖茨教授指出，用新的诉讼方式来满足社会要求，通过比较证明它绝不是“孤立现象”，而是“一种更具广泛性的全球现象④”。这种新的诉讼方式就是民事公益诉讼。

随着上述民事公益诉讼的不断出现，一些与国家利益和社会公共利益相关的民事诉讼引起广泛的关注，成为我国当前的司法热点。消费者打一元钱官司，检察机关为防止国有资产流失而向法院提起诉讼，这种新型的民事诉讼，在消费者权益保护、反垄断、环保、不正当竞争等领域特别突出。但是这类诉讼也引起了巨大争议。对诉讼的原告、被告当事人资格及其与争议实体之间的关系等发表了不同的意见，这种争论在西方公益诉讼出现之初也出现过。通过下文比较各国法律可以看出，民事公益诉讼不是个别国家的法律制度，而是世界各国都面临的问题。西方国家已初步建立起民事公益诉讼制度，现要在我国建立基本的民事公益诉讼制度，就必须在充分比较世界其他各国法律的基础上，寻找西方国家的民事公益诉讼中好的经验，以建立适合我国的民事公益诉讼制度。

第一节　民事公益诉讼概说

一、民事公益的概念

公益就是公共利益，它包括国家利益和社会公共利益。公益属一个历史概念，在不同的社会有不同的含义，如在封建社会，统治者认为维持封建统治秩序就是一种社会公益。在社会主义社会，社会公共利益与其他阶级社会的内容是不同的。德国法学者鲁道夫认为“公共利益在由个人接

① 载《人民法院报》2003 年 5 月 17 日第一版。

② 详见新华网，网址：http:、www. zj. xinhuamet. com。

③ ［意］莫诺．卡佩莱蒂编：《福利国家与接近正义》，刘俊祥等译，法律出版社 2000 年版，第 66 页。

④ Kotz , supra note 13, at 116.

近权利实现的情形下，就不再仅仅是法律主张其自身的权威、威严这样一种单纯的概念上的利益，而同时也是一种谁都能感受到，谁都能理解得到的非常现实、极为实际的利益……即一种能够保证和维持各人所关注的交易性生活的安定秩序的利益①”。对鲁道夫的论述，可以理解为人们关心的公共利益不仅指金钱及物质，而且应当还包括各种的权利，还有一种对生活及交易稳定的追求。当在生活秩序及交易秩序中有不公平、不正义的因素存在时，首先损害的是个体的利益，然后是社会的公共利益受到损害。

很少有机构专门研究民事公益诉讼，在20世纪70年代以佛罗伦萨为中心，对民事公益诉讼进行了专门研究，并形成了一些著作。在对公益诉讼分析后，A. 丹库指出“保护扩散利益从一般意义上说，就是保护公益”，根据该研究成果，扩散性利益也属公共利益的范围，所谓扩散性利益是指没有组织联系的不特定的个人或处于同一利益阶层的人们，主要针对的是消费者及环境保护的受益者的利益。甚至认为为贫困者请求整体利益也属于公共利益的范围。②

因此，公益的范围相当广泛，它应当包括且不限于环境保护、市场秩序、生活秩序、国有财产、社会保障、文化教育、公共卫生、公共安全、弱势群体的正当权益等。

二、民事公益诉讼的概念、范围及特征

民事公益诉讼，有学者称之为罚金诉讼、民众诉讼，是相对私益诉讼而言的。是有关机关、组织或个人依照民事法律的规定，为维护社会公共利益而提起的诉讼。有学者认为，公益诉讼按其调整的范围的不同，可以分为行政公益诉讼、民事公益诉讼、刑事公益诉讼③。传统的民事诉讼理论认为，民事诉讼属私法的范畴，当事人一般主张的是个人私人的权益，但在公益诉讼中，原告不仅主张个人的利益，还主张处于同一利益阶层的集团的利益，或者甚至不单独明确主张个人的利益，仅主张国家的利益。

---

① R. V. Ihering, Der Kampfum's Recht 49 (Vienna, Manz' sche, 10th ed, 1889)

② Cappelletti, inM&J. Jolowicz, supra note 12; Cappelletti, supra mote 12.

③ 韩志红、阮大强著：《新型诉讼——经济公益诉讼的理论及实践》，法律出版社1999年版，第26页。

国家机关作为原告时，其并不主张自身的权益，而是代表国家提起诉讼，以主张社会正义及实现公共利益为目的。因此，民事公益诉讼突破了传统民事诉讼的形式，不仅强调私法自治的原则，也强调国家干预，公法与私法相互渗透，以私法的方法调整公法的范围，为民事诉讼带来巨大的变化，甚至大多数比较法学者认为这是民事诉讼今后主要的发展方向①。

当然实现法律的立法目的，本身应属于公共利益的范围。从这个意义上讲，有直接利害关系的原告提起的传统的私人民事诉讼，也起到了保护公共利益的作用。德国法学者鲁道夫 1872 年在他所写的书中提出，被非法侵犯权利的人们，仅仅根据个人性费用与利益的分析来决定是否求助法律救济是不充分的，这类人应有提出诉讼的义务，应该考虑到公共利益，也即是证实法律的实效性。使潜在的违法者不敢染指违法行为这样的公共利益，在这里得到了承认②。这样的传统民事诉讼不在本文的探讨范围之内。

探讨公益诉讼兴起的原因，将有助于规定公益诉讼目的，以便解决实际问题。在 20 世纪 70 年代，卡佩莱蒂教授讲道："随着现代社会的复杂化，单单一个行动就致使许多人或许得到利益或许蒙受不利的事件频繁发生，其结果使得传统的把一个诉讼案件仅放在两个当事人之间进行考虑的框架越发显得不甚完备。比方说，大型企业散布一则虚假信息，就可能使大量买进该企业股票的人蒙受损失，如果该企业同时违反了禁止垄断法，那么受这种不公平竞争的影响，又会有很多人利益受损失。往湖泊河流里排放工业废物，就会危害渴望享用清净用水的居民。物品有包装缺陷或污秽不堪，顾客就会统统受害。就是这些大量的受害的可能性成为当今这个时代的一大特征"。③ 卡佩莱蒂教授精辟论述的个人在现代社会中的环境同样适用于我国。此外，我国处于从计划经济向市场经济转轨的时代，处于国家政府机关、国有企业逐步退出市场竞争领域时代，国有资产流失非

① ［意］莫诺．卡佩莱蒂编，刘俊祥等译：《福利国家与接近正义》，法律出版社 2000 年版，第 65 页。

② ［意］莫诺．卡佩莱蒂编，刘俊祥等译：《福利国家与接近正义》，法律出版社 2000 年版，第 67 页。

③ Cappelletti, Vindicating the Public Interest, supra note 1, at 519.

常严重，从1982年到1992年共流失5000亿人民币国有资产，① 而按资产性质划分，国有企业属全民所有，国有资产的流失，损害了全民的利益。同时，我国还存在假冒伪劣产品的现象，国家对该类产品的打击力度也非常大，但没有办法根除，其原因在于法律的不完善，政府机关的力量有限，不足以完成此任务，打击效果不明显，在这样的环境下，消费者处于弱势，现有法律无法保护其权利。同样，我国也存在企业垄断市场非法获得暴利的行为，损害消费者的权利，也损害了市场秩序。正如周枏先生所讲："现代法关于公共利益的保护，由公务员代表国家履行之。罗马当时的政权机构远没有近代这样健全和周密，仅依靠官吏的力量来维护公共利益是不够的，故授权市民代表社会集体直接起诉，以补救其不足"。② 美国很早就认识到要实现公共政策目的，必须依靠私人诉讼。

除此之外，民事公益诉讼也代表了新的人权观念，那就是追求社会的公平与正义，给受到强势集团、机构侵犯的弱势群体以保护自己利益的机会，同时依靠广大的个人力量，维护社会公共利益及国家利益。故民事公益诉讼的发展程度如何，反映了一个国家的人权状况、法治水平。

目前世界各国并无独立的民事公益诉讼，对民事公益诉讼的范围，是一个有争议的问题，也是一个要以发展的眼光看待的问题。杨立新教授认为，从我国目前实践中存在的问题看，国有资产流失非常严重，其根本原因是国有资产管理、监督和经营工作没有跟上，对国有资产保值增值无人负责，国有资产的权益没有得到很好的保障。还有诸如环境污染、国家文物、老人、妇女、残疾人和未成年人的合法权益难以保障的案件、没有起诉主体的民事案件、妨害市场竞争的案件及其他涉及国家利益、社会利益和公众利益的重大民事案件等都属于民事公益诉讼的范畴③。从目前公益诉讼比较发达的西方国家如美国、英国、法国、德国等国来看，民事公益诉讼主要涉及到消费者权益及环境保护等方面，具体有反不正当竞争法、环境保护法。受到集团侵害的扩散利益的保护，以及为贫困者谋求整体利

---

① 1995年12月4日《经济日报》。

② 周枏著：《罗马法原理》，下册，商务印书馆1996年版，第887页。

③ 参见蒋安杰：《公益诉讼：让司法获得变革社会的力量》，载《法制日报》2003年9月4日第9版。

益也属公益诉讼的范围。综上，笔者认为，民事公益诉讼的范围主要有维护环境、市场秩序、生活秩序、公有财产、社会保障、文化教育、公共卫生、公共安全、弱势群体或个人的正当权益等，其中反不正当竞争法及环境保护法属典型的民事公益部门法。当然，反不正当竞争法及环境保护法分别又包含许多法律规定及国际公约，对这些法律，要作为民事公益诉讼的重点，具体规定公益诉讼的程序，以保护社会公共利益及国家利益。此外，对国家利益的保护，也属公共利益的范畴①。

谈到民事公益诉讼的特征，韩志红、阮大强教授认为民事公益诉讼人特征有：（1）经济公益诉讼的目的是维护国家经济利益和社会经济秩序；（2）与案件无直接利害关系的任何组织和个人都可以作为经济公益诉讼的原告，代表国家起诉经济违法行为人，是经济公益诉讼的重要特点；（3）经济公益诉讼成立的前提既可以是经济违法行为已造成了现实的损害，也可以是尚未造成现实损害，但有损害发生的可能性；（4）经济公益活动具有一定的综合性；（5）经济公益诉讼所涉及的主体多，地域范围广，影响大，所适用的规范多；（6）经济公益诉讼国家干预成分多；（7）原告胜诉后应得到国家的奖励②。他们从不同层面及角度对民事公益诉讼的特征作了分析。但笔者认为，若与传统民事诉讼相比，民事公益诉讼主要有以下几个特征：（1）提起诉讼的原告不同。提起民事公益诉讼的原告与被告之间可能并无直接的利害关系。正如美国法律规定，原告提起诉讼的，不需证明自己受到了损害。（2）提起民事诉讼的目的不同。传统民事诉讼是为了保护个人的利益，公益诉讼则是重点保护社会公共利益。（3）民事公益诉讼也可以是对尚未发生但可能发生的损害行为提起诉讼。而一般的民事侵权案件，要求是损害已实际发生。至于其他的特征属于技术层面的问题，或是为了保障法律的实施而配套的措施。

---

① 关于民事公益的概念及民事公益诉讼的范围及概念还可参见董伟威著：《民事公益诉讼范畴探讨》，载《审判监督指导与研究》2002 年第 3 卷，人民法院出版社 2002 年版，第 203～227 页。

② 参见韩志红、阮大强著：《新型诉讼——经济公益诉讼的理论与实践》，法律出版社 1999 年版，第 31～46 页。

第二节　西方国家的民事公益诉讼制度

西方国家特别是美国，产生公益诉讼运动比较早，公益诉讼经历的时间也长，公益法相对完善。故通过介绍西方国家的公益法律制度，借鉴其成熟的经验，与我国的国情相结合，选择适合我国的公益法律制度，这是比较国内外法律制度的意义所在。

一、美国的公益诉讼制度

美国是现代民事公益诉讼的创始国，《谢尔曼法》是世界上公认的公益诉讼成立的标志。公益诉讼的范围在美国虽然非常广泛，但美国也没有单独的公益诉讼制度及程序，而是融合在民事诉讼里，散见于各类法律之中。《美国地区法院民事诉讼法》第 17 条规定：在法定情况下，保护别人利益的案件也可以用美国的名义提起。“在当代，社会的发展不断地产生出新的纠纷，其中相当一部分被提交给法院要求得到解决。这样的现象首先大量发生于美国。在那里，民事案件经常被分成两种形态，而且就新发生的纠纷特点以及法院应当采取的对策展开了热烈的讨论。新型诉讼被区别于纠纷解决模式的一般民事诉讼，而称之为公共诉讼。其特征简单说来就是涉及大量利害关系者的公共政策问题发生争议要求法院对此作出法律判断。这种以处理牵涉多数人或集团间错综复杂的利害关系为特征的新型案件大大扩展了诉讼的功能，从而具有在社会上发生更广泛和更直接影响的效应”。①

美国的民事公益诉讼的代表法律有三个：《反政府欺骗法》、反垄断法即《谢尔曼反托拉斯法案》、反价格歧视的《克莱顿法》及环境保护法。

高小田先生谈到《反政府欺骗法》时称：“《反政府欺骗法》的实际意义体现在它的三个特点：首先，个人原告有权公诉。个人原告须将起诉书密封后送交美国司法部，该部在收到起诉书后 60 天内必须作出是否参与并做主要原告的决定。如果司法部参与，个人原告仍是原告之一，有权

① ［日］谷口安平著：《程序的正义与诉讼》，王亚新、宗军译，中国政法大学出版社 1996 年版，第 19 页。

要求法庭就庭外和解举行听证会。其次，败诉的被告将被处以三倍于实际损失的罚金，并负担合理的律师费及诉讼费用。个人原告有权从被告罚金中提取15%～30%的金额作为奖励。最后，凡雇员公诉雇主，雇主不得因此以任何方式，包括解雇进行报复，违者予以重罚。"① 在个人原告起诉美国通用电气的案件中，美国司法部参与后，决定接受被告23.4万元的庭外调解方案，但个人原告坚决不同意，就在开庭审判的当天，美国电器公司终于付出350万美元以免出庭②。

在反垄断法领域，就是"通过规范垄断的限制竞争行为来调整企业和企业联合组织相互间竞争关系的实体法和相关程序法的总和"，③ 美国在《谢尔曼法》中规定，对违反反托拉斯法的公司，司法部门、联邦政府、团体及个人都可以提出诉讼。因此受到损害的经营者及消费者有权获得三倍的赔偿，美国国家利益受到损害的，美国可提起诉讼，并获得赔偿。在《克莱顿法》中对诉讼的原告的主体作了更宽泛的规定，美国州的司法长官可以代表其州自然人，以州的名义提起民事诉讼。《克莱顿法》同时规定，对于违反该法，有权提起诉讼的原告不仅限于政府、司法长官、受损害的经营者，而且任何人、团体都可以作为原告。这类诉讼也属民事诉讼的范围。

美国在环境保护法中规定公民可以提起民事诉讼，要求违法排放污染者或未履行法定义务的有关行政机关赔偿遭受污染者的损失。如《清洁水法》规定公民可以对任何被指控违反该法的人提起诉讼。还有纯净大气法、水质污染法、噪音管制法等，如违反这一系列法律，原告是不需要证明自己是否受到违反行为的直接侵害即可提起诉讼。"公民诉讼权在美国被视为一项'禁止权'，或强制措施；公民则被视为'私人检察官'，与政府的职能相对应而存在，在实施环境法规中发挥着重要的作用。"④

---

① 高小田：《美国实施反政府欺骗法》，载《法制日报》1990年4月20日。

② 参见韩志红、阮大强著：《新型诉讼——经济公益诉讼的理论与实践》，法律出版社1999年版，第243页。

③ 曹士兵：《反垄断法研究》，法律出版社1997年版，第8页。

④ 陶红英：《美国环境法中的公民诉讼制度》，载《法学评论》1990年第6期，第60页。

二、美国的集团诉讼制度也是一种维护公共利益的诉讼形式

集团诉讼就是“法律允许一人或数人代表其他具有共同利害关系的人提起诉讼，诉讼的判决对所有共同利益人有效”。① 日本民事诉讼法学家谷口安平将美国集团诉讼描述为一种许可集团中的一人或数人起诉或被诉的制度②。共同诉讼的原告，就是具有共同利益中的一员。共同诉讼本身只是诉讼的一种形式，不是专门为公益诉讼而制定，但这种集团诉讼处理的很多问题都是公益问题，它为受到集团侵害或受到政策侵害的群体提供了一种有效的主张权利方式。例如铁道部对春运铁路票价上涨，这涉及1亿人的利益，但数额只有9元，如果每个消费者都像乔占祥一样提起诉讼，就自己所受的损失单独主张权利，这完全是得不偿失。因此，在传统的民事诉讼形式下，这样的损害不能得到救济。按集团诉讼模式，受害者中不论为谁，都有权代表全体受害者提起诉讼，并要求赔偿整体的损失。这样原告提起民事诉讼不仅是为了个人利益，也是为了处于同样立场的人们利益。由于集团侵害的人数众多但单个数额又较小，个别地起诉，对侵害者惩罚不大，对社会的影响也不大，不足以导致阻止类似侵害行为的再次发生，有时也不会引起法院及社会的重视。例如对某机场的噪音提出诉讼，如是个人提出，法院则可能认为机场的噪音并未达到原告所陈述的程度，或不足以严重影响原告的生活，如机场周边居民都作为原告提出诉讼，那么对法院来讲，就可能认为机场的噪音影响十分严重，就会提高办案效率，以保护个体的权利。另外，由于个人受到较小的侵害，进行个别诉讼，投入高，获益小，原告无心起诉，集团很容易逃避制裁。而集团诉讼由于较好地保护了弱小的个体的利益，使之有可能与集团对抗，以充分保护弱小个人的利益，以实现公共利益。在著名的 Eisen v . Carlisl & Jacquelin 违反禁止垄断纠纷一案中，集体索赔成员高达600万人，金额高达6 500万美元③。

---

① 转引自庄涉珍、董天夫著：《我国代表人与美国集团诉讼制度的比较研究》，载 http：//www. fl365. com/YuYang/articles/change. asp? id = 577

② 张卫平：《程序正义实现中的冲突与衡平》，成都出版社 1993 年版，第 162 页。

③ Eisen v. Carlisle & Jacquelin , 417 U. S. 156 (1973)

美国的集团诉讼的主要特征有：1. 集团的存在是以共同利益为基础，集团中的个人之间并不具有经常的组织关系。这个集团只是在诉讼中才存在，在诉讼结束时终止。集团诉讼中的“集团”是一个法律描述的虚构的集团，不是一个事实上的依法经过登记成立集团，它没有组织机构，也不能独立承担民事责任。这个集团的成员是在同一侵害事件中处于共同利益的地位，这是确认集团是否存在的前提及基础，如果集团经审查确实存在，则无论多少人，都可以提起诉讼。2. 代表同一利益立场的全体成员诉讼的原告并未得到集团全体成员的充分授权。日本第一东京律师事务所认为集团诉讼就是持同种债权的债权人在没有其他债权人的特别授权下作为诉讼代表人提起诉讼，而判决对全体债权人有拘束力。由于集团成员众多，不可能一一到法庭陈述各自的案情，同时由于法律允许集团的个别人或数人代表集团进行诉讼，因此，这种代表诉讼是法律规定的，而不是建立在当事人特别授权的基础上。因此，法院对提起集团诉讼的当事人的审查有两个方面：一是当事人代表是否与其他成员具有共同的利益，并且提起诉讼的目的不仅是保护自己的利益，也保护全体成员的利益；二是当事人是否有较好的诉讼能力（包括个人素质及所聘请律师的素质），是否能很好地维护集团的整体利益。3. 集团诉讼的判决具有扩张性。无论是否真正参加了集团诉讼，判决一旦作出，集团的成员都要受判决的约束。

三、英国的“检举人”公益诉讼制度

在英国，只有法务长官能够代表公众提起诉讼以维护公共利益。但是，如果法务长官明知有危害公共利益的行为而不履行其职权，个人有权请求法务长官让他自己去督促诉讼，如果法务长官允许，个人就可以提起民事诉讼。这种通过公民经检举提起的诉讼即为“检举人”诉讼，法务长官只是名义上的原告，如果诉讼失败，费用将由个人负担。

四、德国的团体公益诉讼制度

德国团体诉讼的理论基础为诉讼信托，是指当某一公益团体成员的权利受到侵犯时，法律强制地将团体成员的诉权让与该团体，由该团体提起诉讼的制度。德国 1908 年的《反不正当竞争法》规定，违反《反不正当竞争法》的规定，有权提起诉讼的原告为产业界团体，1965 年德国修改后的《反不正当竞争法》把提起发布禁止令诉讼的权利赋予了行业外的

消费者团体。德国有许多提案，试图借鉴美国的集团诉讼，或者赋予一般消费者团体提起赔偿金诉讼的资格，但遭到产业界的反对，没有得到通过。

德国团体诉讼制度有三点特征：1. 团体须事先存在。对团体条件的规定为：具有一定的权利能力及行为能力，通过诉讼欲保护的利益在团体章程中有规定，团体还必须具有一定的成员，以确保它所代表的利益具有一定的普遍性。2. 能够提起团体诉讼的只能是团体，而不是个人。当个人的权利遭到侵害时，代表个人的团体有权提起诉讼。3. 团体只能提起宣布禁止令状的诉讼，不能提起民事赔偿诉讼。这类诉讼的作用在于预防遭到侵害。

第三节　构建我国的民事公益诉讼制度

随着我国社会的发展，建立民事公益诉讼制度非常紧迫。《国际人权公约》已把接受裁判权作为人权的一个重要的标志。《世界人权宣言》规定：任何人当宪法或法律所赋予他的基本权利遭受到侵害时，有权由合格的法庭对这种侵害行为作出有效的补救。这就是公民享有接受裁判权的权利。

我国目前的法律制度已包括了民事公益诉讼的成分。《宪法》第2条规定，“中华人民共和国的一切权力属于人民。人民行使国家权力的机关是全国人民代表大会和地方各级代表大会。人民依照法律规定，通过各种途径和形式，管理国家事务，管理经济和文化事业，管理社会事务”。根据宪法的规定，我国人民有保护国家利益和管理国家事务的权利，那么通过诉讼来保护国家利益及公共利益，也是管理国家的一种形式。在我国《民法通则》、《合同法》中都规定以下行为无效：1. 恶意串通，损害国家、集体或者第三人利益的；2. 违反法律或者社会公共利益的；3. 经济合同违反国家指令计划的；4. 以合法形式掩盖非法目的的。《民法通则》第61条还规定：双方恶意串通，实施民事行为损害国家的、集体的或者第三人的利益的，应当追缴双方取得的财产，收归国家、集体或者返还第三人。类似的规定，在各类法律还可以见到，强调对国家利益及社会公共利益的保护。在个别的法律也规定了团体代表国家诉讼的权利，如我国环境保护法中规定，在海洋环境遭受污染时，我国海洋环境行政管理部门有代表国家提起诉讼的权利。这些都体现了对公益的法律保护。

虽然我国各类法律都强调保护公共利益及国家利益，但没有规定行使这项权利的程序，导致国家利益及社会利益不能得到很好保护。很多法律规定各社会团体对该法律、法规的实施有举报、监督的权利，但没有规定进行诉讼的权利。由于我国民事诉讼理论强调当事人意思自治，国家强力机构不主动介入私人利益的范围，除非当事人的合意行为侵犯了国家利益、社会利益构成犯罪的，一般原则是不告不理。若当事人的合意行为侵犯了国家利益，不构成犯罪，双方也没有发生纠纷，那么，对这个损害公益的行为，就很少有人追究了。或者就是有人想追究，也没有法定的程序作为追究的依据。现行的办法是向有关部门举报，但举报的效果并不好，一是举报人经常被打击报复，举报人不多；二是举报后，政府机关查处力度不大，违法领导常又异地为官。在这种情况下，借鉴西方国家的经验，建立民事公益诉讼制度，是一件刻不容缓的事。

借鉴西方国家的公益诉讼制度来建立我国的民事公益诉讼制度是一个可行的办法。但是法律的移植是不容易的，特别是民事公益诉讼制度，它与一国的政治、经济、文化紧密相连。所有民主国家都在考虑保护公共利益，但将某国的一项制度推广到另一个国家，是否会产生相同的效果则是不确定的，正如罗伦斯所说，它们并不是如制铁技术、阑尾手术般非常容易进行的法律技术。同样是民事公益诉讼，美国、英国及德国就各不相同。德国、法国就没有采用美国的集团诉讼、分担律师费用等制度。特别是公益诉讼的推行要与一个国家的经济发展相适应，在发达国家比较流行的一些制度，在我国要谨慎实施，不能盲目引进。

但是，这并不是说就不能引进合理的法律制度。实际上，经济全球化为法律的移植和借鉴提出了要求及提供了基础，我国《民法通则》、《合同法》、《海商法》等许多法律都引用了国外的制度或国际公约规定，因此，法律的移植在一定条件下是可行的。具体到民事公益诉讼制度，也可选择适合我国国情的制度，分阶段逐步建立起来。

构建我国民事公益诉讼制度，涉及适格的当事人，即关键是谁有权提起民事公益诉讼，法律把这一资格授予哪些个人、机关、团体，以及这些主体能提起什么样的诉讼，建立公益诉讼制度中的保障制度对实施公益制度也是十分必要的。

一、适格的原告

在我国要建立民事公益诉讼制度，首先遇到的问题是原告的适格条件问题。我国民事诉讼法第108条规定，民事诉讼的原告是与本案有直接利害关系的当事人。这实际上是严格的原告适格制度。当事人适格是指在特定案件诉讼中作为原告或被告进行诉讼的权能及资格。严格的当事人适格制度要求当事人对诉讼标的有实体上的权利，当事人与案件有直接的利害关系。我国采用严格的当事人适格理论，是因为我国传统诉权理论强调，程序不具有独立的价值，它是为实现实体权利服务的，认为诉讼就是通过查明并肯定主体的民事权利而使它真正得到保护的手段。因此，没有实体权利的诉权是没有意义的，也就是说，没有直接利害关系的原告，提起民事诉讼得不到法律保护，提起这样的民事诉讼没有任何意义。程序意义诉权和实体意义诉权是诉权的两个方面，程序是为实体服务的，作为诉讼权利并不是独立的权利，而是依附于实体的权利。因此，没有实体权利的人在本案中是不享有诉权的。在这样的法律规定下，要维护公共利益，就得自身先受害成为当事人，才能提起民事诉讼，在民事诉讼中，也不得提出与己无关的诉讼请求。"王海打假"就是其中一个典型事例。王海打假从事的本身是维护社会公益的活动，但由于法律的规定，他必须先购买假的产品，成为一个直接受害者，才可以向法院提起民事诉讼。乔占祥向法院提起诉讼时，提出的请求是退还多收的9元钱。事实上，这个请求仅是其个人利益，谈不上维护公益的诉讼，但大家都称之为公益诉讼，因为受铁道部提高春运期间票价影响的人数可多达1亿人，金额高达9亿元。在现有民事诉讼法规定下，乔占祥无权提出返还9亿元的诉讼请求。但就是这样似是而非的公益诉讼，产生的效果非常好。由于乔占祥的诉讼，现在任何一个垄断部门提价，都必须经过物价部门及广大消费者参与的听证会，否则无效，达到了乔占祥提起该诉讼时的最后目的。王海1998年在哈尔滨向6家出售假"淋必治"的药店提出索赔请求后，一夜之间"淋必治"片剂就从哈市大小药店消失了，这是行政部门打假不可能达到的效果。还有要求铁路、车站的厕所不能收费的诉讼，现在各铁路、车站的厕所都是免费服务，这也达到维护公益的目的。

随着诉讼法理论研究的深入，许多学者提出了诉讼权利独立的主张。这些诉讼理论是很丰富的。在此就不详细地讲。其中有代表性的观点就是公法诉权说。该学说认为诉权是不依赖任何条件而存在的公法权利，是一项不可剥夺的人权①。认为诉权与诉讼标的、实体权利没有多大的关系。由于国家垄断了司法权力，国家也由此产生了保护公民的义务，公民因此有请求法院作出合理裁判的权利。近年来的司法改革及诉讼理论的发展，诉讼权利是一种独立的权利并具有独立的价值得到我国大多数学者的响应，在现行法律规定及司法实践中得到广泛的应用。因此，一定程度上放宽原告适格的条件已具有一定的理论基础。

民事公益诉讼的一大特征就是作为提起诉讼的原告与本案无直接利害关系，甚至也没有私人的利益。要推动民事公益诉讼的发展，就必然要求放宽原告适格的条件，或取消限制原告提起诉讼。考虑到民事公益诉讼的必要性及特殊性，在民事公益诉讼中，原告适格的条件不能强调为有直接利害关系。美国的民事诉讼法规定“每一诉讼必须以真正有利害关系的当事人提出”,② 对于利害关系的理解，可以是非常广泛的，例如环境问题，环境是全社会共有的财富，对每个人都有利害关系，但某个主体损害了环境，并不是对每一个人都有直接的利害关系，直接的利害关系强调是直接受到损害，真正利害则是指可能受到损害，也就是间接受到损害。如前所述，美国、德国、英国、法国等，他们在涉及公益上的法律都规定了一定的机构、团体、个人拥有向法院提起诉讼的权利，并不要求他们直接受到损害。公益诉讼的关键在于，每个认为公益受到损害的团体及个人都有权提起民事诉讼。

严格的原告适格制度的优点就在于排除无谓的诉讼，把民事诉讼减少到最小的范围，以提高诉讼效益。放宽民事诉讼当事人适格的条件，这是一个非常复杂的问题，它涉及政治、文化、社会、经济的方方面面。

（一）个人是否能提起公益诉讼

实际上，在西方发达国家，并不是每个国家都赋予公民提起民事公益诉讼的资格，即便有的国家有这种规定，也规定了许多条件，该国公民取得这项权利也不是容易的事。扩大当事人的主体范围，可能遭到起诉的主

---

① 参见顾培东：《法学与经济学探索》，中国人民公安大学出版社 1994 年版，第 199 页。

② ［美］米尔顿·德·格林著：《美国民事诉讼诉讼程序概况》，法律出版社 1988 年版，第 61 页。

体必然反对。民事公益诉讼最发达的美国，也没有规定公民在任何方面都可以提起民事诉讼，只是在法律有规定的情况下才可以提起民事诉讼。但我国有其特殊的地方，赋予普通公民有提起民事公益诉讼的权利是可能且是必要的。其理由为：1. 与其他西方国家相比，我国的社会团体数量少，功能弱，社会性团体发展不充分，不足以维护公共利益。以我国最普及的团体消费者权利保护协会为例，它实际只是一个半官方的机构，协会的领导由政府任命，经费来源于政府财政拨款，经费数量有限，协会机构的人员编制有限，有的地方的消费者保护协会与地方工商行政管理局的某些内设机构合署办公，一套班子，几块牌子。该协会按行政区域设置，没有固定的登记会员。由于我国的社会团体的人员少，经费少，不具有代表性，因此，其在行使维权的职能时官僚主义更严重，也更加被动。有一个明显的例子①，淮河污染非常严重，国务院于1994年宣布治理淮河，到2004年国务院以各种方式投入资金人民币600亿元。国家环保局于2003年宣布淮河治污成功。然而，淮河仍然是一河污水向东流，各个机构测量的数据总是不一样！以2003年淮河主要污染物COD（化学需氧量）排放的测定为例，环保部门认为只有70多万吨，这一数据比他们自己测定的2000年水质最好时还少了约30%。而水利部门测定的数据是123万吨，接近历史最高水平。表述到媒体上就是污染程度"逐年下降"和"回到治理前'原点'"的两种截然不同的观点。两种观点孰是孰非，公众至今还一头雾水。但2004年7月的一场大雨，整个淮河流淌着一条污染巨龙，150多公里长高浓度污染物集中下泄，证明淮河的治理以失败告终。淮河治污还有不为人晓的内情。淮河水污染防治的第一个规划——"九五规划"的制订负责人日前公开承认：这个规划的时间限定是"运动式"的，"军事化的"，是当年为了满足"2000年变清"的时限要求而逆向"倒推"出来的治污计划与方法，愿望当然是好的。30种常规污染指标中的重点、对水颜色影响最大的是COD，为消除COD，时间安排与措施制订上也采取了"不太合适"的办法。这位当年居于领导岗位的专家现在说，当年如果不是这样，淮河治污也许会更好点，更科学点。已退休的他认为，按目前的治理方法，淮河治污要见成效，至少还需要50年。国家环保局及地方环保局的领导检查各企业的排污情况时，看到的是各企业停止排污，

① 参见《南方周末》2004年关于淮河污染的系列报道。

没有排污管道等好的现象。但知情的老百姓却知道这些企业的排放管道在哪，知道他们什么时候排放污染，却没有人问他们。在当地老百姓带领《南方周末》的记者参观八里沟排污现场时，记者就此采访了淮河水利委员会，记者们出示了从八里沟取来的污水水样，并报以排污口直排污水和“兑稀”污水的情况，淮河水利委员会程副局长听了大吃一惊，表情凝重地说，这太过分了，国家环保总局的同志还没走，他们就敢这样干了，这样的事一定要曝光！若国家环保总局的人走了就可以排了吗？对淮河污染“没有人来管，谁来也不中！”淮河流域的村民们不断重复着这句话。由此可见，仅依靠团体的力量来治污，没有与其切身利益相关的老百姓的参与，这样的治污难以成功。2. 无论什么样的侵权行为，直接的受害者首先是个体，这样的个体多了，才是公共利益受到损害。仍以淮河污染为例，治理淮河污染是否成功，不以机构测量的数字为准，要看在淮河污染中，老百姓的生活状况是否变好。首先是老百姓的经济损失问题。1989年，1.1 亿立方米的污水经蚌埠闸下泄，形成60 公里污水带，淮阴市经济损失1250 万元；1994 年，发生震动全国的“7·23”特大污染事故，持续时间55 天，污染农田5000 余亩，经济损失1.7 亿元；2001 年，淮河上游1.44 亿立方米污水形成20 余公里污水带，水利部门从骆马湖调水8亿立方米补进洪泽湖；2002 年，1.3 亿立方米污水下泄，仅盱眙受污染的水面就达5.3 万亩。这些损失是以亿为单位计算的，多少户农民为此倾家荡产。在一般的经济纠纷中，凡是有具体责任者，虽然也有各种各样的困难，但毕竟可以进入司法程序，然而，像淮河污染这种找不到具体责任者的事故，各家各户受了损失该怎么办呢？传统的民事诉讼解决不了这个问题，现有的行政手段也解决不了这个问题。第二，淮河流域的居民生命健康权利如何保护。20 世纪90 年代初，淮河污染已严重影响流域的工农业生产和1.7 亿多居民的生存。首先是居民无水可喝。“前年我们这井水都变坏了，苦得很。喝水困难，要从外面拉水回来喝。实在没办法就把压井里的水烧开了，澄一下再下锅。村里人去周口反映情况,. 今年来取水样的都七八回了，把我们村一些人的锅都拿走了，可就是没有结果。”一位男子说，这样的地下水质在淮河流域还算是好的。由于污染，淮河流域的农村还有很多的乙肝村、肿瘤村。黄孟营村处于沙颍河三条干渠交汇处，环保摄影人士霍岱珊的得奖图片《污染造成肿瘤村》就是在这里拍摄的。1996 年以来黄孟营村癌症死亡名单显示，从1996 年起，该村可以确定的因癌症死亡的人数为41人。据了解，该村最小的肿瘤病患者仅一周岁，已有两户人家因患肿瘤病而绝户。环境保护作为社会公共利益，这是从一般利益上讲的，但生活在这片受污染的环境里的居民，是直接的受害者，却没有办法解决这个问题，也没有解决这个问题的方式。法律不应仅规定保护他们的权利，而且还应规定他们保护自己权利的方式，而最好的方式就是授予他们提起民事公益诉讼权利，按照民事公益诉讼的理论提起民事诉讼，以保护社会公共利益及个人利益。3. 在维护社会利益的各种方式中，进行诉讼的效果最好。无论是环保还是“打假”，国家都投入了大量的力量，但效果仍然不好。环境总体质量迅速恶化，假货越来越多。究其原因，除了国家力量不足，不足以制止这类行为以外，还有另一个原因，就是污染环境的企业、造假的企业为其违法行为付出的代价太小。通过诉讼的方式，让企业付出较大的代价，就可起到制止的作用。王海在哈尔滨起诉一家销售假“淋必治”的药店后，假“淋必治”在哈尔滨市一夜之间就消失了。乔占祥提起9元钱的诉讼后，公益行业、垄断行业在提价之前必须听证，就成了一个程序。可见，个人提起民事公益诉讼的威力是巨大的。

有人认为，赋予个人提起民事公益诉讼的资格，必然带来司法权力的扩张，一些原本可能由行政机关负责管理的事务，变为由司法机关来处理。这又与一个国家的政治制度相关。我国管理社会的权力相对集中在政府手中，若赋予公民个人有权提起民事公益诉讼，那么一些原本由政府处理的事情，就可能要由法院来处理，这是否恰当呢？卡佩莱蒂教授认为，顺应立法机关和行政机关权力的扩大化，司法权的扩大也是合理且必要的①。我国目前处于社会主义初级阶段，是一个发展中国家，地广人多，工业基础差。赋予每个公民提起民事公益诉讼，可以弥补国家机关力量的不足，可以更好地维护社会的公共利益，以保障国家持续健康地发展。

（二）能否借鉴美国的集团诉讼制度

我国民事诉讼法第53条规定了共同诉讼制度，即：当事人一方或者双方为两人以上，其诉讼标的是共同的，或者诉讼标的是同一类、人民法院认为可以合并审理并经当事人同意的，为共同诉讼。第54条规定：“当事人一方人数众多的共同诉讼，可以由当事人推选代表人进行诉讼”。

① Cappelletti, Vindicating the Public Interest, supra mote 1, at 557 note, 162.

这就是我国的代表人诉讼制度。

我国的集团诉讼制度与美国的集团诉讼制度是不同的，区别具体体现在：1. 我国的集团诉讼的成员是确定的，或者在起诉后经过登记程序将集团成员确定下来，而美国的集团诉讼的成员是不确定的。2. 代表的充分性不同。我国的集团诉讼要求代表当事人进行诉讼的代表人须得到被代表的成员的充分授权，我国民事诉讼法第54条规定：当事人一方人数众多的共同诉讼，可以由当事人推选代表人进行诉讼。代表人的诉讼行为对其所代表的当事人发生效力，但代表人变更、放弃诉讼请求或者承认对方当事人的诉讼请求，进行和解，必须经被代表的当事人同意。从上述规定可以认定，代表的产生是推选，须得到大家的同意，即使如此，特殊的诉讼行为仍须得到被代表人的同意。3. 裁判的效力范围不同。我国民事诉讼法第55条第4款规定："人民法院作出的判决、裁定，对参加登记的全体权利人发生效力。未参加登记的权利人在诉讼时效期间提起诉讼的，适用该判决、裁定。"从上述规定可以看出，我国法院判决仅对已登记的集团成员有约束力，对没有登记的成员无约束力，处于相同立场的权利人，若在诉讼时效期间提起诉讼，可参照适用，但不能自动适用。通过对比分析，美国的集团诉讼制度与我国的共同诉讼制度有很大的不同，虽然我国的代表人诉讼是借鉴美国的集团诉讼制度而制定的。

美国的政党制度是多党制及三权分立，经济上非常发达，19世纪70年代，德·得克威尔说过，"在美国，大部分政治问题迟早都会还原为法庭审判问题"，① 历史证明，这个论断是正确的，甚至连总统选举中出现的问题都由法院裁判，例如布什与戈尔的总统选举出现争议，结果由法院裁定。美国的集团诉讼适应了解决公共政策、公共利益问题的需要。在我国也应建立集团诉讼制度，因为我国目前也有这个需要。集团诉讼是广大的扩散的弱小群体团结起来实现自身权利的重要工具，特别是我国正在健全股市制度的时候。由于上市公司的管理层有意散布虚假信息，作假账，抽逃资金，关联交易，侵害了广大的股民的合法权益，同时也使股市丧失了起码的公信力。据新华社电，自2001年4月来，先后有61家沪市上市公司受到77次公开谴责，477人（次）上市公司董事、监事和高级管理人员因未能勤勉尽责遭公开谴责。及时、准确依法披露与公司经营相关的

---

① 1A. DeTocqueville, Democracy in America 280 (New York, A. Knopf 1945)

信息，是上市公司及管理层应履行的基本义务。但一些上市公司管理层漠视法律和道德，屡屡出现作假账、董事长失踪、违规担保、挪用公司资金，典型代表的事件就有琼民源、PT 红光、郑百文、黎明、中科创立、大庆联谊、PT 水仙、亿安科技、银广夏等上市公司造假事件，无数的中小投资者为此倾家荡产。除了造假外，还有上市公司的高管携款潜逃的，卷走资金近 100 亿元。例如挪用公司资金 7 亿多元后“因病出国就医”不归的 ST 南华董事长何竟棠、留下 40 多亿元贷款的奥园董事长刘波前往日本“养病”，以及在 9.88 亿巨额担保面前“人间蒸发”的 ST 啤酒花董事长艾克拉木·艾沙由夫等。仅银广夏上市公司虚构利润一项，要求提起诉讼的就有 8 万人，金额达几亿元。按我国现有的司法诉讼程序，要求原告全部到庭或要求其出庭的代表人有严格的授权手续，仅审核原告的身份、出庭代表人的身份及授权文件一项，都费时费力，使法院难以完成这一审判任务。正如上证所研究中心主任胡汝银表示，尽管现实中上市公司财务造假、虚假上市等现象较普遍，但在司法实践中，没有作出对违法的董事负有实际意义的民事判决，董事的民事责任客观上被虚化了。实际上，到目前为止，上市公司造假侵害中小投资者利益，法院判决上市公司赔偿投资者损失的也是微乎其微。

类似的情况在我国正不断出现，广大普通公民的合法权益不断地遭到侵犯。据新浪网讯，陕北的朱久虎律师正带着一个律师团要搞出“一份让陕西高院无法不受理的起诉书”。这是一个集团诉讼案件，被告是陕西省政府，而原告则会达到 500 名左右，涉案金额至少在 50 个亿。案情并不复杂，在陕北榆林、延安等地有丰富的石油，有首长提出“各县发一台钻机，叫老百姓打石油，把积极性调动起来”。于是陕北各县纷纷出红头文件，出优惠政策，据说，陕北涉油 15 个县，有民营开发公司近千家，有近万个自然人股东，涉油个人近 10 万人。由于掠夺性开采，造成环境污染，同时造成税费外流。国务院要求整顿，于是陕北各县行动起来，有的县决定“先收井，后算账，再解决遗留问题”。这样的结果是政令畅通，开采石油得到有效制止，但投资者利益并没有得到保护。因为他们的投资都得到政府的批准，在没有正当合法的理由下，政府又取缔了他们的经营活动。于是投资者不同意，律师就参与进来。

同时，我国的公司在国外不断遭到集团诉讼。中国人寿集团因其母公司的造假问题在美国就被其股东提起了集团诉讼。

广大的中小投资者的合法利益也是社会公益的一部分。应创设一种集团诉讼制度，充分保护中小投资者的利益。保护中小投资者利益有很多的方式，例如我国已规定上市公司的管理层因损害中小投资者利益应承担相关行政责任、刑事责任、民事责任，等等，但实际上，在类似此类的案件中，很少有上市公司的高级管理层人员承担刑事责任或承担的刑事责任很轻，难以阻止上市公司管理层继续损害中小投资者的利益，故类似的违规事件仍在出现。美国的诉讼经验证明，集团诉讼是中小投资者保护其利益的重要方式，前文已举出的案例证明，集团诉讼可以让违反规定的公司付出最大的代价，以阻止其再次实施损害中小投资者的利益的行为。

（三）赋予一定团体、机关提起民事公益诉讼的权利，也是现阶段可行的办法

团体诉讼是一个稳健的民事公益诉讼形式，既防止个人滥用诉权，起到保护公共利益的作用，又符合我国目前的政治、经济发展状况。

研究德国的团体诉讼制度，可以发现我国现有的团体与德国法律规定的团体还是有差别的。首先，我国团体数量少，而且大多是半官方性质，自发组织代表成员利益的团体就更少。若规定团体诉讼制度，而不提高团体数量及质量，规定以团体诉讼来实现公共利益的目的就难以达到。第二，我国的团体大多是按行政区划设立，没有登记自己的成员。如消费者保护协会，大多按行政区划设立，协会领导还领取国家公务员的工资，其业务范围仅针对该行政区划内的消费者，消费者也不交纳会费。因此，从本质上讲，消费者协会是国家为了保护消费者权益而设立的一个机构，不是一般的团体。目前，消费者保护协会普遍面临机构不健全，人员编制不到位，业务人员水平不高，经费没有保障等问题。部分基层协会甚至没有独立的工作机构及专职的工作人员，有些地方是与工商部门的有关科室合署办公，一套人马几块牌子，没有稳定的经济来源。这样的团体难以应对日益复杂的消费者维权工作。第三，我国的团体目前均没有代替自己的会员提起诉讼的权利及功能。因此，要在我国实行团体诉讼制度，就必须创设这样的团体。符合什么样的条件的团体才能作民事公益诉讼的原告呢？可以从团体资金规模、成立年限、区域范围、代表行业等方面作出一般性规定，凡具备此条件的团体均可提起民事公益诉讼，也可以从我国实际出发，对国家的某个急需治理方面如打击假冒伪劣产品，先规定合法成立的消费者协会有权提起民事公益诉讼，至于其他行业，待条件成熟再决定。

有的学者认为，应当赋予消费者及环保协会等团体起诉权，对团体条件应限制为：(1) 可能接受诉讼实施权人，应当是以公益为目的的社团法人或团体；(2) 该社团法人或团体接受诉讼实施权应在章程所规定的目的与事项的范围内；(3) 该社团法人或团体的诉讼担当应向法院提交书面证明文书；(4) 该社团或团体不得为放弃诉讼请求，作出撤诉或和解；(5) 确定判决的效力，只及于受予诉讼实施权的成员。可以为其成员人利益人为原告进行诉讼。①

另外，团体不仅能提出宣布禁止令状类的民事公益诉讼，而且还应能提起民事赔偿类的民事公益诉讼，这一点也应与德国不同。若团体仅能起到预防受到侵害的作用，那么团体诉讼对国家利益及社会公共利益的保护力度就不够。

但我国目前没有团体诉讼制度，团体只是起支持受害者提起诉讼的作用。如《中华人民共和国妇女权益保障法》第 48 条规定："妇女的合法权益受到侵害时，被侵害人可以向妇女组织投诉，妇女组织应当要求有关部门或者单位查处，保护被侵害妇女的合法权益。"《消费者权益保护法》规定，"消费者协会和其他消费者组织是依法成立的对商品和服务进行社会监督的保护消费者合法权益的社会团体"，该法第 32 条第 1 款第（6）项规定"就损害消费者合法权益的行为，支持受损害的消费者提起诉讼"。

有学者主张，规定检察机关为提起公益诉讼的机关，不需要其他团体提起诉讼。实际上，在司法实践中，检察机关已提起了一些民事公益诉讼。检察机关提起民事公益诉讼的理论基础有：1. 目前的宪法、法律规定。《中华人民共和国宪法》第 12 条规定"国家保护社会主义公共财产，禁止任何组织、个人用任何手段侵占或破坏国家和集体财产"。因此，当单位、个人的职务行为违法，造成国有资产流失时，作为法律监督机关的人民检察院应当行使监督权，防止国有资产流失；国有资产管理法规定，国有资产管理者在国有资产受到侵害时，必须依法保护。表明国有资产管理者对国有资产并不享有自由处分权，如其放弃主张权利，则必须依法纠正；《中华人民共和国民事诉讼法》第 15 条规定的有关团体支持起诉应

① 参见肖建华著：《民事诉讼当事人研究》，中国政法大学出版社 2002 年版，第 396 页。

理解为包括支持起诉和提起诉讼两种方式；2. 2000 年，最高人民检察院发出了《关于强化检察职能、依法保护国有资产的通知》，要求检察机关充分发挥检察职能，对侵害国家利益、社会公共利益的民事违法行为提起诉讼；3. 有关的司法实践，最高人民法院对检察机关提起的民事诉讼并没有持明确反对的态度。1997 年后，河南、黑龙江、四川等地检察机关已起诉并经法院判决胜诉数百件民事案件，并有大量的宣传报道，最高人民法院并没有明确指出这些案件的原告主体不适格。至今以书面形式表现的态度是，最高人民法院在对湖北省高级人民法院的批复中指出检察院提起民事诉讼没有法律依据，这仅证明最高法院在相关立法没有变化的情况下，依据现行法律作出的一种解释，不证明最高法院不支持这种观点。

规定检察机关作为国家法定提起民事诉讼机关是可以的，但要达到维护公益的目的，仅规定检察机关为唯一符合提起民事诉讼原告资格的主体是不够的。第一，检察机关属国家机关的一部分，也可能有官僚作风，可能对某些违法行为视而不见，对这些情况要从制度上进行规范，进行制约。第二，我国地广人多，检察机关力量有限，不可能单独完成维护公益的大任，它必须依靠其他团体、个人的支持才能达到维护公益的目的。第三，有些公益诉讼涉及专门的知识领域或管理领域，例如环境污染案件，原告要提供证据以证明其主张就须有专业人士参加，由专业领域的机关团体提起民事诉讼比检察机关更有利于保护公益的目的的实现。因此，有必要赋予一些社会团体提起民事诉讼的权利。

二、诉讼程序

综上所述，针对不同的侵害行为及受侵害对象，我们把提起民事公益诉讼的原告资格分别赋予了个人、国家专门管理机关、国家检察机关、一般社会团体，那么，这些原告之间的权限分工及应按什么程序提起民事公益诉讼呢？目前，我国的社会团体如消费者保护协会及环保协会，他们在行政关系上与检察机关是并行关系，但在诉讼程序上，是可以不经检察机关同意即可提起诉讼，还是必须经检察机关同意才可以提起诉讼，或者由团体、个人向检察机关告知后，像美国一样，检察机关在 60 天内不答复或不作为，这些团体即可提起诉讼呢？这是值得研究的问题。笔者认为按英国的检举制度办比较好，既防止原告滥用诉权，对检察机关应当提起诉讼而不提起诉讼时，团体的起诉又防止了官僚主义作风，是一种补充作用。至于是否必须得到检察机关的批准，则是有利有弊。笔者认为检察机关作为提起民事公益诉讼的普遍机关，而其他团体则只能就某一方面的公益案件提起诉讼。湖南省岳阳县人民法院审理的岳阳县检察院诉被告张立新与岳阳县供销社日用杂品公司一案①，就是这样一个案例。县检察院发现供销社销售其房地产时，竞买人串通报价，导致公司房屋被低价出售，损害了国家集体利益，于是先后要求日用杂品公司及其主管单位供销社当原告提起诉讼，被拒绝。检察院又要求县国资办当原告，国资办认为自己没有法人资格，没有诉权。检察院又找到县法制办，希望县政府当原告，县政府同样不愿当原告。这样历时一年半时间，没有什么结果。不得已检察院自己当原告，而提起诉讼，最后法院判决检察院胜诉。实质上，检察院有权提醒、督促有义务维护国家利益的机关提起诉讼，当这些机关不履行其义务时，检察机关可提起民事诉讼。从另一个角度讲，赋予检察机关提起诉讼的普遍权利，但在程序上，应当规定检察机关在提起诉讼之前，可要求更适合的机关提起诉讼。因此，原告主体之间的关系，总的原则是：无论什么样的侵害行为，只要危害了国家利益和公共利益，检察机关守在最后的底线，当无人起诉时，检察机关有权提起诉讼；个人处于检举人的地位，他的首要任务是在发现问题后向有关机关检举报告，在涉及特定的国家利益受侵害，有关机关未履行自己的法定职责时，个人有权提起诉讼；当不特定的多数个人受到侵害时，代表他们的团体有权提起民事诉讼。

另外，民事公益诉讼本身属于民事诉讼的范畴，因此，不必另起炉灶规定单独的诉讼程序。西方的公益诉讼制度也没有规定单独的诉讼程序。但是，民事公益诉讼与一般的民事诉讼确有不同的地方，因此，在诉讼程序上应有特殊规定。如何解决这一矛盾，可由最高人民法院以司法解释的形式，对民事公益诉讼作特别的规定。具体体现在以下几点：1. 扩大当事人的适格条件。2. 在单独的法律领域，如消费者权益保护法、环境保护法等，规定适格的原告提起诉讼的程序。

三、其他保障、鼓励措施

（一）奖励措施。在多数民事诉讼领域，为实现个人私利而努力的个

① 参见《人民日报》，2003 年 1 月 22 日第 13 版。

人很多，对提起传统民事诉讼的原告就不必给予奖励。但民事公益诉讼是一个特殊的诉讼，原告与本案并无直接的利害关系，有时受到侵害的人很多，但每个人受到的侵害并不严重，个别地提出诉讼没有意义，但若为公益提出诉讼，则意义大得多；有时由于资金的原因，不能提出诉讼，要给予一定的援助，鼓励其提出诉讼。虽然民事公益诉讼的目的是维护公共利益，但若没有私人利益的成分，可以说是事不关己，吃力不讨好，仅靠原告对违法行为的气愤及个人的觉悟，这是非常不够的，原告提起诉讼的兴趣就不高，民事公益诉讼就难以达到保护公益的目的，公益立法就难以落到实处。要鼓励团体、机关提起民事公益诉讼，就应建立一套鼓励制度。这涉及原告胜诉时的奖励制度和败诉时风险的承担及律师费、诉讼费用的负担。美国规定某些民事公益诉讼，原告胜诉后，可获得诉讼标的15%～30%的奖励，美国反垄断法规定，若自己也是直接受害者，可以获得三倍于受损金额的赔偿。“赔偿额中超过损失额的部分，可以说是社会、法律政策对所希望行为的奖励。”① 我国也可根据自己的情况，确定合适的比例。例如我国消费者权益保护法规定，消费者有权获得双倍的赔偿。

（二）诉讼费及律师费用的分担。在消费者权益保护领域，众多的消费者在合法权益遭受损害时，不愿提起诉讼，其原因在于索赔路上的高额诉讼费用。由于高额的诉讼费用，即使消费者在诉讼中获胜，其诉讼的成本转移给对方，但按我国现在的法律，其在诉讼中支出的律师费用将由自己承担，付出的时间、耗费的精力及等待判决中的焦虑等都难以通过诉讼程序获得全部的赔偿。这种对诉讼成本大于收益的预期将阻碍其对通过法律诉讼进行索赔的追求，特别是在“1元钱官司”这种小额请求中，更是如此。以此类推，当一个垄断企业侵犯了许多个体的合法权益，而每个个体仅为小额的损害，每个个体起诉的兴趣就不大，经营者因其违法行为而面临被起诉的风险就很小，加强了他们不惜违法以牟利的动机。

同时，西方公益诉讼的司法实践证明，由于大多数公益诉讼领域涉及专业知识，没有律师的参与，原告方难以胜诉，民事公益诉讼难以达到保护公益的目的。律师的参与就涉及律师费用问题。很多国家规定，原告方

---

① Stoll, Consequences of Liability: Remedies (Chapter 8) in Vol. XI (Torts) of the International Encyclopedia of Comparative Law, at 115 (Tubingen/ Pans /New York , Mohr /Mouton /Vceana)

无论胜诉还是败诉，律师费用都要自己负担，这一点成为阻碍原告提起民事公益诉讼的重大因素。为鼓励原告提起诉讼，就必须解决律师费用的负担问题。从西方国家的经验看，主要是通过政府资助或通过社会赞助相关费用。美国的公益诉讼之初，得到了大财团主要是福特财团的支持，但福特财团资助的费用逐年减少，主要的资金来源仍是政府资助及律师自身的收入。

同时，由于民事公益诉讼的诉讼标的额较高，讼诉费用数额大。我国及其他许多国家规定，败诉方要承担诉讼费，这也是阻碍原告提起公益诉讼的重大因素。美国解决这个问题的主要办法是协商降低索赔数额，以降低诉讼费。实际上还可以规定，当原告败诉时，民事公益诉讼案件的诉讼费减半收取，就像各资产管理公司起诉追偿不良债权一样，以鼓励原告提起民事公益诉讼，实现社会公平与正义。

因此，为鼓励公民及相关机构提起公益诉讼，我国政府也要加大对该相关领域的财政支出及制定相关鼓励制度。

由于民事公益诉讼并不是单独的一门诉讼法，因此不一定要求所有的公益诉讼都采用一种形式，要研究各相关部门法的条件及经济、技术发展状况，规定不同的诉讼方式，以达到法律效果、实际效果与社会效果的统一。

第四节　涉外民事公益诉讼的管辖冲突及解决

民事公益诉讼是以私人的诉讼来维护国家的法律制度。民事公益诉讼是以司法手段维护公共利益，而不是以行政的方式或刑事方式，对危害国家、社会及不特定人的利益时向法院提起民事诉讼，制止危害行为的发生或防止损害结果的扩大，给危害者以惩罚，给受损害者以一定的补偿。在民事诉讼中，首先涉及的是管辖权。民事公益诉讼虽然在本质上属于侵权诉讼，但又与一般的侵权行为不同，侵权行为与侵权结果间的因果关系不明显，有的损害结果是否发生不确定，难以证明。当事人之间甚至可能没有直接的利害关系，无法寻找当事人之间法律关系的连接点，无论采用属人或属地原则都容易造成管辖权冲突。另外，作为公共利益的一个重要组成部分的反不正当竞争法，欧洲国家与美国、日本等都规定了其享有域外管辖权，产生了国家间的管辖权冲突，而且，在公益诉讼中，国家利益是很重要的考虑因素，确定案件的管辖与一般的涉外案件有所不同。实质上，国际上确定这方面管辖权的标准难以统一。我们知道，由于管辖是原告首先选择的，被告会提出类似的管辖权异议或到另一个法院提出诉讼请求，导致诉讼管辖复杂化，因此，任何管辖权的改变，大多是对最先提起诉讼的原告不利的。

由于民事公益诉讼并不是一个单独的诉讼程序或部门法，而是涉及消费者权益、环境保护等领域，主要包括反不正当竞争、反垄断、侵权损害赔偿、环境污染损害赔偿等，还有国家的利益等，上述案件主要属侵权纠纷。还有一些案件是原告向法院申请禁止令，以阻止被告为某种行为。由于我国的反不正当竞争法还不健全，法律对反垄断还没作详细的规定，这方面的管辖权与外国冲突的资料相当的少，但我国目前也存在外方垄断市场的问题，例如微软利用其技术垄断我国软件市场。随着我国的进一步开放市场，外国公司、集团利用信息、技术、资本优势垄断我国市场的可能性增大了。因此，研究相关的资料，了解相关的管辖权冲突规范，建立相关法律及公益诉讼制度，对维护我国利益非常重要。

因此，讨论涉外民事公益诉讼的管辖权问题，只能在其所包括的几个领域中讨论，下面仅就消费者权益保护及环境保护两个部分浅谈笔者个人的意见。

（一）反垄断法的管辖权冲突与协调

垄断是指经营者违反法律规定，在市场内滥用市场支配地位或者与其他经营者合谋，排除或限制竞争，损害消费者权益，违反公共利益的行为。反垄断法的主要任务是预防市场势力造成的垄断，规范竞争，维护市场秩序，协调竞争者的个人利益和社会利益。国家在维护竞争者个人与社会公共利益中居裁判者角色。但垄断不仅会损害竞争者的利益，由于垄断会带来暴利，价高质次，损害消费者的利益，也会妨碍科学技术进步，阻碍人类进步发展，因此，反垄断不仅是竞争者、经营者的义务，也是国家、公民、团体的权利及职责。如前所述，西方国家把反垄断的权利赋予了一般的消费者或消费者团体，如《谢尔曼法》、《克莱顿法》规定，只要违反了反垄断法，任何公民、团体及国家机关都有权提起民事诉讼，以维护社会公共利益。因此，反垄断法是典型的民事公益诉讼范围。

反垄断案件管辖权冲突的原因在于：（1）美国、欧洲国家及其他很多国家都规定反垄断法享有域外管辖权，这与其他国家的规定产生了直接的冲突。（2）反垄断与国家利益、政策紧密相连，当一个国家认为某外国企业的行为违反其反垄断法时，当事国的法律可能并不认为该行为违法，这也将与另一个国家产生法律上的冲突。正因如此，国际上对反垄断诉讼的管辖权一直难以达成协议。不过经过多年的冲突与协商，欧洲与美国初步达成按如下原则确定管辖权：

1. 效果地原则。指一国法律对发生于境外，但在该国市场产生一定效果的行为，该国法院有管辖权。这个原则是美国法院在 United States v. Aluminum Co. of America 一案①中确立的。该案是美国政府起诉美国铝公司及其他公司共 63 个被告，要求法院判决美国铝公司垄断州际和国外商业，解散被告，要求认定其他被告与美国铝公司达成共谋抑制这种商业。其中涉及美国铝公司的加拿大分公司加入到在国外订立的包括一个法国公司、两个德国公司、一个英国公司 1931 年 7 月 3 日签订的协议，该协议涉及各公司的生产量及销售办法。该协议在美国境外履行。外国公司认为美国法院对此无管辖权。但 L. Hand 法官认为："我们不关心在境外签订的协议在当地是否合法，我们只关心国会是否规定对美国国外不效忠于它的人们责任……任何国家有权规定责任，即使对于不效忠它的人，处罚在边境外但结果在境内的行为，只要本国认为这种行为应该受到谴责。"美国根据此效果原则行使对本案的管辖权。

美国创立的效果地管辖原则首先有自身理论上的缺陷。对效果的认定没有准确的标准，使该原则成为大国的贸易保护的武器。H. Land 法官认为，由于国际贸易的发展，全球经济一体化，"有些协议在境外订立，并不打算影响进口，但实际上影响了进口或出口。几乎所有的对货物进口的限制，例如在欧洲或南美，会影响美国。"② 也就是说，在世界上任何地方对贸易的限制或订立的协议都有可能对别的国家产生影响，因此，以效果地原则来确定管辖权是不客观的。其次，在确定影响时，由于贸易的复杂性，使得一个国家的利益受到损害，但境外企业的行为是否就是这种损害的唯一原因呢？还有一点就是，产生反响的时间究竟会有多长，"遥远的反响"是否也可构成违反反垄断法。再次，有时境外的一个行为，所产生的效果影响到几个国家的市场，那么根据效果原则如何确定管理权

---

① United States v. Aluminum Co. of America, 148 F. 2d 416 (2d Cir. 1945)

② United States v. Aluminum Co. of America et al. 148F. 2d 416

呢？因此，美国对效果原则作了一些修改。美国司法部颁布的《反垄断法国际实施指南》明确规定：如果外国的交易对美国商业发生重大的和可预见的后果，不论它发生在什么地方，均受美国管辖。在这里，它确定了“重大和可预见”的后果，才行使效果管辖权原则。

美国这种单方规定管辖权的做法，一方面与其他国家法律产生了直接的冲突，遭到其他国家的反对，许多国家通过立法来对抗美国的效果管辖权，例如英国立法规定，任何在英的公司企业机构，不得向美国反垄断机构提供情报、证据。另一方面，许多国家又仿效美国，比如欧洲也按效果原则确定管辖权，德国的《反限制竞争法》规定，“在本法有效范围内发生效果的所有限制竞争行为系本法生效范围以外的原因所致，亦同”。①欧洲法院有许多按效果地原则行使管辖权的案例，如 1988 年的木质纸浆案，34 个在瑞典、加拿大、美国等地的公司，以协同价格，向欧共体销售木质纸浆，影响了共同体的市场。欧盟委员会对他们进行了罚款。在本案中，欧共体要求以效果原则行使管辖权，但欧洲法院在判决时，并没有直接接受效果原则，也没有明示拒绝效果原则。在 Reinwater 案②中，也可找到欧洲法院适用效果管辖权原则的影子。该案涉及一家法国公司，该公司向 Rhine 河倾倒氯化物，一个荷兰幼儿园在荷兰提起诉讼，认为该公司在 Rhine 河上游倾倒氯化物而使其受到损害，要求赔偿。法国公司则认为荷兰法院对此案无管辖权。欧洲法院通过解释布鲁塞尔公约，支持了幼儿园的主张。欧盟适用效果原则，典型表现在第三国企业合并案上。例如美国波音公司与麦道公司的合并，美国联邦委员会于 1997 年 7 月 1 日批准该两个公司合并③。但是欧盟认为，在飞机制造领域，唯一能与波音公司竞争的是欧洲空中客车公司，由于二者的合并，波音公司所占的份额将进一步提高，巩固其已取得的支配地位，大大削弱了欧洲空中客车公司的竞争地位，损害了欧盟的利益。便决定宣布该合并案为非法，但在宣布之前，波音公司向欧盟作了让步，保障了欧盟的利益，欧盟才同意该两个公司的合并。应该说，欧洲在这个案件上，完全接受了效果原则。

---

① Gesetz gegen Wettbewerbsbeschrankumgen §98（2）

② Bier v. Mines de Potasse d' Alsace, SA［1976］ECR 1735,［1977］1CMLR 284（ECJ, Nov. 30）［1976］

③ See Statement of Chairman Robret Pitofsky, WuW 9/1997, S. 707

尽管有许多国家效仿美国以效果原则决定管辖权，但对这个原则仍然没有达成一致。"基于所谓的效果原则而行使的管辖权还没有得到普遍的承认，这个问题仍然是有争议的。由于在国家之内的行为发生的效果而行使管辖权可能等于管辖权的属地原则的客观适用，但是，如果所依据的效果不是有关罪行的组成部分，而仅仅是所作行为的后果或反响，那么，管辖权的属地原则的正当界限就被超越了，特别是如果效果只是偶然的和不重要的，这就有不正当地采取效果原则为管辖权的根据的危险和该项原则是否符合国际法的可疑之处。许多其他国家所表示的关切，使某些美国法院在某种程度上注意到其他国家的正当利益，不仅要求外国人的国外行为必须在美国有实际和预期的效果，使在美国造成足够的损害，而且要求美国的利益和与美国的联系——包括美国对外商务发生巨大的效果——与其他国家相比是强大的，使有理由主张域外权威。由于用这种方法平衡了有关国家的相互竞争的利益，在一些特殊情况下，效果原则的某些较严重的过分之处，在实践上，是可以避免的，但是，对于这项原则仍然还可能有一些反对意见。"①

詹宁斯、瓦茨的上述观点，既是对效果原则的缺陷进行了修正，同时，也提出了一个新的管辖原则——效果原则与利益分析相结合的原则，即在以效果原则确定管辖时，同时要考虑其他国家的利益，兼顾利益均衡。这是效果原则的发展。

但利益均衡原则没有客观的标准。美国法院在审理"博帕尔案"时，在论述美国是否应当行使域外管辖权时，也论述了利益平衡的问题，考虑了私方利益和公共利益。其中有印度和美国的利益，以及准据法的适用等。上述利益是美国法院在论述方便管辖时考虑的。在 Timberlaneg 一案中，美国法院进行利益均衡分析时，列举了 7 个因素：（1）与外国法律或政策的抵触程度；（2）当事人的国籍以及公司的住所或主要营业地；（3）双方国家的执行预期可取得一致的程度；（4）与其他国家相比，对美国影响的重要性；（5）损害或影响商业目的的明显程度；（6）这些影响的可预见性；（7）与在国外的行为相比，在美国国内的被诉行为的相

---

① ［英］詹宁斯、瓦茨修订：《奥本海国际法》，王铁崖等译，中国大百科全书出版社 1995 年版，第 335 ~ 336 页。

对重要性①。《欧洲议会暨欧盟委员会就欧洲共同体适用竞争规则与美国合作的决议》对利益作了简明阐述，其第 6 条规定："在各自的法律和重大利益的前提下，双方当事人在采取适用措施的时候，尽量考虑到对方的重大利益。在决定启动调查程序或者司法程序时，在决定调查或者司法程序的范围时，或者在采取救援或者制裁行动时，都应当考虑到对方的重大利益。"②

利益均衡原则只是对效果原则的一种限制与补充，最终起决定作用的仍是国家利益的因素。

2. 礼让原则。礼让原则理论的提出是在 20 世纪 70 年代中期，但由于礼让原则缺乏确定性，在当时并没有被接受。美国法院在 Hartford Fire Insurance Co. v. California③ 一案中拒绝适用国际礼让原则。

由于反垄断法的域外的适用或不适用不是一个国家就能决定的事情，特别是在调查取证、法院判决的执行等方面需要国际的合作。因此，美国与欧洲在反垄断法领域中达成了一个协定，即《反垄断法执行的合作协定》，该协定第 5 条规定，如果缔约一方的利益在缔约另一方的领土上受到损害，缔约一方有权利要求缔约另一方根据本国的竞争法对案件进行审理。同时，它也允许另一方的反垄断机构干预发生在自己国家领域内的限制竞争案件，甚至允许适用对方的法律，这就是积极礼让原则④。为贯彻此原则，欧洲共同体与美国于 1998 年又签订一个适用"积极礼让原则"的双边协定。该协定的主要内容为：（1）协定的适用范围和目的；（2）协定中术语的解释；（3）积极礼让的含义等。根据该协定第 3 条，不管在一国的反竞争行为是否违反另一国的竞争法，也不管另一国的竞争机构是否会根据本国的竞争法豁免这种行为或者打算豁免这种行为，这个国家的竞争机构都可以向另一个国家的竞争机构提出在这个案件审理中适用本国竞争法的申请，甚至可以申请根据本国法修正对案件所作出的决定⑤。

---

① 徐卉著：《涉外民商事诉讼管辖权冲突研究》，中国政法大学出版社 2001 年版，第 259 页。

② Abl . 1995L 95/45

③ 113 S . Ct . 2891 （1993）

④ 参见王晓晔著：《竞争法研究》，中国法制出版社 2000 年版，第 314 页。

⑤ 参见王晓晔著：《竞争法研究》，中国法制出版社 2000 年版，第 314 页。

由于反垄断法的域外适用直接涉及各当事国的利益，美国与欧洲的双边协定也不具有法律上的约束力，因此，在涉及各国根本利益时，礼让原则就成了一纸空文。

国际反垄断法的域外适用管辖权争议的处理，还有一般的原则，即属人及属地原则，在此就不详讲了。

（二）国际环境污染诉讼案件管辖权冲突

环境作为人类生存和发展所必不可少的条件和物质基础，是全人类的共同财富。有的国家认为公民享受健康环境权，享受清洁的水源、新鲜的空气、良好的气候、优美的风景，这是一个基本的人权。有的学者甚至认为，由于人口的迁徙较快，公民的国籍是不固定的，因此，中国的公民对美国的某一环境在一定条件也享有保护的权利。虽然从生物学角度讲，自然环境是可再生的，可循环使用。但环境再生的周期很长，特别是在遭到破坏后恢复的时间就更长。有些破坏行为是基于行使正当权利，比如基于所有权、使用权，或者得到政府的许可等，对这些权利的限制以保护环境是民事公益诉讼的一个重要组成部分。遭到破坏的环境就会对人的健康造成危害，在一定的期间内甚至对人身体造成严重危害。由于环境损害而造成的社会危害巨大，有的时候并没有造成明显的损害，或单个主体受到的损害较小，但受害范围大，总的危害很大，这也是民事公益诉讼的范围。美国在环境保护法规如《清洁水法》中规定原告不需要证明自己受到损害与被告的不法行为之间有必然的因果关系。

我国是环境污染的受害国，一是我国工业现代化的发展，破坏了环境；二是我国正成为世界垃圾的倾倒地，据报道世界上固体废物的90%倾倒在亚洲，其中80%倾倒在我国。另外，随着外资的进入，外国在中国开办的企业，由于其母公司的不恰当行为，发生环境污染事故的可能性在增加。就如“博帕尔事故”一样，如没有民事公益诉讼，就不能充分保护广大受害者的合法权益。

环境污染案件也有其复杂性，有时候虽有不法行为，但短期内不一定就有损害结果，如按普通侵权案件处理，必须强调损害结果的话，环境污染就不能得到很好的阻止。民事公益诉讼强调只要不法行为有可能产生危害结果，就可提起诉讼，且不要求原告证明自己是否受损害，以及损害与行为之间的因果关系。因此，建立民事公益诉讼，就为保护环境提供了一个有效的司法手段。

但在跨境涉外环境污染民事公益诉讼中，也存在管辖权冲突问题，目前国际上采用以下原则作为管辖的基本原则，协调国家间的管辖权冲突：

1. 行为地原则。大多数国家规定，环境污染案件由侵权行为地法院管辖，这是确定管辖的基本原则。美国关于空气或水污染的案件允许外国人在行为地的联邦法院提起民事诉讼。美国《濒危物种法》规定，任何公民可以自己的名义提起民事诉讼，美国的地区法院可以不论当事人的国籍行使司法审判权。英国法院也规定，侵权行为若发生在英国，英国即有管辖权，即使被告不在英国。《核能领域里第三者责任的巴黎公约》和《核损害民事责任公约》规定，核事故由核事故发生地法院管辖或核设施所在地法院管辖。《北欧环境保护公约》规定，因环境污染造成的纠纷，由行为地法院管辖。还有一些国家，行为地国法规定对其境内的被告享有管辖权。

2. 损害结果地原则。对于环境污染案件，有许多国家也规定，损害结果发生地国家法院也有管辖权。《油污损害民事责任的国际公约》规定，当在一个或若干个缔约国领土内发生了油污事件，或在上述领土内采取了防止或减轻油污损害的情况下，诉讼赔偿只能向其中一个或若干个缔约国的法院提出。《海底矿物资源勘探开采造成油污损害民事责任的伦敦公约》规定，根据本公约提起的赔偿之诉只能在污染损害国的法院提出。美国《明尼苏达州环境权利法》规定，明尼苏达州法院对被告在其以外实施可能损害、污染或破坏州内的空气、水、土地等行为，享有管辖权。

在民事公益诉讼中的环境保护诉讼案件，与一般的环境保护案件应有所区别，因为提起诉讼的原告可能与本案并无直接的利害关系。

第五节　立法建议

现有一案例，湖北省高级人民法院在受理了一件检察机关提起的民事公益诉讼案件后，向最高人民法院就此问题进行了请示。具体案情如下：2001 年 11 月，湖北省恩施市人民检察院以原告身份向恩施市人民法院提起民事诉讼，称被告张某在 1993 年至 1995 年承包恩施市农资公司加油站期间，经税务机关核定，获取期初存货已征税金 73259.27 元和留抵税金 57241.84 元的资料两套。1995 年 12 月 7 日张苏文调任恩施市石油公司经理。任职期间，市石油公司租赁了农资公司加油站。此后，张某将两套抵扣税资料交市石油公司，安排公司会计人员计入其个人往来，并以转个人集资、取现金等方式从市石油公司账上获取资金 130501.11 元。后经调查，由于市农资公司加油站不符合抵扣条件和政策调整等原因，原经税务机关核定的两套抵扣税资料实际不能实现抵扣，故张某应返还已被其占有的国有资产 130501.11 元。但经恩施市人民检察院多次催促，市石油公司仍不主张权利，恩施市人民检察院遂以返还国有资产为由提起民事诉讼。

恩施市人民法院审判委员会讨论后，因对诉讼主体问题产生争议，故向恩施州中级人民法院请示。恩施州中级人民法院认为此案属有争论的新问题，又向湖北省高级人民法院请示。

湖北省高级人民法院于 2002 年 7 月受理该请示案后，对法学理论界关于“检察机关能否以保护国有资产和公共利益为由，以原告身份代表国家提起民事诉讼”问题的论争意见和全国各地法院处理此类案件的不同结果及其依据等做了大量收集、整理工作，将不同观点的理论依据进行了集中和归纳，经湖北省高级人民法院审判委员会讨论后，倾向于“检察机关以保护国有资产和公共利益为由，以原告身份代表国家提起民事诉讼没有法律依据，人民法院不应受理”。鉴于此类案件是目前出现的新型民事案件，在全国带有一定的普遍性，而法律尚无明确规定，故决定上报请示最高人民法院。

2004 年 6 月 17 日，最高人民法院立案庭函复湖北省高级人民法院：检察机关以保护国有资产和公共利益为由，以原告身份代表国家提起民事诉讼，没有法律依据，此案件不应受理，如已受理，应当驳回起诉。由此可见，最高人民法院对检察机关提起民事公益诉讼是不认同的。

再以“银广夏”上市公司造假事件为例。银广夏案件曝光后，中小投资者损失惨重，纷纷向法院提起民事诉讼。但最高人民法院规定暂时不要受理此类案件，理由为司法准备不足。直到 2002 年 1 月 15 日，最高人民法院发布了《关于受理证券市场因虚假陈述引发的民事侵权纠纷案件有关问题的通知》，法院才开始受理此类案件。相关的中小投资者的权利无法得到有效及时的保护。

面对纷涌而起民事公益诉讼实践，我国立法机关及最高司法机关均进行了大量的调查研究，但在短时间内没有进行相应的立法或司法解释，造成我国立法及司法严重滞后，使司法机关对类似的诉讼行为无法可依。因此应加快相关的立法进度。

首先，我们要求明确在民事诉讼法的修改过程中，是单独规定民事公益诉讼还是将民事公益诉讼和其他一般的民事诉讼规定在一起，就像美国一样，民事诉讼“就是有真正利害关系而提起的诉讼”，不再要求有直接利害关系人提起的诉讼。若单独规定民事公益诉讼，则可以一定的诉讼领域范围内，如消费者权益保护、环境保护、中小投资者的利益、弱者的权利等及其他涉及社会公共利益的领域，允许不特定的人提起民事诉讼。

其次，要规定一定的诉讼程序。没有诉讼程序，民事公益诉讼就无法提起，民事公益诉讼的立法目的就没有实现的方式。正如前面论述的，应在我国民事诉讼中规定集团诉讼作为一种普通的民事诉讼程序，在某些领域规定特别的检举人诉讼、团体诉讼等。

第十二章　与网络相关争议的管辖问题

第一节　互联网及其特性

当历史发展进入20世纪60年代时，世界范围内掀起了一个以“信息革命”为中心的技术革命浪潮，它的最主要标志之一就是计算机的广泛应用。随着计算机技术的迅猛发展，计算机的应用逐渐渗透到各个技术领域和整个社会的各个方面。社会信息化、数据的发布处理以及各种计算机资源共享等，促使当代计算机技术与现代通信技术密切结合，从而形成了一个崭新的技术领域：“计算机网络。”20世纪60年代末，美国人出于战略考虑，由美国国防部高级研究计划局ARA（Advanced Research Agency）提供资金，开展计算机网络互联研究，从而拉开了计算机网络研究的序幕。20世纪80年代以来，随着计算机技术的发展和完善，全世界越来越多的电脑通过各种通信媒体连接起来，组成了一个超级的网络，即人们所通称的“互联网”。它正日益显著地改变着交易与纠纷的面貌，并且，与互联网相关的纠纷日益成为法院判决的主要部分。①

一、互联网的基本含义

互联网（Internet）是世界上最大的互联网络，但它本身不是一种具体的物理网络技术，是网络专家们为了让人们更好理解而给它加上的一种“虚拟”概念。实际上它是把全世界各个地方已有的各种网络，例如计算机网、数据通信网以及公用电话交换网等互联起来，组成一个跨越国界范围的庞大的互联网，因此，也称为“网络的网络”。

---

① Avril D. Haines, The Impact of the Internet on the Judgments Project: Thoughts for the Future, Prel. Doc. No. 17, Permanent Bureau of the Conference, p. 5.

我们可以从网络互联、网络通信、网络提供信息资源以及网络管理等不同的角度来了解互联网。从网络互联的角度来看，互联网可以说是由成千上万个具有特殊功能的专用计算机通过各种通信线路，把分散在各地的网络在物理上连接起来。从网络通信的角度来看，互联网是一个用 TCP/IP 协议把各个国家、各个部门、各种机构的内部网络连接起来的超级数据通信网。从提供信息资源的角度来看，互联网是一个集各个部门、各个领域内各种信息资源为一体的超级资源网。所有的互联网用户都可以通过各种工具访问所有的信息资源，查询各种信息库、数据库，获取自己所需的各种信息资料。从网络管理的角度来看，互联网是一个不受政府或某个组织管理和控制的、包括成千上万相互协作的组织和网络的集合体。从某种意义上讲，它处于无政府状态之中。但是，连入互联网的每一个网络成员都自愿地承担对网络的管理和支付费用，友好地与相邻网络协作指导互联网上的数据传输，共享网上资源，并且共同遵守 TCP/IP 协议的一切规定。

可见，互联网是一个建立在现代计算机技术基础上的成千上万个相互协作的计算机网络以及网络所承载的信息结合而成的集合体，它是计算机数字技术和现代通信技术的产物，是正在到来的信息社会的基础。①

二、互联网的特性

互联网通过数字化的方式在现实世界之外营造出一个与现实世界相对应的虚拟世界、数字世界。以互联网为基础，人们得以从事网上活动的电子环境的名词很多，如有人称其为赛博空间（Cyberspace），② 也有人称为“虚拟空间”或“网络空间”。我们认为，在一般语境下，以便使互联网与我们置身于其中的现实的地理空间（physical space）相区别，称互联网络环境为网络空间是可以接受的。但是，在严格的语境下，特别是在法律

---

① Available at http://www.isoc.org/internet/history/brief.html#Introduction.

② “赛博空间”这个词是加拿大科幻小说家威廉·吉布森（W. Gibson）于 20 世纪 80 年代中期首先使用的。他在一本科幻小说中描写了计算机网络化把全球的人、机器、信息源都联结起来的新时代，昭示了一种社会生活和交往的新型空间。参见［美］爱德华·A. 卡瓦佐和加斐诺·莫林：《赛博空间和法律》，江西教育出版社 1999 年版，序言第 1 页。

语境中，不易称其为网络空间或者其他的什么空间，因为，网络并不构成一个与我们现实社会完全隔绝或独立的空间，没有什么人或者其他的生物能够生活在所谓的“网络空间”。在网络从事活动的人仍然生活在现实的地理空间，属于某个特定国家的居民，网上从事交易的物，特别是有形物必定要位于特定的国家，也离不开现实地理空间，即便是所谓虚拟的网活动也离不开现实生活，它必须依赖传统的有形物质予以表现，并且，还必须在特定的地理空间出现。总之，互联网只不过是为我们的现实生活提供了一个通过电子手段相互联系的途径。然而，由于“网络空间”的提法较为普遍，因此，在阐述互联网的特性时，为了行文的便利与文字的简洁，我们也借用“网络空间”这一提法来说明互联网的特征。一般而言，与我们所生存的地理空间相比，互联网络具有自己鲜明的特性：

（一）全球性。这是互联网最基本的特性。在互联网中，传统地域意义上的国界不复存在，迅速发展的计算机网络技术已将全球170多个国家的上亿用户密切地联系在一起，用户只要将其计算机连接到一个web站点，就可以通过互联网轻松地跨越国界，自由地相互交流信息，分享丰富的信息资源，以较低的成本广泛地开展跨国商业活动。

（二）虚拟性。互联网虽然客观存在，但它本身是不可视的，可视的只是计算机的硬件系统及其他网络设施，与现实的地理空间相比，互联网可谓是地地道道的“虚拟空间”。在这个虚拟的世界中，有虚拟的图书馆、学校、商店和医院等。人们可以超越现实生活中的时间和空间，足不出户而周游世界、购物、交友，过一种虚拟的生活。在网络空间里，也因为网络的虚拟性，所谓“网络居民”也可以是虚拟的，除非你明确告诉别人，否则没有人会知道网上的“你”的真实身份，因为，网络中的“你”只是一组电子数据，“它”完全可以根据个人的爱好和想象而成为现实中的“你”的理想化映像。

（三）开放性。如前所述，互联网是一个用TCP/IP协议把各个国家、各个部门、各种机构的内部网络连接起来的超级数据通信网。该TCP/IP协议决定了开放性成为互联网的基本特性之一，使得互联网对任何国家、机构和个人都是开放的。

（四）管理的非中心化。互联网的发展与科技发展是紧密联系着的，互联网的核心技术决定了互联网中没有现实地理空间中普遍存在的管理、控制中心，也没有集中于某一个自然人、法人或某一台电脑的绝对权力。

也就是说，在互联网里没有中心，也没有集权，网络上的每一台电脑彼此互连，没有任何一台电脑能够充当所有其他电脑的中心枢纽，所有电脑都是平等的。可以说，到目前为止，国家还无法有效地管理、控制网络空间的活动。这种管理的非中心化倾向使互联网服务提供商（Internet Service Provider，ISP）具有了极为重要的地位，具体表现为每一个互联网的使用者只服从他的 ISP 所制定的规则，ISP 之间通过协议的方式协调、统一各自不同的规则，如同协调纯粹的技术标准一样。①

（五）高度自治性。在网络的发展过程中，许多不成文的网络规则实际上发挥了相当程度的网络规范效果。这些规则绝大部分是由参与者互相尊重、互相体谅而约定俗成的，从而在不同的网络社区中形成了各自特定的自我约束、自我调节的网络文化。随着网络的商业化及普及化，人们将其在现实世界中所接受的法律观念与制度，大量地有意无意地移植到互联网中。这些被移植的法律观念和原有的网络文化相结合，成为更多的网络社区形成的基础。② 因此，网络世界并不是一个没有规则或约束的世界，在各种不同的网络社区中，早已发展为各成员所遵循，甚至为多数网络使用者所认同的网络习惯法与网络礼仪（netiquette）。③ 在某些网络活动空间，如 Chatroom、IRC，甚至 MUDs、MOOs 等都发展出特有的活动规则和一些颇有特色的自我规范机制。④

此外，还有一些学者从各自不同的角度，对互联网的特性提出了其他一些观点，如客观性、交互性和实时性等，本文则主要是从互联网对现行管辖权体制带来的冲击这一角度来认识其特性。尽管互联网是一个受计算机控制的、没有国家和法律的虚拟数字空间，但由于从事网上活动的人处

① See David R. Johnson, Lawmaking and Law Enforcement in Cyberspace, available at http://www.eff.org/Pub/Legal/.

② See Roger Clarke, Encouraging Cyberculture, Available at http://www.anu.edu.au/people/. See also Lawrence Lessig, Social Meaning and Social Norms, 144U. Pa. L. Rev. 2181 (1996).

③ See Susan B. Ross, Department: technology & Law: Netiquette, Etiquette over the Abn and the Internet, 33AZ Attorney 13 (1996). Available at http://www.fau.edu/rinaldi/netiquette.html and http://www.netwelcome.com/index.html.

④ 参见朱家贤、苏号朋：《法治网——网上纠纷·立法·司法》，中国经济出版社 2000 年版，第 13～14 页。

于不同国家的控制之下，许多网上活动的标的位于不同的国家境内，许多网上活动的内容出现在一些特定的国家境内，所有这些为国家对网络空间的管辖提供了可能。在网上活动日益频繁，极大地影响到各个不同国家的利益时，国家便会对因特网上的活动作出反应，加以调整，将其置于国家权力的控制之下。①

第二节　互联网对现行管辖权原则的冲击

一、管辖权概述

（一）管辖权的概念

从国内法的角度而言，管辖权是指一国法院系统内部不同级别、不同地区的法院受理案件的权限，其所解决的是纠纷当事人应该向哪一个法院提起诉讼并寻求诉讼救济的程序问题。从国际法的角度而言，管辖权是指国家对其领域内的一切人、物和所发生的事件，以及对在其领域外的本国人行使管辖的权利。它是国家的一项基本权利，是国家主权的直接体现。国家管辖权包括以下四个方面：

（1）属地管辖权，也称为领域管辖权。是指国家对其领域内的一切人（享受豁免权者除外）和物以及所发生的事件有权行使管辖。

（2）属人管辖权，也称为国籍管辖权。是指国家对一切在国内和国外的具有本国国籍的人（包括自然人和法人）有权行使管辖。

（3）保护性管辖权。是指国家对于外国人在该国领域外对该国的国家或公民的犯罪行为有权行使管辖。

（4）普遍性管辖权。是指每一主权国家对任何人在任何地域实施的严重危害国际社会普遍利益的国际罪刑进行管辖的权利。

在国际民事诉讼中，管辖权是指一国法院或有审判权的其他机关审理某一涉外民商事案件的权限。它所要解决的是某一特定的国际民商事案件究竟由哪一个国家的法院行使管辖权的问题，因而是解决国际民商事纠纷的前提和基础。一国法院对某一具体的涉外民商事案件进行管辖，是该国

① 参见李臣：《略论 Internet 对传统冲突法的挑战》，载《法学》1999 年第 11 期，第 52 页。

行使主权的一种具体的方式，是该国享有的国际法意义上的管辖权的实现。

管辖权问题是法院受理案件要解决的首要问题，是法院对案件进行实质审理的必不可少的前提条件。它直接关系到案件的审理结果，进而关系到诉讼当事人的权利和义务，因而具有十分重要的意义。

（二）传统的确立管辖权的原则

长期以来，确立管辖权的原则都是由各国的国内法和国际私法加以规定的，主要有：

1. 地域管辖原则

地域管辖原则是指在确定法院管辖权的司法实践中，诉讼中的案件事实和双方当事人与法院地国在地域上的联系，应该把地域作为确定管辖权的基础。由于管辖权与纠纷所涉及的主体、客体以及内容空间联系的具体表现形式不同，地域管辖的具体表现形式也不同，主要有当事人的住所地或惯常居所地、被告财产所在地、诉讼标的所在地、法律事实发生地等。

（1）当事人的住所地。住所是当事人固定的居住场所，通常与当事人的法律行为密切相关。一般认为，个人设住所于该地，就有服从该地法律的意思，因而如果当事人在一国设有住所，以该当事人为被告的一切诉讼，该国法院均有管辖权。这一原则最早出现于英国的判例中，后来被大量接受外国移民的美国和多数拉美国家采纳，并用来排斥移民者国籍国的管辖权和法律适用，以住所所在地确定管辖权的原则为各国所普遍接受。

随着国际民事关系的进一步发展，国际上出现了以惯常居所取代住所的趋势。莫里斯曾指出："如果住所不可能很好地改进，惯常居所作为一项连结因素和管辖因素将最终取代它。"①

（2）被告人出现。英美法系国家依据"管辖权的基础是实际控制"的理论，不仅肯定了地域管辖，而且还对它作了扩大解释，即被告人出现也可以产生管辖权。只要起诉时被告在内国境内，能够被送达起诉书和传票，内国法院就有管辖权。至于该被告的国籍如何，住所或居所何在，有关案件事实在何处发生则在所不问。

（3）被告人的财产所在地。若被告在法院地有财产，该法院就有管辖权。如比利时、荷兰、日本等国的法律规定。而德国民事诉讼法第23

① 莫里斯：《法律冲突法》，中国对外翻译出版公司1990年版，第35页。

条的规定则走向极端，即使被告于法院地仅留有拖鞋或裤衩等生活用品，法院也具有管辖权，此乃所谓的“牙刷”管辖权。在英国和法国，财产所在地不足以构成合同法上的对人之诉管辖权。美国则需财产与诉讼请求相联系。

（4）诉讼标的所在地。以诉讼标的所在地作为确定管辖权的原则得到许多国家的承认。如英国、美国、中国等。因不动产纠纷引起的诉讼由不动产所在国法院管辖是各国普遍承认的原则，随着国际民事关系的发展，有些国家甚至将动产所在地也作为一项管辖原则。

（5）法律事实发生地。法律事实发生地决定管辖权源于“场所支配行为”这一古老的习惯法规则。它主要包括行为地或结果发生地，如合同的缔结地、合同的履行地、侵权行为的发生地、侵权行为的结果地、婚姻关系的缔结地等。

2. 国籍管辖原则

国籍管辖原则是指将当事人的国籍作为确定法院管辖权的基础，不论该当事人居住在境内还是境外，也不论其是原告还是被告，国籍国法院均对其具有管辖权。该原则侧重于有关诉讼当事人的国籍，强调一国法院对涉及本国国民的诉讼案件都有受理、审判的权限。法国和其他效仿法国的国家（包括比利时、荷兰、卢森堡、西班牙等）基本上采取以国籍确定管辖权的原则。

3. 意思自治原则

意思自治原则主要指以当事人的意志作为确定管辖权的依据。在下列两种情形下，当事人的意志可以作为确定管辖权的基础，一是当事人将他们之间的争议协议交由一国法院审理；二是被告自愿接受一国法院的管辖。在当代国际社会中，由当事人的意志决定某些案件管辖权的原则已为许多国家所承认与采用。但随着国家对经济生活进行干预的力度和广度的不断加强，各国法律对当事人意思自治原则所作出的限制也出现了系统化、制度化的趋势，如当事人只能选择任意性质的法律规范；不能选择与合同没有任何实际联系的法律；选择必须要有合理的根据、不能违反公共政策等。

4. 以“联系”为基础的管辖原则

以“联系”为基础的管辖权是指只要所涉及的人、事或者物与法院地有合理的或有意义的联系，行为地法院就有管辖权。这是最密切联系原则在管辖问题上的应用。如英国高等法院规则第11号令（Order 11 of the Rules of the Supreme Court），在有关合同的诉讼中，具有下列情况之一者，授予英国法院以管辖权：（1）在英国订立的合同；（2）通过在英国营业或居住的英国代理人订立的合同；（3）明示或默示地表示用英国法为准据法的合同。另外，在英国境内因违约而引起的诉讼，英国法院也有管辖权。

二、互联网对传统管辖权原则的冲击

（一）互联网的虚拟性使传统管辖基础陷入困境。诚如前述，在确定民商事争议的管辖权方面，传统的原则所考虑的如当事人的住所、国籍、财产、行为、意志等因素之所以能成为管辖的基础，是因为它们和某管辖区域存在着地理空间上的关联，如住所和财产的坐落、行为的发生、国籍的归属、意志的指向等。也即是说，既存的管辖权理论均是以人、物或行为与特定的地域相联系为基础的一种理论。美国著名的霍尔默斯（Holmes）法官就曾指出："管辖权的基础是现实空间的权力。"① 这一评述表明了管辖权是与地理空间的权力和地理界限相关的。然而一旦将这些因素适用到互联网，它们与管辖区域的地理空间的关联性顿时丧失。你无法在互联网中找到住所、有形财产，也难以确定活动者的国籍或一次远程登陆发生的确切地点，你所知道的只是某一对象的存在和活动内容，根本无法确认登陆者的身份。一般而言，以互联网为基础的电子商务，② 涉及

① 原文为"physical"，有学者及其译为"物理"，我以为在与网络相关的语境中，英语里用"physical"一词主要用来与"虚拟"（virtual）相对称。所以，将其译为"现实"较好一些，或者译为"物质"，而不宜译为"物理"。因为，即便网络是虚拟的，但它仍然是物理的，无法将其与其他的物理空间相区别。

② 电子商务（Electronic Commerce）是指通过由电子通讯线路相互连接的电脑上所实施的商务活动。电子商务既可通过互联网（Internet）实现，也可通过其他的公开或封闭、已存或日后建立的网络实现。一项交易虽然涉及有形物，如果其合同的谈判与达成是通过电子方式，只是货物仍是由传统有形世界的特定地点交付，其被认为是电子商务。电子商务自然包括对无形物的交易，如电子数据、软件等的交易，以及一些智力服务产品，如银行和保险服务、投资服务、法律和咨询服务等，这些无形物的交易不仅合同的谈判与达成是通过电子方式，而且合同的履行也是通过电子方式来完成。

的法律问题主要是合同问题和侵权问题。无论是合同纠纷还是侵权纠纷，传统的主要以地域为基础来确定管辖权的原则存在一定的困难。因为，一方面，通过链接可以使侵权行为地由一个网址变为多个网址；另一方面，因一个侵权行为所致的损害结果，可能发生在有互联网联系的任何一个国家。通过网络签订和履行的合同，其签订地和履行地究竟与哪一个地理位置有关难以确定。很多电子物品与服务交易的履行是由买方在电脑中下载软件完成的，在笔记本电脑等使用移动网络时，如此的履行可在任何地方进行。① 同样，侵权行为地或侵权行为后果地的地理位置的确定也有一定的困难。如果以传统的侵权行为地为依据来确定管辖权，那么任何一个国家都可以对它行使司法管辖权，这显然是不合适的。因而，传统以地域确定管辖权的理论在处理与网络相关争议时受到了一定的冲击。

（二）网络的开放性构成了一个全球性的系统，使传统的以当事人的国籍、地域及联系等连结因素为基础的管辖权理论，在网络环境下变得没有什么实际的效用，也使得相关活动或行为是否具有国际性不甚明确。对于互联网中的活动者而言，它根本无视网络外地理边界的存在，一旦上网他对自己所进入和访问的网址是明确的，但对该网址和路径所对应的司法管辖区域则难以查明和预见，某一次具体的上网活动可能是多方的，活动者处于不同国家和管辖区域内，这种随机性和全球性几乎使任何一次网上活动都可能是跨国的。它不仅影响管辖权的确定，而且会进一步产生大量的管辖权冲突。从理论上讲，一个具体的网页可在世界的任何角落被浏览，那么，是否与任何国家都有联系呢？或者，反而观之，其又与哪一个具体的地域有联系呢？网络的这种全球性、开放性和虚拟性，使地域与国籍在网络环境下变得模糊和不确定，当事人与法院地的联系可能会降低到最低限度。这是传统地域空间不曾有过的现象。因此，与网络相关的民商事纠纷管辖权的确定自然不能简单地当然适用传统确定管辖权的若干规则。

总之，由于互联网是一个全球性和开放性的体系，它既是一个信息传输的渠道，又是一个虚拟的电子空间。无论是合同纠纷还是侵权纠纷，传

① Avril D. Haines, The Impact of the Internet on the Judgments Project: Thoughts for the Future, Prel. Doc. No. 17, Permanent Bureau of the Conference, p. 7, note 17.

统的确定管辖权的规则主要以与行为相关的确定的地理位置，如合同签订地、合同履行地、侵权行为发生地或损害发生地等为基础来确定法院的司法管辖，而网络的无国界性和与地理位置无一一对应的特性，给传统的管辖权规则在网络环境下很难发挥其作用，对传统的管辖权原则提出了挑战。传统的确定管辖权的规则总是以某种相对稳定的联系作为基础，互联网的不确定性使网络活动本身几乎体现不出任何与网络活动者有稳定联系的传统因素，这就使传统管辖权陷入了困境。

第三节　确立与网络相关争议管辖权的理论与实践

互联网所涵盖的内容丰富而复杂，但就平等主体间的关系而言，其所涉及的法律问题主要可归为两大类：合同与侵权。

实践表明，各国均希望将传统有关管辖权的原则有效地适用于互联网这一新生事物。① 这方面最典型的表现是有些国家基于纯粹的进入位于法院地的网址而行使管辖权。随着互联网的发展，相关争议的增多，一些国家作出了相应的调整，认为仅仅进入网址这一事实本身尚不足以构成行使管辖权的决定因素。② 相应地，一些国家在关于互联网纠纷的管辖制度方面出现了一些新的确定管辖权的原则，如，网址交互原则（the interactivity of website）、目标法院地原则（the targeting of the forum）、在法院地产生实际效果原则（the actual effect in the forum）等。③ 总之，与互联网纠纷相关的管辖权问题在不同的国家尚处于不同的发展阶段并正在发展中。④ 本文将主要以海牙国际私法会议在拟定《民商事国际管辖权与外国判决的承认与执行公约》（草案）过程中就电子商务纠纷管辖权冲突的解

---

① Avril D. Haines, The Impact of the Internet on the Judgments Project: Thoughts for the Future, Prel. Doc. No. 17, Permanent Bureau of the Conference, p. 19.

② Avril D. Haines, The Impact of the Internet on the Judgments Project: Thoughts for the Future, Prel. Doc. No. 17, Permanent Bureau of the Conference, p. 19.

③ Avril D. Haines, The Impact of the Internet on the Judgments Project: Thoughts for the Future, Prel. Doc. No. 17, Permanent Bureau of the Conference, pp. 19-20. note 52.

④ Avril D. Haines, The Impact of the Internet on the Judgments Project: Thoughts for the Future, Prel. Doc. No. 17, Permanent Bureau of the Conference, p. 20.

决规则为蓝本,① 结合有关国家和地区的相关实践来探讨解决与网络相关争议的管辖权冲突的若干规则。

一、合同

根据合同的性质与类别，在确定与网络相关的合同争议的管辖权方面，通常将合同主要分为商家间合同与消费合同。

（一）对于商家之间的合同（即所谓的 B2B 合同）又区分为三类合同两种情形：第一种情形为合同是通过网络方式签订的但却是离线（off-line）履行的，这种情形下的合同与传统合同的管辖原则没有什么区别。按照海牙国际私法会议拟定的《民商事纠纷的国际管辖权和外国判决的承认与执行公约（草案)》第 6 条的规定，这种情形下的合同则依合同类别不同分别由下列三个地方（或国家）的法院拥有管辖权：(1) 如果合同涉及的是货物买卖的，则由货物的部分或全部供应地法院行使管辖权；(2) 如果合同是涉及服务买卖的，则由服务的部分或全部提供地法院行使管辖权；(3) 如果合同既涉及货物买卖又涉及服务买卖的，则由主要债务的部分或全部履行地的法院行使管辖权。

第二种情形是合同的签订与履行均是通过网络完成。在这种情况下，合同所交易的客体实质上是信息。有学者提出在此情形下的合同纠纷适用前引海牙国际私法会议公约草案第 6 条所规定的管辖权确定原则是不合适的，因为，它仅适用于物质的履行（performed physically)。但也有学者主张，从管辖的角度看，当事人所交易对象的实际性质是不重要的，可像欧盟有关电子商务指令规定的一样，将这种信息交易作为服务的等同物对待，同样适用该第 6 条，除非其明确规定它不适用于在线履行的合同。基于如此认识，在探讨有关电子商务纠纷管辖权问题的渥太华会议上，专家们提出应当对该第 6 条进行修改，应专门针对在线履行合同指定附加条

① 海牙国际私法会议从 1997 年开始从事《民商事纠纷的国际管辖权和外国判决的承认与执行公约（草案)》的拟定工作，几乎每年召开外交会议进行讨论，有的年份还召开特别会议就相关专题组织专家进行研讨。如 2000 年专门就电子商务中发生的管辖权问题召开了渥太华工作组会议。目前有 32 个海牙国际私法会议的成员国和 9 个非成员观察国和 15 个国际组织的代表处于该公约草案的外交会议。因此，海牙国际私法会议有关解决电子商务中管辖权冲突的若干规则的探讨，能够反映相关问题的发展状况和前沿，并具有一定的代表性。

款。尽管学者们的提议没有统一的认识，但是，几乎所有的有关该附加条款的建议都是基于一个观念：履行地（the place of performance），或者更确切地讲，信息移交地（the place of delivery of the information）是行使管辖权的充分连结点。因此，这些建议均主张可以联合国国际贸易法委员会的《1996年电子商务示范法》第15条第4款的规定为蓝本制定该附加条款，即以电子信息或数据的发出地为管辖地，具体如何确定该发出地则以该第15条第4款①的规定处理。

在1999年日内瓦有关电子商务引起的国际私法问题与互联网的圆桌会议上，专家们一致同意：如果合同是在线履行，则履行地就不是一个恰当的连结因素。但是否是一个合适的替代因素却没有一致的意见。② 如果认为在线履行应以买方所在地为履行地，但如何确定买方所在地是较为困难的。正如软件与信息工业协会（SIIA）给美国专利和商标办公室的报告中指出："在许多情况下，当交易发生或合同电子履行时，对卖方而言决定其数据产品的买方或用户在什么地方是相当困难的。" 例如，当一个网上软件卖主（ISV）通过请求（ASP）的商业模式向其用户提供其产品或服务时，该卖方对其产品或服务的买主及其所在地是一无所知的，尽管在服务供应者的商业模式下，软件的使用者会提供一个地址作为其制单的地址，但是，软件的使用者仍能够在世界任何可以上网的地方获取该软件产品或服务。从而，在买方提起诉讼的地方成为纠纷管辖地的情况下，卖方却无法预知。网上软件卖主们和其他软件与内容提供商们会发现在所有他们的产品或服务被公众进入或被知晓的任何地方，他们都有可能成为被告，对他们而言，这是不公平的。

当然，不论在什么情形下，也不论是什么类别的合同，如果当事人明示或默示的选择了法院，则传统确定管辖权原则中的当事人意思自治原则

---

① 该款规定："除非发端人与收件人另有协议，数据电文就以发端人设有营业地的地点视为其发出地点，而以收件人设有营业地的地点视为其收到地点……"

② The Hague Conference on Private International Law and the University of Geneva, Press Release: Geneva Round Table on Electronic Commerce and Private International Law (1999), available at http://www.hcch.net/e/events/press01e.html.

同样适用，即承认由当事人选择的法院行使管辖权。① 这已得到所有专家的认可，也得到所有国家实践的支持。② 尽管如此，如果合同的履行通过网络完成，那么，合同履行地就不能成为当事人法院选择条款所考虑的对象。

（二）消费合同（即所谓 B2C 合同），是网络商务的经营企业与消费者之间通过网络实现公共消费和服务的电子合同。此类商务关系可视为电子商务的零售业务，因而，消费者往往处于弱势的地位。从对消费者保护的角度考虑，各国往往偏向于由消费者本国法院行使管辖权。海牙国际私法会议在《民商事纠纷的国际管辖权和外国判决的承认与执行公约（草案）》的讨论中，就涉及电子商务纠纷管辖权问题上，专家们主张，消费合同由消费者惯常居住地法院管辖，只要满足如下条件：（1）消费合同的达成是由商家在消费者居住国从事的商业活动或职业活动所产生，或者是企业直接在该国通过公共方式招揽的生意；（2）消费者必须为在其居住国达成合同采取了必要的步骤。③ 是否在网页上粘放有商品的文字资料和图片通常被认为是商业广告行为，不是表明商家从事相关商业行为的必备条件，因而，这里所要求的是只要第一个条件得到满足，不再需要任何进一步的相关资料以证实其从事电子商务的目的。同时，由于现代通讯工

① 在探讨有关电子商务纠纷管辖权问题的渥太华会议上，专家们一致认为海牙国际私法会议拟定的《民商事纠纷的国际管辖权和外国判决的承认与执行公约（草案）》第 4 条“法院的选择”当然应当予以适用，没有必要另行作出专门规定。该条规定：“一、如果双方当事人同意某一缔约国的法院或其一特定法院对其任何就某特定法律关系已产生或会产生之争议拥有管辖权，则该国法院或其特定法院应享有管辖权，且该管辖权具排他性，除非当事人另有协议。如果当事人以排他性质的协议指定非缔约国的法院或其一特定法院，则缔约国的法院应拒绝管辖或中止程序，除非该非缔约国的法院或其特定法院拒绝管辖。二、第 1 款所指协议应以下列方式达成或签订方才在形式上有效：（1）书面形式；（2）能够提供可理解之信息以至能作为其后果之证明的任何其他通讯方式；（3）依双方当事人惯常遵循之惯例；（4）依双方当事人已知或应当知道，且为特定交易或商业领域的相同性质合同的当事人所惯常遵循之惯例……”

② Catherine Kessedjian, Electronic Commerce and International Jurisdiction, Prel. Doc. No12, Hague Conference on Private International Law 2000, p. 4.

③ Catherine Kessedjian, Electronic Commerce and International Jurisdiction, Prel. Doc. No12, Hague Conference on Private International Law 2000, p. 6.

具的发展可使消费者不在其惯常居住地达成合同，为了避免因此给商家带来管辖的不可预见性和确定性，从而面临全球任何地方被诉的风险，第2个条件就显得相当重要。但同样是只要消费者满足了该条件，也不再需要任何特别的推断以决定行使管辖权的法院。

在消费合同领域，目前各国适用较多的是产品或服务消费地规则（country of destination approach），或者产品或服务提供地规则（country of origin approach），前者是指可由收到信息、产品或服务的任何接受地国法院行使管辖权。该管辖权规则对网络商家极为不利，使他们面临着在全球被诉的可能，并且，由于管辖权与法律适用的紧密联系，原告（产品或服务的接受者）通过选择产品或服务的接受地来规避该产品或服务提供地国的法律责任或责任限额。后者是指只能由信息、产品或服务传送源所在地国家的法院行使管辖权。

一般而言，产品提供地对网上商家及其他担心会在多地被诉的网络用户是有利的。因为，网址的全球化及虚拟性使得确定消费者的确切地理位置相当不可能，甚至在某些情况下，如移动网络，几乎是不可能的。一些国家采纳产品消费地管辖原则，如欧洲一些国家根据布鲁塞尔条约的有关规定就作出了如此选择，尽管起到了对消费者的保护，但实际却严格地限制了大量消费者的选择和网上价值的交易。这主要是由于网络产品的提供方为了避免在其产品出现的任何地方被诉，而通过封闭系统的方式对进入其网址进行限制，只允许与其建立有商业伙伴关系或产品销往其确切住所地的公司进入其网址。

与此相反，产品或服务消费地管辖原则更有利于为消费者提供保护。允许买方在其所在国提起诉讼，并能得到适用本国法的好处，① 对消费者而言就如同获得了在其住所附近的商店进行的零售买卖一样的保护。同样地，如果采用产品提供地管辖原则会出现所谓追底竞赛（race to the bottom）的场面，即在互联网上从事交易的公司会蜂拥到对卖方管制较为宽松的国家，从而使得对消费者的保护存在一定的缺陷。

---

① 与管辖权密切相关的是准据法的确定问题，在当事人没有确定可供选择的法律时，管辖法院通常是尽可能适用法院地的法律，这已为大量的实践所证明。同时，就有关消费者保护问题，在各国通常为强制性规则，不容当事人通过合同排除，更应当是直接适用法院地的相关法律。

对此，已有学者和一些国际组织，如海牙国际私法会议（Hague Conference on Private International Law）等，提出国际社会需要对互联网环境下传统法律原理适用于消费者与商家不对等谈判地位关系进行重新评估。① 因为，互联网上有着充足的信息、专业化很强的分析工具和丰富的可供选择的物品，加之，消费者有时只是在网上冲浪时偶然浏览某商家的网页获取有关信息，同时，互联网上的交易有时只是很小的规模，因此，商家和消费者之间的谈判实力并非总是那么显而易见，消费者选择可适用的法律和法院地的能力需要重新予以评价。

在海牙国际私法会议所组织的有关电子商务管辖权问题的渥太华会议上，有专家提出一种新的解决电子商务管辖权冲突的方法：如果商家在特定国家有明确的目标消费者（targeted consumers），且该消费者在该特定国家居住，则该国应当拥有管辖权。然而，这一主张遭到了一些专家的批评，因而未被接受。②

在确定消费合同领域管辖权的讨论中，有学者引入了所谓的“目标”（target）概念，即如果企业有意在特定国家寻求特定消费者，则该国法院拥有管辖权，因为，该国是该特定消费者的居住地。如果企业并非寻求特定消费者，而是通过单纯的非特定目的网址（即不可能锁定特定消费者的网址）获得消费者，则相关的管辖权问题是不确定的。③ 然而，这种主张受到了一些专家的质疑。④ 至于选择法院条款的效力问题，大多数专家主张以消费者惯常居住国的法律为依据，即如果该国法律认为其有效，则

① Avril Haines, The Impact of the Internet on the Judgments Project: thoughts for the future, Preliminary Document No 17 of Feb. 2002 for the attention of Commission I, Hague Conference on Private International Law, p. 15.

② Avril Haines, The Impact of the Internet on the Judgments Project: thoughts for the future, Preliminary Document No 17 of Feb. 2002 for the attention of Commission I, Hague Conference on Private International Law, p. 11. note 27.

③ Avril Haines, The Impact of the Internet on the Judgments Project: thoughts for the future, Preliminary Document No 17 of Feb. 2002 for the attention of Commission I, Hague Conference on Private International Law, p. 7.

④ Avril Haines, The Impact of the Internet on the Judgments Project: thoughts for the future, Preliminary Document No 17 of Feb. 2002 for the attention of Commission I, Hague Conference on Private International Law, p. 15.

该条款将具有法律效力。由于涉及消费者保护问题，大多数学者也主张对此应采取新的争议解决方法，如网上解决途径等，并认为这是处理电子消费合同争议的重要变革，但具体采取什么方法却尚未取得一致意见。

欧盟在电子商务争议管辖权方面的立法发展，主要体现在消费合同方面。这就是欧盟于2000年12月22日通过与颁布，2002年3月1日生效的《民商事案件管辖权和判决执行的条例》（Council Regulation on Jurisdiction and the Recognition and Enforcement of Judgments in Civil and Commercial Matters）。该条例是在原来1968年的《布鲁塞尔公约》的基础上修改完善，特别是为了适应电子商务的发展而制定的。所以，在对消费合同的管辖权问题上，它仍然保留了被告住所地管辖的一般原则，同时增加了有关消费合同管辖权的特别规定，即在有消费者参与订立的合同出现争议时，消费者可选择自己的住所地成员国法院提起诉讼，也可在商家住所地成员国的法院提起诉讼；而当由商家针对消费者提起诉讼时，他只可在消费者住所地成员国的法院提起。但是，该特别规则的适用尚必须满足两个条件：（1）在合同签订前，企业在消费者住所地国曾向消费者发出特定的邀请或广告；（2）消费者在其住所地国为了合同的达成采取了必要的措施。这一规定与前述海牙国际私法会议的《民商事纠纷的国际管辖权和外国判决的承认与执行公约（草案）》的规定基本相同，反映了国际社会在消费合同争议管辖权问题上的发展趋势。同时，为了避免出现对商家不利的在各成员国被讼的可能，条例区别了两种情况：（1）当企业所从事的商业活动“直接指向”消费者住所地的成员国时，作为原告的消费者有权选择本国法院提起诉讼；（2）当企业得以证明其所从事的商业活动并非“直接指向”消费者住所地的成员国时，作为原告的消费者只能接受法定法院的管辖。欧盟的这一规定，有学者称为“针对性”模式，与美国在处理类似问题上的“进一步活动”（additional activity）、“弹性衡量标准或滑动标尺标准”（sliding scale approach）等如出一辙。根据美国的有关判例看，所谓“进一步活动”是指被告所实施的能够显示其服务于某一特定法院地市场的故意或意图的行为，这些行为将促使被告意识到其将受到该特定法院的管辖。而所谓“弹性衡量标准”是将网站访问三类：被动型的、交互型的、交易型的或积极型的。被动网站上提供的信息如同普通报刊上的广告一样，仅提供给读者可读信息并无交互手段。一般法院对被动网站并不行使管辖权，否则就与传统的属人管辖权规则不一致。与被动网站相对，交易型网站处在滑动范围的另一端，网站的经营者通过接收在线订单、传送确认或其他信息等方式跟法院地顾客从事交易活动。在这种情况下，行使管辖权是适当的，传统的理论也是支持对其行使管辖权的。交互型网站处于在网络上从事交易活动和仅在网络上进行广告宣传之间的灰色区域。它通常允许法院地访问者通过免费电话、传统邮件、电子邮件等与其交流信息。依弹性衡量标准对交互型网站行使管辖权要考查其交互程序和商业性质，如果其在法院地存在“进一步的活动”，或者按照弹性衡量标准其交互程度或商业性质接近积极型网站，则将由该地法院行使管辖权，否则，便不能对其行使管辖权。

欧盟与美国在消费合同争议管辖权方面的共同性规定，同样也反映出国际社会就该类争议管辖权冲突的解决思路是大体一致的。正如在经合组织的一份有关电子商务的报告中所提到的，B2C 跨境交易，无论是否以电子方式完成，均应遵循既有的法律适用和管辖权法律规则框架。虽然电子商务对这种既有的框架提出了挑战，即是否有必要对该现存的法律适用和管辖权规则进行修改，或者是适用全新的不同规则，以保证在电子商务不断发展的背景下为消费者提供有效和透明的保护。然而，在考虑是否修改目前既存规则时，政府应追求该规则能够体现在消费者与商家之间建立公平，能够便利电子商务的发展。它既能为消费者提供一定水平的保护，又不阻碍电子商务这种新型经济活动的发展，既能使消费者获得公平与即时的争议解决途径，又不给其带来额外的经济负担。①

二、侵权

对网上侵权行为而言，侵权行为地的地理位置的确定同样面临难题。一方面，通过链接可以使侵权行为地由一个网址变为多个网址；另一方面，因一个侵权行为所致的损害结果，可能发生在有因特网联系的任何一个国家。

对于侵权，海牙国际私法会议的《民商事纠纷的国际管辖权和外国判决的承认与执行公约（草案）》第 10 条规定了“侵权行为发生地”和

① Catherine Kessedjian, Electronic Data Interchange, Internet and Electronic Commerce, Prel. Doc. No 7, Hague Conference on Private International Law, April 2000, p. 8.

“损害结果发生地”两项管辖原则。① 尽管该两项原则能否贴切的适用于网络环境中的侵权，专家们尚有争议，但侵权行为发生地的法院的管辖权还是得到认可的，② 前提是没有证据证明侵权行为人无法合理预见其侵权后果或类似结果。同样，如果侵权行为被害人在侵权行为发生地国拥有惯常居所，则不论侵害结果发生于任何国家，侵权行为发生地国法院均有管辖权。其他情况下，则应由侵权行为结果地法院行使管辖权。

当然，对于该公约第 10 条第 1 款中规定侵权行为结果地规则，特别是“除非被告证实其不能合理地预见到该作为或不作为会在该国导致同样性质的损害”的规定，在网络环境下其证据的列举是相当困难的。有专家就指出，网址的运作就如同报纸一样，是世界范围内发行的。如果有人将诽谤信息上传到一个特定网址，他应当能合理预见在世界的任何地方都将能够阅读到该信息，但是，他无法预计会有多少复制品，以及这些复制品将发布到什么地方和范围。同样，从确定管辖权的角度看，网络环境的一个最主要的特征是确定当事人的具体位置是非常困难，甚至在有些情况下是不可能的。有鉴于此，一些学者也提出，侵权纠纷管辖权就不应以固定的规则确定在唯一的法院。③

从一些国家的实践来看，在有关诽谤、造谣、侵犯知识产权的纠纷中，许多国家的法院是以网址本质上是被动（passive）而行使管辖权的。④ 最近，德国最高法院裁定，任何网络出版商，不论其国籍是否是德国，只要在其网站的网页上出现纳粹或大屠杀的有关信息，且在德国能够

---

① 该第 10 条第 1 款规定：“原告可以就侵权（tort）或侵害行为（delict）在下列缔约国的法院提起诉讼：（1）导致损害的作为或不作为地，或（2）损害结果发生地，除非被告证实其不能合理地预见到该作为或不作为会在该国导致同样性质的损害。”

② Catherine Kessedjian, Electronic Commerce and International Jurisdiction, Prel. Doc. No12, Hague Conference on Private International Law 2000, p. 8.

③ Catherine Kessedjian, Electronic Commerce and International Jurisdiction, Prel. Doc. No12, Hague Conference on Private International Law 2000, p. 8.

④ Catherine Kessedjian, Electronic Data Interchange, Internet and Electronic Commerce, Prel. Doc. No 7, Hague Conference on Private International Law, April 2000, p. 8.

进入该网页，均应承担德国刑法上的刑事责任，① 在此之前是只有网络材料源自德国的网络出版商才负该刑事责任。意大利法院对意大利公民基于张贴于意大利境外的主机网址上的言论和图片而提起的诽谤纠纷主张了管辖权。在雅虎拍卖纳粹纪念品案中，法国法院对位于美国加州的雅虎公司行使了管辖权，因为法国公民能够进入该公司在美国设立的网站上的网页进行交易。

在美国，涉及互联网纠纷管辖权的原则在不同的州及不同的发展阶段是不同的。例如在互联网发展初期，在有些州以公司在该州拥有被动网址（passive website）而行使管辖权。随着互联网的发展，这种确定管辖权的原则逐渐趋向于采取对主动型（activity）的网址实施管辖权的原则。如在嵌入系统有限公司诉指令系统有限公司案（Inset System Inc. v. Instruction Set Inc.）中，原告是康涅狄克州的一家软件公司，被告是马萨诸塞州的一家科技公司。1996 年原告在康涅狄克州法院起诉，声称被告在互联网上设立的站点使用了 inset. com 的域名，从而侵犯了其商标。被告认为康涅狄克州法院对该争议没有管辖权，因为，被告在该州既无雇员，又无经营机构。但法院主张被告设立的网站可以被康涅狄克州在内的世界各地的人们访问，且该州有约 1 万人可能访问了该网站，其网站上的广告也构成了对康涅狄克州的重复商业招揽（solicitation of business），根据该州"长臂"法案和最低联系原则，法院拥有管辖权。② 而其后的本苏桑饭店公司诉金案（Bensusan Restaurant Corp. v. King）更是明确了这种"主动"因素。在该案中，原告是纽约州一家著名爵士乐俱乐部"蓝记号"的拥有者，被告是密苏里州一家同名俱乐部的经营者。被告利用自己在密苏里州的网站为其"蓝记号"俱乐部作广告。原告向纽约州法院起诉被告侵犯其商标权和进行不正当竞争。纽约州法院认为，拥有一个可被全世界访问的网站并不构成管辖的基础，如果被告没有故意针对纽约州的"进一步行为"（additional activity），并且从纽约州获取利益，就不构成对纽约州的

① Catherine Kessedjian, Electronic Commerce and International Jurisdiction, Prel. Doc. No12, Hague Conference on Private International Law 2000, p. 8.

② 参见李双元、王海浪著：《电子商务法若干问题研究》，北京大学出版社 2003 年版，第 371 页。

最低联系，因而拒绝行使管辖权。① 在此案中，纽约州所指的“进一步活动”可理解为前案中康涅狄克州法院所言的“重复商业招揽”。例如，在赛博销售有限公司诉赛博销售有限公司（Cybersell Inc. v. Cybersell Inc.）案中，位于亚历桑那州的原告和位于佛罗里达州的被告是两家同名公司，原告向亚历桑那州法院起诉，称被告侵犯其商标权。法院认为根据该州“有意接受”标准，有必要对被告的网址作出定性，由于法院认定被告的网址为被动型网址，故拒绝行使管辖权。上诉法院则进一步解释到，被动型网址不构成的法院地的营业活动，因而，亚历桑那州法院拒绝管辖是正确的。② 1997 年，宾夕法尼亚州地区法院在著名的 Zippo 案（Zippo Manufacturing Co. v. Zippo Dot Com, Inc.）中发展了确立互联网纠纷管辖权的一个新模式：弹性衡量标准或滑动标尺标准（sliding scale approach）。即，在特定地域越活跃（active）的网址越容易被该地法院找到行使管辖权的基础。Zippo 案的法官是如此主张的：“网络使得人们仅通过一台桌面电脑就能与世界各地进行商贸往来。随着这一全球性革命的出现，有关网络属人管辖权适用范围的法律的发展正处于起步阶段，相关的判例还很少。然而，对现存判例和资料的审查揭示了能否行使符合宪法规定的属人管辖权直接与企业所进行的网上交易活动的性质和质量相关。这种交流程度的分析与早已确立的属人管辖权原则是一致的。滑动标尺的一端是被告明显地利用网络进行商务活动的情况，如果被告与非本地的居民签订合同，约定通过网络反复传送电子文件，那么，法院行使管辖权是适当的。滑动标尺的另一端是被告仅仅在网站上发布信息的情况，该网址能被非当地（非当地法院管辖区域）的使用者所访问。一个仅仅由于有人通过其网站给对其有兴趣的人发布消息而消极存在的网站并不构成行使管辖的根据。滑动标尺的中间地段充塞着交互性网站，在该类网站用户可以与主机相互交换信息。在这种情况下，只有证明了交互性的程度以及确定交换信息的

① 参见李双元、王海浪著：《电子商务法若干问题研究》，北京大学出版社 2003 年版，第 371 页。

② 参见李双元、王海浪著：《电子商务法若干问题研究》，北京大学出版社 2003 年版，第 372 页。

商业性质后，才能决定法院是否能行使管辖权。"① Zippo 模式确立后曾在美国广为引用，然而仅两年后，出现了新的确定互联网纠纷管辖权的标准。至2001年，虽然美国法院并没有完全放弃 Zippo 模式，但已开始倾向使用一种更宽泛和以效果为基础的模式。法院不再是考证网址的具体特征和它的潜在影响，而是聚焦于该网址在管辖地产生的实际效果。如在 Mattel 有限公司诉奇异服饰案中，纽约州法院基于在该州的一个交易而行使了管辖权。该法院认为，是否具有属人管辖权有赖于交易的水平和性质。② 在布莱基诉大陆有限航空公司案（Blakey v. Continental Airlines, Inc.）中，被告航空公司的一个居住在西雅图的雇员声称其同事利用该公司的电子公告牌（electronic bulletin board）对其进行网上诽谤，而要求损害赔偿。新泽西最高法院以被告发布诽谤电子信息并知道该信息将在新泽西发布而主张了管辖权。法院认为侵害结果的期望地或意欲该侵害被感知地是法院主张管辖权的合理因素。③ 目前的最新实践则体现出将该二者结合应用的趋势。

我国有关网上侵权纠纷的最新实践是最高人民法院 2000 年 11 月 22 日颁布了《最高人民法院关于审理涉及计算机网络著作权纠纷案件适用法律若干问题的解释》。其第 1 条规定："网络著作权侵权纠纷案件由侵权行为地或者被告住所地人民法院管辖。侵权行为地包括实施被诉侵权行为的网络服务器、计算机终端等设备所在地。对难以确定侵权行为地和被告住所地的，原告发现侵权内容的计算机终端等设备所在地可以视为侵权行为地。"④ 依此可以理解为，在我国司法实践上，对于网络环境中的著作权侵权纠纷采取侵权行为地原则为主，以侵权结果地原则为辅。但是，该司法解释所确立的在确定侵权行为地的规则，既存在对具体位置确定的困难，也存在着范围过于宽泛，使被告面临可能在世界任何地方被诉的风险。如该司法解释规定"侵权行为地包括实施被诉侵权行为的网络服务

① ［美］简·考夫曼·温、本杰明·赖特著：《电子商务法》（第四版），张楚、董涛、洪永文译，北京邮电大学出版社 2002 年版，第 54 页。

② Avril D. Haines, The Impact of the Internet on the Judgments Project: Thoughts for the Future, Prel. Doc. No. 17, Permanent Bureau of the Conference, p. 20.

③ Avril D. Haines, The Impact of the Internet on the Judgments Project: Thoughts for the Future, Prel. Doc. No. 17, Permanent Bureau of the Conference, pp. 20-21.

④ 中华人民共和国最高人民法院公告法释〔2000〕48 号。

器、计算机终端等设备所在地”，对于实施侵权行为的服务器通过域名和一定的技术手段是可以确定其地理位置的。但是，即便如此，在实践中仍存在一定的困难，如被告与服务器不在同一地域，特别是分属不同国家的情况下，以及实施侵权行为的网站有着多个镜像且各个镜像服务器位于不同地域或国家，使得该管辖权的行使无甚意义或者仍然存在冲突。同时，对于实施侵权行为的计算机终端要确定其具体地理位置是相当困难的，特别是随着移动网络的发展，确定一个计算机终端的位置可以说几乎是不可能的。另外，该司法解释规定，“对难以确定侵权行为地和被告住所地的，原告发现侵权内容的计算机终端等设备所在地可以视为侵权行为地”，原告发现侵权内容的计算机终端可以出现在世界任何可以连接互联网的地方，在移动网络的情况下更是可以出现于任何全球的角落。从而，被告的某一行为将可能在世界各国被诉。

三、网址能否成为确定管辖权的新的连结点

在互联网上，作为各个网络（LAN① 或 WAN②）代表的服务器响应本地网内客户机的请求，提供数据，或是向外联网请求数据，把数据返回给本地网的客户机。连上互联网的所有计算机，都是向本地网的服务器提出数据请求。所以，一般用户之所以能够连接上互联网，利用互联网完成信息的交换完全是因为网络服务接入商（ISP)③ 的服务器相互连接实现的。从目前的网络结构看，接入商分为一级接入商和二级接入商。一级接入商是拥有和国外一级接入商直接连接的线路（专用线）的网络服务商，而二级接入商则没有这个专用线，必须通过一级接入商才能与国外网络相连的网络服务商。一般而言，一级接入商在一个国家区域内只有几家，大多数的接入商都是二级接入商。④ 互联网的中心就是一级接入商之间的网络，而后，二级接入商和企业、学校等中等规模的网络加入，个人用户加

---

① 是 Local Area Network 的缩写，它是在家庭内部或公司内部等有限范围内搭建的小型计算机网络。中文称为局域网。

② 是 Wide Area Network 的缩写，它是连接地域空间相互隔离的 LAN 的网络。中文称为广域网。

③ 接入商主要是以一般用户为对象，提供互联网的接入或其他服务的机构。

④ ［日］田口美凡著：《互联网技术——从宽带到 21 世纪移动电话》，费珍岚译，科学出版社 2004 年版，第 11 页。

入二级接入商的网络。

为了便于记忆，人们创造了一套互联网（Internet）上服务器的命名系统，即所谓的域名系统（domain name system，DNS）。域名和 IP 地址一样，都是代表计算机的地址。① 域名就是服务器，在浏览器的地址栏里输入 URL（域名），其实就是打开某个服务器上的文档。用户通过在已连网的计算机上进行操作，与互联网上的其他计算机通信或者获取网上信息资源。为了使用户能够方便而快捷地找到需要与其连结的主机，首先必须解决如何识别网上主机的问题。从网络互连的角度看，互联网是将不同物理网络技术统一起来的高层软件技术，它追求的目标是将不同的网络互连起来，实现广泛的资源共享。网络互连的第一步是物理连接，由于信息传输的起点和终点都是对象，因此，在物理连接中，首先必须解决对象的识别问题。在网络中，对象的识别通常依靠地址，所以，互联网在统一全网的过程中，首先要解决地址的统一问题。目前，互联网采用一种全局通用的地址格式，为全网的每一个网络和每一台主机都分配一个 Internet 地址，以此屏障物理网络地址的差异。IP 协议的一项重要功能就是专门处理这个问题，也即通过 IP 协议，把主机原来的物理地址屏障起来，在网际网层中使用统一的 IP 地址。Internet 的 IP 地址是全局有效的，因而它的分配与回收等需要统一管理。与 IP 地址的层次型结构相匹配，IP 地址的管理机构和管理模式也是层次型的。在这种层次型的地址结构中，每一台主机均有唯一的 IP 地址。全世界的网络正是通过这唯一的 IP 地址而彼此取得联系。②

计算机网络中，有很多地址，用以标明计算机在互联网中的住址，即该住址标明了数据传送的接收方或发送方。其中，IP 地址作为计算机地址被广泛使用。③ 上网时个人计算机都被分配一个固定的 IP 地址，但一般情况下这些地址都是从接入商那里暂时租借过来的，因此单凭这个信息

① [日] 田口美凡著：《互联网技术——从宽带到 21 世纪移动电话》，费珍岚译，科学出版社 2004 年版，第 20 页。

② 参见陈强、叶兵、陈翀编著：《Internet 基础与使用》，人民邮电出版社 1997 年版，第 93 页。

③ 参见 [日] 田口美凡著：《互联网技术——从宽带到 21 世纪移动电话》，费珍岚译，科学出版社 2004 年版，第 17 页。

无法判别所有者的身份。只有网络接入商才能调查某段时间某个 IP 地址被谁占用。IP 地址可以分为私有地址和公开地址两大类。私有地址是可以自由选择使用的地址，而公开地址则必须是向 NIC（或 InterNIC）① 申请批准后才能使用的地址。互联网中使用的是公开地址。② 一般用户获得公开地址的方法主要有以下 3 种：（1）每次连接互联网时，由接入商的 DHCP 服务器分配地址（拨号上网），DHCP 服务器是向提出连接申请的计算机自动分配预备的 IP 地址的计算机；（2）向接入商租借固定的公开地址（主要是实时在线）；（3）依靠接入商申请公开地址（实时在线）。使用第一种方法连接，当连接断开时，必须返还该 IP 地址。因此，这种连接方式不能一直都使用同一个 IP 地址上网，因为每次连接、断开都要租借和返还公开地址，这种类型的公开地址称作动态公开地址。在使用第二、三种方式连接时，即便连接断开，IP 地址也是不变的，因而这种类型的公开地址称作固定公开地址。用固定公开地址上网就像在一个地方永久居住的人，③ 而在网上的公开服务器必须拥有固定的公开地址。④ 随着计算机网络技术的发展，一种新的 IP 地址技术 IPv6 的出现，每一个终端都可以分配一个固定的 IP 地址，就像电话号码一样，只凭 IP 地址就可以锁定人的身份。⑤

从以上分析可知，互联网中的每一个 IP 地址具有一定的确定性和稳定性，符合行使管辖权的根据，能够成为确定管辖权的连结点。但是，从实践的角度看，即便 IP 地址如同电话号码一样对某个计算机终端是唯一的，然而对其的识别仍然需要一定的技术手段，适用起来有一定的困难。

---

① Internet 网络信息中心（Internet Network Information Center），是 IP 地址的最高管理机构，专门负责向提出 IP 地址申请的组织分配网络地址，然后各该组织再在本网络内部对其主机号进行本地分配。NIC 由 AT&T 拥有和控制。

② 参见［日］田口美凡著：《互联网技术——从宽带到 21 世纪移动电话》，费珍岚译，科学出版社 2004 年版，第 18 页。

③ 参见［日］田口美凡著：《互联网技术——从宽带到 21 世纪移动电话》，费珍岚译，科学出版社 2004 年版，第 19 页。

④ 参见［日］田口美凡著：《互联网技术——从宽带到 21 世纪移动电话》，费珍岚译，科学出版社 2004 年版，第 20 页。

⑤ 参见［日］田口美凡著：《互联网技术——从宽带到 21 世纪移动电话》，费珍岚译，科学出版社 2004 年版，第 16 页。

所以想单纯依赖 IP 地址确定当事人的具体地理位置，如同利用电话号码确定某人的位置一样，从技术上讲是可行，从实际操作来看却是相当复杂与困难的，这就使得将 IP 地址作为确定管辖权的连结点受到阻碍。因而，有学者提出使用 IP 地址所指向的网址。在互联网中，网址类似于地理空间中的居所，它直观、简明，不需要特别的技术就易于识别，并且通过一定的 IP 地址的指引能够确定受制于它的网络服务提供商的服务器所在的具体地理空间位置，从而将在互联网中的活动与网络服务提供商所在的地理管辖区域之间建立了较为充分的联系，使其能够担当连结点的职责。不过，要使得网址能够完全充当行使管辖权的根据，还必须结合因该网址的性质及其网址所有人通过该网址所从事的活动。这也正是我们在前面所介绍的，目前大多数国家的实践是将网址分为被动型和交互型，相应地将网址所有人在其网址上从事的活动分为静态的消极活动和动态的积极活动，根据这些综合因素来决定法院的管辖权：（1）单纯的被动型网站不能构成行使管辖权的根据，如仅仅在网站上发布信息供使用者所访问、浏览；（2）单纯的被动型网站但如果针对法院地从事充分、积极的活动也能构成行使管辖权的根据，如通过公共方式招揽生意；（3）交互型网站，即网站用户可以与主机相互交换信息，这类网址能否成为行使管辖权的根据取决于信息交流的交互程度和商业性质；（4）明显利用互联网针对法院地从事商务活动，如通过网络与法院地的居民签订合同，约定通过网络反复传送电子文件等，使其构成行使管辖权的根据。

从美国的实践来看，在确定与网络相关争议的管辖权方面，往往是将网址与其他相关因素结合起来考虑的：（1）目标要素（the targeting component）。如前引赛博销售公司案中，法院主张，尽管一个网址的交互性是确定管辖权的重要因素，但是还需要考虑网络活动的目标是否明确指向法院地等因素。在 S. Morantz, Inc. v. Hang & Shine Ultrasonics, Inc. 案中，由于有关证据表明被告实际只通过这个网站参与了少量与宾夕法尼亚州居民的交易（如用户可通过电子邮件订货、与网站经营者直接交流），并未专门指向该州，因而，法院没有管辖权。在在线伙伴网站有限公司诉大西洋网络媒体公司案（Online Partners. Com, Inc. v. Atlanticnet Media Corporation）中，由于被告在加利福尼亚州拥有网上服务业务的用户，并且在网上向同性恋者提供相关资料，所以法院认为其将加利福尼亚定位为目标市场，法院拥有管辖权。（2）效果因素（the effects）。在 3DO Co. v.

Poptop Software, Inc. 案中，加利福尼亚州法院裁定，由于被告经营的网站是积极的，并在法院地造成了一定影响，因而具有管辖权。明尼苏达诉花岗岩门商店案（Minnesota v. Granite Gate Resorts, Inc.）中，明尼苏达州法院裁定，就内华达州的被告违反赌博法一案拥有管辖权。因为，被告使用网站唆使用户违反州立广告法和赌博法。

对此，加拿大渥太华大学的迈克尔·盖斯特（Michael Geist）教授主张，一网址是否能够成为行使管辖权的管理应考量如下因素以避免单一运用网址或附加一些缺乏操作性因素作为确定管辖权依据所带来的弊端：(1) 当事人是否通过他们的合同预先合理地同意特殊管辖权；(2) 当事人是否采用了地理上的辨认技术，以避免某一特定的管辖或者确定某一特定的管辖；(3) 当事人是否知道或者应当知道在线活动的地理位置。①

总之，就目前的技术而言，网址尚不能单独成为新的管辖基础，但也不能否认由互联网络所派生的新的连结因素如 ISP、网址等将成为法院在确定网络管辖权时不得不考虑的重要因素。

结　论

从前分析我们对于目前有关解决与网络相关争议的管辖权冲突的理论和实践可得出如下结论：

（一）解决与网络相关争议的管辖权冲突的方法目前尚处于理论和实践上的探索阶段。由于互联网是新发展起来的事务，人们对它的认识有限，在理论上主要是依赖在地理空间形成的传统理论来解决互联网络所产生的问题，总的来说目前各国的司法实践都没有脱离传统的管辖权理论，也就是说在网络案件中，传统的管辖权理论并未被抛弃，只是进行一些必要的修改。正如英国学者安德鲁·斯帕罗所说：“全球范围的数字化空间是一个没有边界的空间，但并不是没有地理位置，这正是产生问题的根源所在。当与互联网有关的争端发生时，问题的关键并不是没有可以适用的法律，也不是因为当事人不愿意通过法律途径来解决争端，而是因为没有

① Michael Geist, Is There a There: Toward Greater Certainty for Internet Jurisdiction, in Carole Vo-Verde, Refining the Zippo Test: NewTrends on Personal Jurisdiction for Internet Activities, Computer and Internet Lawyer, Jan. 2002, p. 561.

明确的法律规定来确定该适用那国的法律。"① 即便是在网络最为发达的美国，也还没有形成成熟的理论，因此在一段时间内，关于与网络相关争议的管辖权问题必然处于探索与不断发展阶段，有赖于国际社会达成共识，形成新的处理与网络相关争议管辖权传统问题。

（二）美国模式和欧洲模式的共同发展。美国和欧洲分别代表不同的法系，有着不同的法律文化，基于不同的传统管辖原则各自发展出一些新的规则，为解决电子商务管辖问题提供了不同的思路。二者虽各具特色，但在一些基本原则上又是殊途同归，反映了国际社会在与网络相关争议的管辖权问题上存在一定共识，这必然影响着各国的有关实践及相关国际条约的制定，进而对世界范围的实践产生一定的影响。

（三）协议管辖原则的确认。当事人协议选择争议解决的法院这一传统的民商事领域的当事人意思自治原则，在电子商务中也得到了国际社会的一致认可，美国的相关判例和立法②、欧盟的《民商事案件管辖权和判决执行的条例》及海牙国际私法会议的《民商事纠纷的国际管辖权和外国判决的承认与执行公约（草案）》等均明确了这一原则。

（四）管辖权连结点的独特性与发展性。在电子商务中出现了网址、访问作为管辖权根据的可能性，而且随着计算机与网络技术的发展，可能会有新的连结点的出现。

（五）消费者的特殊保护原则确立。尽管电子商务削弱了消费者和商家之间的力量对比，但是为了给消费者提供公平、及时的争议解决机制和救济方法，保护消费者的合法权益，消费者在电子商务的管辖中依然可以享受特殊的保护原则。

---

① ［英］安德鲁·斯帕罗著：《电子商务法律》，林文平译，中国城市出版社2001年版，第68页。

② 如美国1999年7月通过的《统一计算机信息交易法》第110条规定：双方可以协议选择一个排他性的管辖法院，除非此中选择不合理且不公平。另如修订后的美国《统一商法典》也规定除了在消费者合同中要考虑公共政策和合理联系的规定外，也无条件地允许当事人意思自治。

后　记

本书系集体作品，为司法部科研项目，由本庭组织撰写，各章节内容由作者自行负责，具体分工如下（以篇章先后为序）：

全书统稿：余劲松

第一章至第三章和第八章第一、四节：郭载宇；

第四章：陈旗；

第五章：张庆麟和彭忠波；

第六章：左海聪、胡永攀和姚亮；

第七章：王功荣；

第八章第二、三节：李庆明；

第九章：李钢、徐贵兰和杨杰；

第十章：左海聪和郑玲丽；

第十一章：苏江；

第十二章：黄任众。

本庭钱锦芬、何巍、关瑜、刘建新诸君亦为课题研究做了大量工作。

湖北省高级人民法院民四庭

2005 年 12 月